U1005846

中国应急管理

（2015）

EMERGENCY MANAGEMENT IN CHINA 2015

夏保成　姚军玲 主编

当代中国出版社
Contemporary China Publishing House
2018年 · 北京

图书在版编目(CIP)数据

中国应急管理. 2015 / 夏保成，姚军玲主编. -- 北京：当代中国出版社，2018. 1

ISBN 978-7-5154-0830-9

Ⅰ. ①中… Ⅱ. ①夏… ②姚… Ⅲ. ①突发事件—公共管理—中国—2015 Ⅳ. ①D63

中国版本图书馆 CIP 数据核字(2017)第 281009 号

出 版 人 曹宏举
责任编辑 袁又文 王 争
责任校对 康 莹
封面设计 古涧文化
出版发行 当代中国出版社
地 址 北京市地安门西大街旌勇里 8 号
网 址 http://www.ddzg.net 邮箱:ddzgcbs@sina.com
邮政编码 100009
编 辑 部 (010)66572264 66572154 66572132 66572180
市 场 部 (010)66572281 66572161 66572157 83221785
印 刷 北京润田金辉印刷有限公司
开 本 787 毫米×1092 毫米 1/16
印 张 19 印张 438 千字
版 次 2018 年 1 月第 1 版
印 次 2018 年 1 月第 1 次印刷
定 价 80.00 元

中国应急管理（2015）

主　　编：夏保成　姚军玲

参编人员：吴鋆萍　冯　洁　田家琳　王超兴
姬琰玲　刘亚妮　任　晴　王文静
徐一宁　杨彩虹　刘　丽

目　录

第一编　法律法规

第二编　机构设置

第三编　重大活动

第四编　突发事件

第五编 文 献

第六编　2014—2015 年中国 31 个省市区应急表现能力评价

第一编　法律法规

互联网危险物品信息发布管理规定

（2015 年 2 月 5 日交通运输部令〔2015〕第 5 号公布）

第一条　为进一步加强对互联网危险物品信息的管理，规范危险物品从业单位信息发布行为，依法查处、打击涉及危险物品的违法犯罪活动，净化网络环境，保障公共安全，根据《全国人大常委会关于加强网络信息保护的决定》、《全国人大常委会关于维护互联网安全的决定》、《广告法》、《枪支管理法》、《放射性污染防治法》和《民用爆炸物品安全管理条例》、《烟花爆竹安全管理条例》、《危险化学品安全管理条例》、《放射性同位素与射线装置安全和防护条例》、《核材料管制条例》、《互联网信息服务管理办法》等法律、法规和规章，制定本规定。

第二条　本规定所称危险物品，是指枪支弹药、爆炸物品、剧毒化学品、易制爆危险化学品和其他危险化学品、放射性物品、核材料、管制器具等能够危及人身安全和财产安全的物品。

第三条　本规定所称危险物品从业单位，是指依法取得危险物品生产、经营、使用资质的单位以及从事危险物品相关工作的教学、科研、社会团体、中介机构等单位。具体包括：

（一）经公安机关核发《民用枪支（弹药）制造许可证》、《民用枪支（弹药）配售许可证》的民用枪支、弹药制造、配售企业；

（二）经民用爆炸物品行业主管部门核发《民用爆炸物品生产许可证》、《民用爆炸物品销售许可证》的民用爆炸物品生产、销售企业，经公安机关核发《爆破作业单位许可证》的爆破作业单位；

（三）经安全生产监督管理部门核发《烟花爆竹安全生产许可证》、《烟花爆竹经营（批发）许可证》、《烟花爆竹经营（零售）许可证》的烟花爆竹生产、经营单位；

（四）经安全生产监督管理部门核发《危险化学品安全生产许可证》、《危险化学品经营许可证》、《危险化学品安全使用许可证》的危险化学品生产、经营、使用单位；

（五）经环境保护主管部门核发《辐射安全许可证》的生产、销售、使用放射性同位素和射线装置单位；

（六）经国务院核材料管理部门核发《核材料许可证》的核材料持有、使用、生产、储存、运输和处置单位；

（七）经公安机关批准的弩制造企业、营业性射击场，经公安机关登记备案的管制刀具制造、销售单位；

（八）从事危险物品教学、科研、服务的高等院校、科研院所、社会团体、中介机构和技术服务企业；

（九）法律、法规规定的其他危险物品从业单位。

第四条　本规定所称危险物品信息，是指在互联网上发布的危险物品生产、经营、储存、使用信息，包括危险物品种类、性能、用途和危险物品专业服务等相关信息。

第五条　危险物品从业单位从事互联网信息服务的，应当按照《互联网信息服务管理办法》规定，向电信主管部门申请办理互联网信息服务增值电信业务经营许可或者办理非经营性互联网信息服务备案手续，并按照《计算机信息网络国际联网安全保护管理办法》规定，持从事危险物品活动的合法资质材料到所在地县级以上人民政府公安机关接受网站安全检查。

第六条　危险物品从业单位依法取得互联网信息服务增值电信业务经营许可或者办理非经营性互联网信息服务备案手续后，可以在本单位网站发布危险物品信息。

禁止个人在互联网上发布危险物品信息。

第七条　接入服务提供者应当与危险物品从业单位签订协议或者确认提供服务，不得为未取得增值电信业务许可或者未办理非经营性互联网信息服务备案手续的危险物品从业单位提供接入服务。

接入服务提供者不得为危险物品从业单位以外的任何单位或者个人提供危险物品信息发布网

站接入服务。

第八条 危险物品从业单位应当在本单位网站主页显著位置标明可供查询的互联网信息服务经营许可证编号或者备案编号、从事危险物品活动的合法资质和营业执照等材料。

第九条 危险物品从业单位应当在本单位网站网页显著位置标明单位、个人购买相关危险物品应当具备的资质、资格条件：

（一）购买民用枪支、弹药应当持有省级或者设区的市级人民政府公安机关核发的《民用枪支（弹药）配购证》。

（二）购买民用爆炸物品应当持有国务院民用爆炸物品行业主管部门核发的《民用爆炸物品生产许可证》，或者省级人民政府民用爆炸物品行业主管部门核发的《民用爆炸物品销售许可证》，或者所在地县级人民政府公安机关核发的《民用爆炸物品购买许可证》。

（三）购买烟花爆竹的，批发企业应当持有安全生产监督管理部门核发的《烟花爆竹经营（批发）许可证》；零售单位应当持有安全生产监督管理部门核发的《烟花爆竹经营（零售）许可证》；举办焰火晚会以及其他大型焰火燃放活动的应当持有公安机关核发的《焰火燃放许可证》；个人消费者应当向持有安全生产监督管理部门核发的《烟花爆竹经营（零售）许可证》的零售单位购买。批发企业向烟花爆竹生产企业采购烟花爆竹；零售经营者向烟花爆竹批发企业采购烟花爆竹。严禁零售单位和个人购买专业燃放类烟花爆竹。

（四）购买剧毒化学品应当持有安全生产监督管理部门核发的《危险化学品安全生产许可证》，或者设区的市级人民政府安全生产监督管理部门核发的《危险化学品经营许可证》或者《危险化学品安全使用许可证》，或者县级人民政府公安机关核发的《剧毒化学品购买许可证》。

购买易制爆危险化学品应当持有安全生产监督管理部门核发的《危险化学品安全生产许可证》，或者工业和信息化部核发的《民用爆炸物品生产许可证》，或者设区的市级人民政府安全生产监督管理部门核发的《危险化学品经营许可证》或者《危险化学品安全使用许可证》，或者本单位出具的合法用途证明。

（五）购买放射性同位素的单位应当持有环境保护主管部门核发的《辐射安全许可证》。

（六）购买核材料的单位应当持有国务院核材料管理部门核发的《核材料许可证》。

（七）购买弩应当持有省级人民政府公安机关批准使用的许可文件。

（八）购买匕首、三棱刮刀应当持有所在单位的批准文件或者证明，且匕首仅限于军人、警察、专业狩猎人员和地质、勘探等野外作业人员购买，三棱刮刀仅限于机械加工单位购买。

（九）法律、法规和相关管理部门的其他规定。

第十条 禁止危险物品从业单位在本单位网站以外的互联网应用服务中发布危险物品信息及建立相关链接。

危险物品从业单位发布的危险物品信息不得包含诱导非法购销危险物品行为的内容。

第十一条 禁止任何单位和个人在互联网上发布危险物品制造方法的信息。

第十二条 网络服务提供者应当加强对接入网站及用户发布信息的管理，定期对发布信息进行巡查，对法律、法规和本规定禁止发布或者传输的危险物品信息，应当立即停止传输，采取消除等处置措施，保存有关记录，并向公安机关等主管部门报告。

第十三条 各级公安、网信、工业和信息化、电信主管、环境保护、工商行政管理、安全监管等部门在各自的职责范围内依法履行职责，完善危险物品从业单位许可、登记备案、信息情况通报和信息发布机制，加强协作配合，共同防范危险物品信息发布的违法犯罪行为。

第十四条 违反规定制作、复制、发布、传播含有危险物品内容的信息，或者故意为制作、复制、发布、传播违法违规危险物品信息提供服务的，依法给予停止联网、停机整顿、吊销许可证或者取消备案、暂时关闭网站直至关闭网站等处罚；构成违反治安管理行为的，依法给予治安管理处罚；构成犯罪的，依法追究刑事责任。

第十五条 任何组织和个人对在互联网上违法违规发布危险物品信息和利用互联网从事走私、贩卖危险物品的违法犯罪行为，有权向有关主管部门举报。接到举报的部门应当依法及时处理，并对举报有功人员予以奖励。

第十六条 本规定自 2015 年 3 月 1 日起执行。

国家大面积停电事件应急预案

（2015年11月13日国办函〔2015〕134号公布）

1　总　则

1.1　编制目的

建立健全大面积停电事件应对工作机制，提高应对效率，最大程度减少人员伤亡和财产损失，维护国家安全和社会稳定。

1.2　编制依据

依据《中华人民共和国突发事件应对法》、《中华人民共和国安全生产法》、《中华人民共和国电力法》、《生产安全事故报告和调查处理条例》、《电力安全事故应急处置和调查处理条例》、《电网调度管理条例》、《国家突发公共事件总体应急预案》及相关法律法规等，制定本预案。

1.3　适用范围

本预案适用于我国境内发生的大面积停电事件应对工作。

大面积停电事件是指由于自然灾害、电力安全事故和外力破坏等原因造成区域性电网、省级电网或城市电网大量减供负荷，对国家安全、社会稳定以及人民群众生产生活造成影响和威胁的停电事件。

1.4　工作原则

大面积停电事件应对工作坚持统一领导、综合协调，属地为主、分工负责，保障民生、维护安全，全社会共同参与的原则。大面积停电事件发生后，地方人民政府及其有关部门、能源局相关派出机构、电力企业、重要电力用户应立即按照职责分工和相关预案开展处置工作。

1.5　事件分级

按照事件严重性和受影响程度，大面积停电事件分为特别重大、重大、较大和一般四级。分级标准见附件1。

2 组织体系

2.1 国家层面组织指挥机构

能源局负责大面积停电事件应对的指导协调和组织管理工作。当发生重大、特别重大大面积停电事件时，能源局或事发地省级人民政府按程序报请国务院批准，或根据国务院领导同志指示，成立国务院工作组，负责指导、协调、支持有关地方人民政府开展大面积停电事件应对工作。必要时，由国务院或国务院授权发展改革委成立国家大面积停电事件应急指挥部，统一领导、组织和指挥大面积停电事件应对工作。应急指挥部组成及工作组职责见附件 2。

2.2 地方层面组织指挥机构

县级以上地方人民政府负责指挥、协调本行政区域内大面积停电事件应对工作，要结合本地实际，明确相应组织指挥机构，建立健全应急联动机制。

发生跨行政区域的大面积停电事件时，有关地方人民政府应根据需要建立跨区域大面积停电事件应急合作机制。

2.3 现场指挥机构

负责大面积停电事件应对的人民政府根据需要成立现场指挥部，负责现场组织指挥工作。参与现场处置的有关单位和人员应服从现场指挥部的统一指挥。

2.4 电力企业

电力企业（包括电网企业、发电企业等，下同）建立健全应急指挥机构，在政府组织指挥机构领导下开展大面积停电事件应对工作。电网调度工作按照《电网调度管理条例》及相关规程执行。

2.5 专家组

各级组织指挥机构根据需要成立大面积停电事件应急专家组，成员由电力、气象、地质、水文等领域相关专家组成，对大面积停电事件应对工作提供技术咨询和建议。

3 监测预警和信息报告

3.1 监测和风险分析

电力企业要结合实际加强对重要电力设施设备运行、发电燃料供应等情况的监测，建立与气象、水利、林业、地震、公安、交通运输、国土资源、工业和信息化等部门的信息共享机制，及时分析各类情况对电力运行可能造成的影响，预估可能影响的范围和程度。

3.2 预警

3.2.1 预警信息发布

电力企业研判可能造成大面积停电事件时，要及时将有关情况报告受影响区域地方人民政府电力运行主管部门和能源局相关派出机构，提出预警信息发布建议，并视情通知重要电力用户。地方人民政府电力运行主管部门应及时组织研判，必要时报请当地人民政府批准后向社会公众发布预警，并通报同级其他相关部门和单位。当可能发生重大以上大面积停电事件时，中央电力企业同时报告能源局。

3.2.2 预警行动

预警信息发布后，电力企业要加强设备巡查检修和运行监测，采取有效措施控制事态发展；组织相关应急救援队伍和人员进入待命状态，动员后备人员做好参加应急救援和处置工作准备，并做好大面积停电事件应急所需物资、装备和设备等应急保障准备工作。重要电力用户做好自备应急电源启用准备。受影响区域地方人民政府启动应急联动机制，组织有关部门和单位做好维持公共秩序、供水供气供热、商品供应、交通物流等方面的应急准备；加强相关舆情监测，主动回应社会公众关注的热点问题，及时澄清谣言传言，做好舆论引导工作。

3.2.3 预警解除

根据事态发展，经研判不会发生大面积停电事件时，按照“谁发布、谁解除”的原则，由发布单位宣布解除预警，适时终止相关措施。

3.3 信息报告

大面积停电事件发生后，相关电力企业应立即向受影响区域地方人民政府电力运行主管部门和能源局相关派出机构报告，中央电力企业同时报告能源局。

事发地人民政府电力运行主管部门接到大面积停电事件信息报告或者监测到相关信息后，应当立即进行核实，对大面积停电事件的性质和类别作出初步认定，按照国家规定的时限、程序和要求向上级电力运行主管部门和同级人民政府报告，并通报同级其他相关部门和单位。地方各级人民政府及其电力运行主管部门应当按照有关规定逐级上报，必要时可越级上报。能源局相关派出机构接到大面积停电事件报告后，应当立即核实有关情况并向能源局报告，同时通报事发地县级以上地方人民政府。对初判为重大以上的大面积停电事件，省级人民政府和能源局要立即按程序向国务院报告。

4 应急响应

4.1 响应分级

根据大面积停电事件的严重程度和发展态势，将应急响应设定为Ⅰ级、Ⅱ级、Ⅲ级和Ⅳ级四个等级。初判发生特别重大大面积停电事件，启动Ⅰ级应急响应，由事发地省级人民政府负责指挥应对工作。必要时，由国务院或国务院授权发展改革委成立国家大面积停电事件应急指挥部，统一领导、组织和指挥大面积停电事件应对工作。初判发生重大大面积停电事件，启动Ⅱ级应急响应，由事发地省级人民政府负责指挥应对工作。初判发生较大、一般大面积停电事件，分别启动Ⅲ级、Ⅳ级应急响应，根据事件影响范围，由事发地县级或市级人民政府负责指挥应对工作。

对于尚未达到一般大面积停电事件标准，但对社会产生较大影响的其他停电事件，地方人民政府可结合实际情况启动应急响应。

应急响应启动后，可视事件造成损失情况及其发展趋势调整响应级别，避免响应不足或响应过度。

4.2 响应措施

大面积停电事件发生后，相关电力企业和重要电力用户要立即实施先期处置，全力控制事件发展态势，减少损失。各有关地方、部门和单位根据工作需要，组织采取以下措施。

4.2.1 抢修电网并恢复运行

电力调度机构合理安排运行方式，控制停电范围；尽快恢复重要输变电设备、电力主干网架运行；在条件具备时，优先恢复重要电力用户、重要城市和重点地区的电力供应。

电网企业迅速组织力量抢修受损电网设备设施，根据应急指挥机构要求，向重要电力用户及重要设施提供必要的电力支援。

发电企业保证设备安全，抢修受损设备，做好发电机组并网运行准备，按照电力调度指令恢复运行。

4.2.2 防范次生衍生事故

重要电力用户按照有关技术要求迅速启动自备应急电源，加强重大危险源、重要目标、重大关键基础设施隐患排查与监测预警，及时采取防范措施，防止发生次生衍生事故。

4.2.3 保障居民基本生活

启用应急供水措施，保障居民用水需求；采用多种方式，保障燃气供应和采暖期内居民生活热力供应；组织生活必需品的应急生产、调配和运输，保障停电期间居民基本生活。

4.2.4 维护社会稳定

加强涉及国家安全和公共安全的重点单位安全保卫工作，严密防范和严厉打击违法犯罪活动。加强对停电区域内繁华街区、大型居民区、大型商场、学校、医院、金融机构、机场、城市轨道交通设施、车站、码头及其他重要生产经营场所等重点地区、重点部位、人员密集场所的治安巡逻，及时疏散人员，解救被困人员，防范治安事件。加强交通疏导，维护道路交通秩序。尽快恢复企业生产经营活动。严厉打击造谣惑众、囤积居奇、哄抬物价等各种违法行为。

4.2.5 加强信息发布

按照及时准确、公开透明、客观统一的原则，加强信息发布和舆论引导，主动向社会发布停电相关信息和应对工作情况，提示相关注意事项和安保措施。加强舆情收集分析，及时回应社会关切，澄清不实信息，正确引导社会舆论，稳定公众情绪。

4.2.6 组织事态评估

及时组织对大面积停电事件影响范围、影响程度、发展趋势及恢复进度进行评估，为进一步做好应对工作提供依据。

4.3 国家层面应对

4.3.1 部门应对

初判发生一般或较大大面积停电事件时，能源局开展以下工作：

（1）密切跟踪事态发展，督促相关电力企业迅速开展电力抢修恢复等工作，指导督促地方有关部门做好应对工作；

（2）视情派出部门工作组赴现场指导协调事件应对等工作；

（3）根据中央电力企业和地方请求，协调有关方面为应对工作提供支援和技术支持；

（4）指导做好舆情信息收集、分析和应对工作。

4.3.2 国务院工作组应对

初判发生重大或特别重大大面积停电事件时，国务院工作组主要开展以下工作：

（1）传达国务院领导同志指示批示精神，督促地方人民政府、有关部门和中央电力企业贯彻落实；

（2）了解事件基本情况、造成的损失和影响、应对进展及当地需求等，根据地方和中央电力企业请求，协调有关方面派出应急队伍、调运应急物资和装备、安排专家和技术人员等，为应对工作提供支援和技术支持；

（3）对跨省级行政区域大面积停电事件应对工作进行协调；

（4）赶赴现场指导地方开展事件应对工作；

（5）指导开展事件处置评估；

（6）协调指导大面积停电事件宣传报道工作；

（7）及时向国务院报告相关情况。

4.3.3　国家大面积停电事件应急指挥部应对

根据事件应对工作需要和国务院决策部署，成立国家大面积停电事件应急指挥部。主要开展以下工作：

（1）组织有关部门和单位、专家组进行会商，研究分析事态，部署应对工作；

（2）根据需要赴事发现场，或派出前方工作组赴事发现场，协调开展应对工作；

（3）研究决定地方人民政府、有关部门和中央电力企业提出的请求事项，重要事项报国务院决策；

（4）统一组织信息发布和舆论引导工作；

（5）组织开展事件处置评估；

（6）对事件处置工作进行总结并报告国务院。

4.4　响应终止

同时满足以下条件时，由启动响应的人民政府终止应急响应：

（1）电网主干网架基本恢复正常，电网运行参数保持在稳定限额之内，主要发电厂机组运行稳定；

（2）减供负荷恢复 80% 以上，受停电影响的重点地区、重要城市负荷恢复 90% 以上；

（3）造成大面积停电事件的隐患基本消除；

（4）大面积停电事件造成的重特大次生衍生事故基本处置完成。

5　后期处置

5.1　处置评估

大面积停电事件应急响应终止后，履行统一领导职责的人民政府要及时组织对事件处置工作进行评估，总结经验教训，分析查找问题，提出改进措施，形成处置评估报告。鼓励开展第三方评估。

5.2　事件调查

大面积停电事件发生后，根据有关规定成立调查组，查明事件原因、性质、影响范围、经济损失等情况，提出防范、整改措施和处理处置建议。

5.3　善后处置

事发地人民政府要及时组织制订善后工作方案并组织实施。保险机构要及时开展相关理赔工作，尽快消除大面积停电事件的影响。

5.4　恢复重建

大面积停电事件应急响应终止后，需对电网网架结构和设备设施进行修复或重建的，由能源局或事发地省级人民政府根据实际工作需要组织编制恢复重建规划。相关电力企业和受影响区域地方各级人民政府应当根据规划做好受损电力系统恢复重建工作。

6　保障措施

6.1　队伍保障

电力企业应建立健全电力抢修应急专业队伍，加强设备维护和应急抢修技能方面的人员培训，定期开展应急演练，提高应急救援能力。地方各级人民政府根据需要组织动员其他专业应急队伍和志愿者等参与大面积停电事件及其次生衍生灾害处置工作。军队、武警部队、公安消防等要做好应急力量支援保障。

6.2　装备物资保障

电力企业应储备必要的专业应急装备及物资，建立和完善相应保障体系。国家有关部门和地方各级人民政府要加强应急救援装备物资及生产生活物资的紧急生产、储备调拨和紧急配送工作，保障支援大面积停电事件应对工作需要。鼓励支持社会化储备。

6.3　通信、交通与运输保障

地方各级人民政府及通信主管部门要建立健全大面积停电事件应急通信保障体系，形成可靠的通信保障能力，确保应急期间通信联络和信息传递需要。交通运输部门要健全紧急运输保障体系，保障应急响应所需人员、物资、装备、器材等的运输；公安部门要加强交通应急管理，保障应急救援车辆优先通行；根据全面推进公务用车制度改革有关规定，有关单位应配备必要的应急车辆，保障应急救援需要。

6.4 技术保障

电力行业要加强大面积停电事件应对和监测先进技术、装备的研发，制定电力应急技术标准，加强电网、电厂安全应急信息化平台建设。有关部门要为电力日常监测预警及电力应急抢险提供必要的气象、地质、水文等服务。

6.5 应急电源保障

提高电力系统快速恢复能力，加强电网“黑启动”能力建设。国家有关部门和电力企业应充分考虑电源规划布局，保障各地区“黑启动”电源。电力企业应配备适量的应急发电装备，必要时提供应急电源支援。重要电力用户应按照国家有关技术要求配置应急电源，并加强维护和管理，确保应急状态下能够投入运行。

6.6 资金保障

发展改革委、财政部、民政部、国资委、能源局等有关部门和地方各级人民政府以及各相关电力企业应按照有关规定，对大面积停电事件处置工作提供必要的资金保障。

7 附则

7.1 预案管理

本预案实施后，能源局要会同有关部门组织预案宣传、培训和演练，并根据实际情况，适时组织评估和修订。地方各级人民政府要结合当地实际制定或修订本级大面积停电事件应急预案。

7.2 预案解释

本预案由能源局负责解释。

7.3 预案实施时间

本预案自印发之日起实施。

附件：

1. 大面积停电事件分级标准

2. 国家大面积停电事件应急指挥部组成及工作组职责

附件 1

大面积停电事件分级标准

一、特别重大大面积停电事件

1. 区域性电网：减供负荷 30% 以上。

2. 省、自治区电网：负荷 20000 兆瓦以上的减供负荷 30% 以上，负荷 5000 兆瓦以上 20000 兆瓦以下的减供负荷 40% 以上。

3. 直辖市电网：减供负荷 50% 以上，或 60% 以上供电用户停电。

4. 省、自治区人民政府所在地城市电网：负荷 2000 兆瓦以上的减供负荷 60% 以上，或 70% 以上供电用户停电。

二、重大大面积停电事件

1. 区域性电网：减供负荷 10% 以上 30% 以下。

2. 省、自治区电网：负荷 20000 兆瓦以上的减供负荷 13% 以上 30% 以下，负荷 5000 兆瓦以上 20000 兆瓦以下的减供负荷 16% 以上 40% 以下，负荷 1000 兆瓦以上 5000 兆瓦以下的减供负荷 50% 以上。

3. 直辖市电网：减供负荷 20% 以上 50% 以下，或 30% 以上 60% 以下供电用户停电。

4. 省、自治区人民政府所在地城市电网：负荷 2000 兆瓦以上的减供负荷 40% 以上 60% 以下，或 50% 以上 70% 以下供电用户停电；负荷 2000 兆瓦以下的减供负荷 40% 以上，或 50% 以上供电用户停电。

5. 其他设区的市电网：负荷 600 兆瓦以上的减供负荷 60% 以上，或 70% 以上供电用户停电。

三、较大大面积停电事件

1. 区域性电网：减供负荷 7% 以上 10% 以下。

2. 省、自治区电网：负荷 20000 兆瓦以上的减供负荷 10% 以上 13% 以下，负荷 5000 兆瓦以上 20000 兆瓦以下的减供负荷 12% 以上 16% 以下，负荷 1000 兆瓦以上 5000 兆瓦以下的减供负荷 20% 以上 50% 以下，负荷 1000 兆瓦以下的减供负荷 40% 以上。

3. 直辖市电网：减供负荷 10% 以上 20% 以下，或 15% 以上 30% 以下供电用户停电。

4. 省、自治区人民政府所在地城市电网：减供负荷 20% 以上 40% 以下，或 30% 以上 50% 以下供电用户停电。

5. 其他设区的市电网：负荷 600 兆瓦以上的减供负荷 40% 以上 60% 以下，或 50% 以上 70% 以下供电用户停电；负荷 600 兆瓦以下的减供负荷 40% 以上，或 50% 以上供电用户停电。

6. 县级市电网：负荷 150 兆瓦以上的减供负荷 60% 以上，或 70% 以上供电用户停电。

四、一般大面积停电事件

1. 区域性电网：减供负荷 4% 以上 7% 以下。

2. 省、自治区电网：负荷 20000 兆瓦以上的减供负荷 5% 以上 10% 以下，负荷 5000 兆瓦以上 20000 兆瓦以下的减供负荷 6% 以上 12% 以下，负荷 1000 兆瓦以上 5000 兆瓦以下的减供负荷 10% 以上 20% 以下，负荷 1000 兆瓦以下的减供负荷 25% 以上 40% 以下。

3. 直辖市电网：减供负荷 5% 以上 10% 以下，或 10% 以上 15% 以下供电用户停电。

4. 省、自治区人民政府所在地城市电网：减供负荷 10% 以上 20% 以下，或 15% 以上 30% 以下供电用户停电。

5. 其他设区的市电网：减供负荷 20% 以上 40% 以下，或 30% 以上 50% 以下供电用户停电。

6. 县级市电网：负荷 150 兆瓦以上的减供负荷 40% 以上 60% 以下，或 50% 以上 70% 以下供电用户停电；负荷 150 兆瓦以下的减供负荷 40% 以上，或 50% 以上供电用户停电。

上述分级标准有关数量的表述中，“以上”含本数，“以下”不含本数。

附件 2

国家大面积停电事件应急指挥部组成及工作组职责

国家大面积停电事件应急指挥部主要由发展改革委、中央宣传部（新闻办）、中央网信办、工业和信息化部、公安部、民政部、财政部、国土资源部、住房城乡建设部、交通运输部、水利部、商务部、国资委、新闻出版广电总局、安全监管总局、林业局、地震局、气象局、能源局、测绘地信局、铁路局、民航局、总参作战部、武警总部、中国铁路总公司、国家电网公司、中国南方电网有限责任公司等部门和单位组成，并可根据应对工作需要，增加有关地方人民政府、其他有关部门和相关电力企业。

国家大面积停电事件应急指挥部设立相应工作组，各工作组组成及职责分工如下：

一、电力恢复组：由发展改革委牵头，工业和信息化部、公安部、水利部、安全监管总局、林业局、地震局、气象局、能源局、测绘地信局、总参作战部、武警总部、国家电网公司、中国南方电网有限责任公司等参加，视情增加其他电力企业。

主要职责：组织进行技术研判，开展事态分析；组织电力抢修恢复工作，尽快恢复受影响区域供电工作；负责重要电力用户、重点区域的临时供电保障；负责组织跨区域的电力应急抢修恢复协调工作；协调军队、武警有关力量参与应对。

二、新闻宣传组：由中央宣传部（新闻办）牵头，中央网信办、发展改革委、工业和信息化部、公安部、新闻出版广电总局、安全监管总局、能源局等参加。

主要职责：组织开展事件进展、应急工作情况等权威信息发布，加强新闻宣传报道；收集分析国内外舆情和社会公众动态，加强媒体、电信和互联网管理，正确引导舆论；及时澄清不实信息，回应社会关切。

三、综合保障组：由发展改革委牵头，工业和信息化部、公安部、民政部、财政部、国土资源部、住房城乡建设部、交通运输部、水利部、商务部、国资委、新闻出版广电总局、能源局、铁路局、民航局、中国铁路总公司、国家电网公司、中国南方电网有限责任公司等参加，视情增加其他电力企业。

主要职责：对大面积停电事件受灾情况进行核实，指导恢复电力抢修方案，落实人员、资金和物资；组织做好应急救援装备物资及生产生活物资的紧急生产、储备调拨和紧急配送工作；及时组织调运重要生活必需品，保障群众基本生活和市场供应；维护供水、供气、供热、通信、广播电视等设施正常运行；维护铁路、道路、水路、民航等基本交通运行；组织开展事件处置评估。

四、社会稳定组：由公安部牵头，中央网信办、发展改革委、工业和信息化部、民政部、交通运输部、商务部、能源局、总参作战部、武警总部等参加。

主要职责：加强受影响地区社会治安管理，严厉打击借机传播谣言制造社会恐慌，以及趁机盗窃、抢劫、哄抢等违法犯罪行为；加强转移人员安置点、救灾物资存放点等重点地区治安管控；加强对重要生活必需品等商品的市场监管和调控，打击囤积居奇行为；加强对重点区域、重点单位的警戒；做好受影响人员与涉事单位、地方人民政府及有关部门矛盾纠纷化解等工作，切实维护社会稳定。

国家城市轨道交通运营突发事件应急预案

（2015 年 4 月 30 日经国务院批准）

1 总 则

1.1 编制目的

建立健全城市轨道交通运营突发事件（以下简称运营突发事件）处置工作机制，科学有序高效应对运营突发事件，最大程度减少人员伤亡和财产损失，维护社会正常秩序。

1.2 编制依据

依据《中华人民共和国突发事件应对法》、《中华人民共和国安全生产法》、《生产安全事故报告和调查处理条例》、《国家突发公共事件总体应急预案》及相关法律法规等，制定本预案。

1.3 适用范围

本预案适用于城市轨道交通运营过程中发生的因列车撞击、脱轨，设施设备故障、损毁，以及大客流等情况，造成人员伤亡、行车中断、财产损失的突发事件应对工作。

因地震、洪涝、气象灾害等自然灾害和恐怖袭击、刑事案件等社会安全事件以及其他因素影响或可能影响城市轨道交通正常运营时，依据国家相关预案执行，同时参照本预案组织做好监测预警、信息报告、应急响应、后期处置等相关应对工作。

1.4 工作原则

运营突发事件应对工作坚持统一领导、属地负责，条块结合、协调联动，快速反应、科学处置的原则。运营突发事件发生后，城市轨道交通所在地城市及以上地方各级人民政府和有关部门、城市轨道交通运营单位（以下简称运营单位）应立即按照职责分工和相关预案开展处置工作。

1.5 事件分级

按照事件严重性和受影响程度，运营突发事件分为特别重大、重大、较大和一般四级。事件分级标准见附则。

2 组织指挥体系

2.1 国家层面组织指挥机构

交通运输部负责运营突发事件应对工作的指导协调和监督管理。根据运营突发事件的发展态势和影响，交通运输部或事发地省级人民政府可报请国务院批准，或根据国务院领导同志指示，成立国务院工作组，负责指导、协调、支持有关地方人民政府开展运营突发事件应对工作。必要时，由国务院或国务院授权交通运输部成立国家城市轨道交通应急指挥部，统一领导、组织和指挥运营突发事件应急处置工作。

2.2 地方层面组织指挥机构

城市轨道交通所在地城市及以上地方各级人民政府负责本行政区域内运营突发事件应对工作，要明确相应组织指挥机构。地方有关部门按照职责分工，密切配合，共同做好运营突发事件的应对工作。

对跨城市运营的城市轨道交通线路，有关城市人民政府应建立跨区域运营突发事件应急合作机制。

2.3 现场指挥机构

负责运营突发事件处置的人民政府根据需要成立现场指挥部，负责现场组织指挥工作。参与现场处置的有关单位和人员应服从现场指挥部的统一指挥。

2.4 运营单位

运营单位是运营突发事件应对工作的责任主体，要建立健全应急指挥机制，针对可能发生的运营突发事件完善应急预案体系，建立与相关单位的信息共享和应急联动机制。

2.5 专家组

各级组织指挥机构及运营单位根据需要设立运营突发事件处置专家组，由线路、轨道、结构工程、车辆、供电、通信、信号、环境与设备监控、运输组织等方面的专家组成，对运营突发事件处置工作提供技术支持。

3 监测预警和信息报告

3.1 监测和风险分析

运营单位应当建立健全城市轨道交通运营监测体系，根据运营突发事件的特点和规律，加大对线路、轨道、结构工程、车辆、供电、通信、信号、消防、特种设备、应急照明等设施设备和环境状态以及客流情况等的监测力度，定期排查安全隐患，开展风险评估，健全风险防控措施。当城市轨道交通正常运营可能受到影响时，要及时将有关情况报告当地城市轨道交通运营主管部门。

城市轨道交通所在地城市及以上地方各级人民政府城市轨道交通运营主管部门，应加强对本行政区域内城市轨道交通安全运营情况的日常监测，会同公安、国土资源、住房城乡建设、水利、安全监管、地震、气象、铁路、武警等部门（单位）和运营单位建立健全定期会商和信息共享机制，加强对突发大客流和洪涝、气象灾害、地质灾害、地震等信息的收集，对各类风险信息进行分析研判，并及时将可能导致运营突发事件的信息告知运营单位。有关部门应及时将可能影响城市轨道交通正常运营的信息通报同级城市轨道交通运营主管部门。

3.2 预警

3.2.1 预警信息发布

运营单位要及时对可能导致运营突发事件的风险信息进行分析研判，预估可能造成影响的范围和程度。城市轨道交通系统内设施设备及环境状态异常可能导致运营突发事件时，要及时向相关岗位专业人员发出预警；因突发大客流、自然灾害等原因可能影响城市轨道交通正常运营时，要及时报请当地城市轨道交通运营主管部门，通过电视、广播、报纸、互联网、手机短信、楼宇或移动电子屏幕、当面告知等渠道向公众发布预警信息。

3.2.2 预警行动

研判可能发生运营突发事件时，运营单位视情况采取以下措施：

（1）防范措施

对于城市轨道交通系统内设施设备及环境状态预警，要组织专业人员迅速对相关设施设备状态进行检查确认，排除故障，并做好故障排除前的各项防范工作。

对于突发大客流预警，要及时调整运营组织方案，加强客流情况监测，在重点车站增派人员加强值守，做好客流疏导，视情采取限流、封站等控制措施，必要时申请启动地面公共交通接驳疏运。城市轨道交通运营主管部门要及时协调组织运力疏导客流。

对于自然灾害预警，要加强对地面线路、设备间、车站出入口等重点区域的检查巡视，加强对重点设施设备的巡检紧固和对重点区段设施设备的值守监测，做好相关设施设备停用和相关线路列车限速、停运准备。

（2）应急准备

责令应急救援队伍和人员进入待命状态，动员后备人员做好参加应急救援和处置工作准备，并调集运营突发事件应急所需物资、装备和设备，做好应急保障工作。

（3）舆论引导

预警信息发布后，及时公布咨询电话，加强相关舆情监测，主动回应社会公众关注的问题，及时澄清谣言传言，做好舆论引导工作。

3.2.3 预警解除

运营单位研判可能引发运营突发事件的危险已经消除时，宣布解除预警，适时终止相关措施。

3.3 信息报告

运营突发事件发生后，运营单位应当立即向当地城市轨道交通运营主管部门和相关部门报告，同时通告可能受到影响的单位和乘客。

事发地城市轨道交通运营主管部门接到运营突发事件信息报告或者监测到相关信息后，应当立即进行核实，对运营突发事件的性质和类别作出初步认定，按照国家规定的时限、程序和要求向上级城市轨道交通运营主管部门和同级人民政府报告，并通报同级其他相关部门和单位。运营突发事件已经或者可能涉及相邻行政区域的，事发地城市轨道交通运营主管部门应当及时通报相邻区域城市轨道交通运营主管部门。事发地城市及以上地方各级人民政府、城市轨道交通运营主管部门应当按照有关规定逐级上报，必要时可越级上报。对初判为重大以上的运营突发事件，省级人民政府和交通运输部要立即向国务院报告。

4 应急响应

4.1 响应分级

根据运营突发事件的严重程度和发展态势，将应急响应设定为Ⅰ级、Ⅱ级、Ⅲ级、Ⅳ级四个等级。初判发生特别重大、重大运营突发事件时，分别启动Ⅰ级、Ⅱ级应急响应，由事发地省级人民政府负责应对工作；初判发生较大、一般运营突发事件时，分别启动Ⅲ级、Ⅳ级应急响应，由事发地城市人民政府负责应对工作。对跨城市运营的城市轨道交通线路，有关城市人民政府在建立跨区域运营突发事件应急合作机制时应明确各级应急响应的责任主体。

对需要国家层面协调处置的运营突发事件，由有关省级人民政府向国务院或由有关省级城市轨道交通运营主管部门向交通运输部提出请求。

运营突发事件发生在易造成重大影响的地区或重要时段时，可适当提高响应级别。应急响应启动后，可视事件造成损失情况及其发展趋势调整响应级别，避免响应不足或响应过度。

4.2 响应措施

运营突发事件发生后，运营单位必须立即实施先期处置，全力控制事件发展态势。各有关地方、部门和单位根据工作需要，组织采取以下措施。

4.2.1 人员搜救

调派专业力量和装备，在运营突发事件现场开展以抢救人员生命为主的应急救援工作。现场救援队伍之间要加强衔接和配合，做好自身安全防护。

4.2.2 现场疏散

按照预先制订的紧急疏导疏散方案，有组织、有秩序地迅速引导现场人员撤离事发地点，疏散受影响城市轨道交通沿线站点乘客至城市轨道交通车站出口；对城市轨道交通线路实施分区封控、警戒，阻止乘客及无关人员进入。

4.2.3 乘客转运

根据疏散乘客数量和发生运营突发事件的城市轨道交通线路运行方向，及时调整城市公共交通路网客运组织，利用城市轨道交通其余正常运营线路，调配地面公共交通车辆运输，加大发车密度，做好乘客的转运工作。

4.2.4 交通疏导

设置交通封控区，对事发地点周边交通秩序进行维护疏导，防止发生大范围交通瘫痪；开通绿色通道，为应急车辆提供通行保障。

4.2.5 医学救援

迅速组织当地医疗资源和力量，对伤病员进行诊断治疗，根据需要及时、安全地将重症伤病员转运到有条件的医疗机构加强救治。视情增派医疗卫生专家和卫生应急队伍、调配急需医药物资，支持事发地的医学救援工作。提出保护公众健康的措施建议，做好伤病员的心理援助。

4.2.6 抢修抢险

组织相关专业技术力量，开展设施设备等抢修作业，及时排除故障；组织土建线路抢险队伍，开展土建设施、轨道线路等抢险作业；组织车辆抢险队伍，开展列车抢险作业；组织机电设备抢险队伍，开展供电、通信、信号等抢险作业。

4.2.7 维护社会稳定

根据事件影响范围、程度，划定警戒区，做好事发现场及周边环境的保护和警戒，维护治安秩序；严厉打击借机传播谣言制造社会恐慌等违法犯罪行为；做好各类矛盾纠纷化解和法律服务工作，防止出现群体性事件，维护社会稳定。

4.2.8 信息发布和舆论引导

通过政府授权发布、发新闻稿、接受记者采访、举行新闻发布会、组织专家解读等方式，借助电视、广播、报纸、互联网等多种途径，运用微博、微信、手机应用程序（APP）客户端等新媒体平台，主动、及时、准确、客观向社会持续动态发布运营突发事件和应对工作信息，回应社会关切，澄清不实信息，正确引导社会舆论。信息发布内容包括事件时间、地点、原因、性质、伤亡情况、应对措施、救援进展、公众需要配合采取的措施、事件区域交通管制情况和临时交通措施等。

4.2.9 运营恢复

在运营突发事件现场处理完毕、次生灾害后果基本消除后，及时组织评估；当确认具备运营条件后，运营单位应尽快恢复正常运营。

4.3 国家层面应对工作

4.3.1 部门工作组应对

初判发生重大以上运营突发事件时，交通运输部立即派出工作组赴现场指导督促当地开展应急处置、原因调查、运营恢复等工作，并根据需要协调有关方面提供队伍、物资、技术等支持。

4.3.2 国务院工作组应对

当需要国务院协调处置时，成立国务院工作组。主要开展以下工作：

（1）传达国务院领导同志指示批示精神，督促地方政府和有关部门贯彻落实；

（2）了解事件基本情况、造成的损失和影响、应急处置进展及当地需求等；

（3）赶赴现场指导地方开展应急处置工作；

（4）根据地方请求，协调有关方面派出应急队伍、调运应急物资和装备、安排专家和技术人员等，为应急处置提供支援和技术支持；

（5）指导开展事件原因调查工作；

（6）及时向国务院报告相关情况。

4.3.3 国家城市轨道交通应急指挥部应对

根据事件应对工作需要和国务院决策部署，成立国家城市轨道交通应急指挥部，统一领导、组织和指挥运营突发事件应急处置工作。主要开展以下工作：

（1）组织有关部门和单位、专家组进行会商，研究分析事态，部署应急处置工作；

（2）根据需要赴事发现场，或派出前方工作组赴事发现场，协调开展应对工作；

（3）研究决定地方人民政府和有关部门提出的请求事项，重要事项报国务院决策；

（4）统一组织信息发布和舆论引导工作；

（5）对事件处置工作进行总结并报告国务院。

5 后期处置

5.1 善后处置

城市轨道交通所在地城市人民政府要及时组织制订补助、补偿、抚慰、抚恤、安置和环境恢复等善后工作方案并组织实施。组织保险机构及时开展相关理赔工作，尽快消除运营突发事件的影响。

5.2 事件调查

运营突发事件发生后，按照《生产安全事故报告和调查处理条例》等有关规定成立调查组，查明事件原因、性质、人员伤亡、影响范围、经济损失等情况，提出防范、整改措施和处理建议。

5.3 处置评估

运营突发事件响应终止后，履行统一领导职责的人民政府要及时组织对事件处置过程进行评估，总结经验教训，分析查找问题，提出改进措施，形成应急处置评估报告。

6 保障措施

6.1 通信保障

城市轨道交通所在地城市及以上地方人民政府、通信主管部门要建立健全运营突发事件应急通信保障体系，形成可靠的通信保障能力，确保应急期间通信联络和信息传递需要。

6.2 队伍保障

运营单位要建立健全运营突发事件专业应急救援队伍，加强设备维护人员和应急抢修能力培训，定期开展应急演练，提高应急救援能力。公安消防、武警部队等要做好应急力量支援保障。根据需要动员和组织志愿者等社会力量参与运营突发事件防范和处置工作。

6.3 装备物资保障

城市轨道交通所在地城市及以上地方人民政府和有关部门、运营单位要加强应急装备物资储备，鼓励支持社会化储备。城市轨道交通运营主管部门、运营单位要加强对城市轨道交通应急装备物资储备信息的动态管理。

6.4 技术保障

支持运营突发事件应急处置先进技术、装备的研发。建立城市轨道交通应急管理技术平台，实现信息综合集成、分析处理、风险评估的智能化和数字化。

6.5 交通运输保障

交通运输部门要健全道路紧急运输保障体系，保障应急响应所需人员、物资、装备、器材等的运输，保障人员疏散。公安部门要加强应急交通管理，保障应急救援车辆优先通行，做好人员疏散路线的交通疏导。

6.6 资金保障

运营突发事件应急处置所需经费首先由事件责任单位承担。城市轨道交通所在地城市及以上地方人民政府要对运营突发事件处置工作提供资金保障。

7 附 则

7.1 术语解释

城市轨道交通是指采用专用轨道导向运行的城市公共客运交通系统，包括地铁系统、轻轨系统、单轨系统、有轨电车、磁浮系统、自动导向轨道交通系统、市域快速轨道系统等。

7.2 事件分级标准

（1）特别重大运营突发事件：造成30人以上死亡，或者100人以上重伤，或者直接经济损失1亿元以上的。

（2）重大运营突发事件：造成10人以上30人以下死亡，或者50人以上100人以下重伤，或者直接经济损失5000万元以上1亿元以下，或者连续中断行车24小时以上的。

（3）较大运营突发事件：造成3人以上10人以下死亡，或者10人以上50人以下重伤，或者直接经济损失1000万元以上5000万元以下，或者连续中断行车6小时以上24小时以下的。

（4）一般运营突发事件：造成3人以下死亡，或者10人以下重伤，或者直接经济损失50万元以上1000万元以下，或者连续中断行车2小时以上6小时以下的。

上述分级标准有关数量的表述中，“以上”含本数，“以下”不含本数。

7.3 预案管理

预案实施后，交通运输部要会同有关部门组织预案宣传、培训和演练，并根据实际情况，适时组织评估和修订。城市轨道交通所在地城市及以上地方人民政府要结合当地实际制定或修订本级运营突发事件应急预案。

7.4 预案解释

本预案由交通运输部负责解释。

7.5 预案实施时间

本预案自印发之日起实施。

附件：有关部门和单位职责

附件

有关部门和单位职责

城市轨道交通运营突发事件（以下简称运营突发事件）应急组织指挥机构成员单位主要包括城市轨道交通运营主管部门、公安、安全监管、住房城乡建设、卫生计生、质检、新闻宣传、通信、武警等部门和单位。各有关部门和单位具体职责如下：

城市轨道交通运营主管部门负责指导、协调、组织运营突发事件监测、预警及应对工作，负责运营突发事件应急工作的监督管理；牵头组织完善城市轨道交通应急救援保障体系，协调建立健全应急处置联动机制；指导运营单位制订城市轨道交通应急疏散保障方案；指定或协调应急救援运输保障单位，组织事故现场人员和物资的运送；参与事件原因分析、调查与处理工作。

公安部门负责维护现场治安秩序和交通秩序；参与抢险救援，协助疏散乘客；监督指导重要目标、重点部位治安保卫工作；依法查处有关违法犯罪活动；负责组织消防力量扑灭事故现场火灾；参与相关事件原因分析、调查与处理工作。

安全监管部门负责组织指挥专业抢险队伍对运营突发事件中涉及的危险化学品泄漏事故进行处置；负责组织安全生产专家组对涉及危险化学品的运营突发事件提出相应处置意见；牵头负责事件原因分析、调查与处理工作。

住房城乡建设部门负责组织协调建设工程抢险队伍，配合运营单位专业抢险队伍开展工程抢险救援；对事后城市轨道交通工程质量检测工作进行监督；参与相关事件原因分析、调查与处理工作。

卫生计生部门负责组织协调医疗卫生资源，开展伤病员现场救治、转运和医院收治工作，统计医疗机构接诊救治伤病员情况；根据需要做好卫生防病工作，视情提出保护公众健康的措施建议，做好伤病员的心理援助。

质检部门负责牵头特种设备事故调查处理，参与相关事件原因分析、调查与处理工作。

新闻宣传部门负责组织、协调运营突发事件的宣传报道、事件处置情况的新闻发布、舆情收集和舆论引导工作，组织新闻媒体和网站宣传运营突发事件相关知识，加强对互联网信息的管理。各处置部门负责发布职责范围内的工作信息，处置工作牵头部门统筹发布抢险处置综合信息。

通信部门负责组织协调基础电信运营单位做好运营突发事件的应急通信保障工作；参与相关事件原因分析、调查与处理工作。

武警部队负责协同有关方面保卫重要目标，制止违法行为，搜查、抓捕犯罪分子，开展人员搜救、维护社会治安和疏散转移群众等工作。

其他有关部门应组织协调供电、水务、燃气等单位做好运营突发事件的应急供电保障，开展供水管道和燃气管道等地下管网抢修；视情参与相关事件原因分析、调查与处理工作等。

各地区可根据实际情况对成员单位组成及职责作适当调整。必要时可在指挥机构中设置工作组，协同做好应急处置工作。

第二编 机构设置

政府机构以及职责

第一节 国家应急管理机构设置

一、领导机构

国务院是突发公共事件应急管理工作的最高行政领导机构。在国务院总理领导下，由国务院常务会议和国家相关突发公共事件应急指挥机构（以下简称相关应急指挥机构）负责突发公共事件的应急管理工作；必要时，派出国务院工作组指导有关工作。

二、办事机构

国务院办公厅设国务院应急管理办公室，承担国务院应急管理的日常工作和国务院总值班工作，履行值守应急、信息汇总和综合协调职责，发挥运转枢纽作用。

（一）主要职责

1. 承担国务院总值班工作，及时掌握和报告国内外相关重大情况和动态，办理向国务院报送的紧急重要事项，保证国务院与各省（区、市）人民政府、国务院各部门联络畅通，指导全国政府系统值班工作。

2. 办理国务院有关决定事项，督促落实国务院领导批示、指示，承办国务院应急管理的专题会议、活动和文电等工作。

3. 负责协调和督促检查各省（区、市）人民政府、国务院各部门应急管理工作，协调、组织有关方面研究提出国家应急管理的政策、法规和规划建议。

4. 负责组织编制国家突发公共事件总体应急预案和审核专项应急预案，协调指导应急预案体系和应急体制、机制、法制建设，指导各省（区、市）人民政府、国务院有关部门应急体系、应急信息平台建设等工作。

5. 协助国务院领导处置特别重大突发公共事件，协调指导特别重大和重大突发公共事件的预防预警、应急演练、应急处置、调查评估、信息发布、应急保障和国际救援等工作。

6. 组织开展信息调研和宣传培训工作，协调应急管理方面的国际交流与合作。

7. 承办国务院领导交办的其他事项。

（二）主要业务

主要办理各地区、各部门报送国务院涉及下列业务的文电和有关会务、督查工作等：

1. 涉及防汛抗旱、减灾救济、抗震救灾，以及重大地质灾害、重大森林草原火灾及病虫害、沙尘暴及重大生态灾害事件的处置及相关防范业务，重要天气形势和灾害性天气的预警预报等业务。

2. 涉及安全生产、交通安全、环境安全、消防安全及人员密集场所事故处置和预防等业务。

3. 涉及重大突发疫情、病情处置，重大动物疫情处置，重大食品药品安全事故处置及相关防范等业务。

4. 涉及社会治安、反恐怖、群体性事件等重大突发公共事件应急处置和防范业务，涉外重大突发事件的处置等业务。

三、工作机构

国务院有关部门依据有关法律、行政法规和各自的职责，负责相关类别突发公共事件的应急管理工作。具体负责相关类别的突发公共事件专项和部门应急预案的起草与实施，贯彻落实国务院有关决定事项。

（一）自然灾害应急管理机构

国家减灾委员会负责组织、领导全国的自然灾害救助工作，协调开展重大自然灾害救助活动。国务院民政部门负责全国的自然灾害救助工作，承担国家减灾委员会的具体工作。国务院有关部门按照各自职责做好全国的自然灾害救助相关工作。

县级以上地方人民政府或者人民政府的自然灾害救助应急综合协调机构，组织、协调本行政区域的自然灾害救助工作。县级以上地方人民政府民政部门负责本行政区域的自然灾害救助工作。县级以上地方人民政府有关部门按照各自职责做好本行政区域的自然灾害救助相关工作。

（二）事故灾难应急管理机构

全国安全生产事故灾难应急救援组织体系由国务院安委会、国务院有关部门、地方各级人民政府安全生产事故灾难应急领导机构、综合协调指挥机构、专业协调指挥机构、应急支持保障部门、应急救援队伍和生产经营单位组成。

国家安全生产事故灾难应急领导机构为国务院安委会，综合协调指挥机构为国务院安委会办公室，国家安全生产应急救援指挥中心具体承担安全生产事故灾难应急管理工作，专业协调指挥机构为国务院有关部门管理的专业领域应急救援指挥机构。

地方各级人民政府的安全生产事故灾难应急机构由地方政府确定。

应急救援队伍主要包括消防部队、专业应急救援队伍、生产经营单位的应急救援队伍、社会力量、志愿者队伍及有关国际救援力量等。

国务院安委会各成员单位按照职责履行本部门的安全生产事故灾难应急救援和保障方面的职责，负责制订、管理并实施有关应急预案。

现场应急救援指挥以属地为主，事发地省（区、市）人民政府成立现场应急救援指挥部。现场应急救援指挥部负责指挥所有参与应急救援的队伍和人员，及时向国务院报告事故灾难事态发展及救援情况，同时抄送国务院安委会办公室。

涉及多个领域、跨省级行政区或影响特别重大的事故灾难，根据需要由国务院安委会或者国务院有关部门组织成立现场应急救援指挥部，负责应急救援协调指挥工作。

（三）公共卫生事件应急管理机构

1. 日常管理机构

国务院卫生行政部门设立卫生应急办公室（突发公共卫生事件应急指挥中心），负责全国突发公共卫生事件应急处理的日常管理工作。

各省、自治区、直辖市人民政府卫生行政部门及军队、武警系统要参照国务院卫生行政部门突发公共卫生事件日常管理机构的设置及职责，结合各自实际情况，指定突发公共卫生事件的日常管理机构，负责本行政区域或本系统内突发公共卫生事件应急的协调、管理工作。

各市（地）级、县级卫生行政部门要指定机构负责本行政区域内突发公共卫生事件应急的日常管理工作。

2. 专家咨询委员会

国务院卫生行政部门和省级卫生行政部门负责组建突发公共卫生事件专家咨询委员会。

市（地）级和县级卫生行政部门可根据本行政区域内突发公共卫生事件应急工作需要，组建突发公共卫生事件应急处理专家咨询委员会。

3. 应急处理专业技术机构

医疗机构、疾病预防控制机构、卫生监督机构、出入境检验检疫机构是突发公共卫生事件应急处理的专业技术机构。应急处理专业技术机构要结合本单位职责开展专业技术人员处理突发公共卫生事件能力培训，提高快速应对能力和技术水平，在发生突发公共卫生事件时，要服从卫生行政部门的统一指挥和安排，开展应急处理工作。

4. 应急指挥机构

卫生部依照职责和本预案的规定，在国务院统一领导下，负责组织、协调全国突发公共卫生事件应急处理工作，并根据突发公共卫生事件应急处理工作的实际需要，提出成立全国突发公共卫生事件应急指挥部。

地方各级人民政府卫生行政部门依照职责和本预案的规定，在本级人民政府统一领导下，负责组织、协调本行政区域内突发公共卫生事件应急处理工作，并根据突发公共卫生事件应急处理工作的实际需要，向本级人民政府提出成立地方突发公共卫生事件应急指挥部的建议。

各级人民政府根据本级人民政府卫生行政部门的建议和实际工作需要，决定是否成立国家和地方应急指挥部。

地方各级人民政府及有关部门和单位要按照属地管理的原则，切实做好本行政区域内突发公共卫生事件应急处理工作。

5. 全国突发公共卫生事件应急指挥部的组成和职责

全国突发公共卫生事件应急指挥部负责对特别重大突发公共卫生事件的统一领导、统一指挥，作出处理突发公共卫生事件的重大决策。指挥部成员单位根据突发公共卫生事件的性质和应急处理的需要确定。

6. 省级突发公共卫生事件应急指挥部的组成和职责

省级突发公共卫生事件应急指挥部由省级人民政府有关部门组成，实行属地管理的原则，负责对本行政区域内突发公共卫生事件应急处理的协调和指挥，作出处理本行政区域内突发公共卫生事件的决策，决定要采取的措施。

四、地方机构

地方各级人民政府是本行政区域突发公共事件应急管理工作的行政领导机构，负责本行政区域各类突发公共事件的应对工作。

五、专家组

国务院和各应急管理机构建立各类专业人才库，可以根据实际需要聘请有关专家组成专家组，为应急管理提供决策建议，必要时参加突发公共事件的应急处置工作。

根据《应急管理专家组工作规则》，2011 年，应急管理专家组要认真贯彻落实党中央、国务院关于应急管理的决策部署，紧紧围绕应急管理各项重点工作，充分发挥专家的决策咨询和技术服务作用，进一步加强应急管理重点问题的研究和攻关，切实履行好应急管理专家组职责。

1. 参与重特大突发事件的防范和应急处置工作，为应急指挥决策提供政策建议、专业咨询、理论指导和技术支持。

2. 参与做好修订、完善《突发事件应对法》等相关调研和专家咨询工作。

3. 协助做好“十一五”应急体系建设规划项目验收和“十二五”应急体系建设规划编制相关工作。

4. 参与修订、完善《国家突发公共事件总体应急预案》，协助各省（区、市）和有关部门开展预案修订和演练工作。

5. 围绕国务院领导同志关心的应急管理工作重点和热点问题，针对应急管理制度设计、标准化建设、完善联动机制、应急产业发展、应急管理学科建设和人才培养等方面开展专题调查研究，组织召开相关研讨会，有针对性地提出相关工作建议或政策建议。

6. 组织专家协助有关省（区、市）和相关部门应急管理机构及专家咨询机构，做好公共安全形势分析、突发事件预警防范、应急处置评估等工作。

7. 针对国内外一些重特大突发事件及应急处置典型案例，组织专家分析其发生、发展的规律和特点，评估应对处置过程和措施，总结处置工作的经验和教训，编纂《重特大突发事件案例评析》。

8. 组织专家积极参与国家行政学院及有关地方和部门举办的应急管理培训工作，会同有关方面做好应急管理培训教材的编写和修订工作。

9. 配合有关部门和单位做好应急管理类科普读物、专业书籍的翻译、编著和科普宣教工作。跟踪掌握、吸收引进国际上成熟的应急管理经验和先进技术及装备，进一步加强与境外相关学术机构及专家学者之间的交流与合作。

10. 完成 2009 年度应急管理专家组课题研究的结题评审工作；做好 2011 年度应急管理专家组重点课题选题和研究工作；组织专家对一些重点问题开展调查研究并进行攻关；继续组织专家做好科技部和自然科学基金委开展的有关应急管理重大科技项目研究工作。

11. 组织召开省（区、市）应急管理专家组工作情况交流片会。

12. 会同各地区、各有关部门开展专家信息收集、分类、建档工作，逐步建立和完善全国应急管理专家库，完善专家信息共享机制，逐步形成分级分类、覆盖全面的应急专家资源信息网络。

13. 研究提出应急管理专家组换届工作意见和建议，按程序报批。专家组成员要密切跟踪掌握所在行业领域应急管理工作动态，围绕突发事件防范应对过程中面临的突出问题，加强与行业主管部门等有关各方的沟通，主动开展工作，积极建言献策，切实履行职责，为推动本领域及全国的应急管理工作提供智力支持。

参考资料

1. 国家突发公共事件总体应急预案，见 http://www.gov.cn/yjgl/2005-08/07/content_21048.htm。

2. 关于印发《应急管理专家组 2011 年工作要点》的通知，见 http://sps.saic.gov.cn/zcfg/201106/t20110614_106858.html。

3. 国务院办公厅关于设置国务院应急管理办公室（国务院总值班室）的通知，见 http://www.gov.cn/gongbao/content/2006/content_320626.htm。

4. 国家安全生产事故灾难应急预案，见 http://www.gov.cn/yjgl/2006-01/23/content_21262.htm。

5. 国家突发公共卫生事件应急预案，见 http://www.gov.cn/yjgl/2006-02/26/content_211654.htm。

第二节　省级应急管理机构设置

北京市应急管理机构设置

一、领导机构及职责

（一）北京市应急委员会主要职责

1. 研究制定全市应对突发事件重大决策和指导意见。

2. 审定市突发事件总体应急预案。

3. 组织指挥处置特别重大、重大突发事件。

4. 应对突发事件工作中协调与中央和国家各部委、驻京部队及其他有关部门和单位的关系。

5. 领导区县突发事件应急委员会开展特别重

大、重大突发事件的相关应对工作。

6. 分析总结全市年度应对突发事件工作。

（二）北京市应急委员会人员组成

主　任：王安顺（市委副书记、市长）

副主任：李士祥（市委常委、常务副市长）

赵凤桐（市委常委、市委秘书长、市委政法委书记）

委　员：李　伟（市委常委、市委宣传部部长）

郑传福（市委常委、北京卫戍区司令员）

傅政华（市委常委、市公安局局长）

陈　刚（市委常委、副市长）

程　红（副市长）

张　工（副市长）

戴均良（副市长）

林克庆（副市长）

张延昆（副市长）

杨晓超（副市长）

王炳深（武警北京市总队司令员）

李　伟（市政府秘书长、市政府办公厅主任）

秘书长：李　伟（兼）（市政府秘书长、市政府办公厅主任）

二、办事机构及职责

北京市突发事件应急委员会办公室为北京市突发事件应急委员会（简称市应急委）的常设办事机构，挂北京市人民政府总值班室和北京市应急指挥中心的牌子，下设应急指挥处、预案管理处、综合信息处、宣教动员处、技术通信处。

主要职责为：负责协助市政府领导同志处理需由市政府直接处理的突发事件和重大事故，承担市应急委的具体工作，负责规划、组织、协调、指导、检查本市突发事件应对工作及应急管理的预案、体制、机制和法制建设。

三、工作机构

1. 市电力事故应急指挥部；2. 市通信保障和信息安全应急指挥部；3. 市反恐和刑事案件应急指挥部；4. 市建筑工程事故应急指挥部；5. 市城市公共设施事故应急指挥部；6. 市交通安全应急指挥部；7. 市防汛抗旱应急指挥部；8. 市突发公共卫生事件应急指挥部；9. 市生产安全事故应急指挥部；10. 市森林防火应急指挥部；11. 市人防工程事故应急指挥部；12. 市重大动植物疫情应急指挥部；13. 市消防安全应急指挥部；14. 市地震应急指挥部；15. 市突发事件应急救助指挥部。

四、地方机构（区县应急委）及主要职责

（一）区县应急委

1. 东城区突发事件应急委员会；2. 西城区突发事件应急委员会；3. 朝阳区突发事件应急委员会；4. 海淀区突发事件应急委员会；5. 丰台区突发事件应急委员会；6. 石景山区突发事件应急委员会；7. 门头沟区突发事件应急委员会；8. 房山区突发事件应急委员会；9. 通州区突发事件应急委员会；10. 顺义区突发事件应急委员会；11. 昌平区突发事件应急委员会；12. 大兴区突发事件应急委员会；13. 平谷区突发事件应急委员会；14. 怀柔区突发事件应急委员会；15. 密云县突发事件应急委员会；16. 延庆县突发事件应急委员会。

（二）区县应急委主要职责

1. 研究制定全区（县）处置突发事件重大决策和指导意见；

2. 审定区（县）突发事件应急预案、工作规则、工作方案；

3. 负责本区（县）内发生较大以上突发事件先期处置和善后工作，负责本区内发生的一般突发事件指挥处置工作；

4. 在处置突发事件工作中，负责协调联系驻区（县）中央国家机关、市级机关、驻区（县）部队等有关部门；

5. 当突发事件超出本区处置能力时，依程序报请北京市政府应急办支援；

6. 定期召开应急委全会和季度形势分析会；

7. 分析总结全区（县）年度突发事件处置工作。

（三）办事机构主要职责

1. 执行区（县）应急委的决定，负责统一组织、协调、指导、检查区（县）突发事件的预防和处置工作；

2. 负责收集、分析相关突发事件的情况和信息，及时向区（县）应急委和市应急办报告，提出预警建议，经市应急办批准后，发布有关预警信息；

3. 定期完善修订本区（县）突发事件应急预案，审核区（县）专项指挥部、分指挥部预案，指导辖区各相关单位的应急预案制定；

4. 负责建立和完善突发事件信息通信系统，维护突发事件应急指挥平台；

5. 负责协调本行政区域内一般突发事件处置工作，协助配合市应急办和市专项指挥部处置本行政区域内特别重大、重大、较大突发事件；

6. 组织、检查和落实专业部门、相关单位、社区和市民进行预案演习，开展有关处置突发事件的宣传教育工作；

7. 承担区（县）应急委交办的其他工作。

参考资料

1. 北京市突发事件委员会，见 http://www.bjyj.gov.cn/yjjg/syjw/。

2. 北京市突发事件工作机构，见 http://www.bjyj.gov.cn/yjjg/。

3. 地方机构（区县应急委）及主要职责，见 http://www.bjyj.gov.cn/qxyjw/。

上海市应急管理机构设置

一、领导机构

上海市突发公共事件应急管理委员会（简称市应急委）决定和部署本市突发公共事件应急管理工作。

二、办事机构

上海市应急管理委员会办公室（简称市应急办）是市应急委的日常办事机构，设在市政府办公厅，具体承担值守应急、信息汇总、办理和督促落实市应急委的决定事项；组织编制、修订市总体应急预案，组织审核专项和部门应急预案；综合协调全市应急管理体系建设及应急演练、保障和宣传培训等工作。

三、工作机构

本市具有处置突发公共事件职责的市级协调机构、相关职能部门和单位，作为应急管理的工作机构，承担相关类别的应急管理工作。

上海警备区、武警上海总队、市委办公厅、市委宣传部、市政府办公厅、市政府法制办、市发展改革委、市经委、市建设交通委、市教委、市科委、市公安局、市安全局、市监察委、市民政局、市财政局、市农委、市外经贸委、市文广影视局、市卫生局、市水务局、市政府外办、市环保局、市食品药品监管局、市旅游委、市房地资源局、市交通局、市民防办、市金融办、市港口局、市安全生产监管局、市政府新闻办、市市政局、市绿化局、市市容环卫局、市地震局、市气象局、民航华东地区管理局、上海铁路局、上海出入境检验检疫局、上海海事局、国家海洋局东海分局、市通信管理局、上海机场集团、申能集团公司、市电力公司。

四、区县应急机构

区县名称	领导机构	办事机构
浦东新区	浦东新区应急委	浦东新区应急办
徐汇区	徐汇区应急委	徐汇区应急办
长宁区	长宁区应急委	长宁区应急办
普陀区	普陀区应急委	普陀区应急办
闸北区	闸北区应急委	闸北区应急办
虹口区	虹口区应急委	虹口区应急办
杨浦区	杨浦区应急委	杨浦区应急办
黄浦区	黄浦区应急委	黄浦区应急办
卢湾区	卢湾区应急委	卢湾区应急办
静安区	静安区应急委	静安区应急办
宝山区	宝山区应急委	宝山区应急办
闵行区	闵行区应急委	闵行区应急办
嘉定区	嘉定区应急委	嘉定区应急办
金山区	金山区应急委	金山区应急办
松江区	松江区应急领导小组	松江区应急办
南汇区	南汇区应急委	南汇区应急办
奉贤区	奉贤区应急委	奉贤区应急办
青浦区	青浦区应急委	青浦区应急办
崇明县	崇明县应急委	崇明县应急办

五、专家机构

市应急委和各应急管理工作机构根据实际需要建立各类专业人才库，组织聘请有关专家组成专家组，为应急管理提供决策建议，必要时参加突发公共事件的应急处置工作。

参考资料

1. 上海应急管理机构设置，见 http://shszx.eastday.com/node2/node4810/zwh/node4916/node4918/u1a25584.html。

天津市应急管理机构设置

一、领导机构

天津市突发公共事件应急委员会（以下简称市应急委员会）作为我市突发公共事件应急管理的最高领导机构，负责领导全市突发公共事件的应急工作，研究制定全市应对突发公共事件重大决策和指导意见；审定市突发公共事件总体应急预案；组织指挥处置特别重大、重大突发公共事件；应对突发公共事件工作中协调与中央和国家机关各部委、天津警备区、武警天津总队及其他有关部门和单位的关系；领导区县突发公共事件应急委员会开展特别重大、重大突发公共事件的相关应对工作；分析总结全市年度应对突发公共事件工作。

市应急委员会主任由市长担任，为了有效应对突发事件的发生，根据工作需要，委员会由有关市领导、天津市警备区、武警天津总队及相关委办局负责同志组成。

市政府秘书长作为总协调人，市委、市政府主管副秘书长配合，市委、市政府办公厅主管副主任协助、协调突发公共事件应急工作。

二、办事机构

天津市突发公共事件应急委员会下设办公室，作为常设办事机构。办公室设在市政府办公厅，与市政府总值班室合署办公，加挂天津市应急指挥中心牌子（以下简称市应急指挥中心）。履行值守应急、信息汇总和综合协调职责，发挥运转枢纽作用，负责接收和办理向市突发公共事件应急委员会报送的紧急重要事项；指导全市突发公共事件应急体系、应急指挥信息平台建设；组织编制、修订《天津市突发公共事件总体应急预案》，组织审核专项应急预案，指导应急预案体系建设；收集突发公共事件信息，组织专业部门和专家对突发公共事件进行评估，报告评估结果和预案启动建议；按照市应急委的决定，组织、协调突发公共事件的处置和善后工作；对突发公共事件进行事件调查，并进行事后评估；向社会发布信息。

三、工作机构

各专项指挥部、有关部门和驻津部队依据有关法律、行政法规和职责，负责相关类别突发公共事件的应急管理工作。明确本部门处置突发公共事件的组织体系和责任；制定和实施相关类别的突发公共事件专项和部门应急预案；组建突发公共事件防控、抢险队伍；收集突发公共事件信息，预测、预报突发公共事件，及时向市应急委员会报告重要情况和建议；贯彻落实市应急委员会有关决定事项，承担相关应急指挥机构办公室的工作；建立应急信息系统，与市应急指挥中心、下级相关部门连通；指导和协助区县人民政府做好突发公共事件的预防、应急准备、应急处置和恢复重建等工作。

各区县人民政府（含滨海新区、经济技术开发区、天津港保税区和新技术产业园区管委会，下同）是本行政区域突发公共事件应急管理工作的行政领导机构，负责本行政区域各类突发公共事件应急处置工作。

四、区（县）机构

各区（县）人民政府是本行政区域突发公共事件应急管理工作的行政领导机构，设立区（县）应急委员会及常设工作机构，负责本行政区域突发公共事件管理工作。

五、专家组

天津市政府和各应急管理机构根据实际需要聘请有关专家分别组成技术专家组和法律专家组，为应急管理提供决策建议，参加突发公共事件的应急处置工作。

参考资料

1. 天津市应急管理机构设置，见 http://www.yj.tj.gov.cn/101679/。

2. 天津市人民政府突发公共事件总体应急预案，见 http://www.gov.cn/yjgl/2006-03/22/content_233422.htm。

重庆市应急管理机构设置

一、领导机构

重庆市委、市政府是全市应急管理工作的领导机构。设立重庆市人民政府突发公共事件应急委员会（以下简称市政府应急委），在市委、市政府的统一领导下组织指挥全市突发公共事件应急管理工作。

市政府应急委的职责是：贯彻落实国务院应急管理工作的方针、政策；向国务院报告全市应急管理工作情况；决定全市重大、特别重大级突发公共事件应急预案的启动，集中领导和统一指挥应急处置工作；协调重庆警备区、驻渝部队、中央在渝单位共同处置重大、特别重大级突发公共事件；审定重大、特别重大级突发公共事件的专项资金和物资分配计划；部署全市应急管理工作和总结经验教训；决定对涉及应急管理和处置工作的有关部门及单位、人员的奖惩。

重庆市政府应急委主任由市政府市长担任，常务副主任由市政府常务副市长担任，副主任由市政府相关副市长、秘书长和重庆警备区负责人担任，成员由市政府有关部门和相关单位负责人担任。

二、办事机构

重庆市政府应急委下设重庆市人民政府应急管理办公室（以下简称市政府应急办），为市政府应急管理的常设机构。

市政府应急办承担市政府应急委的日常工作，其具体职责是：在市委、市政府的领导下，贯彻执行市政府应急委的工作指令；在市政府应急委的领导下，组织指挥、统筹协调重庆市自然灾害应急指挥部办公室（设在市政府救灾办）、重庆市事故灾难应急指挥部办公室（设在市安监局）、重庆市公共卫生事件应急指挥部办公室（设在市卫生局）、重庆市社会安全事件应急指挥部办公室（设在市公安局）（以下简称四个市应急指挥部办公室）和按照国务院要求设立的市专项指挥部办公室对重大、特别重大级突发公共事件的应急处置工作；经市政府应急委批准，向国务院应急管理办公室报告重大、特别重大预警和灾害信息，并根据市政府应急委的决定发布预警信息；提出应急资金和物资分配建议；统筹协调全市应急管理工作；办理市政府、市政府应急委应急管理方面的文、会、事；组织开展应急管理工作调研，并提出工作建议；定期组织修订本预案，审定各专项应急预案、综合应急预案、部门应急预案及保障预案；负责组织筹建市政府突发公共事件应急处置综合指挥平台、市接警中心和应急管理信息数据库；组织和协调突发公共事件的宣传教育和演习、演练；承担市委、市政府领导交办的其他事项。

市政府应急办设主任、副主任，负责应急管理的日常工作。

四个市应急指挥部办公室和八个市专项指挥部办公室在市政府应急办的统筹协调下负责重大、特别重大级突发公共事件的应急处置工作。

三、工作机构

重庆市政府各部门是应急处置重大、特别重大级突发公共事件的责任主体，负责相关类别突发公共事件的应急管理工作。从源头上强化安全生产和灾害预防，特别要加强对水陆交通、煤矿化工、烟花爆竹等高危行业和公共密集场所的监督和管理；加强对危险源和灾害灾难隐患点的监控，明确相关处室的应急管理职责。市政府各部门的具体职责按各部门应急预案确定。

重庆市专项指挥部和市政府各部门编制的部门应急预案，涉及中央在渝单位的由市政府应急办协调，按其确定的职责，共同或分别编制应急预案并确定其职责。

市应急指挥部的职责是：重庆市突发自然灾害、重庆市突发事故灾难、重庆市突发公共卫生事件、重庆市突发社会安全事件四个市应急指挥部（以下简称四个市应急指挥部）分别由市政府分管副市长任指挥长，交叉分管的并列担任指挥长。成员分别由牵头编制四个专项应急预案及编制部门应急预案的市政府各部门和单位负责人组成，市应急指挥部职责按照相关专项应急预案确定。四个市应急指挥部在市政府应急委的领导下，加强与市政府各部门和单位的密切协作，共同做好以预防为主的预测预警、预警化解、应急处置和灾后评估、恢复重建等工作。

市专项指挥部的职责是：国务院或国家有关部门成立有专项指挥部并在重庆市建立了相应指挥机构的予以保留。目前有重庆市防汛抗旱指挥部、重庆市地质灾害抢险救援指挥部、重庆市抗震救灾指挥部、重庆市森林防火指挥部、重庆市防治动物重大疫病指挥部、重庆市处理信访突出问题及群体性事件联席会议、重庆市处置劫机事件工作领导小组、重庆市反恐协调小组共八个市专项指挥部（以下简称八个市专项指挥部）。市专项指挥部的职责是在发生相应类别的突发公共事件时，在市政府应急委的领导下，会同相关的市应急指挥部，快速有效地对突发公共事件进行应急处置。市专项指挥部按照国务院或国务院有关部门的要求，做好信息传递和共享、应急联动处置等各项基础工作。市专项指挥部办公室的应急管理工作由市政府应急办统筹协调。

四、区县（自治县）政府和开发区管委会

各区县（自治县）政府和开发区管委会既是重大、特别重大级突发公共事件先期应急处置的主体，又是一般、较大级突发公共事件应急处置的责任主体，必须依法建立相关预测预警系统、应急处置队伍、日常监督管理机制、应急处置体制、灾后评估和恢复重建体系。具体职责由相关综合应急预案确定。

五、应急保障部门

负责应急处置保障工作的市政府各部门和单位，在突发公共事件发生时要迅速调集保障资源，确保应急处置的需要。具体职责由相关保障预案确定。

参考资料

1. 重庆市突发公共事件总体应急预案，见 http://www.tengzhou.gov.cn/yjgl/yjya/200809/t20080927_439525.htm。

广东省应急管理机构设置

一、领导机构

广东省突发事件应急委员会

主　任：朱小丹（省委副书记、省长）

副主任：朱明国（省委副书记、省委政法委书记）

梁伟发（省政府党组副书记、省公安厅厅长）

刘　昆（副省长）

二、办事机构

（一）广东省人民政府应急管理办公室内设机构

专家组秘书处、综合管理处、应急指挥协调处（加挂省政府总值班室牌子）、平台技术处。

（二）广东省人民政府应急管理办公室职责

1. 承担广东省政府总值班室工作，及时掌握和报告国内外、省内外相关重大情况和动态，办理向国务院上报、省政府报送的紧急重要事项。

2. 办理省政府、省突发公共事件应急委员会有关应急工作的决定事项，督促落实省政府领导有关批示、指示，承办省政府应急管理的专题会议、活动和文电等工作。

3. 协调、组织有关方面研究提出省应急管理的政策、法规和规划建议。

4. 协助省政府领导处置特别重大和重大突发公共事件，协调指导特别重大和重大突发公共事件相关工作。

5. 负责指导各地级以上市政府、省政府各部门应急体系、应急信息平台建设，协调和督促检查相关应急管理工作。

6. 承办省政府、省突发公共事件应急委员会交办的其他事项。

三、工作机构

1. 省安全生产委员会及其办公室；2. 省民用核设施核事故预防和应急管理委员会及其办公室；3. 省防震抗震救灾工作领导小组及其办公室；4. 省委维稳办；5. 省粮食应急指挥部及其办公室；6. 省委教育工委、省教育厅突发公共事件应急处置工作领导小组；7. 省民族宗教委应急工作领导小组；8. 省公安厅自然灾害应急领导小组及其办公室；9. 省公安厅安全生产领导小组及其办公室；10. 省公安厅突发公共卫生事件应急领导小组及其办公室；11. 省公安厅社会安全事件应急领导小组及其办公室；12. 省公安厅民用核设施核事故预防和应急救援领导小组及其办公室；13. 省公安厅防震抗震救灾工作领导小组及其办公室；14. 省减灾委员会及其办公室；15. 省民政厅救灾应急指挥部及其办公室；16. 省司法厅处置监狱劳教所突发事件应急总指挥部及其办公室；17. 省财政厅防汛救灾应急工作领导小组及其办公室；18. 省人事厅处理公共突发事件工作领导小组；19. 省劳动保障厅维护稳定工作领导小组及其办公室；20. 省地质灾害防治工作领导小组；21. 省城市地铁事故灾难应急联席会议及办公室；22. 省交通厅应急工作领导小组；23. 省应对公共突发事件无线电业务保障应急小组；24. 省防汛防旱防风指挥部及办公室；25. 省防治高致病性禽流感指挥部及办公室；26. 省防治重大动物疫病指挥部及办公室；27. 省农业厅农产品质量安全事件应急工作组；28. 省外经贸厅应急管理工作领导小组及办公室；29. 省文化厅公共文化场所和文化活动突发事件应急指挥部及办公室；30. 省卫生厅应急指挥中心领导小组及办公室；31. 省人口计生委机关公共突发事件应急预案指挥领导小组；32. 省国有企业改制关闭破产信访问题专项治理工作领导小组及办公室；33. 省地方税务局应急管理领导小组及办公室；34. 省突发环境事件应急联席会议；35. 省广播电视系统安全播出领导小组及办公室；36. 省价格异动事件应急工作领导小组及办公室；37. 省工商局市场防控高致病性禽流感应急指挥部及办公室；38. 省森林防火指挥部及办公室；39. 省海洋渔业局防台领导小组及办公室；40. 省质监局食品安全突发事件应急领导小组及办公室；41. 省质监局特种设备事故应急救援协调指挥领导小组及办公室；42. 省食品安全委员会及重大食品安全事故应急指挥部办公室；43. 省食品药品监管局应急工作领导小组及办公室；44. 省旅游局旅游应急救援协调委员会及其办公室；45. 省在境外人员和机构安全保护工作联席会议；46. 省领馆安全保卫应急小组；47. 省港澳办专项应急管理工作小组；48. 省侨办重大涉侨突发事件应急领导小组及其办公室；49. 省监狱局应急指挥领导小组及其办公室；50. 省劳教局专项应急管理指挥部及其办公室；51. 省打私办突发事件应急指挥部及其办公室；52. 省台办突发事件应急处理协调小组；53. 省考试保密应急处置领导小组；54. 中国南方航空集团公司应急管理领导小组及其办公室；55. 广东电网公司安全生产事故应急处理领导小组及其办公室；56. 省通信保障应急领导小组及其办公室；57. 广铁集团公司突发公共事件应急处置工作管理委员会及其办公室；58. 民航中南管理局突发公共事件应急管理委员会及其办公室；59. 广东银监局突发事件应急处置领导小组及其办公室；60. 省电网大面积停电事件应急领导小组及其办公室；61. 南方电监局处置突发性事件应急领导小组及其办公室；62. 海关总署广东分署综合治理领导小组；63. 广东出入境检验检疫局专项应急管理工作领导小组及其办公室；64. 省气象局应急工作领导小组及其办公室；65. 广东储备物资管理局应急管理领导小组及其办公室；66. 广东海事局水上交通应急反应领导小组及其办公室；67. 广东海事局防热带气旋工作领导小组及其办公室；68. 广东海事局防洪应急反应领导小组及其办公室；69. 广东海事局船舶污染事故应急反应领导小组及其办公室；70. 珠江水利委员会应对突发性水污染事件工作领导小组及其办公室；71. 省军区应急工作领导小组及其办公室；72. 省武警总队处置突发事件应急领导小组；73. 省红十字会应急工作领导小组；74. 省红十字会应急救援领导小组；75. 省红十字会应急救援队。

四、专家组

广东省突发公共事件应急管理专家组成立于2007 年 8 月 10 日。2010 年 8 月，广东省启动省突发事件应急管理专家组专家换届工作，对聘任期满的应急管理专家组专家进行了调整。调整后第二届专家组专家 47 名，涉及 5 大类 45 个领域，包括自然灾害类 10 名、事故灾难类 10 名、公共卫生事件类 10 名、社会安全事件类 8 名、综合管理类 9 名。广州医学院广州呼吸疾病研究所所长、中国工程院院士钟南山继续担任专家组组长；原副省长钟启权、游宁丰同志继续担任专家组顾问。

专家组成员由省政府颁发聘书，聘期 3 年。专家组主要工作职责：为全省应急管理工作出谋献策，提供决策建议、咨询指导和技术支持。

五、地方机构

1. 广州市突发事件应急委员会；2. 深圳市突发事件应急委员会；3. 珠海市突发事件应急委员会；4. 汕头市突发事件应急委员会；5. 佛山市突发事件应急委员会；6. 韶关市突发事件应急委员会；7. 河源市突发事件应急委员会；8. 梅州市突发事件应急委员会；9. 惠州市突发事件应急委员会；10. 汕尾市突发事件应急委员会；11. 东莞市突发事件应急委员会；12. 中山市突发事件应急委员会；13. 江门市突发事件应急委员会；14. 阳江市突发事件应急委员会；15. 湛江市突发事件应急委员会；16. 茂名市突发事件应急委员会；17. 肇庆市突发事件应急委员会；18. 潮州市突发事件应急委员会；19. 揭阳市突发事件应急委员会；20. 云浮市突发事件应急委员会；21. 清远市突发事件应急委员会。

参考资料

1. 广东省突发事件委员会，见 http://www.gdemo.gov.cn/zwxx/jgjs/200712/t20071202_36200.htm。

2. 广东省人民政府应急管理办公室，见 http://www.gdemo.gov.cn/zwxx/jgjs/200712/t20071202_36203.htm。

3. 广东省应急管理机构，见 http://www.gdemo.gov.cn/zwxx/jgjs/syjglgzjg/index_2.htm。

4. 地级以上市领导机构，见 http://www.gdemo.gov.cn/zwxx/jgjs/diyssldjg/index.htm。

贵州省应急管理机构设置

一、领导机构

贵州省突发公共事件应急委员会（以下简称省应急委）是全省应对突发公共事件的领导机构，主任由省长担任，副主任由省军区司令员、分管副省长、省武警总队总队长、省人民政府秘书长担任，成员由相关单位主要负责人担任。负责领导指挥和组织协调全省特别重大突发公共事件综合预防管理和应急处置工作。按照职责，由省人民政府有关职能部门牵头分别组成专门指挥机构，负责重大突发公共事件的管理和处置工作。按照属地管理、分级响应的原则，县级以上突发公共事件应急委员会及其专门指挥机构，负责本行政区域内的突发公共事件处置工作。

二、办事机构

贵州省人民政府办公厅设置省政府应急管理办公室（省政府总值班室），主任由省人民政府秘书长兼任，并配备一名专职副主任。承担省人民政府应急管理的日常工作和省人民政府总值班工作，履行值守应急、信息汇总和综合协调职能，发挥运转枢纽作用。

（一）省人民政府应急管理办公室（省人民政府总值班室）的主要职责：

1. 承担省人民政府值班工作，及时掌握和报告省内相关重大情况和动态，办理向省人民政府报送的紧急重要事项，保证省人民政府与国务院，各省、自治区、直辖市人民政府，各自治州、市人民政府，各地区行署，省人民政府各部门联络畅通，指导全省政府系统值班工作。

2. 办理省人民政府有关决定事项，督促落实省人民政府领导有关批示、指示，承办省人民政府应急管理的专题会议、活动和文电等工作。

3. 负责协调和督促检查各自治州、市人民政府，各地区行署，省人民政府各部门应急管理工作，协调、组织有关方面研究提出全省应急管理的措施、办法和规划建议。

4. 负责组织编制贵州省突发公共事件总体应急预案和审核专项应急预案，协调指导应急预案体系和应急体制、机制、法制建设，指导各自治州、市人民政府、各地区行署，省人民政府有关部门应急体系、应急信息平台建设等工作。

5. 负责向国务院办公厅、国务院应急管理办公室报告省突发公共事件的信息；向省委办公厅等有关部门通报重要信息。

6. 协助省人民政府领导处置特别重大和重大突发公共事件，协调指导特别重大和重大突发公共事件的预防预警、应急演练、应急处置、调查评估、信息发布、应急保障和救助救援等工作。

7. 组织开展信息调研和宣传培训工作，协调应急管理方面的交流与合作。

8. 承办省人民政府领导和上级有关部门交办的其他事项。

（二）省人民政府应急管理办公室（省人民政府总值班室）办理的主要业务是办理各地区、各部门报送省人民政府涉及下列业务的文电和有关会务、督查工作等：

1. 涉及防汛抗旱、减灾救济、抗震救灾，以及重大地质灾害、重大森林火灾及病虫害、重大生态灾害事件的处置及相关防范业务、重要天气形势和灾害性天气的预警预报等业务。

2. 涉及安全生产、交通安全、环境安全、消防安全及人员密集场所事故处置和预防等业务。

3. 涉及重大突发疫情、病情处置，重大动物疫情处置，重大食品药品安全事故处置及相关防范等业务。

4. 涉及社会治安、反恐怖、群体性事件等重大突发公共事件应急处置和防范业务，涉及重大突发事件的处置等业务。

三、专家组

省应急委聘请有关专家组成省突发公共事件专家咨询委员会，为省应急委提供决策咨询和工作建议；必要时，参与现场应急处置工作。

参考资料

1. 贵州省突发公共事件总体应急预案，见 http://code.fabao365.com/law_69640_1.html。

2. 贵州省人民政府办公厅信息公开专栏，见 http://www.gzgov.gov.cn/xxgk/yjgl/jgsz/59467.shtml。

3. 贵州省人民政府办公厅关于设置省人民政府应急管理办公室（省人民政府总值班室）的通知，见 http://www.34law.com/lawfg/law/1797/2653/law_893824250917.shtml。

吉林省应急管理机构设置

一、领导机构

吉林省政府是全省突发公共事件应急管理工作的最高行政领导机构。在省长的领导下，通过省政府常务会议和省政府相关突发公共事件应急指挥机构（以下简称相关应急指挥机构）负责相关类别突发公共事件的应急管理工作；必要时，派出省政府工作组指导有关工作。

二、办事机构

吉林省政府应急管理办公室是突发公共事件应急管理的办事机构，设在省政府办公厅，履行值守应急、信息汇总和综合协调职责，发挥运转枢纽作用。

三、工作机构

吉林省政府有关部门依据有关法律、行政法规和各自的职责，负责相关类别突发公共事件的应急管理工作。具体负责相关类别的突发公共事件专项和部门应急预案的起草与实施，贯彻落实省政府有关决定事项。

四、地方机构

市（州）人民政府是本行政区域突发公共事件应急管理工作的行政领导机构，负责本行政区域各类突发公共事件的应对工作。

五、专家组

吉林省政府和各应急管理机构建立各类专业人才库，可以根据实际需要聘请有关专家组成专家组，为应急管理提供决策建议，必要时参加突发公共事件的应急处置工作。

参考资料

1. 吉林省突发公共事件总体应急预案，见 http://www.gov.cn/yjgl/2006-01/18/content_162169.htm。

江西省应急管理机构设置

一、领导机构

江西省人民政府突发公共事件应急委员会（以下简称省应急委员会），作为全省突发公共事件应急管理工作的领导机构，领导全省突发公共事件应急管理工作。

江西省应急委员会下设若干应急指挥部（以下简称省应急指挥部），作为负责全省相应类型特别重大、重大突发公共事件应急工作的指挥机构。

特别重大、重大突发公共事件发生后，负责应急指挥工作的省应急指挥部可以根据需要，在事发地设立现场指挥部。

二、办事机构

江西省应急委员会下设办公室（以下称省应急管理办公室，设在省政府办公厅），作为其办事机构。在省政府办公厅设立江西省突发公共事件应急联动中心（以下简称省应急联动中心），履行值守应急、信息汇总和综合协调职责，发挥运转枢纽作用。

三、工作机构

江西省政府有关部门依据有关法律、法规、规章和各自的职责，负责相关类别突发公共事件的应急管理工作。具体负责相关类别的突发公共事件专项和部门应急预案的起草与实施，贯彻落实省应急委员会有关决定事项。

四、设区市、县级机构

设区市、县级人民政府相应成立应急委员会，作为本行政区域突发公共事件应急管理工作的领导机构，负责本行政区域各类突发公共事件的应对工作。

五、专家组

江西省应急委员会和各应急管理机构建立各类专业人才库，可以根据实际需要聘请有关专家组成专家组，为应急管理提供决策建议，必要时参加突发公共事件的应急处置工作。

参考资料

1. 江西省应急管理机构设置，见 http://www.jiangxi.gov.cn/zfgz/yjgl/jgsz/。

2. 江西省突发公共事件总体应急预案，见 http://www.jiangxi.gov.cn/zfgz/yjgl/yjya/200601/t20060113_24718.htm。

内蒙古自治区应急管理机构设置

一、领导机构

内蒙古自治区人民政府为自治区行政区域内各种应急管理工作的行政管理机构，在自治区主席的领导下，通过自治区人民政府常务会议研究、决定、部署重大和特大突发公共事件应急管理工作。自治区副主席按照业务分工和在自治区相关突发公共事件应急指挥机构（以下简称相关应急指挥机构）中兼任的职务，负责相关类别突发公共事件的应急管理工作。

内蒙古自治区人民政府秘书长协助自治区主席负责整体协调工作。

内蒙古自治区人民政府副秘书长协助自治区人民政府领导处理有关工作。

二、工作机构

内蒙古自治区人民政府办公厅牵头，自治区人民防空办公室参加，组成自治区应急管理办公室，履行值守应急、信息汇总和综合协调职责，发挥运转枢纽作用。

内蒙古自治区有关部门成立相应的应急管理办公室（以下简称应急办）。依据有关法律、行政法规和各自职责，具体负责相关类别的突发公共事件专项和部门应急预案的起草与实施，贯彻落实自治区人民政府有关决定事项；承担相关应急指挥机构办公室的工作；及时向自治区人民政府报告重要情况和建议，指导和协助盟行政公署、市人民政府做好突发公共事件的预防、应急准备、应急处置和恢复重建等工作。

各应急办主任由所在部门、单位的一把手兼任。

（1）在自治区农牧业厅设立草原火灾、农牧业自然灾害和重大动植物疫情、重大生物灾害应急办。

（2）在自治区林业厅设立森林草原火灾和林业生物灾害应急办。

（3）在自治区水利厅设立城乡旱涝灾害应急办。

（4）在自治区国土资源厅设立山体崩塌、滑坡、泥石流等地质灾害应急办。

（5）在自治区环境保护局设立环境和生态安全应急办。

（6）在自治区安全生产监督管理局设立工矿企业、公共场所及机关企事业单位重大安全事故应急办。

（7）在自治区建设厅设立建设工程、供水、供热、供气等城市基础设施安全应急办。

（8）在内蒙古通信管理局设立通信安全应急办。

（9）在自治区广播电影电视局设立广播电视安全应急办。

（10）在自治区信息化工作领导小组办公室设立信息网络安全应急办。

（11）在自治区交通厅设立公路和水路运输安全应急办。

（12）在呼和浩特铁路局设立铁路运输安全应急办。

（13）在内蒙古民航安全监督管理办公室设立航空运输安全应急办。

（14）在自治区人民政府金融工作办公室设立金融安全应急办。

（15）在自治区粮食局设立粮食供应安全应急办。

（16）在自治区卫生厅设立重大传染病疫情、群体性不明原因疾病、重大食物中毒和职业中毒，以及其他严重影响公众健康的突发公共卫生事件应急办。

（17）在自治区公安厅设立重大刑事案件、恐怖袭击事件、涉外突发事件、规模较大的群体性事件、爆炸物品、危险化学品和城市火灾等突发社会安全事件应急办。

（18）在内蒙古地震局设立地震灾害应急办。

三、盟市、旗县（市、区）工作机构

各盟行政公署、市人民政府、各旗县（市、区）人民政府是本行政区域突发公共事件应急管理工作的行政领导机构，负责本行政区域各类突发公共事件的应对工作，其办事机构、工作机构及其职责可参照本预案，结合本地实际情况予以确定。

四、安全信息监测和专家咨询体系及职责

各应急办内设安全信息监测中心和专家咨询组，平时作为应急办的日常工作机构，负责本行业各种安全信息的搜集、汇总、分析、预测、预警、接警等工作。突发事件发生后，负责拟定应急救援技术方案并接受技术咨询。

在内蒙古气象局设立自治区气象灾害信息监测中心和专家咨询组。负责气象灾害的预警和咨询。

五、应急救援队伍体系及职责

军民结合，自救和互救结合，是组建自治区应急救援队伍体系的基本原则。

驻区部队和各种警察部队是应急救援的骨干和突击力量，按照有关规定参加应急处置工作。事发单位和地区的民众自救、互救组织是开展各种防灾减灾应急救援的基础力量。

针对各种紧急事件的性质特点，为便于紧急事件发生后迅速而有组织地开展自救和互救，以各行业大中型企事业单位技术骨干和青壮年职工、青壮年农牧民为主，组建多种行业急救队，力求一专多能，承担本地区、本单位突发公共事件的自救和毗邻地区、单位的援救任务。

危险化学品、爆炸品、核与辐射事故等特殊领域的应急救援任务，按照国家规定，由消防警察等拥有特殊防护设备的人员承担。

六、联系方式

自治区应急办公室	（0471）4826031
	4824240
呼和浩特市人民政府	（0471）4608654
包头市人民政府	（0472）5148212
呼伦贝尔市人民政府	（0470）8217525
兴安盟行政公署	（0482）3985638
通辽市人民政府	（0475）8212221
赤峰市人民政府	（0476）8334134
锡林郭勒盟行政公署	（0479）8271811
乌兰察布市人民政府	（0474）8320174
鄂尔多斯市人民政府	（0477）8589921
巴彦淖尔市人民政府	（0478）8655588
乌海市人民政府	（0473）2999712
阿拉善盟行政公署	（0483）8350699
满洲里市人民政府	（0470）6266271
二连浩特市人民政府	（0479）7521474

参考资料

1. 内蒙古自治区突发事件总体应急预案，见 http://www.nmg.gov.cn/main/nmg/zfxxgk/yjgl/ztyjya/2009-11-18/2_39446/default.shtml。

2. 内蒙古自治区应急机构，见 http://www.nmg.gov.cn/main/nmg/zfxxgk/yjgl/jgsz/2008-11-13/2_39299/default.shtml。

陕西省应急管理机构设置

一、领导机构

在陕西省委领导下，省人民政府是全省突发公共事件应急管理工作的行政领导机构。成立省应急委员会，对外以省政府名义行使职能，在省

长的领导下，通过省人民政府常务会议研究、决定和部署特别重大、重大突发公共事件应急管理工作，省人民政府副省长按照业务分工和在陕西省相关突发公共事件应急指挥机构（以下简称相关应急指挥机构）中兼任的职务，负责相关类别突发公共事件的应急管理工作；必要时，派出省人民政府工作组指导有关工作。

二、办事机构

陕西省人民政府办公厅设省应急管理办公室，为省应急委员会的办事机构，履行值守应急、信息汇总和综合协调职责，发挥运转枢纽作用。

三、 工作机构

陕西省人民政府有关部门依据有关法律、行政法规和各自的职责，负责相关类别突发公共事件的应急管理工作。具体负责相关类别的突发公共事件专项和部门应急预案的起草与实施，贯彻落实省人民政府有关决定事项。

四、地方机构

地方各级人民政府是本行政区域突发公共事件应急管理工作的行政领导机构，负责本行政区域各类突发公共事件的应对工作。

五、专家组

陕西省人民政府和各应急管理机构建立各类专业人才库，可以根据实际需要聘请有关专家组成专家组，必要时聘请国务院或国务院有关部门专家，为应急管理提供决策建议，或参加突发公共事件的应急处置工作。

参考资料

1. 陕西省应急机构设置，见 http://www.shaanxi.gov.cn/IssuedContentAction.do?dispatch=vCo-ntentSelfByContid&scope=jgsz&contentid=45018。

四川省应急管理机构设置

一、领导机构

四川省政府是全省突发公共事件应急管理工作的行政领导机构，在省长的领导下，研究决定、部署和推动全省特别重大、重大突发公共事件应急管理工作。

二、办事机构

四川省政府办公厅是突发公共事件应急管理的办事机构，设省政府应急管理办公室，履行应急值守、信息汇总、综合协调和督促检查职能。履行应急值守、信息汇总和综合协调职责，发挥运转枢纽作用；负责接收和办理向省政府报送的紧急重要事项。

四川省人民政府应急管理办公室为省政府办公厅内设行政机构，下设综合处、应急管理一处、应急管理二处 3 个职能处，核定行政编制 19 名（所需人员和编制由原省政府救灾办、原省政府应急管理办公室和省政府办公厅划转），其中主任 1 名（按副厅级领导职务配备），副主任 2 名（正处级），处级领导职数 6 名（3 正 3 副）。

其主要职责是：履行应急值守、信息汇总和综合协调职责，发挥运转枢纽作用；负责接收和办理向省政府报送的紧急重要事项；承办省政府应急管理的专题会议，督促落实省政府有关决定事项和省政府领导批示、指示精神；指导全省突发公共事件应急体系、应急信息平台建设；组织编制、修订《四川省人民政府突发公共事件总体应急预案》；检查指导市（州）、省级有关部门应急预案的编制、修订和实施，组织审核专项应急预案；督促、检查各级政府及部门应急机构和队伍建设；负责全省各类重大、特别重大突发公共事件预警信息披露、新闻发布以及与市（州）政府、省级部门的联系沟通；协调重大突发公共事件的预防预警、应急演练、应急处置、调查评估、应急保障和宣传培训工作；负责与专家咨询机构的协调联系并提供相应服务；负责国际间应急管理的合作交流；负责与驻川解放军、武警部队在应急管理工作方面的联系；负责贯彻执行抗灾救灾的方针、政策；处理抗灾救灾事宜，指导全省抗灾救灾工作；对省上安排的抗灾救灾资金、物资提出分配意见，并监督检查执行使用情况。

三、工作机构

四川省政府有关部门为突发公共事件应急处置的工作部门。根据突发公共事件的类型以及部门职责确定一个应急主管部门和若干参与部门，其构成在相应应急指挥机构或省专项预案中明确。

四、市、县机构

市、县级政府是本行政区域突发公共事件应急管理工作的行政领导机构，负责本行政区域各类突发公共事件的应对工作，做好本行政区域各类较大、一般突发公共事件应急处置的组织领导工作。

五、专家组

四川省政府和各类应急指挥机构及有关部门可根据实际需要聘请有关专家组成专家组，为应急管理提供决策咨询和工作建议，必要时参与现场应急处置工作。

参考资料

1. 四川省突发公共事件总体应急预案，见 http://www.gov.cn/yjgl/2006-03/22/content_233837.htm。

2. 四川省人民政府应急管理办公室机构设置和职能职责，见 http://www.sc.gov.cn/zwgk/yjgl/jgszyjgl/200712/t20071203_230945.shtml。

安徽省应急管理机构设置

一、领导机构

安徽省政府是全省突发公共事件应急管理工作的最高行政领导机构。在省长领导下，由省政府常务会议和省相关突发公共事件应急指挥机构，负责相关类别突发公共事件的应急管理工作；必要时，派出省政府工作组指导有关工作。

二、办事机构

安徽省政府办公厅是全省突发公共事件应急管理的办事机构，设省政府应急管理办公室，履行值守应急、信息汇总和综合协调职责，发挥运转枢纽作用。

三、工作机构

安徽省政府有关部门依据各自的职责，负责相关类别突发公共事件应急处置工作。

四、市、县机构

各市、县级人民政府是本行政区域突发公共事件应急管理工作的行政领导机构，负责本行政区域各类突发公共事件的应对工作。

五、专家组

安徽省政府及各专项应急机构建立各类专业人才库，根据实际需要聘请有关专家组成专家组，为应急管理工作提供决策建议，必要时参加突发公共事件应急处置工作。

参考资料

1. 安徽省人民政府突发公共事件总体应急预案，见 http://www.ahzwgk.gov.cn/XxgkWeb/showGKcontent.aspx?xxnr_id=4223。

甘肃省应急管理机构设置

一、领导机构

甘肃省突发公共事件应急委员会（以下简称应急委员会），省长任主任，副省长和省军区、省武警总队主要负责人任副主任，省长助理、省政府秘书长、副秘书长以及省发展和改革委员会、省经济委员会、省教育厅、省公安厅、省民政厅、省财政厅、省国土资源厅、省建设厅、省交通厅、省水利厅、省农牧厅、省林业厅、省卫生厅、省质量技术监督局、省环保局、省广播电影电视局、省外事办公室、省食品药品监督管理局、省安全生产监督管理局、省通信管理局、省地震局、省气象局、甘肃储备物资管理局、甘肃煤矿安全监察局、兰州海关、甘肃出入境检验检疫局、兰州铁路局、人行兰州中心支行、甘肃机场集团有限公司的主要负责人为成员。

应急委员会是全省突发公共事件应急工作的最高领导、议事和协调机构，其主要职责是：1. 研究部署全省突发公共事件应急工作，指导各地、各部门制定和组织实施各级、各类突发公共事件应急预案；2. 制定和修订《甘肃省人民政府突发公共事件总体应急预案》；3. 在省行政区域内有重大和特大突发公共事件发生时，领导、组织和协调应急工作，决定启动和组织实施本预案；4. 根据需要商兰州军区、省军区和省武警总队组成救灾抢险队伍，参与应急工作；5. 向国务院报告突发公共事件和应急工作有关情况。

二、办事机构

应急委员会下设办公室。办公室设在省政府办公厅，省政府秘书长任办公室主任，各副秘书长任副主任。

应急委员会办公室主要职责：1. 汇总、核查突发公共事件和应急工作有关情况，提出建议意见，及时报告应急委员会，为应急委员会决策提供依据；2. 在应急委员会决定启动本预案后，通知并协调组织各有关部门和市（州）政府具体实施；3. 督促检查各地、各部门应急预案的制定和具体实施工作；4. 组织开展应急工作的信息报送和新闻报道工作；5. 承办应急委员会日常工作。

三、工作机构

甘肃省政府分别设立各专项突发公共事件应

急指挥部，确定应急工作牵头部门和单位以及参加部门和单位，具体负责指挥各类单一重大和特大突发公共事件应急工作。主管副省长任总指挥，主管副秘书长、牵头部门主要负责人任副总指挥，各有关部门为成员单位。各专项应急指挥部办公室分别设在相应牵头部门和单位，指挥场所在牵头部门和单位开设，如果条件不具备，则由专项应急指挥部决定，在省人防指挥所或其他适当地方开设，充分利用现有指挥系统硬件设施，指挥突发公共事件应急工作。

1. 设立省抗震救灾应急指挥部，指挥重大和特大地震灾害应急工作。省地震局牵头制定和组织实施应急预案，省发展和改革委员会、省教育厅、省科技厅、省公安厅、省民政厅、省财政厅、省建设厅、省交通厅、省水利厅、省卫生厅、省广播电影电视局、省粮食局、省通信管理局、省安全生产监督管理局、省气象局、甘肃储备物资管理局等有关部门和单位参加。

2. 设立省地质灾害应急指挥部，指挥重大和特大山体崩塌、滑坡、泥石流等地质灾害应急工作。省国土资源厅牵头制定和组织实施应急预案，省公安厅、省民政厅、省财政厅、省建设厅、省交通厅、省水利厅、省卫生厅、省旅游局、省地震局、省气象局等有关部门和单位参加。

3. 设立省水旱灾害应急指挥部（与现有省抗旱防汛指挥部合署），指挥重大和特大旱灾、暴雨洪水灾害和大中型及重点小型水库、五座重点防洪城市、三大流域干流及重要支流超标准洪水、局地特大暴雨洪水和大范围人饮缺水应急工作。省水利厅牵头制定和组织实施应急预案，省军区、省发展和改革委员会、省经济委员会、省公安厅、省民政厅、省财政厅、省国土资源厅、省建设厅、省交通厅、省农牧厅、省商务厅、省卫生厅、省广播电影电视局、省扶贫开发办公室、省供销社、省地震局、省气象局、省通信管理局、省电力公司、兰州铁路局、大唐甘肃发电有限公司等有关部门和单位参加。

4. 设立省农业灾害应急指挥部，指挥全省因重大和特大病虫害、冻害等引发的农业灾害应急工作。省农牧厅牵头制定和组织实施应急预案，省民政厅、省财政厅、省交通厅、省水利厅、省林业厅、省气象局等有关部门和单位参加。

5. 设立省气象灾害应急指挥部，指挥暴雨、冰雹、暴雪、沙尘暴、寒潮、霜冻等气象灾害应急工作。省气象局牵头制定和组织实施应急预案，省民政厅、省财政厅、省建设厅、省交通厅、省水利厅、省农牧厅、省卫生厅、省环保局、省通信管理局等有关部门和单位参加。

6. 设立省森林火灾应急指挥部，指挥重大和特大森林火灾应急工作。省林业厅牵头制定和组织实施应急预案，省发展和改革委员会、省经济委员会、省公安厅、省民政厅、省财政厅、省交通厅、省水利厅、省农牧厅、省卫生厅、省农业办公室、省通信管理局、省气象局、兰州铁路局、甘肃机场集团有限公司等有关部门和单位参加。

7. 设立省草原火灾应急指挥部，指挥重大和特大草原火灾应急工作。省农牧厅牵头制定和组织实施应急预案，省公安厅、省民政厅、省财政厅、省交通厅、省水利厅、省林业厅、省卫生厅、省通信管理局、省气象局等有关部门和单位参加。

8. 设立省火灾事故应急指挥部，指挥重大和特大火灾事故应急工作。省公安厅牵头制定和组织实施应急预案，省民政厅、省建设厅、省交通厅、省水利厅、省卫生厅、省旅游局、省安全生产监督管理局、省气象局、兰州铁路局、甘肃机场集团有限公司等有关部门和单位参加。

9. 设立省公路交通事故应急指挥部，指挥重大和特大公路交通事故应急工作。省公安厅牵头制定和组织实施应急预案，省民政厅、省建设厅、省交通厅、省水利厅、省农牧厅、省卫生厅、省旅游局、省安全生产监督管理局、省气象局、甘肃机场集团有限公司等有关部门和单位参加。

10. 设立省铁路交通事故应急指挥部，指挥重大和特大铁路交通事故应急工作。兰州铁路局牵头制定和组织实施应急预案，省公安厅、省民政厅、省建设厅、省交通厅、省水利厅、省卫生厅、省旅游局、省安全生产监督管理局、省气象局、甘肃机场集团有限公司等有关部门和单位参加。

11. 设立省民航航空事故应急指挥部，指挥重大和特大民航航空事故应急工作。甘肃机场集团有限公司牵头制定和组织实施应急预案，省公安厅、省民政厅、省卫生厅、省旅游局、省安全生产监督管理局、省气象局、民航甘肃安全监督管理办公室、东方航空公司甘肃分公司、民航兰州空管中心、中国航空油料总公司甘肃分公司等有关部门和单位参加。

12. 设立省安全生产事故应急指挥部，指挥重大和特大矿山（不含煤矿）及工业、商贸企业安全生产事故、危险化学品事故以及烟花爆竹生产事故应急工作。省安全生产监督管理局牵头制定和组织实施应急预案，省经济委员会、省公安厅、省财政厅、省国土资源厅、省交通厅、省农牧厅、省商务厅、省卫生厅、省政府国有资产监督管理委员会、省质量技术监督局、省环保局、省气象局等有关部门和单位参加。

13. 设立省煤矿安全生产事故应急指挥部，指挥重大和特大煤矿安全生产事故应急工作。甘肃煤矿安全监察局牵头制定和组织实施应急预案，省经济委员会、省公安厅、省卫生厅等有关部门和单位参加。

14. 设立省建设安全事故应急指挥部，指挥重大和特大建筑、市政基础设施、城市公用行业等安全事故应急工作。省建设厅牵头制定和组织实施应急预案，省公安厅、省财政厅、省交通厅、省卫生厅、省质量技术监督局、省安全生产监督管理局等有关部门和单位参加。

15. 设立省爆炸事故应急指挥部，指挥重大和特大爆炸事故应急工作。省公安厅牵头制定和组织实施应急预案，省财政厅、省建设厅、省交通厅、省卫生厅、省环保局、省国防科学技术工业办公室、省安全生产监督管理局等有关部门和单位参加。

16. 设立省核事故与辐射事故应急指挥部，指挥重大和特大核事故与辐射事故应急工作。省环保局牵头制定和组织实施应急预案，省公安厅、省财政厅、省国土资源厅、省建设厅、省交通厅、省卫生厅、省国防科学技术工业办公室、省气象局等有关部门和单位参加。

17. 设立省环境污染事故应急指挥部，指挥重大和特大环境污染事故应急工作。省环保局牵头制定和组织实施应急预案，省公安厅、省财政厅、省建设厅、省交通厅、省水利厅、省农牧厅、省林业厅、省卫生厅、省气象局等有关部门和单位参加。

18. 设立省特种设备事故应急指挥部，指挥重大和特大锅炉、压力容器、压力管道和特种设备事故应急工作。省质量技术监督局牵头制定和组织实施应急预案，省公安厅、省财政厅、省建设厅、省交通厅、省卫生厅、兰州铁路局等有关部门和单位参加。

19. 设立省生态破坏事故应急指挥部，指挥重大和特大生态破坏事故应急工作。省农牧厅会同省林业厅牵头制定和组织实施应急预案，省公安厅、省建设厅、省财政厅、省水利厅、省工商局、省环保局、省气象局等有关部门和单位参加。

20. 设立省林业有害生物灾害应急指挥部，指挥林业重大和特大有害生物灾害应急工作。省林业厅负责制定和组织实施应急预案，省公安厅、省财政厅、省交通厅、省农牧厅、省卫生厅、省工商局、省邮政局、省气象局、兰州铁路局、甘肃机场集团有限公司等有关部门和单位参加。

21. 设立省草原有害生物灾害应急指挥部，指挥草原重大和特大有害生物灾害应急工作。省农牧厅负责制定和组织实施应急预案，省公安厅、省财政厅、省交通厅、省林业厅、省卫生厅、省工商局、省邮政局、省气象局、兰州铁路局、甘肃机场集团有限公司等有关部门和单位参加。

22. 设立省公共场所安全事故应急指挥部，指挥公共场所（机关、企事业单位不对社会开放的场所除外）发生的各类重大和特大安全事故应急工作。省公安厅牵头制定和组织实施应急预案，省军区、省民政厅、省建设厅、省交通厅、省卫生厅、省安全生产监督管理局、省信访局等有关部门和单位参加。

23. 设立省通信网络安全事故应急指挥部，指挥重大和特大通讯、信息、广播电视网络等安全事故应急工作。省通信管理局牵头制定和组织实施应急预案，省发展和改革委员会、省经济委员会、省教育厅、省公安厅、省建设厅、省交通厅、省农牧厅、省广播电影电视局等有关部门和各电信运营企业参加。

24. 设立省突发公共卫生事件应急指挥部，指挥重大和特大传染病疫情、群体性不明原因疾病、职业中毒，以及相关严重影响公众健康等事件的应急工作，省卫生厅牵头制定和组织实施应急预案，省经济委员会、省教育厅、省公安厅、省财政厅、省建设厅、省交通厅、省农牧厅、省商务厅、省工商局、省食品药品监督管理局、省旅游局、兰州铁路局、甘肃出入境检验检疫局、甘肃机场集团有限公司等有关部门和单位参加。

25. 设立省重大动物疫情应急指挥部，指挥重大和特大动物疫情应急工作。省农牧厅牵头制定和组织实施应急预案，省经济委员会、省公安厅、省财政厅、省建设厅、省交通厅、省卫生厅、省商务厅、省工商局、省旅游局、兰州铁路局、甘肃出入境检验检疫局、甘肃机场集团有限公司等有关部门和单位参加。

26. 设立省重大刑事案件和恐怖袭击事件应急指挥部，指挥重大和特大刑事案件及较大规模恐怖袭击事件的应急工作。省公安厅牵头制定和组织实施应急预案，省教育厅、省安全厅、省财政厅、省建设厅、省交通厅、兰州海关、兰州铁路局、甘肃机场集团有限公司等有关部门和单位参加。

27. 设立省重大涉外事件应急指挥部，指挥重大和特大涉外事件的应急工作。省外事办公室牵头制定和组织实施应急预案，省高级人民法院、省人民检察院、省公安厅、省安全厅、省商务厅、省司法厅、省旅游局、兰州海关、兰州铁路局、甘肃机场集团有限公司等有关部门和单位参加。

28. 设立省重大粮食安全事件应急指挥部，指挥重大和特大粮食安全事件的应急工作。省发展和改革委员会牵头制定和组织实施应急预案，省财政厅、省民政厅、省交通厅、省农牧厅、省工商局、省物价局、省食品药品监督管理局、省粮食局、农发行甘肃省分行、兰州铁路局等有关部门和单位参加。

29. 设立省重大食品安全事件应急指挥部，指挥食品（食物）在生产、加工、包装、仓储、运输、经营、消费等环节中发生的重大安全事件的应急工作。省食品药品监督管理局牵头制定和组织实施应急预案，省教育厅、省公安厅、省民政厅、省交通厅、省农牧厅、省商务厅、省卫生厅、省工商局、省质量技术监督局、省粮食局、省出入境检疫检验局等有关部门和单位参加。

30. 设立省重大考试安全事件应急指挥部，指挥各类重大和特大国家教育考试安全事件的应急工作。省教育厅牵头制定和组织实施应急预案，省委宣传部、省公安厅、省监察厅、省国家保密局、省通信管理局等有关部门和单位参加。

31. 设立省突发金融事件应急指挥部，指挥重大和特大突发金融事件的应急工作。人行兰州中心支行牵头制定和组织实施应急预案，省财政厅、中国银监会甘肃监管局、中国证监会甘肃监管局、中国保监会甘肃监管局等有关部门和单位参加。

四、专家组

突发公共事件应急专家组，由各专项突发公共事件应急工作牵头部门和单位以及参加部门和单位的高级专业技术人员、高级管理人员组成，主要职责是为应急委员会研究部署应急工作提供决策咨询、工作建议和参与应急指挥。

五、地方机构

各市（州）政府、各县（市、区）政府要依照省政府突发公共事件应急预案和工作机制制定应急预案和建立相应工作机制。

参考资料

1. 甘肃省应急机构设置，见 http://www.gansu.gov.cn/col/col115/index.html。

2. 甘肃省人民政府突发公共事件总体应急预案，见 http://www.gov.cn/yjgl/2006-03/22/content_233735.htm。

河北省应急管理机构设置

一、领导机构

河北省政府是本省突发公共事件应急管理工作的最高行政领导机构，在省政府主要负责人的领导下，通过省政府常务会议研究、决定和部署特别重大、重大突发公共事件应急管理工作。省政府有关主管负责人按照业务分工和在相关突发公共事件应急指挥机构中兼任的职务，负责相关类别突发公共事件的应急管理工作。必要时，省政府派出工作组指导有关工作。

河北省政府秘书长和有关副秘书长协助省政府主要负责人或主管负责人处理有关工作。

二、办事机构

河北省政府办公厅设省政府应急管理办公室。其主要职责是：履行值守应急职责，及时掌握和报告省内外相关重大情况和动态，办理向省政府报送的紧急重要事项和国务院总值班室交办事项；办理省政府有关决定事项，督促落实省政府领导有关批示、指示，承办省政府应急管理的专题会议、活动和文电等工作；负责协调和督促检查设区的市人民政府、省政府各部门的应急管理工作，协调、组织有关方面研究提出省政府应急管理的政策、法规和规划建议；负责组织编制省政府突发公共事件总体应急预案，组织审核专项预案，协调指导应急预案体系和应急体制、机制、法制建设，指导设区的市人民政府、省政府有关部门的应急体系、应急信息平台建设等工作；协助省政府处置特别重大突发公共事件，协调指导特别重大和重大突发公共事件的预防预警、应急演练、应急处置、调查评估、信息发布、应急保障等工作；组织开展应急管理方面的信息调研和宣传培训工作；承办省政府领导交办的其他事项。

三、应急指挥机构

河北省政府按照突发公共事件的种类和专项应急预案的规定，设立省本级的突发公共事件专业应急指挥机构，具体指挥突发公共事件的应急工作。

四、工作机构

河北省政府各类突发公共事件应急工作的主管部门，按照规定的职责，负责相关类别突发公共事件的应急管理工作。具体负责相关类别突发公共事件专项应急预案和部门应急预案的起草与实施；贯彻落实国务院和省政府有关决定事项。

五、设区市和县（市、区）应急领导机构

设区的市、县（市、区）人民政府是本行政区域突发公共事件应急管理的行政领导机构，负责本行政区域各类突发公共事件的应急管理工作。

六、专家组

河北省政府和省突发公共事件主管部门建立应急工作的各类专业人才库，并可根据需要聘请有关专家组成专家组。专业人才库和专家组的成员由有关部门和单位熟悉突发公共事件的预防、预警、应急处置、应急保障、恢复重建及相关法律知识的高级专业技术人员和管理人员组成。其主要职责是：研究分析本省突发公共事件的现状和发展趋势，为应急管理提供咨询意见和决策建议，并在必要时参加突发公共事件的应急处置工作。

参考资料

1. 河北省人民政府突发公共事件总体应急预案，见 http://info.hebei.gov.cn/hbszfxxgk/329975/330015/331705/3860774/index.html。

湖北省应急管理机构设置

一、领导机构

湖北省政府是负责全省突发公共事件应急管理工作的行政领导机关，设湖北省突发公共事件应急委员会（以下简称省应急委）。

经湖北省政府同意设立的省级各类突发公共事件专项应急指挥部（含省安全生产委员会等），是省应急委处置专项突发公共事件的专门应急指挥机构或综合组织、协调机构。

属国家有关部门垂直管辖的应急事项，省政府设相应的突发公共事件应急领导小组，负责有关突发公共事件的应急协调工作，领导小组下设指挥部，负责相关应急处置的专业指挥。

二、办事机构

湖北省应急委下设应急管理办公室（以下简称省政府应急办），设在省政府办公厅。省政府应急办履行值守应急、信息汇总和综合协调职责，发挥应急信息运转枢纽作用；指导、协调突发公共事件的预防预警、应急演练、应急处置、调查评估、信息发布、应急保障和宣传培训等工作。

三、工作机构

湖北省政府有关部门依据有关法律、法规、规章和其他规范性文件，负责相关突发公共事件的应急管理工作。具体负责相关类别的突发公共事件专项和部门应急预案的起草与实施，贯彻落实省委、省政府和上级主管部门有关决定事项；指导和协助市（州）政府及其有关主管部门做好突发公共事件的预防、应急准备、应急处置和恢复重建等工作。

四、市县机构

湖北省以下各级政府是各自行政区域突发公共事件应急管理工作的行政领导机构，负责各行政区域突发公共事件的应对工作。

五、专家组

湖北省政府应急办和各地、各相关部门负责建立应急专业人才库，根据实际需要聘请有关专家组成专家组。专家组的主要职责是为应急管理、指挥提供决策咨询和建议，必要时参与突发公共事件的现场应急处置工作。

参考资料

1. 湖北省人民政府突发公共事件总体应急预案，见 http://www.gov.cn/yjgl/2006-05/31/content_296612.htm。

江苏省应急管理机构设置

一、领导机构

江苏省政府是在江苏省委领导下，负责本省范围内突发公共事件应急管理工作的最高行政领导机构。江苏省政府成立省突发公共事件应急处置指挥中心（以下简称省应急指挥中心），作为本省突发公共事件应急处置工作的领导指挥机构，统一领导全省突发公共事件应急处置工作。处置特别重大突发公共事件，省应急指挥中心总指挥一般由省长担任，分管副省长担任副总指挥，进行全权处置，或通过省政府常务会议研究、决定和部署特别重大突发公共事件的应急管理工作；处置重大突发公共事件，省应急指挥中心总指挥一般由分管副省长担任，进行全权处置。省政府秘书长、副秘书长协助省政府领导处理有关工作。省应急指挥中心的成员由相关部门的负责同志组成。

江苏省目前已有的专项应急处置机构，作为

省应急指挥体系的组成部分，机构名称不变、职能不变、办公地点不变，组成人员相应调整充实，继续承担相关专项突发公共事件的应急处置工作。今后根据需要，再逐步建立其他突发公共事件专项应急处置指挥机构。

二、办事机构

江苏省政府办公厅是省应急委的办事机构，设省应急管理办公室，承担省应急委的日常工作，办公室的主要职责是：履行值守应急、信息汇总和综合协调职责，发挥运转枢纽作用；负责与国务院应急管理办公室的工作联系，办理报送省政府、省应急委涉及突发事件应对工作的文电和督查调研工作；协助做好特别重大、重大突发事件应急处置工作；指导全省应急管理体系和应急信息平台建设；组织评估、修订《江苏省突发事件总体应急预案》，组织审核省级专项应急预案；建立与省内驻军、武警的应急联动机制；承办省应急委领导交办的其他事项。

三、工作机构

江苏省政府有关部门依据有关法律、行政法规和各自的职责，负责相关类别突发公共事件的应急管理工作。具体负责相关类别的突发公共事件专项预案和部门应急预案的起草与实施，贯彻落实省政府有关决定事项；承担相关应急指挥机构办公室的工作；及时向省政府报告重要情况和建议，指导和协助市级人民政府做好突发公共事件的预防、应急准备、应急处置和恢复重建等工作。

四、专家组

江苏省应急指挥中心聘请有关专家，组成省突发公共事件应急处置专家库，其成员主要是综合减灾和宏观管理领域的专家，以及各种灾种管理专家组负责人，为应急管理提供决策建议，必要时参加突发公共事件的应急处置工作。

五、地方机构

地方各级人民政府是在各级党委领导下，本行政区域突发公共事件应急管理工作的行政领导机构。各市、县（市、区）建立突发公共事件应急处置指挥体系，成立相应的突发公共事件应急指挥中心，制定和完善本行政区域内突发公共事件应急预案，负责本行政区域内突发公共事件的处置工作。

参考资料

1. 江苏省人民政府突发公共事件总体应急预案，见 http://www.gov.cn/yjgl/2006-03/22/content_233536.htm。

2. 江苏省应急管理机构设置，见 http://www.jiangsu.gov.cn/tmzf/zfgb/2010/5/szfbgtwj/201003/t20100329_437450.html。

浙江省应急管理机构设置

一、领导机构

浙江省政府是全省突发公共事件应急管理工作行政领导机构，在省长领导下，研究决定、部署和推动特别重大、重大突发公共事件应急管理工作。副省长按照业务分工和在省相关应对突发公共事件各类非常设的领导小组、委员会等机构兼任的职务，负责相应类别突发公共事件的应急管理工作。省政府秘书长、副秘书长和省政府办公厅主任、副主任协助省长、副省长处理有关工作。

浙江省办公厅设省政府应急管理办公室，履行值守应急、信息汇总和综合协调职能，发挥运转枢纽作用，负责接受和办理向省政府报送的紧急事项；承办省政府应急管理的专题会议，督促落实有关决定事项；负责信息综合和指导全省突发公共事件的应急预案体系、应急信息平台建设；协调特别重大和重大突发公共事件的预防预警、应急处置、事件调查、事后评估和信息发布等工作。

二、指挥机构

浙江省应对突发公共事件的各类非常设的领导小组、委员会等机构为省相关突发公共事件应急处置的指挥机构（以下简称相关应急指挥机构），在省委、省政府领导下负责相应突发公共事件应急管理。总指挥一般由该机构的负责人担任，有关成员及其办公室人员为指挥机构成员和工作人员。

目前相关应急指挥机构尚未涵盖的突发公共事件发生时，由省政府主要领导或省政府常务会议根据事件性质和工作需要，指定应急指挥机构负责人和相应指挥机构组成，或派出工作组指导有关应急处置工作。

三、工作机构

浙江省政府有关部门为突发公共事件应急处

置的工作机构。根据突发公共事件的类型，以及各部门法定职责，分为应急管理部门和应急保障部门。应急管理部门是指负责某类突发公共事件预防、处置工作的部门，应急保障部门是指为应急处置工作提供通信、公共设施、交通运输、基本生活、医疗卫生、物资能源、治安维护、技术、人员防护和资金等保障的有关部门。

应急主管部门是对某类突发公共事件的预防、处置工作负有主要责任、承担主要任务的工作部门。其主要职责是，承担相关应急指挥机构办公室的工作；负责相关类别的突发公共事件专项应急预案和部门应急预案的制订、修订和实施，贯彻落实省政府的决定事项；做好对本领域突发公共事件的信息监测、预测和预防工作，及时向省政府报告重要情况和建议；建立相关专业应急队伍，组织相关应急预案演练、人员培训和相关应急知识普及工作；指导和协助市、县（市）人民政府做好突发公共事件的预防、应急准备、应急处置和恢复重建工作。

应急协管部门是按照部门职责和工作需要协助应急主管部门对某类突发公共事件进行预防、处置的工作部门。其主要职责是，制定符合省总体应急预案和相关专项预案要求的部门预案，协助和配合应急主管部门做好本领域突发公共事件应对处置工作，做好应急主管部门要求完成的其他工作。

应急保障牵头部门的主要职责是，牵头制定所负责领域与省总体应急预案配套的应急保障行动方案；建立应急保障所需的相关资源的动态数据库，建立应急状态下的征集调用工作机制，做好应急处置所必需的物资、技术、装备准备；建立与履行应急保障职责相应的应急救援专业队伍，组织相关应急保障行动方案的演练；协调有关应急保障协助部门，指导市、县（市）相应职能部门的工作。

应急保障协助部门的主要职责是，制订符合省总体应急预案和应急保障行动方案要求的部门预案；服从应急保障牵头部门的任务分配，按照应急保障牵头部门提出的要求，利用各方面资源履行应急保障职责；为应急保障牵头部门提供突发公共事件和资源的有关信息。

四、市、县（市）应急组织机构

各市、县（市）人民政府是本行政区域突发公共事件应急管理工作的行政领导机构，市级人民政府要做好本行政区域各类突发公共事件处置的领导工作。大中城市要充分发挥在应急救援工作中的骨干作用，并协助周边地区开展应急救援工作。

五、专家组

浙江省政府和各类应急指挥机构及有关部门聘请有关专家组成相应专家组，为应急管理提供决策建议，必要时参加突发公共事件应急处置工作。

浙江省应急组织机构及其负责人、工作人员和有关专家联络手册另行编制并动态更新。

参考资料

1. 浙江省人民政府突发公共事件总体应急预案，见 http://www.gov.cn/yjgl/2006-03/22/content_233591.htm。

新疆维吾尔自治区应急管理机构设置

一、领导机构

新疆维吾尔自治区人民政府是自治区突发公共事件应急管理工作的最高行政领导机构。在自治区主席的领导下，由自治区人民政府常务会议和自治区相关突发公共事件应急指挥机构（以下简称相关应急指挥机构），负责突发公共事件的应急管理工作；必要时，派出自治区工作组指导有关工作。

二、办事机构

新疆维吾尔自治区人民政府办公厅设自治区应急管理办公室，履行值守应急、信息汇总和综合协调职责，发挥运转枢纽作用。

三、工作机构

新疆维吾尔自治区有关部门依据有关法律、行政法规和各自的职责，负责相关类别突发公共事件的应急管理工作。具体负责相关类别的突发公共事件专项和部门应急预案的起草与实施，贯彻落实自治区人民政府有关决定事项。

四、地方机构

新疆维吾尔自治区地方各级人民政府是本行政区域突发公共事件应急管理工作的行政领导机构，负责本行政区域各类突发公共事件的应对工作。

五、专家组

新疆维吾尔自治区和各应急管理机构建立各

类专业人才库，可以根据实际需要聘请有关专家组成专家组，为应急管理提供决策建议，必要时参加突发公共事件的应急处置工作。

生产建设兵团负责处置本系统内部的突发公共事件，同时协助和支持相关地方做好突发公共事件的处置工作。

参考资料

1. 新疆维吾尔自治区人民政府突发公共事件总体应急预案，见 http://www.xjhc.gov.cn/zwgk/ShowArticle.asp?ArticleID=61868。

山东省应急管理机构设置

一、领导机构

山东省突发事件应急领导小组是负责全省范围内突发事件应急管理工作的最高领导机构。组长由省长担任，常务副组长由省委副书记和常务副省长担任，副组长由省委秘书长、政法委书记和副省长担任，成员由相关部门负责人组成。

二、办事机构

山东省政府应急管理办公室（省政府总值班室，下同），是省突发事件应急领导小组的办事机构，承担省政府及省政府办公厅的日常值班工作，指导全省应急管理体系和应急平台建设，协调特别重大、重大突发事件的预防预警、应急演练、应急处置等工作。

三、工作机构

山东省政府有关部门依据《突发事件应对法》、行政法规和各自的职责，负责相关类别突发事件的应急管理工作。具体负责相关类别的突发事件专项和部门应急预案的起草与实施，贯彻落实省政府有关决定事项；承担相关应急指挥机构办公室的工作；及时向省政府报告重要情况和建议，指导和协助各市人民政府及其相关部门做好突发事件的预防预警、应急准备、应急处置和恢复重建等工作。

四、地方机构

地方各级人民政府是本行政区域突发事件应急管理工作的行政领导机构。各市、县（市、区）建立突发事件应急处置指挥体系，明确承担预防和处置突发事件任务的应急管理指挥机构、办事机构（工作机构）及其职责。

五、专家组

山东省政府应急管理办公室根据实际需要聘请有关专家组成专家组，建立省突发事件应急处置专家库，为应急管理提供决策建议，必要时参加突发事件的应急处置工作。

参考资料

1. 山东省人民政府突发公共事件总体应急预案，见 http://www.dezhou.gov.cn/n1403/n6824/n6975/c6017188/content.html。

西藏自治区应急管理机构设置

一、领导机构

西藏自治区人民政府是我区突发公共事件应急管理工作的最高行政领导机构。在自治区主席的领导下，通过政府常务会议研究、决定和部署特别重大、重大和跨地（市）较大突发公共事件应急管理工作，政府副主席按照工作分工，负责相关类别突发共公事件的应急管理工作。

二、办事机构

政府办公厅是突发公共事件应急管理的办事机构，下设自治区突发公共事件应急管理办公室（以下简称应急管理办公室），负责日常应急管理工作，办公室主任由政府秘书长兼任。

应急管理办公室职责：履行值守应急和突发公共事件的信息收集、汇总；负责向自治区政府领导和国务院报送重要紧急事项；承办应急管理的专题会议，督促落实上级决定事项和领导批示、指示精神；组织修订、完善本预案，审核专项应急预案，指导全区应急体系建设；协调组织特别重大、重大和跨地（市）较大突发公共事件的预测、预警、预报、预防、应急演练、应急处理、调查评估、信息发布、应急保障和宣传培训等工作；总结全区突发公共事件应对工作。

三、工作机构

西藏自治区有关部门及各地（市）依据有关法律、行政法规和本预案，履行工作职责。

西藏自治区有关部门职责：负责相关类别突发公共事件专项应急预案和部门应急预案的起草与实施；落实自治区人民政府的有关决定事项；做好突发公共事件的预测、预警、预报和预防工作；及时向自治区人民政府报告重要情况、提出建议；指导协助各地（市）做好突发公共事件的预防预警、应急准备、应急处置和恢复重建等工作。

四、地方机构

制定实施各地（市）的突发公共事件总体应急预案和专项应急预案；做好突发公共事件的预测、预警、预报和预防工作；及时向自治区人民政府报告重要情况、提出建议；在国务院、自治区人民政府的领导下，作好本区域内特别重大、重大和跨地（市）较大突发公共事件的应急处理工作；负责组织、协调、指挥本区域内较大突发公共事件的应急处理工作；指导县（市、区）做好一般突发公共事件的应急处理工作。

五、专家组

各级政府、地区行政公署和自治区有关部门要建立完善专业人才和专家信息库，充分发挥各类专业人才和专家在预防和处置突发公共事件中的重要作用，为应急管理提供决策建议，必要时组成专家组，参加应急处置工作。

参考资料

1. 西藏自治区人民政府突发公共事件总体应急预案，见 http://www.foodmate.net/law/xizang/163889.html。

福建省应急管理机构设置

一、领导机构

根据《福建省人民政府关于印发福建省人民政府突发公共事件总体应急预案的通知》(闽政〔2004〕20 号)，省人民政府设立省突发公共事件应急委员会（议事、协调机构)，作为省政府处理突发公共事件应对工作的领导机构。该委员会由省政府主要负责人或者负责常务工作的负责人、相关部门负责人、驻闽解放军和武警部队有关负责人组成，承担和履行政府的突发公共事件预防、应急准备、应急处置和事后恢复与重建职责，以及法律、法规或规章规定的其他职责；统一领导和协调应急处置工作，决定突发公共事件应对工作中的重大事项；组织制定省人民政府突发公共事件总体应急预案。

二、办事机构

（一）福建省应急办主要职责

1. 应急与值守，及时掌握和报告省内相关重大情况和动态，办理向省政府、国务院报送紧急重要事项，保证省政府与国务院、各省（市、区）人民政府、省直各部门、各市、县（区）联络畅通，指导全省政府系统值班工作。

2. 办理省应急委决定的有关应急工作方面的事项；督促落实党中央、国务院领导和省委、省政府领导对突发事件的批示、指示；承办省政府应急管理的专题会议、活动和文电等工作。

3. 负责协调和督促检查各设区市人民政府、省直各部门应急管理工作；协调、组织有关方面研究提出省应急管理的政策法规和规划建议。

4. 负责组织编制、修订《福建省突发公共事件总体应急预案》和审核省专项应急预案；协调指导应急预案体系和应急体制、机制、法制建设；指导各设区市人民政府、省直有关部门应急管理体系、应急信息平台建设等工作。

5. 协助省政府领导处置特别重大突发公共事件；协调指导特别重大和重大突发公共事件的预防预警、应急演练、应急处置、调查评估、信息发布、应急保障和国际救援等工作。

6. 组织开展信息调研和宣传培训工作；协调应急管理方面的省内交流与合作。

7. 承办省政府领导交办的其他事项。

（二）福建省应急办主要业务

1. 涉及防汛抗旱、减灾救灾、抗震救灾，以及重大地质灾害、重大森林火灾及病虫害、重大生态灾害事件的处置及相关防范业务、重要天气形势和灾害性天气的预警预报业务。

2. 涉及安全生产、交通安全、环境安全、消防安全及人员密集场所事故处置和预防等业务。

3. 涉及重大突发疫情、病情处置、重大动物疫情处置，重大食品药品安全事故处置及相关防范等业务。

4. 涉及社会治安、反恐怖、群体性事件等重大突发公共事件应急处置和防范业务、涉外重大突发事件的处置等业务。

5. 涉及省总体应急预案和专项应急预案的制订与修订，以及设区市总体应急预案、省直部门应急预案的报备等业务。

上述具体业务工作，由本厅各业务处（室）按各自职责负责办理。

6. 涉及国务院应急办下发的文电，由各业务处（室）根据领导批示进行办理。

7. 涉及省应急管理的会务、督查等工作，由各业务处（室）根据领导批示和职责进行办理。

8. 涉及从值班系统上报国务院应急办的文件或材料，由各有关处（室）按领导批示办理完毕后送总值班室，由总值班室负责上报。

三、工作机构

1. 核电厂核事故应急委员会；2. 福建省人民政府抗震救灾指挥部；3. 省政府煤电油运和抢险抗灾应急指挥中心；4. 省突发公共卫生事件应急指挥部；5. 省政府防汛抗旱指挥部；6. 省政府涉外突发事件应急领导小组；7. 省森林防火指挥部；8. 福建省危险化学品特大事故应急救援领导小组；9. 省国家教育考试安全类突发事件应急处置工作领导小组；10. 省能源及运输紧急调度指挥小组；11. 福建省人民政府粮食安全应急指挥部。

四、专家组

为加强应对和处置各类突发公共事件的技术研究和应急管理理论研究，为应急管理工作提供决策咨询和技术支撑，大力推进公共安全学科建设，加快应急管理人才培养，根据《福建省突发公共事件总体应急预案》的要求，经省政府批准，成立应急管理专家组。根据《省应急管理专家组工作规则》相关规定，第一届省应急管理专家组成员任期已满。为科学应对和处置各类突发事件，有效解决应急管理中面临的突出问题，充分发挥专家在本领域的决策咨询和技术支持作用，全面提升政府应急管理工作能力和水平，经省政府批准，成立第二届省应急管理专家组。第二届专家组成员 37 名，任期五年。（闽政办〔2012〕120 号）

专家组的工作内容是，为全省应急管理工作提供决策建议、专业咨询、理论指导和技术支持。具体主要包括：

1. 根据有关工作安排和课题研究计划，开展或参与调查研究。

2. 受委托，对特别重大或重大突发公共事件进行分析、研判，必要时参加应急处置工作，提供决策建议。

3. 为应急管理各类数据库建设提供指导。

4. 参与应急管理教育培训工作及相关学术交流与合作。

5. 办理省政府领导或省应急办委托的其他工作。

参考资料

1. 福建省突发公共事件应急委员会职责，见 http://www.fujian.gov.cn/ztzl/yjgl/yjjg/syjw/201010/t20101021_309815.htm。

2. 福建省人民政府办公厅关于省应急办主要职责与业务的通知，见 http://218.85.73.164:8081/gazette/detail_gazette.jsp?searchword=doctitle%3D%D3%A6%BC%B1&channelid=75140&primarykeyvalue=ARTICLEID%3D12000&primaryrecord=1。

3. 福建省应急专项指挥机构，见 http://www.fujian.gov.cn/ztzl/yjgl/yjjg/zjzhjg/。

4. 福建省人民政府办公厅关于成立应急管理专家组的通知，见 http://www.34law.com/lawfg/law/1797/2160/law_173424093816.shtml。

5. 福建省人民政府办公厅关于成立第二届省应急管理专家组的通知，见 http://218.85.73.164:8081/gazette/detail_gazette.jsp?channelid=75140&primarykeyvalue=ARTICLEID%3D0500E029C.00001AE4.4873&primaryrecord=1。

黑龙江省应急管理机构设置

一、领导机构

为加强对黑龙江省突发事件应对工作的组织领导，省政府决定成立黑龙江省人民政府突发事件应急委员会，主要职责是统一领导全省突发事件的应急救援工作。

二、办事机构

为进一步加强全省应急管理工作，黑龙江省政府办公厅设置省政府应急管理办公室（省政府总值班室），承担省政府应急管理的日常工作和省政府总值班工作，履行值守应急、信息汇总、综合协调职能和发挥运转枢纽作用。其工作职责是：

1. 贯彻执行省政府突发公共事件应急委员会的决定，负责全省突发公共事件应急救援的指导协调、监督检查、信息汇总工作，对突发公共事件所涉及的全省性重大工作事项提出建议。

2. 负责全省重大应急救援问题的调查研究；负责承办会议、起草地方性应急法规和规章草案、重要文件；依据《黑龙江省人民政府突发公共事件总体应急预案》制定全省应急救援系统建设的措施和规划。

3. 负责《黑龙江省人民政府突发公共事件总体应急预案》的修订工作；指导和检查省直有关部门做好各类专项应急预案及各市、地政府（行署）做好突发公共事件总体应急预案的修订和评估工作。

4. 负责全省应急管理工作人员的培训和专业应急救援队伍、志愿者队伍等社会可动员力量的培训指导工作；督促落实和检查指导中、省直单位和各市、地政府（行署）组织实施的预案演练工作。

5. 负责突发公共事件紧急预警发布和相关新闻报道的审核，以及省外新闻媒体的协调、接待等相关事宜；负责全省紧急救援、避险、避灾、自救、互救等应急常识与相关法律法规的宣传教育工作。

6. 负责指导和检查全省应急救援物资基地建设及物资储备工作；督办和协调应急救援中所需资金、储备、物资的调拨、运输工作。

7. 负责协调有关部门建立应急信息系统和指挥平台，以及建立全省基础地理信息公共平台，收集国内外和省内的应急信息，并对重要信息提出处置建议报省政府突发公共事件应急委员会。

8. 负责与省政府突发公共事件应急委员会专家组成员的联络；组织、协调、指导省内相关行业和科研单位及大、中专院校的应急科学研究工作。

9. 负责与国家有关部门的业务联系和国际交流工作；负责与毗邻省（自治区）在信息沟通、应急支援等方面的联络和协调工作。

10. 承办省政府突发公共事件应急委员会交办的其他工作。

三、工作机构

将黑龙江省政府安全生产委员会、防汛抗旱指挥部、森林防火指挥部、省人防办等工作机构，纳入到省政府应急委员会的统一领导范畴之内。根据突发公共事件的不同类型，结合现行应急工作体制，依据相关法律、行政法规和职责，在省政府应急委员会下设18个专项指挥部，作为专项应急工作的指挥机构，负责牵头组织支持部门共同做好相关类别突发公共事件的应急管理工作。

四、地方机构

各市政府（行署）、县（市、区）政府是本行政区域突发公共事件应急管理工作的行政领导机构。按照省级模式建立突发公共事件应急体系和机制，做好各类突发公共事件的组织领导工作，明确各应急部门职责分工，加强机构建设和区域应急基础建设，提高区域综合应急能力。

五、生产经营单位机构

生产经营单位负责建立本企业应急组织机构，制定应急计划，检查应急设施，储备必需的应急物资，组织本单位应急演练，以及突发公共事件发生时的预警、报警工作。业务上接受省政府应急委员会或所在市（行署）、县（市、区）政府应急委员会的领导。

六、专家组

各级政府应急委员会建立各类专业人才库，可以根据实际需要聘请专家、学者组成专家组，为制定中长期公共安全规划、信息系统建设与强化危机管理提供决策性意见和建议；参与突发公共事件的灾害评估、灾情分析和应急科学研究等工作；必要时，参加突发公共事件的应急处置工作。

参考资料

1. 黑龙江省人民政府关于成立黑龙江省人民政府突发事件应急委员会的通知，见 http://www.hlj.gov.cn/gkml/system/2009/06/19/000220365.shtml。

2. 黑龙江省应急机构设置，见 http://www.hlj.gov.cn/yjgl/jgsz/。

3. 黑龙江省发布突发公共事件总体应急预案，见 http://www.gov.cn/gzdt/2008-08/22/content_1077160.htm。

辽宁省应急管理机构设置

一、领导机构

辽宁省政府是全省突发公共事件应急管理工作的最高行政领导机构。在省长的领导下，通过省政府常务会议研究、决定和部署特别重大突发公共事件应急管理工作；必要时，派出省政府专门工作组指导有关工作。

二、办事机构

辽宁省政府应急管理办公室是全省突发公共事件应急管理的办事机构，设在省政府办公厅，履行应急值守、信息汇总、综合协调和督促检查职责。

三、工作机构

辽宁省政府有关部门依据有关法律、行政法规和各自的职责，负责相关类别突发公共事件的应急管理工作。负责相关类别的突发公共事件专项和部门应急预案的起草与实施，贯彻落实省政府有关决定事项，承担相关应急指挥机构办公室的工作，及时向省政府报告重要情况和建议，指导和协助市级人民政府做好突发公共事件的预防预警、应急准备、应急处置和恢复重建等工作。

四、市、县（市、区）机构

市级人民政府是本行政区域内突发公共事件

应急管理工作的行政领导机构，负责本行政区域内各类突发公共事件的应对工作。各县（市、区）也要成立相应的应急管理机构。

五、专家组

辽宁省政府和各应急管理机构要建立各类专业人才库，可以根据实际需要聘请有关专家组成专家组，为应急管理提供决策建议，必要时参加突发公共事件的应急处置工作。

参考资料

1. 辽宁省人民政府发布突发公共事件总体应急预案，见 http://www.gov.cn/gzdt/2007-08/27/content_728168.htm。

山西省应急管理机构设置

一、领导机构

山西省人民政府是全省突发公共事件应急管理工作的行政领导机构，在省长领导下，通过省人民政府常务会议研究、决定和部署全省突发公共事件应急管理工作，对突发公共事件的处置工作实行统一领导、统一指挥、统一协调。

二、办事机构

山西省人民政府办公厅是全省突发公共事件应急管理工作的办事机构，常设省人民政府应急管理办公室（以下简称省应急办），负责省人民政府值守应急、信息汇总和综合协调职责，发挥运转枢纽作用。

三、工作机构

山西省人民政府有关部门依据法律、法规规定和应急处置工作需要，经省人民政府同意设立的省突发公共事件各相关应急指挥部、领导小组、委员会是省人民政府处置相关类别突发公共事件的具体工作机构，对相关突发公共事件应急处置工作实行统一指挥协调。

四、地方机构

市、县（市、区）人民政府是本行政区域突发公共事件应急管理工作的行政领导机构，负责本行政区域各类突发公共事件的应对工作。

五、专家组

山西省人民政府和各应急管理机构建立各类专业人才库，可根据实际需要聘请有关专家组成专家组，为应急管理提供决策建议，必要时参加突发公共事件的应急处置工作。

参考资料

1. 山西应急管理，见 http://www.shanxigov.cn/n16/n8319541/n8319612/n8322023/。

海南省应急管理机构设置

一、领导机构

海南省人民政府设立省突发公共事件应急委员会，由省长、副省长、省军区司令员、武警海南总队总队长、省人民政府秘书长组成，主任由省长担任，副主任由常务副省长担任，是省政府应对突发公共事件的议事、决策、协调机构。

主要职责是：1. 定期召开会议，听取政府有关部门和下级人民政府有关突发公共事件预防预警、应急准备、应急处置和事后恢复与重建工作的汇报，分析有关突发公共事件的重要信息、发展趋势；2. 审议、决定突发公共事件应对工作中的重大事项，统一领导和协调全省各类突发公共事件应急处置机构；3. 决定启动预警和省专项突发公共事件应急预案；4. 组织力量处置相当严重、特别严重的突发公共事件；5. 检查、督促各级各有关部门贯彻执行国家有关维护社会稳定、保障人身及社会财产安全的法律和政策，及时协调应急工作中出现的重大问题。

二、办事机构

海南省突发公共事件应急委员会办公室为应急事件信息处理中心，负责应急信息收集、上传、协同和传播，对应急信息进行综合、调查、分析、评估与判定。利用政府政务网，建立应急信息共享网络，配置无线、有线通讯和卫星通信网络等相应的技术装备，统一接受信息，传达命令，保证指挥的权威性。

主要职责是：1. 督促落实省突发公共事件应急委员会作出的决定和指示；2. 拟订或者组织和实施拟订政府应对突发公共事件的工作规划和应急预案；3. 督促检查政府有关部门和下一级人民政府应急预案的制定、修订和执行情况，并给予指导；4. 督促检查政府有关部门、下级人民政府和有关专业机构的突发公共事件监测、预警工作情况，并给予指导；5. 汇总有关突发公共事件的各种重要信息，进行综合分析，并提出建议；6. 承担本级政府突发公共事件统一信息系统、应急指挥系统的日常管理工作；7.监督检查、协调指导政府有关部门和下级人民政府的突发公共事件预防预警、应急准备、应急处置和事后恢复与重建工作；8.组织制订安全常识、应急知识的宣传培训计划和应急救援队伍的业务培训、演练计划，报省政府批准后督促落实；9.根据应急预案的规定，明确指挥部人员和相关部门在处置突发公共事件工作中的职责；10.省突发公共事件应急委员会交办的其他工作。

三、工作机构

海南省突发公共事件应急委员会设立省突发公共事件应急联动指挥中心（与省突发公共事件应急委员会办公室合署办公），是省人民政府处置突发公共事件的指挥机构。其主要职责是：突发公共事件发生时，按照突发公共事件应急委员会的指令，对全省应急处置工作进行组织整合、资源整合、行动整合、技术整合，统一指挥全省Ⅰ、Ⅱ级突发公共事件的应急处置工作。

海南省突发公共事件应急联动指挥中心，根据不同突发公共事件的性质和社会危害程度，由省长或者分管副省长担任总指挥长。发生相当严重（Ⅱ级）突发公共事件时，一般由分管副省长担任总指挥长；发生特别严重（Ⅰ级）突发公共事件时，由省长担任总指挥长。

海南省突发公共事件应急联动指挥中心成员由省长或者分管副省长、省军区司令员或者副司令员、武警海南总队总队长或者副总队长、省人民政府秘书长和分管副秘书长、省公安厅厅长以及主管部门负责人等组成。当发生耦合事件，同时启动两个以上专项预案时，应当对省突发公共事件应急联动指挥中心成员进行整合。

四、地方机构

各市、县人民政府设立突发公共事件应急委员会及相关机构，在省突发公共事件应急委员会和地方政府的领导下，具体负责本行政区域内突发公共事件的应急处置工作。

五、专家委员会

海南省突发公共事件应急委员会设专家委员会，专家委员会由社会管理、综合减灾、社会安全、公共卫生等相关领域的技术和管理专家组成，其主要职责是：（一）为突发公共事件处置提出决策咨询和工作建议；（二）对突发公共事件处置进行技术指导；（三）参与专项突发公共事件应急指挥的相关工作；（四）参与分析本省突发公共事件的现状及趋势；（五）参与拟定、修订突发公共事件应急预案工作；（六）为公众提供突发公共事件有关防护措施的技术咨询。

参考资料

1. 海南应急网，见 http://yjb.hainan.gov.cn/。

2. 海南省应急组织机构与职责，见 http://yjb.hainan.gov.cn/xxgk/yjjg/200710/t20071013_593569.html。

广西壮族自治区应急管理机构设置

一、领导机构

广西壮族自治区人民政府是本自治区行政区域突发公共事件应急管理工作的最高行政领导机构。在自治区主席的领导下，通过自治区人民政府常务会议研究、决定和部署特别重大、重大突发公共事件应急管理工作，自治区副主席按照业务分工和在自治区相关突发公共事件应急指挥机构（以下简称相关应急指挥机构）中兼任的职务，负责相关类别突发公共事件的应急管理工作；必要时，派出自治区人民政府工作组指导有关应急处置工作。

二、办事机构

自治区人民政府办公厅设应急管理办公室，履行值守应急、信息汇总和综合协调职责，发挥运转枢纽作用。

三、工作机构

自治区有关部门依据有关法律、法规、规章和各自的职责，负责相关类别突发公共事件的应急管理工作。具体负责相关类别的突发公共事件专项应急预案和部门应急预案的起草、修订与实施，贯彻落实自治区人民政府有关决定事项。

四、地方机构

市、县（市、区）、乡（镇）人民政府是本行政区域突发公共事件应急管理工作的行政领导机构，负责本行政区域各类突发公共事件的应对工作。

五、专家组

自治区人民政府和各应急管理机构建立各类专业人才库，可以根据实际需要聘请有关专家组成专家组，为应急管理提供决策建议，必要时参加突发公共事件的应急处置工作。

参考资料

1. 广西壮族自治区突发公共事件总体应急预案（简本），见 http://www.gov.cn/yjgl/2006-06/13/content_308799.htm。

河南省应急管理机构设置

一、领导机构

河南省人民政府设立突发公共事件应急委员会（以下简称省应急委），省人民政府常务副省长任主任，郑州市人民政府市长任副主任，负责统一指挥、协调省会重大、特别重大突发公共事件应急处置工作。中央驻郑有关单位、省直有关部门和市直有关单位为省会应急委成员，郑州市人民政府办公室承担省会应急委日常工作。省应急委成员单位主要有省军区、省委宣传部、省发展改革委、教育厅、科技厅、国防科工委、民委（宗教局）、公安厅、国家安全厅、民政厅、财政厅、国土资源厅、建设厅、交通厅、水利厅、农业厅、林业厅、卫生厅、外侨办、信访局、环保局、食品药品监管局、安全生产监管局（河南煤矿安全监察局）、煤炭工业局、畜牧局、人防办、郑州铁路局、河南黄河河务局、省通信管理局、地震局、气象局、河南银监局、武警河南总队、省公安消防总队、郑州新郑国际机场管理有限公司、省电力公司等。

河南省应急委职责：1. 贯彻执行国家有关应急工作的法律、法规和政策；2. 决定启动和终止省人民政府突发公共事件总体应急预案；3. 领导、指挥、协调全省重大、特别重大突发公共事件应急处置工作；4. 领导省各专项应急指挥部、领导小组、委员会（以下简称各专项应急指挥机构）开展应急工作；5. 承担国务院和国家应急领导机构安排的其他应急工作。

二、指挥机构

依据法律、法规规定和应急处置工作需要，经省人民政府同意设立的省突发公共事件各专项应急指挥机构是省人民政府、省应急委处置突发公共事件的专门应急指挥机构，根据职责分工，对全省各项重大、特别重大突发公共事件应急处置工作实行统一指挥、协调。主要有：省防汛抗旱指挥部、省安全生产委员会、省防震抗震指挥部、省护林防火指挥部、省防火安全委员会、省食品药品安全委员会、省重大动物疫情控制委员会等。

河南省专项应急指挥机构日常工作由省人民政府相关职能部门承担。

三、日常工作机构

河南省应急委下设办公室（以下简称省应急办），设在省人民政府办公厅，省人民政府秘书长兼任办公室主任，负责省应急委日常工作，具体事务由省人民政府办公厅各有关处室承担。

各省辖市、县（市、区）人民政府明确本级人民政府处置突发公共事件的领导和工作机构，负责本辖区突发公共事件监测、预警、应急处置、善后和灾后重建、应急保障等工作。

省人民政府各职能部门作为全省重大、特别重大突发公共事件的监测、报警、接警、预警、应急处置、善后和灾后重建、应急保障的主管部门、协作部门和参与单位，根据各自职责分工分别承担相应任务。自然灾害由省民政厅、国土资源厅、水利厅、林业厅、地震局、河南黄河河务局等部门牵头处置；事故灾难由省安全生产监管局、环保局、交通厅、公安厅、建设厅、国防科工委、郑州铁路局等部门牵头处置；突发公共卫生事件由省卫生厅、食品药品监管局、畜牧局等部门负责牵头处置；社会安全事件由省公安厅、国家安全厅、外侨办、信访局、河南银监局等部门负责牵头处置。其他各有关部门按照省人民政府、省应急委的要求予以积极配合、支持。

四、专家组

河南省应急委设立专家组，由各领域的技术专家和管理专家组成。主要职责是：1. 对全省重大、特别重大突发公共事件处置提出建议；2. 参与拟定、修订突发公共事件应急预案工作；3. 对全省重大、特别重大突发公共事件应急处置进行技术指导；4. 为公众提供突发公共事件有关防护措施的技术咨询；5. 承担省应急委交办的其他工作。

参考资料

1. 河南省突发公共事件总体应急预案，见 http://www.foodmate.net/law/henan/163894.html。

湖南省应急管理机构设置

一、领导机构

（一）省突发公共事件应急委员会

1. 省人民政府设立省突发公共事件应急委员

会（以下简称省应急委），为省人民政府处理突发公共事件应急工作的综合性议事、协调机构。主要职责是：研究决定全省各类突发公共事件应急工作的重大问题；部署和总结年度突发公共事件应急工作；发生特别重大突发公共事件时，决定启动省特别重大突发公共事件应急指挥部，统一领导和组织指挥特别重大突发公共事件的应急处置工作；指导监督省专项应急委和市州应急委的工作；法律、法规、规章规定的其他职责。

2. 省应急委，由省长任主任，常务副省长和分管专项突发公共事件应急工作（以下简称专项应急工作）的副省长和省军区首长、武警总队领导、省人民政府秘书长任副主任，有关副秘书长、专项应急工作牵头部门及主要参与部门、消防总队主要负责人为成员。

（二）省专项突发公共事件应急委员会

1. 按照突发公共事件应急工作的专业特点和实际需要，省可以设立若干专项突发公共事件应急委员会（以下统称省专项应急委），为省人民政府处理突发公共事件专项应急工作的议事、协调机构。主要职责是：研究决定全省相关专项应急工作的有关重大问题；部署和总结年度相关专项应急工作；发生重大突发公共事件时，决定启动省重大突发公共事件应急指挥部，统一领导和组织指挥重大突发公共事件的应急处置工作；指导监督市州专项应急委的工作；省应急委交办的事项和法律、法规、规章规定的其他职责。

2. 省专项应急委，由分管副省长（或省委副书记）任主任，相关副秘书长、专项应急工作牵头部门和主要参与部门主要负责人为副主任或者成员，省军区、武警总队、消防总队、湖南保监局有关负责人为有关专项应急委的副主任或者成员。

3. 省专项应急委的设置由省应急委研究确定。决定不设立专项应急委及其办事机构的，有关专项应急预案的管理和日常应急预防工作由该专项应急工作牵头部门承担，重大事项由分管副省长协调，并分别负责履行本预案中有关专项应急委办公室及专项应急委的职责。

二、办事机构

（一）省应急委办事机构

湖南省政府办公厅为省应急委的办公室，承担省应急委的日常工作，其主要职责是：1. 督促落实省应急委作出的决定和指示；2. 拟订或者组织拟定省人民政府应对突发公共事件的工作规划和应急预案，报省人民政府批准后组织实施；3. 督促检查省人民政府有关部门和下一级人民政府应急预案的制定、修订和执行情况，并给予指导；4. 督促检查省人民政府有关部门、下级人民政府和有关专业技术机构的突发公共事件监测、预警工作情况，并给予指导；5. 汇总有关突发公共事件的各种重要信息，进行综合分析，并提出建议；6. 承担省人民政府突发公共事件统一信息系统、应急指挥系统的日常管理工作；7. 监督检查、协调指导省人民政府有关部门和下级人民政府的突发公共事件预防预警、应急准备、应急处置和事后恢复与重建工作；8. 组织制订安全常识、应急知识的宣传培训计划和应急救援队伍的业务培训、演练计划，报省人民政府批准后督促落实；9. 省应急委交办的其他工作。

（二）省专项应急委办事机构

省专项应急委下设办公室，设在省专项应急工作牵头部门，由牵头部门的有关负责人任办公室主任，承担省专项应急委的日常工作。办公室的具体职责，由各专项应急预案规定。

三、工作机构

（一）省应急指挥机构与职责

1. 在发生特别重大突发公共事件时，省应急委成立特别重大突发公共事件应急指挥部，由省长任总指挥，有关副省长和省军区、武警总队等负责人任副总指挥，统一指挥特别重大突发公共事件的处置工作。

2. 在发生重大突发公共事件时，省专项应急委成立重大突发公共事件应急指挥部，没有设立省专项应急委的，在重大突发公共事件进入严重预警级别，决定启动专项应急预案时，由省人民政府成立重大突发公共事件应急指挥部。重大突发公共事件应急指挥部，由分管该专项应急工作的副省长（或省委副书记）任总指挥，有关副秘书长和省专项应急工作的牵头部门、省军区、武警总队等负责人任副总指挥，统一指挥重大突发公共事件的处置工作。

3. 特别重大、重大突发公共事件应急指挥部可以设立若干工作小组，并可视情况在事件现场设立现场指挥部，具体指挥现场处置工作。现场指挥部可以根据实际情况设立若干专门小组。

（二）省专项应急工作牵头部门和参与部门

在省应急委、专项应急委的领导下，实行应急工作分工负责制。省专项应急工作牵头部门是专项应急工作的主要责任单位，参与部门应当密切配合，积极主动履行相关职责，为应急工作提供支持与保障。专项应急工作的具体牵头部门和参与部门，由省专项应急预案规定。

四、地方机构

市州、县市区人民政府根据有关规定和应急工作需要，建立健全相应的应急组织机构，并履行相关职责。

乡镇人民政府、街道办事处应当协助上级人民政府做好突发公共事件应急工作，组织、协调各方面力量，实行群防群控、群防群治。

五、应急专家委员会

湖南省应急领导机构、应急指挥机构聘请有关专家组成省应急工作专家委员会。其职责是：平时为省应急委、专项应急委提供决策咨询和工作建议；在应对突发公共事件时，为省应急指挥部及现场指挥部提供指挥咨询服务。专家委员会成员名单分别由省应急委、专项应急委办公室另行确定。

参考资料

1. 湖南省人民政府突发公共事件总体应急预案，见 http://www.gov.cn/yjgl/2006-03/22/content_233890.htm。

云南省应急管理机构设置

一、领导机构

云南省人民政府突发公共事件应急委员会（以下简称省应急委），作为云南省常设的协调指挥机构，统一领导全省突发公共事件的应急处置工作。

省应急委主任由省长担任，副主任由副省长、省长助理和秘书长担任，委员由有关部门、驻滇解放军、武警部队负责同志担任。

主要职责是：贯彻执行国家有关应急工作的法律、法规和政策；研究制定全省预防和处置突发公共事件的重大措施和指导意见；统一领导各地、各部门的突发公共事件处理工作；督促检查各项工作措施的落实情况；宣布启动和停止实施突发公共事件总体应急预案；承担国家应急领导机构安排的其他应急工作。

二、指挥机构

云南省应急委领导省级各专项指挥部、领导小组和委员会开展应急指挥工作。经省人民政府批准设立的省防火安全委员会、省安全生产委员会、省防汛抗旱指挥部、省抗震救灾指挥部、省护林防火指挥部、省处置突发公共卫生事件领导小组等作为省应急委处置有关突发公共事件的专门应急指挥机构，对专项应急处置工作进行指挥和协调。其他突发公共事件的应急指挥和协调，由省应急委和相关部门负责。

各专门应急指挥机构的主要职责是：贯彻执行国家应急领导机构和省应急委的决定；负责全省专项突发公共事件的监测预警工作，负责启动和停止实施专项应急预案；负责组织指挥专项突发公共事件的应急处置工作；向省应急委报告专项突发公共事件的处置情况；承担处置专项突发公共事件的日常工作；承担省应急委交办的其他工作。

三、工作机构

云南省应急委办公室（以下简称“省应急办”）设在省政府办公厅，负责办理省应急委的日常事务，具体工作由总值班室承担。省应急办主任由省人民政府秘书长兼任，副主任由分管副秘书长兼任。

省应急办的主要职责是：组织编制、修订突发公共事件总体预案，指导有关部门编制、修订突发公共事件专项预案；协调全省重、特大突发公共事件的应急处置工作；建立完善突发公共事件信息报送和预测预警系统；发布预警信息和重要新闻，建立全省统一的信息技术平台；指导、协调各地、各部门开展应急处置工作；承担国家应急领导机构和省应急委交办的其他工作。

四、专家咨询机构

云南省应急委聘请有关专家组成专家组，主要职责是为省应急委提供决策咨询和工作建议，必要时参与省应急办或现场指挥部的相关工作。

五、地方机构

县以上人民政府要成立应急工作机构，包括领导机构、指挥机构和日常工作机构，负责本行政区域范围内突发公共事件的预防和处置工作。

各有关部门在本级人民政府及其应急工作机构的统一领导下，按照各自的职责，迅速反应，密切配合，及时、准确传递信息，快速有效地处理突发公共事件。

各级人民政府应当加强对突发公共事件预防和处置工作的领导，将其纳入国民经济和社会发展计划，制定应急预案，储备保障物资，建立健全调动社会人力、物力和财力应对突发公共事件的有效机制，定期进行检查和演练，在预案制定、信息报送、预防预警、应急处置等方面与上下级政府和有关部门做好衔接。

参考资料

1. 云南省突发公共事件总体应急预案，见 http://www.foodmate.net/law/yunnan/163890.html。

青海省应急管理机构设置

一、领导机构

青海省人民政府是突发公共事件应急管理工作的行政领导机构。在省长的领导下，通过省政府常务会议研究、决定和部署特别重大、重大突发公共事件的应急管理工作。必要时，派出省政府工作组指导有关工作。

省政府设立突发公共事件应急管理委员会，按照突发公共事件类别，下设自然灾害、事故灾难、公共卫生和社会安全四个突发公共事件应急管理指挥部。

二、办事机构

青海省人民政府办公厅是全省突发公共事件应急管理的办事机构，设省政府应急管理办公室（省政府总值班室），履行值守应急、信息汇总和综合协调职责，发挥运转枢纽作用。

三、工作机构

青海省人民政府各有关部门是各类突发公共事件归口管理的工作机构。依据有关法律、行政法规和各自的职责，负责相关类别突发公共事件的应急管理工作，并加强横向协作联动。

四、州（市、地）县（区）应急机构

州（市、地）县（区）级人民政府是本级行政区域突发公共事件应急管理工作的行政领导机构，负责本级行政区域各类突发公共事件的应对工作。

五、专家组

省、州（市、地）、县级人民政府应急管理的办事机构和工作机构，要建立各类人才库，根据应急实际需要聘请有关专家组成专家组，为应急管理提供决策建议，必要时参加应急处置工作。

参考资料

1. 青海省人民政府突发公共事件总体应急预案，见 http://www.gov.cn/yjgl/2006-03/22/content_233525.htm。

宁夏回族自治区应急管理机构设置

一、领导机构

宁夏回族自治区人民政府是全区突发公共事件应急管理工作的行政领导机构，通过成立自治区突发公共事件应急管理委员会，统一领导和研究部署全区特别重大、重大突发公共事件应急处置工作。

二、办事机构

在自治区人民政府办公厅设自治区突发公共事件应急管理委员会办公室（以下简称自治区应急办），履行值守应急、信息汇总和综合协调职责，发挥运转枢纽作用。

三、工作机构

自治区人民政府有关部门依据有关法律、行政法规、政府规章和各自的职责，负责相关类别突发公共事件的应急管理工作。具体负责相关类别的突发公共事件专项和部门应急预案起草与实施，贯彻落实自治区人民政府有关决定事项。

四、地方机构

各市、县（区）人民政府是本行政区域突发公共事件应急管理工作的行政领导机构，负责本行政区域内各类突发公共事件的应对工作。

五、专家组

自治区政府和各应急管理机构要根据实际需要，聘请有关专家组成专家组，为应急管理提供决策建议，必要时参加突发公共事件的应急处置工作。

参考资料

1. 宁夏回族自治区突发公共事件总体应急预案，见 http://www.jdzj.com/hot/article/2009-11-20/23491-1.htm。

第三编　重大活动

第一章　专题会议及学术活动

2015 中国消防协会科学技术年会

一、召开时间与地点

时间：2015 年 10 月；地点：中国·北京。

二、会议背景

中国科协学会学术部宋军副部长代表中国科协和中国科协学会学术部讲话，他指出，多年来，中国消防协会在中国科协和公安部的领导下，坚持为广大消防科技工作者服务，致力于行业科技发展，为保护国家经济社会发展、促进和谐社会建设做出了显著成绩。协会积极搭建国内外学术交流平台，把握消防科学前沿、拓展研究视野，启迪科学思维、创新科学方法，为消防科技工作者成长提高创造更多机会。协会的各项工作都取得了很大进展，成为了中国科协所属的 200 家全国学会中的优秀社团。特别是职业技能鉴定工作，走在了全国学会的前列，值得学习和推广。

三、会议议题

1. 新常态下的消防管理创新；
2. 消防法规与执法规范化；
3. 汽车火灾预防与灭火技术；
4. 灭火救援中消防员安全的研究；
5. 消防企业科技创新与发展；
6. 农村消防安全管理；
7. 消防新规范、新标准的推广与应用；
8. 消防企业信用建设的理论与实践；
9. 消防行业职业资格制度的理论与实践；
10. 火灾预防与保险。

四、会议情况

本次年会围绕消防安全领域基础和前沿技术研究和消防工作中的热点问题，分别设立了五个分会场。其中包括：青年消防学者论坛、灭火救援员职业技能鉴定专题研讨会、第四批消防行业信用等级评价 A 级以上信用企业发布会、消防管理与防火技术研究、灭火技术救援研究等。

中国消防协会科学技术年会是全国消防科技工作者开展学术交流、展示消防科技成果的重要平台，对持续和深入开展国内外消防学术交流、促进消防科技和消防行业的创新发展起到了积极的推动作用。

参考资料

1.http://www.cfpa.cn/manage/html/201410/646.html。

2.http://www.cfpa.cn/manage/html/201503/665.html。

2015 年中国化工学会年会

一、召开时间与地点

时间：2015 年 10 月 16—18 日；地点：中国·北京。

二、会议背景

年会由中国化工学会主办，清华大学、中国石化北京化工研究院承办，主题为“创新驱动 绿色发展”。年会收录论文近 800 篇，论文内容展示了国内外化工科技界的最新成果。

三、会议议题

大会把科技进步和创新放在突出位置，议题前沿，成果丰富，体现了化工行业转型发展的新理念、新方向，是学术、科技、产业界的共同盛会。年会的成功举办，将对促进化学工程学术繁荣、化工行业的科技创新、石油和化学工业健康发展，发挥重要作用。

四、会议情况

中国科协党组成员、书记处书记王春法出席年会开幕式并讲话。来自国内外化工学术、科技、产业界的 1600 余位代表参加开幕式。

王春法在讲话中强调，学术交流是科技创新的重要源泉。希望化工科技工作者自觉站在世界科技前沿，围绕经济社会发展迫切需要的重大化工科技问题，充分利用先进技术手段和理论方法，结合我国化工产业发展实际需求，深入探讨、平等交流、理性质疑，力争提出新理论、新技术、新方法，把最新的理论观点、科学判断和科技成果转化为推动化工产业健康发展的真知灼见，为我国化工科技事业创新发展做出更大贡献。

大会颁发了第七届“侯德榜化工科学技术奖”、“全国优秀科技工作者”奖章，以及学会三刊《中国化学工程学报》（英文版）、《化工学报》、《化工进展》的“高被引论文奖”和“优秀审稿人奖”等。大会还设立了科学仪器及实验室装备 / 科教技术专题展。

大会组织了 13 个专题分会场，进行了 330 篇论文的学术汇报，主题涵盖化学工程、石油化工催化剂、橡塑助剂与功能新材料、生物化工、现代煤化工、新型石油化工新材料、离子液体、化工过程安全、储能科学、介尺度机制、磷矿 / 磷肥及磷化工、纳米材料、混合技术等众多领域。

第七届中日化工学术研讨会同期召开。来自中日两国的 100 余位化工科学工作者，围绕先进材料制备、化工过程安全、环境保护与污染治理、化工过程强化与集成、低碳能源、生物化学与分子生物工程等前沿议题展开交流与讨论。

参考资料

1.http://news.hexun.com/2015-10-19/179936347.html。

第 32 届中国气象学会年会

一、召开时间与地点

时间：2015 年 10 月；地点：中国·天津。

二、会议背景

年会秉承参与、共享、合作、创新的宗旨，以“推进科技创新 支撑气象现代化”为主题，为广大气象科技和业务工作者提供一个交流学术思想、展示学术成果的平台，达到了促进大气科学的创新与发展、交叉与融合，促进信息交流与沟通，促进气象科技合作及人才成长的目的。

三、会议议题

本届年会共设立 23 个分会场，包括：灾害天气监测、分析与预报；副热带气象及环境影响；军用数值天气预报技术及应用；东亚气候变异成因和预测；干旱陆面过程与气候变化；应对气候变化、低碳发展与生态文明建设；水文气象预报最新理论方法及应用研究；我国气候模式发展与评估、气候模式预测技术；大气成分与天气、气候变化；大气物理学与大气环境；气象传媒业务技术；人工影响天气研究与业务应用；气候环境变化与人体健康；气象服务与信息化；提升科技创新能力，保障农业提质增效；地基遥感观测技术与应用；空间天气观测、建模与同化；气象卫星遥感新资料 - 新方法 - 新应用；气象信息化；雷电物理和防雷新技术；数字出版和气象期刊国际化；气象科普论坛。

四、会议情况

会议紧密围绕科技支撑推动气象现代化发展这一主题，共同研究和探讨气象科学和气象业务现代化问题。

年会举办了 23 个分会场的学术交流活动，集合气象行业 1200 余位科技工作者的智慧，围绕灾害天气监测、分析与预报，应对气候变化，低碳发展与生态文明建设，水文气象预报最新理论方法及应用研究，科技创新保障农业提质增效，气象卫星遥感资料应用，气象信息化等多领域、多学科热点问题开展交流和研讨。

年会为“FY-3 大气探测仪器观测系统偏差诊断与订正技术”等 10 项成果颁发了中国气象学会“2015 年气象科学技术进步成果奖”，为林金泰、陆春松、陈昊明、陈活泼、徐娜等 5 人颁发了“第十六届（2014—2015 年度）涂长望青年气象科技奖”，为刘健文、陆其峰、张强等 3 人颁发了“第六届全国优秀科技工作者奖”。

参考资料

1. http://www.cma.gov.cn/2011xwzx/2011xqxxw/2011xqxyw/201510/t20151014_295116.html。

2. http://nh.cms1924.org/。

2015 年全国工程地质学术年会

一、召开时间与地点

时间：2015 年 8 月 10—11 日；地点：中国·长春。

二、会议背景

大会由中国地质学会工程地质专业委员会主办，吉林大学承办，国家自然科学基金委员会等单位协办。来自全国各行业的工程地质工作者 750 余人参加了本次大会。

三、会议议题

大会主题为工程地质与寒旱区可持续发展，设有寒旱区环境工程地质问题、特殊岩土体工程地质特性、资源开发的地质环境效应、重大工程的工程地质问题、资源枯竭型城市工程地质、工程地质新理论新技术等六个会议专题。围绕着大会主题进行了 7 场特邀报告、11 场主题报告和 144 场专题报告。会议共收到论文 248 篇，《工程地质学报》正刊发表 32 篇，增刊发表 123 篇。

四、会议情况

大会论文和报告集中体现了我国工程地质学科发展的新特点：岩土体工程地质特性和特殊土研究成为新的热点；地质灾害机理研究进一步深化；紧密结合重大工程中的工程地质新问题；海洋工程地质方向迅速发展；测试、探测、监测技术应用广受重视；工程地质基础理论在深化，岩土体力学行为理论研究获得新进展；国家基金工程地质学科亲密合作，支撑学科发展；青年人活跃，成为学科主力军。

参考资料

1.http://news.yantuchina.com/24986.html。

2015 浙江·第四届安全科学与工程技术暨应急救援与安全信息化专题研讨会

一、召开时间与地点

时间：2015 年 11 月 13—15 日；地点：中国·杭州。

二、会议背景

全国各单位安全管理专家、有关高校和企事业单位从事安全生产工作的专业人员，安监和应急办系统的领导及相关业务处室人员参会。

三、会议议题

各地（市）安全责任、生产应急救援与安全信息化管理先进单位交流研讨，国内和境外的安全科学与工程学科专家参与作专题学术报告。

四、会议情况

会议目的是为深入实施“科技兴安”战略，大力推广优秀安全科学与工程技术理论与实践成果，进一步推进安全责任、企业安全生产应急救援与安全信息化建设工作。研讨会由浙江工业大学主办，浙江省安全工程学会和浙江工业大学教科学院承办，中国职业安全健康协会安全行为专业委员会、香港城市大学、中国计量学院、浙江海洋学院、浙江省安科院、浙江图讯科技公司、浙江长广集团、浙江天和建材集团（亚克公司）协办。

参考资料

1.http://www.zjsafety.cn/Des-20120508153508-20120521171649-20150612111111.html。

第十二届沈阳科学学术年会

一、召开时间与地点

时间：2015 年 9 月 16 日；地点：中国·沈阳。

二、会议背景

沈阳科学学术年会每年举办一次。年会创办以来，始终坚持繁荣学术交流，服务地方经济社会发展的宗旨，不断丰富内涵，创新形式，吸引了一大批辽沈地区乃至国内外科学界、学术界精英的广泛参与。经过十多年的打造，逐渐形成了政府主导、社会联动，学术搭台、经济唱戏的办会模式，成为学术交流、决策咨询、科技合作、科学普及功能兼备，推动科学学术界、政府与企业交流最新研究成果，实现社会互动的重要平台，其影响力逐渐扩大，在凝聚人才智力、促进沈阳振兴中发挥了积极作用。

三、会议议题

年会由中共沈阳市委、沈阳市人民政府主办，沈阳市科学技术协会、沈阳市发展和改革委员会、沈阳市社会科学界联合会共同承办。年会主题：“改革创新：新常态下的振兴抉择”。

四、会议情况

年会共安排各类学术活动和专题论坛 61 场，主题涉及大众创业万众创新、企业转型升级、智慧城市建设、城乡建设管理、发展现代农业、老工业基地新一轮振兴、科技惠民生、政府简政放权、学会改革创新等经济社会发展诸多领域，70 多家高校、院所、企业和党政部门参与其中，30 多位两院院士、逾百名专家学者聚焦改革创新热点展开学术研讨和成果交流，共话沈阳振兴发展，并通过决策咨询、科技合作等形式提供多向服务。

参考资料

1.http://edu.syd.com.cn/system/2015/09/16/010822532.shtml。

第十届国际应急管理论坛暨中国（双法）应急管理专业委员会第十一届年会

一、召开时间与地点

时间：2015 年 11 月；地点：中国·北京。

二、会议背景

应急管理作为一门多学科交叉的综合性科学，在解决各类频繁发生的突发性灾难事件中发挥着极为重要的指导作用，为各级政府、企事业单位正确处置各类灾难事件提供了科学方法和决策依据。

作为国内应急管理领域举办最早、时间最长、影响力最大的国际会议，“第十届国际应急管理论坛暨中国（双法）应急管理专业委员会第十一届年会”2015 年 11 月在北京举行。本年度的会议主办单位是中国优选法统筹法与经济数学研究会应急管理专业委员会、中国科学院大学、中国科学院科技政策与管理科学研究所、华中科技大学、中央财经大学。

三、会议议题

会议围绕我国应急管理发展的经验总结与政策建议、灾害与风险管理中经济分析、协同应急管理体系与机制建设、城市基础设施安全运行监测理论与关键技术、政府应急管理的现状、问题与对策等议题，邀请国内外知名专家学者进行广泛而深入的讨论。

四、会议情况

会议邀请美国南加州大学 PRICE 公共政策学院、亚利桑那州立大学公共管理学院、亚利桑那大学地球科学与环境工程学院、新加坡南洋理工大学人文与社会科学院、加拿大皇家大学战略管理与国际商务系等外国的专家，以及中国应急管理领域的领导、专家、青年学者和企业家参加会议。会议就海峡两岸应急管理协同机制、体制与模式研究，大数据视域下应急管理理论、方法与技术创新研究，“一带一路”战略背景下应急管理及其政策研究，区域灾害风险的预测与评估技术，新农村建设中村镇级应急管理体系与机制建设，应急管理产业竞争力及其发展战略，现代社会的脆弱性与反脆弱行动等相关主题展开交流、探讨与合作研究，并提供政策建议。

参考资料

1.http://www.china-emrc.org.cn。

2.http://jgxy.fzu.edu.cn/XYTZXKB/12000264.jhtml。

2015 中国国际减灾与应急管理研讨会暨博览会

一、召开时间与地点

时间：2015 年 4 月 15—17 日；地点：中国·成都。

二、会议背景

自然灾害一直是制约着国民经济发展、影响民众财产与安全、关系国家基础建设稳定的重大问题。灾害与灾难的事前准备、事中应急响应和有效处置、灾后的快速恢复和可持续发展成为世界各国政府和公众越来越关注的焦点问题，开展科学的应急管理、发展朝阳的应急产业、打造安全的居住家园已成为国际社会发展的共同目标。

三、会议议题

1. 应急备灾

应急救援培训与演练设备、应急救灾物资储备（帐篷、棉衣、棉被、食品、饮水、通讯、取暖、自救逃生工具、头部防护、眼部防护、听力防护、呼吸防护、手臂防护、躯体防护、足腿防护、坠落防护、皮肤防护、应急包、小型应急产品、其他防护装备等）、工程防御设备、公众减灾应急用品、疫情防治技术系统。

2. 监测预警

各类自然灾害［地震、气象、洪水、地质灾害（滑坡、泥石流等）、农业、森林、海洋等］监测、预测、预报、预警及软硬件技术系统，安全生产（矿山和危化品、重大危险源和重大工程设施等），公共卫生（禽流感等传染病）和社会安全类监测预警技术系统，无人值守和无人遥控监测和预警设备，全天候非可视监测设备、天空地一体化遥感遥测技术系统，卫星监测与导航系统，航天航空技术及设备，各类监测预警方法和技术系统等。

3. 应急响应

全天候灾情单兵采集获取设备、车载灾情获取系统、机载信息获取与实时传输系统、无人机探测系统、现场移动（车载）指挥系统、各类平台技术系统、事故应急指挥与控制系统等、三维实景采集、通信设备（卫星通信站、短波电台、超短波实时传输、移动应急通讯车、应急通讯网络系统、视频会议系统、移动视频技术、卫星导航系统等）、基于 GIS、GPS 和 RS 的应急管理技术系统、应急指挥平台技术系统、灾情动态研判与救援决策系统、各类灾情信息保障技术系统。

4. 生命救援

搜索和侦检设备：电磁波、光学、声波 / 振动等仪器等生命探测仪、危险品、化学品、毒气等设备、热磁和热红外探测仪、非可见光探测设备、音视频监控系统等；各类救援无人载体 / 机器人；营救装备：破拆、顶升、支撑、绳索、高空救援；救援车辆、特种救援车辆、多功能救援车辆、救援直升机、消防救援装备和救援系统、救助警示标志、矿山救援、危化品救援装备等。

5. 医疗救援

现场医疗、救生器材、空气呼吸器、救生衣、救护设备、流动医院、方舱医院、第一救助设备等、现场采样用品、灾害救助药品、医院紧急救援服务、医疗急救器械、急救包、急救箱、医疗急救车、卫生防疫车等特种车辆、医疗急救用品。

6. 救援保障

应急发电车、救援机器人、通讯指挥、应急照明设备、应急电源（车）、供电与照明、个人装备、生活物资、净化水设备、安全保障、仓储车、燃料装备车、应急指挥调度平台、现场救援指挥系统、应急食品、宿营帐篷和车辆、火灾探测及报警设备、固定消防应急灯具及火灾防护面具、排烟设备、水处理系统、各类环保使用技术、救援洗消设备、矿山救援、危化品救援保障设备等。

7. 工程抢险

大型挖掘机、特种挖掘设备、破拆工具、电源配电车、修理车等特种车辆等、起重、支撑设备、生命线工程（道路桥梁、通讯、供电、供气、供水、供热、排污等）抢修抢险设备和各类舟桥设备、恢复重建设备等。

8. 紧急安置

临时避难设施、帐篷、棉衣、棉被等救灾物资、活动板房、流动厕所等各类紧急安置生活用品；临时路桥、水电气设备；浮桥、应急生活物资等。

9. 安全防护

核设施的安全防护技术与设备、核泄漏预防及灾后救援设备、个人防护用具、照明、取暖、自救逃生工具、金融系统保安防范产品、消防救援器材、反恐设备、警用装备类、多种用途车辆、安全生产检测设备、安全防护技术设施设备、机械安全系统、监控系统、专用安全车辆、隧道安全设备等。

10. 培训与演练

应急救援图片文字展览区、灾害应对影像科普展览区、典型救援演示及互动体验、应急管理培训桌面推演、第一响应人培训等。

四、会议情况

会议由国际应急管理学会、北京大学数字中国研究院数字减灾与应急管理研究中心、联合国开发计划 UNDP、成都市人民政府应急管理办公室、四川大学联合主办，围绕如何“提高西南地区尤其是四川省的应急管理水平，改进应急救援装备，推动西南地区的科技应急能力，提高全民应急救灾处置能力”进行了探讨。会议以“加强城市韧性建设、提高基层应急能力”为主题，以及时传递“高科技、新产品、新技术、新方案、新理念”为创新理念，邀请国内外防灾减灾、应急备灾、监测预警、应急响应、紧急救援、灾后安置和恢复重建各项灾害应急处置环节的软件和硬件开发制造商参展。承联通讯、泛海三江、西贝虎、八达重工、北京利达、海能达通信、维科朗等行业知名企业参展，会议还举办了四类突发事件的科普知识展、应急管理能力提升高级培训班以及应急救援演练和演示，以加深公众灾害应对认知，有效提高防灾减灾和应急管理效能，提高政府和官员应急处置的能力，推进应急产业的健康发展。

参考资料

1.http://www.safe10000.com/news/76946-2.html。

第二届中国卫生应急学术论坛

一、召开时间与地点

时间：2015 年 11 月 21 日；地点：中国·北京。

二、会议背景

自抗击 SARS 疫情取得胜利以来，我国政府全面加强应急管理工作，目前基本实现了卫生应急组织管理和指挥体系从无到有，管理职能从分散到集中，管理机制从单一部门应对到跨部门协调联动的转变，卫生应急水平、管理水平和处置事件的能力逐年提升。同时，我国经济社会的不断发展也对卫生应急工作提出了新的要求，国际社会对我国在应对全球性突发公共卫生事件中的责任担当有了更高的期许。整合利用现有资源，特别是发挥和突出信息技术在卫生应急中的作用，是“十三五”的工作重点。

三、会议议题

第二届全国卫生应急学术论坛由中华预防医学会主办，中国疾控中心提供技术支持，主题是“提升卫生应急能力，保障公共卫生安全”。论坛以促进能力建设的视角，就强学科、建机制、做规划、重实践等展开讨论。

四、会议情况

国家卫生计生委应急办主任许树强提出，“十三五”期间准备启动国家陆海空一体化的紧急医学救援体系建设，建设14个国家级基地，若干个国家级区域中心和应急队伍；加强紧急医学救援的学科建设和科技攻关，把突发急性传染病作为一门课程面向大学本科生，尤其是临床学生进行教育，并希望把卫生应急技术变成产业，面向企业进行研发，“卫生应急工作还需要得到社会的参与，要进校园，进社区，进避难场所，进公交站点等”。

国家卫生计生委宣传司司长毛群安总结了十几年来突发事件风险沟通的经验做法，并建议制定风险沟通预案，做好信息发布的组织管理。他说，“突发事件的风险沟通是发生在突发事件发生之前，平时做沟通比突发事件中做沟通要好，在没有突发事件的时候恰恰是我们进行风险沟通的最好窗口期”。

参考资料

1.http://health.people.com.cn/n/2015/1211/c386222-27915669.html。

第三届中国应急管理信息化高峰论坛

一、召开时间与地点

时间：2015年5月29日；地点：中国·北京。

二、会议背景

加强应急管理工作，是推进国家治理体系和治理能力现代化的重要内容，是全面建成小康社会的必然要求。深入推进应急管理信息化，加快应急产业发展，提高预防和处置突发事件的能力，事关社会发展全局和人民群众生命财产安全。

三、会议议题

1.学习应急相关政策法规，重点解读《关于加快应急产业发展的意见》，展望新常态下应急产业发展趋势与挑战；

2.有关部委、地方政府、大型企业就应急体系建设、应急预测预警、应急响应、应急培训和管理创新等做经验交流；

3.充分利用好新媒体、应急广播、手机、互联网、电视等平台，传播社会正能量；

4.普及应急知识，强化危机管控能力；

5.物联网、大数据、云计算、移动互联、空间地理、应急通信等技术在应急数据中心、指挥场所、综合应用方面的方案展示。

四、会议情况

“第三届中国应急管理信息化高峰论坛”上，各级政府和行业展示了各自的成果和前沿技术：以“一案三制”为核心，以统一指挥、结构合理、反应灵敏、保障有力、运转高效为原则，所建立的应急管理体系和应急信息平台在关键时刻有力、有效、有序地应对了各类突发事件，信息技术在提升应急管理水平、促进应急响应能力方面有着不可替代的作用。

参考资料

1.http://www.huodongjia.com/event-246504.html。

第二章　演习演练

国家电网科右前旗供电公司火灾逃生演练

一、演练名称

国家电网科右前旗供电公司火灾逃生演练。

二、主办单位

国家电网科右前旗供电公司。

三、时间、地点与目的

2015年2月，为提高企业职工消防意识，增强职工在紧急情况下的应变能力和自我防护能力，使每个职工掌握一定的消防知识和技巧，以“全员关注消防，生命安全至上”为主题，国网科右前旗供电公司与当地消防部门联合举办了火灾逃生演练。

四、演练内容

演练前，公司制定了严密的演练方案，成立了演练领导小组、安全保障组即灭火组、通讯联络组、疏散组等专业小组，准备了演练器械，讲解了火灾逃生注意事项，为演练提供了扎实的基础。演练正式开始后，现场模拟一楼工作区引发烟雾火灾，员工听到警报后，立即向消防 119 报告火警，演练指挥部下达启动应急救援指令，灭火小组快速反应投入灭火行动，通讯联络组负责向消防机构报火警，疏散组通知引导各部位职工按照逃生路线尽快疏散。通过警企共同努力，烟雾火灾成功扑灭。

五、效果与问题

演练切实提高了公司职工火灾自救能力，增强了职工的防火意识，充分做到了未雨绸缪。同时，参加演练人员将此次演练过程中所学到的消防知识传递给了其他职工，以点带面，提高了全体职工的安全防火意识和预防灾害能力。

参考资料

1. 新华网：科右前旗供电公司未雨绸缪开展消防应急演练，见 http://news.xinhuanet.com/power/dw/2015-03/02/c_1114467369.htm。

2. 人民网：未雨绸缪开展消防应急演练，见 http://nm.people.com.cn/n/2015/0216/c196712-23935492.html。

新华保险黑龙江分公司非正常退保、给付突发事件应急演练

一、演练名称

新华保险黑龙江分公司非正常退保、给付突发事件应急演练。

二、主办单位

新华保险黑龙江分公司。

三、时间、地点与目的

2015 年 3 月，新华保险黑龙江分公司组织开展非正常退保、给付突发事件应急演练。目的是贯彻落实中国保监会《关于加强保险业突发事件应急管理工作的通知》及《新华人寿保险股份有限公司突发事件应急管理办法》规定，有效预防各类可能发生的突发事件，做到及时发现并妥善处置，保障分公司稳定、有序、健康发展。

四、演练内容

黑龙江分公司以银代渠道群体性退保为演练案例，通过银行营业厅、洽谈室、会议室等六个场景演练，疏导分流客户、各部门合议、接待记者来访、领导总结等环节最终妥善处理客户退保，平息负面报道风波。

五、效果与问题

该应急演练对于今后解决突发事件具有重要的指导意义，在实际应对突发事件时，各部门要并行上报，齐心协力妥善处理，要具有责任感。此外，资金方面也要做好充足的保障，保证退款及时到位。

参考资料

1. 泸州新闻网：新华人寿黑龙江分公司组织开展突发事件应急演练，见 http://qiye.lzep.cn/2015/0304/274029.html。

2. 内江在线：黑龙江新华保险开展应急演练，见 http://www.neijiang.ccoo.cn/news/local/3524680.html。

2015 年河南固始县反暴恐应急演练

一、演练名称

2015 年河南固始县反暴恐应急演练。

二、主办单位

河南省固始县公安局。

三、时间、地点与目的

3 月 25 日上午，固始县公安局反恐、刑侦、巡警以及当地派出所等单位，与固始武警中队及相关部门在固始火车站广场举行 2015 年反恐防暴应急演练。

四、演练内容

上午 10 时，演练正式开始。演练模拟固始火车站广场发生暴恐分子持刀砍人事件。三名拿着砍刀的男子突然冲向站前广场的人群，挥刀乱砍，

并已砍伤几名群众。情急之下，火车站工作人员一边与暴恐分子搏斗，一边及时报警。

接警后，固始县公安局反恐大队民警和固始武警中队武警迅速出动，到达现场后，狙击手迅速占据制高点，民警鸣枪示警，120急救车立即解救伤员。三名暴徒负隅顽抗，继续在现场挥刀与民警对峙，参战民警迅速采取措施，当场制服暴徒，一气呵成地完成了包围、封控、处置、抓捕、带离等“反恐处突”任务。三名暴徒被押解上警车后，反恐演练圆满结束。

五、效果与问题

演练中，各参演部门按照处置预案，在既定时间赶赴指定地点，迅速完成了“反恐处突”任务。各参演部门团结协作，密切配合。参演民警听从指挥、忠于职守，展示了良好的工作作风和战斗素养，达到了预期效果。

本次演练切实提高了各参战单位的反恐防暴综合能力，并加强了群众人身财产安全性、营造了稳定和谐的社会氛围，使旅客能够放心出行。

参考资料

1. 凤凰网：固始县组织开展2015年反暴恐应急演练，见http://hn.ifeng.com/hnzhuanti/henanshengzhiguanxianshi/fengguangushi/detail_2015_03/26/3709097_0.shtml。

2. 中新网：河南固始县公安局举行2015年反恐防暴应急演练，见http://www.ha.chinanews.com.cn/lanmu/news/1921/2015-03-30/news-1921-297781.shtml。

3. 固始早报：固始县2015年反暴恐应急演练今日举行，见http://news.xyw.gov.cn/news/gsnws/201503/00083375.html。

北海市城市防汛排涝应急演练

一、演练名称

北海市城市防汛排涝应急演练。

二、主办单位

北海市排水处。

三、时间、地点与目的

2015年4月8日上午，北海市排水处在北海大道、广东南路泵站等地段进行了防汛排涝应急演练。

四、演练内容

2015年4月8日8时30分，演练指挥中心接到报告“北海大道上海路口至技术监督局前路段出现了大面积积水”，立即下达指令“立刻启动应急预案，前往排涝”。接到指令后，抢险队伍集合迅速，参加人员穿上安全马夹，戴着安全帽，携带作业设备器具立即奔赴积水现场；到达现场后，抢修队员将防汛排涝围挡牌等设置在马路边，警示路人；机械设备组做好抽排水工作；养护所工作人员快速打开井盖，进行排涝。此外，为防止路上不知情群众踏进排水井口，工作人员坚守在排水井旁。随后在广东南路铁路桥段出现了“积水现象”。抢修队员立即前往现场，安装连接移动泵车水管，将道路积水抽排到就近的明渠中。

9时指挥中心接报“广东路铁路桥附近一下水道出现‘坍塌’，路面出现大坑”。指挥中心发布突发性下水道坍塌处置通知，抢修队员赶往处置。抢修队员首先对坍塌下水道进行了封闭，做好安全警示标志，排水处机关中队安排队员在大院进行砂袋装包及装车，养护所中队对坍塌路面进行临时的砂袋回填，以确保过往行人、车辆的安全。

五、效果与问题

演练锻炼了队伍的实战能力及协调配合能力，为应对主汛期突发事件奠定了坚实的基础。

参考资料

1. 广西壮族自治区应急办：北海市举行2015年城市防汛排涝应急演练，见http://emo.gxzf.gov.cn/yjyl/qn/201504/t20150415_440534.htm。

2. 新华网：北海市举行城市防汛排涝应急演练（图），见http://www.gx.xinhuanet.com/dtzx/beihai/2015-04/09/c_1114913788.html。

吉林省柳河县市场监督管理局特种设备事故应急演练

一、演练名称

吉林省柳河县市场监督管理局特种设备事故应急演练。

二、主办单位

吉林省柳河县市场监督管理局。

三、时间、地点与目的

2015年5月，吉林省柳河县市场监督管理局会同吉林省柳河县武警消防中队在柳河县侨联液化气充装站开展了一次事故应急专项预案的演练活动。此次演练是为了落实好“安全第一、预防为主、综合治理”这一安全生产主要方针，将特种设备事故应急演练纳入特种设备安全监管工作中常态化管理，不断提高特种设备生产使用经营单位安全防范意识和处置突发事件的能力。

四、演练内容

此次演练以液化气管道泄漏为导线，突出从发现事故隐患到如何处置，最终将事故隐患安全排除为重点的演练内容。演练现场设立了指挥中心，整个演练过程在紧张有序中进行，共有30余人参加了此次演练活动，演练活动达到了预期效果。

五、效果与问题

通过此次演练活动，提高和强化了高危行业的安全生产意识，为减少或杜绝安全事故的发生，在发生突发事件时能够最大限度地减少人员伤亡和财产损失，保证特种设备安全运行打下了良好的基础。

参考资料

1. 新民网：吉林柳河事故防范抓在前应急演练走在先，见 http://biz.xinmin.cn/2015/05/04/27555125.html。

2. 国家质量监督检验检疫总局：吉林柳河事故防范抓在前应急演练走在先，见 http://www.aqsiq.gov.cn/zjxw/dfzjxw/dfftpxw/201505/t20150504_437890.htm。

广东省石油化工场所跨区域灭火救援演练

一、演练名称

广东省石油化工场所跨区域灭火救援演练。

二、主办单位

广东省公安消防总队。

三、时间、地点与目的

5月7日，在茂名石化公司举行石油化工场所跨区域灭火救援演练。

四、演练内容

2015年5月7日12时，华南地区最大油库茂名石化北山岭油库TK-106号12.5万吨原油储罐遭受雷击，造成西北面方面罐壁上方出现约6m^{2}的裂口，并引发储罐内的燃料油燃烧爆炸，火势有进一步扩大蔓延的趋势，毗邻有3个12.5万吨的原油罐受到严重威胁。当班的职工巡检发现后，及时报警，茂名石化北山岭消防中队接报后第一批前往现场救灾。随着灾情的不断扩大，省消防总队迅速启动跨区域一级响应预案，调集广州、佛山、江门、湛江、阳江支队和总队特勤大队跨区石油化工力量编成、远程供水车组和泡沫供给车赶赴现场增援。经过各自参战救援，到现场紧急撤离，到第二次下达作战任务，直到最后发起总攻，整个演练过程持续近4个小时。

五、效果与问题

演练检验了广东省消防部队临场指挥、调度、救援及协同作战能力，进一步提升了消防部队全勤指挥和跨区域应急能力。

参考资料

1. 广东省应急办：我省举行石油化工场所跨区域灭火救援演练，见 http://www.gdemo.gov.cn/yjyl/snyl/201505/t20150509_212983.htm。

2. 网易网：广东省公安消防部队灭火救援演练在茂名石化举行（图），见 http://news.163.com/15/0508/17/AP40QAV900014AEE.html。

四川省防震救灾综合演练

一、演练名称

四川省防震救灾综合演练。

二、主办单位

四川省人民政府应急管理办公室。

三、时间、地点与目的

2015年5月8日，在乐山市举行省级防震救灾综合演练。此次演练模拟乐山市沐川县境内发生6.5级地震，引发垮塌、火灾、人员被困以及各种次生灾害事故，主演练场设在乐山市五通桥区、沐川县。

四、演练内容

2015年5月8日8时59分58秒，一场6.5级“地震”突袭沐川县，整个乐山市震感强烈，应急警报响彻天空。地震发生后的第一时间，该市抗震救灾指挥部成员迅速赶赴乐山市应急指挥中心。省政府应急办获悉乐山灾情后，牵头组织矿山救援、武警消防、卫生防疫等多支省级专业救援力量，在交通管制保障环境下火速驰援灾区。与此同时，乐山市、县两级各救援力量也及时向受灾地区集结；受灾地区群众在基层干部、党员突击队的组织下，紧急避险、疏散转移。

9时，在乐山市五通桥区模拟了地震后发生的大型化工灾害事故。在发生“事故”的化工厂内，黑色的浓烟冲天，不断有黄色有毒气体冒出。参与演练的各个部门迅速集结，成立了临时应急救援指挥部。现场发生燃烧爆炸场面。四川消防参演部队快速响应出动，全程规范实施侦检、警戒、救生、灭火、降毒、控毒、排险、洗消等程序，科学组织初战控火、爆炸避险、二次集结和灭火总攻，一举歼灭大火。

金川公司住宿楼楼体塌陷现场：多名职工被埋压，救援工作刻不容缓。在废墟搜救现场，抢险救援作战组携带液压破拆工具、金属切割器等器材进入楼内施救，利用敲击、喊话、观察等方式确认被困人员位置及伤亡情况，并设置搜救标记。发现被困者后，他们用切割器切割钢筋，用千斤顶撑起横梁等，清除压在被困者身上的障碍物，将伤者抬出废墟。随着最后一名被困者被成功救出，一场300多人参与的生命大救援结束。

五、效果与问题

该演练根据突发事件分级管理、属地管理的思想，设计了“区县指挥、市上协同、省上支援、多层次联动”的原则，市级决策部署简明扼要，务实高效。建议市级决策部署可明确各驰援队伍进入灾区后应立即从属当地现场指挥官指挥，避免以往救灾时由于现场指挥关系混乱造成的低效率救援。

参考资料

1. 四川省防灾应急网：省级防震救灾演练在乐山拉响警报，见 http://www.scyj.gov.cn/plus/view.php?aid=9205。

2. 四川新闻网：2015年四川省级防震救灾综合演练现场直击（图），见 http://scnews.newssc.org/system/ 20150509/000562320.html。

3. 网易网：全省防震救灾综合演练8日在乐山举行，见 http://news.163.com/15/0508/04/AP2K0LLV00014AED.html。

山东省2015年地震应急救援综合演练

一、演练名称

山东省2015年地震应急救援综合演练。

二、主办单位

山东省政府。

三、时间、地点与目的

2015年5月8日，在潍坊昌邑市举行。

四、演练内容

该演练是军地联合、省市联动、多部门协同配合的大型地震应急救援演练活动。演练模拟昌邑市发生6.0级地震，造成大量人员伤亡，震中附近地区房屋遭到不同程度损坏，老旧房屋倒塌严重，通信中断，城市基础设施多处受损；潍河大桥受损，交通受阻；某化工厂储罐泄漏，灾区有上万人需要紧急疏散，两千余人需要转移安置。山东省地震应急救援综合演练指挥部设置了救援队伍远程实兵拉动、野外宿营及自我保障，昌邑市抗震救灾指挥部桌面推演，救援力量集结及装备展示，次生灾害抢险处置，人员搜救和桥梁抢修保通五大演练科目。地震发生后，山东省消防总队副总队长、参谋长率总队司令部、政治部、后勤部及相关处室人员组织搜救犬基地及济南、青岛、淄博、烟台、东营、潍坊、威海、日照、临沂、滨州等10个消防支队力量参与救援演练。

五、效果与问题

本次演练使参演队伍进一步熟悉了地震应急预案及工作流程，锻炼了应急过程中的自我保障能力，增强了地震应急指挥和应急反应能力。

参考资料

1. 新闻网：山东省2015年地震应急救援综合演练，见 http://minsheng.qingdaonews.com/content/2016-01/ 20/content_11452703.htm。

2. 中国山东网：山东2015年地震应急救援综合演练在昌邑举行，见 http://weifang.sdchina.com/show/3325314.html。

宁夏回族自治区2015消防地震应急救援演习

一、演练名称

宁夏回族自治区2015消防地震应急救援演习。

二、主办单位

宁夏回族自治区公安厅、宁夏回族自治区消

防总队、宁夏回族自治区教育厅、宁夏回族自治区民政厅、宁夏回族自治区地震局、宁夏回族自治区应急办。

三、时间、地点与目的

为认真贯彻落实关于加强防震减灾应急救援工作的指示精神，提高全区公安消防部队地震应急救援工作水平，强化校园师生防灾自救综合能力，2015 年 5 月 11 日，在宁夏职业技术学院举办宁夏回族自治区 2015 消防地震应急救援演习。

四、演练内容

演练假设：5 月 11 日 15 时，宁夏某市发生 7.8 级地震，位于震中的某学校内正值学生上课期间。灾害发生后，学校第一时间发布地震警报，并立即按照地震自救疏散预案，组织引导学生迅速有序撤离至学校空旷安全地域。接到宁夏职业技术学院有大量人员受灾的消息后，消防总队立即启动地震灾害应急救援预案，调派银川支队特勤一、二、三中队、西夏区怀远中队和总队搜救犬中队共计 11 辆消防车 100 余名官兵赶赴灾害现场实施救援。救援官兵到达现场后，立即利用缓降器、消防软梯和举高平台消防车等多种方法抢救疏散被困人员。随后，参战官兵利用破拆工具破拆、徒手清障和搭建简易救援通道的方式，对通往“重灾区”道上的障碍物进行破拆和清除，开辟新的救援通道。到达坍塌现场后，救援人员立即利用搜救犬、雷达生命探测仪、音视频生命探测仪搜救废墟下被埋压的人员。在参战官兵的协同配合下，多名被困人员被成功救出。演练假设地震造成体育馆内天然气管道破裂，导致燃气泄漏爆炸起火。现场救援指挥部立即调整力量部署，调集举高喷射消防车和云梯消防车等特种车辆前来增援，压制火势，扑救火灾，同时利用救生器材将楼顶被困人员救助至地面安全区域。经现场侦察，建筑内部再无被困人员，现场总指挥发出撤离现场、清点人员的命令。

五、效果与问题

演练充分发挥专业优势各司其职，形成联动配合、协同作战的局面，全面提升了军地联动开展救援的水平。

参考资料

1. 大河网：宁夏消防总队今天举行大规模地震应急救援演习，见 http://news.dahe.cn/2015/05-11/104944896.html。

2. 东方网：宁夏消防总队今天举行大规模地震应急救援演习，见 http://news.eastday.com/eastday/13news/auto/news/china/u7ai3929018_K4.html。

和龙市农机监理站农机事故应急救援演练

一、演练名称

和龙市农机监理站农机事故应急救援演练。

二、主办单位

和龙市农机监理站。

三、时间、地点与目的

2015 年 5 月 21 日，为了提高农机事故应急救援处置的整体水平，和龙市农机监理站组织开展了农机事故应急救援演练。

四、演练内容

演练现场模拟一辆大中型拖拉机在田间因刹车失灵与一辆手扶拖拉机相撞，造成 1 人重伤、2 人轻伤的农机事故。农机监理部门接到报案后立即启动农机事故应急救援预案，指挥组即刻组织农机事故应急救援小组赶赴事故现场开展救援，同时组织协调急救中心、安华保险公司赶赴现场。农机事故应急救援小组到达现场首先开展对伤员的救援，并同随后赶到的急救中心医务人员第一时间将伤员送往医院，随后事故调查组对事故现场进行了勘查取证。整个演练过程有条不紊，在农机事故应急救援各小组的密切配合下圆满完成了这次农机事故应急救援演练，收到了预期效果。

五、效果与问题

通过现场模拟演练，进一步提高了农机监理对农机事故处置的应急反应能力，做到了分工明确、反应迅速、运转有序、处理得当、上下协调、部门配合，为保障农机事故应急救援高效、有序进行打下了良好基础。

参考资料

1. 新农网：吉林和龙市开展农机事故应急救援演练，见 http://www.xinnong.net/news/20150526/1247220.html。

2. 中国农业机械网：吉林和龙市开展农机事故应急救援演练，见 http://www.nyjx.cn/news/2015/5/26/ 2015526931563250.shtml。

贺州平桂反恐应急消防疏散演练

一、演练名称

贺州平桂反恐应急消防疏散演练。

二、主办单位

贺州市平桂公安分局。

三、时间、地点与目的

2015 年 5 月 22 日上午，在贺州市平桂管理区平桂三中开展模拟暴徒进入校园企图伤害师生的反恐应急消防疏散演练。

四、演练内容

2015 年 5 月 22 日 11 时，一名手持大砍刀的“暴恐分子”翻过学校电动门，挥刀突破校保安防线，并威胁称，“我要进去砍人，谁来谁死”。吓得课外活动的学生赶紧跑进教室躲藏起来。

“110 吗？平桂管理区平桂三中校园内有人拿刀追砍学生，情况危急，请马上出警！”学校保安在报警的同时，立即通过广播提醒各班老师赶快组织学生疏散和躲藏。接警后，贺州市平桂警方迅速组织警力驱车赶赴。面对训练有素的防恐防暴处突民警，歹徒狂躁地进行负隅顽抗。几个交锋下来，歹徒终被民警制服。

参考资料

1. 广西壮族自治区应急办：贺州平桂警方反恐应急消防疏散演练进校园，见 http://emo.gxzf.gov.cn/yjyl/qn/201505/t20150523_443199.htm。

2. 网易网：广西贺州平桂警方反恐应急消防疏散演练进校园（图），见 http://news.163.com/15/0522/17/AQ82VBFJ00014JB6.html。

河南省 2015 年突发环境事件应急演练

一、演练名称

河南省 2015 年突发环境事件应急演练。

二、主办单位

河南省环保厅、新乡市人民政府。

三、时间、地点与目的

5 月 26 日，在河南心连心化肥有限公司联合举办河南省 2015 年突发环境事件应急演练活动，旨在进一步强化环境风险防范意识，锻炼环境应急队伍，全面提升突发环境事件应急处置能力。

四、演练内容

演练模拟河南心连心化肥有限公司液氨生产装置出现泄漏，有数名工人中毒晕倒。公司领导接到报告后，迅速启动本公司应急预案，对事故进行先期处置，同时向当地政府及有关部门进行了报告。新乡市、县环保局及时启动突发环境事件应急预案，第一时间组织人员赶赴现场开展应急处置。经现场勘查发现，大量夹带高浓度含氨事故消防废水经该公司雨水排放口流入新乡市东孟姜女河，氨气泄漏导致数名工人中毒，初步判定为较大突发环境事件，在初报的基础上，新乡市环保局立即将有关情况向市政府和省环保厅再次进行了报告，并采取多项应急处置措施，将污染损害降低到了最低限度。应急响应终止后，新乡市环保局在规定时限内将污染损害评估和事件调查情况向市政府和省环保厅进行了报告，并及时向社会公布。

五、效果与问题

演练活动中，各参演单位认真履行职责，密切配合，协同作战；各参演人员精神饱满、听从命令、服从指挥，熟练使用各种器材装备，使其发挥最佳优势；现场指挥员决策果断，指挥得当、采取战术正确，合理调配部署抢险救援力量，以最快的速度处置泄漏气体和污染河段。

本次演练使各参与单位强化了意识、检验了预案、磨合了机制、锻炼了队伍、积累了实战经验、推动了全省环境应急管理工作再上新台阶。

参考资料

1. 新乡市环保局：河南省 2015 年突发环境事件应急演练活动在我市举行，见 http://www.xxhb.gov.cn/HJJC/HJYJ/2015/09/18/0743136595.html。

2. 河南省政府法制网：河南省 2015 年突发环境事件应急演练活动在新乡市举行，见 http://www.hnfzw.gov.cn/sitegroup/root/html/402881e4488d8de50148a751a8c03400/503465620c72408faa81ceefa095418e.html。

3. 中国网：全省应对环境突发事件座谈会暨 2015 应急演练在新乡举行，见 http://www.china.com.cn/legal/2015-05/27/content_35674672.htm。

黑龙江东宁边检站疫情应急演练

一、演练名称

黑龙江东宁边检站疫情应急演练。

二、主办单位

黑龙江边防总队东宁边检站。

三、时间、地点与目的

2015 年 6 月 3 日，黑龙江边防总队东宁边检站与口岸联检单位共同开展口岸应急处置演练，防范“中东呼吸综合征（MERS）”疫情。

四、演练内容

此次演练是模拟在口岸现场发现 1 名疑似感染“中东呼吸综合征”的旅客，官兵们按照预防疫情应急预案要求，迅速集结，穿戴防疫装备实施现场警戒，防止无关人员靠近疑似感染旅客，检疫人员将疑似疫情感染旅客进行隔离处置，并对与其接触过的人员进行重点筛查。

五、效果与问题

此次疫情应急演练，强化了东宁边检站对重大传染病疫情的防控力，增强了官兵对重大传染病疫情的应急处置能力，为口岸安全打下了良好的基础。

参考资料

1. 新华网：防患于未然 黑龙江东宁边检站开展疫情应急演练，见 http://news.xinhuanet.com/mil/2015-06/05/c_127883380.html1。

2. 凤凰网：防患于未然 黑龙江东宁边检站开展疫情应急演练，见 http://hlj.ifeng.com/news/detail_2015_06/05/3977550_0.shtml。

国网北京电力 2015 年防汛应急演练

一、演练名称

国网北京电力 2015 年防汛应急演练。

二、主办单位

国家电网北京公司应急办公室和防汛办公室。

三、时间、地点与目的

6 月 10 日，国家电网北京公司组织开展了 2015 年防汛应急演练，旨在检验各部门、各单位对公司新修订的防汛应急预案的掌握情况，规范公司应急响应流程，提升汛期恶劣天气下的应急处置水平。演练场地包括公司应急指挥中心、桃园变电站和大兴公司庞各庄供电所等。

四、演练内容

结合去年汛期整体应急响应工作情况，北京公司修订发布了新版《防汛应急预案》，重点突出了信息报送、预警级别确定、重点值守、巡视检查、故障统计、灾情勘察等工作。本次演练采用桌面推演与实战演练相结合的模式，演练过程中还对防汛应急预案重点修订内容进行了穿插讲解。

演练分为预警应急响应和突发事件应急响应两个环节。在预警应急响应环节，根据气象部门的暴雨、雷电、大风预警信息，北京公司及各单位启动预警Ⅱ级应急响应，有关单位做好灾情勘察准备工作。期间，220kV 桃园变电站发生雨水倒灌、电缆夹层积水情况，检修公司抽调大型抽水车、排水泵等赶往现场进行抽水，北京公司调控中心根据现场情况，组织城区公司做好桃园变电站全停的应急准备工作，最终积水情况得到有效控制。

在突发事件应急响应环节，大兴地区出现大风天气，1 小时内发生多起 10kV 故障，北京公司及各单位启动突发事件Ⅱ级应急响应。大兴公司开展灾情勘察工作，根据灾情情况，相关部门及大兴公司立即安排领导干部赶往现场，组织成立现场指挥部。北京公司组织安排应急救援队伍驾驶应急发电车、卫星通信车、高空作业车，携带应急装备赶往现场支援，合理部署和安排抢修队伍、物资和装备，全力开展抢修工作，快速恢复客户供电。

五、效果与问题

本次演练检验了国网北京公司应急体系的信息传递、调度故障处理、输变配电专业应急响应速度。同时，针对演练暴露的问题，该公司还将重点加强应急处置预案的培训，加大应急演练的力度，并确保演练取得实效。

参考资料

1. 国家电网公司：国网北京电力开展 2015 年防汛应急演练，见 http://www.sgcc.com.cn/xwzx/gsxw/2015/06/ 326345.shtml。

2. 中国电力企业联合会：北京电力开展 2015 年防汛应急演练，见 http://www.cec.org.cn/zdlhuiyuandongtai/dianwang/ 2015-06-11/139062.html。

吉林省旅游局旅游突发公共事件应急演练

一、演练名称

吉林省旅游局旅游突发公共事件应急演练。

二、主办单位

吉林省旅游局。

三、时间、地点与目的

2015年6月10日10时30分，吉林省旅游局组织相关单位在长春净月潭国家森林公园内举行了旅游突发公共事件应急预案演练。通过此次演练将进一步检验全省旅游经营单位应对突发事件的处置能力，提升应急指挥和协调处置工作水平，确保旅游行业在安全事故和突发事件发生后，能够有效组织、快速反应、高效运转，最大限度地减少突发事故造成的危害，为有效保障各旅游景区和旅游者的生命财产安全起到了积极的推动作用。

四、演练内容

此次演练分为四部分，一是在净月潭国家森林公园游客中心影音厅进行景区承载量预警桌面推演，内容包括承载量预警、临时交通管制、车辆停止入园、车流人流疏散；在净月潭核心景区滑雪场举行森林防火演练，内容包括森林火险报警、扑救和善后；在滑雪场望潭桥进行游客意外伤害救治演练，内容包括游客意外受伤、医疗中心救援、送医院就诊；在净月潭滑雪场游船码头进行水上应急救援演练，内容包括游船火险、迅速报警、游客营救、伤者救护、游客安抚等。

五、效果与问题

演练从虚拟事故现场、模拟报警、成立应急救援指挥部、应急处置事故等各个环节，反应灵敏、决策果断、行动迅速、运转协调、救助有力，实战演练平稳有序、安全有效，达到了预期的效果，为吉林全省旅游行业开展旅游突发公共事件应急救援提供了成功的范本。

参考资料

1. 中国青年网：吉林省举行旅游突发公共事件应急演练，见 http://news.youth.cn/gn/201506/t20150611_ 6740310.htm。

2. 央广网：吉林省旅游局举行旅游突发公共事件应急演练，见 http://news.cnr.cn/native/city/20150610/t20150610_518813968.shtml。

青海省格尔木市电梯应急预案演练活动

一、演练名称

青海省格尔木市电梯应急预案演练。

二、主办单位

格尔木市质量技术监督局和格尔木市安全生产监督管理局。

三、时间、地点与目的

为推动“安全生产月”宣传教育行动的深入开展，有效预防、及时处置电梯可能引发的突发事件，提高电梯使用单位和维保单位应对电梯突发事件处置能力，2015年6月18日15时30分，青海省格尔木市局和市安监局在博川西城印象居民小区开展了电梯困人应急预案演练活动。

四、演练内容

博川西城印象物业电梯应急电话接6号楼电梯中被困人员求救讯号后，立即启动该单位电梯应急救援预案，通过“确认电梯被困乘客基本情况—安抚被困人—向电梯维保单位通报险情—维护现场秩序—电梯维保单位赶至现场—共同组织救援”的程序，于16时10分，电梯被困人员成功救出。现场救援完毕后，电梯维保和使用单位对电梯进行全面检查，确保无异常情况对电梯供电，电梯重新投入运行。

五、效果与问题

应急演练进一步检验了物业服务公司和电梯维保公司应急救援预案的应用性和可行性以及保安监控、秩序维护、通讯保障、救援抢修、情绪安抚等各组人员的应急救援保障能力，锻炼了各组人员之间的联动配合，达到了预期目的，演练获得圆满成功。

参考资料

1. 国家质量监督检验检疫总局：青海省格尔木市开展电梯应急预案演练活动，见 http://www.aqsiq.gov.cn/xxgk_13386/tzdt/gzdt/201507/t20150706_444211.htm。

2. 电梯招聘网：格尔木市质监局开展电梯故障应急预案演练，见 http://www.diantijob.com/news/details-id-130172.html。

2015年郑州东北区域突发事件联动协作应急医疗救援演练

一、演练名称

2015年郑州东北区域突发事件联动协作应急

医疗救援演练。

二、主办单位

河南省卫生和计划生育委员会、郑州市紧急医疗救援中心主办；郑州人民医院牵头承办，河南省中医院、郑州大学五附院协同承办。

三、时间、地点与目的

6月19日上午，“2015年郑州东北区域突发事件联动协作应急医疗救援演练活动”在郑州黄河游览区举办，旨在提高省会郑州突发自然灾害卫生应急意识，检验郑州市突发应急救援预案实战性、可行性，磨合应急救援机制，锻炼应急救援队伍，充分发挥省会相关应急救援部门在应对突发事件中的协作联动作用，持续提升省会郑州应急救援能力。

四、演练内容

演练模拟由于连降暴雨，郑州市出现了突发汛情，花园口黄河滩区域遭受洪涝灾情，多个村庄受灾，房屋被淹、坍塌，20多名群众受灾、受伤，现场一片混乱。群众在遭受灾情后，紧急呼叫120请求救援，同时也在志愿者的帮助下进行自救互救。“时间就是生命，责任重于泰山。”120急救指挥中心接到汛情指令后，快速反应，火速派出救护车赶赴事故现场。同时按照重大事故上报程序逐级上报市卫生计生委。随后，13家参演单位的15辆急救车按照顺序依次进入抢救区，对相应的模拟伤残人员进行抢救。

郑州人民医院急救站首先进入救援现场，他们承担现场指挥任务、评估抢救环境、伤员检伤分类，根据伤员伤情程度不同分别发放红、黄、绿、黑4种伤情识别卡。郑州人民医院急救站2号车急救人员现场演示对一名严重胸部多发伤、继而呼吸心跳骤停的伤员进行抢救。此外，河南省人民医院救护车模拟救治一名面部紫绀，意识不清，心跳、呼吸微弱的溺水伤员；郑大五附院的救护车模拟对一名考虑为颈椎损伤、右下肢开放性骨折重伤员进行抢救。各个急救医疗单位分别演示对不同伤情的患者进行抢救。

群众紧急呼叫120请求救援的同时，一群叫作“生命奇迹艺术团”的志愿者迅速展开了自救互救工作。他们对溺水、外伤人员进行初级心肺复苏及简单包扎止血，并利用体外全自动除颤仪（AED）对一名心跳呼吸骤停的伤员进行紧急抢救。

演练中有一个情景：由于洪水泛滥，黄河花园口滩区有一村庄形成孤岛，受伤群众被困，陆地救援车辆无法到达现场；120急救指挥中心立即协调联动119等有关部门，同时也协调了社会紧急救援组织。河南户外救援总队郑州骑兵连救援大队派出了冲锋舟前往孤岛联动营救伤员。他们身着统一服装，驾驶摩托车和敞篷吉普车，运载一辆冲锋舟赶到现场，迅速开始救援工作。

经过一番激烈的演练，紧急救援工作紧张而有序地进行，圆满结束。

五、效果与问题

该演练整个过程反应迅速、集结有序、技术过硬、亮点很多。本次演练检验了郑州市紧急医疗救援队伍在突发应急医疗事件的快速反应、应急处置、信息报告、协同配合能力。

参考资料

1. 新浪网：2015郑州突发洪涝灾害应急救援演练举行，见 http://henan.sina.com.cn/health/n/2015-05-19/160614_6.html。

2. 大河网：2015年省会郑州突发事件东北区协作联动应急医疗救援演练成功举办，见 http://health.dahe.cn/jkyw/rd/201506/t20150619_623922.html。

3. 今日头条：郑州举行应急救援演练13家医疗机构参加，见 http://toutiao.com/a4559336546/。

贵州省高速公路地质灾害应急演练

一、演练名称

贵州省高速公路地质灾害应急演练。

二、主办单位

贵州省交通运输厅。

三、时间、地点与目的

2015年6月24日，贵州省交通运输厅联合交警、消防、武警交通部队等相关部门，在贵阳市尖坡至小碧高速公路毛栗山隧道附近开展高速公路滑坡地质灾害实兵实景应急演练。目的在于提升贵州省高速公路交通应急救援综合保障能力，锻炼交通应急专业保障队伍，完善协调联动机制。

四、演练内容

2015年6月24日，贵阳地区连日降雨，导致营运高速公路边坡发生滑坡，一辆小型车辆被埋，事发路段交通中断，造成车辆滞留，情况十分紧急。

接到报警后，应急指挥中心迅速反应，通知路政、交警派出巡查车赶赴现场核实详细情况，派出无人机进行侦查，并开启“智慧交通”大数据平台，对通过该区域的车辆进行排查。高速路政、交警部门赶到现场后，立即设立警戒区，并实行交通管制，配合消防、120急救中心进行现场救援工作。

经过一个小时的救援，被困人员被顺利救出，所埋车辆被吊离现场，武警交通部门对滑塌土石方进行挖运，恢复了道路通行能力。最后，总指挥下达终止应急响应指令，解除交通管制，恢复道路通行。

五、效果与问题

演练为今后应急处置突发高速公路地质灾害积累了宝贵的经验。

参考资料

1. 多彩贵州网：贵州省多部门联合开展高速公路地质灾害应急演练，见 http://www.gog.cn/zonghe/system/2015/06/25/014401614.shtml。

2. 贵阳新闻网：贵州开展高速公路滑坡地质灾害实兵实景应急演练（图），见 http://www.gywb.cn/content/2015-06/26/content_3348836.htm。

2015年北戴河海域搜救与溢油应急演习

一、演练名称

2015年北戴河海域搜救与溢油应急演习。

二、主办单位

河北省海上搜救中心、河北省海上船舶污染事故应急指挥部、河北海事局主办，秦皇岛市海上搜救中心、秦皇岛市船舶污染应急指挥中心、秦皇岛海事局承办。

三、时间、地点与目的

6月25日，“2015年北戴河海域搜救与溢油应急演习”在河北省北戴河海域举行，旨在进一步检验河北辖区海上搜救和溢油成员单位应急反应能力，保障海上人员生命财产安全和海域清洁。

四、演练内容

演练主题为“筑牢海上应急防线，共创和美北戴河之夏”，包括险情的报告、直升机转移伤病人员、遇险人员海上转移、搜寻落水人员、布设围油栏、使用专业设备进行溢油回收和清除作业、遇险船船壳清洗作业等7项科目。

上午9时30分，演习正式开始。演习模拟旅游客船“客运1号”在北戴河附近海域航行过程中触碰海底不明物体后搁浅，船体进水并倾斜，船上50名游客、8名船员处于险境。其中1名游客在事故中受伤、4名游客落水，船舶燃油舱破损，出现溢油，预计约500吨，油污向北戴河方向漂移。事故发生后，事故船迅速报警，海上搜救中心和船舶污染事故应急指挥机构接警后，迅速组织展开行动，按照应急预案部署，立即协调飞机、船艇开展行动，转移搜救遇险人员，并使用清污专业设备完成溢油应急处置。11时，遇险人员全部成功获救，事故溢油全部清理完毕，演习总指挥宣布演习结束。

五、效果与问题

本次演练与以往不同，演习全程无脚本，一切以贴近实战为出发点，全面检验了各海上搜救力量联合协作处置能力，特别是在搜救演习中首次以大规模游客疏散转移为重点，同时动用飞机、船艇进行人员救助，展现了高效的海空协作应急处置能力。演习进一步检验和提升辖区海上搜救和溢油应急实战水平，筑牢北戴河海域海上安全和清洁的最后一道防线。

参考资料

1. 河北新闻网：河北举行北戴河海上搜救与溢油应急演习，见 http://qhd.hebnews.cn/2015-06/26/content_4866532.htm。

2. 世界海员日河北举行北戴河海域海上搜救与溢油应急演习，见 http://ts.yzdsb.com.cn/system/2015/06/25/014237776.shtml。

3. 中国青年网：河北举行海上搜救与溢油应急演习，见 http://news.youth.cn/jsxw/201506/t20150625_ 6790477.htm。

呼和浩特回民区新华园社区举办地震应急演练活动

一、演练名称

呼和浩特回民区新华园社区举办地震应急演练活动。

二、主办单位

呼和浩特回民区新华园社区钢铁路街道办事处新华园社区。

三、时间、地点与目的

为进一步提高社区居民防灾减灾意识，增强地震发生时紧急避险逃生、自救互救能力，2015年7月6日，钢铁路街道办事处新华园社区携手爱心天使幼儿园举行了地震应急演练活动。

四、演练内容

演练前社区和幼儿园进行了认真细致的准备工作。首先教师让少儿熟悉应急避震的正确方法，分析学校应急避震的环境条件，讲明演练的纪律要求，以及各个班级疏散的路线和到达的区域。随着一声刺耳的地震警笛骤然响起，少儿在老师和工作人员的组织下，迅速抱头、闭眼，躲在卫生间、桌柜旁等逃命三角带，尽量蜷曲身体，降低身体重心，并尽可能用书包保护头部，临墙的可面向墙，抱头蹲在墙角处。警笛结束后，做到有秩序的疏散，最后到安全地带——小区广场集合。整个环节安静、有序，孩子们动作敏捷、规范，没有推拉、冲撞、拥挤现象，特别整齐。

五、效果与问题

通过此次“地震应急演练”，使大家正确掌握了应急避震的正确方法，确保了在地震来临时，社区和幼儿园地震应急工作能快速、高效、有序地进行，从而最大限度地保护居民的生命安全。同时，通过本次演练活动，培养了孩子们听从指挥、团结互助的品德，提高了突发公共事件下的应急反应能力和自救互救能力，取得了很好的教育效果。

参考资料

1. 正北方网：呼和浩特回民区新华园社区举办地震应急演练活动，见 http://www.northnews.cn/2015/0707/1965660.shtml。

2. 搜狐网：呼和浩特回民区新华园社区举办地震应急演练活动，见 http://mt.sohu.com/20150707/n416324237.shtml。

江西水域救援应急演练

一、演练名称

江西水域救援应急演练。

二、主办单位

江西省水上应急救援总队。

三、时间、地点与目的

2013年7月8日，江西省水上应急救援总队会同省市交通、环保、公安、港航管理、海事等7个部门在赣江南昌段举行“应急2015”江西省水域救援实战演习。

四、演练内容

2013年7月8日9时20分，一艘500吨级油船因船上人员操作不当，引发机舱大火。火势迅速蔓延，500吨储存油品受到严重威胁，失事船员当即向省应急救援指挥中心报警。2名船员扑救未果，油舱发生爆炸，烈火浓烟弥漫在整个江面上空。2名船员被迫跳水逃生。江西省应急救援总队接警后，“赣消01”“赣消02”两艘消防艇迅速赶往现场并靠近起火船只，合力对其喷洒泡沫和水。不到10分钟，油船火灾就迅速扑灭，同时，救援艇将落水的船员迅速救起。

参考资料

1. 新华网：“应急2015”江西水域救援实战演习圆满落幕，见 http://www.jx.xinhuanet.com/news/focus/ 2015-07/09/c_1115863104.htm。

2. 凤凰网：江西水域救援实战演习：水上“遇险”“立体”救援（图），见 http://news.ifeng.com/a/20150708/44128461_0.shtml。

呼和浩特食品安全突发事件应急演练

一、演练名称

呼和浩特食品安全突发事件应急演练。

二、主办单位

内蒙古呼和浩特市人民政府、呼和浩特市食品药品安全委员会。

三、时间、地点与目的

2015年7月8日，一场食品安全突发事件应急演练在内蒙古体育馆进行。这是首府针对呼和浩特民族地区特点，近年来组织的规模最大、参加人员最多的一次食品安全突发事件应急演练，也是首府食品安全监管体制改革和职能调整后，对《呼和浩特市食品安全事故应急预案》进行的一次综合性检验和整体评估。

四、演练内容

模拟现场为：青山市城东区志诚中学452名

学生在本校学生食堂进餐后，在14时30分左右有70多位学生出现恶心、呕吐、腹泻，部分伴有头晕等症状，无发热，腹泻为水样便。相关负责人立即将案情逐级上报有关部门，同时各部门按照相应等级启动食品安全事故应急预案，并迅速开展救援。应急预案包含整个事件发生起因、经过以及处置方法、信息发布，直到最后事件得以稳定，成功处置等多个环节。

五、效果与问题

演练检验和锻炼应急处置队伍组织指挥、协同配合、快速反应和高效处置能力，切实提高呼和浩特市食品安全突发事件应急队伍实战水平。

参考资料

1. 食品资讯中心：呼和浩特举行食品安全突发事件应急演练，见 http://news.foodmate.net/2015/07/319769.html。

2. 内蒙古新闻网：首府举行学校食品安全突发事件应急演练，见 http://inews.nmgnews.com.cn/system/2015/07/09/ 011722420.shtml。

黑龙江空管分局气象台联合应急演练

一、演练名称

黑龙江空管分局气象台联合应急演练。

二、主办单位

中国民用航空黑龙江空管分局。

三、时间、地点与目的

为更好地做好2015年暑运保障工作，检验各室在复杂天气条件下的应急处置能力，突出“安全第一，预防为主”的思想，黑龙江空管分局气象台于7月10日开展了一次联合应急演练。

四、演练内容

应急演练的内容主要针对自动观测系统和自动气象站线路故障，设备室快速排除故障，预报室、探测室启用应急发报软件进行编发报。演练过程中各室参演人员态度严肃认真，严格按照气象台应急预警响应机制和各室应急工作处置程序进行各项操作。面对突发状况，各室均能做到分工明确、相互协作、沉着应对、信息通报及时准确。

五、效果与问题

此次应急演练强化了气象台职工的责任意识，把应急演练与日常工作有机结合，不断提高职工的应急处置能力，夯实了暑运保障基础，在暑运期间为用户提供更优质的气象服务。

参考资料

1. 民航网：黑龙江空管分局气象台开展联合应急演练，见 http://www.caac.com.cn/news/109258.html。

2. 中国民航网：黑龙江空管分局气象台开展联合应急演练，见 http://www.caacnews.com.cn/newsshow.aspx?idnews=272218。

黑龙江省农机事故应急救援演练

一、演练名称

黑龙江省农机事故应急救援演练。

二、主办单位

黑龙江省农业委员会。

三、时间、地点与目的

为增强黑龙江省农机事故应急救援处置能力，确保农机生产安全，2015年7月10日10时，黑龙江省农委在哈尔滨市双城区幸福乡庆城村组织开展了“黑龙江省农机事故应急演练”。

四、演练内容

情景设置模拟双城区幸福乡庆城村驾驶员王某驾驶自家四轮拖拉机，去自家位于庆城村南头田地的途中，在进入地块的一急弯处，为躲避对向张某驾驶的四轮拖拉机，由于车速过快，操作不当，与张某驾驶的拖拉机发生碰撞，机身和拖车全部翻入道路左侧路的沟内。事故造成其拖车上乘坐的由本村雇佣来锄草的3人被砸压在拖车下，导致当场死亡；驾驶员王某头部受伤，右小腿骨折，被挤压在驾驶室里，无法救出；驾驶员张某未受伤。

按照演练步骤，演练开始后，双城区农机局接警后迅速启动农机事故应急救援预案并逐级上报，组织人员赶赴现场进行应急处理，联动119、120急救。人员赶赴现场后，成立应急指挥部，首先由警戒组在事发现场拉起警戒线，保护现场并协助抢救伤员。同时，接到通知的消防部门进入现场，开展切割、破拆，抢救被困受伤的驾驶员王某。然后医疗部门进入现场，对受伤驾驶员王某进行固定骨折腿部、包扎头部输液后，抬入救护车运送至医院，在农机监理人员的协助下，抬运死者。最后由农机事故处理人员进入现场，保护现场、监护肇事人、现场勘查（现场摄影录像、丈量、绘制现场图）、扣押车辆等。

五、效果与问题

该演练活动准备充分、行动迅速，演练过程紧凑严密、组织有序，各部门通力合作、配合默契，事故现场处理得当。通过演练活动提升全省事故应急处理工作水平和农机事故处理员的实际工作能力，达到预期目的。通过开展演练，可以查找农机事故应急救援预案中存在的不足，检验应对突发农机事故时，所需应急队伍、物资、装备、技术等方面的准备情况，增强农机监理机构和联动部门对应急救援预案的熟悉程度，提高协同能力，进一步明确联动部门和应急救援人员的职责分工，理顺工作关系，完善应急救援机制。同时，普及应急救援知识，提高人民群众风险防范意识和自救、互救等应对灾害能力。

参考资料

1. 搜狐网：黑龙江省开展农机事故应急救援演练 增强农机事故处理能力，见 http://roll.sohu.com/20150713/ n416669568.shtml。

2. 东北网：我省开展农机事故应急演练　提升农机事故处理能力，见 http://heilongjiang.dbw.cn/system/2015/07/10/056659442.shtml。

吉林池南边防军警民联合抗洪防汛应急演练

一、演练名称

吉林池南边防军警民联合抗洪防汛应急演练。

二、主办单位

吉林公安边防总队池南边防大队、长白山保护开发管理委员会池南区管理委员会。

三、时间、地点与目的

为检验和提高部队防汛、抗洪救灾能力，有效应对处置各类突发情况，最大限度减轻洪涝等自然灾害带来的损失，确保人民群众的生命财产安全，2015 年 7 月 15 日 13 时，吉林池南区管委会防汛指挥部组织边防、消防、公安、民兵以及医院共 400 余名驻地群众开展 2015 年度军警民防汛抢险联合演练。

四、演练内容

演练开始前，总指挥员首先对演练内容、程序、要求、防汛器材装备使用、安全注意事项等进行了详细的讲解，并设立“前方指挥所”和“后方指挥所”，负责演练活动的统一指挥，将官兵分为“应急突击组”、“突击预备组”、“宣传信息组”、“后勤通讯保障组”、“医务服务工作组”等五个小组，明确各岗位人员职责和任务。随后，假定以“汛期临近、江水暴涨，江堤面临决堤”为背景组织演练，内容包括部队快速集结、紧急出动、险情排查、疏散群众等科目。期间，按照《防汛应急预案》要求，携带救生衣、救生圈、救生绳、强光手电、沙袋、铁锹等防汛物品，迅速集结警力到达指定地点，圆满完成防汛抗洪演练任务。

五、效果与问题

通过演练，进一步检验了部队应急处突能力，使官兵们进一步熟悉了抗洪抢险流程，明确了职责和任务，有效锻炼部队在灾害来临时的快速响应能力与应对处置能力，提升部署指挥、协同作战能力，为下步真正做好抢险救灾工作积累了宝贵的实战经验。

参考资料

1. 法制网：吉林池南边防军警民联合开展抗洪防汛应急演练法制网，见 http://www.legaldaily.com.cn/police_and_frontier-defence/content/2015-07/16/content_6172993.htm?node=23301。

2. 新华网：吉林池南边防大队参加驻地军警民抗洪防汛应急联合演练，见 http://news.xinhuanet.com/mil/2015-07/16/c_128026761.htm。

国网天津电科院 2015 消防应急演练

一、演练名称

国网天津电科院 2015 消防应急演练。

二、主办单位

国家电网天津电科院。

三、时间、地点与目的

7 月 21 日，国网天津电科院开展了 2015 年消防应急演练，旨在全面加强和规范电科院消防应急工作管理，提高员工应对突发火灾事件的应急处置能力。

四、演练内容

消防演练模拟电科院行政办公楼地下车库突

发火情，灾情发生后被及时发现示警，现场人员迅速就近取出灭火器进行扑救，大楼操控室火灾报警系统发出警报，相关人员快速检查证实后，立即启动突发火灾应急预案进行报告。指挥人员在火势失控的情况下拨打“119”报警，并火速切断电源，同时通知消防值班室开启消防广播、启动灭火程序。疏散广播反复不间断播报人员疏散紧急通知，各楼层员工分别就近从东西两侧沿着消防通道指示灯向楼外疏散，并在相关人员引导下向楼外篮球场安全区域逃生。火情被彻底扑灭后，警报最终成功解除。

消防演练过程中，电科院各应急处置小组行动迅速、配合默契，参加演练员工疏散井然有序，仅用较短时间即疏散完毕，顺利完成了演练方案预设的全部内容。演练结束后，工作人员对演练工作进行了分析总结，提出了完善措施，并现场巡视检查了消防设施。

五、效果与问题

本次演练强化了企业员工的消防安全责任意识，锻炼提高了员工火灾自防自救和应急处置能力，同时检验了电科院突发火灾应急预案的指导性和可操作性，为企业持续安全稳定夯实了基础。

参考资料

1. 新华网：国网天津电科院：开展 2015 年消防应急演练，见 http://www.tj.xinhuanet.com/xhvision/2015-07/24/c_1116034364.htm。

2015 年浙江省道路客运站场突发事件应急处置演练

一、演练名称

2015 年浙江省道路客运站场突发事件应急处置演练。

二、主办单位

浙江省运管局、杭州市交通运输局主办，杭州市运管局、杭州市公安局交通（水上）治安分局、杭州市交通投资集团有限公司承办，杭州长运公司协办。

三、时间、地点与目的

2015 年 7 月 21 日，浙江省道路客运站场突发事件应急处置演练活动在杭州九堡客运中心站举行，旨在检验全省道路运输行业突发公共事件应急救援预案的适用性、针对性，提升道路运输行业管理部门和运输企业以及相关部门的联合救援能力。

四、演练内容

演练设置了“暴徒分子客运站场纵火劫持人质事件和携带疑似爆炸物进站应急处置”两部分内容，设计了客运站场突发事件应急预案启动、险情报告、应急人员到位、人员和车辆疏散、警戒与管制、消防灭火、排爆等处置科目。

演练模拟在杭州举办的某次国际峰会期间，暴徒企图在峰会召开前夕，在公共场所制造暴恐事件，造成人员伤亡，引起社会恐慌和高度关注。

进站旅客正在有序排队接受安检时，旅客甲和旅客乙混入旅客当中，排队进入安检通道。旅客甲起初不是很情愿，在拦包安检人员的劝阻下，旅客甲终于将携带的行李放上安检仪。随即，安检员发现行包里有可疑大型罐体，并对嫌疑旅客甲携带的行包进行开包检查，旅客甲却很不耐烦。

安检员几次三番耐心劝导，旅客甲随即将行李箱中的罐体拿了出来，突然打开罐体的瓶盖，并拿出打火机将其点燃。安检员立即大声向周边人员告知情况，上前阻止嫌疑旅客甲的纵火行为。相关安保工作人员上来协助，一起合力把嫌疑旅客甲制服并控制住。

“快来救我。”旅客甲被制服后一直在极力挣扎，旅客乙发现自己的同伙被制服，立即持刀劫持旁边正在通过安检的一名旅客。民警、保安与嫌疑旅客“大战几回合”后，终于将两名嫌疑旅客制服，被胁持旅客也趁机挣脱，并被医护人员抬上担架送往医院治疗。

五、效果与问题

本次演练活动准备充分、组织严密、贴近实战，具有很强的针对性和可操作性，通过演练检验了道路客运站场突发事件应急处置工作，达到了检验应急机制、完善应急装备、锻炼应急队伍、提高反恐能力的目的，为迎接 2016 年国际峰会，全力做好各项交通运输安全保障工作奠定了基础。

参考资料

1. 交通部：2015 年浙江省道路客运站场突发事件应急处置演练在杭州客运中心站举行，见 http://www.moc.gov.cn/st2010/zhejiang/zj_jiaotongxw/jtxw_wenzibd/201507/t20150724_1853705.html。

2. 网易政务：杭州车站举行反恐演练，见 http://gov.163.com/15/0722/11/AV4H8RCN00234IG8.html。

3. 杭州网：旅客车站“纵火”被制服 杭州开

展反恐演练，见 http://ori.hangzhou.com.cn/ornews/content/2015-07/21/content_5854532.htm。

拉萨交警交通事故应急演练

一、演练名称

拉萨交警交通事故应急演练。

二、主办单位

拉萨市公安局交警支队。

三、时间、地点与目的

随着西藏进入旅游旺季，进藏游客不断增加，为了保障游客的出行安全，7月23日下午，拉萨市公安局交警支队组织西藏旅游汽车公司进行交通事故应急演练，拉萨运管部门以及西藏阜康医院等也参与了此次演练。

四、演练内容

“我公司旅游车藏AL0887去机场途中，在柳梧村附近发生侧翻，有乘客受伤，请求支援。”随着模拟报警电话响起，此次应急演练正式开始。旅游公司、110、120分别接到报警电话后，迅速赶往“事故现场”进行救援。同时，西藏旅游汽车公司也立即启动应急预案。该公司副总经理张晓珍立刻带领公司救援小组到现场进行协助。不到5分钟，拉萨市公安局交警支队柳梧大队的交警赶到现场，进行交通疏导以及事故勘查。柳梧大队参与事故勘查的交警介绍，车辆从路基侧翻，车身右侧严重变形损坏，车上包括司机4人，1名重伤，2名轻伤。随后事故处理民警对事故现场进行勘查取证完毕后，道路清障车对事故车辆拖离，道路恢复正常通行。在救援小组的帮助下，西藏阜康医院的医务人员顺利将“伤者”抬上担架，并由该公司外勤组与后勤组准备资金跟随前往医院进行救助与陪护。

五、效果与问题

提高了应急预案的实用性与可操作性，同时也可以检查对应突发事件所需人员、物质、装备、技术等方面的准备情况，一旦发现不足，可以及时予以调整补充。

参考资料

1. 搜狐网：拉萨交警组织开展交通事故应急演练，见 http://roll.sohu.com/20150723/n417394842.shtml。

2. 中新网：拉萨交警组织开展交通事故应急演练，见 http://www.chinanews.com/df/2015/07-23/7424019.shtml。

广东省高层建筑跨区域灭火救援演练

一、演练名称

广东省高层建筑跨区域灭火救援演练。

二、主办单位

广东省公安消防总队。

三、时间、地点与目的

2015年7月24日下午，广东省公安消防总队在广州市中交集团南方总部大厦举行高层建筑跨区域灭火救援演练，目的在于提高消防部队处置高层建筑火灾灭火救援能力。

四、演练内容

2015年7月24日下午，中交集团南方总部大厦14楼因人为纵火引发火灾，火势迅速蔓延，有人员被困。广东省公安消防总队特勤大队，广州、佛山市公安消防支队等单位共300余名消防员、53辆消防车迅速赶往救援，出动专门针对高层建筑灭火救援的云梯车等先进消防设备。

五、效果与问题

该演练检验了广东省消防部队临场指挥、调度、救援及协同作战能力，进一步提升了消防部队跨区域应急能力。该演练还检验了中交集团南方总部大厦的消防设备及智能化管理系统。

参考资料

1. 广东省应急办：我省举行高层建筑跨区域灭火救援演练，见 http://www.gdemo.gov.cn/yjyl/snyl/201507/t20150725_216329.htm。

2. 网易网：“广州之窗”举行灭火救援演练（图），见 http://news.163.com/15/0725/08/AVBSU7KN00014AED.html。

西藏通信业信息通信保障演练

一、演练名称

“天网2015”信息通信保障演练。

二、主办单位

西藏自治区通信管理局。

三、时间、地点与目的

“天网 2015”的信息通信保障演练于 2015 年 7 月 29 日上午在西藏那曲地区那曲县举行。

四、演练内容

演练活动模拟西藏那曲地区那曲县发生 6.6 级地震造成该县通信全阻，主要分为信息上报、重点保障、通信恢复三大场景。信息上报阶段，重点是迅速调通震区与外界的通信联系。应急通信指挥车和通信保障分队前往震区收集通信网络受损情况，利用卫星通信方式实现语音、数据、视频业务，进而向外报送信息，为抢险救灾提供应急通信指挥调度服务。重点保障阶段，主要是为党政军、抗震现场指挥部提供通信服务，确保政令畅通。各应急通信保障队陆续到达现场，迅速开展设备调试、开通应急基站，第一时间抢通通信，为有效开展抗震救灾提供基本通信条件。通信恢复阶段，重点是抢通中断的通信光缆，保证通信全面畅通。各电信运营企业应急通信抢险队伍快速反应，分区域、分目标执行任务，并在较短时间内抢通了灾区中断的光缆。经过三个阶段的模拟演练，各应急通信保障组有力配合，使受灾地区通信网络恢复正常，全部演练科目圆满完成。

五、效果与问题

演练科目取得了应有成效、达到了预期目的，使西藏的应急通信保障能力有了长足的进步。

参考资料

1. 网易网：西藏通信业高质完成信息通信保障演练，见 http://news.163.com/15/0804/09/B05PN76C 00014AED.html。

2. 中华人民共和国工信部：西藏通信行业圆满完成自治区成立 50 周年庆祝活动通信保障任务，见 http://www.miit.gov.cn/n11293472/n11293832/n11293907/n11368244/ 16828935.html。

石嘴山市市场监督管理局电梯事故应急救援演练

一、演练名称

石嘴山市市场监督管理局电梯事故应急救援演练。

二、主办单位

石嘴山市市场监督管理局。

三、时间、地点与目的

为进一步提高电梯使用管理单位、维保单位及社会公众的应急救援意识和水平，2015 年 7 月 30 日，石嘴山市市场监督管理局积极组织石嘴山市第一医院开展了电梯应急救援演练。

四、演练内容

演练活动模拟电梯在上升时突然发生“故障”，停在一楼和二楼楼层门之间，被困市民通过六方对讲向监控中心发出求救信号。监控中心接到求救信号后，通过对讲装置，一方面与被困人员保持沟通对话，安抚被困人员；另一方面确定乘客被困的具体楼层、人数等相关信息，并报告当日医院值班领导，并向电梯维保单位求援。5 分钟后，电梯维保人员赶到了现场并立即组织救援。救援人员首先切断主电源，利用手动盘车，参照平层标志使电梯到达最近平层区，随后赶到轿厢所在平层，打开电梯门上的紧急三角锁，开启电梯门，顺利救出被困人员。紧接着，电梯检验人员和维保人员对电梯进行抢修，排除故障恢复运行。最终，在各单位分工合作下，共同完成了电梯困人时的盘车救人等应急演练活动。

五、效果与问题

提高了电梯使用及维保单位的安全管理水平和应急救援能力，保障群众的人身安全。

参考资料

1. 法治新报数字报刊，见 http://sz.nxnews.net/fzxb/html/2015-07/31/content_645331.htm。

2. 中国质量新闻网：宁夏石嘴山加大查处力度提高安全意识，见 http://www.cqn.com.cn/news/zgzlb/disan/1072557.html。

青海电力首个自然灾害Ⅱ级应急联合演练

一、演练名称

青海省内自然灾害（破坏性地震）桌面应急联合演练。

二、主办单位

国家电网青海省电力公司。

三、时间、地点与目的

2015 年 7 月 31 日，国网青海省电力公司启动青海省首个自然灾害（破坏性地震）桌面应急联合演练。

四、演练内容

演练模拟青海省格尔木市发生6.3级地震，受灾用户、线路、变电站遭受破坏和停电。青海省电力公司第一时间启动自然灾害Ⅱ级应急响应，全面部署抗震救灾保电工作。

五、效果与问题

应急演练，该公司检验了应急预案的可操作性和应急机制的合理性、有效性，全方位检验了应急处置相关成员单位的联合决策能力，单独决策能力及联动能力，信息采集、分析、分发及共享能力，关键资源调度能力及相关应急联动预案的可操作性，为进一步完善灾前、灾中、灾后的电力应急处置机制提供了宝贵经验。

参考资料

1. 人民网：青海电力首次开展灾害应急演练，见 http://paper.people.com.cn/zgnyb/html/2015-08/10/content_1597882.htm。

2. 英大网：国网青海电力启动灾害应急演练，见 http://www.indaa.com.cn/dwxw2011/yfdxjxs2015/201508/t20150805_1614832.html。

3. 中国电力新闻网：青海电力启动首个自然灾害Ⅱ级应急联合演练，见 http://www.cpnn.com.cn/zdzg/201508/t20150813_821464.html。

新疆与中国石化联合应急演练

一、演练名称

新疆与中国石化联合应急演练。

二、主办单位

新疆维吾尔自治区人民政府与中国石化。

三、时间、地点与目的

2015年8月2日，新疆维吾尔自治区政府和中石化联合举行了一场重大井喷失控和原油储罐火灾爆炸事故综合应急演练，以加强区域应急救援能力建设，推进政企各级应急指挥平台互联互通、信息共享，检验地方和企业应急救援队伍建设水平。

四、演练内容

此次演练重点展示轮台和库车两地企业相继发生安全事故后，各级政府和企业协同联动、各地资源调动、应急队伍实战、高科技装备运用、应急处置、舆情监控和新闻发布等应对能力。演练过程通过卫星、应急通信指挥车、无人机、光传送网应急专用链路等高科技装备和信息化技术手段，搭建有线无线立体式、全方位覆盖的应急指挥通信网络，空间距离长达3000余公里，为国内首次大规模与高科技的国家级应急演练。演练实现两个事故现场、两级指挥部、巴州和阿克苏地区、中国石化和国家安全生产应急救援指挥中心八方互联互通、远程指挥、异地决策和会商。

五、效果与问题

演练体现了中国石化驻疆企业的社会责任和勇于担当的意识。要以演练为契机，进一步提升自治区应急处置能力。

参考资料

1. 国务院国资委：新疆与中国石化联合举办应急演练，见 http://www.sasac.gov.cn/n86114/n326638/c2012840/content.html。

2. 南方网：新疆与中国石化联合举办应急演练，见 http://energy.southcn.com/e/2015-08/11/content_130448982.htm。

巴音郭楞蒙古自治州人民政府 2015地震综合应急演练

一、演练名称

2015地震综合应急演练。

二、主办单位

巴音郭楞蒙古自治州人民政府。

三、时间、地点与目的

2015年8月4日，巴音郭楞蒙古自治州人民政府在库尔勒市铁克其乡举行2015地震综合应急演练。

四、演练内容

本次地震综合应急演练以巴州地震应急预案为大纲，设置应急指挥、灾情速报、疏散安置、物资保障、次生灾害处置、危房救人、志愿者搜救、医疗救助处置等10余个环节。

五、效果与问题

演练比较成功，需要总结成功经验和不足，提高应对各类突发事件的能力。

参考资料

1. 新华时政：新疆巴州地震综合应急演练投入无人机参与演练，见 http://news.xinhuanet.com/politics/ 2015-08/05/c_128093851_2.htm。

2. 新疆交通运输厅子站：［库尔勒公路局］积极参加巴州地震综合应急演练，见 http://zizhan.moc.got.cn/st2010/xinjiang/xj_tupianbd/201508/t20150807_1860609.html。

吉林省辽源市环保局突发环境事件应急演练

一、演练名称

吉林省辽源市环保局突发环境事件应急演练。

二、主办单位

吉林省辽源市环保局。

三、时间、地点与目的

2015 年 8 月 4 日 9 时，吉林省辽源市环保局在银鹰制药公司开展了突发环境事件应急演练。为了确保新形势下突发环境事件的及时、有效处置，在发生环境污染事件的紧急情况下，能够迅速、高效、有序地消除环境污染，最大限度地减轻环境污染造成的损失，维护人民群众的生命财产安全。

四、演练内容

演练模拟银鹰制药公司利凡诺车间液氯钢瓶针型阀门出现裂缝，发生泄漏，可能对职工、附近居民以及周围环境造成危害的突发环境事故现场。应急演练包括接到命令出现场，事故地点周边环境信息勘查，现场监测采样点位的布设，仪器方法的选择，污染物采样、分析、处置对策建议及最后结果的报告等多项应急处置工作。在控制并消除液氯钢瓶泄漏危害的同时环境应急监测组进行采样分析，应急领导小组评估事故的发生对人员和环境的影响，进一步消除后患，应急演练结束。整个演练过程历时 30 分钟。

五、效果与问题

通过演练，检验了参演人员的快速反应和应急处置能力，提高了环境监察、监测人员的业务技术水平，达到了预期效果。为进一步提升全市突发环境事故应急处置能力、履行环保应急职能和妥善处理各类环境突发事件打下了良好的基础。

参考资料

1. 新民网：吉林省辽源市环保局举行突发环境事件应急演练，见 http://news.xinmin.cn/rollnews/2015/ 08/07/28332272.html。

2. 辽源市人民政府门户网站：辽源市环保局联合辽源市开发区管委会举行突发环境事件应急演练，见 http://www.liaoyuan.gov.cn/html/2015/bmgz_0806/29190.html。

青海省 2015 年重大动物疫病防控应急演练

一、演练名称

青海省 2015 年重大动物疫病防控应急演练。

二、主办单位

青海省重大动物疫病防治指挥部和省农牧厅。

三、时间、地点与目的

为进一步提高重大动物疫情应急处置的能力和水平，检验处置疫情的应急指挥能力，2015 年 8 月 18 日，全省重大动物疫病应急演练在玉树市赛马场举行。

四、演练内容

演练以假定玉树市某牧委会村民饲养的绵羊突发口蹄疫疫情为背景，采取视频演示与现场演练相结合的方式，操演了疫情发现与先期处置、应急响应和应急处置、应急响应终止与善后处置三个科目。

五、效果与问题

通过演练达到了检验预案、锻炼队伍、磨合机制的效果，提升了重大动物疫情防控组织动员、应急指挥、协同配合、快速反应和科学处置能力。

参考资料

1. 玉树新闻网：全省重大动物疫病防控应急演练在我州举行，见 http://www.yushunews.com/system/2015/08/ 18/011796035.shtml。

2. 青海省农牧厅：青海省 2015 年重大动物疫病防控应急演练在玉树市举行，见 http://www.qhagri.gov.cn/Html/2015_08_27/2_127353_2015_08_27_189690.html。

3. 新华网：青海省 2015 年重大动物疫病防控应急演练在玉树市举行，见 http://www.

qh.xinhuanet.com/2015-08/31/c_1116420316.htm。

吉林警地联合卫生应急演练

一、演练名称

吉林警地联合卫生应急演练。

二、主办单位

吉林省卫生和计划生育委员会、吉林省中医药管理局、武警吉林省总队。

三、时间、地点与目的

2015年8月19日9时30分，吉林省卫生计生委、省中医药管理局、武警吉林省总队联合举行以地震灾害为背景的大型卫生应急演练。此次演练旨在检验吉林省警地联合卫生应急救援队伍现场协作处置能力。

四、演练内容

2015年8月19日9时30分，应急演练开始。武警吉林总队直属支队演练场上浓烟燃起，某地区发生了5.2级地震，当地多座房屋损毁倒塌，并造成人员伤亡，数千人需要紧急转移安置。地震发生后，吉林省地震灾害医疗卫生救援领导小组立即启动《吉林省地震灾害医疗卫生救援预案》Ⅲ级响应，成立地震灾害医疗卫生救援现场指挥部，紧急调动省级相关医疗卫生救援应急队伍，携带相应的物资装备火速赶赴灾区，开展队员搜救、医疗救援和卫生防疫工作。

五、效果与问题

此次通过实战训练，加强了出现突发事件后迅速有效的应急处置能力，为吉林省处理突发事件提供了有力保障。

参考资料

1. 新吉林网：吉林省组织地震灾害应急演练，见 http://www.jlsina.com/news/jilins/2015-8-20/141959.shtml。

2. 中国政府网：吉林：警地联合开展卫生应急演练，见 http://www.gov.cn/xinwen/2015-08/20/content_ 2916080.htm。

辽宁省食品安全事故应急处置桌面演练

一、演练名称

辽宁省食品安全事故应急处置桌面演练。

二、主办单位

辽宁省食品药品监督管理局。

三、时间、地点与目的

2015年8月20日，辽宁省食品药品监督管理局组织全省系统应急管理人员进行食品安全事故应急处置桌面演练。

四、演练内容

此次演练模拟某企业工地多名员工午饭后陆续出现恶心、呕吐、腹痛、腹泻症状，区食品药品监督管理局接到紧急报告后按照相关程序迅速启动了Ⅳ级食品安全事故应急预案，展开救援调查行动。整个桌面推演的情境分为6个部分，贯穿着事故接报、核实、应急启动、现场调查处置、样品采集、事故原因确定、维护稳定、新闻报道等环节，分别模仿食物中毒事故预案所应对的6个阶段。

五、效果与问题

通过此次桌面推演，进一步提高了全省应急管理队伍食品安全事故的应急准备、组织协调和应急响应能力，健全完善了应急工作机制，为及时发现和纠正应急工作中存在的纰漏，保障人民群众身体健康和生命安全积累了实战经验。

参考资料

1. 网易网：辽宁省举办食品安全事故应急处置桌面演练，见 http://news.163.com/15/0826/15/B1V4IDCD 00014SEH.html。

2. 国家食品药品监督管理局：辽宁省举办食品安全事故应急处置桌面演练，见 http://www.sda.gov.cn/WS01/CL0005/127803.html。

甘肃省2015年卫生应急演练

一、演练名称

2015年全省卫生应急演练。

二、主办单位

甘肃省卫计委、甘肃省红十字会。

三、时间、地点与目的

2015年8月22—26日，在甘南州合作市佐盖曼玛乡美武草原举行。此次演练既是对我省卫生应急预案及准备工作的一次检阅，也是对卫生应急能力和装备的一次展示。

四、演练内容

演练背景假定甘肃省某地发生 X 级地震，造成一定程度的人员伤亡，大量建筑物倒塌，电力、通讯、供水、供气等基础设施受损。灾害造成当地自然环境恶化并发生疫情等次生灾害。省卫生计生委立即成立抗震救灾医疗防疫领导小组，派遣分管负责人赴灾区成立抗震救灾医疗防疫组，指导当地开展抗震救灾医疗防疫工作，组织省级卫生应急队伍赴灾区开展卫生应急救援。其中，由省人民医院组建的全省野外流动医院首次参演，模拟救治三名危重地震伤员，其中一名危重伤员在野外流动医院实施手术后转危为安。

五、效果与问题

演练检验了甘肃省省级医疗卫生救援队伍集结、长途拉动能力，医疗卫生救援队伍野外生存和后勤保障能力，灾区伤员转运和综合救治能力，医疗卫生救援队伍应急物资装备水平等。

参考资料

1. 网易网：甘肃省举行 2015 年卫生应急演练，见 http://news.163.com/15/0828/07/B23CCN7L00014AED.html。

2. 省卫生计生委综合监督局顺利完成 2015 年甘肃省卫生应急演练工作，见 http://www.gswsjd.com/html/gongzuodongtai/shengsuodongtai/1470.html。

广东特大城市电力应急处置演练

一、演练名称

广东特大城市电力应急处置演练。

二、主办单位

南方能源监管局、广东省通信管理局、茂名市人民政府。

三、时间、地点与目的

2015 年 8 月 26 日，在广东省茂名市举行广东省（茂名）2015 年电力与通信行业应急联动演练，模拟各种可能出现的情况来组织救援。

四、演练内容

2015 年 8 月 26 日，演练模拟了超强台风正面袭击茂名，受台风及持续强降雨影响，多个 220kV 变电站和 110kV 变电站因线路中断及洪水等原因停运，各区县出现大面积停电，停电区域同时出现大面积通信中断，影响约 890 个通信基站和 35 万户用户，预计恢复供电和恢复通信的时间超过 48 小时。演练中，电力、通信行业及时启动应急联动工作机制开展协同处置，综合运用政府及电力、通信行业应急指挥平台进行实时指挥与应急联动，最大限度地减轻和消除突发事件对行业及社会造成的危害和影响。

五、效果与问题

演练进一步提高了电力与通信行业的应急联动处置能力，提升了行业间快速响应、资源共享、相互支援、共同协作的能力。

参考资料

1. 中国电力新闻网：南方能监局开展电力与通信应急联动演练，见 http://www.cpnn.com.cn/dljg/201509/t20150908_825680.html。

2. 南方网：电力与通信行业应急联动演练在茂名举行，见 http://big5.southcn.com/gate/big5/mm.southcn.com/content/2015-08/27/content_131664056.htm。

大连地铁 1 号线应急演练

一、演练名称

大连地铁 1 号线应急演练。

二、主办单位

大连地铁。

三、时间、地点与目的

2015 年 8 月 26 日 14 时，地铁中华广场主变电所内警铃大作，“车站内断电了。”主变电所内抢修人员立即赶到故障现场。一场车站供电系统故障的演练悄然展开，为迎接 1 号线开通，地铁运营公司昨日针对隧道内接触网、车站供电系统故障进行演练。

四、演练内容

演练内容为：用于大连北站地铁站供电的两个 35kV 开关柜均显示供电异常，已经跳闸断电。抢修人员打开开关柜排查故障原因，四五分钟排除了问题，并通知控制中心向车站恢复送电，当仪器显示供电正常后，故障宣告解除。

五、效果与问题

这场演练对后续运营有很重要的作用。

参考资料

1. 东北新闻网：断电后该咋办？大连地铁 1 号线开展车站应急演练，见 http://liaoning.nen.com.cn/system/ 2015/08/27/018401726.shtml。

2. 新民财经：大连地铁 1 号线开展应急演练，见 http://biz.xinmin.cn/2015/08/27/28473638.html。

中俄 2015 界河应急演练

一、演练名称

中俄 2015 界河应急演练。

二、主办单位

黑河市人民政府、俄阿穆尔州政府、黑河海事局、俄阿穆尔州紧急情况事务总局。

三、时间、地点与目的

2015 年 8 月 26 日上午 10 时，中俄联合举行的 2015 界河应急演练在黑龙江黑河段河上 2km 水域举行。该联合演习的主题是：“提升应急能力，打造平安界河。”通过演习进一步履行水上人命救助的政府职责和国际义务，提高水上应急救助的组织、协调和指挥能力，积累界河生命救助、船舶消防、水上清污等方面的实战经验，为黑龙江流域经济社会发展和生态环境保护提供强有力的安全保障。

四、演练内容

演练包含人员救涝、消防灭火和潜水员探伤三个科目。演练假想龙客 201 船满载旅客从中国黑河港驶往俄罗斯布拉戈维申斯克港，途中意外触礁。立即向黑河水上搜救指挥中心报告，同时组织船员维持旅客秩序并采取措施开展自救。指挥中心立即启动应急联络机制，向省指挥中心和市政府报告，并与俄阿穆尔州紧急情况事务总局调度室启动应急联络机制。同时，两艘海巡艇立即前往事发水域。在海巡艇的指挥下，一艘客船迅速赶往现场对船上旅客进行安全转移。旅客刚刚转移完成，龙客 201 船由于触礁后油路断裂渗漏，机舱起火，现场指挥船立即组织消防艇进行增援。因火势过猛，龙客 201 船船长下令弃船，船员被江水冲向下游，事故水域附近的两艘海事船艇和俄阿穆尔州 4 艘救生艇立即对遇险人员开展救涝。现场指挥船立即指派中方和俄方消防艇对龙客 201 船实施灭火。经过奋力扑救，6 名落水船员全部获救，龙客 201 船上的火势也被扑灭。尽管火已被扑灭，但由于龙客 201 船进水速度仍在加快，现场指挥船立即指派俄“龙骨号”潜水员对事故船进行水下探伤和堵漏处理。经现场紧急处置，龙客 201 船进水得到有效控制，被拖离事故水域，演练圆满成功。

五、效果与问题

该演习在加强海事部门应急反应能力，强化政府应对公共危机能力，促进社会和谐稳定等方面都具有十分积极的意义

参考资料

1. 光明读图：中俄在黑河段水域举行 2015 应急联合搜救灭火演习，见 http://photo.gmw.cn/2015-08/26/content_16815213_4.htm。

2. 黑龙江省人民政府：中俄在黑龙江黑河段联合举行界河应急演练，见 http://www.hlj.gov.cn/zh/system/2015/ 08/28/010738880.shtml。

陕西渭南市突发环境事件应急演练

一、演练名称

2015 年渭南市突发环境事件应急演练。

二、主办单位

渭南市环保局。

三、时间、地点与目的

2015 年 8 月 27 日，在陕西陕化煤化工集团有限公司举行。

四、演练内容

演练设定 711 氨罐区液氨 A 罐收氨根部阀阀前法兰刺漏造成液氨泄漏，可能发生环境事件。在打开氨储罐消防喷淋水装置、泄漏源无法切断、事态有可能进一步扩大的情况下，陕化公司启动了突发环境事件预案。陕化公司副总经理担任应急指挥部总指挥，治安警戒组、应急救援组、侦险洗消组、工艺处置组、抢险抢修组、环境监测组迅速进入现场开展各项处置工作，消防队对液氨泄漏点进行消洗，医院救护车进入现场待命。

华县环保局在接到陕化公司的报告后立即启动了突发环境事件应急预案。县环保局环境应急管理工作人员迅速到达现场开展应急处置工作。调查组调查事故发生原因、性质及泄漏情况；技术组审核监测方案，经批准后开展监测；宣传组收集有关信息和资料，撰写新闻通稿。在停止向氨罐区输送液氨、消除泄漏点、洗消废水全部收

集到事故应急池，事故点下风向氨浓度、事故应急池废水氨氮浓度达标后，县环保局应急演练领导小组组长宣布演练结束。

五、效果与问题

演练检验了环保部门和企业突发环境事件应急预案的针对性、实用性和可操作性，锻炼了环保部门和企业环境应急管理队伍，完善了环保部门和企业环境应急管理联动协作机制。

参考资料

1. 中华人民共和国环保部：陕西渭南市举办突发环境事件应急演练，见 http://www.zhb.gov.cn/zhxx/gzdt/201509/t20150916_309853.htm。

2. 搜狐网：陕西渭南市举办突发环境事件应急演练，见 http://roll.sohu.com/20150916/n421305134.shtml。

甘肃省国家示范性药品安全事件应急演练

一、演练名称

国家示范性药品安全事件应急演练。

二、主办单位

酒泉市食药监局。

三、时间、地点与目的

2015 年 8 月 27 日，按照国家食品药品监管总局和甘肃省食品药品监督管理局的统一部署，酒泉市食品药品监督管理局在酒泉职业技术学校体育馆，举行了“国家示范性药品安全事件应急演练”。

四、演练内容

演练模拟 6 月 20 日肃州区利民医院报告该院发生的药品安全事件。事件发生后，市药品安全监测中心指定专人跟踪事件进展信息，10 时 30 分，在国家药品不良反应监测系统监测到酒泉济仁诊所上报 1 例药品不良反应报告与涉事药品相关联。11 时 50 分，酒泉市食品药品监督管理局又接到金塔县食药监局报告，金塔县良德医院有 7 名住院患者在输液治疗过程中陆续出现上述症状，经金塔县食药监局、金塔县卫计委组织调查，初步判定为使用同一药品引发的药品安全事件。

面对跨区域的药品安全事件，酒泉市政府及时启动“6·20 药品安全事件”Ⅲ级应急响应，市、区两级工作组对“酒泉肃州区利民医院”、“酒泉惠民药业公司”药品购进渠道、进货量、销售使用量、库存量等情况进行调查，对可疑药品抽样检验、现场封存，制作现场检查笔录，并询问调查相关人员。酒泉市政府领导立即赶赴肃州区利民医院，看望住院患者，现场指挥救治和事件调查工作。在接到酒泉市食药监局的报告后，省食药监局立即召开会议，研究部署应急处置工作。同时，针对一些不实消息通过论坛、贴吧、微博、微信、手机短信等网络传播渠道流传的情况，酒泉市政府及时召开新闻发布会，通报事件调查处置情况。几天后，经过医护人员的精心救治，22 名患者症状全部消失，再无新发病例。根据对事件的进一步调查核实，相关部门对涉事药品生产经营企业进行了处罚。酒泉市应急指挥部对此次事件应急处置工作进行综合评估，确认事件得到有效控制，宣布应急响应终止。

五、效果与问题

演练准备充分，真人实验，达到了示范流程、验证预案、锻炼队伍、完善机制、提升能力、展示形象的预期目的，为全国开展药品安全突发事件应急处置工作积累了成功经验。

参考资料

1. 网易网：甘肃省开展国家示范性药品安全事件应急演练侧记，见 http://news.163.com/15/0911/07/B37EMUFC00014AED.html。

2. 酒泉市食品药品监督管理局：酒泉市贴近实战举行国家示范性药品安全事件应急演练，见 http://www.jqfda.gov.cn/NewsView.asp?ID=8749。

那曲县首届重大突发公共卫生事件应急演练

一、演练名称

那曲县首届重大突发公共卫生事件应急演练。

二、主办单位

那曲地区疾病预防控制中心。

三、时间、地点与目的

2015 年 8 月 29 日，在那曲县赛马场举行了那曲地区“首届重大突发公共卫生事件（鼠疫）”应急演练。此次演练是那曲地区进一步做好疾病预防控制工作、加强卫生能力建设、提高应对重大突发公共卫生事件能力的一个重大举措。

四、演练内容

那曲县古露镇卫生院接诊一名患者，主诉发

烧、咳嗽。经医务人员询问，患者几日前在旱獭活动区放牧，怀疑与旱獭有过接触。医务人员立即对患者进行隔离并进行上报，县级卫生部门在接报后立即组织人员赶赴现场进行救治，划定疫区，经县级医务人员初步确诊，怀疑为人间鼠疫。20 分钟后，地区防治组到达现场，进行病人救治、人员隔离、流行病学调查、疫区消杀及疫情资料收集、整理等工作。

五、效果与问题

通过此次演练，有力提高了地区应对突发公共卫生事件的能力，收到了预期效果。

参考资料

1. 西藏日报数字版：开展首届重大突发公共卫生事件应急演练，见 http://epaper.chinatibetnews.com/xzfzb/html/2015-09/01/content_642456.htm。

2. 中共西藏区委：那曲地区开展首届重大突发公共卫生事件应急演练，见 http://www.zgxzqw.gov.cn/dsdt/nq/201509/t20150901_47002.htm。

3. 索县政府新闻网：那曲地区开展首届重大突发公共卫生事件应急演练，见 http://www.xzsx.gov.cn/cgyw_4292/201509/t20150901_784321.html。

河北石家庄 2015 年突发重大动物疫情应急演练

一、演练名称

河北石家庄 2015 年突发重大动物疫情处置应急演练。

二、主办单位

河北省石家庄市政府。

三、时间、地点与目的

9 月 9 日，在石家庄新乐市举行了 2015 年突发重大动物疫情应急演练，旨在对市级应急预案的科学性、可行性进行全面检验，对各部门疫情处置的联动能力进行实战考验，通过演练查找存在的问题，完善各项防控措施，进一步提高疫情应急处置能力。

四、演练内容

演练虚拟新乐市 A 乡 B 村 F 养鸡场发生高致病性禽流感疫情，模拟疫点（养鸡场）、疫区、受威胁区、家禽交易市场、无害化处理点。分为疫情报告与现场诊断、先期处置与应急准备、应急响应与应急处置、终止响应与善后处理四个科目。

疫情经过村级动物防疫员、乡镇动物卫生监督所、县级畜牧兽医主管部门、市疫控中心四级部门层层报告，河北省疫控中心兽医实验室诊断，国家参考实验室最终确诊，农业部确认发生高致病性禽流感疫情。随后各应急处置组织，包括综合信息、物资保障、技术指导、疫情排查、消毒灭源、强制免疫、封锁检疫、强制扑杀、无害化处理、市场监管采取多项应急处理工作，整个流程干净利落。

五、效果与问题

本次演练完善了石家庄市应急防控工作机制，加强了队伍建设和物资储备，做好了应对突发重大动物疫病的各项准备。

参考资料

1. 中国新闻网河北：河北省石家庄多部门联合开展突发重大动物疫情应急演练，见 http://www.heb.chinanews.com/kjww/20150910315451.shtml。

2. 河北广播网：石家庄多部门联合开展 2015 年突发重大动物疫情应急演练，见 http://www.hebradio.com/hbgdxw/2015/0910/691972.html。

2015 年内蒙古满洲里口岸猪瘟疫情应急处置演练

一、演练名称

2015 年内蒙古满洲里口岸非洲猪瘟疫情应急处置演练。

二、主办单位

内蒙古检验检疫局。

三、时间、地点与目的

2015 年 9 月 10 日 10 时，在满洲里公路货运口岸现场举办。此次演练主要针对我国毗邻的俄罗斯、蒙古国动物疫情频发，特别是俄罗斯远东地区作为非洲猪瘟主要疫区的状况，旨在有效防止重大动物疫情传入、保护畜牧业生产安全和人体健康，进一步提高内蒙古检验检疫系统应对边境地区重大动物疫情的应急处置和实战能力。

四、演练内容

一辆俄罗斯大货车自固定式消毒通道缓缓驶

来，按照正常程序停在联检通道查验区接受入境检查。检查过程中，检疫人员（戴手套）在车上工具箱暗隔处发现一个黑色大袋子，袋内装没有任何标识的野猪头和内脏，并呈现异常症状。在对俄罗斯司机进行简单询问后，工作人员初步判定猪头和内脏疑似感染传染病，立即将车辆带至检疫隔离区，并立即上报现场指挥中心，迅速派专家赶到现场做进一步检验。

专家组确认符合上述症状，怀疑为非洲猪瘟。并立即向现场指挥中心报告。按照指挥中心指示，对怀疑染病野猪产品采集送检样品，一份送样、一份留样，按规定包装好后，填写送检记录信息，马上送至内蒙古局技术中心实验室进行检测。同时按照规定对该野猪样品进行无渗漏封存，相关工作完成后，专家组对随身物品清洗消毒，撤离现场。

在最短时间内，这一事件先后报给满洲里局指挥中心、内蒙古局指挥中心，内蒙古局詹少彤局长作出指示，立即启动《内蒙古出入境检验检疫局进出境重大动物疫情应急处置实施方案》，采取三类（C类）疫情应急响应措施。

按照预案要求采取行动，达到解除封锁标准后，满洲里指挥中心致电内蒙古局指挥中心，请求解除封锁。按照指示，相关单位终止预案，撤销采取的三类疫情应急响应措施，解除隔离，恢复口岸正常作业。

五、效果与问题

演练参演人员操作专业规范、信息传导快速直接、执行命令坚决果断、各个环节紧凑完整，体现了所有参演人员的职业素养和辛苦训练取得的成果，也反映了满洲里局重大动物疫情防控的真实水平。

参考资料

1. 国家质检总局：口岸秋练兵——记内蒙古满洲里口岸猪瘟疫情应急处置演练，见 http://www.aqsiq.gov.cn/zjxw/dfzjxw/dfftpxw/201510/t20151021_452038.htm。

2. 中国质量新闻网：“2015 年内蒙古满洲里口岸非洲猪瘟疫情应急处置演练”，见 http://www.cqn.com.cn/news/zggmsb/dier/1080568.html。

中俄地震灾害卫生应急联合演练

一、演练名称

中俄地震灾害卫生应急联合演练。

二、主办单位

国家卫生和计划生育委员会、俄罗斯联邦卫生部。

三、时间、地点与目的

2015 年 9 月 14 日，在黑龙江省同江市举行。这是近年来中俄两国举办的一次规模较大的地震应急实战演练，全面展示了国家灾害卫生应急处置水平。本次演练主要演练了灾难现场破拆及伤员搜救、批量伤员检伤分诊、现场救治和伤员紧急转运以及移动医院内开展批量伤员救治和紧急手术的情况。

四、演练内容

演练模拟中俄边境地区的黑龙江省同江市发生 7.0 级地震，地震波及一个人口约 20 万人的城市，导致民房倒坍，大量人员伤亡，水、电、通讯完全中断。灾情发生后，同江市 120 迅速进入灾区，对部分伤员展开救治，同时立刻呼叫国家卫生计生委请求支援。国家卫生计生委第一时间启动应急响应，迅速呼叫就近的国家紧急医学救援队上海市东方医院集结队伍，携带装备，赶赴灾区开展救援行动。

五、效果与问题

演练从实战出发，以近年来比较多发的地震灾害为背景，进行灾后紧急医学救援多个科目的操练，重点展示突发事件卫生应急处置技术要领和关键环节，检验国家卫生应急队伍的现场处置能力和卫生应急指挥决策能力。这次演练设计的内容丰富，涉及的场景复杂：不仅快速、高效地开展各项现场处置工作，还实时、多角度地向俄罗斯代表团、国家及各省市卫生计生行政部门展示现场演练过程，整体协同难度大，专业技术要求高；既考核了组织管理能力，又检验系统相关硬件设施的运作效能。演练中，各参演部门和单位认真筹划，密切配合，准备充分；现场指挥协调顺畅，参演队伍精神饱满，现场处置技术规范，较好地完成了演练预定的各项任务，得到了在场中俄专家的高度评价。

参考资料

1. 大河网：中俄地震灾害卫生应急联合演练在同江市举行，见 http://news.dahe.cn/2015/09-15/105640100.html。

2. 新华网：中俄地震灾害卫生应急联合

演练在同江举行，见 http://hlj.xinhuanet.com/news/2015-09/15/c_134625487.htm。

林芝市波密县气象局灾害应急演练

一、演练名称

林芝市波密县气象局灾害应急演练。

二、主办单位

波密县防灾减灾指挥部。

三、时间、地点与目的

2015 年 9 月 15 日，经过前期细致的筹备和协调，由波密县防灾减灾指挥部组织，波密县气象局联合玉许乡政府和县国土局在林琼村成功开展气象灾害应急演练。应急演练的目的：一是提高全体村民应对气象灾害和避险自救的能力和水平，在面对气象灾害时能够采取科学、有效的措施保护自身财产和生命安全。二是检验县、乡、村三级应急联动机制，在发生重特大气象灾害时，各部门之间能够形成有效的联动机制，充分做好灾前预警、灾中救援、灾后重建的各项工作。

四、演练内容

气象工作人员扎西索郎向应急演练指挥部、各部门和林琼村村委会呈报了“重要气象报告”，“我县普降暴雨，其中林琼村 24 小时降水量达 55.7mm，且上游乡镇雨量都大于历史极限值，预计未来白天仍然有大到暴雨，请有关单位做好山洪地质灾害防御工作。预计未来白天仍有大到暴雨并伴有雷电天气，请有关部门做好山洪地质灾害、雷电灾害的防御工作”。林琼村村委会立刻通知村民们迅速转移，在气象局工作人员的引导下，全部村民迅速撤离了泥石流威胁区；中途遭遇雷电击断高压线，情况十分危急，气象局工作人员有序引导村民们双手抱头，跳步撤离；发现有村民肩上扛着金属农具在雷电区惊慌失措，气象局工作人员迅速引导村民扔掉金属农具，双手抱头，双脚并拢，尽量降低身体躲避雷击；发现雷电区孤立的大树和电线杆下有村民，工作人员迅速将村民引导至 3m 外，双脚并拢，尽量降低身体躲避雷击；有村民在空旷的高山顶采挖虫草时遭遇大范围雷击，气象局工作人员迅速引导村民双脚并拢，降低身体重心，寻找低洼处躲避雷击。

五、效果与问题

通过演练，面对面地向村民们讲解和演示了如何防范泥石流和雷电灾害，提高了村民防御气象灾害的能力和水平，同时演练了县、乡、村三级联动的应急减灾机制，为进一步提高、推广防御气象灾害的能力和水平奠定了坚实的基础，为波密县“农村气象灾害防御体系”建设提供了有力保障。

参考资料

1. 中国西藏网：林芝市波密县气象局联合地方政府成功开展灾害应急演练，见 http://www.tibet.cn/news/roll/14423975964.shtml。

2. 中国西藏林芝网：林芝市波密县气象局联合地方政府成功开展灾害应急演练，见 http://www.linzhinews.com/Item/5877.aspx。

2015 中俄界河水上突发事件应急联合演习

一、演练名称

2015 中俄界河水上突发事件应急联合演习。

二、主办单位

鹤岗市人民政府、黑龙江海事局、黑龙江省边检总站。

三、时间、地点与目的

2015 年 9 月 15 日 10 时，2015 中俄界河水上突发事件应急联合演习在黑龙江鹤岗市萝北县名山水域举行。该演习主题是“共建平安水域，铸造精忠界河”。演习旨在吸取国内近期发生的重大突发事故的教训，进一步加强中俄界河水上突发事件应急救助的指挥、组织、协调和合作能力，预防和遏制重特大事故的发生。

四、演练内容

在中俄界江黑龙江上，中俄进出境客船龙客 209 船正载着 30 名中俄两国旅客驶向中方江岸。突然，船上隐藏的暴恐分子劫持了船舶，威逼船长驶向俄方……萝北海事处通过 CCTV 监控、无人机巡航发现异常，及时报警。中方萝北县水上搜救分中心迅速启动预案，海事两艘两栖救援船迅速对龙客 209 实施拦截；俄罗斯边检部门船舶在航道俄方一侧协助拦截，边检部门处理突发事件分队乘两艘快艇迅速登船处置暴恐分子。

在解救人质过程中，恐怖分子点燃易燃品负隅顽抗，一名恐怖分子被当场击毙，两名恐怖分子被迅速制服。易燃品导致船舶起火，大量乘客被困。现场指挥艇海巡当即调派两艘海巡船前往事发水域救助落水人员，并用无人机向落水人员投掷救生圈，龙客 209 上的旅客在船员帮助下有序撤离。配备水炮的海巡 13003、载有消防车的萝客渡 661 渡船实施紧急救援，大火被迅速扑灭。海巡 13004、海巡 13204 拖带着围油拖栏对事发水域进行围油布控作业。航政管理 06 船舶载运环保部门的专业人员和设备迅速对事发水域进行水样采集和化验。水样中各项指标均符合黑龙江水环境质量标准，溢出燃油得到有效处置。

五、效果与问题

演习进一步深化了中俄界河应急合作机制，拓展了界河不分国别优先保护原则和界河应急无国界原则，打造界河“绿色通道”，为双方积极高效救助界河水上遇险船舶，防止各类船舶污染水域情况发生奠定了基础。中俄双方将深化合作，提高双方应急处置协调反应能力，保障两国公众的生命财产安全，共同打造“平安、生态、便捷、尊严、和谐”界河。

参考资料

1. 国际在线：中俄两国 15 日举行界河水上突发事件应急联合演习，见 http://gb.cri.cn/42071/2015/09/15/5311s5103397.htm。

2. 新华网：2015 中俄界河水上突发事件应急联合演习在黑龙江鹤岗举行，见 http://news.xinhuanet.com/local/2015-09/16/c_1116576179.htm。

新疆昌吉市突发性地质灾害应急演练

一、演练名称

新疆昌吉市突发性地质灾害应急演练。

二、主办单位

昌吉市国土资源局。

三、时间、地点与目的

2015 年 9 月 18 日，昌吉市在硫磺沟镇宝平煤矿开展了一次规模大、情景真的突发性地质灾害应急演练。突发性地质灾害应急演练，是为了提高该区应对突发地质灾害的防灾意识和自救能力，加强昌吉市国土局和各单位联动、协调作战能力。

四、演练内容

演练假设昌吉市南部山区不断发生 3—4 级地震和重大天气过程，受地震和强降雨影响，宝平煤矿附近山区有山石崩落、山体岩土下滑迹象，可能要发生山体崩塌、滑坡等地质灾害。煤矿法人立即向硫磺沟镇政府、应急办、国土资源局部门汇报险情，随后立即启动应急预案，成立现场指挥部。演练中，井上和井下两部分人员听到警报立即开始疏散、撤离，伤员被安排救治并来到指定避难场所篮球场。本次演练活动参与人员 200 余人，出动救援车辆 6 辆，设置临时避难安置点、接待站、服务站、物资供应站、应急医疗救护点各 1 处。在各救援单位的通力协作下，演练以最快速度解救出了被困人员，最后专业技术人员根据现场分析后，确定该地质灾害趋于稳定，不会引发次生灾害，可以解除警戒，演练圆满结束。

五、效果与问题

增强了广大干部、职工、群众的防灾避灾意识和临灾避险、自救互救的能力，在突发性地质灾害紧急情况下，一旦临灾能使受灾群众迅速、高效、有序地进行安全疏散、撤离，确保人民群众生命财产的安全。

参考资料

1. 凤凰网：新疆昌吉市加强应急演练提高防灾减灾水平，见 http://news.ifeng.com/a/20150922/44707215_0.shtml。

2. 亚心网：新疆昌吉市加强应急演练提高防灾减灾水平，见 http://news.iyaxin.com/content/2015-09/22/content_4978798.htm。

黑龙江省气象局危化品泄漏事故气象保障应急演练

一、演练名称

黑龙江省气象局危化品泄漏事故气象保障应急演练。

二、主办单位

黑龙江省气象局。

三、时间、地点与目的

2015 年 9 月 18 日，黑龙江省气象局举办以危化品泄漏为主要内容的气象保障应急演练。演练以哈尔滨某公司危化品泄漏为背景，省气象局应急办收到事故报告后，立即报告省局应急响应指挥部，指挥部决定启动突发公共事件应急气象保障服务预案，发出应急响应启动指令。

四、演练内容

在演练过程中，哈尔滨气象局及时汇报了危

化品泄漏的相关情况，省气象科研所沉着应对突发事件，第一时间对危化品泄漏区域进行遥感监测；省信息中心、省大气探测中心组织人员确保资料网络传输畅通，气象灾害应急指挥车、雷达等正常运转，并根据现场情况随时准备加密观测。人影办提出建议不适合进行人工影响天气作业。根据省气象台短时预报、短期预报以及应急指挥车现场实况汇报情况，省气象台及时进行会商，做好决策服务材料制作和报送工作。

通过各部门以及现场气象服务工作组的监测和会商，黑龙江省气象部门形成决策服务材料，上报有关部门，在决策服务材料中非常明确地提出气象预报结论，要对危化品扩散及人员疏散提出决策建议，并且为此次危化品泄漏事件提供了周密细致的气象保障服务。经确认，现场危化品泄漏得到有效处理。随着签发出《黑龙江省气象局接触突发公共事件应急保障服务预案响应命令》，黑龙江省气象部门此次突发公共事件应急演练也落下帷幕。

五、效果与问题

此次演练过程中各单位服从统一指挥，协同配合，演练活动环环相扣，节节相连，真正做到以练为战，气象应急队伍得到了锻炼，应急保障水平得到了检验。

参考资料

1. 搜狐网：黑龙江：举办危化品泄漏事故气象保障应急演练，见 http://roll.sohu.com/20150918/n421509687.shtml。

2. 中国气象局：黑龙江：举办危化品泄漏事故气象保障应急演练，见 http://www.cma.gov.cn/2011xwzx/ 2011xgzdt/201509/t20150918_293266.html。

甘肃省2015年省级突发辐射事故应急演练

一、演练名称

甘肃省2015年省级突发辐射事故应急演练。

二、主办单位

甘肃省政府。

三、时间、地点与目的

2015年9月29日上午，甘肃省举办省级突发辐射事故应急演练，省政府应急办、省环保厅、省公安厅、省卫计委，兰州新区管委会、兰州新区环保局和兰石集团等单位80余人分别在省辐射事故应急指挥大厅和模拟事故现场参加了演练。举行这次省级辐射事故应急演练，对于提升企业、政府部门和全社会的核与辐射安全意识，做好关键时期的核与辐射安全保障工作，具有重要意义。

四、演练内容

模拟事故为兰石集团探伤工作人员在8号探伤场地现场进行γ射线探伤作业时，突然发生意外（外部撞击），造成γ射线探伤机控制系统损坏，导致Ⅲ类放射源失控无法回收到γ射线探伤机，按照突发辐射事故等级划分标准，属较大突发辐射事故。省人民政府决定启动甘肃省辐射事故三级应急响应，成立了省应急指挥部和事故现场指挥部，由省环保厅副厅长张政民坐镇应急指挥大厅，省核安全局副局长肖铮任现场总指挥，带领由环保、公安、卫生部门组成的监测组、处置组、救援组赶赴现场，开展应急响应行动。在应急指挥大厅和现场指挥部的指挥下，各小组按照指令开展工作，成功安全处置收贮失控放射源，卫生部门对可能接触、受照人员进行体检，确认无人受到超剂量照射，现场环境辐射监测指标恢复正常，应急响应终止，演习结束。

五、效果与问题

演练检验了甘肃省环保、应急、公安、卫生等部门对辐射突发事故的应急响应、组织协调和协同作战能力，对全面提高该省辐射事故应急响应水平，有效应对和处置辐射突发事故具有重要意义。演练有效地锻炼了队伍，达到了“为实战而演练、以演练促工作”的目的。

参考资料

1. 甘肃省环保厅：甘肃省成功举办2015年省级突发辐射事故应急演练，见 http://www.gsep.gansu.gov.cn/newscontent.jsp?urltype=news.NewsContentUrl&wbtreeid=1002&wbnewsid=28946。

2. 网易网：甘肃省举办2015年省级突发辐射事故应急演练，见 http://lanzhou.news.163.com/15/1002/21/B4UVI402033513SB.html。

辽宁省储油罐爆炸环境应急演练

一、演练名称

“联动2015”储油罐爆炸突发事件环境应急演练。

二、主办单位

辽宁省环保厅、铁岭市政府、辽宁省政府应

急办、中油管道沈阳公司。

三、时间、地点与目的

为落实国家和辽宁省委、省政府关于深刻吸取“8·12”天津滨海新区爆炸事故教训的指示和要求，确保辽宁省环境安全，2015 年 10 月 18 日，在铁岭举办了“联动 2015”储油罐爆炸突发事件环境应急演练。

四、演练内容

铁岭输油站 7# 储油罐原油突然失火燃烧发生爆炸，造成大量浓烟向站区外扩散。沈阳输油气分公司立即启动应急预案，第一时间向市应急及环保部门报告，请求支援并积极组织自救。企业消防大队奔赴火场，实施灭火。市环保局接到了铁岭输油站的报告后，启动了《铁岭市环保局突发环境事件应急预案》，并发布蓝色预警。命令环境应急科通知环保局应急救援队、应急监测组和应急专家马上赶赴事发现场，并通报相关情况，同时向省环保厅汇报。各救援小组分别开展应急工作，监测组分两队开展工作，一队对起火点附近初步监测主要污染物种类，另一队到厂房外空旷处测定气象情况，省环保厅出动无人机，对现场进行实时监控。经过 40 余分钟的紧张救援，火被熄灭，消防废水全部收集至应急池，事故现场已被控制，事故没有对周围环境和居民造成危害，污染源被清除，各项污染物浓度恢复到正常水平，演练结束。

五、效果与问题

演练进一步提高了铁岭市环保部门和企事业单位防范和处置突发环境事件的专业技能，进一步锻炼了环境应急队伍，促进了环境应急人员应对突发环境事件实战能力的提高。

参考资料

1. 中国政府网：辽宁省举办储油罐爆炸环境应急演练，见 http://www.gov.cn/xinwen/2015-10/20/content_2950301. htm。

2. 辽宁省人民政府：“联动 2015”铁岭输油站储油罐爆炸突发环境事件应急演练圆满结束，见 http://www.ln.gov.cn/zfxx/qsgd/ass_2_1_1_1/201510/t20151022_ 1938618.html。

辽宁监管局沈阳机场大面积航班延误演练

一、演练名称

沈阳桃仙机场大面积航班延误应急处置桌面演练。

二、主办单位

中国民用航空辽宁安全监督管理局。

三、时间、地点与目的

为贯彻落实民航局和管理局关于做好航班正常和大面积航班延误应急处置工作的要求，持续提升沈阳机场整体航班保障能力和旅客服务水平，发挥各部门协同联动作用，2015 年 10 月，沈阳桃仙机场于近日进行了大面积航班延误应急处置桌面演练。南航北方分公司、深航沈阳分公司、东北空管局、机场公安局等各单位参加了演练。辽宁监管局派出监察员参加了本次演练。

四、演练内容

演练工作以沈阳桃仙国际机场遭遇大雪天气，机场被迫关闭，多个航班延误，部分航班取消为背景，分为预警启动、航延处置、恢复放行三个阶段。模拟了机场除冰雪工作、航延旅客服务、群体事件处置、航班放行安排等多种情况。

五、效果与问题

这是 2015 年 9 月 1 日启动新版《沈阳桃仙机场大面积航班延误应急处置联动机制运行手册》后的首次演练，是对沈阳民航各单位大面积航班延误应急处置能力的一次综合检验，通过演练进一步明确航班延误处置、特别是大面积航班延误处置工作流程，进一步提高了辖区各单位航班延误应急处置能力。

参考资料

1. 和讯新闻：辽宁监管局指导沈阳机场大面积航班延误演练，见 http://news.hexun.com/2015-10-23/ 180065041.html。

2. 民航资源网：辽宁监管局指导沈阳机场大面积航班延误演练，见 http://news.carnoc.com/list/327/327108.html。

内蒙古二连浩特口岸生物涉恐事件应急处置演练

一、演练名称

内蒙古二连浩特口岸生物涉恐事件应急处置演练。

二、主办单位

内蒙古检验检疫局。

三、时间、地点与目的

为防患于未然，推进检验检疫反恐专业队伍建设，提升口岸核生化涉恐突发事件处置能力，检验检疫部门与地方政府及有关部门就应对突发事件时的组织指挥、应急程序、处置手段、相关部门的协同和有关保障等内容，进行了二连浩特口岸生物涉恐事件应急处置演练。该演练由内蒙古检验检疫局主办、二连浩特检验检疫局承办，2015 年 10 月 16 日上午 9 时开始。

四、演练内容

从蒙古国入境的一个集装箱抵达二连浩特公路口岸。检验检疫查验人员在查验时，从集装箱内发现一小袋白色粉末，经向司机询问，无法判断该粉末来源。查验人员立即将这一情况通过值班科长向主管业务科长报告，各应急处置小组迅速赶赴现场处置：封控小组划定污染区、缓冲区、警戒带对现场进行封控，疏导人群，维持秩序，禁止无关车辆、人员靠近；快速检测小组按照《口岸传染病排查处置基本技术方案》穿戴 B 级防护服并携带采样箱、样品移运箱进入集装箱收集样品。采样后，卫生处理小组对检测人员手部、脚部及样品箱进行消毒，检测人员进入快速检测室对白色粉末和环境样本实施快速检测，并将采集的空气样品送往实验室培养鉴定。快速检测结果显示，白色粉末样本为可疑炭疽杆菌阳性，环境样本为可疑炭疽杆菌阳性。

该情况第一时间报告给二连浩特局突发公共卫生事件应急处置领导小组，并上报内蒙古局口岸核生化涉恐事件应急处置工作领导小组。经研究，内蒙古局副局长赵羽指示启动应急处置预案。同时，二连浩特局通报市反恐办、市卫计委、边检等联防联控部门协助做好突发事件处置工作。

各联防联控小组成员单位迅速行动：边检站派出警戒组人员抵达现场，立即实施现场警戒；检验检疫局派出卫生处理组抵达现场，对密切接触者进行消毒，收回密切接触者使用的手套、口罩等物品及查验用品进行处理，并使用 0.5% 过氧乙酸消毒液对缓冲区、污染区域及集装箱进行全面彻底的消毒；卫计局派出医疗救治组抵达现场，与卫生处理组办理交接手续，将查验人员和司机送往指定医院进行隔离观察；公安局反恐办派出工作人员抵达现场，对现场进行侦查。整个过程有条不紊，分工明确。二连浩特局突发公共卫生事件应急领导小组认为现场处置有效，向内蒙古局口岸核生化涉恐事件应急处置工作领导小组申请终止预案，得到批准。此时，二连浩特国际旅行卫生保健中心实验室检测结果确认白色粉末内含炭疽芽孢杆菌，空气样本检出炭疽杆菌。据此决定对留验人员观察 5 天。二连浩特局将查获的白色粉末移交给市公安局反恐办开展侦查工作，并对集装箱实施熏蒸处置及后续处理。至此，本次演练圆满结束。

五、效果与问题

演练充分展示了检验检疫队伍良好的专业素质、严明的组织纪律，反映了在面对突发事件时检验检疫部门与各有关部门间的紧密衔接、有效配合，对于提高口岸突发公共事件的应急处置能力，保障口岸及出入境人员的健康与安全有着重要意义。

参考资料

1. 中国质量新闻网：内蒙古二连浩特口岸生物涉恐事件应急处置演练成功举行，见 http://www.cqn.com.cn/news/zggmsb/disi/1093587.html。

2. 网易网：内蒙古二连浩特口岸生物涉恐事件应急处置演练成功举行（组图），见 http://news.163.com/15/1110/09/B8263T8C00014AEF.html?f=jsearch。

贵州省渔业船舶安全突发事故应急演练

一、演练名称

贵州省渔业船舶安全突发事故应急演练。

二、主办单位

贵州省农业委员会、遵义市农业委员会、湄潭县人民政府。

三、时间、地点与目的

2015 年 10 月 16 日，贵州省农业委员会、遵义市农业委员会、湄潭县人民政府在构皮滩库区湄潭县石莲镇沿江码头进行贵州省渔业船舶安全突发事故应急演练，模拟船舶侧翻组织救援。

四、演练内容

2015 年 10 月 16 日 10 时，码头（库区）一艘非机动船载 4 人与一艘机动渔船交汇时，机动渔船产生的波浪使非机动船倾翻，船上 4 人不慎同时落水，有人报警后，应急指挥部立刻就近组织渔民和渔政执法船施救，各部门迅速出动。附近库区巡逻的湄潭渔政艇、余庆渔政艇、瓮安渔政艇和一艘正在作业的渔船接到指令驶往现场参加应急水上救援。海事处出动海巡艇实施临时水上交通管制，湄潭县石莲镇卫生院的医生和救护车在现场做好救治准备。最终，在搜救人员的奋力施救下，模拟的3名落水渔民获救，1名落水渔民失踪被打捞，经现场医务人员的急救，已无生命体征，宣布“死亡”。按照属地管理原则，交由湄潭县石莲镇政府处理。

五、效果与问题

演练检验了渔政人员的应急处置和救援能力，同时也提高和增强了广大渔民的安全生产意识，有效防范了水上伤亡事故的发生。

参考资料

1. 贵州省农业委员会：贵州省开展2015年渔业船舶安全突发事故应急演练，见http://www.qagri.gov.cn/sites/MainSite/Detail.aspx?StructID=126339。

2. 陕西省应急办：贵州省开展2015年渔业船舶安全突发事故应急演练（图），见http://yjb.shaanxi.gov.cn/html/39/201510/20/170559_0.html。

兰州黄河索道应急救援演练

一、演练名称

兰州黄河索道应急救援演练。

二、主办单位

兰州市质量技术监督局。

三、时间、地点与目的

2015年10月19日10时，兰州黄河索道举行应急救援演练。此次模拟演练由兰州市质监局联合兰州市黄河索道站等多个部门在白塔山景区周围展开。

四、演练内容

应急救援演练模拟事故发生在黄河索道8号支架向北15m处，以及5号支架向北8m处，由于电气PLC故障设备无法正常运行，造成6名乘客滞留空中。事发后，水上巴士公司、黄河索道救援队、水上派出所民警等相关人员迅速抵达现场。一组救援人员迅速爬上8号支架，利用滑轮器和“T”形救护器进入缆车，协助被困乘客做空中降落；另一组救援人员赶到被困乘客所在缆车下方实施营救。

五、效果与问题

此次应急救援演练，提高了旅游行业突发事件的应急处置能力。

参考资料

1. 中国甘肃网：兰州黄河索道应急救援演练，见http://gansu.gscn.com.cn/system/2015/10/20/011140614.shtml。

2. 网易网：兰州开展黄河索道应急救援模拟演练6名被“困”乘客成功获救(图)，见http://news.163.com/15/1020/08/B6C0D31600014AEE.html。

广东省跨区域地震救援演练

一、演练名称

广东省跨区域地震救援演练。

二、主办单位

广东省公安消防总队。

三、时间、地点与目的

2015年11月5—13日，广东省公安厅（省公安消防总队）在广州市天河区总队特勤大队地震模拟训练基地开展为期9天的跨区域地震救援实战拉动演练。

四、演练内容

该演练模拟发生7.2级强烈地震，造成大面积房屋倒塌和人员伤亡情况，借鉴东盟国际救灾理念，采取不打招呼的方式，开展楼层破拆救援、顶撑破拆救援、被困人员转移、搜索救援、坑道掘进救援、狭小空间破拆救援等演练科目。广东省20支地震救援队、3支医疗保障分队共750多名官兵、100多辆救援车辆、3条搜救犬参加演练。

五、效果与问题

该演练检验了广东省消防部队地震救援跨区域作战能力，达到了预期效果。

参考资料

1. 广东省应急办：我省举行跨区域地震救援实战拉动演练，见http://www.gdemo.gov.cn/yjyl/snyl/201511/t20151113_221105.htm。

2. 法制网：广东开展跨区域地震救援实战

拉动演练，见 http://www.legaldaily.com.cn/Police/content/2015- 11/23/content_6367923.htm。

“方舟—2015”江苏省辐射事故综合应急演习

一、演练名称

“方舟—2015”江苏省辐射事故综合应急演习。

二、主办单位

江苏省环保厅。

三、时间、地点与目的

10 月 23 日，江苏省环保厅组织举行了“方舟—2015”江苏省辐射事故综合应急演习。

四、演练内容

演习按照“时空压缩、联动协同”的方式进行组织指挥，设江苏省辐射事故应急指挥部、南京市辐射事故应急指挥部、事故发生地和应急处置地 4 个演练现场。其中，事故发生、企业应急响应行动采用视频演习的方式，省、市应急响应采取现场组织的方式。

上午 9 时 30 分，演习正式开始。演习模拟南京市辐射事故应急办接到某移动探伤企业报告，该企业在南京某电厂作业过程中丢失一枚移动 γ 探伤用放射源（Ⅱ类放射源）。丢失的放射源被企业一名工人捡到并带回家，随后又扔回事发地附近的草丛中。结合该枚放射源的风险类别初步判断，事故级别为重大辐射事故，应急响应级别为二级。南京市人民政府立即启动《南京市辐射事故应急预案》，迅速成立市辐射事故应急现场指挥部，市环保局、公安局、卫生局、市委宣传部等成员单位迅速赶赴事发现场，开展事故调查和应急响应工作。

接到南京市辐射事故应急办报告后，江苏省政府立即成立省辐射事故应急指挥部，启动应急响应，下达应急行动指令，实施对南京市应急响应的指导及支援，统一指挥协调辐射事故应急响应行动。省应急指挥部下设省应急办公室（在省环保厅），应急办设舆情信息组、现场协调组、现场监测组、现场处置组、安全保卫组、医疗卫生组等六个专业组，其成员分别由省环保厅、公安厅、卫生厅、财政厅和省委宣传部组成，有关应急人员启动应急待命状态，跟踪事态发展，适时研判，提供必要的指导和支援。

省指、市指运用国家辐射事故应急调度平台多次进行会商，各部门各司其职。经过大规模、大范围监测搜寻，最终锁定并确定丢失的放射源，江苏省环保厅核与辐射安全监督管理局运用收源机器人，将其安全运输至江苏省城市放射性废物库暂存。

五、效果与问题

本次演习是《江苏省辐射事故应急预案》修订出台后的首次部门联动的、省市联动的综合应急演习，通过常态化联动演习模式，以演带训，常备不懈，不断提高辐射事故应急响应及处置能力。

参考资料

1. 江苏省环保厅：省环保厅举行“方舟—2015”江苏省辐射事故综合应急演习，见 http://www.jshb.gov.cn/jshbw/xwdt/slyw/201510/t20151023_323725.html。

2. 扬子晚报网：江苏进行辐射事故综合应急演习，见 http://www.yangtse.com/jiangsu/2015-10-23/684266.html。

3. 网易网：江苏辐射事故应急演习：无人机机器人齐上阵，见 http://news.163.com/15/1024/09/B6MBFAQH00014JB6.html。

2015 年河南省级卫生应急队伍检验性拉动演练

一、演练名称

2015 年河南省级卫生应急队伍检验性拉动演练。

二、主办单位

河南省卫生和计划生育委员会。

三、时间、地点与目的

10 月 25—27 日，“2015 年河南省级卫生应急队伍检验性拉动演练”在开封市举行，旨在检验考核河南省级卫生应急队伍在复杂环境下遂行处置重特大自然灾害等突发事件任务过程中的自我保障、综合协同和卫生应急处置能力。

四、演练内容

演练模拟毗邻河南某地发生 7.6 级地震，造成大批房屋倒塌和重大人员伤亡，基层医疗设施毁坏严重，电力、通讯、供水等基础设施中断并产生次生灾害。根据国家卫生计生委指示，河南组派国家队和省级卫生应急队伍迅速赶往灾区，开展灾后紧急医疗救援、卫生防疫、次生辐射事故、卫生监督等卫生应急处置工作。各队伍在野外设置野外工作站、野外组合医院、宿营帐篷、个人单兵帐篷、野外应急炊事、临时发电、临时卫生间等应急设施设备。两天一夜在野外吃、住和开展工作。

演练突出实战，以“野外驻训和现场考核”相结合的方式进行，分为卫生应急队伍紧急拉动与开进集结、紧急救援工作站与宿营地快速搭建、卫生应急专业技能考核、救援器械及携行装备展示、卫生应急队伍撤离归建5个阶段。参加演练人员共206人，出动卫生应急特种车辆近80辆。

五、效果与问题

演练首次以野外宿营的形式进行，每支队伍都较好地完成了事先预定的各阶段流程，达到了“拉队伍、拉装备、拉水平、拉作风”的目的。

本次演练体现了河南卫生应急系统“居安思危”的大局意识，充分考验了卫生应急队伍的自我保障能力、综合协调能力、应急处置能力，体现了卫生应急综合指挥机构的指挥协调能力。

拉动演练结束后，所有参演成员及单位针对拉动环节的衔接、操作技能的步骤进行总结，为日后的组织加强和能力提升完善预案储备；针对拉动演练暴露出的装备及保障不尽完善的问题，将持续改善。

参考资料

1. 河南省卫生计生委：河南省组织开展省级卫生应急队伍检验性拉动演练，见 http://www.hnwst.gov.cn/html/1/16/ 2015-11-2/50397.html。

2. 人民网：河南举行卫生应急拉动演练300余人参演，见 http://henan.people.com.cn/n/2015/1027/c353068-26941487.html。

3. 网易网：卫生应急队伍大演练，见 http://news.163.com/15/1028/07/B70G21H100014AED.html。

重庆市页岩气井涌及硫化氢泄漏事故应急演练

一、演练名称

重庆市页岩气井涌及硫化氢泄漏事故应急演练。

二、主办单位

重庆市安监局、涪陵区人民政府。

三、时间、地点与目的

2015年11月6日，重庆市安监局联合涪陵区人民政府在涪陵区焦页51号钻井平台进行页岩气井涌及硫化氢泄漏事故应急演练。

四、演练内容

该演练模拟钻井时因突然钻遇缝洞性高压气层，导致井口发生溢流，钻井液迅速涌出转盘面以上，发生井涌，喷出硫化氢液气混合物。钻井2名员工失踪，需组织疏散井口500m范围内100户居民。险情发生后，50143JH队立即启动应急响应，开展先期处置，并按照程序逐级上报。涪陵区人民政府立即下令江东街道立即组织井口周围群众疏散撤离，并成立了指挥部，下设综合组等9个小组协助中石化江汉油田公司开展抢险救援；并通过重庆市安监局3G视频图传系统实现了远程会商，组织专家提供技术支持。

五、效果与问题

该演练牢牢把握地企联动、处置救援、群众疏散、环境保护四个重点展开，完成了预警与报告、指挥与协调、拉动集结、远程会商、环境监测、医疗救护、综合保障、警戒管制、疏散安置等科目。企业和地方政府通力协作，联合作战，科学有序地控制了灾情，最终成功完成救援处置的演练任务。

参考资料

1. 网易网：重庆市2015年页岩气井涌及硫化氢泄漏事故应急演练成功举行，见 http://news.163.com/15/1109/16/B8095US500014SEH.html。

2. 涪陵网：与页岩气“井涌”的殊死搏斗（图），见 http://www.fulingwx.com/content-11-42175-1.html。

铜川市不明原因腹泻疫情应急模拟演练

一、演练名称

铜川市不明原因腹泻疫情应急模拟演练。

二、主办单位

铜川市疾控中心。

三、时间、地点与目的

为检验和提高疾控人员突发公共卫生事件应急处置能力，2015年11月6日，铜川市组织开展了不明原因腹泻疫情应急处置演练。

四、演练内容

按照事先制定的《铜川市不明原因腹泻疫情应急处置演练方案》，参演的25人被编为流调、采样、消杀、宣传、后勤保障等5个小组，从穿脱防护服、现场流调、现场采样、现场消毒和应急响应等5个环节进行了实景演练。

五、效果与问题

演练环环相扣，程序规范，达到了锻炼疾控中心应急人员处理突发公共卫生事件的应急指挥、协调配合、快速反应、高效处置、后勤保障的能力，为今后疾控工作的良好开展打下了坚实的基础。

参考资料

1. 陕西省应急办：铜川市不明原因腹泻疫情应急模拟演练成功举办，见 http://yjb.shaanxi.gov.cn/html/38/201511/ 10/172713_0.html。

2. 铜川市疾控中心：铜川市不明原因腹泻疫情应急模拟演练成功举办，见 http://www.jkcdc.com/article/689.html。

南航新疆飞行部应急疏散和灭火实操演练

一、演练名称

南航新疆飞行部应急疏散和灭火实操演练。

二、主办单位

南方航空新疆飞行部。

三、时间、地点与目的

为了加强消防安全管理水平，增强员工安全意识及应急处置能力，提高突发事件的安全防范和自救能力，南航新疆分公司飞行部结合本部实际，制定了飞行部应急疏散演练方案，并于2015年11月9日成功举行了演练活动。

四、演练内容

此次演练分为两个项目，一是应急疏散演练；二是灭火实操演练。

首先进行的是应急疏散演练，全体工作人员在疏散引导组的疏散引导下，迅速切断电源，用湿毛巾、衣物等捂住口鼻，按照演练方案设定的逃生路线以及疏散指示标志，迅速而有序地从飞行部前后及侧面的四个安全出口撤离到应急集合点，没有出现拥挤、踩踏等事件，用时1分38秒，224人全部安全撤离，整个过程安全、有序、高效。

第一项完成后，公安消防机构专业人员现场为全体员工讲解和演示了消防器材的日常检查和使用方法、注意事项，与此同时工作人员将演练使用的灭火器、防烟面罩、油及火源准备就绪，总指挥宣布灭火演练正式开始。灭火时两人一组迅速用干粉灭火器对火势进行了控制，反复演练，灭火行动组全员及各楼层消防责任人均熟练使用了灭火器，同时对楼内的消防栓进行了实操，做到了员工人人会使用。

五、效果与问题

此次演练加强了消防安全意识，提升了消防应急能力，更是在充分学习消防知识、实地演练灭火的过程中锻炼了处理突发事件的能力和团队协作的精神。

参考资料

1. 中国民用航空网：南航新疆飞行部举办应急疏散和灭火实操演练，见 http://news.ccaonline.cn/Item/ 182033.html。

2. 中国航空旅游网：南航新疆飞行部举办应急疏散和灭火实操演练，见 http://news.cnair.com/c/201511/66051.html。

2015北京突发环境事件应急演练

一、演练名称

2015北京突发环境事件应急演练。

二、主办单位

北京市环保局。

三、时间、地点与目的

11月11日，北京市2015年突发环境事件应急演练在位于北京市通州区的东方化工厂举行，旨在演练北京市环保系统环境应急人员、专业应急处置队伍和参演企业从事件接报到应急响应，从企业先期处理、出动环境应急处置力量，到现场的协同处置等行动。

四、演练内容

演练模拟某大型化工厂仓储区发生危险化学品泄漏事故。在某大型化工厂仓储区工人进行巡检时，发现一储料罐发生泄漏，在对其进行倒料收处过程中，由于工人操作不当致使罐体起火并发生爆炸，同时引燃了一相邻储料罐，造成二次爆炸，事件导致多种危险化学品泄漏，对周边环境造成严重影响。因该仓储区存有大量易燃易爆危险化学品，发生接续爆炸的危险性极大。事件发生后，工厂立即启动应急预案，开展堵漏、倒料、封控、报警等一系列厂内应急处置行动，并将事故情况报告属地的区政府，请求支援。接报后，区政府立即组织有关职能部门，赶赴现场开展救援与处置工作。通州及周边朝阳、顺义、大兴等地区的消防和环保单位接到报警后积极响应，最终突发环境事件得到妥善处置。此次演练在各参演单位的密切配合和共同努力下顺利完成。

五、效果与问题

演练中，全体参演人员以娴熟的技术，默契的配合，全面展现了首都环境应急管理工作者良好的精神风采和实战水平。本次演练不仅增强了企业的责任意识，调动企业抓好环境安全防范的自觉性和积极性，还提高了包括环境应急部门、企业和其他社会力量在内的环境应急人员的技术水平和实战能力，增强了筑牢环境安全防线的决心。

参考资料

1. 北京市人民政府：我市举行2015年突发环境事件应急演练，见http://zhengwu.beijing.gov.cn/yjgl/yjcs/t1410633.htm。

2. 凤凰网：北京启动“危化品泄漏”应急演练，见http://news.ifeng.com/a/20151111/46205926_0.shtml。

3. 北京市环保局：北京市环境保护局2015年突发环境事件应急演练工作圆满完成，见http://www.bjepb.gov.cn/bjepb/324122/4380291/index.html。

2015上海地震紧急救援联合演练

一、演练名称

2015上海地震紧急救援联合演练。

二、主办单位

上海市地震局、上海市东方医院灾难医救队、武警上海市总队第九支队。

三、时间、地点与目的

11月16日，在上海建材集团浦东水泥厂内展开。

四、演练内容

14时30分，演练正式开始。演练模拟由地震及次生爆炸导致一座占地200余平方米的建筑发生大面积垮塌，大批民众被困。上海应急办紧急调集上海市地震局、武警上海市总队第九支队、上海市东方医院国家级紧急医学救援队等三支救援队伍在接到报警后火速赶赴现场。

武警九支队首先派出侦检组对现场及环境进行检测。2人一组检测有无可燃和有害气体，排除险情后，即由人工手持棍棒等简易工具进行搜索。紧接着3名队员携3条搜索犬搜索被困人员，期间救出两名伤者，由医护人员送往指定地点施救。

救援队随后分为2人一组手持蛇眼、红外、雷达生命探测仪进行探测，救出伤员后，由上海市地震局现场应急工作队对建筑进行余震监测和建筑物损伤鉴定，防止二次灾情发生。救援人员随后在损毁较严重的建筑中实行紧急救援，先4人一组在废墟上架设三脚架和滑轮，对构件进行提升，对被掩埋人员进行垂直吊升救援。救援人员还通过高空绳索救援、竖井救援、地下涵洞救援等方式分别救出被困伤者。

紧急救援还未停止，医疗救护人员在灾区现场铺设红、黄、绿、黑四个救治区域，即刻实施医救，包括为伤员实行现场包扎，以及车载手术室救治、伤员监护处置、车载化验处置、医救保障等共计5项医救演练。伤者被送往医院后，演练进入收尾的洗消处置阶段，救援人员利用放射性、化学品和毒气手持测试仪，对救援人员和装备进行受污检测，并对受污人员、服装、车辆、装备清洗消毒，按洗消流程操作。本次演练从险情发生到所有救援行动完成，用时30分钟。

演练一大亮点是，“绿军装”与“白大衣”的密切配合。为实现生命救援前移，东方医院国家级紧急医学救援队将三辆国际先进的手术车、重伤员转运车、轻伤员转运车开到废墟现场与武警战士实现“零距离”对接。

五、效果与问题

本次演练是上海市首次进行的三方联合救援演练，突出了统一指挥、准确判断、灵活指挥、多方协同的演练重点，为日后针对城市安全救援继续展开多方联合救援演练奠定了基础。

参考资料

1. 新浪网：上海首次举行三方联合地震紧急

救援联合演练，见 http://news.sina.com.cn/c/2015-11-16/doc-ifxkrwks4028142.shtml。

2. 新华网：2015 上海地震紧急救援联合演练举行 高楼和地铁救援纳入研究课题，见 http://news.xinhuanet.com/local/2015-11/17/c_128435088.htm。

江北区危险化学品集中区域联动应急演练

一、演练名称

江北区危险化学品集中区域联动应急演练。

二、主办单位

江北区安监局、江北区公安消防支队、江北区环保局等。

三、时间、地点与目的

2015 年 11 月 19 日，江北区在唐家沱片区六大油库集中区域成功举行了应急救援联动演练，模拟大班油库油罐着火组织救援。

四、演练内容

2015 年 11 月 19 日 10 时，大班油库中控室接到 1 号罐罐顶着火的报警，中控室立即通知全体人员注意，启动火灾应急预案，停止所有作业。大班油库各部门分头行动，应急处置组火速行动：喷淋降温、启动消防泵、准备灭火；通讯组向各单位报告事故情况并请求支援；警戒保卫组停止发油，疏散发油车辆以及非油库人员撤离，并关闭 1 号门，做好进入罐区通道警戒。公安部门相继管制周边交通，非救援车辆不得通行，确保救援车辆畅通，后勤保障组运送应急器材，做好总攻准备。区安监局带领专家对现场进行勘察、分析，认为事故在可控范围内，采取现有救援措施能够有效处置。区公安消防支队按照预案规定的位置从六个油库不同角度高位高压喷水对 1 号事故罐进行灭火强攻。10 分钟后大火终于被扑灭，应急处置组立即进行停泵，暂停灭火操作，迅速进行油气浓度探测，环境监测、抢修、检验、清理现场等应急救援工作。在这期间，医疗救护在指定位置时刻准备抢救伤员。

五、效果与问题

演练检验了应急救援预案的可操作性，增强了职工的应急处置能力和自救能力，使职工熟练掌握了应急救援工作职责、处置步骤、救援措施。

参考资料

1. 重庆市安监局：江北区开展危险化学品集中区域联动应急演练，见 http://jaj.cq.gov.cn/html/2015-11-20/ff808081512308ceo151263bb56d009d.html。

天津国家示范性食品安全突发事件应急演练

一、演练名称

天津国家示范性食品安全突发事件应急演练。

二、主办单位

国家食品药品监督管理总局、天津市人民政府主办，天津市市场和质量监督管理委员会、天津市河东区政府承办。

三、时间、地点与目的

11 月 19 日，天津“国家示范性食品安全突发事件（Ⅲ级）应急演练”在天津市河东区举行，参演的各个部门接受了应急突发事件的考验。

四、演练内容

演练采用视频录像和现场实战演练相结合的方式进行，以某大型展会上发生百人以上群体性食物中毒突发事件为主线，设置事件发生与接报、先期调查与报告、应急响应与处置、响应终止与善后、事件总结与评估五个科目，分层次、逐科目、全流程模拟演练食品安全突发事件接报、响应、处置、终止、善后处置全过程。

演练模拟某大型展会工作人员食用大虾后，陆续出现恶心、呕吐、腹痛、腹泻等症状，应急事件发生后，现场人员迅速拨打 120，向相关部门汇报情况，天津市河东区政府、区市场监管局和区卫生局等部门快速展开相关工作。市场监管部门调看展会工作人员近期的工作餐食谱、各种食材的进货台账，对封存的食品留样进行现场快速检测。发现问题食材北极虾后，封存物品，并对供货单位展开调查，核实情况后对该问题批次的北极虾进行召回等处理。卫生部门对相关食材和有症状者的呕吐物进行检测。在应急处置指挥部统一指挥下，医疗救治组、事件调查组、危害控制组、新闻宣传组、维护稳定组也立即开展了应急救援处置。

五、效果与问题

本次演练为今后天津市各相关部门有效应对

在食品安全监管中遇到的突发问题、有效控制事态发展、妥善化解矛盾纠纷、维护社会和谐稳定，提供了有益的借鉴和参考。

参考资料

1. 新华网：天津举行国家示范性食品安全突发事件应急演练，见 http://news.xinhuanet.com/politics/ 2015-11/19/c_128446804.htm。

2. 东方网：天津市举办食品安全应急演练，见 http://news.eastday.com/eastday/13news/auto/news/china/u7ai4921958.html。

3. 天津网：天津举办食品安全突发事件应急演练，见 http://www.tianjinwe.com/tianjin/jsbb/201511/t20151119_919702.html。

江苏扬州市 2015 渔业水上搜救应急演习

一、演练名称

江苏扬州市 2015 渔业水上搜救应急演习。

二、主办单位

江苏省扬州市农业委员会主办，长江航运公安局南京分局、南京海事局、扬州海事局协办。

三、时间、地点与目的

11 月 19 日，江苏省扬州市在长江仪征水域开展了渔业水上搜救应急演习，旨在切实完善渔业安全生产应急处置措施，增强渔业管理队伍与公安、海事等各种救援力量联合作战的应变能力，提高渔业生产人员自防、自救、互救的能力，检验和完善应急预案的科学性、实用性和操作性，最大限度地提升渔业行政主管机关在水上搜救中的职能作用，预防和减少渔业从业人员生命财产的损失。

四、演练内容

演练模拟一艘正在长江进行捕捞作业渔船的柴油机突然发生飞车，进而引发失火。作业渔民立即向扬州市渔政支队报警。渔政支队接报后，通过渔船 GPS 定位系统确定遇险渔船所在水域位置，并指挥事发水域的仪征渔政大队出动渔政执法艇赶赴现场。同时，向南京海事局仪征海事处通报险情，请求海事艇出动救助。因火势较大未能扑灭，事故渔船渔民被迫跳水逃生。扬州市渔政支队接到险情突变火情的报告后，立即向长江航运公安局南京分局水上消防支队报警；同时向仪征市 120 救护中心报警，请求 120 救护车赶赴南京港股份有限公司码头协助救助受伤渔民。

接到命令的中国渔政船迅速赶到现场，对落水渔民进行救助，并使用本船消防水枪向失火渔船展开灭火。同时，通知长江航运公安局南京分局水上消防支队的 1 艘消防艇参与灭火。仪征渔政监督执法大队将落水渔民救起，并送到在南京港股份有限公司码头等候的 120 急救车转送医院救治。在中国渔政的配合下，2 艘灭火船艇对灾船使用水炮和水枪展开灭火。经过共同配合作战，一举扑灭渔船大火。整个演练过程紧张有序，模拟抢险处置迅速及时、措施得力、科学得当，取得了圆满成功。

五、效果与问题

本次演练是扬州市渔政第一次举办渔业水上搜救应急演练，通过渔船自救互救、渔政救援和公安、海事协助救援的现场演示，使各参演单位进一步熟悉和掌握了应急救援知识、救助程序、救援方法，增强了预案在具体实施过程中的可行性、可靠性，为应对突发事件积累了宝贵的实战经验。

参考资料

1. 中国应急产业网：江苏扬州市开展 2015 渔业水上搜救应急演习，见 http://www.yingji.cn/news/201512/387.html。

2. 苏中在线：江苏扬州市渔业水上搜救应急演习在长江仪征水域举行，见 http://news.szzaix.com/newsshow- 6533.html。

宁夏南部地区电力应急联合实战演练

一、演练名称

宁夏南部地区电力应急联合实战演练。

二、主办单位

国家电网宁夏电力公司。

三、时间、地点与目的

宁夏南部地区电力应急联合实战演练 2015 年 11 月 20 日在固原市举行并获得成功，此次演练模拟在西吉县发生 5.7 级地震，供电设施损坏严重的突发情况下的应急救援抢通供电。本次演练是对宁夏南部区域电网应对极端自然灾害时快速响应和有效处置能力的一次综合性检验。

四、演练内容

演练模拟西吉县发生 5.7 级地震，供电设施损坏严重、大型工程机械无法充分发挥作用的突发情况。演练课目包含 110kV 架空线路抢修塔组立、导线连接紧线演练、主变压器就位、110kV 断路器间隔设备安装演练等。

五、效果与问题

演练有效检验了宁夏南部区域电网之间应急联动、共同应对突发事件的能力，达到了磨合机制、锻炼队伍、提高协同应对能力的目的，也体现了区域协调联动机制的重要性。

参考资料

1. 中国经济网：宁夏南部地区电力应急联合实战演练获得成功，见 http://district.ce.cn/newarea/roll/201511/21/t20151121_7080180.shtml。

2. 中国电力新闻网：宁夏电力举行南部区域电网应急实战演练，见 http://www.cpnn.com.cn/dw/201511/t20151124_ 856711.html。

辽宁渔业船舶水上安全突发事件应急演练

一、演练名称

辽宁渔业船舶水上安全突发事件应急演练。

二、主办单位

辽宁省海洋与渔业厅、盘锦市海洋与渔业局。

三、时间、地点与目的

认真检验本省渔业船舶水上安全突发事件应急预案的科学性、实用性、可行性，切实提高渔业船舶水上安全突发事件应急处置能力和海难救助协作水平，最大限度地减少突发事件造成的人员伤亡和财产损失，保障渔民的生命财产安全，2015 年 11 月 20 日，辽宁省渔业船舶水上安全突发事件应急演练在盘锦市三道沟渔港举行。

四、演练内容

演练现场模拟一艘渔船在海上遇险、船员被困的情境，依次展开遇险报警求救、指挥调度、遇险船舶施救、遇险人员救助、救生艇筏操作、救生信号释放、消防演练等 7 个演练环节，活动持续一个半小时。

五、效果与问题

通过演练，大家了解了本省渔业安全生产应急体系建设情况，检阅了渔业海上救助队伍的应急效率和协作水平，观摩了以自救为基础、以互救为补充、以渔政船营救为保障的三重渔业海难救助体系应急演练。

参考资料

1. 和讯网：2015 辽宁省渔业船舶水上安全突发事件应急演练在盘锦三道沟渔港举行，见 http://news.hexun.com/2015-11-30/180888845.html。

2. 中国网：辽宁举行渔业船舶水上安全突发事件应急演练，见 http://www.china.com.cn/haiyang/2015- 11/29/content_37189476.htm。

江西宜春电梯突发事件应急救援演练

一、演练名称

江西宜春电梯突发事件应急救援演练。

二、主办单位

江西宜春质量技术监督局。

三、时间、地点与目的

2015 年 11 月 23 日，江西宜春市质监局会同宜春市特种设备监督检验中心、江西莱茵电梯有限公司等 6 家电梯安装维保资质企业，在宜春妇幼保健院（新院）暨儿童医院开展了电梯突发事故应急救援演练，旨在提高维保单位的应急处置能力。

四、演练内容

2015 年 11 月 23 日 3 时，5 人模拟的“乘客”在乘坐电梯上 12 楼时，电梯行至三四楼之间突然发生故障停止运行，被困人员立即紧急呼救，电梯维保单位随即启动特种设备应急救援预案，迅速组织救援小组赶赴现场并顺利救出被困人员，整个演练过程持续了 30 分钟。

五、效果与问题

演练提高了维保单位电梯故障应急处置和救援能力，强化了乘客安全意识，确保了电梯安全有效运行。

参考资料

1. 中国质量新闻网：江西宜春开展应急演练强化安全意识，见 http://www.cqn.com.cn/news/zgzlb/disan/1098098.html。

2. 中国财经：宜春开展应急演练强化

安全意识，见 http://finance.china.com.cn/consume/20151123/3457934.shtml。

北海市城市供气安全事故应急预案演练

一、演练名称

北海市城市供气安全事故应急预案演练。

二、主办单位

北海市城市管理局。

三、时间、地点与目的

2015 年 11 月 27 日上午，北海市城市管理局联合管道燃气、交警、消防、环保、质监等部门共同在云南路水产市场组织北海市城市供气安全事故应急预案演练活动。

四、演练内容

演练模拟内容为云南路水产市场南侧，地下中压天然气管道在运行过程中因开裂破损造成燃气严重泄漏并发生爆燃导致人员受伤，附近居民生命、财产受到较大威胁。管道燃气公司接警后，迅速启动应急处置预案。抢险人员同消防、医疗、交警等各支应急抢险队伍等在接到现场抢险总指挥发出的命令后立即出动，迅速赶赴事发地点，按照预案展开救援行动。交警现场对事发地周围进行封锁和警戒，并设置隔离带，禁止任何车辆和人员进入。参与演练的人员联合街道办对居民楼内的居民实施紧急模拟疏散，并对污染楼宇进行有效搜救、逐户排查，确保泄漏燃气降到安全范围时撤销警戒，撤离现场。

五、效果与问题

演练提高了北海市城市供气突发事故的应急救援和处置能力，保证了燃气的稳定和安全供应，保护了人民生命财产安全，锻炼了北海市环境监测人员应对突发环境污染事故的应急监测能力。

参考资料

1. 广西壮族自治区应急办：北海市开展 2015 年城市供气安全事故应急预案演练，见 http://emo.gxzf.gov.cn/yjyl/qn/201512/t20151207_480640.htm。

2. 北海市人民政府网：北海市环境监测中心站参加城市供气安全突发事故应急演练，见 http://www.beihai.gov.cn/3123/2015_12_7/3123_476648_1449480894688.htm。

青海省全省事故灾难指挥部危险化学品事故桌面演练

一、演练名称

青海省全省事故灾难指挥部危险化学品事故桌面演练。

二、主办单位

青海省安全监管局。

三、时间、地点与目的

2015 年 11 月 27 日，由省安全监管局主办，省委党校应急管理培训中心承办的全省事故灾难指挥部危险化学品事故桌面演练在省委党校举行，省事故灾难指挥部的 24 家成员单位共 52 人参与演练。此次桌面演练旨在加强全省安全生产应急管理工作，提高应急处置能力，强化应急指挥调度系统，检验各单位应急预案和应对突发事件的快速反应能力、组织协调能力和应急处置能力，科学、高效、有序地实施应急救援工作，最大限度地减少人员伤亡和财产损失，维护经济社会发展及和谐稳定。

四、演练内容

当日演练的假定场景为：11 月 27 日 15 时，某州某县一公路隧道内离南口 410m 处，1 辆载有 30 吨液体苯的槽车因右前轮爆胎撞向隧道右侧壁，车辆损坏并阻断行车道路。后续驶来 1 辆旅游客车（核载 37、实载 37 人），由于隧道视线较差，刹车不及时，与已侧翻的液体苯槽车相撞，造成苯泄漏和较大人员伤亡。因客车碰撞造成线路短路起火，引爆已泄漏的苯，造成 6 人死亡、4 人重伤、33 人轻伤，5 辆车严重损坏。隧道南口下风方向有一村庄（28 户）和一重要水源地，有毒有害气体正在蔓延。过境客车、私家车、货车等继续驶往事故现场。演练现场共设总指挥部、抢险救援组、善后处理组、新闻报道组、医疗救护组、环境处置组、治安保卫组等 7 个部门，多部门在演练中相互协调、互相配合，使得桌面演练圆满结束。

五、效果与问题

为了提高演练效果，还专门利用一天时间对参演人员采取了“头脑风暴”法等方式，让他们站在事故受伤人员、事故现场和各部门角度，畅所欲言，讨论可能受到的人员伤害、财产损失、环境危害等，提出各部门的对策措施，进一步补充完善演练脚本，提高演练效果。

参考资料

1. 青海新闻网：青海省举行危险化学品事故桌面演练，见 http://www.qhnews.com/newscenter/system/2015/11/ 27/011875009.shtml。

2. 青海省人民政府：青海省举行危险化学品事故桌面演练，见 http://www.qh.gov.cn/zwgk/system/2015/12/05/ 010191350.shtml。

天津市和平区反恐应急综合演练

一、演练名称

天津市和平区反恐应急综合演练。

二、主办单位

天津市公安局。

三、时间、地点与目的

11 月 27 日，“天津市和平区反恐应急综合演练”在天津恒隆广场举行。

四、演练内容

演练模拟犯罪分子驾车冲进恒隆广场，并引燃爆炸物，发生火情和人员被困。接到报警后，和平区政府迅速启动应急预案，武警、公安、消防、医疗、燃气、供水等相关部门迅速到达现场。公安特警对“歹徒”实施抓捕，并将其驾驶的车辆驶离人群。消防官兵现场破拆，解救被困人员，控制火势；医护人员对消防队员救出的伤员进行紧急处置，并用急救车辆将伤员载回医院抢救；燃气工人对被破坏的燃气管道进行紧急处置；电力抢修人员接到抢险任务后快速响应，针对现场情况利用移动发电机，现场敷设电力线路，以最快的速度和熟练的技术恢复照明和供电。

五、效果与问题

本次演练提高了天津市面对突发事件时的处理能力，进一步强化了天津城市反恐应急处理能力，保障了城市安全。

参考资料

1. 新华网：天津市和平区举行反恐应急综合演练，见 http://www.tj.xinhuanet.com/xhvision/2015-11/29/c_ 1117291505_7.htm。

2. 新华网：国网天津城南公司参加和平区综合应急演练，见 http://www.tj.xinhuanet.com/xhvision/ 2015-12/03/c_1117344138.htm 。

3. 天津网：和平区：反恐应急综合演练开展 多部门参加演练，见 http://www.tianjinwe.com/tianjin/tjqx/ 201511/t20151128_923163.html。

2015 浙江省公路突发事件应急演练

一、演练名称

2015 浙江省公路突发事件应急演练。

二、主办单位

浙江省交通运输厅、台州市人民政府和省交通集团联合主办，台州市交通运输局、高速交警台州支队、台州甬台温高速公路有限公司等联合承办。

三、时间、地点与目的

11 月 27 日上午，2015 年浙江省公路突发事件应急演练在台金高速苍岭隧道举行，旨在进一步提高公路突发事件应急救援能力。

四、演练内容

演练模拟受台风暴雨持续影响，台金高速特长隧道群的苍岭隧道台州段隧道口边坡出现较大塌方，一辆货车因避险追尾前方客车，客车上司乘人员受伤，货车装载物起火，严重威胁隧道设施安全。台州市高速公路应急救援中心接报后，立即通报 110 联动指挥中心、市公路局、高速公路经营公司，并请求仙居县消防、卫生部门救援。各接报单位分别迅速上报省公路网管理与应急处置中心、省高速公路交警和省交通集团。接报后，台州市政府决定启动《台州市高速公路突发事件应急预案》Ⅲ级应急响应，成立市、县两级应急救援指挥部，指挥各有关单位开展应急救援。经各方全力奋战，着火车辆火势得到及时控制并被扑灭，伤员经临时救治后送往就近医院，台金高速公路双向抢通。随后，公路技术专家对隧道和边坡开展安全评估，高速交警和高速路政对现场进行勘查、取证和定损。最后，高速公路恢复通行。

五、效果与问题

演练充分发挥“智慧高速”平台作为处置高速公路突发事件应急指挥中心的作用，以现场实战、协同作战、远程指挥、智慧协同相结合的形式，为高速公路安全管理、复杂条件下人员救援、火灾扑灭、交通勘察等积累了实战联动经验。

参考资料

1. 中国台州网：全省公路突发事件应急演练在台州举行，见 http://www.taizhou.com.cn/news/2015-11/28/content_2591546.htm。

2. 浙江在线：2015 年浙江省公路突发事件应急演练在我区举行，见 http://site.zjol.com.cn/hynews/system/2015/12/01/019971913.shtml。

2015 北京业余无线电应急通信演练

一、演练名称

2015 北京业余无线电应急通信演练。

二、主办单位

北京市无线电管理局主办、北京无线电协会承办、北京阳光宇通科技发展有限公司协办。

三、时间、地点与目的

11 月 28 日上午，“2015 北京业余无线电应急通信演练”在昌平区蟒山国家森林公园举行，旨在加强无线电爱好者间的交流，扩大业余无线电通信活动的社会影响，普及对自然灾害和突发事件的紧急状况防范意识，宣传业余无线电为社会奉献服务的精神与作用。

四、演练内容

演练开展了无线电知识技能演示、应急通讯演练、模拟搜救演练、应急救援展示及无线电器材展示等一系列活动。演练包含六个项目的比赛：1. 应急通讯快速架设竞技项目。以小组形式参加竞技，快速架设帐篷营地、天线及电台设备，以规定时间内按规定完成先后为计分标准。2. 短波抓抄竞技项目。利用架设好的营地设备为基础，参赛队员通过操作电台抓超短波信号，分为 SSB 和 CW。以准确率为计分标准。3. 对讲机通讯竞技项目。参赛团队小组队员拆分成 2×2 以对讲机口述方式交换信息完成双方报底内容，在规定时间内完成，以准确率为计分标准。4. 应急通讯模拟搜救竞技项目。营地内小组收到求救信号，利用 GPS 经纬度坐标进行登山搜救，中途通过对讲机进行通讯判断求救伤者位置进行救援。搜寻到伤者后队员分工，拍照通过无线电方式回传现场情况图片，其他队员进行简单包扎后将伤者运往山下。最终以通过无线电回传现场照片时间为计分标准。5. 搜索定位及定向覆盖压制信号源。场地范围内分组队员模拟“黑台”通讯，采用你追我跑的方式跳频发射，监测站队员通过专业设备进行方向定位及覆盖压制信号源。模拟非法者使用无线电设备传播违法信息。6.120 专业紧急救援医疗展示项目。由专业医护人员及应急救援队现场展示救援常识，指导现场观众包扎、急救等普及知识。演练及竞赛结束后举行了颁奖仪式。

五、效果与问题

本次演练不仅更好地向社会宣传业余无线电在突发事件及抢险救灾中的应用，提高北京市各级应急通信组织的装备和技术水平，同时深入宣传贯彻无线电管理法规，引导北京市业余无线电运动向健康、有序、规范的方向发展。

参考资料

1. 中国集群通信网：2015 北京业余无线电应急通信演练活动，见 http://www.pttcn.net/a/zixun/guona/2015/1125/ 23709.html。

2. 志愿北京：2015 北京业余无线电应急通信演练赛赛事保障，见 http://www.bv2008.cn/app/opp/view.php?id=233006。

3. 北京市经信委：2015 北京业余无线电应急通信演练简报，见 http://www.bjeit.gov.cn/zwgk/yjgl/90762.htm。

青海省地震局联合地震应急演练

一、演练名称

青海省地震局联合地震应急演练。

二、主办单位

青海省地震局。

三、时间、地点与目的

2015 年 12 月 2 日，青海省地震局联合中国电信青海分公司、海东市地震局和互助县地震局在海东市互助县开展联合地震应急演练。

四、演练内容

本次演练模拟北京时间 2015 年 12 月 2 日 9 时 5 分在海东互助发生 6.0 级地震。收到地震短信后，应急人员立即到岗，局应急指挥部召开会议安排部署相关工作，宣布启动Ⅱ级响应并派出现场工作队赴震区开展工作。地震现场工作队员于11时10分抵达地震现场。省地震局与中国电信青海分公司、海东市地震局和互助县地震局成立联合现场指挥部和临时党支部。11时30分召开现场指挥部第一次会议，指挥长安排部署地震现场工作，成立了秘书与协调组、震情监测组、通讯保障组、科考及灾情调查组、后勤保障组五个组开展工作。各小组按照工作流程迅速开展工作。15时召开现场指挥部第二次会议，通过中国电信青海分公司的通信保障车，实现前、后方指挥部视频通话，现场各个工作组对各小组一天的工作情况进行了汇报，后方总指挥对现场工作进行了部署。

五、效果与问题

通过此次演练，一是让大家真切地感受了地震现场工作，熟悉了各自的分工和工作流程，加强了相互间的配合；二是检验了省地震局与市、县地震局之间的联动响应机制；三是通过和中国电信青海分公司的联合，解决了现场通信保障的问题。整个演练真实紧凑，达到了预期的演练效果。

参考资料

1. 搜狐网：青海省地震局开展联合地震应急演练，见 http://roll.sohu.com/20151207/n430100889.shtml。

2. 中国地震局：青海省地震局开展联合地震应急演练，见 http://www.cea.gov.cn/publish/dizhenj/984/100060/20151207164335694378837/。

陕西省2015年网络安全事件应急演练

一、演练名称

陕西省2015年网络安全事件应急演练。

二、主办单位

陕西省互联网信息办公室。

三、时间、地点与目的

2015年12月2日上午，陕西省委网信办在省信息化大厦举办了2015年网络安全事件应急演练。

四、演练内容

在演练环节中，共设置外网接入设备故障、门户网站被篡改、同城业务容灾和市电供电故障四个应急演练方案，模拟了信息化条件下各部门各单位系统可能遭遇到的常见的突发网络安全事件。

五、效果与问题

应急演练，提高了重要系统抗攻击能力和应急水平，提高了各级各单位协同作战能力，锻炼了队伍，完善了应急处置流程，提升了运维人员的整体安全防护水平，为全省网络安全工作开展奠定了坚实基础。

参考资料

1. 陕西传媒网：陕西省委网信办举行网络安全事件应急演练，见 http://www.sxdaily.com.cn/n/2015/1202/c145-5768291-3.html。

2. 网易网：陕西省委网信办举办2015年网络安全事件应急演练（组图），见 http://news.163.com/15/1202/14/B9R9SJC900014AEE.html。

北海市危险废物突发环境污染事件应急演练

一、演练名称

北海市危险废物突发环境污染事件应急演练。

二、主办单位

北海市环境保护局。

三、时间、地点与目的

2015年12月9日，北海市环境保护局联合北海市环境监察支队、北海市一县三区环保部门、合浦县星岛湖乡政府、北海市辐射环境与固体废物管理站、广西诺思贝新能源股份有限公司等在广西诺思贝新能源股份有限公司开展2015年危险废物突发环境事件应急演练。

四、演练内容

演练以模拟广西诺思贝新能源股份有限公司自动控制系统出现故障，导致贮存废油污水的10#油罐，约有50吨废油水存在失控泄漏危险进行开展。

演练共有四个部分，一是在事故发生后，广西诺思贝新能源股份有限公司开展前期处置工作，并立即向合浦县环保局报告，请求支援。

二是合浦县环保局经过核实和初步调查后，启动合浦县环境突发事件应急预案，组织现场监察、监测小组立即赶赴事故现场进入各工作区开展应急处置工作，并立即报告北海市环保局，请求支援。

三是北海市环保局应急人员赶赴现场开展事件应急处置工作，成立现场应急指挥部，组织现场监察组、现场监测组及现场处置组按要求开展应急措施；经过一段时间的应急处置，各工作组取得了阶段性进展，事件得到有效控制，外泄废油污水全部进入厂区应急池后泵入污水处理设施进行处理，未造成环境污染，各小组组长依次向现场指挥部报告应急处理工作进度。

四是应急响应终止，现场监察组、监测组、处置组根据现场情况，提出终止应急响应建议，经现场指挥部商讨后同意终止响应，解除预警，演练结束。

五、效果与问题

演练提高了北海市应对突发环境事件的综合处理能力，检验了市县两级环境保护部门和涉危险废物企业突发环境事件应急预案的适用性和可操作性。

参考资料

1. 广西壮族自治区应急办：北海市开展2015年危险废物突发环境污染事件应急演练，见http://emo.gxzf.gov.cn/yjyl/qn/201512/t20151222_481265.htm。

青岛市2015年度食品安全突发事件应急演练

一、演练名称

青岛市2015年度食品安全突发事件应急演练。

二、主办单位

青岛市食品药品监督管理局。

三、时间、地点与目的

12月11日，青岛市食品药品监督管理局在城阳区举办了2015年度食品安全突发事件应急演练，旨在全面检验青岛市食品安全突发事件应急处置能力，锻炼食品安全监管部门应急处置能力和队伍实战水平，有效预防、及时控制和消除突发食品安全事件及其危害，指导和规范各类食品安全事件的应急处理工作。

四、演练内容

演练模拟11月20日中午城阳区4名群众食用了在农贸市场购买的西瓜，出现呕吐、腹泻等症状。城阳区食品药品监管局迅速启动应急预案，立即开展人员救治、信息报告、事故调查处置、环节追溯、新闻媒体应对、群众维稳和信息发布等工作。演练采用现场演练与实景回放、远程在线指挥与现场同步协调相结合的方式进行，突出临场实战效果。

经分析论证，应急指挥部认为事故原因已调查清楚，相关危害因素已消除，宣布应急响应结束。演练共用时40余分钟，整个过程调度有序、简洁紧凑，各组队员业务娴熟、处置得当，达到了预期目的。

五、效果与问题

该演练使全市食品安全监管部门应急处置能力和队伍实战水平进一步提升，为积极有效应对突发事件奠定了良好基础。参演各部门在日后要增强做好食品安全监管工作的责任感、紧迫感，强化技能培训和业务培训，组建一支应急处置队伍，不断完善应急响应体系和工作机制。

参考资料

1. 山东卫生新闻网：青岛市举办2015年度食品安全突发事件应急演练，见http://www.sdwsnews.com.cn/a/weishengjiandu/shipinjiandu/2015/1223/23158.html。

2. 中国山东网：青岛举办2015年食品安全突发事件应急演练，见http://qingdao.sdchina.com/show/3628599.html。

上海市松江区药品安全应急演练

一、演练名称

上海市松江区药品安全应急演练。

二、主办单位

上海市松江区市场监管局。

三、时间、地点与目的

12月15日，松江区市场监管局组织40名药品条线监管人员开展药品安全突发事件应急演练。

四、演练内容

演练以现场推演的形式展开，由药品条线监管人员组成应急演练队伍，分组开展应急处置。

演练模拟11名儿童因腹痛、腹泻、恶心、呕吐、皮疹等消化道症状，在泗泾镇社区卫生服务中心儿科就诊。松江区市场监管局接报后，立即向市局和区政府汇报，同时成立药品安全突发事件专项应急指挥部。按照《上海市松江区市场监督管理局药品化妆品安全突发事件应急处置规程》，松江区市场监管局启动了Ⅳ级应急响应程序，并成立综合协调组、事件调查组和危害控制组三个工作小组，分工开展调查处置工作。经过事故发生和响应、事件调查和危害控制、终止响应和善后处理等三个环节的应急处置，此次药品安全突发事件得到有效控制，各组以讨论汇报的形式对各环节处置措施进行了演练。同时，现场还围绕药品安全突发事件分级、应急队伍组织架构、主要职责和处置程序等内容，对该局药品安全应急处置规程进行了培训。

五、效果与问题

本次演练是松江区市场监管局组建成立以来开展的首次药品安全突发事件应急演练，通过对事件定级、人员分组、紧急查控、信息汇报等多个方面的模拟，进一步提高了药品监管队伍的风险防控意识和应急处置能力。

参考资料

1. 东方网：松江区开展药品安全应急演练，见 http://shzw.eastday.com/shzw/G/20151216/u1ai9142325.html。

2. 上海市监察局：松江区开展药品安全应急演练，见 http://jcw.eastday.com/shjs/node6/node31/u1ai91449.html。

石柱县防抢、防暴应急演练

一、演练名称

石柱县防抢、防暴应急演练。

二、主办单位

石柱县公安局。

三、时间、地点与目的

2015年12月16日，石柱县公安局联合重庆银行石柱分行开展防抢、防暴处置演练，旨在提高针对金融网点内发生的抢劫、暴力案件的处置水平和能力。

四、演练内容

2015年12月16日下午5时，两名“歹徒”在银行准备点钞下班时进入银行网点，其中一名歹徒直奔1号柜台佯装办理业务，另一名歹徒向大堂经理询问办理业务的相关问题。突然，向大堂经理询问业务的歹徒持枪劫持大堂经理，另一名歹徒要求柜台内的工作人员把钱交出来。面对突发情况，银行工作人员沉着应对，快速、妥善转移钱款，一名营业员与歹徒巧妙的言语周旋并稳住歹徒的情绪，另外一名营业员寻找最佳时机报警。接警后，石柱特警三人快反小组处置警员在第一时间赶到案发现场，特警队员按照应急方案由带队组长首先向歹徒喊话，另外两名特警持枪警戒，从而给歹徒以强大的武力威慑。两名歹徒在特警强大的武力震慑下其心理防线被攻破，主动投降。

五、效果与问题

演练进一步增强了金融网点与公安机关联合处置突发性事件的能力。

参考资料

1. 巴蜀在线：石柱特警联合重庆银行开展防抢、防暴应急演练，见 http://www.bazhongol.com/money/bank/20151224/54041.htm。

2. 华龙网：石柱特警联合重庆银行开展防抢、防暴应急演练（图），见 http://cq.cqnews.net/cqqx/html/2015-12/21/content_36031254.htm#SOHUCS。

国航西藏航空器模拟应急演练

一、演练名称

国航西藏航空器模拟应急演练。

二、主办单位

中国国际航空公司西藏分公司。

三、时间、地点与目的

为贯彻“安全第一、预防为主、综合治理”方针，提高突发应急事件处置能力，国航西藏分公司于2015年12月17日进行了一次“飞机冲出跑道处置程序”的航空器桌面模拟应急演练。

四、演练内容

此次应急演练以飞机在拉萨机场接地点过远导致前轮冲出跑道为背景。西藏分公司各部门按照应急预案和演练计划，在应急总指挥吴江涛副总经理的统一领导和组织下，协调合作、积极配合，分步有序地做好了各项工作，圆满完成了应急处置任务。演练结束后，分公司各部门对演练过程开展了讨论，总结经验和不足，各自提出了建议和意见。分公司领导对演练效果进行了讲评，对处置过程中可能还会出现的其他情况进行了提醒，并对应急预案下一步的修改工作提出了要求。

五、效果与问题

演练西藏分公司各单位熟悉了相关应急流程，对进一步巩固与提升分公司危机处置意识，增强应急处置能力，更加高效地应对和处置突发事件具有积极意义。

参考资料

1. 国航西藏开展航空器模拟应急演练，见 http://www.bjcaac.com/gl/62192.html。

2. 民航资源网：国航西藏分公司开展航空器模拟应急演练（图），见 http://news.carnoc.com/list/303/303186.html。

天水公路管理局战备钢架桥应急演练

一、演练名称

天水公路管理局战备钢架桥应急演练。

二、主办单位

天水公路管理局。

三、时间、地点与目的

为加强交通战备储备器材管理，提高交通战备工作水平和抗灾保通能力，打造高素质、专业化应急救援队伍，2015 年 12 月 15 日，天水公路管理局应急抢险保障中心在 G306 国防交通物资储备仓库院内，开展了战备 200 型钢架桥应急架设演练。

四、演练内容

此次演练是模拟 12 月 15 日 8 时 30 分，因天水地区突发地震灾害，导致天水公路管理局管养路段 S208 线 14km+149m 处桥梁损坏，交通严重受阻，致使当地灾民无法转移，救灾物资无法运送，急需架桥保通。8 时 40 分，天水公路管理局在接到灾情报告后，立即发出Ⅳ级应急响应，启动地震专项应急预案。8 时 45 分该局应急抢险保障中心接到通知后，立即召开抢险动员大会，组织专业技术人员紧急赶赴受灾现场，会同当地政府相关部门经过现场勘查后向指挥部详细汇报了灾情，指挥部经报请省交战办批准，调用战备 200 型钢架桥到灾区救灾。13 时 30 分，43 名应急抢险队员们分成桁架组、横梁组、桥面组、加强弦杆组、连接组、通讯组和后勤保障 7 个组分别带着救援设备赶到受灾现场，随着指挥员一声令下，应急抢险队员们沉着冷静、有条不紊、技术熟练、配合默契地开始钢桥架设工作。经过队员们 3 个小时的艰苦努力，一座主跨径 13m 双排单层加强型战备 200 型装配式公路钢架桥顺利架设完毕。

五、效果与问题

此次钢桥应急演练，进一步加强了天水公路管理局交通战备及专业保障队伍的建设，提高了全方位、全天候应对公路灾害和突发事件应急救援保畅通的能力，为甘肃交通战备及专业化应急保障队伍建设奠定了良好的基础。

参考资料

1. 中国甘肃网：天水公路管理局应急抢险保障中心组织开展战备钢架桥应急演练（图），见 http://gansu.gscn.com.cn/system/2015/12/16/011209576.shtml。

2. 一点资讯：天水公路管理局应急抢险保障中心组织开展战备钢架桥应急演练，见 http://www.yidianzixun.com/n/0BgqaJwF。

河北省突发环境事件应急演练

一、演练名称

河北省突发环境事件应急演练。

二、主办单位

河北省环保厅。

三、时间、地点与目的

12 月 18 日下午，河北省突发环境事件应急演练在邢台县旭阳集团举行，旨在进一步防范突发环境事件的发生，检验《突发环境事件应急预案》的科学性和实用性，提升政府相关部门协同配合作战能力，锻炼应急救援队伍。

四、演练内容

演练模拟中煤旭阳纯苯储罐纯苯大量泄漏着火，因操作失误导致事故废水流入白马河，发生环境污染。事故发生后，公司立即启动企业《突发环境事件应急预案》开展自救并逐级上报，邢台县环保、公安、交警、消防、卫生、水务、供电等有关部门按照《邢台县突发环境事件应急预案》要求，迅速到达事故现场，按照职责分工开展应急救援，邢台市环境监测、监察人员也快速到达事故现场，协助邢台县开展应急救援。事件处置工作中，政府各部门和企业之间协调联动和快速反映，为防范水污染事件赢得了宝贵时间。经多部门有效联动，事故得到控制，应急处置圆满结束。

五、效果与问题

本次演练充分展示了邢台县政府的应急救援风采，全面提高了各应急队伍应对突发环境污染事件的反应能力和处置能力，为成功应对突发环境应急事故抢险工作提供了经验。

参考资料

1. 河北省人民政府：省环保厅在邢台县旭阳集团举行突发环境事件应急演练，见 http://www.hebei.gov.cn/phone/11062175/11068868/13211669/index.html。

2. 搜狐网：河北省突发环境事件应急演练在邢台举行，见 http://mt.sohu.com/20151221/n432068639.shtml。

3. 新浪网：省突发环境事件应急演练在邢台举行，见 http://hebei.sina.com.cn/xt/focus/2015-12-21/ 10129194.html。

全国公路交通军地联合应急演练

一、演练名称

全国公路交通军地联合应急演练。

二、主办单位

交通运输部、武警交通部队与新疆维吾尔自治区政府。

三、时间、地点与目的

2015 年 12 月 20 日，着力于科学应对灾害，提高快速应急救援能力，突出警地联合、合力保通，全国公路交通军地联合应急演练在零下18℃的新疆塔城地区额敏县玛依塔斯风区举行。

四、演练内容

演练设定场景为玛依塔斯风区路段遭遇 9 级风吹雪，气温零下 32℃，公路能见度 10m 以内，且路面冰滑，发生多起车辆追尾事故，交通阻断，受困人员受伤。险情发生后，新疆交通运输厅立即启动风雪灾害抢险应急预案；警地 200 余名队员赶赴受灾路段进行紧急处置，交警对出险路段实施交通管制。塔城行署应急、民政、医疗卫生等部门迅速按照应急救援方案分步实施。

五、效果与问题

演练展示了快速救援的经验和做法，查找了在救援当中的不足，提升了军民融合有效处置的能力水平，为下一步完善预案、加强救援等发挥交通部队应有的作用方面提供了有力保障。

参考资料

1. 新疆维吾尔自治区人民政府网：塔城地区：交通运输部举行 2015 年度公路交通警地联合应急演练，见 http://www.xinjiang.gov.cn/zfjs/yjgl/2015/259697.htm。

2. 新华网：全国公路交通军地联合应急演练在新疆举行，见 http://news.xinhuanet.com/interview/2015- 12/21/c_1117529166.htm。

3. 新疆维吾尔自治区交通运输厅子站：交通运输部在新疆举办公路交通警地联合应急救援演练，见 http://www.zizhan.mot.gov.cn/st2010/xinjiang/xj_tupianbd/201512/t20151228_1966811.html。

陕西省西安市电梯应急救援演练

一、演练名称

陕西省西安市电梯应急救援演练。

二、主办单位

西安市人民政府。

三、时间、地点与目的

为配合电梯大会战工作的开展，提高电梯安全事件的应急响应和快速救援处置能力，2015 年 12 月 23 日，西安市在大明宫建材家居城三桥店举行了电梯应急救援演练。

四、演练内容

演练共两个科目，科目一为直梯轿厢困人应急救援；科目二为自动扶梯齿梳板夹人应急救援。

五、效果与问题

各成员单位和各应急救援队伍熟悉了电梯事故应急响应及处置工作流程，提高各应急成员单位联合处置能力，提升了应急救援队伍应急反应速度和应急操作技能水平，达到了提高电梯困人及扶梯夹人等电梯事故应急救援效率，缩短救援时间，有效防止和减少可能产生的人员伤害。演练检验了应急救援预案，提高了应急预案的科学性、实用性和可操作性。同时，宣传了电梯安全常识和电梯安全事件应急知识，提高了市民安全意识和自我防范能力。

参考资料

1. 新浪网：陕西省西安市举行电梯应急救援演练，见 http://finance.sina.com.cn/roll/2015-12-29/doc-ifxmykrf2598270.shtml。

2. 国家质检总局：陕西省西安市举行电梯应急救援演练，见 http://www.aqsiq.gov.cn/xxgk_13386/ywxx/tzsb/201512/ t20151229_457422.htm。

南宁市城市桥梁重大事故综合应急演练

一、演练名称

南宁市城市桥梁重大事故综合应急演练。

二、主办单位

南宁市城市管理局、南宁市大桥管理处、南宁市市政工程管理处。

三、时间、地点与目的

2015 年 12 月 23 日上午，南宁市在西乡塘区罗文大桥进行一次城市桥梁重大事故应急实战演练，模拟各种可能出现的情况来组织救援。

四、演练内容

2015 年 12 月 23 日 8 时 10 分，南宁市城市管理监督热线 12319 接到市民来电报告，罗文大桥北往南方向右车道第二条伸缩缝和第三条伸缩缝之间 2 块桥面板断裂，附近桥面出现较大裂缝，随时会发生桥面塌陷的可能，现场导致一辆轿车陷入，车内有人员受伤，附近桥面出现较大裂缝，形势十分紧急。

“发现险情，请立即支援！”接报市城市管理指挥中心接线员立即向市城市管理局、市大桥管理处、市政工程管理处通报了相关情况。市大桥管理处工作人员于 8 时 30 分在事故点设置了警示标志，并派人值守，引导过往行人、车辆避开事故点；市政工程管理处桥梁重大事故应急小组于 8 时 45 分到达现场，并按照《南宁市城市桥梁重大事故应急预案》的有关要求启动Ⅳ级事故响应，各成员单位按照各自职责开展现场应急抢险救援工作：抢救伤员，修补裂缝……半小时后，应急演练结束。

五、效果与问题

演练有效检验了南宁市城市桥梁重大事故应急预案，通过实战演练，查找了不足，完善了预案及准备，并有针对性地增强了相关救援单位之间的协调合作、快速处置能力，夯实了南宁市城市桥梁安全基础。

参考资料

1. 广西壮族自治区应急办：南宁市开展 2015 年城市桥梁重大事故综合应急演练，见 http://emo.gxzf.gov.cn/yjyl/qn/201512/t20151229_482334.htm。

2. 中国公路网：南宁市开展桥梁重大事故演练检验应急处置能力，见 http://www.chinahighway.com/news/ 2015/982541.php。

天津红桥区电梯应急救援演练

一、演练名称

天津红桥区电梯应急救援演练。

二、主办单位

天津市红桥区市场和质量监管局。

三、时间、地点与目的

12 月 24 日，天津市红桥区市场和质量监管局在天津红星美凯龙红桥店开展了特种设备事故综合应急预案演练，西子奥的斯电梯有限公司天津分公司联合实施，欧亚达、水游城等辖区内各大商场相关负责人观摩了此次模拟演练。

四、演练内容

演练于上午 10 时 45 分开始，主要演练电梯突发困人故障后，物业管理人员如何对被困人员进行安抚，维保人员如何进行轿厢平层施救。

演练模拟红星美凯龙商场后厅 1 号直梯出现断电故障。顾客从 1 楼乘梯，电梯出现断电故障，被迫停运，电梯卡在三四层之间，被困人员焦急万分，通过电梯对讲报警。商场物业接到应急报警，了解被困基本情况并对被困乘客进行沟通安抚。10 时 47 分，物业接通了电梯公司电话，告知其现场紧急情况，同时继续安抚被困人员。5 分钟后，电梯技术人员赶到事故现场，用三角钥匙将电梯门打开一条缝，查看电梯仓的位置，并安抚乘客。10 时 53 分，电梯技术人员听到电梯轿厢内乘客的回应，并确定顾客安全后，技术人员关上电梯门，立刻赶往电梯机房。同时留下一人在现场组织人员维护好现场秩序。维修人员迅速赶到机房关掉电源，一人用松闸手柄打开抱闸，另一人持续盘动飞轮，用手动操控将电梯从3楼和4楼中间升到4楼平台。一切处理好后，技术人员返回电梯4楼门口，打开电梯，乘客安全离开电梯。

从乘客被困到成功救出，前后用时15分钟，技术人员再对电梯进行全面检查，确保无异常情况后，电梯又重新投入运行。演练圆满结束。

五、效果与问题

本次演练提高了天津红桥全区企业、物业、维保单位对突发特种设备事故的应急处置能力，将应急预案演练落到实处，确保了该区特种设备安全运行。

参考资料

1. 中国质量新闻网：天津红桥区开展电梯应急救援演练，见 http://www.cqn.com.cn/news/zgzlb/disan/1109047.html。

2015年迎峰过冬陕西关中地区应急协调联动单位联合应急演练

一、演练名称

2015年迎峰过冬陕西关中地区应急协调联动单位联合应急演练。

二、主办单位

国网西安电力公司。

三、时间、地点与目的

2015年12月25日，西安公司精心组织，圆满完成2015年迎峰过冬陕西关中地区应急协调联动单位联合应急演练。

四、演练内容

演练科目包括：现场指挥部搭建、应急通信、触电急救和应急照明灯具使用等。为确保演练安全、有序进行，正式演练前，西安公司特别组织各参演队伍及相关人员提前进行实地查勘，熟悉现场，分析并明确风险点。由于采用人员混编分组、同时分场地演练形式，公司特别集合各应急分队队长召开了演练前协调会，明确了各队演练人员、演练任务，安排专人进行了前期技术培训和答疑，要求严格遵守《国家电网公司电力安全工作规程》和各项安全规定及要求，确保演练和培训过程中人身和装备安全。对所有演练场地都指派了专门人员进行作业监护和演练评估。

五、效果与问题

此次演练对进一步磨合、巩固陕西关中地区相关单位应急协调联动长效机制，提升区域协同应对自然灾害、事故灾害等突发事件的应急救援能力和应急处置水平，最大限度地降低突发事件造成的危害和影响提供了有益的探索，全面达到了演练预期目的，演练取得圆满成功。

参考资料

1. 人民网：国网西安供电公司：圆满完成2015迎峰过冬陕西关中地区协调联动单位联合应急演练，见 http://sn.people.com.cn/n2/2015/1229/c360642-27426613.html。

2. 英大网：西安供电公司圆满组织完成迎峰过冬应急演练，见 http://www.indaa.com.cn/dwxw2011/ndxw/201601/t20160104_1632003.html。

第四编 突发事件

第一章 案例分析

黑龙江哈尔滨“1·2”火灾事故

一、事件简介

2015年1月2日13时14分，位于黑龙江省哈尔滨市道外区太古头道街的北方南勋陶瓷大市场的三层仓库起火，过火面积1.1万m^2。起火仓库位于一栋11层高的居民楼，其中1—3层为仓库，4—11层为居民楼。火灾扑救过程中，起火建筑多次坍塌，坍塌面积3000m^2。此次事故共造成5名消防员遇难、14人受伤、379户商户和538户居民受灾，直接经济损失达5913.8451万元。

二、事件原因

经调查，此次事故是由于电暖气超负荷工作引起仓库起火。起火仓库以框架结构为主，钢筋混凝土梁柱构件烧久之后，难以支撑上部巨大的荷载，而起火建筑楼体结构复杂，本身就是一个“烂尾楼”，只有简单的承重结构。同时，仓库内置有较多燃烧物，火灾发生后，燃烧时间加长，加大了扑救难度。另外，由于打水，冷热交替会导致里面混凝土出现疏松，所以造成整个楼体发生倒塌。

三、事件处理

火灾发生后，哈尔滨市委、市政府和道外区委、区政府及时启动火灾抢险救灾应急预案，组织公安、消防、安监、行政执法等部门及辖区3个街道办事处1000余名干警和工作人员，维护火灾现场秩序，有序组织人员疏散，共组织疏散居民752户2731人，商户272户，群众无一人伤亡。接到事故报告后，公安部政治部主任率公安部工作组于1月3日19时抵达哈尔滨，看望“1·2”火灾受伤人员及家属，并在火灾现场指挥协调救援工作。

四、责任追究

事故发生后，相关责任人被当地公安机关控制。经认定，此次火灾属重大火灾责任事故，火灾责任涉及的4户企业、56名事故责任人受到处理。

五、补救措施

为深刻吸取事故教训，杜绝此类事故再次发生，国务委员、公安部部长要求，要进一步全面彻底排查现场火点隐患，坚决防止火灾死灰复燃；要强化科学指挥调度，加强安全防护措施，做到既及时有效扑灭火灾，又保护消防官兵自身安全。各级公安机关要按照中央有关通知要求，拿出过硬措施，迅速开展消防火灾、道路交通和大型活动、人员密集场所的安全隐患排查整治工作，扎实做好当前安全生产和人员密集场所安全管理，坚决防止再次发生重特大治安灾害事故，坚决维护人民群众生命财产安全和社会大局稳定。

参考资料

1. 新华网：哈尔滨仓库大火：明火已被扑灭 居民楼成废墟，见 http://news.xinhuanet.com/politics/2015-01/03/c_127354062.htm。

2. 人民网：哈尔滨大火：要悼念英雄更要吸取教训，见 http://hlj.people.com.cn/n/2015/0106/c220027-23455418.html。

3. 中国安全生产网：郭声琨指挥哈尔滨救火：遏制火灾上升势头，见 http://www.aqsc.cn/101805/101881/349651.html。

4. 央广网：哈尔滨“1·2”重大火灾事故56人受处理，见 http://china.cnr.cn/ygxw/20151227/t20151227_520938270.shtml。

贵州水黄公路“1·2”交通事故

一、事件简介

2015年1月2日17时10分，贵州省六盘水市水城县猴场乡境内水黄公路（省道314水城县至黄果树）81km处发生一起小型轿车与面包车碰撞的道路交通事故，造成6人死亡、3人受伤，直接经济损失约 50 万元。

二、事件原因

根据六盘水市公安局交警支队高等级公路管理大队《道路交通事故认定书》（黔公交认字〔2015〕第 00001 号）认定：小型轿车超速行驶、超员、操作不当致车辆失控以及面包车占线行驶是造成此事故的原因。

三、事件处理

事故发生后，贵州省、六盘水市各级领导高度重视，分别对抢险救援、事故调查、善后处置、事故预防等工作作出重要批示，要求全力抢救伤员，疏导交通，查明事故原因，做好善后处置，维护社会稳定，强化交通管理，抓好安全工作，防止事故发生。同时，贵州省公安厅交管局、六盘水市人民政府及水城县有关领导赶赴现场指导抢险救援、应急处置和善后工作。

四、责任追究

经调查认定，水黄公路“1·2”道路交通事故是一起较大道路交通责任事故。小型轿车驾驶员黄某涉嫌犯罪，由当地公安交警部门移交司法机关依法追究刑事责任。面包车驾驶员罗某在事故中死亡，不予追究刑事责任。

五、补救措施

为有效防范和坚决遏制较大及以上道路交通事故，六盘水市政府提出以下要求：1. 从严查处道路交通违法行为。2. 深入开展公路安全隐患排查。3. 强化农村道路交通安全管理。4. 实施道路交通安全综合治理。

参考资料

1. 新华网：贵州水黄公路发生一起交通事故致 6 死 3 伤，见 http://news.xinhuanet.com/local/2015-01/03/c_1113856846.htm。

2. 新浪网：贵州水黄公路发生一起交通事故致 6 死 3 伤，见 http://news.sina.com.cn/c/2015-01-03/150031355496.shtml。

3. 央广网：元旦假期贵州水黄公路发生交通事故 6 死 3 伤，见 http://news.cnr.cn/native/city/20150104/t20150104_517294421.shtml。

4. 六盘水市政府网：水黄公路“1·2”较大道路交通事故调查报告，见 http://xxgk.gzlps.gov.cn/xxgk/jcms_files/jcms1/web27/site/art/2015/11/27/art_3755_41361.html。

湖南郴州“1·2”工地坍塌事故

一、事件简介

2015 年 1 月 2 日 17 时 10 分，位于湖南省郴州市的湖南柿竹园有色金属有限责任公司柴山工业广场在建机修房在进行现浇封顶时，发生屋顶及其脚手架垮塌事故。此次事故共造成 6 人死亡、5 人受伤。

二、事件处理

事故发生后，郴州市、柿竹园公司、苏仙区、白露塘镇各级领导及时赶赴现场，并在现场成立应急救援指挥部，组织抢救组、维稳组、技术组等救援队伍 200 余人，抢抓救援黄金时机，利用生命控测仪、切割机、挖掘机等救援设备，通过人工搜寻、人手挖掘等方式，全力进行专业的搜救工作。截至 1 月 3 日 14 时 30 分，11 名被困人员被全部搜出，其中 5 人送往医院救治，6 人不幸遇难。

三、补救措施

针对此次事故，湖南省召开在建工地安全生产工作紧急现场会议，对全省在建工地安全生产工作进行全面部署。会议要求，要充分认识郴州柿竹园“1·2”垮塌事故的典型性，更加重视在建工程的安全生产。会议指出，“1·2”事故暴露出全省安全事故的严峻性和艰巨性。会议强调，全省要深入开展安全生产专项大检查隐患大排查工作，全力确保人民生命财产安全。

参考资料

1. 中新网：湖南郴州在建工地垮塌事故确认 6 人死亡，见 http://www.chinanews.com/sh/2015/01-03/6931151.shtml。

2. 新华网：湖南郴州一工地发生坍塌事故 1 1 人被困　已有 5 人获救，见 http://news.xinhuanet.com/2015-01/03/c_127353716.htm。

3. 凤凰网：郴州在建工地事故垮塌湖南召开安全生产紧急会，见 http://hunan.ifeng.com/xzqh/cz/detail_2015_01/06/3383482_0.shtml。

云南巍山“1·3”古城楼失火被毁事件

一、事件简介

2015 年 1 月 3 日 2 时 49 分，云南省大理州巍山县南诏镇拱辰楼发生大火。此次火灾过火面积约 300m²，有 600 多年历史的拱辰楼被完全烧毁。

二、事件原因

经云南省、大理州公安消防专家组分析认定，云南省巍山县拱辰楼火灾起火点为拱辰楼东南角夹层上方，直接原因为电气线路故障引燃周围可燃物，蔓延扩大造成火灾。

三、事件处理

火灾发生后，云南省委、省政府高度重视，云南省委书记迅速作出批示，要求尽快查明原因，严肃处理相关责任人，及时回应社会关切，正确引导社会舆论，维护社会秩序稳定。大理州相关领导带领公安、消防、文化、住建、规划、安监等相关部门领导分头赶到巍山县指导帮助火灾处置工作。巍山县及时启动《巍山古城灭火救援应急预案》，紧急组织 6 辆消防车，专业扑救人员 100 余人，全力开展火灾扑救工作，确保火势不蔓延，确保周边居民生命财产安全。同时协调周边县市消防官兵 43 人，消防车 4 辆参加扑救，经过消防官兵近两个小时的奋力扑救，明火于当日 4 时 48 分被全部扑灭。

四、责任追究

事故发生后，大理州纪委监察部门和州检察院已介入调查，火灾主要责任人、南诏古乐团团长已被公安机关控制。巍山县文物管理所所长对火灾事故的发生负有直接监管责任，巍山县监察局给予其行政记过处分；巍山县文化体育广播电视局原局长因签订《巍山县拱辰楼委托管理使用协议》，带来古楼消防安全隐患，负有直接责任，巍山县纪委给予其留党察看一年处分；巍山县文化体育广播电视局局长对火灾事故的发生具有直接监管责任，监察局给予其行政撤职处分；巍山县分管文化体育广播电视局的副县长对火灾事故的发生负有领导责任，大理州监察局给予其行政记过处分；巍山县人民政府副县长、县公安局局长分管消防安全工作，对火灾事故的发生负有领导责任，大理州监察局给予其行政记过处分；巍山县人民政府县长作为县消防安全第一责任人，对火灾事故的发生负有领导责任，大理州监察局给予其行政警告处分。

五、补救措施

针对此次火灾事故，云南省委书记强调，全省各级各相关部门要切实落实安全生产责任，进一步完善各项应急处置预案，特别是要加强火灾高发易发的重点区域、重点部位的防火灭火工作，防止重特大安全生产事故发生，全力保障人民群众生命财产安全。

参考资料

1. 人民网：大理巍山古城发生火灾 600 年历史拱辰楼被烧毁，见 http://culture.people.com.cn/n/2015/0104/c87423-26319952.html。

2. 新华网：李纪恒对巍山县南诏镇拱辰楼火灾作出批示，见 http://news.xinhuanet.com/local/2015-01/03/c_133893784.htm。

3. 央广网：经鉴定巍山 600 年古楼因电气线路故障引燃周围可燃物起火，见 http://news.cnr.cn/native/city/20150106/t20150106_517326298.shtml。

4. 新浪网：大理古楼火灾处理情况：6 名干部被记过或撤职，见 http://news.sina.com.cn/c/2015-01-16/120531408167.shtml。

湖北鄂州“1·5”矿井塌方事故

一、事件简介

2015 年 1 月 5 日 13 时 30 分，湖北省鄂州市鄂城区汀祖镇宏盛矿业有限公司 5 号井 -60m 水平发生塌方事故。此次塌方事故引起井下堵塞，6 名矿工被困井下，同时造成塌陷面积约 1000m²。

二、事件处理

事故发生后，湖北省委、省政府全力救援，以生命至上的理念抢救到底。鄂州市委书记、市长等领导及时赶赴现场指挥救援。当晚 20 时 51 分，经过近 7 个小时救援，4 名工人被救出；1 月 7 日 10 时 20 分，最后的 2 名矿工也在 40 个小时后获救。

三、补救措施

现场救援指挥部对救援后续工作妥善安排，要求做好被救矿工医疗救护、加强地表安全监测，同时撤离疏散现场人员。

参考资料

1. 人民网：鄂州汀祖发生塌方事故 6 矿工被困　调查工作展开，见 http://hb.people.com.cn/n/2015/0106/c337099-23455720.html。

2. 网易网：鄂州矿井塌陷事故被困矿工获救，见 http://news.163.com/15/0108/21/AFFFVUC200014AED.html。

3. 凤凰网：湖北鄂州汀祖矿难6名被困矿工全部救起，见 http://news.ifeng.com/a/20150107/42880186_0.shtml。

云南宁洱“1·6”交通事故

一、事件简介

2015年1月6日11时12分，云南省普洱市宁洱县梅子镇永胜村岩子脚辖区内发生一起交通事故，一辆白色斯卡特客货两用车辆坠入120m高的悬崖。此次事故共造成6人死亡。

二、事件处理

事故发生后，普洱市委、市政府主要领导高度重视，普洱市委书记等相关领导作出重要批示，要求做好应急处置工作，妥善处理好死者善后，安抚好死者家属；普洱市政府副市长、市公安局局长及时赶往事故现场指导做好应急处置相关工作；宁洱县委、县人民政府相关负责人及时赶往事故现场做好应急处置工作。

三、补救措施

针对此次火灾事故，云南省交警总队副总队长带领事故处、农指处一行三人组成督查组，深入宁洱县开展预防道路交通事故专项督查工作。在督导检查过程中，云南省交警总队对宁洱县加强道路交通管理工作提出相关要求：

1. 加强驾驶人、机动车的管理，要建立健全档案，做到底数清、台账明，做好重点车辆、重点驾驶人的管控，积极开展交通秩序集中整治和农村地区严重交通违法行为整治统一行动；

2. 加大农村地区道路交通安全宣传，乡镇党委政府要充分发挥“四支队伍”的力量，利用农村赶集、婚丧嫁娶、农村大喇叭深入人民群众中开展宣传，强化农村出行交通安全意识、对有违法苗头的人员要进行训诫及劝阻；

3. 乡镇党委政府要充分把道路交通管理提到政府议事日程，加大投入把道路交通安全隐患排查整治作为工作重点，协调各部门做好冬季恶劣天气下预防、预报、预警工作和应急处置工作。

4. 要认真吸取“1·6”较大道路交通事故的教训，认真总结。

参考资料

1. 搜狐网：云南宁洱一辆客货车坠下120米悬崖　造成6人死亡，见 http://news.sohu.com/20150107/n407621820.shtml。

2. 凤凰网：云南宁洱一辆客货车坠下120米悬崖致6死，见 http://news.ifeng.com/a/20150107/42881217_0.shtml。

3. 宁洱政府网：省交警总队深入我县开展道路交通事故专项督查工作，见 http://www.ynne.net/xw_nr.asp?id=17566。

福建龙海“1·10”交通事故

一、事件简介

2015年1月10日12时20分，福建省漳州市龙海县东泗乡往东南花都方向发生一起载猪货车失控冲撞路边柱的交通事故。此次事故共造成3人死亡、3人受伤。

二、事件原因

经分析认定，该事故是典型的人货混装引发的事故。

三、事件处理

事故发生后，福建省龙海县东泗派出所民警及时赶到现场，经现场确认，四人中，两人已经没有生命迹象。在120救护人员还未赶到现场时，民警先将部分伤员送到龙海市中医院。随后，协助120救护人员将全部伤者送往漳州市人民医院治疗。

四、补救措施

为防范此类事故再次发生，龙海市政府要求，全市各乡镇场和相关部门要从事发之日起开始进行整治，直至春运结束，程溪、隆教、港尾、白水等乡镇要及时组织力量对辖区内小货车进行排查，入户宣传，在主要集市要组织人员进行巡查，相关职能部门要从严查处人货混装行为，发现一起，处罚一起，继续开展每月逢五逢十多部门联合整治行动，加大重点区域监管，组织排查道路安全隐患路段，对存在安全隐患的重要路段要实施交通管控。

参考资料

1. 新浪网：载猪货车撞路边柱致3死3伤　事发龙海东泗至东南花都，见 http://mn.sina.com.cn/news/s/2015-01-11/detail-iavxeafr9836284.shtml。

2. 腾讯网：漳州货车撞路边铁柱致3死3伤疑因躲避摄像头，见 http://fj.qq.com/a/20150111/006575.htm。

3. 龙海市政府网：全市2015年道安工作紧

急会召开，见 http://www.longhai.gov.cn/cms/html/lhszfw/2015-01-14/972502349.html。

福建长乐“1·13”运钞车坠江事故

一、事件简介

2015 年 1 月 13 日 16 时许，福建省福州市长乐市金刚腿公园附近路段，一辆车牌号为闽 A21T06 的运钞车在开往潭头镇储蓄所银行的途中坠入闽江。此次事故共造成 4 人死亡。

二、事件原因

经调查，此次坠江事故是由于运钞车遭遇车祸引起的。

三、事件处理

事故发生后，长乐市及时组织公安、消防、安监、卫生等相关部门及所在街道进行搜救，并协调福州海上搜救中心组织力量参与搜救。福州市政府副秘书长和福州市安监局局长等领导到达现场指挥搜救。1 月 14 日 1 时 15 分，运钞车被打捞出水，车上 4 名运钞员均已死亡。

参考资料

1. 新浪网：福建 1 辆运钞车坠江 4 名运钞员溺亡，见 http://news.sina.com.cn/c/p/2015-01-14/101631397715.shtml。

2. 腾讯网：福州长乐一部运钞车坠入闽江现场发现车祸痕迹，见 http://fj.qq.com/a/20150113/066295.htm。

3. 凤凰网：福建一运钞车坠入闽江　车上 4 名运钞员死亡，见 http://news.ifeng.com/a/20150114/42930521_0.shtml。

浙江玉环“1·14”火灾事故

一、事件简介

2015 年 1 月 14 日 4 时 30 分，浙江省台州市玉环县玉城街道解放塘农场新民小区一栋楼室外电动车停车棚发生火灾，过火面积约 $30m^2$。此次事故共造成 8 人死亡。

二、事件原因

经调查，此次火灾是由停车棚内停靠的电动车充电引起。事故中，因浓烟向楼道蔓延，造成往楼道逃生的 8 名人员死亡，年龄最小者仅 4 岁。

三、事件处理

火灾发生后，台州市、玉环县两级领导及时赶赴现场，成立以玉环县长为组长，相关部门为成员的事故处置领导小组，下设现场处置组、火灾调查组、医疗救助组等，负责火灾全面处置工作。玉环县消防大队及时出动 7 辆消防车和 38 名指战员赶赴现场，迅速开展扑救工作。

四、责任追究

事故发生后，玉环县玉城街道解放塘社区居委会主任陈某、居委会委员虞某等 5 名相关责任人被公安机关刑拘。

五、补救措施

针对此次事故，玉环县火灾处置小组全力做好伤亡家属安抚、伤员救治工作。台州市召开消防安全工作现场会，指出岁末年初是安全生产事故易发、多发、频发时期，各级各部门要紧绷安全生产这根弦，要强化安全责任和综合监管责任，始终把人民群众的安全放在第一位，做好安全生产责任落实、隐患排查治理，全力预防各项安全事故的发生。

参考资料

1. 网易网：浙江玉环停车棚火灾致 8 人死年纪最小死者仅 4 岁，见 http://news.163.com/15/0114/14/AFU4VO4L00014JB6.html。

2. 人民网：浙江玉环车棚火灾致 8 死　公安部消防局工作组赴现场，见 http://politics.people.com.cn/n/2015/0114/c70731-26384813.html。

3. 中国安全生产网：还原玉环县火灾：8 条生命逝去的背后，见 http://www.aqsc.cn/101805/101882/350745.html。

4. 中新网：浙江玉环停车棚火灾致 8 死追踪：5 名相关责任人被刑拘，见 http://www.chinanews.com/gn/2015/01-19/6983036.shtml。

云南弥渡“1·14”落水溺亡事故

一、事件简介

2015 年 1 月 14 日 18 时 20 分，云南省大理州弥渡县苴力镇发生一起小学生落水死亡事故。此次事故共造成 3 名女孩死亡。

二、事件原因

此次事故是由于 3 名女孩在云南省弥渡县苴

力镇苴力上村海塘玩耍不慎落水造成。

三、事件处理

事故发生后，云南省弥渡县有关领导和相关人员赶到现场处置，当地相关部门迅速组织人员开展搜救、打捞、安抚等工作。当日 20 时 52 分，3 名女孩全部打捞出水，经公安机关走访调查及法医尸表检查，确认 3 人系溺水死亡。

四、补救措施

针对此次事故，云南省弥渡县保险公司负责做好保险理赔工作，确保及时完成理赔手续。弥渡县民政局对 3 名死者家属，每户给予 1 万元的民政救助；根据各家实际困难，及时做好相关民政救助。弥渡县教育局向各乡镇中心学校通报事件情况，向学生家长发放《致学生家长的一封公开信》，要求学生家长加强学生假期安全教育和日常监管，避免发生意外安全事故。

参考资料

1. 人民网：云南大理：3 名四年级女生落水溺亡，见 http://society.people.com.cn/n/2015/0115/c136657-26390560.html。

2. 腾讯网：云南弥渡 3 名小学女生水库边玩耍时落水溺亡，见 http://news.qq.com/a/20150115/021382.htm。

3. 新华网：云南弥渡 3 名小学女生在一水库边玩耍时落水溺亡，见 http://news.xinhuanet.com/2015-01/15/c_1114003014.htm。

4. 人民网：云南弥渡：意外溺亡女生家属每户获 1 万元民政救助，见 http://society.people.com.cn/n/2015/0115/c136657-26393799.html。

长江“1·15”沉船事故

一、事件简介

2015 年 1 月 15 日 15 时 40 分，安徽省蚌埠市神舟机械有限公司新造船舶“皖神舟 67”轮在长江福姜沙北水道试航过程中翻沉。事发时船上共有 25 人(其中外籍人员 8 人：新加坡籍 4 人，印度尼西亚、马来西亚、印度、日本籍各 1 人)。此次事故被定性为重大船舶翻沉事故，共造成 22 人死亡，直接经济损失 3180 万元。

二、事件原因

“皖神舟 67”轮在未按照规定向主管机关办理试航报备手续，也未按规定报告船舶动态的情况下，擅自航行进行试航。在进行全回转试验时，因操作不当，造成船舶瞬间倾覆、沉没。

三、事件处理

事故发生后，江苏省委书记、省长分别对事故搜救作出指示，要求全力抢救落水人员，尽一切努力减少伤亡。江苏省相关副省长赴现场指挥搜救。江苏省在现场成立了事故应急救援指挥部，对水上搜救、事故调查、善后处理作出全面部署。泰州、靖江市委市政府组织公安、武警、医疗卫生等相关部门，为搜救工作提供了强有力的后盾和支持保障。经全力营救，船上 25 人中 3 人获救，事故共致 22 人不幸遇难，遇难者包括 14 名中国籍人员、8 名外籍人员。

四、责任追究

经调查认定，蚌埠神舟公司“皖神舟 67”轮项目经理金某等 6 名责任人的行为涉嫌犯罪，鉴于其中 4 人已死亡，不再追究其刑事责任。美国船级社（中国）有限公司检验机构验船师虞某、蚌埠神舟公司江苏泰州靖江交船处实际负责人罗某被建议追究刑事责任。

蚌埠神舟公司总经理汪某、蚌埠神舟公司常务副总经理兼生产部部长刘某、蚌埠神舟公司工会主席兼生产部副部长刘某对这起事故的发生负重要领导责任，被建议给予党内严重警告和撤职处分。蚌埠神舟公司总经理助理兼技术部部长刘某等 10 人被建议给予行政处分或经济处罚。蚌埠神舟公司对这起事故的发生负有主要责任，被建议由蚌埠市安监局对其罚款 150 万元，美国船级社（中国）有限公司被建议由国家安监总局指定上海市安监局对其罚款 100 万元。

五、补救措施

针对此次沉船事故，国务院要求全力抢救落水人员，尽一切努力减少伤亡，妥善处理好善后工作，防止类似事故发生，迅速开展事故调查，依法依规处理。针对事故遇难者善后工作，每户中国籍遇难者家庭获赔 80 万元，根据家庭情况不同，老人赡养费、儿女抚养费等略有不同。外籍遇难者根据相关赔付程序进行赔偿。

参考资料

1. 网易网：长江沉船事故致 22 人遇难　家属悲痛欲绝，见 http://news.163.com/photoview/00AN0001/83018.html#p=AG5MF12300AN0001。

2. 中新网：长江沉船被打捞出水　事故已确

认致22人死亡，见 http://www.chinanews.com/tp/hd2011/2015/01-17/469298.shtml。

3. 新浪网：长江靖江段致22死翻船事故两人被建议追究刑责，见 http://jiangsu.sina.com.cn/news/general/2015-11-19/detail-ifxkwuwv3412658.shtml。

4. 人民网：长江水道沉船中国籍遇难者善后完毕 每户获赔80万，见 http://society.people.com.cn/n/2015/0324/c136657-26741391.html。

广西宁明“1·15”爆炸事故

一、事件简介

2015年1月15日21时30分，广西崇左市宁明县城中镇德华街新宁超市旁一夜宵摊发生一起爆炸。此次爆炸事故共造成6人死亡、18人受伤。

二、事件处理

爆炸发生后，广西崇左市市长等领导及时赶赴事件现场，崇左市、宁明县两级迅速启动了应急预案，公安机关成立事故调查组对现场进行警戒和勘查。宁明县成立了医疗救治组、安保维稳组、家属安置组及伤员慰问组组织开展救援工作，组织自治区、市、县三级医疗力量，全力救治受伤人员。同时，组织人员及时安抚遇难者家属和伤员，妥善安排善后处理工作。

三、补救措施

为防止此类事故再次发生，宁明县有关部门紧急行动，连夜对社会治安、生产安全、公共场所等领域安全隐患进行全面排查。宁明县政府切实做好伤亡人员家属的安抚接待工作，以及死者善后处理和理赔工作。左明县政府按照每名遇难者5000元国家补偿标准给予家属经济补偿，并全额负责遇难者的火葬费用，受伤人员的全部医疗费用由县财政垫付。

1. 网易网：广西宁明爆炸事故致6死18伤 检察机关已提前介入调查，见 http://news.163.com/15/0120/10/AGD74R3M00014AEE.html。

2. 新华网：广西宁明发生爆炸事故后全面排查安全隐患，见 http://news.xinhuanet.com/local/2015-01/16/c_1114014164.htm。

3. 人民网：宁明县全力开展“1·15”爆炸事件善后处理工作，见 http://gx.people.com.cn/n/2015/0120/c368389-23625541.html。

福建永安“1·17”沼气中毒事故

一、事件简介

2015年1月17日16时，位于福建省永安市大湖镇甲村的大湖兴旺养殖有限公司7名工人掉入沼气池。此次事故共造成3人死亡、4人受伤。

二、事件原因

经调查，该养殖公司的工人潘某在检修沼气池时不慎跌入沼气池。发生跌落后，该公司迅速组织救援，潘某获救。公司法人代表林万容、其女婿刘某以及公司技术场长陈某在施救过程中因沼气中毒死亡。

三、事件处理

事故发生后，永安市有关领导赶到现场组织搜救，4名中毒者被送往三明第二医院救治。由于沼气池被搅动，沼气浓度大大增加，永安市消防大队消防官兵戴上氧气设备才得以进入沼气池。截至21时，3名死者被打捞出来。

四、补救措施

针对此次事故，永安市政府召开紧急会议，通报了这起事故的情况，要求全市各乡镇的农业干部下乡，对辖区内所有设立沼气池的养殖企业进行安全检查，以排除隐患。

参考资料

1. 凤凰网：福建永安7工人掉入沼气池致3人死亡4人送医，见 http://news.ifeng.com/a/20150117/42956459_0.shtml。

2. 新浪网：福建永安7名工人掉入沼气池3人身亡，见 http://news.sina.com.cn/s/2015-01-17/223431412465.shtml。

3. 人民网：三明永安养猪场1人跌落沼气池 6人去救3人亡，见 http://fj.people.com.cn/n/2015/0119/c234954-23602787.html。

贵州桐梓“1·18”交通事故

一、事件简介

2015年1月18日16时10分，贵州省遵义市桐梓县木瓜镇玛瑙洞路段，一辆车牌号为渝AVJ548的小型普通客车驶离路面坠入河流中。此次事故共造成7人死亡、1人受伤，直接经济损失60余万元。

二、事件原因

直接原因

驾驶员甘某醉酒后驾驶机动车上道路行驶及驾驶机动车临危措施不当。

三、事件处理

事故发生后，桐梓县公安交警、木瓜镇人民政府迅速赶到事故现场进行处置。1月18日21时许，3名失踪人员被找到；22时30分，现场救援工作基本结束；23时许，事故现场清理完毕，道路恢复正常通行。

四、责任追究

1. 渝AVJ548号小型普通客车驾驶人甘某，其行为违反了《道路交通安全法》第二十二条第一款、第二款的规定，对本次事故负全部责任，涉嫌交通肇事罪，因其在事故中死亡，建议免于追究责任。由公安交管部门注销其机动车驾驶证。

2. 要求桐梓县人民政府及其有关部门按照相关法律、法规规定，对木瓜镇人民政府和桐梓县交通局主要负责人、分管负责人进行警示约谈。

3. 要求遵义市公安交管局按照相关法律法规规定，对桐梓县公安交管部门主要负责人、分管负责人进行警示约谈。

4. 责成桐梓县公安交警大队、桐梓县交通局分别向桐梓县人民政府和遵义市公安交管局、遵义市交通局作出深刻检查，认真总结和吸取经验教训，进一步加强和改进道路交通安全生产工作。

5. 责成桐梓县木瓜镇人民政府向桐梓县人民政府，桐梓县人民政府向遵义市人民政府作出深刻检查，认真总结和吸取经验教训，进一步加强和改进安全生产工作。

五、补救措施

针对此次事故，遵义市桐梓县“1·18”较大道路交通事故调查组提出以下要求：1. 进一步强化安全生产红线意识。2. 进一步加大路面执法巡查力度。3. 进一步加大生命防护工程实施力度。4. 进一步提高道路交通安全监管水平。

参考资料

1. 新华网：贵州桐梓县境内一面包车落水致7死1伤，见 http://news.xinhuanet.com/local/2015-01/19/c_1114043112.htm。

2. 新浪网：贵州桐梓县境内一面包车侧翻落水致7死1伤，见 http://news.sina.com.cn/c/2015-01-19/102331416413.shtml。

3. 人民网：贵州“1·18”道路交通事故原因查明系酒后驾车，见 http://society.people.com.cn/n/2015/0119/c1008-26412184.html。

4. 遵义市安监局：桐梓县“1·18”较大道路交通事故调查报告，见 http://ajj.zunyi.gov.cn/xxgk/zpfl/jdjc/aqsc/sgaqcl/201511/t20151126_371959.html。

安徽淮北矿业集团“1·30”煤矿透水事故

一、事件简介

2015年1月30日18时55分，安徽省淮北矿业集团朱仙庄煤矿866-1综采工作面发生透水事故。此次事故共造成7人死亡、7人受伤，直接经济损失1253.34万元。

二、事件原因

经调查认定，造成朱仙庄煤矿“1·30”较大透水事故的原因包括淮北矿业集团及朱仙庄煤矿对“五含”水害防治的复杂性认识不足，对特定工程地质条件下形成顶板离层水害的认知能力不足，对866—1工作面顶板出水治理效果分析评估不足；矿井水害应急救援预案编制针对性不强。北京矿大能源安全科技有限公司对866—1工作面涌水量预测不准，未对顶板离层水害进行分析论证，对朱仙庄煤矿86采区含水层下866—1工作面扩大开采可行性研究项目未审核，把关不严等。

三、事件处理

事故发生后，安徽省委书记、省长等领导相继作出重要批示，要求做好搜救、善后工作，查明事故原因，认真严肃处理，并举一反三，确保同样的情况决不再次出现。安徽省相关副省长及时赶赴事故现场指导事故抢险和救援工作。

四、责任追究

淮北矿业集团朱仙庄煤矿“1·30”较大透水事故是一起生产安全责任事故，依照有关法律规定，共处理事故责任人13人，其中朱仙庄煤矿8人（撤职6人，记大过1人，记过1人），淮北矿业集团4人（撤职1人，记大过1人，记过2人），中国矿业大学（北京）1人（记过）。淮北矿业集团朱仙庄煤矿依法被罚款80万元。北京矿大能源安全科技有限公司被责成向中国矿业大学（北京）作出书面检查。

五、补救措施

安徽省人民政府安全生产委员会提出以下要求：1. 深刻吸取事故教训。2. 切实做好煤矿水害防治工作。3. 全面排查治理事故隐患。

参考资料

1. 凤凰网：安徽一煤矿发生突水事故，见 http://news.ifeng.com/a/20150201/43070944_0.shtml。

2. 网易网：安徽淮北煤矿发生突水事故 7 名被困人员全部遇难，见 http://news.163.com/15/0131/09/AH9DQUEO0001124J.html。

3. 搜狐网：安徽煤矿发生透水事故致 7 死 7 伤 13 责任人被处理，见 http://news.sohu.com/20150312/n409660802.shtml。

4. 安徽省安监局：关于淮北矿业集团朱仙庄煤矿“1·30”突水事故的通报，见 http://www.anhuisafety.gov.cn/views/zwgk/nr/82101.htm。

内蒙古根河“1·31”粉尘爆炸事故

一、事件简介

2015 年 1 月 31 日 6 时 8 分，内蒙古自治区呼伦贝尔市根河市金河兴安人造板有限公司发生粉尘爆炸事故，引发火灾。此次事故造成 6 人死亡、3 人受伤，生产车间厂房严重损毁。

二、事件原因

经调查，此次事故系该公司除尘系统的收尘仓发生初始爆炸，引起生产车间内的粉尘发生二次爆炸，引发火灾。

三、事件处理

事故发生后，根河市政府相关领导率市安监、消防、交管等部门及时赶赴事故现场，做好事故处置和善后工作。

四、补救措施

为深刻吸取事故教训，举一反三，切实采取有效措施，坚决遏制类似事故发生，国家安全监督管理总局提出如下要求：

1. 持续深化粉尘防爆专项整治。各地区要按照《国务院安委会办公室关于深刻吸收江苏省昆山市“8·2”特别重大事故教训深入开展安全生产专项整治的紧急通知》（安委办明电〔2014〕19 号）和《国务院安委会办公室关于落实江苏省苏州昆山市中荣金属制品有限公司“8·2”特别重大爆炸事故调查报告有关整改措施的通知》（安委办函〔2015〕4 号）的要求，持续深化粉尘防爆专项整治，进一步排查粉尘涉爆企业底数，做到一企一档。各省级安全监管局要制定粉尘涉爆企业专项检查表，指导所属地区开展执法检查，重点检查企业在厂房、防尘、防火、防水、管理制度和泄爆装置、防静电措施等方面存在的隐患和问题。对类似昆山市中荣金属制品有限公司生产工艺、未安装泄爆装置的企业要逐一进行排查，采取停产整顿措施，安全技术改造前不得复产。

2. 严格落实企业主体责任。要督促有关企业坚决贯彻落实《严防企业粉尘爆炸五条规定》，对照相关法规、标准要求，建立健全粉尘防爆规章制度，严格执行安全操作规程和劳动防护制度，指导规范粉尘涉爆企业制定隐患排查清单，做好隐患自查自改，确保安全生产。

3. 强化宣教培训，夯实基层基础工作。

4. 进一步加强安全监管，强化事故责任追究。各省级安全监管局要进一步落实监管责任，强化监督检查，大力推动企业落实安全生产主体责任。

参考资料

1. 搜狐网：内蒙古根河一车间大火致 6 死火灾原因查明，见 http://news.sohu.com/20150212/n408975771.shtml。

2. 网易网：内蒙古“1·31”粉尘爆炸事故通报 收尘仓发生初始爆炸，见 http://news.163.com/15/0209/21/AI1T669F00014AEE.html。

3. 中国安全生产网：内蒙古：将粉尘防爆专项整治一抓到底，见 http://www.aqsc.cn/101806/101960/353419.html。

4. 新华网：关于内蒙古根河市“1·31”较大粉尘爆炸事故通报，见 http://news.xinhuanet.com/talking/2015-02/09/c_1114306532.htm。

云南瑞丽“2·3”交通事故

一、事件简介

2015 年 2 月 3 日 8 时 25 分，云南省德宏傣族景颇族自治州瑞丽市境内国道 320 线 3605km + 50m 处发生一起重大交通事故。一辆载有 21 名乘客的大型普通客车与对向车道一辆中型自卸货车相撞。此次事故共造成 5 人死亡、8 人受伤。

二、事件处理

事故发生后，德宏傣族景颇族自治州州委、

州政府和瑞丽市委、市政府及时启动应急响应，专门成立瑞丽市“2·3”交通事故处置工作组，及时赶赴现场，全力开展死者善后、伤员救治、事故调查、交通保畅等方面工作。

三、补救措施

为深刻吸取事故教训，杜绝此类事故再次发生，德宏傣族景颇族自治州州委书记作出批示，全州要高度重视交通安全工作，举一反三，安监、交通部门要开展安全生产大排查，采取有效措施，确保春运期间人民群众生命财产安全。

参考资料

1. 央广网：云南德宏发生一起交通事故　造成5人死亡8人受伤，见 http://news.cnr.cn/native/city/ 20150204/t20150204_517637455.shtml。

2. 新浪网：云南瑞丽发生重大交通事故　致5死8伤，见 http://news.sina.com.cn/c/2015-02-03/221331477843.shtml。

3. 德宏网：瑞丽发生“2·3”重大交通事故　德宏州及时妥善处理，见 http://www.dehong.gov.cn/news/sh/content-17-20380-1.html。

福建永安“2·4”硫化氢中毒事故

一、事件简介

2015年2月4日10时，位于福建省永安市的福建福维公司发生一起硫化氢中毒事件。此次事故共造成5人死亡。

二、事件原因

经调查，此次事故主要由以下原因造成：一是在受限空间作业前未进行安全检测；二是工人未穿戴安全防护设备；三是工人缺乏应急救援的知识和培训，冒险救人。

三、事件处理

事故发生后，永安市委、市政府主要领导与该市安监部门人员及时赶到现场，指挥人员抢救、现场处置。永安市急救中心两部救护车将5名中毒人员送往三明市第二医院抢救。福建福维公司成立事故小组，对死者家属进行安抚。

四、责任追究

经调查认定，此次事故被认定为一起较大安全生产责任事故。福维公司总经理何某等19人受到相应的党政纪处理和行政处罚。

参考资料

1. 新华网：福建永安一工厂发生硫化氢中毒事件致5人死亡，见 http://news.xinhuanet.com/local/2015-02/04/c_1114254928.htm。

2. 网易网：福建永安福维公司硫化氢中毒事件致5人死亡，见 http://news.163.com/15/0205/09/AHMBI0AI00014AEE.html。

3. 凤凰网：福建三明一公司发生安全事故5人硫化氢中毒身亡，见 http://news.ifeng.com/a/20150204/43099123_0.shtml。

台湾复兴航空“2·4”坠机事故

一、事件简介

2015年2月4日10时56分，台湾复兴航空一架ATR—72轻型民航客机在执飞台北至金门航线时失事，坠于台北市与新北市交界处的基隆河。此次事故共造成43人死亡、10人受伤。

二、事件原因

经调查认定，此次空难是由于驾驶员在飞机起飞后不久，错关引擎导致的。

三、事件处理

事故发生后，党中央、国务院高度重视。中共中央总书记、国家主席、中央军委主席习近平迅速作出重要指示，中共中央政治局常委、国务院总理李克强作出批示，要求有关方面与台湾加强沟通联系，尽快核实机上乘客伤亡情况，根据需要提供必要帮助。同时，做好大陆乘客家属信息通报、安抚和善后等工作。

中央台办获悉后及时启动应急机制，协调中国民航局、国家旅游局和福建省、厦门市紧急处置，联系台有关方面了解事故情况，并派工作组到台抓紧开展相关工作。

对于此次事故，马英九办公室发言人转述，马英九非常关心，持续掌握最新状况，并指示“行政院”要求相关单位全力搜救、全面提供援助。台湾当地紧急派出90辆消防车、28部救护车、60艘快艇、4辆水上摩托车以及消防人员432人参与救援。此外，台北市有关部门在松山机场成立了应变小组，设前进指挥所，并由“交通局”技正陈建华进驻，台北市市长也前往了应变中心。台防务部门下令陆军6军团(关指部、3支部)、空军防空炮兵141群、海军基隆水下作业队完成人员、装备及车辆待命，将依据现场指挥官指挥，随时支持救援任务。海军水下作业队 10 名官兵，携带胶舟 2 艘抵达复兴航空班机坠机现场。另陆军 53 工兵群 20 名官兵携胶舟 6 艘赶赴现场。三军总医院、松山医院均已启动紧急医疗，投入医护人员救援班机受伤乘客。

2015 年 2 月 12 日 17 时 30 分，最后一名遇难者的遗体被寻获。至此，复兴航空坠河事件搜救工作结束。

四、补救措施

针对此次坠机事故，台湾复兴航空举行空难赔偿协调会，向每名遇难者赔偿 20 万元慰问金、120 万元补助费与 1350 万元和解金，总计 1490 万元（约合 295 万人民币），赔偿总金逾 6 亿元（约合 1.19 亿元人民币）。

参考资料

1. 新华网：习近平对台湾复兴航空坠机事故作出重要指示，见 http://news.xinhuanet.com/politics/2015-02/04/c_1114256698.htm。

2. 新浪网：马英九指示全力搜救复兴坠河飞机，见 http://cul.chinanews.com/tw/2016/01-29/7739316.shtml。

3. 人民网：复兴航空坠机最后一名罹难者寻获为大陆旅客，见 http://tw.people.com.cn/n/ 2015/0212/c104510-26557882.html。

4. 网易网：复兴航空：向坠河客机每位遇难者家属赔偿 295 万，见 http://news.163.com/15/0211/13/AI65UTSC00014JB6.html?baike#p= AHM6KP5T00AO0001。

广东惠东“2·5”火灾事故

一、事件简介

2015 年 2 月 5 日 13 时 51 分，广东省惠州市惠东县平山街道办惠东大道义乌商品城四楼仓库发生火灾事故，过火面积约为 3800m^2。此次事故共造成 17 人死亡、4 人受伤，直接经济损失 1173 万元。

二、事件原因

经调查，此次火灾是由于一名 9 岁男孩在商场玩火引起。

三、事件处理

火灾发生后，惠州市出动 6 个中队 20 辆消防车、120 名消防官兵赶赴现场。广东省消防总队指挥部全体成员接到报告后及时赶赴现场救援，并调集了总队特警、深圳、东莞、汕尾等市 25 辆消防车、150 名官兵增援。

四、责任追究

事故共有 18 人受到责任追究，其中，惠东县颐东义乌实业有限公司总经理，法人代表杨某等 5 人被检察机关依法批准逮捕，2 人被公安机关依法取保候审；惠东县公安消防大队大队长孟某等 9 人受到包括撤销党内职务、行政撤职等在内的党纪、政纪处分；惠东县副县长、公安局局长方某等 2 人被诫勉谈话。

五、补救措施

针对此次事故，惠东县围绕全力以赴救治伤员、妥善做好遇难者家属安抚工作、积极做好商户帮扶工作、尽快恢复现场周边秩序、依法开展事故调查工作、深入开展安全大检查、全面加强消防安全宣传教育等 7 个方面，集中力量开展各项善后工作。此次火灾中 17 名遇难者，除每人获保险公司的赔偿及当地政府的补助 68 万元人民币外，惠东县爱心人士还分别给予每位家属 10 万元人民币的救助，惠东县慈善总会对每位遇难者的家属给予 1 万元人民币的救助。每位遇难者的家属共获得 79 万元人民币以上的赔偿金额。

参考资料

1. 新浪网：广东惠州“2·5”火灾事故调查报告公布，见 http://news.sina.com.cn/c/2015-06-11/162331940187.shtml。

2. 人民网：广东通报 17 人遇难商场火灾原因：9 岁男孩玩火引起，见 http://society.people.com.cn/n/2015/0206/c1008-26522854.html。

3. 新华网：广东惠东“2·5”火灾事故遇难者赔偿方案出台，见 http://news.xinhuanet.com/2015-02/10/c_1114325312.htm。

4. 中国政府网：广东惠州“2·5”火灾事故调查报告公布　18 名责任人受到处理，见 http://www.gov.cn/xinwen/2015-06/11/content_2878205.htm。

山东聊城“2·8”火灾事故

一、事件简介

2015 年 2 月 8 日 9 时 30 分，山东省聊城市冠县新瑞实业有限公司，在停产检修过程中发生较大闪爆事故。此次事故共造成 3 人死亡、5 人受伤，直接经济损失 358.89 万元。

二、事件原因

事发企业对装置进行整体蒸汽吹扫置换不彻底，没有彻底隔绝与醪塔Ⅱ相连的工艺设施，残余酒精蒸汽或醪液发酵生成沼气与空气在醪塔内形成爆炸性混合物；检修人员使用非防爆工具拆卸并递送塔板，工具与塔板、塔板之间或塔板与塔壁发生碰撞刮擦产生机械火花，引起醪塔内上部空间闪爆，导致醪塔顶部的除沫板坠落，进而致20m平台4名人员连同10m到20m之间的塔板全部坠落。

三、事件处理

事故发生后，检修人员贺某在10m平台上呼救并自行回到地面。周某在取套筒头回来的路上听到呼救，及时拨打120急救，呼喊其他人拨打119救援。冠县新瑞实业有限公司及时启动应急预案，先后在醪塔Ⅱ10m平台处从塔内救出3人。9时35分，冠县消防大队接警后，直接赶到事故现场参与救援，分别在醪塔Ⅱ10m平台处从塔内救出3人，20m平台处从塔内救出1人。

四、责任追究

按照《安全生产法》《中华人民共和国刑法》《生产安全事故报告和调查处理条例》《中国共产党纪律处分条例》等法律法规的规定，冠县新瑞实业有限公司“2·8”较大闪爆事故调查组对有关单位和人员进行了责任认定及处理。

五、补救措施

针对事故暴露出的问题，为深刻吸取事故教训，严格落实企业安全生产主体责任，进一步加强危险化学品行业安全生产工作和地方政府及有关部门监管责任，冠县新瑞实业有限公司“2·8”较大闪爆事故调查组提出以下防范措施和建议：1. 深刻吸取事故教训，严防类似事故发生。2. 进一步落实企业安全生产主体责任，强化企业安全生产基础工作。3. 认真履行安全生产属地监管和行业监管责任。

参考资料

1. 国家安监总局：山东聊城新瑞公司发生爆燃事故，见 http://www.chinasafety.gov.cn/newpage/Contents/Channel_21102/2015/0225/246669/content_246669.htm。

2. 山东省安监局：关于临沂烨华焦化有限公司“1·31”爆炸事故和冠县新瑞实业有限公司“2·8”闪爆事故情况的通报，见 http://www.sdaj.gov.cn/index.php?s=/Article/detail/nature/5C/articleid/14955.html。

3. 聊城市安监局：冠县新瑞实业有限公司“2·8”较大闪爆事故调查报告，见 http://www.lcajj.gov.cn/list_Content.asp?ArticleID=4485。

辽宁喀左“2·9”交通事故

一、事件简介

2015年2月9日3时30分，辽宁省朝阳市喀左县公营子镇高速火车道口，一辆载有焦炭的货车刹车失灵，与拉硫酸的火车相撞，事故现场发现有硫酸泄漏。此次事故共造成1人受伤，铁路机车和机后1至11位车辆颠覆、12至13位车辆脱轨。

二、事件原因

经调查，肇事汽车为标计载重34吨的解放卡车，实载约50吨，属于严重超载。汽车行至铁路道口时因刹车不及冲开关闭的栏杆，撞在通过的44142次货物列车机车中部，造成机车颠覆，并导致列车后部多辆货车车厢颠覆。

三、事件处理

事故发生后，朝阳市喀左县相关领导带领公安、消防、医疗卫生等部门人员及时赶到现场指导帮助事故处置工作。沈阳铁路监督管理局负责人带领铁路有关人员及时赶赴现场协助事故的处置。事故中的受伤人员被及时送往医院治疗。

四、补救措施

为保障事发地区铁路的安全通畅，铁路部门正进行救援修复工作，对后续需通过事故地段的客车采取迂回方式疏导。

参考资料

1. 新华网：违章闯入红灯铁道口　辽宁一货车撞翻拉硫酸火车，见 http://www.sc.xinhuanet.com/content/2015-02/10/c_1114315168.htm。

2. 人民网：货车撞翻拉硫酸火车　硫酸洒满地一片狼藉，见 http://legal.people.com.cn/n/2015/0210/c188502-26540761.html。

3. 网易网：超载货车闯红灯撞翻运硫酸火车，见 http://news.163.com/15/0210/11/AI3C40TC00014Q4P.html。

云南文山“2·9”坍塌事故

一、事件简介

2015年2月9日14时，云南省文山州职教园区学生活动中心在建工程施工过程中发生一起坍塌事故。此次事故共造成8人死亡、7人受伤。

二、事件原因

支撑架架体搭设不规范，架体构造存在严重缺陷；支撑架的强度、稳定性等未经计算验证；支撑架安装存在违规现象（施工方案未经论证，施工成果未经验收）；钢管、托撑存在质量问题；混凝土构件浇筑顺序、浇筑方式存在错误等，导致支撑架局部荷载过大、受力偏心，浇筑区域的支撑架出现强度、稳定性破坏，从而引发支撑架整体坍塌。

三、事件处理

事故发生后，文山州委、州政府高度重视，及时启动州级安全生产事故处置应急预案。文山州委书记、州长等领导作出重要批示：要求尽一切力量抢救被困人员，最大限度减少人员伤亡。

四、责任追究

事故发生后，依法对相关单位和责任人进行了处罚。

五、补救措施

为深刻吸取事故教训，举一反三，强化重点行业、重点领域安全生产管理，防止各类生产安全事故再次发生。文山州职教园区学生活动中心在建工程“2·9”坍塌事故调查组提出如下整改措施：1.加大执法力度，坚决打击非法违法生产经营行为。2.加强安全生产管理，坚决整治违规违章指挥行为。3.严格隐患排查治理，坚决彻底整改事故隐患。4.强化行政执法监督，落实企业安全生产主体责任。5.加强安全教育培训，进一步提高各级各类人员的技术水平和安全意识。6.加强警示教育，推动建筑施工安全管理规范化制度化建设。

参考资料

1.凤凰网：云南文山工地坍塌事故搜救结束共造成8死7伤，见http://news.ifeng.com/a/20150210/43147262_0.shtml。

2.新华网：住建部通报云南文山州模板支撑体系坍塌事故，见http://news.xinhuanet.com/talking/2015-02/12/c_1114349489.htm。

3.中新网：住建部：吸取云南文山坍塌事故教训　严肃查处责任人，见http://www.chinanews.com/gn/2015/02-12/7058752.shtml。

4.国家安全生产宣教网：文山州职教园区学生活动中心坍塌事故调查报告，见http://china.cnr.cn/ygxw/20151227/t20151227_520938270.shtml。

四川会理“2·11”交通事故

一、事件简介

2015年2月11日4时50分，一辆载有26吨黄磷的罐车，在途经108国道四川省凉山州会理县云甸境内时发生侧翻，黄磷泄漏燃烧，现场大量有毒气体向周围弥漫，浓烟冲天腾起“蘑菇云”。此次事故共造成41人急性呼吸道灼伤。

二、事件处理

事故发生后，会理县政府相关部门紧急赶到现场指挥处置。当地政府成立了医疗救助小组和小分队，分别奔赴云甸镇巴松村四、五、六组和白果湾乡齐河村、云甸镇油房村三组，设点对附近村民进行宣传和诊断，消除村民的恐慌心理。通报提供的数据显示，2个小分队和云甸镇卫生院共接受村民咨询163人次，发放口罩93只。当地环保部门组织人员奔赴现场，对大气和水体进行抽样和监测，并在公路边沟上临时砌好了阻流堤和围堰阻断污染源，防止泄漏黄磷流入河流。

三、责任追究

事故发生后，肇事驾驶员谭某已被当地警方依法刑事拘留。

四、补救措施

事故处理结束后，当地环保部门督促生产厂家对现场的废水、泥土等进行集中处理，确保不对环境污染造成影响。

参考资料

1.搜狐网：四川会理黄磷罐车事故致41人呼吸道灼伤，见http://news.sohu.com/20150214/n409020295.shtml。

2.新华网：108国道会理境内罐车侧翻26吨黄磷泄漏腾起“蘑菇云”，见http://www.sc.xinhuanet.com/content/2015-02/13/c_1114355869.htm。

3. 腾讯网：四川会理黄磷罐车侧翻泄漏致 41 人呼吸道灼伤，见 http://news.qq.com/a/20150214/029778.htm?hcr。

山西阳煤“2·12”煤与瓦斯突出事故

一、事件简介

2015 年 2 月 12 日 11 时 38 分，山西省阳泉煤业集团有限责任公司寺家庄矿南一盘区 15203 进风顺槽掘进工作面发生一起煤与瓦斯突出事故，突出煤量 225 吨、瓦斯量 6800m^3。此次事故共造成 3 人死亡。

二、事件原因

经调查，该矿没有在南一盘区实施区域性综合防突措施，15203 进风顺槽处于向斜构造轴部，两台钻机同时施工卸压孔时，扰动煤体诱发煤与瓦斯突出。

三、事件处理

事故发生后，山西省委、省政府高度重视。山西省委书记、省长等领导分别作出重要批示，要求做好救援工作，查明事故原因，举一反三，做好下一步工作，防止同类事故发生。山西煤监局，省煤炭厅、安监局主要领导接到事故报告后，及时率领有关人员前往事故矿井，指导抢险救援工作。

四、补救措施

为深刻吸取“2·12”事故教训，切实加强煤矿安全生产工作，山西省人民政府安全生产委员会提出以下要求：1. 切实提高做好煤矿安全生产工作重要性的认识。2. 加大煤与瓦斯突出矿井隐患排查力度。3. 加强煤矿瓦斯综合治理工作。全面实施瓦斯抽采全覆盖工程，加大瓦斯综合治理和利用工作力度。4. 加强煤矿职工瓦斯治理知识培训。5. 加强对煤与瓦斯突出矿井的安全监管监察。6. 严肃查处煤矿事故和责任追究。7. 加强春节和“两会”期间的安全生产工作。

参考资料

1. 山西省安监局：阳煤集团寺家庄公司“2·12”较大瓦斯事故，见 http://www.sxaj.gov.cn/xx/zdsg/201503/545101.html。

2. 山西省安监局：山西省人民政府安委员会办公室关于阳泉煤业集团有限责任公司寺家庄矿“2·12”煤与瓦斯突出事故的通报，见 http://www.sxaj.gov.cn/zhjg/201502/595087.html。

3. 山西煤矿安监网：晋中煤监分局深刻反思添措施吸取教训抓重点，见 http://www.sxsafety.gov.cn/dsdt/jcfjdt/20150217/jcfjdt114729.html。

广东东莞“2·15”火灾事故

一、事件简介

2015 年 2 月 15 日 4 时，广东省东莞市塘厦镇清湖头社区竹公岭东 15 号一楼“信德堂”药店发生火灾，过火面积仅约 40m^2。此次事故共造成 3 人死亡。

二、事件原因

经调查，阁楼与店铺没有物理分隔、卧室没有逃生窗、没有落实消防安全整改措施是导致“小火灾大伤亡”的重要原因。

三、事件处理

事故发生后，东莞市塘厦消防大队派出 4 辆消防车、20 名消防员赶赴现场救援。救援人员兵分两路，一路在前门灭火，一路从后窗切割防盗护栏救人。约 14 分钟后，大火被扑灭，消防人员从里面的阁楼上救出两名大人一名小孩，并将其交给救护车紧急送往医院抢救。

四、补救措施

针对此次火灾事故，东莞市在火灾现场召开全市消防安全现场会，通报此次事故的情况，并向广大群众宣传防火的相关安全知识。

参考资料

1. 人民网：东莞塘厦镇一药店凌晨起火　一家三口死亡，见 http://gd.people.com.cn/n/2015/0216/c123932-23931702.html。

2. 新浪网：东莞塘厦出租屋一楼凌晨火灾　小药店一家三口殒命，见 http://news.sina.com.cn/c/2015-02-15/193231524886.shtml。

3. 网易网：东莞一居民楼发生火灾　药店老板一家三口遇难，见 http://news.163.com/15/0216/02/AIHTK32O00014AED.html。

湖北枝江“2·19”燃爆事故

一、事件简介

2015 年 2 月 19 日 8 时 22 分，位于湖北省宜昌市枝江市经济开发区姚家港化工园的宜昌富升化工有限公司硝基复合肥建设项目，在试生产过程中发生燃爆事故。此次事故共造成5人死亡、2人受伤，直接经济损失469.28万元。

二、事件原因

由于北塔1#混合槽物料温度长达1小时19分钟高于工艺规程控制上限175℃，7时9分至8时9分，实际温度介于185℃—200℃之间运行，且物料停留时间过长，导致物料中硝酸铵受热分解，温度持续上涨，8时22分瞬间最高温度达629.95℃，期间1#和2#混合槽相继冒槽，料浆流至100.5m层和96m层平台，发生高温分解燃爆。

三、事件处理

事故发生后，湖北省委、省人民政府高度重视。湖北省委书记、省长及时作出重要批示，要求省安监局和宜昌市全力组织救援，防止次生事故发生，妥善做好事故相关善后工作，并迅速查明事故原因，严肃追究事故责任，认真吸取事故教训。宜昌市及枝江市及时启动应急处置预案，有效防止事故灾害扩大，迅速组织救治伤员，妥善安抚死者家属。国家安监总局监管三司和湖北省安监局、监察厅分别指派有关领导赶赴现场协调、指导事故救援和调查工作。

四、责任追究

事故发生后，依据党纪政纪对相关单位和责任人进行了责任追究。

五、补救措施

针对此次事故，湖北省宜昌枝江市富升化工有限公司“2·19”较大燃爆事故调查组提出以下要求：1.落实主体责任，强化企业安全管理。2.加大政府监管力度，强化开发区安全管理。3.落实部门监管责任，切实加强执法检查监督。4.加强安全设计管理，从设计源头遏制事故发生。5.大力加强教育培训，提高从业人员安全意识和能力。

参考资料

1.新华网：枝江一化工公司昨发生燃爆事故，见 http://news.xinhuanet.com/local/2015-02/20/c_127508999.htm。

2.网易网：枝江一化工公司昨发生燃爆事故，见 http://news.163.com/15/0220/09/AIST5UAL00014AED.html。

3.湖北省安监局：湖北省宜昌枝江市富升化工有限公司“2·19”较大燃爆事故调查报告，见 http://www.hubeisafety.gov.cn/content/content_a.asp?id=10787。

浙江永康“2·19”烟花爆炸事故

一、事件简介

2015年2月19日16时，浙江省金华市永康市象珠镇清渭街象珠文雄烟花爆竹销售点发生爆炸。此次事故共造成5人死亡、3人受伤。

二、事件原因

经调查，事故系店主在卖烟花时试放了一个擦炮到门外，将堆放在销售点外的烟花爆竹引燃爆炸，进而引发火灾所致。

三、事件处理

事故发生后，浙江省委、省政府高度重视。浙江省委副书记、省长作出重要批示，要求认真做好死者亲属的安抚工作，全力救治伤员，妥善处理善后工作，并举一反三，认真吸取教训，切实防范此类事故再次发生，让百姓过上一个平安祥和的春节。接到报警后，当地消防部门及时赶赴现场灭火救援，将伤者送往医院救治。

四、责任追究

事故发生后，该烟花爆竹店店主被当地公安机关控制。

五、补救措施

为深刻吸取事故教训，切实采取有效措施，严厉打击烟花爆竹违法经营和燃放行为，坚决防范和遏制烟花爆竹事故的再次发生，浙江省安全生产委员会提出以下要求：1.严格安全生产责任落实。2.严格烟花爆竹生产经营条件。3.严格烟花爆竹违法燃放执法。4.严格事故查处和整改措施落实。

参考资料

1.新华网：浙江金华一烟花爆竹店发生爆炸　致5人死亡，见 http://news.xinhuanet.com/city/2015-02/20/c_127508877.htm。

2.网易网：浙江永康年初一烟花爆炸事故　国务院安委办挂牌督办，见 http://news.163.com/15/0303/18/AJQ6L7BN00014SEH.html。

3.浙江省安监局：关于永康市“2·19”烟

花爆竹较大恶性事故情况的紧急通报，见 http://www.zjsafety.gov.cn/cn/zxwj/162135.shtml。

湖南邵阳“2·21”沉船事故

一、事件简介

2015 年 2 月 21 日 16 时，湖南省邵阳县九公桥镇塘洪村段一村民私驾他人船只载亲戚到对面桃花岛游玩，在返回途中发生沉船事故。此次事故共造成 9 人死亡。

二、事件原因

不具备机动船舶驾驶资格的人员驾驶不适航的非法船舶渡人，船舶超载、配重不均，驾驶人对船舶出现“插抢”现象处置不当，是本次沉船事故发生的直接原因。

三、事件处理

事故发生后，湖南省邵阳市、县领导和相关部门及时赶赴现场，开展救援。事故现场成立了邵阳市、县主要领导挂帅的现场救援指挥部，全面组织现场搜救、事故调查、善后处置等工作。

四、责任追究

事故发生后，依据党纪政纪对相关单位和责任人进行了责任追究。

五、补救措施

针对暴露出来的问题，有效防范同类事故的发生，邵阳市人民政府邵阳县九公桥镇“2·21”沉船事故调查组提出以下建议：1. 邵阳县人民政府要进一步加强水上交通安全监管。2. 邵阳县地方海事处要加强水上交通安全监督管理。3. 邵阳县渔政管理部门要进一步规范涉渔船舶的管理和执法。

参考资料

1. 网易网：湖南邵阳发生沉船事故致 8 人死亡 1 人失踪，见 http://news.163.com/photoview/00AP0001/85161.html#p=AJ4U4QF400 AP0001。

2. 新华网：湖南邵阳县沉船事故致 8 死 1 失踪，见 http://news.xinhuanet.com/local/2015-02/23/c_127511888.htm。

3. 邵阳市安监局：邵阳县九公桥镇“2·21”沉船事故调查报告，见 http://www.sysafe.gov.cn/view.asp?news_id=2043&classid=68&admin_clas=1。

新疆喀什“2·24”交通事故

一、事件简介

2015 年 2 月 24 日 23 时 20 分，新疆五运旅客运输有限公司新 N32698 号“宇通”牌大型普通客车，自喀什地区客运总站国际汽车站出发前往阿克苏中心客运站，当行驶至未开通运营的 G3012 线阿喀高速公路 1071km+230m 处时，因车辆左前轮爆胎致使车辆失控，冲出中央隔离护栏，驶入对向车道发生自翻，造成 22 人死亡、38 人受伤，直接经济损失 1475 万元。

二、事件原因

肇事驾驶人擅自驶入未开通运营的道路，以 133km/h 的速度超速行驶过程中，车辆左前轮突然爆胎，导致车辆侧翻。

三、事件处理

事故发生后，喀什地区巴楚县公安局指挥中心接到报警后及时指派巴楚县公安局交警大队民警赶赴现场处置。巴楚县委、县政府接报后，及时启动《巴楚县重大交通事故应急预案》，县委、县政府主要领导带领公安、交通、消防、安全监管、卫生等部门及时赶赴现场进行救援。

四、责任追究

事故发生后，依据党纪政纪对相关单位和责任人进行了责任追究。

五、补救措施

为防止类似事故再次发生，新疆喀什“2·24”重大车辆侧翻事故调查组提出以下事故防范措施建议：1. 道路运输企业要切实落实安全生产主体责任。2. 阿克苏地区、喀什地区要进一步加强交通运输行业安全监管力度。3. 自治区交通运输厅要充分发挥交通运输行业监管职能。4. 公安交警部门要进一步强化道路交通安全巡控工作。要突出事故易发的重点路段和重点时段安全监管，加大对事故多发路段的巡逻管控力度，从严查处超速、疲劳驾驶等严重违法行为，进一步落实客运车辆交通违法向道路运输管理部门抄告和转递制度，做到查处一起、转递一起、抄告一起。

参考资料

1. 网易网：新疆巴楚县发生一起交通事故致 22 人死亡，见 http://news.163.com/15/0225/20/

AJAVCVSH0001124J.html。

2. 新疆维吾尔自治区政府网：自治区安全监管局：自治区成立喀什“2·24”重大车辆侧翻事故调查组，见 http://egov.xinjiang.gov.cn/xxgk/zwdt/bmdt/2015/246883.htm。

3. 新疆维吾尔自治区安监局：新疆喀什“2·24”重大车辆侧翻事故调查报告，见 http://www.xjsafety.gov.cn/tabid/95/InfoID/47109/frtid/129/Default.aspx。

江西乐平“2·28”煤与瓦斯突出事故

一、事件简介

2015 年 2 月 28 日 11 时 55 分，江西省乐平市江西煤业集团有限责任公司涌山煤矿 32506 机巷向西掘进工作面发生一起较大煤与瓦斯突出事故，突出煤量 1381 吨，瓦斯量 $13806m^3$，造成 4 人死亡，1 人轻伤，直接经济损失 403.06 万元。

二、事件原因

直接原因

在应力集中区掘进因放炮扰动作用诱发的以地应力为主导的煤与瓦斯延期突出。

三、事件处理

事故发生后，江西省委、省政府高度重视，江西省副省长作了重要指示。景德镇市人民政府、江西煤矿安全监察局、省安全生产监督管理局、省煤炭行业管理办公室、省能源集团公司、江西煤矿安全监察局赣东北监察分局等部门的领导和相关人员迅速赶赴现场指导事故抢险救援工作。

四、责任追究

事故发生后，依据党纪政纪对相关单位和责任人进行了责任追究。

五、补救措施

为深刻吸取事故教训，杜绝此类事故再次发生，江西煤业集团有限责任公司涌山煤矿“2·28”煤与瓦斯突出事故调查组提出以下建议：

1. 涌山煤矿应认真吸取事故教训，进一步认真落实安全生产主体责任，严格贯彻落实安全生产方针、法律法规、规程和安全生产规定，建立健全各岗位、各工种的安全生产责任制和操作规程。

2. 乐平矿务局应加强防突管理工作。

3. 加强矿井技术管理，优化采掘方案，合理采掘部署。

4. 加强采掘现场安全管理，严格落实作业规程规定和安全技术措施，落实矿领导下井带班制度，落实区队领导现场跟班制度。

5. 乐平矿务局应按《企业安全生产应急管理九条规定》的要求，加强应急管理工作。

参考资料

1. 新浪网：江西乐平涌山煤矿煤与瓦斯突出事故 4 名矿工遇难，见 http://news.sina.com.cn/c/2015-03-02/213831559192.shtml。

2. 搜狐网：江西涌山煤矿煤与瓦斯突出事故 4 名矿工全部遇难，见 http://news.sohu.com/20150302/n409276519.shtml。

3. 江西煤监局网：江西煤业集团有限责任公司涌山煤矿“2·28”较大煤与瓦斯突出事故调查报告，见 http://www.jxmkaqjc.gov.cn/sgdc15/sgdcbg/201505/t20150518_367805.htm。

深圳“3·1”交通事故

一、事件简介

2015 年 3 月 1 日 15 时 33 分，在深圳市宝安机场 T3 航站楼高架桥转出发大厅约 50m 处发生了一起重大的交通事故。此次事故共造成 9 人死亡、24 人受伤。

二、事件原因

直接原因

肇事司机驾驶机动车上道路行驶时，超过限速标志标明的最高时速 50% 以上，且操作不当，其行为违反了《中华人民共和国道路交通安全法》，是导致此事故发生的原因。

三、事件处理

事故发生后，深圳市委书记、市长等领导及时赶赴现场组织指导事故处置工作，到医院看望伤员，并在现场组织召开会议，对应急处置、医疗救护和善后工作作出周密部署。深圳市安委办、公安局、公安交警局、宝安区政府等相关部门负责人也及时赶赴现场，开展事故救援和现场处置工作。在深圳机场执勤的交警、特警及时赶赴现场，保护现场，组织抢救伤员。深圳市 120 急救中心紧急调派 12 台次救护车进行医疗救援。深圳机场启动突出事件应急预案，组织应急力量赶赴现场，积极配合市政府开展应急处置工作。

四、责任追究

深圳市公安局机场分局党委委员、副局长魏某等6人被给予政纪处分；机场集团安全总监兼安全服务管理部总经理贾某等7人被给予警告或记过处分；深圳市公安局机场分局党委书记、局长陈某等4人被责成作出书面检查。

五、补救措施

为深刻吸取事故教训，杜绝此类事故再次发生，深圳市人民政府提出以下要求：

进一步加强对道路交通安全的监管。各区、各有关部门要强化政府领导和属地监管责任，分析研判本辖区、本部门(行业)交通安全薄弱环节和突出问题，认真排查治理交通设施事故隐患，完善警示标志等安全设施；把交通事故多发路段列为管控和整治重点，进一步优化警力部署，合理安排勤务，严格路面排查，督促指导驾驶人员严格遵守道路交通秩序；继续深化道路交通领域打非治违工作，严厉打击超载、超速以及疲劳驾驶等各类非法违法行为。

彻底整治事故路段安全隐患。机场公安机关和机场集团要针对事故路段安全隐患突出的情况，彻底整治安全隐患。要在人行道设置明显的劝阻行人前往机动车道观看飞机的安全警示标志，将劝阻工作明确纳入维护人行道公共秩序的内容，做好劝阻工作，从源头上解决群众观看飞机的安全隐患。要加大技防设施的投入，充分利用视频监控探头24小时监控事故路段，对群众观看飞机等安全隐患做到早发现、早报告、早处置。要针对事故路段急转弯、车速快等安全隐患，安装足够长的阻挡群众观看飞机视线的车行道防护网，设置减速带、设立醒目的限速牌等，全面完善交通安全设施，加大对事故路段超速车辆的处罚和宣传力度，确保事故路段的安全隐患得到彻底整治。

切实做好机场公共区域道路交通设施的隐患排查及重点区域交通秩序管理工作。机场公安机关要认真履行职能，加强辖区道路交通安全管理，加大对各类交通违法行为的打击力度，坚决杜绝群死群伤责任事故的发生。要结合机场区域道路交通特点，立即对机场公共区域交通标志标线、安全警示牌等交通设施开展安全隐患排查，确保上述交通设施符合道路交通安全、畅通要求。要调整警力部署，加强候机楼及周边、货场、人员密集地区周边道路的巡逻管控和秩序管理，维护良好的通行秩序；要严格查处各类交通违法行为，对酒后驾车、违法停车、闯红灯等严重违法行为要持续开展专项整治，要注重运用路面监控设施服务于交通管理工作，努力实现机场公共区域重点地段、道路视频24小时覆盖，确保及时发现各类交通安全隐患和问题。

参考资料

1. 网易网：深圳机场致9死24伤车祸案17名官员面临处理，见 http://news.163.com/15/0910/19/B365Q09H0001124J_all.html#p1。

2. 和讯网：深圳机场“3·1”车祸相关责任人被追责，见 http://news.hexun.com/2015-09-11/179015949.html。

3. 广东省应急办：深圳市公布“3·1”较大道路交通事故调查报告，见 http://www.gdemo.gov.cn/qwfb/zryjc/zrycc/zryjcsn/201509/t20150911_218388.htm。

河南林州“3·2”交通事故

一、事件简介

2015年3月2日23时，河南省林州市境内226省道一辆大巴客车发生交通事故，坠下百米山崖。此次事故共造成20人死亡、13人受伤。

二、事件原因

直接原因

客车驾驶人员遇情况采取措施不当、超速行驶、无证驾驶、肇事车辆制动性能不符合要求。

间接原因

田某带领的演出团队非法营业性演出；郑州、新乡市公安交警部门履行路面执法管控职责不力；新密、荥阳、林州文化主管部门履行演出市场监管职责不到位等。

三、事件处理

事故发生后，河南省林州市主要领导及时赶赴现场，指挥救援。驻训部队官兵150余人和当地公安、消防、医疗、公路、交通、民政等部门及五龙镇干部群众200余人，火速奔赴现场救援。救援人员克服多种困难，全力开展救援工作。

四、责任追究

郑州市公安局郑少高速大队民警王某、新乡市公安局平原分局交通巡防大队民警郭某因涉嫌玩忽职守罪被林州市检察院立案侦查；新乡市公安局平原分局交通巡防大队负责人周某因涉嫌滥用职权罪被批准逮捕；新乡市公安局平原分局局长路某、新密市文化广电旅游局综合执法大队一中队中队长李某、荥阳市文化广播电视新闻出版局纪委书记李某、林州市文化市场综合执法大队副大队长张某等22名公职人员，因履职不力，被给予党政纪处分。经法院审理判决，演出团队负责人田某、李某二人因交通肇事罪分别判处有期徒刑7年，并与涉案司机一起赔偿附带民事诉讼的原告人经济损失1000余万元。

参考资料

1. 网易网：河南林州一大巴坠崖已致20死13伤，见 http://news.163.com/15/0304/02/AJR2CVJ800014AED.html。

2. 新浪网：河南林州客车坠崖事故调查结果公布，见 http://news.sina.com.cn/o/2015-12-09/doc-ifxmihae9324697.shtml。

3. 中新网：河南林州大巴坠崖致20死事故：演出团二负责人获刑，见 http://it.chinanews.com/sh/2016/02-03/7745672.shtml。

内蒙古准格尔“3·3”安全生产事故

一、事件简介

2015年3月3日22时40分，内蒙古自治区鄂尔多斯市准格尔旗内蒙古天润化肥股份有限公司发生一起高温高压气体灼烫冲击和高处坠落生产安全事故。此次事故共造成3人死亡，直接经济损失人民币608.4万元。

二、事件原因

直接原因

1. 在气液分离器V1304C压力为3.75MPa、温度为211℃，不具备检修作业的条件下，违规指挥拆开底部盲法兰，大量高温高压原料气瞬间喷出，致使检修工赵敏和张茂林受到灼烫冲击死亡。

2. 现场操作工王文慧在现场情况不明的情况下，盲目返回事故现场查看，从V1304C底部正下方事故形成的方口坠落死亡。

三、事件处理

事故发生后，鄂尔多斯市政府副市长及有关部门负责同志及时赶赴事故现场，会同准格尔旗政府及相关部门开展事故抢险救援和善后处理工作。内蒙古自治区安监局局长高度重视，多次指导调度事故救援和调查处理工作，并指派自治区安监局相关业务处室负责同志率专家赶赴事故现场，听取汇报和现场实地勘察，对事故抢险救援以及善后处理、事故调查工作提出了具体要求。事故调查期间，自治区安监局相关负责同志又赴鄂尔多斯指导督办事故调查。

四、责任追究

事故发生后，依据党纪政纪对相关单位和责任人进行了责任追究。

五、补救措施

鄂尔多斯市人民政府“3·3”事故调查组要求相关单位采取有力措施，深刻吸取事故教训，杜绝此类事故再次发生。

参考资料

1. 人民网：内蒙古鄂尔多斯一煤矿发生事故 造成3死3伤，见 http://society.people.com.cn/n/2014/0716/c1008-25290454.html。

2. 中新网：内蒙古天润化肥股份有限公司发生生产事故致3人死亡，见 http://www.chinanews.com/sh/2015/03-04/7100773.shtml。

3. 凤凰网：内蒙古天润化肥股份有限公司发生生产事故 3人死亡，见 http://news.ifeng.com/a/20150304/43264886_0.shtml。

4. 鄂尔多斯市政府网：鄂尔多斯市准格尔旗内蒙古天润化肥股份有限公司“3·3”高温高压气体灼烫冲击和高处坠落较大生产安全事故调查报告，见 http://xxgk.ordos.gov.cn/information/ordos_xxw46/msg10313232356.html。

云南昆明“3·4”火灾事故

一、事件简介

2015年3月4日4时，云南省昆明市官渡区彩云北路1502号东盟联丰农产品商贸中心发生一起火灾，过火面积3300余平方米。此次事故共造成12人死亡、10人受伤。

二、事件原因

此次火灾是商户在装卸物品过程中发生意外而引发。

三、事件处理

火灾发生后，云南省、昆明市两级党委、政府高度重视。云南省委书记、省长等领导及时作出批示，对扑灭火灾、救治伤员、火灾调查及善后处理等工作提出明确要求。云南省副省长、昆明市委书记等领导分别带领云南省和昆明市两级公安、消防、安监、卫生等职能部门力量赶赴现场，指挥救援及相关善后工作。昆明市公安局110指挥中心、昆明公安消防119指挥中心接到报警后，昆明市、官渡区两级公安机关及时启动应急响应程序，迅速调集消防、交警、派出所等多个警种大批警力前往现场扑救、救助伤员、疏散人员和维护秩序等工作。

四、责任追究

事故发生后，商场及商铺相关人员被公安机关控制。昆明市人民检察院公布，该院决定依法对“3·4”重大火灾事故涉嫌玩忽职守罪的6名国家机关工作人员立案侦查。

五、补救措施

为深刻吸取事故教训，杜绝此类事故再次发生。云南省政府召开全省安全生产工作紧急视频会议，要求深刻吸取“3·4”重大火灾事故教训，痛定思痛，对全省安全生产工作进行再安排、再部署、再督促，全面深入排查事故隐患，坚决杜绝发生危害群众生命和财产安全的重特大事故。

参考资料

1. 网易网：云南昆明一农产品商贸中心发生火灾，见http://news.163.com/15/0304/12/AJS5OCUV000146BE.html?baike。

2. 中新网：昆明一农产品商贸中心火灾共造成12人死亡，见http://www.chinanews.com/gn/2015/03-05/7103817.shtml。

3. 中国安全生产网：云南吸取火灾教训　深入排查事故隐患，见http://www.aqsc.cn/101806/101960/355089.html。

4. 央广网：“3·4”重大火灾事故：6名国家机关工作人员被立案侦查，见http://news.cnr.cn/native/gd/20150908/t20150908_519810832.shtml。

贵州兴仁“3·7”交通事故

一、事件简介

2015年3月7日12时34分，贵州省黔西南州兴仁县佳文生态农业开发有限公司一辆轻型自卸货车在黔西南州兴仁县城北街道办事处锁寨村五星枇杷基地道路上侧翻。此次事故共造成11人死亡、19人受伤，直接经济损失496万元。

二、事件原因

直接原因

肇事司机岑某某驾驶贵EM7201号轻型自卸货车货厢载29人，驾驶过程中未保持安全车速，操作不当导致车辆在转急弯过程中重心偏移向右侧翻，造成事故发生。

三、事件处理

事故发生后，国务院领导作出重要批示，贵州省委书记、省长等领导相继作出重要指示批示，要求全力救治受伤人员，妥善处理善后事宜，查明事故原因，严肃责任追究，举一反三，加强安全生产工作。贵州省副省长率省公安、安全监管、交通运输等相关部门负责人赶赴事故现场，指导抢险救援和事故善后处理工作。国家安全监管总局也派出工作组赶赴事故现场，指导事故处置和调查处理工作。

四、责任追究

事故发生后，相关责任人和单位依法依规受到了相关处罚。

五、补救措施

为深刻吸取事故教训，杜绝此类事故再次发生。贵州省政府兴仁县“3·7”重大道路交通事故调查组提出以下要求：1. 黔西南州要全面开展打击货车载人违法行为专项整治；2. 黔西南州要加强各类园区的安全管理；3. 黔西南州要加强道路交通安全管理。

参考资料

1. 新浪网：贵州兴仁小货车侧翻造成11死19伤，见http://news.sina.com.cn/c/2015-03-08/090931581882.shtml。

2. 腾讯网：贵州兴仁一辆小货车侧翻　造成11死19伤，见http://news.qq.com/a/20150308/007766.htm。

3. 国家安监总局：兴仁县“3·7”重大道路交通事故调查报告，见http://www.chinasafety.gov.cn/newpage/Contents/Channel_5498/2015/0814/256228/content_256228.htm。

河南固始“3·8”交通事故

一、事件简介

2015年3月8日6时20分，一辆由河南商城县开往浙江萧山的大客车在沪陕高速固始境内发生交通事故，大巴车冲出护栏，翻入路边水塘。此次事故共造成6人死亡、11人受伤。

二、事件原因

经调查，大客车（核载55人，实载55人）行驶至沪陕高速公路779km处时，因避让不及时，与前方因操作不当撞击右侧防护栏后斜停在高速公路紧急停车道与行车道之间的别克轿车刮擦。大客车方向失控，冲撞出右侧护栏并侧翻于路边水塘内。

三、事件处理

事故发生后，河南省固始县委、县政府领导及该县道路运输局、交通局、公安局、安监局等相关部门及时赶赴现场进行应急处置，及时救治伤员，做好善后处理，调查事故原因。

四、责任追究

经调查取证，7名责任人被警方刑事拘留。

参考资料

1. 大河网：河南一客车沪陕高速固始境内发生侧翻死亡事故，见 http://news.dahe.cn/2015/03-08/104479856.html。

2. 新华网：河南：固始“3·8”特大交通事故7人被采取刑事措施，见 http://news.xinhuanet.com/local/2015-03/13/c_1114630282.htm。

3. 中国青年网：河南固始交通事故致6人死亡　7名责任人被刑拘，见 http://news.youth.cn/gn/201503/t20150312_6521222.htm。

河南鹿邑“3·10”交通事故

一、事件简介

2015年3月10日4时15分，一辆面包车行驶至311国道鹿邑县太清宫镇境内时，与一辆大货车发生迎面撞击。此次事故共造成6人死亡。

二、事件原因

经调查，此次事故是由于大货车司机违反交通法规，自东向西沿南侧通行车道逆行造成的。

三、事件处理

事故发生后，河南省鹿邑县超限检测站工作人员及时施救，并相继拨打了110、119、120等救援电话。接到报告后，鹿邑县委、县政府高度重视，及时启动应急救援预案，迅速开展应急救援工作。鹿邑县委书记、县长分别作出批示，要求全力抢救伤员，做好善后处理工作，确保道路畅通。鹿邑县委常委、县政府党组副书记及时率领县交通运输、公安交警等部门人员赶赴现场，成立事故处理工作组，积极开展救援工作。

四、责任追究

事故发生后，鹿邑县公安局交通警察大队及时开展事故的调查取证工作，对肇事重型特殊结构货车驾驶人李某以涉嫌交通肇事罪依法立案侦查并采取刑事拘留强制措施。李某被鹿邑县人民法院判决有期徒刑7年。

因主体责任不落实，鹿邑县公安局对许昌顺鑫运输有限公司安全经理王某以涉嫌安全责任事故罪依法立案侦查并采取刑事拘留强制措施。

五、补救措施

鹿邑县召开“3·10”交通事故善后处理工作专题会议，决定对因事故造成家庭未成年人失去父母的，按照孤儿保障有关规定，及时纳入孤儿救助范围；对因事故造成其家庭生活困难、符合低保条件的，及时纳入低保救助范围。

参考资料

1. 凤凰网：凌晨驾车外出迎面撞上货车　鹿邑一家6口不幸遇难，见 http://news.ifeng.com/a/20150312/43323539_0.shtml。

2. 腾讯网：鹿邑一面包车迎面撞上大货车　一家6口不幸遇难，见 http://henan.qq.com/a/20150312/011418.htm。

3. 鹿邑信息网：警示录：鹿邑县“3·10”事故责任追究情况，见 http://www.luyinews.com/article_27.html。

湖北大冶“3·11”高处坠落事故

一、事件简介

2015年3月11日21时30分，位于湖北省黄石市大冶市的大冶有色金属有限责任公司铜山口铜矿井下 -160m 中段北沿523采场溜矿井 -127m 井口发生一起高处坠落事故。此次事故共造成4人死亡、1人受伤，直接经济损失397.6万元。

二、事件原因

直接原因

1. 井口安全防护平台没有按照设计要求建设

施工。发生事故的 -160m 中段北沿 523 采场溜矿井 -127m 溜矿井口安全防护平台，设计为四根 11 # 矿用工字钢托梁平行平面支设，而实际施工时只搭设了两根工字钢托梁。由于井口一侧井壁在掘进施工时未设井沿平台，在搭设该处井口安全防护平台时，承重托梁一端没有稳固的搭搁支承点，也未开凿支撑孔槽，均搭搁于垂直井壁的凸点处。其中左侧托梁搭搁于井壁凸出支承点上，井壁凸出宽度约 100mm，搭搁状态相对稳固；右侧托梁搭搁于垂直井壁处稍有凸出的斜突面处，搭搁状态极不稳固。

2. 拆除井口安全防护平台作业人员没有系挂安全带，违章冒险施工作业。拆除 -127m 井口防护平台当班作业人员缺乏基本的安全防护意识，违反《大冶有色金属有限责任公司铜山口铜矿 -160m 中段开拓工程斗井安装安全专项方案》第三条第 11 款“拆除斗井护栏时，拆除人员必须系好安全带”，以及北沿 -160m 523 采场斗井防护平台拆除《施工安全技术交底》第 17 条“拆除平台时，拆除人员必须将安全带、安全绳系到上部横梁或外部锚杆上”的规定，拆除施工过程中，6 名作业人员都没有系挂安全带，违章冒险作业，以致在井口防护平台突然坍塌时，因没有个人安全保护措施而坠落井下。

三、事件处理

事故发生后，黄石市市委、市政府高度重视，及时启动应急预案，组织事故施救。黄石市政府，省安监局有关领导带领相关部门及时赶赴事故现场，指导事故救援、善后和调查处理工作。黄石市人民政府成立了大冶有色铜山口铜矿“3·11”较大高处坠落事故调查组，调查组由市安监局牵头，市公安局、市监察局、市总工会等单位参加，并邀请黄石市检察院派员参加事故调查工作。涉及事故单位的有关问题，其管辖地河北省邯郸市安全生产委员会也派员参与了事故调查工作。

四、责任追究

中国华冶铜山口矿项目部副总工程师付某被追究刑事责任，邯郸金泰铜山口铜矿项目部负责人段某等 27 人被给予党纪政纪处分、组织处理和经济处罚。

五、补救措施

为深刻吸取事故教训，杜绝此类事故再次发生，黄石市大冶有色金属有限责任公司铜山口铜矿“3·11”较大高处坠落事故调查组提出以下要求：

1. 强化安全生产红线意识，加大齐抓共管力度；
2. 强化隐患排查治理工作，消除各类事故隐患；
3. 强化外包工程监督管理，堵塞安全管理漏洞；
4. 强化非煤矿山安全监管，切实落实法律法规。

参考资料

1. 人民网：湖北大冶铜山口矿发生围岩坍塌事故致 4 死 1 伤，见 http://society.people.com.cn/n/2015/0312/c136657-26681850.html。

2. 中新网：湖北大冶铜山口矿发生围岩坍塌事故致 4 死 1 伤，见 http://www.chinanews.com/sh/2015/03-12/7122775.shtml。

3. 湖北省安监局：大冶有色金属有限责任公司铜山口铜矿“3·11”较大高处坠落事故调查报告，见 http://www.hubeisafety.gov.cn/content/content_a.asp?id=10786。

四川邻水“3·13”煤矿顶板事故

一、事件简介

2015 年 3 月 13 日 12 时 15 分，四川省广安市邻水县龙泉煤矿 1115 回风巷掘进工作面距回风石门 50m 处发生一起顶板事故。此次事故共造成 4 人死亡。

二、事件原因

1. 煤矿企业主体责任不落实。该矿巷道维修未制定专项安全技术措施；煤矿管理人员违章指挥，现场作业人员安全意识淡薄，维修操作不当；安全管理规章制度不落实，职工教育培训工作不到位。

2. 企业不严格执行监管指令。

3. 地方政府及相关部门安全监管不力。

三、事件处理

事故发生后，四川省、广安市领导高度重视。邻水县委、县政府及时启动事故处置应急预案，并紧急赶赴现场开展救援和善后处置工作。接到事故报告后，四川省副省长对事故救援作出批示，要求省安全监管局指导帮助广安市邻水县，全力做好被困人员抢救工作，确保人员安全。省安全监管局副局长率相关处室负责人及时奔赴事故现场指导救援和善后处置等工作。

四、补救措施

四川省政府安委会组织召开广安、乐山煤矿安全生产工作约谈会，省政府安委会副主任、省安办主任、省安全监管局局长表示，要深刻吸取近期发生的事故教训，举一反三，切实加强安全生产工作。

参考资料

1. 中国煤炭网：四川广安邻水县龙泉煤矿发生顶板垮塌事故，造成 4 人死亡，见 http://www.cwestc.com/newshtml/2015-3-14/363554.shtml。

2. 四川省安监局：关于四川省广安市邻水县龙泉煤矿“3·13”垮塌事故的报告，见 http://www.scsafety.gov.cn/Detail_092f5d31-8f5a-4e22-b2cd-b66a28cbfe08。

3. 四川省政府网：省政府安委会就煤矿安全生产约谈广安（邻水）、乐山（沙湾）领导，见 http://www.sc.gov.cn/10462/10464/10727/10866/2015/6/8/10338769.shtml。

广东三水“3·15”煤气中毒事故

一、事件简介

2015 年 3 月 15 日 3 时 23 分，广东省佛山市三水区白坭镇广汇化工厂发生煤气泄漏事故。此次事故共造成 3 人死亡、5 人受伤，直接经济损失 360.31 万元。

二、事件原因

直接原因

高炉煤气隔断系统存在缺陷，作业人员在输送煤气之前没有对隔断系统的水封阀进行安全检查，致使煤气经管道泄漏进入热风炉。而广汇公司在没有确保安全以及做好安全措施的情况下，违章指挥作业人员进入热风炉内进行清理热风球作业，造成炉内 3 名作业人员中毒死亡和 5 名救援人员中毒受伤。

三、事件处理

事故发生后，佛山市委副书记、市长带领有关单位负责同志及时赶赴现场组织事故处置工作。中毒受伤人员被及时送往医院治疗。

四、责任追究

事故调查组认为，广汇公司不仅使用严重老化的设施，而且人员变更频繁，安全措施和对员工的培训教育均不到位，事故发生后应急处置措施也不力，造成伤亡进一步扩大，应担负主要责任。事故调查组建议，依法对该公司处以 99 万元的行政罚款，对企业主要负责人在内的 4 人追究刑事责任。另外，与此次事故相关的 10 个单位中的 16 名党政领导干部、政府工作人员因履职不到位、工作失职、未按要求开展监督检查等原因被追究党纪、政纪责任，分别被给予诫勉谈话、警告、行政记过、行政降级等相应处分。

五、补救措施

针对此次事故，佛山市安委办下发文件，要求各相关单位落实对此次事故认定的责任追究，深刻吸取事故发生的教训，举一反三，切实加强安全生产工作。

参考资料

1. 腾讯网：广东三水一化工厂煤气泄漏已致 3 人遇难 5 人受伤，见 http://news.qq.com/a/20150315/019938.htm。

2. 新浪网：三水化工厂煤气中毒致 3 人死亡 4 负责人被追刑责，见 http://gd.sina.com.cn/fs/yaowen/2015-06-15/075234350.html。

3. 中国质量新闻网：三水区白坭镇“3·15”事故正式结案 化工厂 4 负责人被追刑责，见 http://www.cqn.com.cn/news/minsheng/msrd/1048540.html。

山东滨州“3·18”爆炸事故

一、事件简介

2015 年 3 月 18 日 9 时 47 分，位于山东省滨州市沾化区的山东海明化工有限公司双氧水装置氢化塔发生爆炸事故。此次事故共造成 4 人死亡、2 人受伤，直接经济损失 488.2 万元。

二、事件原因

直接原因

企业有关人员没有采取有效隔绝、置换措施，进入氢化塔下塔作业。塔底排凝管线球阀和氮气进口管线（即变更后的中塔纯氢进口管线）截止阀内漏，氢气串入塔内，与从上部人孔进入的空气混合，遇火星发生爆炸。据调查，非防爆工具使用过程中产生的点火源是可能的点火源之一。作业人员携带非防爆的钢制套筒扳手、钢卷尺进入塔内，使用过程中存在撞击、摩擦打火，有引起氢气爆炸的可能。非防爆电器使用也是可能的点火源之一。作业人员携带非防爆型手电筒、手机进入塔内，使用过程存在打火引起氢气爆炸的可能。事故调查中排除了明火、雷击、人为纵火等引发爆炸的因素。

三、事件处理

事故发生后，国家安全监管总局高度重视，及时派员赶赴现场，指导事故救援，督导事故调查，研究防范措施。山东省省长、副省长等领导及时作出批示，要求全力抢救受伤人员，立即组织事故调查，迅速查明原因，认真做好善后工作。山东省安监局局长及时安排分管领导和有关人员赶赴现场，指导事故现场应急处置、救援和调查工作。滨州市委、市政府及沾化区委、区政府及时启动事故应急处置预案，积极救治伤员，妥善做好善后工作。

四、责任追究

依据《中华人民共和国安全生产法》《生产安全事故报告和调查处理条例》《中国共产党纪律处分条例》《行政机关公务员处分条例》《事业单位工作人员处分暂行规定》《安全生产违法行为行政处罚办法》等法律法规，对有关单位和人员进行了责任追究。

五、补救措施

针对事故暴露出的突出问题，为深刻吸取事故教训，进一步加强化工危化品行业安全生产工作，有效防范类似事故再次发生，山东海明化工有限公司“3·18”较大爆炸事故调查组提出如下建议措施：1. 切实强化企业安全生产主体责任的落实。2. 强化企业安全生产基础工作。3. 切实强化政府的安全监管责任。4. 切实落实行业安全监管责任。

参考资料

1. 新华网：山东海明化工发生爆炸事故致 4 人死亡，见 http://news.xinhuanet.com/2015-03/19/c_1114696668.htm。

2. 新浪网：山东海明化工有限公司发生闪爆事故　4 死 2 伤，见 http://sd.sina.com.cn/news/2015-03-19/detail-ichmifpy0807614.shtml。

3. 国家安监总局：滨州市沾化区山东海明化工有限公司“3·18”较大爆炸事故调查报告，见 http://www.chinasafety.gov.cn/newpage/Contents/Channel_21141/2016/0127/264278/content_264278.htm。

广西桂林“3·19”山石坠落事故

一、事件简介

2015 年 3 月 19 日 9 时 25 分，在广西桂林市叠彩山发生山石坠落事故。此次事故共造成 7 人死亡、25 人受伤。

二、事件原因

经专家调查认定，发生崩塌地质灾害所在区域为岩溶孤峰平原地貌，山体坡度陡，岩溶发育，岩体结构破碎，属于桂林城区崩塌地质灾害易发区，崩塌岩体隐蔽于桂林市叠彩山木龙洞东北侧的陡壁上，受构造、风化影响与母岩分离，在前期降雨影响下岩体自重加大脱离山体而发生本次的崩塌，属突发性山体自然崩塌地质灾害。

三、事件处理

灾害发生后，广西壮族自治区国土厅及时指派专家前往现场开展应急处置工作。桂林市政府及时启动应急预案，并展开应急抢险工作，按专家调查意见划定危险区，禁止人员进入。

四、补救措施

为深刻吸取事故教训，杜绝此类事故再次发生，广西壮族自治区召开全区地质灾害隐患排查整治工作紧急会议，要求对广西范围内所有旅游景点、景区及地质灾害易发点进行全面排查，对查出的隐患要即查、即纠、即整改，确保广大市民和游客的生命财产安全。

参考资料

1. 腾讯网：广西桂林景区滚石击中游客致 7 人遇难 25 人受伤，见 http://news.qq.com/a/20150319/039726.htm?pgv_ref=aio2015&ptlang=2052。

2. 搜狐网：专家认定桂林岩石崩塌事故系自然突发性地质灾害，见 http://news.sohu.com/20150320/n410092610.shtml。

3. 人民网：桂林岩石崩塌后展开全方位安全隐患排查，见 http://society.people.com.cn/n/2015/0321/c136657-26729074.html。

辽宁大连“3·22”火灾事故

一、事件简介

2015 年 3 月 22 日 13 时 48 分，辽宁省大连市金州新区大黑山南侧发生火灾，此次森林火灾过火面积 25.4 公顷，其中有林面积为 10.6 公顷。此次事故共造成 5 人死亡。

二、事件原因

经调查认定，造成重大伤亡的“3·22”大黑山森林火灾系几名中小学生上山玩火所致。

三、事件处理

事故发生后，大连市金州新区森林消防及时前往扑救，共出动专业森林消防队12支300余人。截至17时50分，火势得到控制，后被扑灭。

四、责任追究

大连市森林公安局主要负责人和相关法律人士认定，涉案的几名中小学生均不满14周岁，无刑事责任能力，但因为造成严重财产和人员损失，他们的监护人需要承担赔偿等相关民事责任。

五、补救措施

为深刻吸取事故教训，杜绝此类事故再次发生，相关专家提出以下建议：首先，家庭和学校要加强对未成年人的安全教育，安全教育主要目的是增强未成年人的安全意识，防止灾难的发生。在安全教育中，尤其是对低年级小学生的安全教育，不能轻描淡写，内容和规则要具体化，并要强调可能造成的严重后果。诸如，在防火安全教育中，要教育未成年人不要随身携带烟花、火柴、打火机等易燃易爆物品；不要玩火，尤其是在加油站、商场仓库等场所。其次，要加强对未成年人及其父母的法制教育，知悉放火行为的法律责任和法律后果，促使父母对未成年人加强监护。

参考资料

1. 腾讯网：大连大黑山发生火灾　致5名登山者死亡，见 http://news.qq.com/a/20150322/039224.htm。

2. 搜狐网：大连大黑山森林火灾系中小学生玩火引发，见 http://news.sohu.com/20150330/n410538924.shtml。

3. 光明网：未成年人纵火监护人要承担相关民事赔偿等责任，见 http://edu.gmw.cn/newspaper/2015-03/31/content_105561361.htm。

湖南桑植“3·23”透水事故

一、事件简介

2015年3月23日21时25分，湖南省张家界市桑植县马鸿塔矿业有限公司东里溪炭质页岩矿发生一起较大透水事故。此次事故共造成6人死亡，直接经济损失486万元。

二、事件原因

直接原因

马鸿塔矿业有限公司东里溪炭质页岩矿四平巷西上部的老窿积水区，在隔水保护煤柱不足、支护不及时、隔水煤柱在爆破震动、上部积水水压和煤体自重共同作用下产生冒落；因公司探放水工作不到位，当班带队领导和作业人员发现有明显透水征兆，未采取果断措施撤离作业人员，透水后导致发生较大人员伤亡事故。

三、事件处理

事故发生后，国家安监总局、湖南省政府领导高度重视，相继作出重要指示、批示。张家界市委书记、市长等领导及时赶赴现场指挥救援；湖南省安监局副局长带领有关人员连夜赶到事故现场指导救援。张家界市、桑植县人民政府接到事故报告后，及时启动了事故应急预案，成立了市、县联合救援指挥部。

四、责任追究

事故发生后，相关责任单位和责任人依法依规受到了相应处罚。

五、补救措施

为深刻吸取此次事故教训，举一反三，进一步强化矿山安全生产管理，湖南省政府桑植县马鸿塔矿业有限公司东里溪炭质页岩矿“3·23”较大透水事故调查组提出如下建议：相关企业严格落实企业主体责任，政府部门切实加强监管监督。

参考资料

1. 网易网：桑植县马鸿塔炭质页岩矿发生一起透水事故　6人被困，见 http://news.163.com/15/0324/14/ALFS9MLU00014AEE.html。

2. 湖南人大网：省安委办召开“3·23”透水事故警示约谈会，见 http://www.hnrd.gov.cn/Item/Show.asp?m=1&d=27800。

3. 国家安监总局：桑植县马鸿塔矿业有限公司东里溪炭质页岩矿“3·23”较大透水事故调查报告，见 http://www.aqsc.cn/101805/101881/349651.html。

陕西吴起“3·26”原油泄漏事故

一、事件简介

2015年3月26日6时，陕西省延安市吴起县境内的中国石油长庆油田分公司第九采油厂发生原油泄漏事故，造成大范围环境污染。

二、事件原因

经调查，此次事故是因输油管线自然腐蚀破裂所致，调查结果指出：一方面，因为输油管线建设没有国家标准，当时建设时设计标准低，使用寿命有限。另一方面，也说明企业对环保工作不够重视，管理不到位。发生在不同地区的类似事件，同样说明在陕北油气田开发过程中，环境应急设施不完善、环境安全得不到保障；环境安全隐患排查不深不细，输油管线、集输站、井场因运行时间长、地质条件差、监管不规范等原因，导致突发环境事件频发。

三、事件处理

事故发生后，延安市环保局、吴起县环保局及时启动环境应急预案，开展应急处置及调查工作，并对该企业下达了限期整改通知。3月27日9时30分，破裂管口完成焊接，泄漏污染物基本得到清理。

四、责任追究

当地环保部门已根据相关规定，向长庆采油九厂罚款20万元。该企业多名责任人被处罚，其中三名领导因负有主要领导责任被免职。

五、补救措施

针对此次事故以及陕北屡次发生输油管道泄漏污染环境问题，陕西省环保厅召集陕北市政府、环保部门及两大石油集团负责同志参加专题会议，安排布置查隐患、堵漏洞专项整治工作，防止类似问题的再次发生。

参考资料

1. 腾讯网：陕西吴起长庆油田采油九厂发生原油泄漏，见 http://news.qq.com/a/20150326/091309.htm。

2. 中新网：长庆油田第九采油厂原油泄漏大面积污染物清理完毕，见 http://www.chinanews.com/sh/2015/03-30/7169131.shtml。

3. 澎湃网：陕西通报长庆油田漏油事故调查结果：罚32万3名领导被免职，见 http://www.thepaper.cn/newsDetail_forward_1326137。

青海海东“4·2”中毒窒息事故

一、事件简介

2015年4月2日12时03分，青海省海东市平安区水利局大红岭灌渠管理所组织5名农民工在平安区古城乡新庄村西岔湾水库放水涵洞内进行维修焊接作业时，洞内民工发生混合有毒气体中毒窒息事故，造成4人死亡、3人受伤。

二、事件原因

劳务工人贾某等5人将汽油发电机拉入放水涵洞对放水钢管进行焊接作业，致使发电机排出的尾气产生混合有害气体，中毒窒息。

三、事件处理

事故发生后，青海省海东市相关领导组织市直相关部门、平安区相关单位主要负责人召开紧急会议，就此次事故善后处理、医疗救助、事故调查等工作作了安排部署，并迅速成立了“4·2”事故联合调查组。

四、补救措施

青海省安全生产监督管理局提出要求相关单位加强《中华人民共和国安全生产法》及相关法律法规的学习，排除隐患，加强对临时用工人员的管理，完善并认真落实安全生产制度和各岗位的安全操作规程，并切实落实到具体施工当中，特别要加强有限空间作业现场安全管理，规范操作规程，确保安全生产。

参考资料

1. 新华网：青海海东：6人被困涵洞4人遇难　消防官兵5小时生死大营救，见 http://www.qh.xinhuanet.com/2015-04/02/c_1114855989.htm。

2. 中新网：青海7名管道维修工被困涵洞4人遇难（图），见 http://www.chinanews.com/sh/2015/04-02/7181154.shtml。

3. 青海省安监局：平安区西岔湾水库放水涵洞“4·2”较大生产安全事故调查报告，见 http://www.qhsafety.gov.cn/qinghai/View/506/8653.htm。

贵州毕节“4·4”交通事故

一、事件简介

2015年4月4日19时30分，贵州省毕节市交通运输有限责任公司一辆号牌为贵F06818的中型客车，在途经纳雍县老凹坝乡街上村至果几盖村通村水泥路上时，坠入道路左侧垂高51m的以那河河床，事故造成21人死亡、3人受伤，直接经济损失1249.36万元。

二、事件原因

直接原因

肇事车辆驾驶员胡某在驾车通过路面限宽水泥墩时，超速行驶（道路设计速度 20km/h，行驶速度 38.8km/h），操作不当，致使客车左前轮与左侧限宽水泥墩刮擦后失控，向左前方驶出路面，坠落以那河河床上，造成事故。

三、事件处理

事故发生后，国务院相关领导分别作出重要批示，要求全力救治受伤人员，妥善处理善后事宜；国家安全监管总局、公安部、交通运输部已组织相关人员组成工作组赶赴事故现场，指导事故处置和调查处理工作；贵州省有关领导也已带领相关人员赶赴现场，指导抢险救援和事故善后处理工作。

四、责任追究

事故责任人许某、陈某等 7 人被移送司法机关依法追究刑事责任；白某、盖某等 23 人已被给予相应党政纪处分和行政处罚；贵州省毕节市交通运输有限责任公司被处以罚款 200 万元；贵州省毕节市织金县人民政府、纳雍县人民政府向毕节市人民政府作出了深刻检查；贵州省毕节市人民政府向贵州省人民政府作出了深刻检查。

五、补救措施

为深刻吸取事故教训，有效防范同类事故发生，国家安全生产监督管理总局特提出如下要求：1. 切实强化安全生产红线意识；2. 全方位加强客运车辆管理；3. 加大农村道路安全管理力度；4. 加强客运车辆驾驶员教育管理；5. 全面开展道路交通安全大检查。

参考资料

1. 新民网：贵州毕节一中巴车坠河目前已致 21 死 3 伤，见 http://news.xinmin.cn/shehui/2015/04/08/27304410.html。

2. 中国道路运输在线：2015 年 4 月 4 日贵州毕节重大交通事故多名官员被查，见 http://www.zgdlys.cn/jtsg/2015/0407/11614.html。

3. 国家安监总局：纳雍县“4·4”重大道路交通事故调查报告，见 http://www.chinasafety.gov.cn/newpage/Contents/Channel_ 21141/2016/0127/264275/content_264275.htm。

黑龙江七台河“4·5”水害事故

一、事件简介

2015 年 4 月 5 日 9 时 30 分，黑龙江省七台河市昌峰煤矿一井发生一起较大水害事故，造成死亡 6 人，直接经济损失 1100 万元。

二、事件原因

直接原因

事发煤矿一井违法超层越界开采，并未进行探放水工作。当三段 83# 层左三片全煤开切上山掘进至 35.2m 处时与邻近的七台河市发展煤矿暗主副井半煤岩联络巷相透，巷道积水涌入，导致水害事故发生。

三、事件处理

2015 年 4 月 5 日 11 时，事发矿井相关责任人没有按规定及时报告事故，而是相关人等安排转移藏匿尸体和处理善后事宜。

2015 年 4 月 5 日 15 时，黑龙江煤矿安监局佳合分局、新兴区政府等单位相继接到群众举报，昌峰煤矿一井发生一起透水事故。接到举报后，黑龙江煤矿安监局佳合分局、市煤管局、新兴区政府和公安部门于 2015 年 4 月 5 日 15 时 30 分先后赶到昌峰煤矿一井；黑龙江省七台河市相关领导立即赶到事故现场，成立了抢险救灾指挥部，启动了事故抢险救援应急预案，迅速组织人员开展抢险救援工作。

四、责任追究

事故责任人袁某、张某等 5 人已被移交司法机关依法处理；王某、董某等 10 人已由检察机关立案侦查；刘某、李某等 8 人已给予党政纪处分；齐某、方某等 4 人给予行政处罚；昌峰煤矿一井被处罚款 250 万元；黑龙江省七台河市新兴区人民政府向七台河市人民政府做出了深刻检查。

五、补救措施

为深刻吸取和总结该起事故血的教训，举一反三，黑龙江省安全生产监督管理局要求：七台河市及各县（区）人民政府要坚决贯彻落实党中央、国务院关于加强安全生产工作的重大决策部署，以这起事故为典型，对全市煤矿的法人、矿长和安全管理人员开展一次安全警示教育活动，提高煤矿管理人员依法办矿、依法管矿水平。严厉打击煤矿整治整合期间擅自生产及谎报、瞒报事故等违法违规行为，进一步规范煤矿安全生产秩序。

参考资料

1. 黑龙江煤矿安监局：七台河市昌峰煤矿一井“4·5”较大水害事故调查报告，见http://www.hljmkaj.gov.cn/a/shiguchachu/diaochachuli/2015/0828/8783.html。

2. 新华网：昌峰煤矿瞒报事故矿主目前已被控制，见 http://news.xinhuanet.com/mrdx/2015-04/07/c_134128509.htm。

3. 人民网：七台河市昌峰煤矿私自维修生产引发矿难致 2 人死亡事发后矿主瞒报，见 http://hlj.people.com.cn/n/2015/0406/c220024-24402680.html。

福建漳州“4·6”爆炸事故

一、事件简介

2015 年 4 月 6 日 18 时 56 分，福建省漳州市腾龙芳烃有限公司二甲苯装置发生爆炸着火重大事故，造成 6 人受伤，直接经济损失 9457 万元。

二、事件原因

直接原因

涉事企业在二甲苯装置开工引料操作过程中出现压力和流量波动，引发液击，存在焊接质量问题的管道焊口作为最薄弱处断裂。管线开裂泄漏出的物料扩散后被鼓风机吸入风道，经空气预热器后进入炉膛，被炉膛内高温引爆，此爆炸力量以及空间中泄漏物料形成的爆炸性混合物的爆炸力量撞裂储罐，爆炸火焰引燃罐内物料，造成爆炸着火事故。

三、事件处理

事故发生后，救援工作共出动福建省消防总队及九地市的支队、广东省消防、江西省消防车辆 322 台，消防官兵 1417 名。现场有公安干警 350 名、边防官兵 105 名现场执勤，防化部队、海防官兵、民兵预备役共 300 多名现场待命；福建省有关领导第一时间赶到事发现场，成立事故现场指挥部。

四、责任追究

根据调查事实和有关法律法规规定，事故责任人黄某、陈某等 13 人被移送司法机关依法处理；梁某、古某等 11 人受到了相应党纪、政纪处分；腾龙芳烃（漳州）有限公司郭某、张某等 9 人给予撤职、降级等处理；腾龙芳烃有限公司等 5 家单位及其主要负责人给予经济或行政处罚；福建省漳州市委、市政府分别向福建省委、省政府作出了深刻检查。

五、补救措施

针对该起事故暴露出的问题，福建省安全生产监督管理局要求腾龙芳烃有限公司切实落实企业安全生产主体责任，从项目报批、工程设计、建设施工、员工培训、作业现场、隐患排查等各个环节进行全面整改；漳州市委、市政府及相关部门要深刻吸取教训，切实落实监管责任，加大监管力度，严格行政许可审批，防范类似事故发生。

参考资料

1. 新华网：福建漳州 PX 项目爆炸致 14 人受伤事故原因曝光，见 http://news.xinhuanet.com/yuqing/2015-04/07/c_127662034.htm。

2. 新华网：腾龙芳烃（漳州）有限公司“4·6”爆炸着火事故调查报告公布，见 http://news.xinhuanet.com/legal/2015-08/16/c_1116268651.htm。

3. 中新网：腾龙芳烃“4·6”爆炸着火事故追责 13 人被移送司法，见 http://www.fj.chinanews.com/news/2015/2015-08-17/320399.shtml。

河北渤海新区“4·10”车辆伤害事故

一、事件简介

2015 年 4 月 10 日 8 时 30 分，河北省达力普石油专用管有限公司渤海新区分公司发生一起生产安全事故，造成 1 人死亡，直接经济损失 66 万元。

二、事件原因

直接原因

涉事铲车司机孟某违反公司《装载机司机安全操作规程》第 3.3 项的要求，未对现场作业环境进行有效确认，驾驶铲车将正在进行破碎加工作业的张某碾轧致死。

三、事件处理

事故发生后，涉事单位有关领导迅速赶到事发现场并将伤者立即送往医院。

四、责任追究

河北省沧州市渤海新区安全生产监督管理局对涉事公司员工孟某、徐某等6人处以罚款、解除岗位聘用和相应的行政处罚；对达力普石油专用管有限公司罚款28万元。

五、补救措施

为深刻吸取事故教训，河北省沧州市渤海新区安全生产监督管理局要求有关单位有针对性地对公司现有的安全管理制度进行修订，明确安全职责分工，把安全管理落实到领导、部门和岗位，强化企业日常安全管理，杜绝类似事故的发生。

参考资料

1. 河北省安监局：达力普石油专用管有限公司渤海新区分公司“4·10”车辆伤害事故调查报告，见 http://www.hebsafety.gov.cn/index.do?id=44677&templet=content&cid=1571。

湖南怀化“4·11”瓦斯爆炸事故

一、事件简介

2015年4月11日20时20分，湖南省怀化市溆浦县井湾矿业有限责任公司耐火粘土矿（以下简称“井湾耐火粘土矿”）发生较大瓦斯爆炸事故，造成4人死亡、1人受伤，直接经济损失265万元。

二、事件原因

直接原因

涉事厂矿作业人员武某在未送风的+204m大巷3号天眼平巷非法采煤过程中吸烟引爆瓦斯而发生事故，舒某等人进入事故现场施救不当，导致事故死亡人数增加。

三、事件处理

事故发生后，湖南省怀化市委、市政府及湖南省安监局、省国土资源厅高度重视，相关领导赶到事故现场部署指导事故救援和善后处理工作。2015年4月13日，湖南省怀化市人民政府批准成立了怀化市人民政府溆浦县井湾矿业有限责任公司耐火粘土矿“4·11”较大瓦斯爆炸事故调查组。

四、责任追究

事故责任人舒某、罗某已被司法机关依法采取措施；刘某、夏某等18人已被给予相应党纪政纪处分；井湾耐火粘土已被湖南省怀化市溆浦县有关部门依法予以关闭；溆浦县政府向怀化市政府作出了深刻检查。

五、补救措施

针对事故暴露出的问题，为认真吸取事故教训，严格落实企业安全生产主体责任和地方政府及有关部门监管责任，举一反三，严防类似事故的再次发生，湖南省安全生产监督管理局提出以下防范措施和建议：1. 深刻吸取事故教训，切实提高思想认识；2. 在全市深入开展安全生产大检查；3. 严厉打击非煤矿山非法违法开采，实施整顿关闭活动；4. 溆浦县要立即对所有矿山企业进行全面排查，对达不到湘政办发〔2013〕18号文件规定开采规模的地下矿山以及不具备安全生产条件的其他矿山一律关闭；5. 严格落实企业主体责任；6. 创新监管方式，建立安全生产长效机制。

参考资料

1. 湖南省政府网：溆浦县井湾耐火粘土矿“4·11”瓦斯燃烧事故救援报告，见 http://www.hunan.gov.cn/topic/hnzfxxgk2015/ggjg/aqsc/yjjy/201509/t20150929_1887514.html。

2. 凤凰网：井湾耐火粘土矿事故致4人遇难 溆浦县政府被约谈，见 http://hunan.ifeng.com/news/fghx/detail_2015_04/21/3808719_0.shtml。

3. 湖南省安监局：溆浦县井湾矿业有限责任公司耐火粘土矿“4·11”较大瓦斯爆炸事故调查报告，见 http://www.hunansafety.gov.cn/2016/chactongb_0113/21566.html。

河北新乐“4·11”坍塌事故

一、事件简介

2015年4月11日23时10分，河北省新乐市金地国际市场A区13#商业楼在浇筑三层柱、屋顶梁板结构混凝土过程中，发生模板支撑系统坍塌事故，造成5人死亡、4人受伤，直接经济损失约480万元。

二、事件原因

直接原因

涉事建筑模板支撑系统的搭设严重违反《建筑施工模板安全技术规范》（JGJ162-2008）、《建筑施工扣件式钢管脚手架安全技术规范》（JGJ130-2011）及《建设工程高大模板支撑系统施工安全监督管理导则》（建质〔2009〕254号）

的相关规定，模板支撑系统立杆基础、立杆、水平拉杆设置不符合要求，架体内部未设置扫地杆、未设置纵横向支撑及水平垂直剪刀撑，支撑系统与周边主体框架结构未采取固定措施等，且在风雨过后混凝土浇筑过程中，模板支撑系统地基基础沉降不均匀，致使架体承载能力降低、稳定性不足，施工时荷载超过模板支撑系统的最大承载能力，导致模板支撑系统整体失稳坍塌。

三、事件处理

事故发生后，河北省石家庄市政府及市建设局、市安全监管局等部门有关领导迅速赶赴事故现场，指导开展事故应急救援和善后处置工作，要求加强现场警戒，防止次生事故发生，同时按规定上报事故有关情况；国家安全监管总局、国家住房和城乡建设部、河北省安全监管局高度重视，派员到新乐市对事故调查处理工作进行现场督导。2015 年 4 月 12 日，国家住房和城乡建设部在石家庄市召开新闻发布会，对事故有关情况进行了通报。

四、责任追究

事故责任人钱某、李某等 7 人已被移送司法机关依法处理；王某、张某等 8 人给予相应党政纪处分和组织处理；马某、刘某等 6 人向河北省新乐市委、市政府写出了深刻书面检查；河北省新乐市综合执法局、住房和城乡建设局、长寿街道办事处向河北省新乐市委、市政府作出了深刻书面检查；河北省新乐市委、市政府就该起事故向河北省石家庄市委、市政府作出了深刻书面检查。

五、补救措施

为深刻吸取事故教训，有效防范同类事故发生，河北省安全生产委员会办公室特提出如下要求：各方责任主体要充分认识安全生产工作的重要性，坚持“安全第一、预防为主、综合治理”方针，坚决把发展决不能以牺牲人的生命为代价作为一条不可逾越的红线；正确处理安全与发展、安全与进度的关系，坚决打击违法建设、违规施工行为；各有关部门对所有开发在建工程要立即组织安全生产大检查，全面排查消除各类事故隐患，对报建手续不全的要立即责令停工，完善报建手续。

参考资料

1. 网易网：河北新乐一建筑工地发生坍塌致 5 人死亡 4 人受伤，见 http://news.163.com/15/0414/18/AN6C7KLB000146BE.html?baike。

2. 国家安监总局：非法违法较大生产安全事故查处跟踪督办通知书，见 http://www.chinasafety.gov.cn/newpage/Contents/Channel_21738/2015/0713/264414/content_264414.htm。

3. 河北省安监局：新乐市金地国际市场在建 13# 商业楼工程“4·11”模板支撑系统较大坍塌事故调查报告，见 http://www.hebsafety.gov.cn/index.do?id=44097&templet=content&cid=796。

云南昆明“4·25”中毒窒息事故

一、事件简介

2015 年 4 月 25 日 9 时 50 分，云南省昆明市东川金水矿业有限责任公司落雪铜矿 1 号井（溜井）的人行检查天井发生一起较大炮烟中毒窒息事故，造成 9 人死亡、19 人受伤，直接经济损失 728 万元。

二、事件原因

1. 涉事矿井通风系统不完善，通风管理不到位，致使处理堵塞溜井的炮烟没有及时排出。

2. 涉事企业现场管理混乱，矿领导违规组织人员查看放炮现场，导致事故发生。

3. 没有按应急救援预案组织救援，盲目施救造成事故扩大。

4. 基层安全监管不到位，对企业通风系统不完善、防护设施不齐全、现场管理不到位等问题缺乏有效监督。

三、事件处理

事故发生后，云南省昆明市、东川区立即启动应急救援预案，相关领导带领有关部门人员前往东川指挥救援；国家安全监管总局、云南省相关领导分别作出重要批示，要求科学组织施救，全力抢救被困人员。

四、责任追究

事故责任人李某、王某已被移交司法机关追究刑事责任；苏某、张某等 14 人已被给予相应党纪、行政处罚；云南省昆明市东川区国土资源局、东川区安全监管局、东川区公安局向东川区委、区政府作出了深刻的书面检查；云南省昆明市东川区委、区政府向昆明市委、市政府作出了深刻的书面检查；云南省昆明市政府向省政府作出了深刻的书面检查；云南省金水公司被处罚款99万元。

五、补救措施

为深刻吸取事故教训，进一步强化安全生产工作，严防类似事故发生，云南省安全生产委员会办公室要求：1. 东川区所有非煤地下矿山一律停产整顿，严格按照《云南省人民政府关于促进非煤矿山转型升级的实施意见》要求，扎实开展非煤矿山转型升级工作。2. 严格监督检查，加大执法力度。3. 在全省范围内进一步开展防中毒窒息专项整治。4. 2015年11月30日前，由省安全监管局和各州（市）、滇中产业新区安全监管局委托中介机构组织专家，对全省所有非煤矿山进行逐一排查，将地下矿山通风系统和有毒有害气体检测报警仪及自救器的配备列为重要检查内容。

参考资料

1. 中新网：安监总局通报昆明铜矿中毒致9死事故已挂牌督办，见 http://www.chinanews.com/gn/2015/05-05/7253979.shtml。

2. 国家安监总局：关于云南省昆明市东川金水矿业有限公司落雪铜矿“4·25”较大中毒窒息事故的通报，见 http:// www.chinasafety.gov.cn/newpage/Contents/Channel_6288/ 2015/0505/249801/content_249801.htm。

3. 云南省安监局：云南省昆明市东川金水矿业有限责任公司落雪铜矿“4·25”较大中毒窒息事故调查报告，见 http://www.ynsafety.gov.cn/contents/432/15730.html。

湖南安化“4·25”塔吊坍塌事故

一、事件简介

2015年4月25日14时20分，湖南恒欣建设工程有限公司承建的湖南省安化渣滓溪矿业有限公司新建500T/D选矿厂工程在进行塔吊拆卸作业过程中，发生塔吊坍塌事故，造成3人死亡、1人受伤，事故直接经济损失244万元。

二、事件原因

直接原因

事发单位无证作业人员违章操作致使塔吊失衡发生坍塌。

三、事件处理

事故发生后，湖南安化渣滓溪矿业有限公司与湖南恒欣建设工程有限公司立即组织现场救援，迅速抢救伤者并及时上报事故情况；湖南省益阳市、安化县相关领导立即作出重要批示，要求迅速开展事故调查，查明事故原因，依法追究责任，妥善做好事故善后工作和隐患排查工作；有关领导第一时间带领相关部门负责人赶赴事故现场指导救援；湖南恒欣建设工程有限公司在当地政府的大力配合下，积极与死者家属进行协商并签订赔偿协议，善后工作平稳有序，在一定程度上减小了事故的负面影响。

四、责任追究

事故责任人徐某、曾某等3人已被移交司法机关依法处理；胡某、刘某等15人已被给予相应党纪及行政处罚；湖南省益阳市安化县人民政府向益阳市人民政府作出了书面检查；湖南省安化渣滓溪矿业有限公司向湖南省人民政府国有资产监督管理委员会作出了书面检查。

五、补救措施

为深刻吸取事故教训，进一步强化安全生产工作，严防类似事故发生，湖南省安全生产委员会办公室要求：湖南恒欣建设工程有限公司要深刻吸取事故教训，加强公司的安全管理工作，配足项目部安全生产管理人员，细化安全生产责任，落实各项安全生产规章制度，狠抓特种作业人员持证上岗，对施工工地的特种设备要依法办理相关手续，塔吊的安装拆卸必须制定专项施工方案，聘请专业机构及人员进行作业，加大对施工现场的检查力度，及时发现并整改事故隐患，杜绝违规、违章作业，防止类似事故的发生。

参考资料

1. 网易网：湖南安化一矿业公司发生塔吊事故致3人死亡，见 http://news.163.com/15/0426/ 19/AO5AO2CS0001124J.html?baike。

2. 新华网：湖南一矿业公司发生塔吊坠落事故致3死1伤，见 http://www.sc.xinhuanet.com/content/2015-04/27/c_1115101459.htm。

3. 湖南省安监局：湖南安化渣滓溪矿业有限公司“4·25”较大塔吊坍塌事故调查报告，见 http://www.hunansafety.gov.cn/2016/chactongb_0113/21567.html。

黑龙江城山煤矿“4·25”运输事故

一、事件简介

2015年4月25日20时30分，黑龙江省龙煤矿山建设有限公司建井工程处，三工区22掘进队施工的黑龙江龙煤矿业控股集团有限责任公司鸡西矿业公司城山煤矿立井东三采区3#层回风巷发生一起较大运输事故，造成3人死亡，直接经济损失215.23万元。

二、事件原因

直接原因

涉事单位违规超载下放料车，加之提升绞车滚筒缠绕钢丝绳排列混乱，钢丝绳跳绳产生的冲击力超过钢丝绳的破断拉力，造成绞车断绳跑车，致使违章蹬车人员甩出撞击死亡。

三、事件处理

事故发生后，黑龙江省相关领导作出重要批示；国务院安委会办公室对该起事故挂牌跟踪督办，国家煤矿安全监察局询问了解事故相关情况，黑龙江煤矿安全监察局对事故调查处理工作提出了明确要求。

四、责任追究

事故责任人刘某已被移送司法机关依法处理；滕某、徐某等16人已被给予党政纪处分；黑龙江省龙煤矿山建设有限公司被罚款50万元。

五、补救措施

为深刻吸取此次事故教训，加强黑龙江省安全生产工作，黑龙江煤矿安全监察局作出如下要求：1. 要加强技术管理，严格《作业规程》及各项技术设计报告的审批。2. 要加强现场安全生产管理，严厉打击“三违”行为。3. 要全面开展隐患排查治理活动，加强提升设备日常检查维修，严格执行提升运输管理规章制度。4. 要认真履行安全培训职责，切实加强安全培训工作。5. 要认真吸取事故教训，切实加强安全生产监督管理。要认真吸取事故教训，建立健全以问题为导向的安全生产责任制，加大对安全生产责任制落实情况的监督检查。

参考资料

1. 国务院安委会办公室：黑龙江龙煤矿业控股集团有限责任公司鸡西矿业公司城山煤矿立井“4·25”较大运输事故调查报告，见 http://www.chinasafety.gov.cn/newpage/Contents/Channel_21141/2016/0127/264304/content_264304.htm。

2. 黑龙江煤矿安监局：龙煤集团鸡西公司城山煤矿立井“4·25”较大运输事故调查报告，见 http://www.hljmkaj.gov.cn/a/shiguchachu/jinqikuaibao/2015/0828/8784.html。

3. 国家安监总局：国务院安委会办公室关于对龙煤矿业集团鸡西分公司城山煤矿“4·25”较大运输事故查处挂牌督办的函，见 http://www.chinasafety.gov.cn/newpage/Contents/Channel_20595/2015/0616/252351/content_252351.htm。

四川乐山“4·27”瓦斯爆炸事故

一、事件简介

2015年4月27日13时，四川省乐山市沙湾区老林头煤矿发生较大瓦斯爆炸事故，造成8人死亡、3人受伤，直接经济损失785万元。

二、事件原因

直接原因

煤矿安全主体责任不落实，1212b残采面一支巷作业人员在回撤设备时，停开局部通风机，采空区瓦斯和断层裂隙瓦斯涌入，瓦斯积聚并达到爆炸浓度，在拉运刮板输送机溜槽时溜槽与金属支架撞击产生火花，引爆积聚瓦斯。

三、事件处理

接到事故报告后，四川省乐山市及沙湾区党委政府立即启动煤矿生产安全事故应急预案，成立事故抢险救援指挥部，先后调集乐山市矿山救护队、嘉阳煤矿救护队、眉山市矿山救护队、宜宾市矿山救护队共5个小队的58名队员全力开展事故抢险救援工作。

四、责任追究

事故责任人柯某、喻某等6人已被移送司法机关追究刑事责任；黄某、周某等8人分别处以罚款和行政处罚；胡某、陈某等9人分别处以行政记大过和警告处分；四川省乐山市沙湾区老林头煤矿已被沙湾区人民政府依法予以关闭；四川省乐山市沙湾区福禄镇党委、政府、安监局向沙湾区区委、政府写出了书面检查；四川省乐山市沙湾区区委、政府向乐山市委、市政府写出了书面检查。

五、补救措施

为深刻吸取事故教训，进一步强化安全生产工作，严防类似事故发生，四川省安全生产委员会办公室要求：1. 深刻吸取事故教训，全面排查整治煤矿安全隐患；2. 落实煤矿安全生产管理制度，切实加强煤矿管理团队建设和现场管理；3. 严格煤矿通风瓦斯管理，严格落实瓦斯检查制度，煤矿应配齐专职瓦检员跟班检查瓦斯，严格执行煤矿十类入井作业人员携带便携式甲烷检测报警仪或甲烷报警矿灯方准入井作业的规定；4. 进一步加强煤矿安全监管工作。

参考资料

1. 四川省安监局：四川省乐山市沙湾区老林头煤矿“4·27”较大瓦斯爆炸事故调查报告，见 http://www.scsafety.gov.cn/Detail_d1df045a-1676-47ec-bf3a-d5faa9b7fc27。

2. 人民网：沙湾区老林头煤矿“4·27”瓦斯爆炸事故救援结束，见 http://sc.people.com.cn/n/2015/0429/c345509-24676165.html。

3. 国务院安全委员会办公室：四川省乐山市沙湾区老林头煤矿“4·27”较大瓦斯爆炸事故调查报告，见 http://www.chinasafety.gov.cn/newpage/Contents/Channel_21141/2015/0814/256146/content_256146.htm。

湖南益阳“4·29”运输事故

一、事件简介

2015 年 4 月 29 日 12 时 20 分，湖南省益阳市安化海川达矿业有限公司振兴煤矿发生一起较大运输事故（暗主斜井井筒跑车），造成 3 人死亡，直接经济损失 261.38 万元。

二、事件原因

直接原因

涉事煤矿暗主斜井提升钢丝绳锈蚀，局部严重磨损；行人时违规放车；超挂矿车、超负荷提升，造成断绳跑车；断绳的矿车加速下滑时将在暗主斜井中行走的 3 人当场撞死。

三、事件处理

事故发生后，湖南省人民政府副省长戴道晋同志立即做出重要批示，要求迅速查明事故原因，依法依规追究责任，妥善做好事故的善后工作；湖南省煤矿安全监察局、省煤管局、益阳市人民政府有关领导及时赶赴现场，指导事故救援及善后工作。湖南省益阳市安化县党委政府及时启动应急救援预案，积极、有效地开展事故救援和善后处理工作。

四、责任追究

事故责任人刘某、熊某等 5 人因涉嫌犯罪已被司法机关依法刑拘；龙某、龚某等 12 人已给予相应的行政处罚和党纪、行政处分；振兴煤矿由湖南煤矿安全监察局湘潭监察分局依法给予停产整顿，并处罚款 60 万元；湖南省益阳市安化县人民政府向益阳市人民政府作出了深刻检查。

五、补救措施

为督促煤矿企业认真吸取事故教训，举一反三，强化安全管理，杜绝事故发生，国务院安全委员会办公室作出如下要求：

1. 责令湖南省益阳市全县煤矿停产整改，隐患排查治理推倒重来。

2. 严格落实安全监管属地责任。

3. 推动煤矿企业落实“五落实五到位”。企业董事长、党委书记和总经理必须对本单位安全生产同时担责；企业安委会主任必须由董事长或总经理担任；企业领导班子成员必须承担相应的安全生产工作职责，做到一岗双责；企业安全生产情况必须定期向董事会、业绩考核部门报告；企业内部必须配齐配强专门的安全生产机构和专业人员。同时要做到安全投入到位、安全培训到位、基础管理到位、应急救援到位。

4. 加强煤矿安全监管工作。

参考资料

1. 中国益阳网：安化海川达矿业有限公司振兴煤矿发生一起跑车事故致 3 人死亡，见 http://www.yiyang.gov.cn/yiyang/2/106/111/content_49828.html。

2. 国家安监总局：国务院安委会办公室关于对益阳市振兴煤矿“4·29”较大运输事故查处挂牌督办的函，见 http://www.chinasafety.gov.cn/newpage/Contents/Channel_ 21738/2015/0616/264439/content_264439.htm。

3. 国务院安全委员会办公室：益阳市安化海川达矿业有限公司振兴煤矿“4·29”较大运输事故调查报告，见 http://www.chinacoal-safety.gov.cn/Contents/Channel_5498/2015/0814/256234/content_256234.htm。

四川达州“5·1”瓦斯爆炸事故

一、事件简介

2015年5月1日11时20分，四川省达州市中际能源有限公司达县茶园煤电有限公司茶园煤矿生产系统改造工程+397.2m新建副斜井发生瓦斯爆炸事故，造成4人死亡、1人受伤，直接经济损失1158万元。

二、事件原因

直接原因

四川中际能源有限公司和茶园煤矿生产系统改造工程项目部安全主体责任不落实，新建副斜井掘进巷道原揭露的煤层和岩体裂隙涌出瓦斯，局部通风机停电停风造成瓦斯积聚达到爆炸浓度，未落实撤人、断电和瓦斯排放规定，距井口580m处临时水仓口绞车信号电缆破裂造成电缆相间短路产生火花，导致事故发生。

三、事件处理

事故发生后，四川省达州市、达川区两级政府立即启动应急预案，达州市政府领导、达川区区委政府主要领导分别带领市、区安全监管局等有关部门赶往事故现场组织抢险救援工作；四川煤监局有关负责人带领相关处室、川东监察分局人员及时赶赴事故现场指导抢险救援工作。2015年5月2日，依法成立了事故调查组，并邀请达州市人民检察院派员参加。

四、责任追究

事故责任人胡某、刘某等4人已被移送司法机关追究刑事责任；柏某、廖某等11人分别被给予行政记过处分和警告处分；四川省达州市百节镇党委、镇政府向达州市达川区委政府作出了书面检查；四川省达州市达川区煤监（管）局向达州市达川区委政府作出了书面检查；四川省达州市达川区政府向达州市政府作出了书面检查。

五、补救措施

为深刻吸取事故教训，有效防范同类事故发生，国务院安全委员会办公室特提出如下要求：1.全面排查整治煤矿安全隐患；2.落实煤矿安全生产管理制度，切实加强煤矿管理团队建设和现场管理；3.严格煤矿通风瓦斯管理；4.进一步加强煤矿安全监管工作。

参考资料

1. 四川省安监局：四川中际能源有限公司达县茶园煤电有限公司茶园煤矿生产系统改造工程“5·1”较大瓦斯爆炸事故调查报告，见 http://www.scsafety.gov.cn/Detail_145f65a3-7eec-4113-bd21-c7037a1e8eae。

2. 国务院安全委员会办公室：四川中际能源有限公司达县茶园煤电有限公司茶园煤矿生产系统改造工程“5·1”较大瓦斯爆炸事故调查报告，见 http://www.chinasafety.gov.cn/newpage/Contents/Channel_21141/2015/0814/256148/content_256148.htm。

3. 国家安监总局：关于对四川省达州市达川区茶园煤矿“5·1”较大瓦斯爆炸事故查处挂牌督办的函，见 http://china-safety.org/shigujianbaoyuchuli/show-15451.html。

天津滨海新区“5·2”交通事故

一、事件简介

2015年5月2日1时10分，天津市滨海新区津歧公路48km+900m处发生一起重大道路交通事故，造成10人死亡、3人受伤，直接经济损失约373.8万元人民币。

二、事件原因

直接原因

驾驶人袁某驾驶的事故小型客车右前轮制动盘不能正常运转，导致所驾车辆转向失控驶入对行车道，此外事故小型客车超员载客，使本次事故扩大。

三、事件处理

事故发生后，天津市相关领导作出重要批示，并在第一时间赶赴现场指挥应急处置和伤员救治工作，国家安全监管总局、公安部也派员赶赴事故现场指导事故救援和调查工作。

四、责任追究

肇事车驾驶人袁某因驾驶机件不符合技术标准的机动车上路行驶，致使所驾车辆失控转向驶入对行车道，对该道路交通事故发生负有直接责任，其行为涉嫌交通肇事罪，因其在事故中死亡，不再追究刑事责任，由公安交通管理部门注销其机动车驾驶证。

五、补救措施

为认真吸取天津市“5·2”重大道路交通事故教训，举一反三，切实落实相关部门的监管责任，深入推进安全生产“六打六治”打非治违专项行动，有效防范类似事故再次发生，天津市安全生产监督管理局提出以下措施建议：1. 全面整改事故路段安全隐患；2. 开展农村面包车、大货车专项治理；3. 强化交通安全源头监管；4. 严厉打击道路交通违法行为；5. 强化对本市异地牌照货运车辆的监管。

参考资料

1. 新华网：天津市津歧公路发生一起车祸10人死亡3人受伤，见 http://news.xinhuanet.com/2015-05/02/c_1115156385.htm。

2. 腾讯网：天津津歧公路两车相撞10人遇难3人受伤，见 http://news.qq.com/a/20150502/016434.htm。

3. 天津市安监局：天津市滨海新区“5·2”重大道路交通事故调查报告，见 http://www.tjsafety.gov.cn/tj/shigukuaixun/9272.html。

山东临沂“5·9”挡土墙坍塌事故

一、事件简介

2015年5月9日15时45分，山东省临沂市兰陵县鲁城镇的兰陵顺天运输有限公司驻地院内一在建挡土墙工程，在施工过程中发生坍塌事故，造成10人死亡、3人受伤，直接经济损失721.5万元。

二、事件原因

直接原因

兰陵顺天运输有限公司对挡土墙未进行正规设计；涉事施工队对未经正规设计的挡土墙进行非法施工，施工管理混乱、施工工序不正确，砌筑质量不符合施工规范要求，挡土墙偏心距、抗弯承载力未达到国家设计规范要求，且未设置伸缩缝、泄水孔，事故前期降雨导致回填土结合力下降，挡土墙侧向水土总压力增大，超过挡土墙极限承载能力，导致墙体瞬间坍塌。

三、事件处理

事故发生后，国务院有关领导作出重要批示，要求做好伤员救治和善后处理等工作；山东省有关领导赶赴临沂，慰问伤员，查看事故现场，并立即召开会议，就善后处理、事故调查等相关工作作了具体部署；山东省安监局、住建厅等部门的负责同志迅速赶赴事故现场，指导善后和事故调查工作；国家安全监管总局派员赶赴现场指导调查。

四、责任追究

事故责任人张某、闫某等6人已被司法机关依法采取相应措施；李某、金某等13人已被给予党纪、政纪处分；山东省临沂市兰陵县住建局、安监局、交通运输局向兰陵县委、县政府作出了深刻检查；山东省临沂市兰陵县委、县政府向临沂市委、市政府作出了深刻检查；临沂市委、市政府向省委、省政府作出了深刻检查。

五、补救措施

针对本次事故暴露出的问题，山东省安全生产监督管理局提出以下防范措施和建议：1. 严格落实党委、政府安全生产工作责任制；2. 严格落实行业部门的监管职责；3. 开展建筑施工专项治理整顿；4. 严格落实企业安全生产主体责任；5. 组织开展安全生产大检查。

参考资料

1. 新华网：山东兰陵重大坍塌事故10人亡省政府作出批复，见 http://news.xinhuanet.com/local/2015-10/01/c_1116728579_2.htm。

2. 央视网：山东兰陵县挡土墙倒塌事故被认定为责任事故，见 http://m.news.cntv.cn/2015/05/12/ARTI1431437239949871.shtml。

3. 山东省安监局：临沂市兰陵县兰陵顺天运输有限公司“5·9”挡土墙重大坍塌事故调查报告，见 http://www.sdaj.gov.cn/index.php?s=/Article/detail/column/31X/articleid/15647.html。

云南曲靖“5·11”顶板事故

一、事件简介

2015年5月11日11时48分，云南省曲靖市沾益县大海煤矿+1837m水平西翼13102采煤工作面发生一起顶板事故，造成5人死亡、4人受伤，直接经济损失534万元。

二、事件原因

直接原因

涉事煤矿13102采煤工作面位于断层附近，空顶面积大；未按13102工作面初次来压安全技术措施要求增设密柱、戗柱、木垛等加强支护措施，顶板初次来压推倒支架造成事故。

三、事件处理

事故发生后，涉事煤矿立即组织人员进行自救。接到事故报告后，云南省曲靖市、沾益县党委、政府领导带领有关人员立即赶赴现场，成立抢险救援指挥部，迅速开展抢险救援工作。云南省相关领导作出重要批示，要求省有关部门率员赶赴现场指导救援，严防发生次生事故，竭尽全力科学救援，抢救被困矿工，依法依规对事故责任人严肃处理。云南煤矿安全监察局、云南省煤炭工业局有关领导带领人员赶赴现场指导事故救援，对善后处理、事故调查以及下一步煤矿安全工作做出安排布置，提出了工作要求。

四、责任追究

事故责任人孙某、蒋某等2人已被移交司法机关依法追究其刑事责任；张某、刘某等9人给予行政处罚；云南省沾益县人民政府分管副县长向沾益县人民政府写出书面检查；云南省沾益县人民政府向曲靖市人民政府写出书面检查。

五、补救措施

为深刻吸取事故教训，进一步强化安全生产工作，严防类似事故发生，云南省安全生产委员会办公室要求：沾益县工信局要严格督促各煤矿企业加大隐患排查治理工作力度，开展一次以顶板支护、提升运输管理为主要内容的安全生产大检查，认真排查治理存在的安全隐患。

参考资料

1. 云南网：云南沾益大海煤矿顶板冒落事故被困5人全部遇难，见 http://society.yunnan.cn/html/2015-05/12/content_3727423.htm。

2. 曲靖新闻网：沾益县大海煤矿“5·11”事故共有5人遇难　相关善后及事故处理正在有序进行，见 http://www.qjrb.cn/2015-05/12/content_333767.htm。

3. 国务院安全委员会办公室：曲靖市沾益县大海煤矿“5·11”较大顶板事故调查报告，见 http://www.chinasafety.gov.cn/newpage/Contents/Channel_21141/2016/0128/264312/content_264312.htm。

湖北十堰“5·12”透水事故

一、事件简介

2015年5月12日13时30分左右，湖北省十堰市郧西县香口乡仓房村的郧西兴强金矿有限公司发生一起较大透水事故，造成3人死亡、3人受伤，直接经济损失434.66万元。

二、事件原因

直接原因

涉事矿场在881平硐长期存在越界开采，该平硐的+890m探矿巷道掘进工作面上部存在老窿积水，该巷道越界掘进至AuⅢ矿体老窿区水下部，工作面与老窿水体间的岩层厚度0.95m左右，作业人员在水体下冒险顶水作业后，受自重和爆破震动影响，抗压强度不足以抵抗老窿水体的压力，导致岩层被压穿，发生透水事故。透水后，水流沿+866m主巷道向下倾泻，在该巷道41＃测量点冲垮2处密闭墙，灌入+865m采空区，经该采空区废弃的巷道窜入+845m水平以下区域，并淹没了+845m水平以下所有巷道，将正在+835m水仓清渣的工人淹没，造成人员伤亡。

三、事件处理

事故发生后，湖北省委、省人民政府高度重视，有关领导作出批示，要求全力开展应急救援，认真进行事故调查，深刻吸取事故教训。湖北省安监局和十堰市委、市人民政府领导立即赶赴现场指导协调救援工作。2015年5月14日，湖北省相关部门成立了事故调查组，开展事故调查工作。

四、责任追究

事故责任人吴某、何某等11人已被司法机关依法追究刑事责任；李某、张某等12人已被实施党纪政纪及行政处罚；湖北省十堰市郧西县香口乡人民政府向郧西县人民政府作出了深刻检查；湖北省十堰市郧西县人民政府向十堰市人民政府作出了深刻检查。

五、补救措施

此次事故给人民群众的生命财产安全造成了严重损失，为深刻教训，举一反三，湖北省安全生产监督管理局作出如下要求：1. 督促企业落实主体责任；2. 进一步加强隐患排查治理工作；3. 严格落实监督管理和行业管理职责；4. 严格落实各级党委政府的领导责任。

参考资料

1. 新浪网：郧西金矿透水事故问责11人将被追究刑事责任，见 http://hb.sina.com.cn/news/

j/2015-09-02/detail-ifxhkafa9581997.shtml。

2. 秦楚网：省政府对郧西“5·12”较大透水事故作出处理 23 人受追究，见 http://www.10yan.com/2015/0903/231679.shtml。

3. 湖北省安监局：十堰郧西县郧西兴强金矿有限公司“5·12”较大透水事故调查报告，见 http://www.hubeisafety.gov.cn/ajj_new/shuxingcaidan/content_a.asp?id=11080。

陕西咸阳“5·15”交通事故

一、事件简介

2015 年 5 月 15 日，陕西省咸阳市淳化县境内发生一起特别重大道路交通事故，造成 35 人死亡、11 人受伤，直接经济损失 2300 余万元。

二、事件原因

直接原因

肇事司机王某驾驶制动系统技术状况严重不良的大客车，行经下陡坡、连续急弯路段时，因制动力不足造成车速过快，行至发生事故的急弯路段时达到 59km/h，在离心力作用下出现侧滑，失控冲出路面翻坠至崖下，而后客车坠崖后车头猛烈撞击地面，冲击力造成乘客向前翻倒，由于客车座椅与车身连接强度不足，事故发生时 70% 的座椅发生脱落，砸压车内乘客，进一步加重了事故伤亡后果。

三、事件处理

事故发生后，党中央、国务院高度重视，国务院有关领导先后作出重要批示，要求全力抢救伤员，依法依规做好事故处置、家属安抚等工作，尽快查明事故原因、严肃追责。2015 年 5 月 16 日，国务院批准成立了由国家安全监管总局、公安部、监察部、交通运输部、全国总工会、工业和信息化部、国家质检总局、国家旅游局以及陕西省人民政府等有关部门和单位负责同志参加的国务院陕西咸阳“5·15”特别重大道路交通事故调查组。

四、责任追究

事故责任人王某、张某等 20 人已被司法机关依法处理；白某、程某等 34 人已被给予相应党纪、政纪处分；陕西省人民政府向国务院作出了深刻检查。

五、补救措施

为深刻吸取教训、落实责任、严格制度、采取措施，切实加强道路交通安全监管，严防重特大事故发生，国家安全生产监督管理总局作出如下要求：1. 进一步强化道路交通安全红线意识和责任意识；2. 下大力气狠抓“营转非”大客车源头安全监管；3. 继续深化安全生产“打非治违”工作；4. 全面提升农村、山区道路的安全水平；5. 切实加强机动车安全技术检验工作。

参考资料

1. 新华网：陕西咸阳“5·15”特别重大道路交通事故系责任事故，见 http://news.xinhuanet.com/local/2015-08/25/c_1116370683.htm。

2. 人民网：陕西“5·15”致 35 死交通事故车辆非法经营 20 人被移送司法，见 http://society.people.com.cn/n/2015/0825/c1008-27515101-2.html。

3. 国家安监总局：陕西咸阳“5·15”特别重大道路交通事故调查报告，见 http://www.chinasafety.gov.cn/newpage/Contents/Channel_21382/2015/0825/256871/content_256871.htm。

山西晋城“5·16”中毒事故

一、事件简介

2015 年 5 月 16 日 7 时 27 分，山西省晋城市阳城县瑞兴化工有限公司发生硫化氢中毒事故，造成 8 人死亡、6 人受伤，直接经济损失 538 万元。

二、事件原因

直接原因

事故单位分管生产副总经理张某未按规定办理受限空间安全作业证，违章指挥并亲自带领作业人员冒险进入泄漏有硫化氢的 3# 冷却池违章检修作业，吸入硫化氢气体中毒，救援人员未佩戴应急防护器材，盲目进入池内施救，造成伤亡人员扩大。

三、事件处理

事故发生后，山西省委、省政府相关领导作出了重要批示并在第一时间赶赴现场，指导抢险救援；国家安监总局也派员赶赴现场。

四、责任追究

事故责任人张某、田某等 5 人已被司法机依法追究责任；元某、郭某等 2 人被相关部门给予行政处罚；张某、郑某等10人给予相应的党纪、政纪处分；山西省晋城市阳城县瑞兴化工有限公司已被山西省安监局依法吊销其安全生产许可证；山西省晋城市阳城县委、县政府向晋城市委、市政府作出深刻检查。

五、补救措施

为深刻吸取事故教训，进一步强化安全生产工作，严防类似事故发生，山西省安全生产委员会办公室要求：

1. 全省各级各有关部门要认真吸取阳城县瑞兴化工有限公司“5·16”硫化氢中毒较大事故的教训，牢固树立“科学发展、安全发展”理念，坚守“发展不能以牺牲人的生命为代价”这条红线。

2. 全省化工企业要深刻吸取事故教训，进一步落实企业安全生产主体责任，着力提高安全生产规章制度的执行力。

3. 省经信委要按照国家有关规定，尽快对全省二硫化碳生产企业进行全面排查，确定淘汰落后产能企业名单和实施方案，依法淘汰间歇焦炭法二硫化碳落后生产工艺。

4. 晋城市政府要进一步加强对安全生产工作的组织领导，依法监督企业把各项安全生产管理制度和规定落到实处。

参考资料

1. 新浪网：山西晋城致8死中毒事故原因通报：盲目施救，见 http://news.sina.com.cn/c/2015-05-22/150331864792.shtml。

2. 晋城新闻网：阳城瑞兴化工发生二硫化碳泄漏硫化氢中毒事故，见 http://old.jcnews.com.cn/news/news_content/2015-05/18/content_476788.htm。

3. 国家安监总局：阳城县瑞兴化工有限公司“5·16”硫化氢中毒较大事故调查报告，见 http://www.chinasafety.gov.cn/newpage/Contents/Channel_21141/2016/0127/264264/content_264264.htm。

湖南邵阳“5·23”交通事故

一、事件简介

2015年5月23日11时40分，湖南省邵阳市新宁县S218路段0km+400m处，湖南新干线汽车运输有限公司一辆车牌号为湘A27851的旅游大巴车发生侧翻，事故造成8人死亡、5人重伤。

二、事件原因

事发当天下雨路滑，肇事司机不熟悉路况，未按安全速度行驶，急刹车导致车辆撞上护栏发生侧翻。

三、事件处理

事故发生后，湖南省委、省政府领导同志高度重视并作出重要批示，相关领导立即赶赴现场指导救援，要求全力救治伤员，认真做好善后处置，确保社会稳定。

四、责任追究

祖某因交通肇事罪被湖南省邵阳市新宁县检察院予以逮捕。

五、补救措施

湖南省安全生产委员会办公室就切实加强和改进道路交通安全工作，提出如下要求：1. 切实强化安全生产红线意识和底线思维；2. 全面开展驾驶员安全宣誓、“安全带—生命带”和GPS动态管理三大专项行动；3. 铁拳打击非法营运、超限超载等交通违法行为；4. 切实强化道路交通安全监管执法；5. 严格事故查处和问责追究。

参考资料

1. 央视网：新宁“5·23”交通事故已造成八人死亡，见 http://news.cntv.cn/2015/05/25/VIDE1432557360986358.shtml。

2. 人民网：湖南“5·23”旅游大巴侧翻事故犯罪嫌疑人被逮捕，见 http://society.people.com.cn/n/2015/0604/c136657-27104331.html。

3. 湖南省安监局：关于邵阳市新宁县“5·23”道路交通事故情况的通报，见 http://www.hunansafety.gov.cn/2015/anweihui_0526/7024.html。

辽宁阜新“5·26”顶板事故

一、事件简介

2015年5月26日23时9分，辽宁省阜新市阜新矿业（集团）有限责任公司艾友煤矿1601综放工作面入风巷上段和入风联络巷下段72.5m范围内发生一起较大顶板事故，造成4人死亡、3人受伤，直接经济损失466.1万元。

二、事件原因

直接原因

事发煤矿1601综放工作面临近采终，煤柱区域应力集中，在施工大断面拆装硐室时，诱发冲击地压，导致事故发生。

三、事件处理

事故发生后，辽宁省委、省政府领导高度重视，对事故救援、善后处理及事故调查工作做出了重要批示。辽宁煤矿安全监察局、辽宁省煤炭工业管理局及阜新市人民政府等相关部门领导立即赶到事故现场，指导事故救援及善后处理工作。

2015年5月27日，辽宁煤矿安全监察局辽西监察分局会同阜新市监察局、公安局、总工会和阜矿集团等部门成立阜矿集团艾友煤矿“5·26”较大顶板事故调查组，并邀请阜新市人民检察院参加，同时聘请5名煤矿安全生产领域专家组成专家组，参与事故调查。

四、责任追究

事故责任人鲁某、杜某等13人给予相应的行政处分；辽宁省阜矿集团艾友煤矿停产整顿、被处罚款50万元。

五、补救措施

为深刻吸取事故教训，进一步强化安全生产工作，严防类似事故发生，国家安全生产监督管理总局作出要求：1.强化安全生产红线意识，落实安全生产主体责任；2.加强对冲击地压矿井的管理；3.加强技术管理；4.加强现场安全管理；5.加强安全培训教育工作。

参考资料

1.国务院安全委员会办公室：国务院安委会办公室关于对辽宁省阜新矿业集团公司艾友煤矿“5·26”较大顶板事故查处挂牌督办的函，见 http://www.chinasafety.gov.cn/newpage/Contents/Channel_21738/2015/0615/264434/content_264434.htm。

2.国家安监总局：阜新矿业（集团）有限责任公司艾友煤矿“5·26”较大顶板（冲击地压）事故调查报告，见 http://www.chinasafety.gov.cn/newpage/Contents/Channel_21141/2016/0127/264252/content_264252.htm。

3.中新网：国务院安委办对辽宁艾友煤矿致4死事故挂牌督办，见 http://www.chinanews.com/sh/2015/06-15/7344498.shtml。

湖南邵阳“5·30”煤与瓦斯突出事故

一、事件简介

2015年5月30日2时10分，湖南省邵阳市新邵县七四煤矿发生煤与瓦斯突出事故，造成8人死亡。

二、事件处理

事故发生后，湖南省邵阳市矿山抢险救援队等救援人员启动应急预案实施紧急救援；湖南省有关领导作出批示，要求及时抢救被困人员，尽力减少人员伤亡，尽快查明事故原因。国家煤监局、湖南省政府办公厅、湖南省应急办、湖南省煤炭局、湖南省煤监局、湖南省安监局及市县相关单位领导也赶赴事故现场，组织开展救援工作。

三、责任追究

事故责任人刘某、李某等5人已被移送司法机关追究刑事责任；周某、唐某等15人已被给予相应的行政处分；七四煤矿已被相关部门予以关闭；湖南省邵阳市新邵县人民政府向邵阳市人民政府写出书面检查。

四、补救措施

湖南省安全生产监督管理局就切实加强和改进煤矿安全工作提出如下要求：

1.进一步强化“红线”意识和“底线”思维，切实增强紧迫感和责任感，推动全省煤矿安全生产形势稳定好转。

2.毫不松懈地抓好煤矿整顿关闭工作，继续关闭不具备安全生产条件煤矿，对保留煤矿实施脱胎换骨的改造。

3.紧紧抓住瓦斯治理不放松，大力推进煤矿瓦斯抽采和防突措施落实，坚决防范和有效遏制较大以上事故。

4.深刻吸取事故教训强化执法，按照省委省政府“八条断然”措施要求，严格事故查处和问责追究。

参考资料

1.中新网：湖南新邵县七四煤矿事故致8人死亡4名责任领导已被免，见 http://www.chinanews.com/gn/2015/06-02/7317511.shtml。

2. 中国邵阳：新邵县七四煤业公司“5·30”煤与瓦斯突出较大事故救援报告，见 http://bet3.exvls.sygrain.gov.cn/Content-34554.html。

3. 国务院安全委员会办公室：湖南省邵阳市新邵县七四煤业有限责任公司“5·30”较大煤与瓦斯突出事故调查报告，见 http://www.chinasafety.gov.cn/newpage/Contents/Channel_21141/2016/0127/264250/content_264250.htm。

河北保定“5·30”车辆伤害事故

一、事件简介

2015 年 5 月 30 日 14 时 20 分，河北省国泰路桥工程有限公司在保定市阜平县史家寨至小岭子村公路改建工程施工过程中，发生车辆伤害事故，造成 1 人死亡，直接经济损失约 120 万元。

二、事件原因

直接原因

压路机司机于某对路面危险因素缺乏应有的辨识，不懂得危险地段相关安全操作规范，违章冒险作业，未与路基边缘“保持必要的安全距离”，加之路基边缘为新加高的路肩，靠近路肩边缘地带为新填的松土，耐压强度不够，导致边缘路基被压垮塌，压路机侧翻坠入沟内。

三、事件处理

事故发生后，在距事发地点约 200m 的项目部其他员工迅速赶到现场对于某进行抢救。2015 年 6 月 5 日，经阜平县政府批准，成立了“河北国泰路桥工程有限公司“5·30”车辆伤害事故调查组”，并邀请县人民检察院派员参加，聘请有关专家参与，对事故展开全面调查。

四、责任追究

事故责任人马某已被给予行政处罚；闫某、张某等 6 人已被公司内部处理并报阜平县安全监管局备案；涉事路桥公司已被处以罚款 30 万元；河北省宏业监理公司已被处罚款 25 万元。

五、补救措施

为吸取此次事故教训，举一反三，河北省安全生产委员会办公室特提出如下要求：国泰路桥公司要完善安全生产教育和培训计划，加强对从业人员包括临时考核，保证从业人员具备必要的安全生产知识，熟悉有关的安全生产规章制度和安全操作规程，掌握本岗位的安全操作技能，未经安全生产教育和培训合格的从业人员，不得上岗作业。

参考资料

1. 河北省安监局：河北国泰路桥工程有限公司“5·30”车辆伤害事故调查报告，见 http://www.hebsafety.gov.cn/index.do?id=44808&templet=content&cid=1571。

珲乌高速“6·7”交通事故

一、事件简介

2015 年 6 月 7 日 7 时 20 分，吉林市吉隆公路客运有限责任公司舒兰分公司车牌号为吉 B65350 的大客车，在长春市九台区珲（春）乌（兰浩特）高速公路 460km+700m 处，发生一起较大道路交通事故，造成 5 人死亡、6 人受伤，直接经济损失 243.6 万元。

二、事件原因

直接原因

肇事车辆驾驶员违反规定驾驶轮胎磨损程度不符合国家技术标准的车辆，在雨后路面湿滑的情况下，未按规定降低行驶速度，遇路面积水采取措施不当。

三、事件处理

事故发生后，吉林省相关领导作出重要批示，要求救治伤员、查明原因、妥处善后，吉林省公安、省交警总队、省高速公路管理局及舒兰市政府有关领导，第一时间赶到现场组织开展抢险救援和善后处理等工作。

四、责任追究

经有关部门认定事故责任人才某、赵某等 4 人对此次事故负有直接责任，已被移送司法机关依法追究刑事责任；事故责任人杨某、程某等 6 人已由有关单位依据相关规定作出严肃处理；事故责任人刘某、谢某等 11 人被处以行政记过、警告等处分；吉林省吉隆公路客运有限责任公司被处以罚款 70 万元。

五、补救措施

为进一步强化客运源头管理，督促道路客运企业深入贯彻落实安全生产法律法规和规章，吉林省安全生产监督管理局作出如下要求：1. 健全客运企业安全管理机构，完善并落实各项安全生产责任制和安全生产管理制度，强化隐患排查治理和安全培训；2. 进一步落实行业监管部门安全生产监督管理责任。

参考资料

1. 吉林省安监局：吉林市吉隆公路客运有限责任公司舒兰分公司“6·7”较大道路交通事故调查报告，见 http://www.jlsafety.gov.cn/sgcl/24654.htm。

2. 吉林省安监局：省政府事故调查组公开处理“6·7”较大道路交通事故，见 http://www.jlsafety.gov.cn/sygzdt/24655.htm。

3. 中国道路运输在线：2015 年 6 月 7 日吉林省珲乌高速交通事故，见 http://www.zgdlys.cn/jtsg/2015/0608/14657.html。

湖北孝感“6·7”交通事故

一、事件简介

2015 年 6 月 7 日 17 时 25 分许，湖北省孝感市孝南区肖港镇 107 国道发生一起客车与货车相撞的较大道路交通事故，造成 9 人死亡、11 人受伤，直接经济损失 530 万元。

二、事件原因

直接原因

肇事司机祝某驾驶鄂 K81518 号客车由南向北行至事发路段，在雨天路滑且对面有来车的情况下，判断失误，越过中心线强行超速超车，遇何某驾驶鄂 K06757 货车由北向南行至事故路段；何某驾驶鄂 K06757 货车，在雨天路滑且对面来车正在超车的情况下避让不及，两车猛然相撞，是导致事故发生并造成较大事故的直接原因，此外货车严重超载，直接影响采取有效措施避让，加重了事故后果，也是造成较大事故的直接原因。

三、事件处理

事故发生后，湖北省委、省政府领导高度重视，相关领导分别作出重要批示，有关领导率领湖北省直有关部门负责同志连夜赶赴现场，指导救援和善后工作，并明确要求成立省政府事故调查组，认真开展事故调查工作，查明事故原因。2015 年 6 月 8 日下午，湖北省政府成立了“6·7”较大道路交通事故调查组。

四、责任追究

事故责任人王某、杨某等 6 人已被移交司法机关依法处理；彭某、丁某等 26 人已被实施政纪及行政处分；孝感市孝昌县公安交警大队向孝昌县人民政府作出了书面检查；孝昌县政府、孝感市交通局、孝感市公安局分别向孝感市人民政府作出了书面检查。

五、补救措施

为深刻吸取事故教训，有效防范同类事故发生，湖北省安全生产委员会办公室特提出如下要求：1. 切实督促道路客运企业落实安全生产主体责任；2. 严厉打击道路交通违法违规行为；3. 强化机动车辆驾驶人安全教育；4. 加强运输车辆动态监管。

参考资料

1. 搜狐网：湖北孝感突发重大车祸多人被甩飞已致 9 死，见 http://news.sohu.com/20150608/n414593512.shtml?pvid=ec18e279366ef6a4。

2. 凤凰网：孝感“6·7”交通事故调查报告公布，见 http://news.ifeng.com/a/20160107/46972011_0.shtml。

3. 湖北省安监局：孝感市孝南区肖港镇 107 国道“6·7”较大道路交通事故调查报告，见 http://www.hubeisafety.gov.cn/ajj_new/shuxingcaidan/content_a.asp?id=11989。

河北邢台“6·15”燃爆事故

一、事件简介

2015 年 6 月 15 日上午 7 时 40 分，平乡县国源加油（气）站在维修输油管道过程中动火作业时发生爆燃，造成 1 人死亡、1 人受伤，直接经济损失 85 万元。

二、事件原因

直接原因

河北省邢台市平乡县国源加油站作业人员在对井下输油管实施焊接时，未对输油管内油气进行置换，未对井中气体置换及检测的情况下，引发油管内残留油气爆燃。

三、事件处理

事故发生后，伤者已被及时送到河北省邢台市平乡县人民医院救治，随后转院到邢台市第五医院，2015 年 6 月 19 日重伤者转院到邢台市人民医院，于 6 月 30 日经抢救无效死亡。

四、责任追究

事故责任人谢某已被移交司法机关依法追究刑事责任；王某、许某等 4 人已被给予党纪、政纪处分；河北省邢台市平乡县国源加油站被处罚款 21 万元。

五、补救措施

为深刻吸取事故教训，进一步强化安全生产工作，严防类似事故发生，河北省安全生产委员会办公室要求：1. 平乡县国源加油站要深刻汲取事故血的教训，举一反三，杜绝此类事故的发生，严格按照动火作业操作规程；2. 平乡县国源加油站要严格按照《安全生产法》的要求认真落实企业主体责任，做到“五落实五到位”；3. 进一步明确部门和属地监管责任，加强相关管理。

参考资料

1. 凤凰网：河北平乡一加气站爆炸一死一伤政府成立调查组，见 http://finance.ifeng.com/a/20150714/13838776_0.shtml。

2. 河北省安监局：平乡县国源加油站“6·15”燃爆事故调查报告，见 http://www.hebsafety.gov.cn/index.do?id=44809&templet=content&cid=1571。

江西萍乡“6·17”爆炸事故

一、事件简介

2015 年 6 月 17 日 7 时 10 分，江西省萍乡市上栗县正大出口花炮厂发生一起爆炸事故，造成 4 人死亡，直接经济损失 475 万元。

二、事件原因

直接原因

1. 事发地点现场操作人员在 38# 工房进行内筒装药作业时，操作不当（摩擦或撞击）引发爆炸。

2. 作业工房存药量严重超量，38# 工房爆炸致使 39# 工房殉爆。38#、39# 号工房爆炸抛撒物引发 34#、35# 工房发生爆炸。

间接原因

1. 涉事企业安全生产主体责任不落实，安全管理混乱。

2. 江西省萍乡市上栗县鸡冠山乡政府对辖区企业监管能力较弱，检查方式方法简单，安全生产监管执法队伍素质不高，监督检查不细不严不实。

三、事件处理

事故发生后，江西省政府领导高度重视，相关领导作出重要批示；江西省安监局有关领导率工作组赴上栗县督导事故处置工作。

四、责任追究

事故责任人黄某端与黄某强 2 人已被司法机关依法逮捕；邓某、刘某等 10 人给予党纪政纪处分；江西省萍乡市上栗县政府向萍乡市政府作出深刻检查；江西省萍乡市安监局向萍乡市政府作出深刻检查；江西省萍乡市正大花炮厂由省安监局依法吊销其安全生产许可证，并处罚款 60 万元。

五、补救措施

此次事故的发生给人民群众生命财产造成了严重损失、情节十分恶劣、教训十分深刻，国务院安全委员会办公室要求各烟花爆竹产地政府和各有关部门要认真汲取“6·17”事故深刻教训，具体要求如下：1. 进一步强化“红线”意识，健全安全生产责任体系；2. 切实落实企业主体责任；3. 加强安全监管执法工作，按照《国务院办公厅关于加强安全生产监管执法的通知》（国办发〔2015〕20 号）的要求，重点落实县、乡两级政府“打非治违”的责任；4. 加强事故信息报送和应急管理。

参考资料

1. 凤凰网：国务院安委办挂牌督办上栗正大出口花炮厂爆炸事故，见 http://jx.ifeng.com/news/sz/detail_2015_06/26/4045972_0.shtml。

2. 国家安监总局：国务院安委会办公室关于对萍乡市上栗县正大出口花炮厂“6·17”较大爆炸事故查处挂牌督办的函，见 http://www.chinasafety.gov.cn/newpage/Contents/Channel_21738/2015/0625/262821/content_262821.htm。

3. 国务院安全委员会办公室：江西省萍乡市上栗县正大出口花炮厂“6·17”烟花爆竹较大爆炸事故调查报告，见 http://www.chinasafety.gov.cn/newpage/Contents/Channel_21141/2015/1228/262820/content_262820.htm。

山西晋中“6·21”水害事故

一、事件简介

2015 年 6 月 21 日 10 时 38 分，阳煤集团山

西省昔阳市运裕煤业有限责任公司 15111 回采面发生一起较大水害事故，造成 4 人死亡，直接经济损失 408 万元。

二、事件原因

直接原因

涉事煤矿陷落柱充填物经历长时间吸水软化、泥化作用所形成的载荷大小及作用方式超出了工作面支架及措施巷棚架支护系统的支护强度及适应范围，导致措施巷棚架失去了对陷落柱的充分支挡作用，引发充填物抽冒坍塌引发的泥石溃泄。

三、事件处理

事故发生后，山西省阳煤集团、晋东公司和运裕公司迅速组织开展抢险救援。山西省相关领导立即作出批示，要求全力救援被困矿工，防止发生次生事故；山西煤矿安全监察局、山西省煤炭工业厅和晋中市政府相关领导第一时间赶赴事故现场，对抢险救援、善后处理及安全生产工作等方面提出了具体要求。

四、责任追究

事故责任人王某、赵某等 27 人分别给予行政处罚与处分；山西省运裕公司已被责令整顿恢复，并处以罚款 100 万元。

五、补救措施

为认真吸取事故教训，坚决遏制煤矿重特大事故、控制煤矿较大事故，确保煤矿安全生产形势持续稳定好转，国务院安委会办公室特提出如下要求：1. 煤矿企业要坚守安全红线，切实落实煤矿企业安全生产主体责任；2. 煤矿企业要加强技术管理，进一步做实防治水基础工作；3. 煤矿企业要强化安全培训教育，提升员工素质；4. 阳煤集团及晋东公司要强化安全和技术管理。

参考资料

1. 山西省安监局：阳煤集团运裕公司“6·21”冒顶事故，见 http://www.sxaj.gov.cn/xx/zdsg/201506/545298.html。

2. 国家安监总局：关于对山西省昔阳运裕煤业有限责任公司“6·21”较大水害事故查处挂牌督办的函，见 http://www.chinasafety.gov.cn/newpage/Contents/Channel_ 20595/2015/0707/254079/content_254079.htm。

3. 国务院安全委员会办公室：山西昔阳运裕煤业有限责任公司“6·21”较大水害事故调查报告，见 http://www.chinasafety.gov.cn/newpage/Contents/ Channel_21141/2016/0127/264255/content_264255.htm。

湖北恩施“6·21”水害事故

一、事件简介

2015 年 6 月 21 日 16 时 32 分，湖北省恩施州利川曾家沟煤业有限责任公司发生一起较大水害事故，造成 3 人死亡、2 人受伤，直接经济损失 209.8 万元。

二、事件原因

事故矿井在设计区域之外违规布置采掘工作面，工作面处于有透水危险的老空区水体下，作业人员在未采取有效探放水措施的情况下冒险作业，揭穿老空区积水，导致发生透水事故。

三、事件处理

事故发生后，涉事煤矿矿长熊某在核实事故情况后，于 2015 年 6 月 21 日 20 时分别向湖北省恩施州利川市忠路镇安办和利川市安监局报告该矿井下发生透水事故；22 时，利川市安监局传真报告至恩施州安监局；23 时 32 分，恩施州安监局传真报告至湖北省安监局，省安监局值班室接到事故报告后立即向国家安监总局值班室报告事故情况，2015 年 6 月 22 日 9 时，湖北省安监局值班室向国家安监总局值班室续报了事故情况。

四、责任追究

事故责任人熊某、伍某等 3 人已被移送司法机关依法追究刑事责任；谭某、卓某等 6 人给予相应行政处分；胡某、顾某等 3 人给予相应行政处罚；湖北省恩施州曾家沟煤矿处以罚款 69 万元；湖北省富源集团向利川市行业主管部门和安全监管部门作出书面检讨；湖北省恩施州忠路镇人民政府向利川市人民政府作出了深刻检查。

五、补救措施

为深刻吸取事故教训，进一步强化安全生产工作，严防类似事故发生，湖北省安全生产委员会办公室要求：1. 全面开展水害隐患排查治理工作；2. 建立完善的防治水基础资料；3. 严格落实矿井防治水措施；4. 加强矿井安全基础管理。

参考资料

1. 中国煤炭新闻网：湖北煤监局召开利川

市曾家沟煤矿有限责任公司曾家沟煤矿“6·21”较大透水事故通报会，见 http://www.cwestc.com/newshtml/2015-7-7/376133.shtml。

2. 恩施州安监局：湖北煤监局牵头调查利川曾家沟煤矿“6·21”水害事故，见 http://www.esajj.com.cn/2015/0706/125854.shtml。

3. 国家安监总局：湖北煤监局牵头调查利川曾家沟煤矿“6·21”水害事故，见 http://www.chinasafety.gov.cn/newpage/Contents/Channel_21141/2016/0127/264291/content_264291.htm。

重庆长寿“6·24”交通事故

一、事件简介

2015 年 6 月 24 日，重庆市长寿经济开发区重钢二号门至三号门之间路段（长寿区江南夏家湾大桥处）发生一起较大道路交通事故，造成 3 人死亡，直接经济损失 200 余万元人民币。

二、事件原因

直接原因

肇事司机陈某驾驶渝 F06359 重型自卸货车所载货物超过核定载质量、高度从地面起超过 4m 且没有对货物进行固定，导致货物跌落掉落于对向车道后反弹翻滚过程中与对方相向行驶的杨某驾驶的渝 B83J55 号小型面包车相撞并砸中面包车内。

三、事件处理

事故发生后，重庆市委、市政府高度重视，长寿区人民政府及有关部门有关领导第一时间赶赴事故现场开展事故救援工作，妥处善后。

四、责任追究

肇事司机陈某已被司法机关依法追究刑事责任；重庆松辉物流有限公司被处罚款 55 万元。

五、补救措施

为深刻吸取本次事故的教训，预防和避免类似事故再次发生，针对本次事故的特点，重庆市安全生产监督管理局特提出以下防范措施建议：1. 进一步加强道路交通安全管控力度；2. 货物运输企业应进一步落实道路货运企业安全生产主体责任；3. 万州区运管处应加大对货运企业监督检查力度，认真落实行业管理部门对货运企业管理规定和各种规章制度及要求。

参考资料

1. 重庆市安监局：长寿区“6·24”较大道路交通事故调查报告，见 http://www.cq.gov.cn/publicinfo/web/views/Show!detail.action?sid=4044836。

安徽芜湖“6·26”交通事故

一、事件简介

2015 年 6 月 26 日 14 时 50 分，G4211 宁芜高速安徽省芜湖市段发生一起客车与货车相撞的交通事故，共造成 10 人死亡、25 人受伤，直接经济损失约共 1100 万元。

二、事件原因

直接原因

客车驾驶员沙某酒后驾车、严重超速。

三、事件处理

事故发生后，国务院和省委、省政府高度重视，有关领导分别作出重要批示，要求全力做好事故处置各项工作，依法依规严肃查处事故，严格道路交通安全管理，加强旅游车辆监管，严防重特大事故发生。2015 年 6 月 30 日经安徽省人民政府同意成立了事故调查组，并邀请安徽省人民检察院派员参加事故调查组。

四、责任追究

事故责任人沙某、邵某等 4 人已被移送司法机关依法处理；尹某、程某等 7 人给予相应行政处罚；包某、李某等 10 人给予相应政纪处分；马鞍山市天马汽车运输集团有限公司被处罚款 150 万元；安徽省马鞍山市当涂县老来福百货商店被吊销营业执照；安徽省马鞍山市运管局向马鞍山市交通运输局作出深刻书面检查；安徽省马鞍山市交通运输局向马鞍山市政府作出深刻书面检查；安徽省马鞍山市当涂县文化和旅游委员会、马鞍山市当涂县市场监督管理局向马鞍山市当涂县政府作出深刻书面检查；安徽省马鞍山市当涂县政府向马鞍山市政府作出深刻书面检查；安徽省芜湖市交警支队向芜湖市公安局作出深刻书面检查；安徽省马鞍山市、芜湖市政府向安徽省政府作出深刻书面检查。

五、补救措施

此次事故的发生，给人民群众的生命财产安

全造成了巨大损失，为深刻吸取教训，举一反三，国家安全生产监督管理总局作出如下要求：1.严格落实企业安全生产主体责任；2.加强旅游活动安全管理工作；3.加强保健品市场监管工作；4.大力实施生命防护工程；5.加大路面执法巡查力度。

参考资料

1.搜狐网：G4211宁芜高速马芜段芜湖方向发生严重车祸，见 http://mt.sohu.com/20150626/n415719559.shtml。

2.国家安监总局：重大生产安全事故查处挂牌督办通知书，见 http://www.chinasafety.gov.cn/newpage/Contents/Channel_ 21738/2015/0716/264453/content_264453.htm。

3.国家安监总局：G4211宁芜高速安徽芜湖段重大道路交通事故调查报告，见 http://www.chinasafety.gov.cn/newpage/Contents/Channel_21141/2016/0201/264572/content_264572.htm。

青海西宁“6·26”车辆伤害事故

一、事件简介

2015年6月26日16时50分，青海省西宁市鹞子沟发展有限公司发生一起旅游观光车伤害较大事故，事故造成4人死亡、6人受伤，直接经济损失390万元。

二、事件原因

涉事单位两辆旅游观光车行驶至景区下坡路段，制动失效，在惯性作用下加速行驶，两车失控，先后发生碰撞及坠车。

三、事件处理

事故发生后，青海省西宁市大通县委、县政府领导及旅游、公安、东峡镇镇政府等相关部门负责同志赶到现场，组织救治力量开展抢险救援，紧急运送伤员到县人民医院救治。

四、责任追究

事故责任人俞某、李某等3人已被给予行政处罚；青海省鹞子沟发展有限公司已被西宁市特种设备监督管理部门给予行政处罚。

五、补救措施

为深刻吸取事故教训，举一反三，进一步强化旅游行业安全生产管理，促进旅游安全健康发展，青海省安全生产监督管理局提出如下措施建议：

1.青海鹞子沟发展有限公司要认真吸取事故教训，牢固树立“红线”意识，深刻反思，认真落实企业安全生产主体责任，整改旅游景区特种设备安全和安全生产工作方面存在的问题，强化企业安全生产责任制的落实，将安全生产责任落实到岗位，落实到个人，用制度管人、管事。

2.要依法依规配备足够的安全管理人员，尤其要强化对特种设备的安全管理。

3.严格落实特种作业持证上岗规定，严禁无证操作。要加强林区动火管理等制度建设，严格林场动火审批和现场监管，建立一套行之有效的安全管理体系，确保各项安全管理制度和措施落实到操作层面。

4.要加强员工的教育培训和企业隐患排查，提高从业人员安全意识和应急技能。

参考资料

1.新浪网：青海景区调试游览车发生事故致2人死亡8人受伤，见 http://news.sina.com.cn/c/2015-06-26/215232002250.shtml。

2.人民网：青海一景区电动游览车发生事故2人遇难2人重伤，见 http://society.people.com.cn/n/2015/0626/c136657-27215536.html。

3.青海省安监局：西宁市“6·26”青海鹞子沟发展有限公司较大事故调查报告，见 http://www.qhsafety.gov.cn/qinghai/View/506/ 8656.htm8656.。

重庆万盛“6·28”煤与瓦斯突出事故

一、事件简介

2015年6月28日19时42分，重庆市万盛区铁厂坡煤业有限公司+386m水平K3b煤层2403下段准备工作面运输巷N三石门以北地段发生煤与瓦斯突出事故，造成5人死亡，直接经济损失487.45万元。

二、事件原因

直接原因

事故煤矿在事故区域具有严重突出危险的K3b煤层2403下段准备工作面未消除突出危险的情况下，煤矿有关管理人员擅自组织运输巷回撤支架和回收煤炭，无支护的巷道上部原始煤体逐步冒落破坏安全屏障，诱导煤与瓦斯突出，大量瓦斯通过无防逆流装置的风筒逆流，造成事故扩大。

三、事件处理

事故发生后，国家安全监管总局、国家煤矿安监局有关领导作出了重要批示；重庆煤矿安全监察局相关领导率有关部门负责人立即赶到事故现场，协助指导抢险救援工作，并对事故调查处理工作作出安排。

四、责任追究

事故调查处理14名责任人，其中，对6名涉嫌犯罪的人员，移交司法机关依法处理；1名责任人由检察机关依法调查处理，对2名负有监管责任的人员，分别给予政纪处分；对3名负有监管责任的人员，分别给予诫勉谈话；2名责任人给予行政处罚；重庆市万盛经济技术开发区管委会对重庆市万盛区铁厂坡煤业有限公司依法予以关闭；重庆市綦江县关坝镇党委、政府分别向万盛经济技术开发区党工委、管委会书面检查；重庆市万盛经济技术开发区安全生产监督管理局向万盛经济技术开发区党工委、管委会书面检查；重庆市万盛经济技术开发区国土资源和房屋管理局向万盛经济技术开发区党工委、管委会书面检查。

五、补救措施

为深刻吸取事故教训，进一步强化安全生产工作，严防类似事故发生，重庆市安全生产委员会办公室要求：1. 认真开展联合执法；2. 加强煤矿瓦斯治理；3. 加强煤矿安全“六大系统”建设和维护，确保瓦斯监控系统、压风自救系统、人员定位系统等正常使用；4. 落实监管责任，加强关闭矿井监管；5. 切实提高监管人员的业务能力和水平；6. 加强安全法治培训，提高安全素质。

参考资料

1. 国家安监总局：关于对重庆市万盛区铁厂坡煤业有限公司“6·28”较大煤与瓦斯突出事故查处挂牌督办的函，见 http://www.chinasafety.gov.cn/newpage/Contents/Channel_20595/2015/0707/254078/content_254078.htm。

2. 国务院安全委员会办公室：关于重庆市万盛区铁厂坡煤业有限公司“6·28”较大煤与瓦斯突出事故调查处理情况的通报，见 http://www.chinasafety.gov.cn/newpage/Contents/Channel_21141/2016/0127/264260/content_264260.htm。

福建三明“6·30”透水事故

一、事件简介

2015年6月30日15时30分，福建省三明市大田县后洋煤矿有限公司后洋矿山发生一起透水事故，造成3人死亡，直接经济损失404.7万元。

二、事件原因

直接原因

事故煤矿+700m水平19#掘进工作面周边存在老窑积水，后洋矿山未对该工作面周边开展水害调查和防治水技术论证，违法组织作业人员下山进入超越批准的采矿区域盲目进行掘进施工，在掘进过程中未开展探放水工作，打通老窑积水区，导致透水事故发生。

三、事件处理

福建省三明市大田县委、县政府接到事故报告后，立即启动应急救援预案，有关领导立即带领县有关部门赶赴事故现场组织实施救援。三明市政府立即组织有关部门召开紧急会议，部署事故救援工作，相关领导接到事故报告后带领三明市安监、公安、经信、煤管等部门赶赴事故现场指挥救援。福建省安监局、福建煤监局领导接到事故报告后，立即指示永安煤业公司救护队赶赴事故矿井，配合三泉矿山救护队开展救援工作，并于2015年7月1日上午迅速派出相关处室人员赶赴事故现场指导事故救援。福建省政府有关领导接到事故报告后，立即作出批示，要求全力组织救援被困人员，坚决打击非法生产、违规生产，落实好安全生产各项责任。

四、责任追究

事故责任人田某、郑某已被移送司法机关依法处理；陈某、黄某等3人给予相应行政处罚；刘某、陈某等10人给予相应党政纪处分；福建省三明市后洋矿山被处罚款50万元。

五、补救措施

为深刻吸取事故教训，进一步强化安全生产工作，严防类似事故发生，福建省安全生产委员会办公室要求上京镇政府要深刻吸取本起事故教训，对本起事故原因进行深刻反思，切实履行好属地监管的职责。1. 要加强对监管人员履职情况的督促检查，改进工作作风，消除重地面内业资料检查轻下井检查等现象，确保履职尽责到位；2. 要充实一线监管力量，配足配齐专业技术人员，确保对辖区内煤矿企业形成有效监管；3. 要切实解决重收费、轻管理的现象，进一步明确和细化监管计划，及时发现并制止煤矿各类违法违规行为。

参考资料

1. 中国煤炭新闻网：福建三明大田县上京镇后洋煤矿发生透水事故，见 http://www.cwestc.com/newshtml/2015-7-4/375799.shtml。

2. 国家安监总局：关于对福建省三明市大田县后洋煤矿有限公司后洋煤矿“6·30”较大透水事故查处挂牌督办的函，见 http://www.chinasafety.gov.cn/newpage/Contents/Channel_21738/2015/0715/264451/content_264451.htm。

3. 国务院安全委员会办公室：大田县后洋煤矿有限公司后洋矿山“6·30”透水事故调查报告，见 http://www.chinasafety.gov.cn/newpage/Contents/Channel_21141/2016/0127/264261/content_264261.htm。

浙江台州“7·4”厂房坍塌事故

一、事件简介

2015 年 7 月 4 日 16 时 08 分，浙江省台州市温岭市大溪镇佛陇村捷宇鞋材有限公司发生厂房坍塌事故，坍塌面积 2000 余平方米，事故造成 14 人死亡、33 人受伤，直接经济损失 1100 余万元。

二、事件原因

直接原因

事故厂房楼屋面荷载过大，钢结构承载力不足，致使房屋结构体系失稳造成厂房坍塌。

三、事件处理

事故发生后，国务院有关领导作出重要批示，要求全力搜救被困人员、救治受伤人员，并做好家属安抚；浙江省台州市和温岭市接到事故报警后，迅速启动应急响应预案，赶赴现场并调集人员和装备，全力组织力量开展抢险救援、伤员救治和善后等工作；国家安全监管总局有关司局领导也抵现场对事故救援和调查相关工作进行指导督办。

2015 年 7 月 7 日，国务院安委会对该起重大事故实行挂牌督办。当日，浙江省紧急部署开展村级集体留用地建筑生产经营用房安全专项检查，对浙江省各地未按法定基本建设程序建设的企业生产经营用房，以及出租厂房、大型市场等涉及多租赁户主体或单位的建筑物进行全面整治，坚决杜绝类似事故发生。

四、责任追究

事故责任人徐某、戴某被司法机关依法追究刑事责任；徐某、李某等 22 人受到相应党政处罚及处分；浙江省捷宇公司被温岭市人民政府依法予以关闭；浙江省台州市人民政府向浙江省人民政府作深刻检查，并抄报省监察厅、省安监局。

五、补救措施

浙江省安全生产监督管理局针对事故提出如下要求：1. 进一步加大拆违力度，彻底清除滋生事故隐患的土壤；2. 深入开展相关领域事故隐患整治，严厉打击各类非法违法行为；3. 全面落实各类社会主体法定责任，切实做到防患于未然；4. 严格部门行业监管和乡镇属地监管职责，狠抓执法监管工作落实；5. 进一步加强宣传教育培训，提高社会公众安全意识；6. 大力推动产业转型发展，提高企业本质安全水平。

参考资料

1. 新浪网：“7·4”温岭厂房坍塌重大事故调查报告出炉市长副市长下台，见 http://news.sina.com.cn/o/2015-10-29/doc-ifxkfmhk6503444.shtml。

2. 环球网：“7·4”温岭鞋厂坍塌事故调查结果公布 22 名官员被处分，见 http://china.huanqiu.com/hot/2015-10/7861716.html。

3. 国家安监总局：温岭市捷宇鞋材有限公司“7·4”厂房坍塌重大事故调查报告，见 http://www.chinasafety.gov.cn/newpage/Contents/Channel_21141/2016/0201/264606/content_264606.htm。

陕西韩城“7·6”煤与瓦斯突出事故

一、事件简介

2015 年 7 月 6 日 3 时 56 分，山西省陕煤韩城矿业有限公司桑树坪煤矿 3314 采煤工作面回风顺槽下部联络巷掘进工作面发生煤与瓦斯突出事故，造成 4 人死亡、直接经济损失约 1000 万元。

二、事件原因

直接原因

事故煤矿3314下回联掘进工作面布置在突出煤层应力集中区，在出现喷孔、夹钻、片帮等突出预兆后，未消除突出危险，违反《防治煤与瓦斯突出规定》第七十条规定安排工人清理工作面片帮落煤，破坏了处于极限的应力平衡状态，诱发了煤与瓦斯突出。

三、事件处理

接到事故报告后，桑树坪煤矿第一时间启动应急预案，成立抢险救援指挥部，全力组织事故抢险救援及善后处理工作。

陕西省煤矿安全监察局、陕西省煤炭生产安全监督管理局、渭南市人民政府、韩城市人民政府、陕西煤业化工集团有限责任公司等单位主要负责同志立即赶赴现场，指导事故抢险救援工作，严防发生次生事故。

四、责任追究

事故责任人张某、郭某等17人分别受到党纪、政纪处分；韩城矿业公司向陕西煤业化工集团有限责任公司作出了书面检查；桑树坪煤矿被处罚款95万元。

五、补救措施

为认真吸取事故教训，坚决遏制煤矿重特大事故、控制煤矿较大事故，确保陕西省煤矿安全生产形势持续稳定好转，陕西煤矿安全监察局特提出如下要求：1. 严格执行《防治煤与瓦斯突出规定》；2. 加强突出煤层安全技术管理；3. 优化矿井采掘布置；4. 强化安全培训教育；5. 严格执行《安全生产事故隐患排查治理暂行规定》；6. 切实落实监管责任。

参考资料

1. 网易网：陕西韩城桑树坪煤矿事故已致1人死亡3人仍被困，见http://news.163.com/15/0708/11/AU0FJ54700014JB5.html。

2. 陕西煤矿安监局：张学常赴桑树坪煤矿指导“7·6”事故救援和调查工作，见http://www.smaj.gov.cn/info/1150/24011.htm。

3. 陕西煤矿安监局渭南监察分局：陕西陕煤韩城矿业有限公司桑树坪煤矿“7·6”煤与瓦斯突出事故调查报告，见http://www.smaj.gov.cn/info/1627/24446.htm。

河北邢台“7·12”爆炸事故

一、事件简介

2015年7月12日9时7分，河北省邢台市宁晋县东汪镇东汪一村的原河北沙龙制衣有限公司水洗车间内因非法生产烟花爆竹发生重大爆炸事故，造成22人死亡、23人受伤，直接经济损失885万元。

二、事件原因

直接原因

非法生产作业过程中因摩擦、撞击导致爆炸。

三、事件处理

事故发生后，国务院及河北省有关领导分别作出重要指示批示，要求全力救援，准确查清伤亡人数，尽快查明原因，依法依规严肃问责，强化措施，严防类似事故再次发生；河北省及国家安全监管总局相关领导第一时间赶赴爆炸现场，组织指挥抢险救援、善后处置和事故调查工作。2015年7月13日，河北省政府办公厅发出紧急通知，在全省范围内部署开展安全生产“打非治违”专项行动。

四、责任追究

事故责任人李某、王某等19人被司法机关依法采取措施；路某、贺某等48人受到党政纪处分和组织处理；孟某、刘某等8人受到行政处罚；河北省辛集市信天硫黄经销处被辛集市安全监管部门依法吊销其危险化学品经营许可证；河北省邢台市威县章台镇烟花爆竹销售门市部，被邢台市威县安全监管部门依法吊销其烟花爆竹经营许可证；河北省邢台市广宗县兴广路烟花爆竹销售门市部，被邢台市广宗县安全监管部门依法吊销其烟花爆竹经营许可证；河北省邢台市广宗县兴广路日杂土产门市部，被邢台市广宗县安全监管部门依法吊销其烟花爆竹经营许可证；河北省邢台市宁晋县委县政府向省政府作出深刻书面检查。

五、补救措施

为深刻吸取事故教训，有效防范同类事故发生，河北省安全生产委员会办公室特提出如下要求：1. 加强领导，落实责任；2. 加大宣传，发动群众；3. 各司其职，密切配合；4. 加强督查，确保成效；5. 强化基层基础，排查消除隐患。

参考资料

1. 中新网：河北宁晋“7·12”非法生产烟花爆竹爆炸已致21人死亡，见 http://www.chinanews.com/sh/2015/07-17/7412437.shtml。

2. 新华网：省政府宁晋“7·12”非法生产烟花爆竹重大爆炸事故调查组成立，见 http://www.he.xinhuanet.com/news/2015-07/17/c_1115952278.htm。

3. 河北省安监局：河北省宁晋县“7·12”非法生产烟花爆竹重大爆炸事故调查报告，见 http://www.hebsafety.gov.cn/index.do?id=46456&templet=content&cid=795。

河北秦皇岛“7·15”触电事故

一、事件简介

2015年7月15日上午10时12分，河北省秦皇岛市抚宁县，保平装卸服务有限责任公司在承接秦皇岛骊骅淀粉股份有限公司糊精装卸业务作业过程中，发生触电事故，造成1人死亡，直接经济损失60万元。

二、事件原因

直接原因

涉事单位职工赵某违规冒险操作，在接通电源后继续用输送机撞击货物，第二段电缆（约20m）插头内零线与相线相碰使机架带电，使受害人直接接触机架且受害人当时的脚下地面有水，使人身形成了电流导体，致使人身触电后无力摆脱，造成触电后经抢救无效死亡。

三、事件处理

事故发生后，依据《中华人民共和国安全生产法》等有关法律法规，河北省秦皇岛市抚宁县人民政府成立了由县安全监管局，县公安局、县监察局、县总工会等单位有关人员组成的抚宁县人民政府保平装卸服务有限责任公司“7·15”触电事故调查组，对事故展开全面调查，并邀请县检察院派员参加，同时聘请相关专家组成专家组，参与事故调查。

四、责任追究

事故责任人赵某已被行政处罚；姜某、李某等3人已被企业内部处理，并报河北省秦皇岛市抚宁县安全生产监督管理局备案；河北省秦皇岛市保平公司被处罚款25万元。

五、补救措施

为防止类似事故再次发生，总结本起事故教训，举一反三，杜绝三违现象，防止类似事故再次发生，河北省安全生产监督管理局作出如下要求：1. 保平公司要深刻吸取事故教训，切实加强安全管理。2. 保平公司要加强一线职工的安全教育培训工作。3. 保平公司要认真学习安全生产法律法规。4. 保平公司要按照专家意见全面落实现场整改。（1）进行一次供配电系统专项检查，重点是：临时用电电源、供配电线路、设备，移动用电设备；（2）为每一台移动式输送机或其他移动式用电设备配置一台与其匹配的户外使用的移动式配电箱，短路、过载、缺相、接地、漏电保护齐全；（3）户外使用的临时用电的插座不得拖地安装和使用，使用时必须安装在专用的配电箱或连接箱内，插头处电缆必须固定可靠，不得松动；（4）户外使用的电缆绝缘护套必须完好，不得有破损、开裂和接头、机身配电箱应完好、接线规范、能防雨、雪、防水、并固定可靠。

参考资料

1. 河北省安监局：抚宁县保平装卸服务有限责任公司“7·15”触电事故调查报告，见 http://www.hebsafety.gov.cn/index.do?id=44811&templet=content&cid=1571。

安徽铜陵“7·15”坍塌事故

一、事件简介

2015年7月15日22时，安徽省铜陵市铜冠黄狮涝金矿有限责任公司黄狮涝金矿井下 -90m 中段穿 -53 线采场由于地表塌陷形成泥石流灌入井下，造成4人死亡，直接经济损失594.62万元。

二、事件原因

直接原因

暴雨导致采场地表塌陷坑回填的泥石混合物形成高度近200m的巨大可塑泥石混合体，在重力与水的共同作用下形成泥石流灌入井下，导致事故发生。

三、事件处理

事故发生后，国家安全监管总局、安徽省人民政府高度重视，有关领导立即作出批示，要求科学研判，采取有效措施，尽快抢救出被困人员，同时要严防施救中次生灾害事故发生，并要保持社会稳定。安徽省安全监管局、经信委、铜陵市委、市政府等主要领导先后赶赴事故现场指导抢险救援工作。

四、责任追究

事故责任人李某被依法追究刑事责任；陆某、黄某等15人受到相应党纪、政纪处分，行政处罚；安徽龙达建设集团公司井巷有限公司被处罚款60万元；铜陵铜冠黄狮涝金矿有限责任公司被铜陵市政府依法关闭；铜陵市安全监管局向铜陵市政府作书面检查；铜陵市经信委向铜陵市政府作书面检查；铜陵有色金属集团控股有限公司向安徽省国资委作书面检查。

五、补救措施

为深刻吸取事故教训，进一步强化安全生产工作，严防类似事故发生，安徽省安全生产监督管理局要求：1. 提高认识，高度重视安全生产工作；2. 加强矿山技术管理和应急能力建设；3. 强化外包工程队伍管理；4. 强化监督检查；5. 加强中介服务机构的管理。

参考资料

1. 中新网：安徽铜陵一金矿发生坍塌事故四员工被困井下，见 http://www.chinanews.com/sh/2015/07-17/7410969.shtml。

2. 安徽省经信委：我委现场指导铜陵黄狮涝金矿事故救援工作，见 http://www.aheic.gov.cn/zwgk/zwgk_view.jsp?strId=14373520863411997&view_type=4。

3. 安徽省安监局：铜陵铜冠黄狮涝金矿有限责任公司黄狮涝金矿“7·15”坍塌事故调查报告，见 http://www.anhuisafety.gov.cn/html/zwgk/260300/86058.html。

山东日照“7·16”爆炸事故

一、事件简介

2015年7月16日7时39分，山东省日照市石大科技石化有限公司液化烃球罐在倒罐作业时发生泄漏着火，引起爆炸，事故造成2人受伤，直接经济损失2812万元。

二、事件原因

直接原因

事故单位在进行倒罐作业过程中，违规采取注水倒罐置换的方法，且在切水过程中无人现场值守，致使液化石油气在水排完后从排水口泄出，泄漏过程中产生的静电放电或消防水带剧烈舞动金属接口及捆绑铁丝与设备或管道撞击产生火花引起爆燃。

三、事件处理

事故发生后，山东省省委、省政府及省安监、公安、消防、质监等部门负责同志立即赶赴事故现场，指导事故救援和事故调查工作。

四、责任追究

事故责任人贾某、佟某等6人被移送司法机关依法采取措施；肖某、刘某等27人受到党纪、政纪处分；山东省日照市岚山区委、区政府向日照市委、市政府作深刻检查；山东省日照市委、市政府向省委、省政府作深刻检查。

五、补救措施

针对这起事故暴露出的突出问题，为深刻吸取事故教训，进一步加强危险化学品罐区安全生产工作，有效防范类似事故重复发生，山东省安全生产监督管理局提出如下措施建议：

1. 牢固树立安全发展理念。要深刻吸取事故教训，认真贯彻落实习近平总书记、李克强总理等中央领导同志关于安全生产工作的一系列重要指示精神，牢固树立科学发展、安全发展理念，始终坚守“发展决不能以牺牲人的生命为代价”这条红线，进一步落实地方属地政府监管责任和企业主体责任。要研究制定相应的政策措施，切实加强安全监管力量，强化化工和危险化学品企业安全监管。要提高事故预防能力，进一步创新方式方法，扎实开展执法检查，彻底排查治理隐患。危险化学品企业要按照“五落实五到位”要求，进一步明确和细化企业的安全生产主体责任，建立健全“横向到边、纵向到底”安全生产责任体系，切实把安全生产责任落实到生产经营的每个环节、每个岗位和每名员工。各级政府及其安全监管、行业主管部门要引导和督促企业牢固树立“以人为本、安全发展”理念，切实督促企业自觉遵守安全生产法律法规和标准规范，全面加强安全生产管理。要不断强化安全监管措施，综合运用法律、经济和必要的行政手段，进一步推动企业落实安全生产主体责任，不断增强安全生产保障能力。

2. 切实加强液化烃罐区的安全管理。各危险化学品企业要认真贯彻落实《化工（危险化学品）

企业保障生产安全十条规定》（国家安监总局令第64号）和《油气罐区防火防爆十条禁令》（国家安监总局令第84号），全面加强液化烃罐区安全管理工作。一是高度重视液化烃罐区安全生产工作，强化管理人员、技术人员和操作人员的配置，加强培训，提高罐区从业人员的能力。二是液化烃罐区作业应实行“双人操作”，一人作业、一人监护。除常规的工艺操作和巡检外，凡进入罐区进行的一切作业活动，必须进行风险分析，办理工作许可手续，安排专人全程进行安全监护。三是严禁采用注水加压方式对液化烃进行倒罐置换作业。倒罐作业应采取氮气置换，机泵倒罐工艺。倒入空罐必须事先采用氮气置换，并经氧含量分析合格后方可倒入。四是液化烃球罐切水作业必须坚持“阀开不离人”，做到“三不切水”，即夜间不切水，大雾天不切水，雷、暴雨天不切水。五是石油化工企业在生产装置停工期间，必须保证液化烃罐区安全运行所需要的仪表风、氮气、蒸汽等公用工程的稳定供应，相关安全设施必须完好、有效。对于盛有物料的装置罐区中的作业要升级管理，建立逐级审批制度。

3. 进一步加强变更管理和特种设备安全管理工作。危险化学品企业要制定落实变更管理制度，严格变更管理。当工艺、设备、设施需要发生变更时，要严格履行变更程序，编制变更方案，明确相关责任，组织进行风险分析，制定应急处置方案，并按照要求严格审批。变更实施时，必须进行专门的安全教育培训。要明确变更原因及变更前后的情况对比，告知工作人员工作场所或岗位存在的危险因素、防范措施以及事故应急措施。要严格按照《特种设备安全法》的规定，加强对压力容器、压力管道等特种设备的日常安全管理，定期进行检测检验，严禁违规使用压力容器、压力管道。安全阀、压力表等安全附件不得采用加盲板、关阀门等方式与压力容器、压力管道隔断，确保其发挥正常功能。特种设备操作人员必须经过专门的安全生产教育培训，并经考核合格、持证上岗。严格遵守操作规程和规章制度，严禁无证人员操作压力容器、压力管道。

4. 加大对“两重点一重大”企业的安全监管力度。各级各有关部门要全面、准确地掌握本地区涉及“两重点、一重大”企业（重点监管危险化学品、危险化工工艺和重大危险源）的安全生产状况，突出抓好泄漏后呈气态的易燃、易爆和有毒危险化学品、大型危险化学品储罐区、毗邻城乡人口密集区的化工企业安全监管。要按照《危险化学品重大危险源监督管理暂行规定》（国家安监总局令第40号），督促企业进一步完善监测监控、报警联锁和控制设施措施，按规定对安全设施进行检测检验、维护保养，确保安全设施完好有效运行。要深入开展危化品储罐区专项安全大检查，认真排查治理安全隐患，督促企业落实国家有关标准规定，认真执行安全管理制度和安全操作规程。专项大检查务必要做到不漏一企、不留死角、不走过场、务求实效。危险化学品企业停产期间，储罐区存有物料的，一律按照正常生产实施监管。

5. 进一步落实安全生产属地监管责任。各级党委、政府及其有关部门要深刻吸取事故教训，认真学习贯彻习近平总书记关于安全生产工作的重要指示精神，严格落实属地管理和“管行业必须管安全、管业务必须管安全、管生产经营必须管安全”的要求，全面落实地方政府属地监管责任和行业主管部门直接监管责任、安全监管部门综合监管责任。要针对本地区化工行业快速发展的实际，研究制定相应的政策措施，增加安全监管力量，加强化工、危险化学品企业安全监管。要提高事故预防能力，进一步创新方式方法，采取“四不两直”、交叉检查、异地执法等形式开展执法检查，彻底排查治理隐患。要提高事故查处和责任追究能力，对发生的事故严肃调查处理和责任追究，对发现事故隐患且不及时整改的，要严肃追究责任。

参考资料

1. 搜狐网：日照“7·16”爆炸事故被认定为生产安全责任事故，见 http://news.sohu.com/20151111/n426027274.shtml。

2. 新浪网：日照“7·16”爆炸事故报告山东作批复20多人被处分，见 http://sd.sina.com.cn/news/b/2015-12-02/detail-ifxmazmy2340950.shtml。

3. 山东省安监局：日照市山东石大科技石化有限公司“7·16”较大着火爆炸事故调查报告，见 http://www.sdaj.gov.cn/index.php?s=/Article/detail/column/31X/articleid/15862.html。

河北秦皇岛“7·17”机械伤害事故

一、事件简介

2015年7月17日14时10分，河北省秦皇岛市永顺泰麦芽有限公司发生机械伤害事故，造成1人死亡、1人重伤，直接经济损失151万元。

二、事件原因

直接原因

事故单位机修工姜某、陈某违反永顺泰公司《“三违行为”的行为管理制度》，坐在皮带输送机上聊天。原料入炉试机时，皮带输送机启动导致二人躲避不及时，卡在下料口处造成事故。

三、事件处理

事故单位主要负责人接到电话后迅速赶往现场，立即宣布启动公司事故处置应急救援预案，并于 2015 年 7 月 17 日 14 时 50 分，将事故发生情况上报河北省秦皇岛经济技术开发区安全生产监督管理局。依据有关规定，秦皇岛经济技术开发区管委会于 2015 年 7 月 21 日成立了事故调查组，并邀请检察院派员参加，同时聘请相关专家组成专家组，参与事故调查。

四、责任追究

事故责任人杨某受到行政处罚；陈某、郭某等 4 人被公司内部处理并将处理结果报秦皇岛经济技术开发区安全生产监督管理局备案；河北省永顺泰公司被处罚款 25 万元。

五、补救措施

为总结此次事故教训，防止类似事故再次发生，河北省安全生产监督管理局作出如下要求：1. 加强对员工的安全教育培训。2. 深入排查治理事故隐患。3. 切实加强安全管理。

参考资料

1. 河北省安监局：永顺泰（秦皇岛）麦芽有限公司“7·17”机械伤害事故调查报告，见 http://www.hebsafety.gov.cn/index.do?id=44812&templet=content&cid=1571。

山西临汾“7·20”顶板事故

一、事件简介

2015 年 7 月 20 日 3 时 20 分，山西省临汾市潞安集团蒲县常兴煤业有限公司井下 2301 采煤工作面发生一起顶板事故，造成 3 人死亡、4 人受伤、直接经济损失 342.06 万元。

二、事件原因

直接原因

事故煤矿 2301 工作面采高超过初采措施规定，支架支柱钻底，致使支架接顶不实，支架工在支护强度不达标的情况下违章作业。

间接原因

1. 事发单位制定的《2301 工作面作业规程、初采初放安全措施》现场落实不到位，执行不力；对 2301 工作面安装、初采期间已发现的采高超高、支架钻底、支架初撑力达不到规定等安全隐患未采取有效措施及时处理是事故发生的主要原因。

2. 山西省常兴煤业安全生产责任制落实不到位，隐患排查、治理不彻底，安全生产培训教育不到位，职工安全意识淡薄，自保、互保能力差，对作业现场危险因素辨识能力差是造成这起事故的重要原因。

3. 山西省潞安集团、石圪节煤业对常兴煤业安全生产监督管理不到位、安全隐患排查不及时，是造成这起事故的又一重要原因。

4. 山西省常兴煤业相关领导法律意识淡薄，事故发生后没有按照《生产安全事故报告和调查处理条例》（国务院令第 493 号）的要求向上级和政府部门报告，是造成这起事故瞒报的主要原因。

三、事件处理

事故发生后，山西省委、省政府对这起事故高度重视，相关主要领导分别作出重要批示，要求有关部门及事故调查组查清事故死亡人数、原因，从严处理相关责任人。2015 年 7 月 22 日，山西省煤矿安全监察局临汾监察分局组织临汾市监察局、公安局、总工会及潞安集团相关部门成立了事故调查组。

四、责任追究

事故责任人张某、郑某等 4 人被移送司法机关依法追究刑事责任；李某、景某等 17 人受到党纪、政纪及行政处罚；山西省常兴煤业公司被处罚款 300 万元。

五、补救措施

为深刻吸取事故教训，进一步强化安全生产工作，严防类似事故发生，山西省安全生产监督管理局要求：

1. 常兴煤业要强化安全生产红线意识和底线思维，严格执行煤矿安全生产法律法规、规章制度，落实煤矿安全生产主体责任，修订完善各项规章制度和安全技术措施，全面排查事故隐患，堵塞安全生产管理中存在的漏洞，加强安全生产管理，严防类似事故再次发生；

2. 加强现场管理，特别是加强采煤工作面现场管理，严禁超高采煤、支架接顶不实、支柱钻底，确保初撑力达标，移架、推溜操作要严格遵守规程作业，严禁在同一区域内多架支架同时移动；

3. 加强全员职工安全教育培训，提高职工素质，增强职工安全意识、自保及互保能力，提高现场操作人员对作业过程中危险因素的辨识能力和灾害防范意识，杜绝“三违”行为发生；

4. 强化法制意识，坚持依法治矿、依法管矿，严格执行《安全生产法》《生产安全事故报告和调查处理条例》等法律法规，杜绝迟报、谎报、瞒报事故的发生；

5. 山西潞安矿业（集团）有限责任公司及所属煤矿要深刻吸取本起事故的教训，进一步加强对所属煤矿的安全监督管理工作，从安全、技术、管理、培训等方面给予指导协调，强化安全监督检查，加大重大安全隐患排查和治理的工作力度，提高矿井抗灾防灾能力。

参考资料

1. 山西省安监局：潞安集团常兴煤业有限公司“7·20”煤矿事故，见 http://sxaj.gov.cn/xx/zdsg/201507/545391.html。

2. 潞安集团：关于对常兴煤业公司“7·20”支架倾倒事故的调查处理决定，见 http://www.chinaluan.com/index.php?m=content&c=index&a=show&catid=437&id=13227。

3. 国务院安全委员会办公室：山西潞安集团蒲县常兴煤业有限公司“7·20”较大顶板事故调查报告，见 http://www.chinasafety.gov.cn/newpage/Contents/Channel_21141/2016/0127/264256/content_264256.htm。

河北迁安“7·22”中毒事故

一、事件简介

2015 年 7 月 22 日 11 时 35 分，河北省迁安市鑫达来工贸有限公司工人在迁安市民强小区东门丰庆路路东污水管道检查井下进行管道疏通作业时，发生中毒事故，造成 3 人死亡，直接经济损失 240 万元。

二、事件原因

直接原因

涉事企业员工张某在未对受限空间作业场所危害因素进行检测、未佩戴劳动防护用品、无人员监护的情况下，违章进入污水管道检查井，将密封墙打开缺口后吸入有毒有害气体中毒死亡；同行员工吴某、郑某安全意识淡薄，未佩戴劳动防护用品，先后进入污水管道检查井冒险施救，致使二人中毒死亡，是造成事故扩大的直接原因。

三、事件处理

事故发生后，河北省安监局、迁安市委、市政府高度重视，要求依法依规调查，严肃处理事故单位及相关责任人员，深刻剖析事故原因，制定有针对性的整改措施，切实用事故教训推动安全生产工作。2015 年 7 月 22 日，迁安市成立了事故调查组，并邀请市人民检察院派员参加，对事故展开全面调查。

四、责任追究

事故责任人张某、付某被司法机关依法追究刑事责任；高某、钱某等 5 人受到相应党政纪处分；河北省迁安市住房和城乡建设局向迁安市人民政府作深刻书面检查；河北省迁安市鑫达来工贸有限公司被处罚款 50 万元。

五、补救措施

为深刻吸取事故教训，进一步强化安全生产工作，严防类似事故发生，河北省安全生产监督管理局要求：

1. 迁安市鑫达来工贸有限公司，要举一反三，认真吸取事故教训，立即停止所有施工作业，在全公司范围内全面开展安全隐患大排查，彻底消除事故隐患。

2. 迁安市鑫达来工贸有限公司，要加强安全管理，进一步完善有限空间作业操作规程，强化危险区域作业过程的安全监管，彻底杜绝违章作业行为。要进一步加大安全生产资金投入，完善各类安全及应急救援设备，确保为员工提供安全可靠的作业环境。

3. 迁安市鑫达来工贸有限公司，要加强安全教育培训工作，特别要加强对有限空间作业人员的安全技能和安全知识的培训，确保员工熟知本岗位的安全操作技能，具备本岗位危险因素的判断识别能力，杜绝违章操作和冒险作业。

4. 迁安市住房和城乡建设局要认真吸取事故教训，严格落实“管行业必须管安全”的要求，认真履行安全监管职责，切实加强对施工单位的安全监管和监督检查，真正做到安全生产监管“全覆盖”。

参考资料

1. 河北省安监局：迁安市鑫达来工贸有限公司“7·22”中毒事故调查报告，见 http://www.hebsafety.gov.cn/index.do?id=46310&templet=content&cid=796。

湖南岳阳“7·22”爆炸事故

一、事件简介

2015 年 7 月 22 日 17 时，湖南省岳阳市利宇矿业有限责任公司 7 名矿工在临湘市忠防镇中雁村王家山矿区 6 号硐作业过程中，发生爆炸事故，造成 4 人死亡。

二、事件原因

直接原因

事故发生时该矿区正值雷雨天气，事故是因雷击所引起的早爆事故。

三、事件处理

事故发生后，湖南省、岳阳市、临湘县领导高度重视，第一时间启动应急预案，全力以赴开展救援工作。2015 年 7 月 31 日湖南省安委办会同省监察厅、省国土资源厅、省安监局、岳阳市人民政府，召开“7·22”爆炸事故警示约谈会，警示约谈临湘市人民政府及该市安监、国土、公安部门主要负责人。

四、责任追究

事故责任人汤某、胡某等 9 人受到党纪、行政处罚；事故矿山被湖南省有关部门依法予以关闭。

五、补救措施

为深刻吸取事故教训，坚决遏制类似事故的发生，湖南省安全生产委员会办公室提出以下工作要求：1. 警钟长鸣，时刻绷紧安全生产这根弦；2. 始终保持“打非治违”高压态势；3. 严格强化对整合矿山安全管理各级国土、安监部门要按照职责分工，切实加强整合矿山安全管理；4. 切实落实汛期安全管理措施。

参考资料

1. 凤凰网：省安委办约谈临湘市政府相关负责人，见 http://news.ifeng.com/a/20150801/44321889_0.shtml。

2. 新民网：湖南省安委办就“7·22”爆炸事故约谈临湘市代市长，见 http://biz.xinmin.cn/2015/08/01/28276894.html。

3. 湖南省安监局：关于岳阳市利宇矿业有限责任公司“7·22”较大爆炸事故的通报，见 http://www.hunansafety.gov.cn/2015/anweihui_0805/7766.html。

宁夏银川“7·25”中毒事故

一、事件简介

2015 年 7 月 25 日 10 时 40 分，宁夏回族自治区银川市兴庆区银川宋庆辉酱菜有限公司酱菜腌制车间发生一起硫化氢中毒事故，造成 3 人死亡、3 人受伤，直接经济损失约 500 万元。

二、事件原因

在不具备基本安全生产条件下，事故单位组织员工毫无防范、盲目进入腌渍池捞酱菜作业导致硫化氢中毒，后因员工和外部人员在不知池中员工晕倒致因的情况下盲目施救，造成事故扩大。

三、事件处理

事故发生后，银川市兴庆区委、区政府立即启动突发事件应急救援预案，组织事故救援和善后处理工作，自治区安监局、银川市人民政府、兴庆区安监、公安等部门负责人第一时间赶到事故现场指导救援工作。宁夏回族自治区党委、人民政府高度重视，要求全力抢救受伤人员，积极做好善后处理工作，认真开展事故调查处理，严肃追究事故有关责任单位和责任人员的责任。

四、责任追究

事故责任人宋某被司法机关依法追究刑事责任；杨某、闫某等 4 人受到党纪、政纪处分；银川宋庆辉酱菜有限公司被处罚款 60 万元，并被兴庆区人民政府依法予以关闭；兴庆区人民政府向银川市人民政府作深刻检查。

五、补救措施

为深刻吸取事故教训，有效遏制类似事故发生，宁夏回族自治区安全生产监督管理局作出如下要求：1. 认真吸取事故教训，切实加强小微企业安全监管；2. 进一步强化安全红线意识，加快推进安全生产责任体系建设；3. 加强安全生产教育培训工作，有针对性地提升小微企业员工自我防范意识和预防能力；4. 强化措施，着力构建小微企业安全监管长效机制。

参考资料

1. 网易网：致3死3伤的“7·25”硫化氢中毒事故结案，见 http://j.news.163.com/docs/10/2015101120/B5LVLCNO9001LCNP.html。

2. 新华网：小小腌菜池夺走三条人命多名官员被追责，见 http://www.nx.xinhuanet.com/2015-10/13/c_1116802098.htm。

3. 宁夏回族自治区安监局：关于兴庆区银川宋庆辉酱菜有限公司“7·25”较大硫化氢中毒事故结案的通知，见 http://www.nxsafety.gov.cn/sgtb/pop000100074626.html。

云南德宏“7·25”锡矿事故

一、事件简介

2015年7月25日13时10分，云南省德宏州梁河县光坪锡矿第三采选厂发生事故，造成11名作业人员被困井下，经42个多小时连续救援，7月27日凌晨被困人员全部安全救出，事故造成直接经济损失75.3万元。

二、事件原因

直接原因

事发地因长时间强降雨连续下渗，富集于事故矿区F6断层西盘片理化板岩带，在增加荷载的同时，软化岩体，致使1758探矿平巷岩体坍塌，粘稠状碎屑流沿人行天井下泻，淤塞人行天井和1630井巷的部分段位，造成事故，且涉事矿场第三采选厂1630人行天井上部施工的1758探矿平巷未采取有效的安全防范措施，1630探矿平硐深部500m左右为独头掘进工作面，没有第二个安全出口，存在重大隐患。

三、事件处理

事故发生后，云南省德宏州梁河县政府及时启动应急预案，迅速成立了事故应急救援领导小组，国家安全监管总局派出监察专员、矿山救援指挥中心有关负责人带工作组赴事故现场指导事故抢险救援工作。2015年7月26日16时，云南省委、省政府主要领导赶赴事故现场指挥救援工作；2015年7月28日成立事故调查组，对事故展开全面调查。

四、责任追究

事故责任人杨某、濮某等13人受到相应党纪及行政处罚；云南省德宏州梁河县光坪锡矿第三采选厂被处罚款20万元；云南省德宏州梁河县县委、县政府和德宏州安监局、国土局向德宏州委、州政府作书面检查。

五、补救措施

为深刻吸取事故教训，有效防范同类事故发生，云南省安全生产监督管理局特提出以下要求：1. 认真排查治理矿山安全隐患；2. 深入开展“打非治违”工作；3. 扎实开展非煤矿山转型升级工作；4. 加强非煤矿山监督管理工作；5. 严格安全生产行政许可工作，要严把非煤矿山安全生产许可关，加强矿山安全条件论证、现场实地安全检查，凡不具备安全生产条件的矿山一律不得颁发安全生产许可证；6. 对梁河县光坪锡矿进行整合重组。

参考资料

1. 网易网：云南梁河县一矿井发生塌方致11人被困，见 http://e.163.com/docs/10/2015072519/AVD5132100014JB6.html#smartPage_keyword。

2. 云南省监察厅：德宏：追究梁河县光坪锡矿“7·25”事故党政主要负责人责任，见 http://www.jjjc.yn.gov.cn/info-62-16794.html。

3. 云南省安监局：德宏州梁河县光坪锡矿“7·25”事故调查报告，见 http://www.ynsafety.gov.cn/contents/432/15779.html。

安徽亳州“8·4”中毒窒息事故

一、事件简介

2015年8月4日9时40分，安徽省亳州市经济开发区汤王大道与养生大道交口东北角附近，市政污水管道疏通作业过程中发生中毒事故，造成4人死亡、1人重伤，直接经济损失320万元。

二、事件原因

直接原因

事故检查井内所含氰化氢、硫化氢、氨等有毒气体超标，工人在未进行井下通风和检测、未佩戴防护用品的情况下违规下井作业是事故发生的直接原因，现场人员盲目施救，造成了事故扩大。

间接原因

1. 安徽省亳州市市政工程管理处未认真履行安全职责，对管道疏通清淤维修工程标段施工方案、项目负责人和现场作业人员资格审核不严，对亳州建工有限公司市政管养项目部违法转包项目，违规实施管道疏通的作业行为视而不见。

2. 安徽省亳州建工有限公司，安全生产主体责任不落实，对市政维修项目疏于管理，中标项目负责人不能在岗履行职责又未及时办理人员变更，项目实际负责人不具备安全生产管理资格；对专项施工方案审核走过场；工人岗前培训教育不到位，安全技术交底不到位；未配备污水管网维修必需的劳动防护设备。

3. 安徽省亳州建工有限公司市政管养项目部，将事故项目头口转包给不具备劳务资质的作业队，未组织编制有针对性的专项施工方案，未对项目作业人员进行岗前安全技术交底，项目现场管理人员不具备安全资格，日常安全检查未能有效制止工人违规作业行为。

4. 事故作业队，组织不具备有限空间作业安全基本知识的工人，凭经验进行市政管网维修施工作业；事故项目现场带班队长在不具备安全作业条件、未佩戴任何安全防护设备的情况下，冒险指挥、带领工人作业。

5. 安徽省亳州市住房和城乡建设委履行安全监管职责和行业管理职责不到位，对下属单位亳州市市政工程管理处履行安全生产监管职责不到位，对事故项目存在违法转包的行为失察。

三、事件处理

事故发生后，安徽省亳州市政府立即启动应急预案，相关部门和单位负责人立即赶赴现场组织指导救援；安徽省政府领导高度重视，有关领导作出重要批示，要求查明事故原因，严究相关责任特别是造成次生事故的责任，强化施工安全措施。2015 年 8 月 11 日安徽省成立了以省安全监管局为组长单位，省监察厅为副组长单位，省公安厅、省总工会、省住建厅、亳州市人民政府有关单位的负责同志为成员的事故调查组。

四、责任追究

事故责任人李某、王某被移送司法机关依法追究刑事责任；徐某、胡某等 9 人受到政纪及行政处罚；安徽省亳州市市政工程管理处向亳州市住房和城乡建设委作书面检查；安徽省亳州市住房和城乡建设委向亳州市人民政府作书面检查；亳州建工有限公司被处罚款 69 万元。

五、补救措施

为吸取此次事故教训，举一反三，安徽省安全生产监督管理局紧急部署开展安全生产隐患大排查、大整治行动，并作如下要求：1. 牢固树立以人为本的安全发展理念；2. 加强对市政管网养护维修的安全监督管理；3. 加强有限空间作业的安全监管和教育培训；4. 深刻吸取事故教训，全面落实主体责任。

参考资料

1. 安徽网：亳州窨井“吃人”：5 名工人坠井 4 人殒命　幸存 1 人在抢救，见 http://www.ahwang.cn/anhui/20150805/1436735.shtml。

2. 凤凰网：亳州发生坠井事故四人遇难，见 http://news.ifeng.com/a/20150804/44346460_0.shtml。

3. 安徽省安监局：亳州市经开区“2015.8.4”市政污水管网疏通工程较大事故调查报告，见 http://www.anhuisafety.gov.cn/html/zwgk/260300/86226.html。

重庆綦江“8·4”煤与瓦斯突出事故

一、事件简介

2015 年 8 月 4 日 12 时 19 分，重庆市綦江区龙狮煤业有限公司后溪煤矿发生煤与瓦斯突出事故，造成 3 人死亡、直接经济损失 491 万元。

二、事件原因

直接原因

在事故区域具有严重突出危险的 K3 煤层未消除突出危险的情况下，煤矿有关管理人员违章指挥，擅自组织 1311 运输巷掘进工作面冒险进行排放钻孔施工，诱导煤与瓦斯突出事故。

间接原因

1. 事故煤矿擅自启封密闭和组织施工作业，逃避安全监管。该矿违反密闭管理规定，擅自多次启封 1311 运输巷密闭和组织掘进施工作业；1311 运输巷掘进工作面安装的 CH_4 传感器不传输监测数据到矿安全监控系统，逃避联网监控和安全监管。

2. 事故煤矿防突技术管理违反《防治煤与瓦斯突出规定》。

3. 事故煤矿通风、瓦斯管理混乱。事故区域 +612m 总回风系统阻塞没有得到整治，造成事故区域通风能力不足。对 1311 掘进工作面瓦斯检查日报、瓦斯监控日报未按规定审签，造成日常防突、瓦斯管理失控。

4. 事故煤矿安全监控系统不能正常使用。矿井总回风巷 CH4 传感器显示数据不准确；1311 运输巷掘进工作面未按规定配置高低浓度 CH4 传感器，安装的 CH4 传感器监测数据未传输到矿安全监控系统，对掘进工作面 CH4 浓度变化不能实时监控。

5. 事故煤矿职工安全教育培训不力。职工安全意识淡薄，缺乏防突基本知识；现场作业人员自主保安意识和自救互救意识欠缺；在钻孔施工过程中，多次发生煤与瓦斯突出预兆，但仍未停止施工钻孔和撤出人员。

6. 重庆市安稳镇政府及镇安全生产监督管理办公室（煤管办公室）对停产煤矿安全监管工作不力，对停产煤矿"一盯一"监督落实不到位；对该矿擅自启封 1311 运输巷密闭墙失察；对该矿密闭管理监督检查不力。

7. 重庆市綦江区安全生产监督管理局（煤炭工业管理局）对煤矿安全监督和督促指导镇安监办（煤管办）对停产矿井监督检查不力。对该矿停产和密闭管理的监督检查不力，未能及时发现该矿擅自启封 1311 运输巷密闭墙；对该区域防突措施情况监督检查不力；未利用好局监控系统对该矿进行监管。

三、事件处理

事故发生后，重庆市有关领导作出批示；重庆煤矿安全监察局主要领导率局有关部门负责人立即赶到事故现场，协助指导抢险救援工作。

四、责任追究

事故调查处理 16 名责任人，其中，对 3 名涉嫌犯罪的人员，移交司法机关依法处理；1 名责任人由检察机关依法调查处理，对 2 名负有监管责任的人员，分别给予政纪处分，对 4 名负有监管责任的人员，分别给予诫勉谈话，6 名责任人给予行政处罚；安稳镇人民政府向綦江区人民政府写出书面检查；綦江区安全生产监督管理局（煤炭工业管理局）向綦江区人民政府写出书面检查；对事故责任单位重庆市龙狮煤业有限公司处行政罚款 65 万元。

五、补救措施

为吸取此次事故教训，防止类似事故再次发生，重庆市万盛经济技术开发区管委会作出以下要求：

1. 加大煤与瓦斯突出矿井关闭力度。严格落实国家和市政府有关规定和文件要求，有力、有序推进淘汰关闭 9 万吨 / 年及以下的煤与瓦斯突出矿井。

2. 加强瓦斯治理。煤与瓦斯突出矿井必须严格执行防突规定，优先实施开采保护层和瓦斯预抽的区域防突措施；切实加强区域防突效果检验；加强瓦斯抽采系统的维护，确保瓦斯正常抽采。

3. 加强防突技术管理，严把防突措施审查关。煤矿编制防突安全技术措施必须符合《防治煤与瓦斯突出规定》和防突设计要求；严禁弄虚作假行为，及时组织矿图实测填绘，确保与实际相符。

4. 加强通风、瓦斯管理。矿井用风、配风计划必须符合《煤矿安全规程》规定；确保矿井通风设施完善、通风可靠；加强瓦斯检查，严格瓦斯检查和瓦斯日报审签制度。

5. 矿井加强安全"六大系统"建设和维护，确保瓦斯监控系统、压风自救系统、人员定位系统等正常使用。

6. 加强安全培训，提高职工安全素质。煤矿要加强防突知识培训，提高职工操作技能和防范煤与瓦斯突出事故的能力。

7. 提高区、镇基层监管人员执法能力和水平。区监管部门要定期组织井巷工程实测图情况的抽查，及时发现和严肃查处图纸造假行为。严格执行"四项制度"，加强密闭监督检查，煤矿启封密闭应报区煤矿安全监管部门备案。

8. 深刻吸取事故教训，举一反三，认真制作事故警示教育片，广泛开展警示教育，用事故教训推动工作。

参考资料

1. 中新网：重庆綦江一煤矿发生煤与瓦斯突出事故　致 1 人遇难 2 人失踪，见 http://www.chinanews.com/gn/2015/08-04/7447649.shtml。

2. 国家安监总局：关于对重庆市龙狮煤业有限公司后溪煤矿"8·4"较大煤与瓦斯突出事故查处挂牌督办的函，见 http://www.chinacoal-safety.gov.cn/Contents/Channel_21851/2015/0824/256924/content_256924.htm。

3. 国务院安全委员会办公室：关于重庆市龙狮煤业有限公司后溪煤矿"8·4"较大煤与瓦斯突出事故调查处理情况的通报，见 http://www.chinasafety.gov.cn/newpage/Contents/Channel_21141/2016/0127/264265/content_264265.htm。

河北邢台“8·5”坍塌事故

一、事件简介

2015 年 8 月 5 日 10 时，河北省邢台市南和县郝桥镇苏街砖窑发生一起窑体坍塌事故，造成 1 人死亡，直接经济损失 55 万元。

二、事件原因

直接原因

王某在进行出砖作业时，当抽去窑内砖块后，致使其头顶上方失修的窑顶失去支撑坍塌将其掩埋，致其死亡。

间接原因

1. 事故砖窑既未按要求取缔拆除，又安全投入不足，未能及时检修加固。

2. 事故发生前连续下雨，使窑顶土质松动。

3. 河北省邢台市南和县国土局作为行业主管部门，未能及时采取措施关停取缔该无证照砖窑。

4. 河北省邢台市南和县郝桥镇政府未落实属地监管职责，未能及时采取措施关停取缔该无证照砖窑。

三、事件处理

事故发生后，王某被救出，随即被赶到的 120 救护车送往南和县人民医院，但因抢救无效死亡。依据《生产安全事故报告和调查处理条例》（国务院令第 493 号）等有关规定，南和县人民政府成立了由县安监局牵头，县监察局、县公安局、县工会、县环保局等单位组成的“8·5”坍塌事故调查组。

四、责任追究

事故责任人郭某、王某等 6 人被司法机关依法追究刑事责任；宁某、李某等 8 人受到党纪、政纪处分；河北省邢台市南和县郝桥镇苏街砖窑被南和县政府依法予以关闭；河北省邢台市南和县郝桥镇人民政府向南和县人民政府作深刻书面检查。

五、补救措施

为深刻吸取事故教训，进一步强化安全生产工作，严防类似事故发生，河北省安全生产监督管理局要求：

1. 认真吸取事故教训，采取有力有效措施，全面彻底拆除事故砖窑；

2. 举一反三，深入开展各行业领域“打非治违”专项行动，加强部门联动和联合执法，对检查发现的各类违法行为，明确专人跟踪监控、一盯到底；

3. 各乡镇政府和相关部门坚决贯彻安全第一、预防为主、综合治理方针。认真落实安全监管主体责任，强化基层一线行政执法。进一步提高安全监管的针对性和实效性，切实抓好安全生产工作，防止各类事故发生，确保全县人民群众生命和财产安全。

参考资料

1. 河北省安监局：南和县郝桥镇苏街砖窑“8·5”坍塌事故调查报告，见 http://www.hebsafety.gov.cn/index.do?id=44813&templet=content&cid=1571。

安徽合肥“8·8”火灾事故

一、事件简介

2015 年 8 月 8 日 0 时 40 分，安徽省合肥市紫云路与玉屏路交叉口的合肥众美电器有限公司发生火灾事故，造成 5 人死亡、16 人受伤。

二、事件处理

接报警后，合肥警方立即调集消防 3 个中队、9 辆消防车全力进行灭火抢险，1 时 20 分，明火被扑灭。事故发生后，安徽省委、省政府有关领导赶赴事故现场并作出重要批示，要求全力抢救伤员，妥善处理善后；同时，严查事故责任，严肃问责追究，强化整改防范，竭力遏制事故。

三、补救措施

为深刻吸取事故教训，切实把安全生产责任落到实处，采取有力措施，加强安全管理，彻底排查隐患，坚决防范和遏制各类安全事故发生，安徽省安全生产委员会办公室提出如下要求：

1. 认真学习贯彻党中央、国务院领导同志重要批示精神，强化安全红线意识。各地、各有关部门和单位要认真贯彻落实习近平总书记、李克强总理等党中央、国务院领导同志重要批示精神，把保护人民群众生命财产安全作为首要职责，时刻绷紧安全生产这根弦。要清醒认识当前我省安全生产形势，对消防安全等工作进行再部署、再落实，坚持“四不两直”暗查暗访，对重大隐患和非法违法行为“零容忍”，全面抓好各项安全措施落实。

2. 高度重视当前消防安全工作，继续深入开展消防等安全整治专项行动。目前已经进入高温季节，各地和各单位要进一步增强责任意识，明确责任，按照“党政同责、一岗双责、齐抓共管”和“管行业必须管安全、管业务必须管安全、管生产经营必须管安全”的要求，进一步做好当前各项安全生产工作，继续深入开展消防等安全整治专项行动，强化事故防控措施。要进一步督促辖区生产经营单位落实主体责任，完善安全生产规章制度和各项操作规程，认真履行安全管理职责，严格消防审核验收，深化消防安全“网格化”和重点单位“户籍化”管理，推动健全消防安全治理体系。要加强对重点单位的日常消防监督检查，督促落实消防安全主体责任，强化安全防范措施。

3. 集中开展消防安全专项检查，及时消除火灾隐患。各地区要立即组织有关部门，部署开展消防安全专项检查工作，明确工作重点对象，制定工作计划，以建筑材料、电气线路、疏散通道、灭火设施等为重点内容，集中开展消防隐患大排查大整治。同时，要切实加强对“三合一”和“多合一”场所、高层建筑和地下空间等重点场所的消防安全监管，全力提升单位业主的消防安全意识，切实提高单位业主、员工的消防安全意识和逃生自救能力。要把隐患当作事故来对待，从严从实排查整治消防安全隐患，做到数据没有虚假、责任没有空缺、工作不走形式、隐患整改不走过场。

4. 认真查处消防火灾事故，严肃追究责任。各地区要按照“四不放过”和“科学严谨、依法依规、实事求是、注重实效”的原则，认真查处每一起消防火灾事故，依法依规严肃追究责任。要严格执行事故查处挂牌督办制度，各级政府安委会要对下级开展的消防火灾事故调查处理落实情况进行挂牌督办、审核把关。所有事故都要在规定时限内查处结案，并及时向社会公布查处结果。同时，要认真总结吸取教训，针对事故暴露出的突出问题，采取切实有效的防范措施，坚决遏制重特大火灾事故的发生。

5. 举一反三，强化防范事故措施，做到各行业领域安全风险可控。各地区、各有关部门和单位要举一反三，结合正在开展的安全生产隐患排查治理行动、油气输送管道隐患整治、客车驾驶员安全承诺宣誓活动、“安全带－生命带”专项行动等，全面强化矿山、石油化工、粉尘、建筑施工、道路交通等重点行业领域安全风险防控。要针对夏季高温、汛期安全生产特点，进一步加强等重点行业领域安全监管，深入排查治理各类事故隐患，强化落实安全防范措施，严防生产安全事故。

参考资料

1. 安徽省安监局：关于合肥众美电器有限公司“8·8”较大火灾事故情况的通报，见 http://www.anhuisafety.gov.cn/views/template/info/84154.htm。

2. 新浪网：合肥众美电器公司宿舍起火已致 2 死 16 伤，见 http://ah.sina.com.cn/news/hefei/2015-08-08/detail-ifxftkps3654780.shtml。

3. 安徽网：合肥众美电器公司宿舍起火已致 2 死 16 伤，见 http://www.ahwang.cn/zbah/20150808/1437522.shtml。

贵州黔西南“8·11”煤与瓦斯突出事故

一、事件简介

2015 年 8 月 11 日 15 时 15 分，贵州省黔西南州普安县楼下镇政忠煤矿发生一起重大煤与瓦斯突出事故，造成 13 人死亡、5 人受伤，直接经济损失 2980.6 万元。

二、事件原因

直接原因

事故煤矿 12172 下山掘进工作面没有采取防突措施；2015 年 8 月 5 日，工作面发生了突出事故后，没有停止作业、分析原因、采取有效措施治理瓦斯，2015 年 8 月 6 日，盲目施工瓦斯排放孔时又出现顶钻、卡钻、喷孔等突出征兆，该矿有关负责人仍然违章指挥、冒险组织作业，放炮后诱导煤与瓦斯延时突出，导致事故发生。

间接原因

1. 事故煤矿存在违法违规组织生产、防突工作不落实、通风系统不合理，通风设施不达标等管理问题。

2. 贵州省丰联公司作为政忠煤矿的上级公司，未对政忠煤矿实施有效管理。

3. 贵州省黔西南州普安县楼下镇党委、政府安全生产工作主要停留在会议安排上，具体监督检查落实不到位，对安监站队伍建设重视不够，现有工作人员数量不足、无专业技术人员；对安监站和相关人员的工作督促不力，致使其对政忠煤矿的安全检查、隐患整改跟踪督促不到位。

4. 贵州省黔西南州普安县安全监管局复查验收工作不严谨；对楼下镇安监站的工作指导不力，

对驻政忠煤矿的驻矿安监员的管理不到位等。

5. 贵州省黔西南州普安县工业贸易和科学技术局对政忠煤矿检查出的隐患，督促整改落实不到位；行业管理工作弱化，未督促煤矿按行业标准规范进行采掘布置，对政忠煤矿瓦斯治理工作指导不到位，对其落实两个“四位一体”的综合防突措施方面存在的重大安全问题失察等。

6. 贵州省黔西南州普安县县委、县政府未采取有力措施推动煤矿安全重点县攻坚工作落到实处；对相关职能部门和乡镇的安全工作督促检查不到位，未督促相关职能部门完善执法联动机制，形成监管合力等。

三、事件处理

事故发生后，国务院及贵州省委、省政府主要领导立即对事故抢险、善后处理及事故调查等工作作出重要批示；贵州省、黔西南州、普安县政府及相关部门人员立即赶赴现场组织抢险救援和善后处理工作；国家煤矿安监局有关领导率有关人员赶赴现场指导抢险、善后处理和事故调查工作。2015 年 8 月 13 日，经贵州省人民政府批准，成立事故调查组，开展事故调查工作。

四、责任追究

事故责任人黄某、陈某等 7 人被司法机关依法处理；张某、朱某等 21 人受到党、政纪处分；贵州省政忠煤矿被处罚款 300 万元；贵州省黔西南州委、州人民政府分别向贵州省委、省人民政府作出深刻书面检查。

五、补救措施

为认真吸取事故教训，坚决遏制煤矿重特大事故、控制煤矿较大事故，确保煤矿安全生产形势持续稳定好转，国务院安委会办公室特提出如下要求：

1. 切实加强煤矿瓦斯防治工作。煤矿企业要完善瓦斯防治责任制，细化落实企业负责人及相关人员的瓦斯防治责任；要健全瓦斯防治技术管理体系，配齐通风、抽采、防突、地质测量等专业机构和人员；要保障安全投入，完善矿井瓦斯防治系统，加大瓦斯抽采力度，确保瓦斯治理工程超前实施，真正实现抽掘采平衡；对井田范围内厚度大于 0.3m 的煤层要及时测定瓦斯压力、瓦斯含量、瓦斯放散初速度、煤的硬度、煤层透气性系数等参数指标，准确掌握煤层瓦斯赋存规律和煤与瓦斯突出危险情况，建立各煤层瓦斯地质图，为矿井瓦斯治理和突出灾害防治提供科学依据；要加强防突工作过程管控，确保防突设计和措施现场落实到位、不走样。

2. 督促煤矿企业落实安全生产主体责任。煤矿企业要认真吸取各类事故教训，严格落实有关法律法规和《国务院关于进一步加强企业安全生产工作的通知》（国发〔2010〕23 号）要求，配齐配强“五职”矿长，健全安全管理机构，配足相关人员；要健全完善严格的安全生产规章制度，严格落实《煤矿矿长保护矿工生命安全七条规定》（国家安全监管总局令第 58 号）和瓦斯治理“十条禁令”，做到矿井开拓部署和采掘布置合理，通风系统合理可靠、风量充足，采用正规采煤方法，强力推进“机械化、标准化、集团化、信息化”建设；采掘作业必须做到不掘突出头、不采突出面，图纸资料和监测监控数据必须真实可靠，及时治理消除事故隐患。

3. 贵州省黔西南州普安县要全面推进煤矿安全重点县攻坚战。一是要补充和完善攻坚战工作方案，抽调精兵强将，配齐人员，动员各方力量，齐抓共管，协同作战，为实现攻坚目标提供坚强的保障；二是监管部门要加大对县域内煤矿安全监管工作力度和频次，严格落实“五真”要求；三是要重点帮助煤矿企业排查、诊断、治理安全事故隐患，对灾害严重的矿井，要帮助其提出具体的隐患治理实施方案，做到一矿一策；四是针对全县煤矿存在的突出问题，立即开展专项整治，促进煤矿安全生产。

4. 贵州省黔西南州要深入开展打非治违专项整治活动。一是在全州范围内对煤矿进行摸底排查，对存在非法违法、非法转包、承包以及采用非正规采煤方法开采等行为的煤矿必须进行严厉打击；对不具备安全生产条件的煤矿，必须坚决停下来进行整改，决不允许煤矿借整改之名非法组织生产；二是要进一步建立安全生产“打非治违”长效机制，强化县、乡两级政府“打非治违”责任，切实将“打非治违”的各项要求和措施落到实处。

5. 深入开展隐患排查治理工作。一是加快推进隐患排查治理体系建设，督促煤矿企业按照“查大系统、除大隐患、防大事故”的要求抓好落实，对排查出的隐患治理做到责任、措施、资金、期限和应急预案“五落实”；二是要构建合理、稳定、可靠的通风系统，突出煤层采掘工作面必须实现独立通风，严禁串联通风和共用回风；三是进一步深化瓦斯治理攻坚，要根据煤层群赋存特点，优先推广保护层开采和卸压瓦斯抽采技术，认真落实好两个"四位一体"综合防突措施，同时要加强瓦斯抽采钻孔施工和抽采、防突数据检测的验收等管理工作；四是要确保安全监测监控系统运行可靠、各种传感器数量及安装地点符合要求，确保对煤矿井下瓦斯实现在线不间断监测和预警；五是加大对重大隐患治理不力的煤矿企业的处罚。对重大隐患不整改、进行生产的，要严格按照《国务院关于预防煤矿生产安全事故的特别规定》(国务院令〔2005〕446号)等规定进行处罚，符合关闭条件的，要及时提请有关地方人民政府进行关闭。

6. 加强驻矿安监员队伍建设。各级政府要按照《省人民政府办公厅关于印发省安全监管局等单位贵州省地方煤矿驻矿安全监管员管理办法的通知》(黔府办发〔2011〕100号)及《省人民政府办公厅关于进一步加强和规范煤矿驻矿安全监管员管理工作的通知》(黔府办发〔2013〕45号)的规定，切实加强本地区驻矿安监员队伍建设，对驻矿安监员要实行统一管理；要配备具有煤矿安全业务知识、能力的驻矿安监员，做到明白人管矿、明白人管安全，确保驻矿安全监管职责履行到位，防止安全监管失效。

7. 切实加强对安全监管工作领导。各级党委、政府要按照《贵州省实行安全生产党政同责一岗双责齐抓共管暂行规定》要求，针对本地区安全生产工作的特点及实际，定期召开专题会议听取安全生产工作汇报，将安全生产形势纳入社会稳定形势分析，将安全生产工作纳入本地区国民经济和社会发展总体规划，定期分析研究安全生产方面存在的问题，组织开展重点行业领域安全生产专项整治；对涉及人事变动、工作交接时，分管安全工作的领导要及时到位，工作无缝交接；干部任前谈话除了要谈廉政问题，还要谈安全问题；要进一步配齐配强各级政府分管安全的领导干部，真正做到组织领导不缺位；要加强监管队伍建设，配备专业技术人员从事煤矿安全监管工作，帮助和指导煤矿企业消除隐患，实现安全生产。

8. 贵州省黔西南州要扎实开展警示教育活动。一是要认真吸取事故教训，在全州范围内开展警示教育活动，对政忠煤矿"8·11"重大事故涉嫌犯罪的事故责任人要公开宣判，提高事故警示教育效果，增强煤矿企业依法管矿、依法治矿、依法经营意识；二是要充分利用信息化技术织好煤矿安全警示教育网，构建更加有效便捷的警示教育平台，真正实现"一矿出事故，全州受教育，一矿有隐患、全州受警示"。

参考资料

1. 新浪网："8·11"普安县煤与瓦斯突出事故13人全部遇难，见 http://news.sina.com.cn/o/2015-08-14/doc-ifxfxraw8795567.shtml。

2. 国家安监总局：重大生产安全事故查处挂牌督办通知书，见 http://www.chinacoal-safety.gov.cn/Contents/Channel_21851/ 2015/0824/256923/content_256923.htm。

3. 国务院安全委员会办公室：贵州省黔西南州普安县楼下镇政忠煤矿"8·11"重大煤与瓦斯突出事故调查报告，见 http://www.chinasafety.gov.cn/newpage/Contents/Channel_ 21141/2016/0127/264271/content_264271.htm。

甘肃兰州"8·18"中毒窒息事故

一、事件简介

2015年8月18日9时，甘肃省兰州市西固区，天庆物业管理有限公司天庆国际新城物业服务中心维修作业人员在检查小区内强排井时，发生一起作业人员硫化氢等气体中毒和窒息事故，造成3人死亡、3人受伤，直接经济损失210万元。

二、事件原因

涉事公司天庆国际新城服务中心维修班班长崔某未佩戴防中毒窒息防护装备，未对有限空间作业环境进行检测，违规进入强排井(有限空间)作业，导致低氧条件下硫化氢等有毒气体中毒窒息，周某、陈某等5人，在未采取防中毒窒息防护措施的情况下盲目施救，造成事故扩大。

三、事件处理

事故发生后，兰州市委市政府主要领导高度重视，先后作出重要指示，有关领导亲赴现场并作出了六项救援部署，甘肃省安监局派员指导救援及事故调查工作。2015年8月18日，甘肃省兰州市相关部门成立事故调查组，开展事故调查工作。

四、责任追究

事故责任人刘某、赵某等10人受到相应的党纪及行政处罚；甘肃天庆物业管理有限公司被处罚款50万元；西固区陈坪街道办事处、西固区住建局、区房管局(物管办)向区委、区政府作出书面检查，并由西固区委、区政府对其通报批评；

西固区委、区政府向市委、市政府作出书面检查，并由市委、市政府对其通报批评。

五、补救措施

为深刻吸取事故教训，进一步强化安全生产工作，严防类似事故发生，甘肃省兰州市安全生产监督管理局要求：

1. 甘肃天庆物业管理有限公司要按照《中华人民共和国安全生产法》规定，建立安全管理机构，对照相关法律法规标准，修订完善公司规章制度、作业规程，强化责任落实，切实吸取事故教训，加强应急管理，完善窨井类地下有限空间作业审批制度，加强安全管理，有针对性地强化作业人员培训教育，配备有毒有害气体检测仪器和防护装备，并督促教育员工正确使用，确保安全生产。

2. 西固区陈坪街道办事处要进一步加强对属地物业管理企业的监管，督促企业开展有限空间作业安全隐患排查治理工作，按照“三管三必须”的要求，举一反三，排查整治辖区企业的各类安全隐患，确保辖区安全生产。

3. 西固区房管局（物管办）要严格落实“三管三必须”的要求，依据有限空间作业有关规定，组织各级物管办对全区物业企业开展培训教育，强化企业主体责任落实，提高安全意识，加强监督检查，督促企业建立和完善相关规章制度，落实作业审批制度，配备防护装备，建立健全应急救援体系。

4. 西固区政府要进一步落实属地监管责任，组织行业部门开展有针对性的隐患排查治理工作，安排部署具体的安全生产大检查，并对行业部门、乡镇街道安全生产工作落实情况，加强跟踪督导，强化工作落实。

5. 兰州市房管局要深刻吸取事故教训，立即在全市范围内开展有限空间作业安全隐患排查治理行动，督促全市物业管理企业落实安全生产主体责任，同时，要举一反三，在消防、用电、电梯安全等方面组织开展隐患排查整治，切实消除各类安全隐患，确保安全生产。

参考资料

1. 央视网：兰州发生一起沼气中毒事故致 3 死 3 伤，见 http://m.news.cntv.cn/2015/08/18/ARTI1439878796523738.shtml。

2. 中国甘肃网：2015 年兰州 3 起生产安全事故责任单位和责任人受罚，见 http://gansu.gscn.com.cn/system/2016/02/03/011255868.shtml。

3. 兰州市安监局：甘肃天庆物业管理有限公司“8·18”中毒和窒息较大事故调查处理报告，见 http://ajj.lanzhou.gov.cn/gwgg/201601/t20160129_499130.html。

黑龙江大兴安岭“8·23”火灾事故

一、事件简介

2015 年 8 月 23 日 17 时，黑龙江省大兴安岭市中兴矿业有限公司井下发生火灾，事故造成 5 人中毒窒息死亡，直接经济损失 570 万元。

二、事件原因

直接原因

事发矿井当班水泵工在井下一中段卷扬机房违规使用红外线电暖器取暖，离开后未切断电源致使其长时间运行，将其旁边的座椅、木板床及被褥烤燃引起火灾，并引燃了附近的电缆产生大量有毒有害气体，致使 5 名入井灭火人员窒息死亡。

间接原因

1. 涉事公司排水维护队队长得知井下失火后，违章指挥 6 名工人在未采取防护措施的情况下下井灭火。

2. 涉事公司矿井未按规定建设 2 个安全出口，致使救援人员无法顺利进出矿井实施救援。

3. 涉事公司井下使用国家明令禁止的非阻燃电缆，一中段卷扬机房失火后引燃附近的电缆 20 多米，产生大量的有毒有害气体。

4. 涉事公司未按国家规定为下井作业人员配备有毒有害气体检测仪和自救器，没有为入井作业人员或救援人员提供安全保障。

5. 涉事公司安全管理混乱，未对停建期间井下维护和排水作业人员进行安全培训，一中段卷扬机房存放被褥，违规使用电取暖器。

6. 黑龙江省大兴安岭市新林区国土局，负责新林区非煤矿山行业管理工作。对该公司安全生产培训、隐患排查治理、现场安全检查、落实安全生产主体责任监督不到位。

7. 黑龙江省大兴安岭市新林区安监局，负责新林区非煤矿山安全生产监管工作，对该公司安全生产培训、隐患排查治理、现场安全检查、落实安全生产主体责任监督不到位。

8. 黑龙江省大兴安岭市新林区政府，全面负责新林地区安全生产工作。对有关职能部门和企业落实安全生产监管责任、主体责任领导不力。

9. 黑龙江省大兴安岭市安监局，负责全区非煤矿山安全生产监管工作，对新林区政府、新林区安监局及大兴安岭中兴矿业有限公司安全生产监督指导不到位。

三、事件处理

黑龙江省大兴安岭市新林区政府接到报警后，立即组织公安干警、消防队员、医护人员等紧急赶往事故现场开展救援；大兴安岭行署、新林区两级政府立即启动应急预案，地委、行署主要领导带领地直有关部门赶往事故现场组织抢险救援，省安全监管局派出救援指导组赶到事故现场，指导抢险救援工作；2015 年 8 月 24 日，行署依法成立由常务副专员任组长，安监局、监察局、公安局、总工会、地区检察分院有关人员及 3 名省安全生产专家为成员的事故调查组。

四、责任追究

事故责任人郭某被司法机关依法处理；杨某、孙某等 8 人受到相应党纪及行政处罚；大兴安岭中兴矿业有限公司被处罚款 100 万元。

五、补救措施

为深刻吸取事故教训，进一步强化安全生产工作，严防类似事故发生，大兴安岭市安监局要求：

1. 大兴安岭中兴矿业有限公司立即停止建设。该公司现阶段不具备安全生产条件，必须停止排水维护等井下作业行为，封闭主斜井和通风井井口，逐项对照整改各类隐患；如需恢复建设，必须重新履行非煤矿山建设项目安全生产“三同时”程序，未经审查批准，不得开工建设。

2. 新林区政府及有关部门必须加强对中兴矿业有限公司停止建设、停止排水维护等作业行为的监管监控。采取坚决措施查封重要设施、设备，停供和收缴火工品，停止一切生产用电，有关部门要经常性地进行核查，妥善处理停止建设的相关问题。区党委、政府要切实加强安全生产工作的领导，全面落实“党政同责、一岗双责、失职追责”安全生产责任，强力推进企业安全生产主体责任落实，严格督办检查负有安全监管职责的部门认真履职尽责。

3. 各级政府要强力推进企业安全生产主体责任落实。认真贯彻落实安全生产“五落实五到位”规定，督促检查企业严格履行法定责任和义务。企业要严格按照规定对从业人员进行安全培训，严格按照设计和规程组织施工。监管部门要对照检查全区矿山、危险化学品等重点领域企业，对安全生产主体责任不落实、未批先建、以探代采、设施设备存在严重隐患的企业，采取坚决措施停产停建整改。

4. 行署安监部门要进一步完善安全生产检查工作机制，研究制定提升县、区、林业局安全生产监管效能的有效措施。各级安全生产监管部门要改进工作作风，强化内部考核监督，提高监管能力，切实解决“严不起来，落不下去”的问题，要改进监督检查方式，组织专家会诊，全面排查矿山、危险化学品等重点领域安全隐患，进一步加大“四不两直”暗查暗访工作力度，加强部门联合监管执法，依法严肃查处非法违法问题。

5. 各县、区政府、各林业局要落实属地监管责任。要全面推进企业隐患排查治理，坚决清理已淘汰的矿山设备设施，严格检查清理井下违规使用的生活电器及各类生活用品；要坚决打击安全生产非法违法行为，对重大事故隐患实施政府挂牌督办，制定切实可行的整改方案，落实整改责任、措施、期限，制作重大隐患公示牌悬挂企业醒目位置，接受社会监督。

参考资料

1. 大兴安岭安监局：大兴安岭中兴矿业有限公司“8·23”较大火灾事故调查报告，见 http://dxal.gov.cn/ajj/gzdt/2015/11/28336.html。

2. 网易网：大兴安岭一金属矿井失火致 2 人遇难 3 人失联，见 http://news.163.com/15/0825/ 09/B1RQUJQ500014JB5.html。

3. 黑龙江省安监局：关于大兴安岭中兴矿业有限公司“8·23”火灾事故和非煤矿山安全生产专项检查情况的通报，见 http://www.hlsafety.gov.cn/zwgk/dtyw/gwgg/2015/09/24547.htm。

湖北武汉“8·26”火灾事故

一、事件简介

2015 年 8 月 26 日 16 时，湖北省武汉市江夏区拓创工业园发生一起因违规生产引发的爆炸燃烧事故，造成 5 人死亡。

二、事件原因

湖北鹰达行化工产品有限公司工人在为气瓶加热加压印贴商标时，泄漏的易燃易爆气体遇高温发生爆炸燃烧。

三、事件处理

接到事故报警后，武汉消防支队作战指挥中心接警后迅速调派流芳、高新、江夏、关山、卓刀泉、武昌、特勤二中队共24台消防车、100余名官兵到场处置，17时40分，明火扑灭。事故发生后，湖北省政府及武汉市政府成立由安监部门牵头的事故联合调查组开展事故调查。

四、责任追究

事故责任人曹某、郭某等3人被司法机关依法采取刑事处理。

参考资料

1. 人民网：武汉江夏爆炸燃烧事故致5死 涉事单位负责人被刑拘，见 http://hb.people.com.cn/n/2015/0831/c337099-26185070.html。

2. 凤凰网：武汉拓创工业园违规生产致爆燃5人死 3人被刑拘，见 http://news.ifeng.com/a/20150901/44566206_0.shtml。

3. 网易网：武汉致5人死工业园爆炸系违规生产所致 3人被拘，见 http://news.163.com/15/0901/16/B2EJOG0000014JB5.html。

湖南常德“8·28”中毒窒息事故

一、事件简介

2015年8月28日上午11时，湖南省常德市安乡县大鲸港镇安乡众鑫纸业有限责任公司，发生一起中毒窒息事故，造成7人死亡、2人重伤。

二、事件原因

涉事企业员工不按规定进行有限空间作业导致中毒，后因施救不当引起伤亡扩大。此外，事故暴露出该企业安全生产主体责任不落实，从业人员安全培训教育不到位，应急预案缺乏操作性等问题；同时也暴露出基层政府属地监管和有关部门行业监管责任不落实，安全生产检查工作不认真、不深入、不全面，存在漏洞死角和盲区，隐患排查治理不彻底、不到位，推进企业“五落实五到位”和党委政府安全生产责任“五级五覆盖”工作不得力等突出问题。

三、事件处理

事故发生后，国务院有关领导作出重要指示，要求督促地方政府切实抓好安全生产大检查工作，对安全生产大检查中出现的安全事故，要挂牌督办查处，严肃追责，尤其是大检查工作不落实的责任。湖南省委、省政府领导指示要求全力组织施救，确保不发生新的死亡，全力做好善后工作，确保社会稳定。

四、责任追究

企业法人代表邓某被公安机关依法处理；9名干部被免职；湖南省安委会办公室特对安乡县予以全省通报批评。

五、补救措施

为认真贯彻《国务院安委办关于深刻吸取近期事故教训进一步做好安全生产大检查和专项整治工作的通知》精神，坚决遏制类似事故发生，湖南省安全生产委员会办公室提出如下要求：

1. 切实强化红线意识，进一步深化安全生产大检查。各地、各部门、各有关单位务必深刻吸取安乡众鑫纸业有限责任公司“8·28”有限空间作业中毒事故的深刻教训，进一步深入学习贯彻习近平总书记关于安全生产的重要指示精神，始终坚守安全生产红线意识和底线思维，在抓经济、搞建设、上项目的同时，始终牢记生命至上、安全第一，坚决把科学发展、安全发展理念贯彻到实际行动之中。要清醒认识安全生产工作的长期性、艰巨性、复杂性和可逆转性、颠覆性，增强危机感、紧迫感和责任感，警钟长鸣，常抓不懈，坚决守住不发生群死群伤事故的底线。各地各有关部门要对前期开展的安全生产大检查工作进行“回头看”，进一步抓好动员部署和督查督办，既要突出重点行业领域和关键部位，更要加强对各小微企业的监督检查，严格落实领导带队检查、部门依法检查、隐患闭环整改等要求，确保大检查工作全面、深入、有效开展。

2. 深刻吸取事故教训，立即开展有限空间作业安全大检查。各地要以“8·28”事故为教训，立即开展有限空间作业安全生产大检查工作。对检查中发现未进行有限空间作业场所进行辨识确认，建立并严格实行有限空间作业审批制度，擅自进入有限空间作业；不“先通风、再检测、后作业”，通风、检测不合格作业；不配备个人防中毒窒息等防护装备；不设置安全警示标识，无防护监护措施作业；不对作业人员进行安全培训，教育培训不合格上岗作业；不制定应急措施，现场不配备应急装备等突出问题，要坚持零容忍，该立案查处并依法严厉处罚，对不具体基本安全生产条件、不符合国家产业政策和使用淘汰落实工艺设备的，该停的要坚决停，该关的要坚决依法关。省安委办将对全省有限空间作业大检查行动适时组织督查，发现未按要求开展大检查的地区和单位进行通报，坚决杜绝类似事故的发生。

3. 督促工贸企业摸清底数，扎实开展风险辨识排查工作。各级安全监管部门要组织行业管理部门按照《国家安全监管总局办公厅关于吸取事故教训加强工贸企业有限空间作业安全监管的通知》(安监总厅管四〔2015〕56号)和《湖南省安全监管局关于转发国家安全监管总局办公厅关于吸取事故教训加强工贸企业有限空间作业安全监管的通知》(湘安监函〔2015〕61号)要求，督促辖区内工贸企业扎实开展有限空间辨识排查工作，督促指导辖区内所有工贸企业全面认真辨识本企业有限空间(按照工贸企业有限空间参考目录)，掌握危险有害因素等基本情况，建立管理台账并报送属地安全监管部门。县、市两级安监部门要逐级汇总辖区内工贸行业企业有限空间基础台账，并于9月30日前报送省安监局工贸行业监管处，对逾期未报或因工作不力，造成辖区内发生有限空间事故的，严肃追究监管部门有关人员的责任。

4. 进一步落实企业主体责任，严格有限空间作业现场管理。要通过严格执法、加大宣传等方式，督促各类工贸企业落实安全生产主体责任。尤其要督促各类工贸企业在有限空间作业场所设置清晰、醒目、规范的安全警示标识，标明主要危险有害因素，警示有限空间风险，严禁擅自进入和盲目施救。进一步建立健全并严格执行企业内部有限空间作业安全管理制度、审批制度、作业规程、应急预案等规章制度，针对可能逸出有毒有害气体的清淤、清污、维修等作业，要严格履行审批手续，重点确认相应防护措施，明确作业场所有专人监护，杜绝违章指挥、违章作业现象发生；要及时制定修改完善有限空间作业重大险情或事故的应急预案，定时组织预案演练，确保安全生产。

5. 全面开展安全培训，切实提高员工安全意识。各地要按照分级属地监管原则，分级组织开展辖区内工贸企业有关人员有限空间作业专题安全培训，确保企业安全管理人员熟知并严格落实有限空间作业有关规定，确保作业人员掌握有限空间作业安全知识和应急救援方法；要采取多种形式和途径大力普及有限空间作业安全常识，努力营造关注有限空间作业安全的舆论氛围。

6. 进一步理顺监管责任，严格安全生产问责追究。各地要按照“管行业必须管安全，管生产经营必须管安全，管业务必须管安全”的要求，进一步理顺工贸企业的安全监管责任，特别要明确小型造纸厂、禽类食品加工厂以及商贸等小微企业的监管部门，切实加强对小微企业、工业园区企业和边、远、散边缘地区工贸企业的安全监管，防止出现监管盲区和死角。要进一步加强对工贸企业有限空间作业安全的监督检查力度，严查重罚各类违法违规行为。要切实加大督查督办力度，对政令不畅通、责任不落实、工作不到位的，要启动事前问责。对“8·28”事故的调查处理要加快推进，严肃追究有关责任人的责任，以事故教训推进工作整改。

参考资料

1. 新华网：湖南一造纸厂7人中毒死亡9名官员被免职，见 http://news.xinhuanet.com/legal/2015-09/02/c_128188923.htm。

2. 网易网：湖南通报常德安乡众鑫纸业中毒事故情况，见 http://news.163.com/15/0902/12/B2GOSIHG00014AEE.html。

3. 湖南省安监局：关于常德市安乡众鑫纸业“8·28”中毒事故的通报，见 http://www.hunansafety.gov.cn/2015/anweihui_0901/8023.html。

山西运城“8·31”中毒窒息事故

一、事件简介

2015年8月31日21时，山西省运城市河津华鑫源钢铁有限公司发生煤气中毒事故，造成4人死亡、4人受伤。

二、事件原因

涉事公司人员安全意识不强，对有限空间的危险性认识不足，存在麻痹侥幸思想，在没有进行再次通风和检测，确认受料罐中有毒有害气体状况，且未采取安全防护措施的情况下，贸然进入罐内复查作业，造成煤气中毒。

应急救援失当，现场救援人员进入罐内施救时，未采取必要安全防护措施，盲目施救，造成事故进一步扩大。

三、事件处理

事故发生后，山西省政府主要领导作出重要指示，省安监局派员并带领有关专家连夜赶赴现场，指导事故救援处置工作；运城市、河津市有关领导带领安监等部门人员迅速赶到事故现场，全力开展应急救援和事故处置工作。

四、补救措施

为深刻吸取事故教训，举一反三，进一步加强冶金工贸行业安全生产工作，有效防范和坚决遏制类似事故发生，山西省人民政府安全生产委员会办公室提出如下要求：

1. 提高认识，高度重视，坚决抓好冶金工贸行业安全生产工作。各级安监部门和相关企业要认真学习贯彻习近平总书记、李克强总理关于安全生产工作的重要指示批示精神，全面落实党中央、国务院和省委、省政府有关安全生产工作的决策部署，坚持人民生命高于一切，牢固树立以人为本、安全发展理念，认真总结分析冶金工贸行业安全生产工作，充分认清冶金工贸行业，特别是有限空间作业事故多发、重复发生的内在原因，积极采取针对性措施，切实增强抓好有限空间作业安全工作的主动性和自觉性，认真履职，主动担当，高度重视并全力抓好冶金工贸行业安全生产工作。

2. 认真开展安全生产大检查，彻底排查治理隐患，严防各类事故发生。各相关企业要按照全省统一安排部署，认真履行主体责任，深入开展隐患大排查、大整治，及时消除隐患，确保安全。特别是要深刻吸取该起事故和我省近年来有限空间作业事故教训，加强对有限空间等安全风险较大作业环节和关键部位的自查和整治工作，采取针对性的安全防范措施，切实消除基础管理、作业现场、设备设施等方面的问题和隐患。

各级安全监管部门要严格按照国务院和省政府近期关于安全生产大检查的工作部署，突出有限空间、粉尘爆炸危险场所、煤气区域、高温液态金属吊运、涉氨制冷企业液氨使用等重点场所、关键环节，全面、深入、扎实地组织开展隐患大排查、大治理。对发现的问题和隐患要实行“零容忍”。对能立即整改的，要督促企业立即整改到位，不留后患；对一时难以整改的，要监督企业逐一制定整改方案，切实做到整改措施、期限、资金、责任人和应急措施“五落实”，确保隐患整改到位。

3. 强化安全管理，严格执行安全生产规章制度。各相关企业要严格执行国家和省有关安全生产的法律法规、标准规范，进一步健全完善企业各项安全生产规章制度和操作规程，严格检查、严格执行、严格管理。特别是在进行有限空间作业时，必须严格执行《工贸企业有限空间作业安全管理与监督暂行规定》（国家安监总局令第59号）、《有限空间安全作业五条规定》（国家安监总局令第69号），必须落实审批制度，必须通风、检测，必须携带有毒有害气体检测仪器，必须穿戴和使用合格的防护用品，必须加强现场安全监护，重复作业时必须再次严格按照上述要求进行，确保作业安全。

4. 加强业务技能培训，提高员工安全素质。各相关企业要高度重视全员培训工作，把安全培训教育作为提升企业安全生产水平的重要措施抓好抓实。要严格按照规定要求，做好新员工入厂“三级”安全培训、各岗位业务技能培训和转岗培训。要重点做好有限空间作业方面的安全知识教育培训，使每一名员工熟记有限空间作业安全操作规程，熟知存在的危险、有害因素，熟悉应急救援知识和相关应急救援装备的使用知识，提高自我防范意识、应急救援过程中自我保护意识，自觉并严格按照标准和操作规程要求作业，坚决杜绝“三违”行为，绝不允许因盲目施救而导致事故扩大的现象再次发生。

各级安监部门要把监管人员监管能力素质提升和督促企业做好全员培训当作重要任务来抓，不断强化各级监管人员教育培训，提升监管人员业务水平和监管能力。要严格督促辖区内企业合理制定培训计划，认真做好培训工作，建立健全培训档案，做到员工培训全覆盖，培训有成效，切实提升企业员工安全意识和安全素质。

5. 完善应急预案，着力提升应急救援能力。各相关企业要按照要求建立健全企业综合预案、各专项预案和现场处置预案。要重点制定并不断完善有限空间作业应急救援预案，突出其科学性、针对性和可操作性，并加强演练，使相关人员熟练掌握应急救援知识、步骤和处置措施，提高应急救援能力。要配齐配全应急救援装备、监测仪器和防护用品，定期核查安全防护用品穿戴与使用情况及作业现场应急装备和器材配备情况。要督促相关人员正确使用和维护应急装备，保证应急装备和器材合格、有效。一旦发生险情时，必须提高警惕、提高自我防范意识，必须摸清现场情况，必须穿戴防护用品、携带检测仪器，必须采取必要的安全措施，必须按照应急预案要求开展救援和应急处置，确保应急预案、应急救援装备真正发挥重要作用。

参考资料

1. 山西省安监局：关于运城河津市华鑫源钢铁有限公司“8·31”煤气中毒较大事故的通报，见 http://www.sxaj.gov.cn/zjjg/201509/1415469.Html。

2. 山西省安监局：运城市河津华鑫源钢铁有限公司“8·31”煤气中毒事故，见 http://www.sxaj.gov.cn/xx/zdsg/201509/545466.html。

3. 中国钢铁新闻网：华鑫源钢铁公司发生残留煤气中毒事故，见 http://www.csteelnews.com/qypd/qyzx/201509/t20150902_291687.html。

山东东营“8·31”爆炸事故

一、事件简介

2015 年 8 月 31 日 23 时 22 分，山东省东营市滨源化学有限公司新建年产 2 万吨改性型胶粘新材料联产项目二胺车间混二硝基苯装置在投料试车过程中发生重大爆炸事故，造成 13 人死亡、25 人受伤，直接经济损失 4326 万元。

二、事件原因

直接原因

事故单位车间负责人违章指挥，安排操作人员违规向地面排放的硝化再分离器内含有混二硝基苯的物料，混二硝基苯在硫酸、硝酸以及硝酸分解出的二氧化氮等强氧化剂存在的条件下，自高处排向一楼水泥地面，在冲击力作用下起火燃烧，火焰炙烤附近的硝化机、预洗机等设备，使其中含有二硝基苯的物料温度升高，引发爆炸。

间接原因

1. 山东省滨源公司安全生产法制观念和安全意识淡漠，无视国家法律，安全生产主体责任不落实，项目建设和试生产过程中，存在严重的违法违规行为。

2. 山东省东营市利津县安监局、东营市安监局、利津县公安局履行安全生产监管职责不到位。

3. 山东省东营市利津县刁口乡政府、利津县政府、东营市政府安全生产监管职责落实不力。

三、事件处理

事故发生后，国务院、国家安全监管总局有关领导作出重要批示，山东省委、省政府主要领导第一时间到达事故现场指导救援工作，要求全力抢救伤员，最大程度减少人员伤亡，严查原因、严肃处理、严格要求，坚决防止此类事故再度发生。

四、责任追究

事故责任人李某、邓某等 3 人被公安机关依法采取措施；郭某、孙某等 29 人受到党纪政纪处分；山东省东营市利津县委、县政府向东营市委、市政府作出深刻检查；山东省东营市委、市政府向省委、省政府作出深刻检查；山东滨源化学有限公司被处以罚款 200 万元。

五、补救措施

此次事故的发生，给人民群众的生命财产安全造成了巨大损失，为深刻吸取事故教训，举一反三，山东省安全生产监督管理局作出如下要求：

1. 进一步强化安全生产红线意识。东营市、利津县政府及其有关部门要深刻吸取事故教训，认真贯彻落实习近平总书记、李克强总理等中央领导同志关于安全生产工作的一系列重要指示精神，牢固树立科学发展、安全发展理念，始终坚守“发展决不能以牺牲人的生命为代价”这条红线，建立健全“党政同责、一岗双责、齐抓共管”的安全生产责任体系，坚持“管行业必须管安全、管业务必须管安全、管生产经营必须管安全”的原则，推动实现责任体系“五级五覆盖”，进一步落实地方属地管理责任和企业主体责任。要针对本地区化工行业快速发展的实际，实施安全发展战略，把安全生产与转方式、调结构、促发展紧密结合起来，从根本上提高安全发展水平。要研究制定相应的政策措施，增强安全监管力量，加强剧毒、易制毒、易制爆等危险化学品安全管理，强化生产、购买、销售、运输、储存、使用等环节的管控，切实防范危险化学品事故发生。

2. 进一步加强危险化学品建设项目的安全管理。各级政府和负有安全监管职责的部门，要加强对辖区内危险化学品建设项目的安全管理，严把立项审批、初步设计、施工建设、试生产（运行）和竣工验收等关口，及时纠正和查处各类违法违规建设行为；建立完善公开曝光、挂牌督办、处分与行政处罚、刑事责任追究相结合的责任监督体系，对不按规定履行安全批准和项目审批、核准或备案手续擅自开工建设的，发现一处，查处一起，并依法追究有关单位和人员的责任。强化建设项目试生产环节的安全管理。督促新建危险化学品企业认真落实《山东省化工装置安全试车工作规范》和《山东省化工装置安全试车十个严禁》提出的各项措施要求。要将危险化学品企业试生产环节作为化工企业安全监管重点，建立和落实跟踪督查制度。

3. 进一步严格从业人员的准入条件。严格操作人员的招录条件，涉及“两重点一重大”（重点监管危险化工工艺、重点监管危险化学品和重大危险源）的企业，应招录具有高中（中专）以上文化程度的操作人员、大专以上的专业管理人员，确保从业人员的基本素质，逐步实现从化工安全相关专业毕业生中聘用。要加强化工安全从业人员在职培训，提高在职人员的专业知识、操作技能、安全管理等素质能力。要强化新就业人员化工及化工安全知识培训。对关键岗位人员要进行安全技能培训和相关模拟训练，保证从业人员具备必要的安全生产知识和岗位安全操作技能，切实增强应急处置能力。

4. 进一步加强化工企业安全生产基础工作。化工企业要认真落实《化工（危险化学品）企业保障生产安全十条规定》（国家安监总局令第64号），严禁违章指挥和强令他人冒险作业，严禁违章作业、违反劳动纪律。要按照《国家安全监管总局关于加强化工过程安全管理的指导意见》（安监总管三〔2013〕88号）和有关标准规范，装备自动控制系统，对重要工艺参数进行实时监控预警，采用在线安全监控、自动检测或人工分析数据等手段，及时判断发生异常工况的根源，评估可能产生的后果，制定安全处置方案，避免因处理不当造成事故。

5. 进一步落实企业安全生产主体责任。化工企业要按照"五落实五到位"要求和《山东省生产经营单位安全生产主体责任规定》（省政府令第260号）等规章的规定，建立完善"横向到边、纵向到底"安全生产责任体系，切实把安全生产责任落实到生产经营的每个环节、每个岗位和每名员工，真正做到安全责任到位、安全投入到位、安全培训到位、安全管理到位、应急救援到位。企业主要负责人要对落实本单位安全生产主体责任全面负责。

参考资料

1. 新浪网：东营滨源化学"8·31"爆炸被认定为重大生产安全责任事故，见 http://news.sina.com.cn/c/2016-01-07/doc-ifxnkmaw2127957.shtml。

2. 国务院安全委员会办公室：重大生产安全事故查处挂牌督办通知书，见 http://www.chinasafety.gov.cn/newpage/Contents/Channel_21738/2015/0909/257641/content_257641.htm。

3. 山东省安监局：东营市山东滨源化学有限公司"8·31"重大爆炸事故调查报告，见 http://www.sdaj.gov.cn/index.php?s=/Article/detail/column/31X/articleid/15865.html。

甘肃陇南"9·1"爆炸事故

一、事件简介

2015年9月1日15时，甘肃省陇南市吉庆烟花爆竹有限公司马街礼炮厂发生较大爆炸事故，共造成3人死亡、23人受伤，直接经济损失299.5万元。

二、事件原因

直接原因

吉庆马街炮厂封底材料车间工人赵某在存放有黑火药的工房内使用铁锨，引爆黑火药，造成事故。

间接原因

1. 吉庆马街炮厂无视政府和安监部门下达的停产整顿指令，擅自在停产整顿期间违法组织生产，是造成事故发生的主要原因。

2. 吉庆马街炮厂私自改变工房用途，在非防爆区域封口材料车间私藏黑火药，是造成事故发生的重要原因。

3. 吉庆马街炮厂违反危爆物品购买规定，未在公安机关办理准购准运手续，非法购置黑火药、高氯酸钾等危爆物品，是造成事故发生的重要原因。

4. 吉庆烟花爆竹有限公司日常安全管理混乱。马街礼炮厂和安化爆竹厂两个生产区独立组织生产，安全管理制度落实不到位安全措施不得力，企业安全管理处于混乱局面，是造成事故发生的管理原因。

5. 甘肃省陇南市武都区安监局负有安全生产监管职责的有关部门履职不到位。

6. 甘肃省陇南市马街镇政府督促指导安全生产监督管理工作不到位，武都区政府在落实安全生产领导责任、监管责任不到位。

三、事件处理

接到报告后，甘肃省陇南市、武都区政府和相关部门立即启动相应的事故应急救援预案，迅速开展事故救援和善后处理等工作；国家安全监管总局，甘肃省委、省政府高度重视，有关领导同志分别作出重要批示，要求全力开展应急救援和伤员救治，依法依规彻底调查，严肃追责，并举一反三。

2015年9月2日，甘肃省人民政府批准成立了由省安监局、省监察厅、省公安厅、省总工会、陇南市人民政府组成的陇南吉庆烟花爆竹有限公司马街礼炮厂"9·1"较大爆炸事故省市联合调查组。

四、责任追究

事故责任人赵某、刘某等4人被公安机关依

法处理；张某、李某等 11 人受到党纪政纪处分；甘肃省陇南市武都区马街镇人民政府、武都区安监局、武都区公安局分别向武都区人民政府作出书面检查；甘肃省陇南市武都区人民政府向陇南市人民政府作出书面检查。

五、补救措施

为深刻吸取事故教训，杜绝类似事故的发生，甘肃省安全生产监督管理局特提出如下要求：

1. 切实强化对安全生产工作的领导，建立健全安全生产责任体系。陇南市、武都区要高度重视安全生产工作，建立健全“党政同责、一岗双责、齐抓共管”的安全生产责任体系，切实加强组织领导，确保思想认识到位、领导工作到位、组织机构到位、工作措施到位、政策落实到位。要定期听取安全生产工作汇报，定期研究分析安全生产形势，及时发现和解决存在的问题，将安全生产作为衡量经济发展、社会管理成效的主要指标之一；要切实加强安全法制建设、责任体系建设、监管队伍建设，不断提升政府尤其是乡（镇）政府安全监管能力与水平；坚决遏制各类事故尤其是非法生产安全事故的发生。

2. 切实强化烟花爆竹安全监管责任，建立“打非治违”长效机制。武都区各级政府及其有关部门要严格落实安全生产“一岗双责”责任，按照《中共甘肃省委甘肃省人民政府关于进一步加强安全生产工作的意见》（甘发〔2013〕15 号）要求，加强烟花爆竹生产、销售、运输、燃放等环节的监管，改造提升烟花爆竹生产、储存设施，建立和完善产品流向监控系统。相关部门要认真落实的烟花爆竹生产、经营、运输和产品质量安全监管职能和责任，建立健全联合执法机制；强化对烟花爆竹“打非治违”工作的组织领导，建立由政府主要领导负总责，分管领导具体牵头的工作机制，采取更加坚决、更加有力、更加有效的措施，强化责任落实、强化队伍管理、强化社会监督，严格绩效考核、严肃责任追究，真正把烟花爆竹“打非治违”责任制和工作任务措施落到实处。

3. 强化责任追究，多措并举，持续严厉打击烟花爆竹非法违法行为。一是要进一步落实县（区）、乡（镇）两级政府打击非法生产经营烟花爆竹工作责任，始终保持“打非治违”工作的高压态势。要定期组织相关职能部门对重点乡（镇）、村组进行“地毯式”排查，坚决防止非法生产、经营、储存烟花爆竹，发现一处取缔一处，坚决防止死灰复燃。二是严惩烟花爆竹违法犯罪行为。公安部门要加强侦查，广辟线索，以线查案，以案查源。对发现非法生产烟花爆竹活动的，必须追根溯源，彻底查清烟花爆竹产品的销售渠道，追查黑火药、烟火药、引火线、氯酸钾、高氯酸钾、硫黄等主要生产原材料和半成品的来源。对非法生产、销售烟花爆竹原材料、半成品和产品构成犯罪的，要从重从快依法追究刑事责任，严惩违法犯罪行为，增强警示威慑作用。三是切实落实安全生产“党政同责、一岗双责、失职追责”，严格非法生产经营行为的安全监管问责制。认真贯彻落实《甘肃省领导干部安全生产“党政同责一岗双责”暂行规定》，明确党委、政府的主要负责人安全生产第一责任；严厉实行安全生产责任追究制度，对因烟花爆竹“打非”工作职责不落实、工作开展不力引发生产安全事故的，要对县（区）、乡（镇）政府主要领导以及相关责任人，根据情节轻重，给予降级、撤职或者开除的行政处分，涉嫌犯罪的，依法移送司法机关处理。四是要惩罚和教育相结合，加大治安管理力度。对非法生产经营烟花爆竹活动的一般参与人员，构成违反治安管理行为的，要依法给予治安管理处罚。

4. 切实强化烟花爆竹安全舆论宣传和教育，发挥社会监督作用。武都区各级政府及相关部门要充分利用广播、电视、报纸、杂志等新闻媒体和政务信息网站，通过公告、标语、宣传单、广播、制作播放警示教育片等方式，深入宣传非法生产经营烟花爆竹行为的危害性和危险性，教育广大人民群众知法、懂法、守法，提高自我安全保护意识，抵制非法生产经营活动。在电视、广播频道开辟烟花爆竹安全专栏，通报历年来的非法生产烟花爆竹事故案例，定期通报“打非”情况及对非法烟花爆竹组织者和生产者的责任追究情况。要真正重视和发挥学校教育优势，通过“法制课堂”、“每月安全日”、安全主题班会等活动定期开展安全教育，教育未成年人不参与非法生产经营烟花爆竹活动，充分发挥学生对家长的监督作用。落实“打非”举报奖励机制，通过设置举报箱，公布举报电话，设立举报资金，鼓励群众通过信件、电话和网络等形式举报非法生产、经营、运输烟花爆竹违法行为，对举报查实的，给予现金奖励。

参考资料

1. 中国甘肃网：陇南吉庆“9·1”爆炸事故 4 名责任人被逮捕 11 人被处分，见 http://gansu.gscn.com.cn/system/2015/12/22/011214557.shtml。

2. 国务院安全委员会办公室：关于对陇南市武都区陇南吉庆烟花爆竹有限公司“9·1”较大爆炸事故查处挂牌督办的函，见 http://www.chinasafety.gov.cn/newpage/Contents/Channel_21738/2015/0907/257533/content_257533.htm。

3. 甘肃省安监局：陇南吉庆烟花爆竹有限公司“9·1”较大爆炸事故调查报告，见 http://www.gssafety.gov.cn/zwxxgk/article.php?id=161。

河北迁安“9·2”淹溺事故

一、事件简介

2015 年 9 月 2 日 13 时 43 分，位于河北省迁安市的首钢股份公司迁安钢铁公司热轧作业部2160 热轧卷板生产线在粗除鳞渣沟清理作业时，发生较大淹溺事故，造成 7 人死亡，直接经济损失 650 万元。

二、事件原因

直接原因

辽宁省葫芦岛市东华炉窑有限公司迁安分公司作业人员未认真落实清渣作业施工方案及迁安钢铁公司清渣作业有关要求，将粗除鳞渣沟冲渣水手动阀门流量调至最大，在未对冲渣水泵是否开启进行确认的情况下，人员没有撤离进入粗除鳞渣沟违规作业，造成东华炉窑公司作业人员被冲渣水冲至旋流沉淀池淹溺死亡。

间接原因

1. 河北省迁安钢铁公司动力作业部员工操作、安全技能培训不到位，在第三次启动 DC6 系统冲渣水泵前，未再次与热轧作业部对供水现场情况进行安全确认便启泵。

2. 河北省迁安经济开发区工委、管委安全生产责任落实不深入，投入力量不足，个别负有安全监管职责的干部和工作人员安全生产责任落实不到位，监督检查流于形式，存在失职行为。

3. 河北省迁安市杨店子镇党委、政府对管辖范围内的安全生产工作安排部署不到位，个别负有安全监管职责的干部和工作人员对职责范围内的安全生产责任落实不到位，存在失职行为。

4. 河北省迁安市安监局在组织安全生产大检查、开展抗战胜利 70 周年阅兵期间安全生产工作中，对非停产限产但进行检修作业企业的安全生产重视不够，对重点冶金企业监督检查不够深入。

5. 河北省迁安市政府对安全生产工作督促落实不到位。

三、事件处理

事故发生后，河北省主要领导立即做出批示，要求唐山市、迁安市全力搜救失踪人员，妥处善后，排查安全隐患，防止次生灾害发生，并做好各方工作；国家安监总局四司、国家应急救援中心派员赶赴现场指导应急救援工作。

2015 年 9 月 16 日，河北省政府成立由省安全监管局牵头，省监察厅、省公安厅、省总工会和唐山市政府等有关单位和人员组成的首钢股份公司迁安钢铁公司“9·2”较大淹溺事故调查组。

四、责任追究

事故责任人金某、窦某等 4 人被移交司法机关追究刑事责任；杨某、程某等 27 人受到党政纪处分及组织处理；辽宁省葫芦岛市东华炉窑公司被处罚款 99 万元；河北省迁安钢铁公司被罚款99 万元；河北省迁安市委、市人民政府向唐山市委、市人民政府作出深刻检查。

五、补救措施

为深刻吸取事故教训，进一步强化安全生产工作，严防类似事故发生，河北省安全生产监督管理局要求：

1. 严格落实企业主体责任。深刻汲取事故教训，举一反三，强化“红线”意识，落实“党政同责、一岗双责”有关规定，完善安全生产责任体系，做到管业务必须管安全、管生产经营必须管安全。各生产单位要强化安全生产第一意识，落实安全生产主体责任，加强安全生产基础能力建设，坚决遏制重特大生产安全事故发生。企业主要负责人及各职能部门要各司其职、各负其责，按照“五落实五到位”的要求，切实履行安全职责。进一步加大安全生产投入，健全安全管理机构，配足安全管理人员，加强教育培训，认真组织开展安全生产大检查，建立完善隐患排查体制机制，健全预警应急体系，深入排查和有效化解各类安全生产风险，全面加强企业安全管理各项工作，提高安全生产保障水平。

2. 高度重视检修作业安全管理。检修作业极易引发安全事故，检修作业施工单位应当切实加强检修作业过程的组织领导，制定完善、科学、安全、可靠的检修方案，健全安全交底和安全确认工作程序，搞好作业现场的组织管理、统筹协调和安全监管，杜绝类似事故再次发生。

3. 切实加强外委施工单位的安全监管。项目发包单位要严把资质审查关，要严格实施安全监管，进行统一协调、管理，对外委施工单位作业人员进行安全生产培训和考试，考试不合格者不准上岗作业。严格落实各项管理制度，做好安全交底、危险告知和安全确认。在施工或作业过程中，对外委施工单位作业人员的安全措施落实情况进行全程监督检查，确保各项安全措施落实到位。

4. 搞好交叉作业过程的安全监管。涉及多方相互关联的作业过程，各方应派专人在现场负责安全监护，各方共同对作业过程的危险有害因素进行充分辨识并共同确认安全状态，作业过程中各方保持及时沟通，避免可能产生的错误分析和误判。各方要加强作业现场的协调管理，安排专人负责，做到统一指挥、统一管理、协调联动。

5. 建议在渣沟清理作业危险区域和部位加设安全防护设施，采取保障安全的防护措施。鉴于《轧钢安全规程》(AQ2003-2004) 中未明确规定清理渣沟作业应采取的具体防护措施，建议修订完善。

6. 迁安钢铁公司对外发包项目，要严格审查单位资质，严禁与没有资质的单位签订协议，从源头把好安全生产关。要认真抓好外协队伍安全生产管理工作，将其纳入本单位安全生产管理格局中。

7. 迁安钢铁公司要进一步做好供排水等能源介质停送安全协调管理工作，建立健全供排水等能源介质停送有关岗位操作规程，严格落实公司有关部门协调管理中确认要求等管理规定，杜绝联系协调出现脱节和漏洞。

8. 迁安钢铁公司要认真落实《安全生产法》有关职工安全教育培训规定，加强外协队伍施工人员以及劳务派遣工的安全生产教育培训工作，将其纳入本单位职工安全教育培训管理中，未经安全生产教育培训、未进行施工方案教育培训的，一律不准上岗作业。

9. 迁安市政府及其有关部门要进一步加大安全监管力度，落实属地监管责任，强化各级各部门安全生产责任意识，全面落实“党政同责、一岗双责”，对因失职渎职导致生产安全事故，或不履行工作职责、不执行上级有关规定和要求的，一律严肃追究责任。要开阔工作思路，拓宽监管视野，构建立体监管体系。要加强隐患排查治理，加强对企业安全生产制度建设的监督检查，压实企业主体责任，加强外委施工单位的监管工作。要加强基层安监站建设，配备专职工作人员，加大对基层安监队伍的教育和培训力度，增强业务素质，提高执法水平。

参考资料

1. 河北青年报：首钢迁钢淹溺事故致 7 人身亡，见 http://www.hbqnb.com/html/2015/bendi_0908/46318.html。

2. 国家安监总局：关于对首钢股份有限公司迁安钢铁公司“9·2”较大淹溺事故查处挂牌督办的函，见 http://www.chinasafety.gov.cn/newpage/Contents/Channel_ 20595/2015/0911/257772/content_257772.htm。

3. 河北省安监局：首钢股份公司迁安钢铁公司“9·2”较大淹溺事故调查报告，见 http://www.hebsafety.gov.cn/index.do?id=45996&templet=content&cid=796。

福建三明“9·6”顶板事故

一、事件简介

2015 年 9 月 6 日 9 时 30 分，福建省三明市将乐县安信煤业有限公司石林煤矿发生一起顶板事故，造成 3 人死亡，直接经济损失 398 万元。

二、事件原因

直接原因

事故煤矿 -105C3N 顺槽掘进工作面停工时间较长，煤层厚；疏松；破碎；易垮帮冒落，顺槽维修作业人员在未采取有效防范措施的情况下，盲目进入易垮帮冒落的顺槽进行维修作业，导致事故发生。

间接原因

1. 事故煤矿生产技术管理不到位，顶板管理措施针对性不强。

2. 事故煤矿安全管理制度落实不到位，安全检查不认真。

3. 事故煤矿安全培训不到位，从业人员安全防范意识及操作技能差。

4. 涉事企业安全管理责任体系不完善。

5. 福建省三明市将乐县煤行办履行监管职责不到位。

三、事件处理

福建省煤监局于 2015 年 9 月 12 日牵头组织三明市监察局、公安局、安监局、总工会和煤管局等单位有关人员组成事故调查组，并邀请三明市检察院派员参加，对本起事故开展调查。

四、责任追究

事故责任人伍某、虞某等10人被依法予以处理；相关部门依法暂扣石林煤矿安全生产许可证，并责令该矿停产整改；石林煤矿被处罚款300万元。

五、补救措施

为认真吸取事故教训，确保煤矿安全生产形势持续稳定好转，福建省安全生产监督管理局要求：

1. 石林煤矿应深刻吸取本起事故教训，举一反三，针对本起事故暴露出的问题，切实采取有针对性措施，防止同类事故再次发生。（1）切实加强顶板管理，结合煤层特点、顶底板特性及采掘工作面实际，制定有针对性的顶板管理措施并督促落实，切实加强现场管理，严格落实敲帮问顶制度，坚决防止违章空顶作业现象。（2）建立完善安全技术措施审批制度，认真开展安全技术论证，编制符合井下实际，具有针对性和实际指导意义的作业规程、安全技术措施等，同时要按规定实测填图，确保采掘工程平面图能准确反映井下生产情况。（3）严格落实隐患排查制度，加强对跟班安全检查工、安全管理人员、生产技术员履职情况的督促检查，把日常安全检查和领导下井带班制度落到实处，防止工作流于形式、走过场。（4）切实加强煤矿安全培训，按规定组织新老工人进行岗前、在岗培训，确保培训学时和质量，特别要把顶板、水害、气体中毒等灾害隐患识别作为培训重点内容，提高从业人员隐患识别能力和遵章作业的意识，同时立即对从业人员持证情况进行清理，坚决杜绝岗证不一致现象。（5）积极推进煤矿机械化。针对矿井煤层产状、赋存条件以及水文地质条件等，进行科学论证，积极探索适合自身条件的新技术新工艺，大力推进机械化建设，逐步提高采煤机械化、掘进装载机械化程度，通过机械化程度提升，不断减少高危及劳动密集型岗位，进而提升矿井安全保障能力。（6）认真落实停产整改指令，对照矿井安全生产条件立即对全矿开展隐患排查，针对查出的隐患及本起事故暴露的问题，制定整改措施报将乐县煤行办批准后组织实施，整改完成后经将乐县煤行办验收合格后方可恢复生产。

2. 将乐县煤行办要深刻吸取事故教训，认真分析本起事故的深层原因，根据辖区煤矿的特点，制定切实可行的监管措施，加强对辖区内煤矿的日常监管。（1）加强对本局监管执法人员履职情况的监督管理，督促履职尽责。（2）结合本起事故反映的安全技术措施审批、领导下井带班、隐患排查、安全培训等制度不落实的问题，研究切实可行的监管措施，切实加强对辖区内煤矿的监督检查力度，严厉打击煤矿违法违规生产行为。（3）切实改进工作作风，日常安全检查深入煤矿真实生产采掘作业点，准确掌握企业生产安全动态，及时发现和排除安全隐患。

3. 将乐县人民政府要举一反三，认真分析事故原因，并认真落实好政府监管责任。（1）切实加强全县煤矿安全监管机构及队伍建设，切实解决煤矿安全监管力度不够、监管力量配备不足和执法不规范等问题。（2）加强对煤矿监管部门日常履职情况的督促检查，确保依法行政和履职到位。（3）加大对《生产安全事故报告和调查处理条例》等有关法规的学习和宣贯力度，督促县属有关部门及煤矿企业严格按照《生产安全事故报告和调查处理条例》等规定，正确处置生产安全事故信息，及时如实报告生产安全事故，同时加大对事故举报信息的核查力度，严厉打击瞒报谎报事故行为。

参考资料

1. 福建省安监局：福建将乐安信煤业有限公司石林煤矿“9·6”顶板事故调查报告，见http://www.fjsafety.gov.cn/NewsInfoShow.aspx?newsid=453112&columnid=73。

大广高速“9·11”交通事故

一、事件简介

2015年9月11日0时13分，大广高速河南省信阳市新县境内2300km+400m处发生一起重大道路交通事故，造成12人死亡、17人受伤。

二、事件处理

事故发生后，河南省信阳市有关部门立即启动紧急救援预案，组织公安、消防、高速交警、卫生、安监等部门紧急赶往现场抢救伤员。

三、责任追究

事故责任人潘某、郭某等14人被司法部门依法处理。

四、补救措施

针对此次事故的具体情况和所反映出的问题，河南省公安厅交警总队要求全省交警部门开展四个方面集中整治和整改：

1. 进一步加强客货运运输企业的管理。由交通运输部门牵头，公安、安监部门配合，以客货运企业、客运场站，尤其是客运、货运、危险品运输企业为重点，全面排查安全管理主体责任不落实、管理机制和制度不健全、车辆日常安全检查和驾驶人安全教育不到位、24 小时 GPS 专人值守的动态监控制度不落实、监控到交通违法内部处理不到位、管理混乱等问题，对排查出的驾驶人和重点车辆安全隐患实行“户籍化”管理，建立“实名制”检查台账，落实跟踪整治责任制，确保隐患整治措施落实到位。公安、交通、安监部门建立定期联合检查制度，对排查隐患及时抄告，定期通报，落实行政管理措施，形成齐抓共管合力。

2. 进一步强化营运车辆的动态监管。由交通运输部门牵头，公安、安监部门配合，进一步推进营运车辆卫星定位装置安装，督促客货运企业有效接入重点营运车辆联网联控系统。落实企业监控主体责任，加强对客货运企业卫星定位装置安装使用和系统平台运用情况的督查检查，督促客货运企业加强对违法违章车辆的处罚力度，依据动态监控系统记录的数据信息，依法严格处罚客货运车辆超速驾驶、疲劳驾驶等交通违法行为，落实企业监控主体责任。

3. 进一步改进高速公路交通安全管理工作方式方法。全省各级公安交管部门要切实改进高速公路交通安全管理工作方式方法，一是要进一步提高高速公路交通安全管理工作科技含量。要进一步加强公路防控体系建设，通过提高科技含量，改进管理方式方法，提升工作效率。二是要严格落实重点违法行为抄告制度和约谈曝光。对大型客车、旅游包车、危险品运输车等重点车辆的严重违法行为，要及时抄告车辆所在地政府、安监、交通运输、旅游、教育等有关部门，并及时对客运车辆所属企业进行约谈曝光。三是要用足用好法律手段。充分发挥法律规范的警示教育作用，促使相关人员自觉远离有关违法行为严查严处，依法追究刑事责任，并通过典型案事例的社会宣传，充分发挥法律的惩戒警示作用。

4. 进一步强化道路安全隐患排查整治力度。由交通运输部门牵头，公安、安全监管部门配合，结合国务院办公厅下发的《关于实施公路安全生命防护工程的意见》，迅速部署开展公路安全生命防护工程建设专项整治，进一步强化道路安全隐患排查整治力度。同时，严格落实“五定五包”责任。对道路安全隐患整治台账，要严格实行“定领导、定人员、定标准、定时间、定奖惩，包执勤巡逻、包隐患整治、包宣传教育、包严格执法、包应急处置”的五定五包责任制，确保交通安全保障措施落实到位。

参考资料

1. 腾讯网：大广高速新县段发生重大交通事故已致 12 人死亡，见 http://news.qq.com/a/20150911/015833.htm。

2. 新华网：信阳新县大广高速重大交通事故 14 人被追刑责，见 http://www.ha.xinhuanet.com/hnxw/2015-10/03/c_1116735085.htm。

3. 网易网：信阳新县大广高速重大交通事故 14 人被追刑责，见 http://news.163.com/15/1001/04/B4QKCITV00014AED.html。

海南东方“9·15”丙烯泄漏事故

一、事件简介

2015 年 9 月 15 日 22 时 51 分，浙江省宁波力天海运有限公司“通洲 6”轮在八所港务有限公司第二装卸区 3 号泊位 4 号点装载丙烯时，1 号液货舱安全阀起跳，丙烯泄漏，泄漏量约 193 吨，未造成人员伤亡，造成直接经济损失约 98 万元。

二、事件原因

直接原因

“通洲 6”轮 1 号货舱在补装丙烯时，由于船岸双方都没有开启气相回流阀，在补装丙烯过程中，货舱内气化的丙烯无法释放出去，舱内压力迅速上升，安全阀起跳，引起泄漏事故；安全阀复位慢，是导致泄漏量增大的原因。

间接原因

1. “通洲 6”轮装货作业人员安全意识淡薄。

2. 浙江省八所港安全管理不到位。

3. 东方石化对危险化学品管道输送的风险管理不力。

4. 浙江省八所海事局，未能严格履行对船舶安全检查和对船舶载运危险货物的安全监督职责，与东方市交通运输局港航管理所建立信息通报机制执行不到位，执法人员现场监督检查不认真。

5. 海南省东方市交通运输局港航管理所，对港口经营企业的管理制度不健全、员工执行操作规程不严格等问题失察，对危险作业巡查不到位，与八所海事局建立信息通报机制执行不到位。

三、事件处理

接到事故报告后，海南省东方市有关领导带领公安、消防、安监、八所海事、国土环境资源、东方工业园区、边防、气象等部门相关领导立即赶往事故现场，并成立现场指挥部，指挥事故应急救援。

2015 年 9 月 16 日，由海南省安监局牵头，省监察厅、省工信厅、省交通厅、海南海事局、省环保厅、省质监局、省公安消防总队、总工会等相关部门人员组成的东方市“9·15”丙烯泄漏事故调查组成立。

四、责任追究

事故责任人郑某、林某等 12 人受到相应的党纪、行政处罚；海南省八所港务有限公司被处以罚款 20 万元；海南省八所海事局向海南海事局作出书面检讨；海南东方市交通运输局向东方市人民政府作出书面检讨。

五、补救措施

针对事故原因和暴露出来的问题，海南省安全生产监督管理局提出了以下防范措施和建议：

1. 东方石化、八所港、宁波力天海运有限公司要深刻吸取这次事故教训，举一反三，查遗补缺，完善规章制度和操作规程；操作规程的编写、发布必须遵守国家和行业规范，让生产一线员工参与，对风险点的控制必须有稳妥的操作要领；加强员工的培训教育，严格执行规章制度和操作规程。

2. 八所港应掌握码头安全管理的主动权，履行好对靠岸船舶的安全检查和装船作业安全的协调管理；东方石化应进一步明确划分部门职责，完善岗位责任制，如运行六部、指挥中心、计量专业、码头计量员等部门和岗位，应明确其安全生产职责，应加强管道码头端的压力、流速、温度等参数的监控；宁波力天海运有限公司应加强船员的用工管理，加强危险化学品知识的培训，让船员熟悉危险化学品储存设施的使用和维护，加强船上承压容器及其安全附件的管理，按照国家规定时限校验，确保安全运行。

3. 中海石油化学股份有限公司应加强中下游业务的安全管理，进一步对工艺运行的高风险点、缺少理论依据的风险管理参数进行研究，如危险化学品装船压力达到多少时启动气相回流阀、压力不稳定时如何处理，装船作业时什么情况可以补装等，完善相关制度。

4. 行业监管部门要进一步加强对所属行业企业的安全监管。海事、港航管理部门要按照相关法律法规健全信息通报机制，加强基层监管人员危险化学品知识的培训教育，督促船方、码头、供货方完善沟通协调机制。海事部门应加强船上的危险化学品承压容器及安全附件的检查，特别是安全阀、压力表、报警仪等有效期限的核查。港航管理部门应完善码头作业的重点巡查制度，加强危险货物港口作业的隐患排查和执法检查，及时查处违法违规行为。

5. 东方市政府要加强港航、消防等部门的专业人才、专业救援器材的配备，保障监管质量、救援能力；按照《安全生产法》的要求，开展工业园区的风险评价和安全规划，有效控制园区风险。

参考资料

1. 网易网：东方八所港一船舶发生丙烯泄漏，见 http://news.163.com/15/0917/08/B3MU3JP300014Q4P.html。

2. 凤凰网：东方八所港一船舶发生丙烯泄漏已有效控制，见 http://news.ifeng.com/a/20150916/44669121_0.shtml。

3. 海南省安监局：东方市八所港“9·15”丙烯泄漏事故调查报告，见 http://ajj.hainan.gov.cn/aqscxx/dcclxx/201512/t20151225_1738247.html。

沪昆高速“9·25”交通事故

一、事件简介

2015 年 9 月 25 日 9 时 50 分，沪昆高速公路湖南省湘潭段发生一起重大交通事故，造成 22 人死亡、13 人受伤。

二、事件处理

事故发生后，湖南省委、省政府高度重视，有关领导第一时间作出批示，要求全力以赴救治受伤人员，依法依规查处事故。2015 年 10 月 8 日国务院安委会对此次事故挂牌督办。

三、补救措施

湖南省道交委办公室、省公安厅交管局要求，要坚决强化高速公路通行秩序整治。以沪昆、京港澳、长张线等路段为重点，从严查处酒驾、毒驾、超员、超速、无证驾驶等严重交通违法行为；严管重罚不按规定车道行驶违法行为，严格落实客车、货车分道行驶措施，严肃查处占用高速公路应急车道、快车道的违法行为。

坚决落实客车落地休息制度。交通运输、公安交警部门要严厉整治长途客运车辆凌晨2时至5时违规运行行为，对未实行接驳运输的长途客车，经核实后要采取停运、罚款等处罚措施，督促落实停止运行或停车休息制度。严格执行三级以下山区公路夜间22时至次日凌晨6时，严禁七座以上客运车辆通行的规定。

坚决严厉整治货车违法行为。各地、各部门要进一步加强协调配合，在高速公路、国省道、城市道路和农村公路同步开展货车严重交通违法行为的集中整治和严管重罚，对擅自改装的货车，依法强制切割；驾驶报废拼装货车的，一律予以收缴，强制报废。

坚决严厉整治危险化学品车辆违法运输。凡是非法运输、无证运输、超载运输，车辆、罐体非法改装伪装，驾驶员、押运员、装卸管理人员不具备从业资格的，一律依法处罚。液体危险货物罐车紧急切断装置未按规定安装的，一律停运，限期加装。

参考资料

1. 新华网：沪昆高速湘潭段发生一起重大交通事故　已造成22人死亡，见 http://www.hn.xinhuanet.com/2015-09/26/c_1116684852.htm。

2. 国务院安全委员会办公室：重大生产安全事故查处挂牌督办通知书，见 http://www.chinasafety.gov.cn/newpage/Contents/Channel_21738/2015/1021/259377/content_259377.htm。

3. 央广网：湖南吸取“9·25”特大交通事故教训违法行为一律严管重罚，见 http://news.cnr.cn/native/city/20151001/t20151001_520037686.shtml。

甘肃兰州“9·26”坍塌事故

一、事件简介

2015年9月26日15时30分，甘肃省兰州市红古区甘肃第一强制隔离戒毒所内的博壮良种奶牛养殖专业合作社在青贮池改建施工中，发生青贮池内北侧墙体坍塌事故，造成5人死亡、6人受伤，直接经济损失约413万元。

二、事件原因

涉事单位青贮池项目施工承包方在无施工组织设计前提下，违章安排施工人员在北侧回填区域墙体内侧进行抹灰作业，同时违规进行砂石土方机械回填。由于回填体中泥水砂石混合物的沉积形成物源挤压、回填体斜坡重力作用等产生的能量超出墙体结构实际承载能力，加之池壁的圈梁和立柱混凝土强度低、墙砖与砂浆粘接强度低等工艺质量缺陷，导致墙体坍塌。

三、事件处理

事故发生后，甘肃省、兰州市有关领导先后对事故抢险救援处置工作作出重要批示；甘肃省安监局、兰州市政府，市安监、建设、卫生、民政等部门及红古区政府相关负责人第一时间赶赴现场，成立现场应急指挥部，组织抢险救援，救治伤员。

四、责任追究

事故责任人高某、曾某等5人被司法机关依法处置；王某、刘某等9人受到相应党纪、行政处罚；甘肃省兰州市红古区博壮良种奶牛养殖专业合作社被处罚款70万元；平安镇党委、政府向红古区委、区政府作出书面检查；红古区委、区政府向兰州市委、市政府作出书面检查。

五、补救措施

为深刻吸取事故教训，有效防范同类事故发生，甘肃省安全生产监督管理局特提出如下要求：

1. 兰州市红古区博壮良种奶牛养殖专业合作社要深刻吸取事故教训，严格执行《安全生产法》和《甘肃省生产经营单位安全生产主体责任规定》等法律法规规定，靠实企业安全生产主体责任，在依法取得各类行政许可、审批审核手续并将安全隐患彻底整改前，不得擅自恢复施工。

2. 甘肃省兰州平安台农场（甘肃第一强制隔离戒毒所）要深刻吸取事故教训，严格执行《安全生产法》和《甘肃省生产经营单位安全生产主体责任规定》等法律法规规定，靠实企业安全生产主体责任，把安全责任落实到具体责任领导、部门和岗位，完善制定对农场辖区内的土地承租企业及生产经营场所的安全管理职责，签订并执行安全生产管理协议，加强对农场内的土地承租企业、生产经营场所的安全生产监督管理工作。

3. 红古区农牧局要落实“管行业必须管安全、管业务必须管安全、管生产经营必须管安全”的原则，按照全市安全生产大检查部署要求，认真开展行业安全生产检查及隐患排查治理工作。

4. 红古区住建局要落实建筑施工领域非法违法建筑行为“打非治违”工作，按照全市安全生产大检查部署要求，认真开展行业安全生产检查及隐患排查治理工作。

5. 红古区平安镇政府要进一步强化属地安全监管责任，认真落实全市安全生产专项整治和大检查部署要求，摸清监管底数，做到隐患排查治理全覆盖无死角。

6. 红古区人民政府及相关行业监管部门、乡镇人民政府要对事故单位存在的问题逐项跟踪督促整改，达不到安全条件不得批准恢复施工。要认真落实全市安全生产大检查、安全隐患排查工作部署要求，一是把安全管理责任靠实到责任领导、具体部门和岗位，督导乡镇、街道及相关部门进一步加强对各类生产经营建设活动的安全管理和应急管理；二是针对辖区内所有在建项目、工程、附属设施认真开展“大排查、大整治”，对非法、违法建设项目及达不到安全条件和准入门槛的企业、项目，要一律叫停，依法严格监管，杜绝类似事故再次发生；三是认真开展“打非治违”专项行动，要针对类似施工工艺的项目、工程严格摸排，对建设手续不全、施工工艺存在隐患的项目，要一律叫停。

参考资料

1. 每日甘肃：红古区一奶牛场墙体坍塌致5死6伤　涉事人员已被警方控制，见 http://gansu.gansudaily.com.cn/system/2015/09/28/015719262.shtml。

2. 中国甘肃网：兰州红古区一良种奶牛养殖场在建围墙坍塌致5死6伤，见 http://gansu.gscn.com.cn/system/2015/09/27/011125599.shtml。

3. 搜狐网：兰州市红古区关于9·26事故进展情况的通报，见 http://mt.sohu.com/20150927/n422211099.shtml。

4. 兰州市安监局：兰州红古博壮良种奶牛养殖专业合作社“9·26”青贮池墙体坍塌较大事故调查处理报告，见 http://ajj.lanzhou.gov.cn/gwgg/201601/t20160129_499132.html。

浙江慈溪“10·2”较大中毒死亡事故

一、事件简介

2015年10月2日15时，浙江省慈溪市崇寿镇健民村的慈溪市排水有限公司西三泵站内，由宁波中瑞建设有限公司派遣的5名施工人员在实施污水汇集池抢修作业中发生硫化氢中毒、淹溺死亡事故。此次事故共造成4人死亡、1人受伤。

二、事件原因

直接原因

陈某权、陈某明、孙某立、孙某波、徐某平等人违反有限空间安全作业相关法规标准要求。在未严格执行“先通风、再检测、后作业”的工作流程，未按规定配备使用安全防护装备和采取有效监护防护措施的情况下，陈某明、孙某立违规冒险进入事发格栅间作业，因格栅间底部硫化氢气体含量超标，导致中毒晕倒、溺水受伤和死亡。陈某权、孙某波、徐某平在未配备使用应急救援防护装备的情况下先后盲目进入格栅间施救，相继中毒晕倒、溺水死亡，导致事故发生。

间接原因

1. 陈某权借用中瑞公司名义承接事故项目，在未拿到项目派遣单和不具备安全生产条件的情况下，擅自组织相关人员进入西3#泵站开展作业，作业现场管理不到位，且作业人员及其本人安全意识淡薄，缺乏有限空间安全作业、应急救援的知识和能力。

2. 中瑞公司未认真履行安全生产主体责任。同意并配合陈某权个人借用本公司名义承接事故项目；未履行项目安全生产管理责任，对陈某权等人缺乏有限空间安全作业、应急救援的知识和能力等原因造成的安全生产隐患，以及在作业过程中违反有限空间安全作业相关法规标准的冒险作业和盲目施救等行为未能及时发现、消除和制止；项目合同审核和公章使用管理把关不严。

3. 慈溪排水公司未认真履行安全生产主体责任。项目发包管理不严，对陈某权借用中瑞公司名义承接本单位项目失察失管；未认真履行项目安全生产管理责任，项目派遣单开具不规范，对陈某权等人在未取得派遣单的情况下擅自进入泵站作业未及时制止，且违规调度污水配合陈某权等开展作业，对陈某权等人违反有限空间安全作业相关法规标准的冒险作业和盲目施救等行为未及时发现制止；安全生产管理制度制定落实不到位，未有效开展有限空间作业安全生产专项整治和隐患排查治理，事发泵站安全警示标志缺失。

4. 慈溪水务集团贯彻落实上级安全生产工作要求不力，开展有限空间作业安全生产专项整治不到位；对下属慈溪排水公司履行安全生产主体责任督促管理不到位，对其存在的项目发包管理不严、未认真履行项目安全生产管理责任、未有效开展有限空间作业安全生产专项整治和隐患排查治理等问题失察失管。

5. 慈溪市住房和城乡建设局未认真履行排水

行业管理责任，开展排水行业有限空间作业专项整治和隐患排查治理不力，对事故项目存在的违规违章行为未能及时发现和制止。

三、事件处理

事故发生后，浙江省省委、省政府，宁波市委、市政府主要领导同志高度重视。浙江省委领导作出重要指示，要求全力救治伤员，做好伤亡人员家属安抚及善后工作，确保社会稳定；要迅速查明事故原因，依法依规处置，严肃追究事故责任；要举一反三，吸取事故教训，加强管理，严格落实安全生产责任，防止类似事故再次发生。宁波市委领导带领相关部门负责人及时赶赴现场指挥、协调事故救援及善后处理工作。

四、责任追究

相关责任人依法依规受到相应处罚。

五、补救措施

为深刻吸取事故教训，切实加强有限空间作业安全生产管理，防止有限空间作业事故的发生，宁波市安全生产委员会办公室特提出如下要求：

1. 认真贯彻省、市领导重要指示精神，充分认识有限空间作业安全生产的严峻形势。各地、各有关部门、各相关生产经营单位要深刻领会省、市领导重要指示精神，充分认识有限空间作业安全管理的重要性和安全生产形势的严峻性，落实好企业的安全生产主体责任和政府部门监管责任，认真吸取事故血淋淋的教训，举一反三，把有限空间作业安全生产工作做实做细，切实保障群众的生命权益，防止类似事故再次上演。

2. 严格落实企业安全生产主体责任，加强有限空间作业安全管理。有限空间作业生产安全事故的屡屡发生，不断地暴露出各生产经营单位有限空间作业中存在的制度不健全；作业安全防护措施不到位，没有配备使用安全防护装备；安全教育培训不到位，作业人员缺乏基本的有限空间作业安全常识；应急救援处置不到位，事故发生后盲目施救等诸多问题，究其根源，还是因为生产经营单位没有严格落实安全生产主体责任，没有严格执行《有限空间安全作业五条规定》等安全生产法律法规。广大有限空间生产经营单位要清醒地认识到有限空间作业的危险性和事故易发特征，要认真吸取事故教训，认真落实安全生产主体责任，严格依法依规，切实从有限空间作业安全生产规章制度的建立和严格执行，员工的针对性安全生产教育培训开展，有限空间作业审批、风险识别、防护监护措施落实、应急预案制定和演练、安全警示标志设置等有限空间作业的各个环节，继续全方位深入开展自查自纠，全面消除事故隐患，严禁未经培训教育合格上岗作业，严禁“三违”行为，严禁未通风、未检测合格和安全防护监护措施不到位作业，严禁盲目救援。同时，在作业过程中，也要配备检测报警设施和安全防护设备，进行持续检测，防止作业中中毒窒息事故发生。

3. 切实加大力度，严格履行有限空间作业监管责任。此次事故的发生再次敲响了警钟，各地安委办、安监、监察、公安、城管、住建、交通、水利、旅游、质监、环保、民宗、教育、总工会等市级相关行业主管部门要立即传达、学习、贯彻省、市领导重要指示精神，严格落实有限空间作业安全监管责任，继续组织开展本地、本行业（领域）有限空间作业安全生产专项检查，指导、督促本地区本行业（领域）涉及有限空间作业生产经营单位严格依法依规，认真开展有限空间作业隐患排查治理；要进一步加大监督和检查力度，对涉及有限空间作业的生产经营单位监管要全覆盖，形成持续的高压监管态势，对发现存在有限空间作业规章制度不健全、执行不到位以及安全防护监护措施缺失等事故隐患的，要立即停止作业，责令整改，并依法严肃查处；对于发生生产安全事故的，要迅速查明事故原因，对于由于企业落实主体责任不到位，政府部门监管不到位导致事故发生的，要依法从严从重、严肃追究责任企业、部门和责任人员的事故责任，切实形成震慑效应；要继续组织开展有限空间作业安全生产法律法规、安全作业知识的警示宣传教育，通过电视、报纸、网络等各个平台，采取多种宣传形式，在全社会营造关注有限空间作业安全生产的良好氛围。

参考资料

1. 宁波市安监局：慈溪市“10·2”较大中毒死亡事故调查报告，见 http://www.nbsafety.cn/zwgk/aqtb/sgdc/48035.htm。

2. 浙江省安监局：综合处赴宁波慈溪市调研“10·2”污水池作业较大中毒事故情况，见 http://www.zjsafety.gov.cn/cn/ajkx/239419.shtml。

3. 宁波市安监局：宁波市安全生产委员会办公室关于慈溪市宁波中瑞建设有限公司“10·2”事故情况的紧急通报，见 http://www.nbsafety.cn/zwgk/ajdt/zxgw/zxwj/shiji/46331.htm。

4. 宁波石化经济技术开发区管委会：关于

转发《宁波市安全生产委员会办公室关于慈溪市宁波中瑞建设有限公司“10·2”事故情况的紧急通报》的通知，见 http://zfxx.ningbo.gov.cn/gk_public/jcms_files/jcms1/web85/site/art/2015/10/9/art_16461_74086.html。

四川成都高新区“10·5”建筑施工高坠事故

一、事件简介

2015 年 10 月 5 日 10 时，四川省成都市高新区天府一街与天府大道交汇口“世龙广场”项目 2 号楼施工电梯从 21 楼坠落至地面。此次事故共造成吊箱内 4 名作业人员当场死亡。

二、事件处理

事故发生后，成都市、高新区相关负责人及时赶到现场，并成立事故调查组，开展现场勘查、事故调查和善后处理工作。

三、责任追究

成都市城乡建设委员会对四川三信建设咨询有限公司、中国华西企业股份有限公司做出行政处罚。

参考资料

1. 人民网：成都高新区：工地电梯急坠 30 多层 4 名工人当场身亡，见 http://leaders.people.com.cn/n/2015/1006/c58278-27665997.html。

2. 成都全搜索新闻：成都信远置业未取得施工许可擅自施工被罚，见 http://opinion.chengdu.cn/2016/0215/1764782.shtml。

3. 四川省安监局：关于四川省成都市高新区发生一起较大建筑施工事故的报告，见 http://www.scsafety.gov.cn/Detail_3db3ff03-3d06-42de-85e9-e15311512952。

4. 央广网：成都高新区一在建工地电梯从高层坠落致 4 人死亡，见 http://sc.cnr.cn/sc/2014fz/20151005/t20151005_520055855.shtml。

江西上饶永吉煤矿“10·9”瓦斯爆炸事故

一、事件简介

2015 年 10 月 9 日 22 时，江西省上饶县枫岭头镇永吉煤矿 -200m 西翼上山作业区域发生瓦斯爆炸事故，事故造成 3 人遇难、7 人被困井下。

二、事件原因

1. 违法组织生产。该矿安全生产许可证 2015 年 1 月 9 日过期，矿长安全资格证 2015 年 5 月 4 日过期，已被上饶市政府相关部门责令停产整顿，但该矿违反停产指令，继续违法组织生产。

2. 违规采用局扇通风采煤。该矿以整改维修巷道的名义，在井下布置两个巷道高落式采煤工作面，工作面没有实现全负压通风，致使高落区积存大量瓦斯等有害气体。

3. 矿井通风瓦斯管理混乱。9 月 18 日，该矿 -229m 水平发现煤层自燃，采用水淹的方法灭火，致使井下部分巷道被水淹没，通风不畅；工作面局扇设置不合理，供风量不足，导致井下部分区域存在循环风、无风区、微风区。

4. 违反煤矿井下火区管理相关规定。采取井下水封灭火措施 13 天后，10 月 1 日，该矿就组织排水、开始启封火区，违反了煤矿火区管理相关规定。

5. 煤矿安全监控系统不完善。事故区域的 -200m 水平东翼上山作业面和西翼上山作业面均没有安装瓦斯、一氧化碳传感器。

三、事件处理

事故发生后，当地煤炭、安监、卫生、公安等部门工作人员迅速赶赴现场开展救援等工作。江西省安监局、煤监局主要领导赶到现场指导救援。

四、责任追究

上饶永吉煤矿始建于 1993 年，为私有小煤矿，年开采量为 4 万吨。其采矿许可证有效期到期，但煤矿在办理延期过程中依然违法开采。涉事矿主已被依法控制。

五、补救措施

为深刻吸取事故教训，杜绝同类事故发生，国务院安委会办公室特提出如下要求：

1. 严厉打击非法违法生产行为。进一步贯彻落实《国务院安委会关于全面开展安全生产大检查深化“打非治违”和专项整治工作的通知》（安委明电〔2015〕2 号）精神，全面开展安全大检查，强化安全生产监管执法，严厉打击无证或证照不全、非法超层越界开采，非法生产建设、拒不执行停产指令等行为。对非法违法生产而引发事故的有关责任人员，要严肃查处，依法严惩，真正起到震慑和警示作用。

2. 加强煤矿瓦斯防治和现场通风管理。加强通风管理，保证通风系统稳定可靠、有效风量满足要求，严禁循环风、风流短路、串联通风等现象；认真落实《强化煤矿瓦斯防治十条规定》（国家安全监管总局令第 82 号），严格执行瓦斯检查制度，瓦斯超限必须停电撤人；加强瓦斯检测监控系统管理和日常维护检查，定期调校瓦斯传感器，保障系统正常运行。对存在超通风能力生产、通风系统不完善、安全监测监控系统失效等问题的矿井，要立即依照法定程序责令停产整顿。

3. 进一步落实矿井防灭火安全措施。开采容易自燃和自燃煤层的矿井，必须采取综合预防煤层自然发火的措施。对于封闭的火区，只有经取样化验证实火已熄灭，达到《煤矿安全规程》第 248 条规定的各项指标后，方可启封或注销。启封已熄灭的火区，必须制定安全措施，启封火区和恢复火区初期通风等工作，必须由矿山救护队负责进行，火区回风风流所经过巷道中的人员必须全部撤出。

4. 严禁使用已明令淘汰的采煤工艺和技术。加强技术管理工作，严禁使用淘汰的设备和采煤工艺。采掘布置必须满足矿井通风、行人、生产、运输等安全生产需要，采煤工作面必须保持至少 2 个畅通的安全出口，严禁“以掘代采”。

5. 加强煤矿安全监管监察，加大整顿关闭力度。要认真贯彻落实《国务院办公厅关于加强安全生产监管执法的通知》（国办发〔2015〕20 号）要求，结合辖区内煤矿安全生产实际，认真查找煤矿安全生产工作中的薄弱环节和漏洞。要加大整顿关闭力度，对于安全管理混乱，技术力量薄弱，不具备安全生产条件，没有能力有效治理瓦斯、煤与瓦斯突出和其他严重灾害的小煤矿，地方政府要依法关闭。对已经确定 2015 年关闭的矿井，一律不得验收恢复生产。

6. 严肃事故查处和责任追究。各地区要坚持“科学严谨、依法依规、实事求是、注重实效”和“四不放过”的原则，严肃查处事故，严格追究责任。要加大对非法违法生产导致事故的查处力度，加大对重大隐患整改不力引发事故的查处力度，加大对事故后瞒报、谎报、迟报、逃匿行为的责任追究力度，加大对责任追究落实情况的监督检查力度。

参考资料

1. 安全管理网：关于江西省上饶县枫岭头镇永吉煤矿“10·9”瓦斯爆炸事故的通报，见 http://www.safehoo.com/Laws/Notice/201510/415369.shtml。

2. 国家安监总局：重大生产安全事故查处挂牌督办通知书，见 http://www.chinasafety.gov.cn/newpage/Contents/Channel_ 20595/2015/1104/259948/content_259948.htm。

3. 人民网：江西上饶县一煤矿瓦斯爆炸 10 人被困 涉事矿主被控制，见 http://society.people.com.cn/n/2015/1010/c1008-27681630.html。

安徽芜湖“10·10”餐馆液化气罐爆炸事故

一、事件简介

2015 年 10 月 10 日 11 时 57 分，安徽芜湖市镜湖区杨家巷一家小吃店液化气罐爆燃引发火灾，事故共造成 17 人死亡。

二、事件原因

经调查，事故系液化气瓶减压阀与瓶口阀连接处发生泄漏着火，店主处置不当导致爆燃，随后气瓶发生爆炸。

三、事件处理

事故发生后，芜湖市、镜湖区及有关部门及时安排专人，做好遇难者家属的联系安抚及其他各项善后工作，同时开展过火房屋安全鉴定和水电气检修工作。芜湖市部署对全市安全生产隐患进行地毯式排查，落实包保责任，坚决杜绝此类事故的再次发生。安徽省政府成立事故调查组，开展事故调查处理工作。

四、责任追究

小吃店 3 名经营者被警方控制。

五、补救措施

为认真贯彻落实省委、省政府领导同志重要指示批示精神，深刻吸取事故教训，有效防范和坚决遏制类似事故再次发生，安徽省人民政府安全生产委员会办公室特提出以下要求：

1. 加强领导，严格落实安全生产责任。各地区、各部门、各单位要全面贯彻省委省政府落实安全生产责任谈心谈话会精神，加快实现“五级五覆盖”和企业“五落实五到位”，确保压力层层传导到最基层和最末端。各级党政主要负责同志要亲自谋划、亲自部署、靠前指挥，切实做到“党政同责、一岗双责、失职追责”，织紧织密安全生产网格化监管体系，确保安全生产各项政策措施落地生根，取得实效。

2. 真抓实干，全面加强安全生产监督管理。

各地区、各部门、各单位要按照省政府《关于开展全省安全生产“铸安”行动的通知》(皖政〔2015〕85号)要求，以及省政府安委会关于安全生产“铸安”行动的系列部署，切实加强本地区、本部门、本行业领域、本单位的安全监管，定期、客观研判本行业领域安全生产形势，加强对重大危险源监控管理，加强安全宣传教育培训和隐患排查治理工作，夯实安全生产基层基础。继续发挥“四不两直”监督检查优势，切实组织、督促全面排查生产经营场所压力容器、管道等各类特种设备安全隐患，定期做好安全监督和检测检验，持续加大火灾隐患整治力度，促进安全生产形势稳定好转。

3. 消除隐患，立即组织安全生产专项检查。各地、各有关部门要按照“横向到边、纵向到底”要求，制定检查方案，明确检查目标、责任和措施，立即组织开展对本辖区、本行业领域所有易燃易爆物品生产经营场所安全专项检查。各有关生产经营单位要充分依靠行业专家技术力量，严格对照相关行业标准和要求，进行细致深入的全面排查。要突出重点，加强对危险化学品和危险物品经营储存罐（瓶）及输送管道、加油加气站等易燃易爆物品生产、储存、使用场所，以及餐饮（小吃）一条街等重点经营场所的安全隐患排查。对存在非法违法行为和不符合安全生产要求、不具备安全生产条件的生产经营单位，坚决按照“四个一律”要求，从严从快处理到位。省政府安委会办公室将组织督查组，对各地区、各单位开展安全生产专项检查的情况进行督查。对督查中发现安全隐患排查治理不力的，将依法严肃问责。

参考资料

1. 凤凰网：芜湖爆炸事故17名遇难者中14人为学生，见 http://news.ifeng.com/a/20151012/44816711_0.shtml。

2. 宿松县安全教育培训中心：关于芜湖市镜湖区“2015.10.10”重大火灾事故的通报，见 http://www.jaaqxx.com/index.php?m=content&c=index&a=show&catid=20&id=170。

3. 网易网：安徽芜湖爆炸发生地小吃街被拆　事故致17人死亡，见 http://news.163.com/15/1021/16/B6FC4UAK00011229.html。

内蒙古京隆发电公司“10·10”火灾事故

一、事件简介

2015年10月10日15时25分，内蒙古丰镇市的内蒙古京隆发电有限责任公司锅炉班组的5名检修人员进入柴油罐区，准备对一个柴油罐罐顶防护栏下方的人行踏板进行延长焊接作业。5人把仍然存油的一个柴油罐视为要进行施工作业的罐，并由4人携带电焊机登顶作业，1人在罐下方拉接施工用电。施工作业过程中，柴油罐发生爆炸。此次事故共造成4人死亡。

二、事件处理

接报后，乌兰察布市和丰镇市及时组织消防、公安、安监、环保、120救护等部门前往事故现场进行处置。事故发生后，公安部消防局、自治区公安厅、自治区安监局、自治区消防总队以及市委、政府领导高度重视，时刻关注此次灭火救援情况，并提出具体处置对策。

三、责任追究

乌兰察布市公安局对此次事故立案，该检修公司的负责人、班组长及京隆电厂相关人员被丰镇市公安机关控制。

参考资料

1. 乌兰察布市人民政府网：市消防支队成功处置内蒙古京隆发电有限公司储油罐爆炸起火事故，见 http://www.wulanchabu.gov.cn/information/wlcbzfw 10011/msg934750058892.html。

2. 新浪网：内蒙古京隆发电公司火灾已扑灭　成立调查专案组，见 http://news.sina.com.cn/c/nd/2015-10-11/doc-ifxirwnr6915314.shtml。

3. 网易网：内蒙古京隆发电公司发生爆炸起火事故3死1失踪，见 http://news.163.com/15/1012/12/B5NQA0JC00014AEE.html。

4. 正北方网：丰镇市内蒙古京隆发电爆炸起火事故，见 http://www.northnews.cn/2015/1014/2044820.shtml。

湖北黄冈“10·14”氮气窒息事故

一、事件简介

2015年10月14日，湖北省黄冈市蓝天公司组织承包商浠水擎天建筑安装公司的两名员工在液氧充装站进行地面钻孔作业安装防撞护栏时，发生氮气窒息事故。此次事故共造成3人死亡。

二、事件原因

直接原因

蓝天公司空气分离装置的过剩氮气排放管线

接入液氧储罐底部地坑并大量排放，地坑内充满氮气，承包商维修工在打开地坑盖板取水时发生窒息，后蓝天公司设备科管理人员盲目施救，导致事故扩大。

三、补救措施

国家安全监管总局发布有限空间典型事故教训分析，针对此次事故，应吸取的教训是装置设计不合理，过剩氮气排放管接入地坑，安全风险大。受限空间管理缺位，维修工在打开地坑盖板取水时发生窒息。现场应急处置不当，盲目施救，导致事故扩大。有限空间作业安全生产事故多发，国家安全监管总局对今年以来的有限空间作业典型事故教训进行了分析总结，并介绍了相关安全常识。国家安全监管总局认为，虽然几起典型事故并非重特大事故，但事故原因十分典型、教训十分深刻，普遍存在设计不合理、培训不到位、应急处置不当等现象，值得警醒。

参考资料

1. 中国劳保网：国家安全监管总局：要确保安全知识和应急救援方法掌握到位，见 http://www.chinalaobao.com/news/4/15225.html。

2. 国家安全生产监督管理总局：湖北浠水县蓝天联合气体有限公司发生窒息事故，见 http://www.chinasafety.gov.cn/newpage/Contents/Channel_21120/2015/1104/259905/content_259905.htm。

3. 网易财经：要确保安全知识和应急救援方法掌握到位（四），见 http://money.163.com/15/1028/08/B70J4FBR00254TI5_4.html。

4. 人民网：要确保安全知识和应急救援方法掌握到位，见 http://hb.people.com.cn/n/2015/1028/c194063-26946151-4.html。

河北枣强“10·16”有害气体中毒事故

一、事件简介

2015 年 10 月 16 日，河北省衡水市枣强县大营镇紫裘皮草有限公司在放假过程中，一名滞留工人不慎跌入沉淀池，其他 3 名工人对其紧急施救，4 人皆因吸入沉淀池中的有害气体而中毒。此次事故共造成 3 人死亡、1 人受伤。

二、事件原因

沉淀池内积聚有毒气体，导致 4 人均中毒失去行动能力。

三、事件处理

事故发生后，枣强县委、县政府高度重视，及时组织有关人员赶往现场了解情况、协助救援、应急处置，并做好善后等诸项工作。同时，大营镇政府要求所有企业立即停产整顿，并向企业派驻安监员，深度排查安全隐患。当地主要官员逐一看望了死者及伤者家属，积极做好善后处置工作。

四、责任追究

大营镇紫裘皮草有限公司已按相关要求进行停产整顿。

参考资料

1. 中国网：衡水枣强县大营紫裘皮草公司发生中毒事件致 3 死 1 伤，见 http://zgsc.china.com.cn/hengshui/hybt/2015-10-17/414123.html。

2. 中国网·中部纵览：河北枣强县大营镇一皮草公司发生意外中毒事件造成 3 死 1 伤，见 http://henan.china.com.cn/news/2015/1016/889237.shtml。

3. 中国风险管理网：2015 年重大事故与灾难，见 http://www.chinarm.cn/article/2016/0106/article_161.html。

广东南海“10·16”鞋厂火灾事故

一、事件简介

2015 年 10 月 16 日 16 时 3 分，广东省佛山市南海区桂城平西工业区澳足鞋厂发生火灾，过火面积约 $600m^2$，事故造成 4 人死亡。

二、事件原因

电线短路引燃油垢等可燃物质。

三、事件处理

事故发生后，当地消防部门及时展开灭火和失踪人员搜寻工作。公安机关已对涉事工厂相关责任人采取强制措施，事故原因调查及相关善后工作有序进行。

四、责任追究

佛山市政府事故调查组认为，企业安全生产责任制不落实，长期存在安全隐患，是事故发生的直接原因。另外，出租方将不合格的厂房租给生产经营许可的生产者，没有建立安全管理制度，查处不力也是原因之一。日常生产负责人、平西经济联合社社长等人因为已涉嫌构成重大负责事故罪，被追究刑事责任。另外，平西居委会以及桂城街道相关部门监管不力，上述单位14名工作人员处以党纪政纪处分以及其他问责措施。

五、补救措施

为了从这次火情中吸取教训，佛山市消防部门召开会议，布置全市安全生产及消防安全专项工作，开展全市安全生产以及消防安全的检查，切实清除各类安全生产隐患。

参考资料

1. 和讯新闻："10·16"桂城火灾仍在调查今日部署全市安全检查工作，见 http://news.hexun.com/2015-10-19/179916727.html。

2. 佛山新闻网："10·16"桂城火灾仍在调查，见 http://www.citygf.com/FSNews/FS_002008/201510/t20151019_10074714.html。

3. 凤凰网：四名失踪者遗体被找到南海"10·16"火灾后续，见 http://gz.ifeng.com/app/gz/detail_2015_10/18/4455926_1.shtml。

4. 网易网：佛山2015年安全生产事故67名干部被追责，见 http://help.3g.163.com/0417/16/0113/09/BD6TVDME041700I7.html。

广东清远"10·18"爆破坍塌事故

一、事件简介

2015年10月18日19时45分，广东省清远市英德市白沙镇一石场在施工过程中发生一起山体塌方事故。此次事故造成2人死亡、1人失踪。

二、事件原因

1. 矿山企业和爆破作业单位安全管理混乱，不严格执行非煤矿山外包工程安全管理规定。

2. 严重违反爆破安全规程作业，采用国家明令禁止的掏底爆破方式导致事故发生。

3. 企业安全生产主体责任不落实，安全隐患排查治理不彻底，不按设计开采作业。

4. 基层安全监管不到位，现场安全管理不到位等问题缺乏有效监督。

三、事件处理

事故发生后，清远市委、市政府高度重视。市委领导作出批示，要求全力搜救被埋人员，尽快查明事故原因和责任，妥善做好善后工作；进一步强化对矿山的安全排查，尽力避免事故发生。清远市及英德市有关单位负责同志赶赴现场组织事故处置工作。

四、责任追究

清远市安委会约谈英德安监工作主要负责人。

五、补救措施

为妥善做好事故后续处置工作，进一步排查矿山安全隐患，避免事故再次发生，清远市安监局依据市委、市政府的批示，下发《关于深刻吸取英德"10·18"事故教训立即开展矿山安全隐患大排查大整治的通知》，在全市范围内立即开展矿山安全隐患大排查大整治行动。为深刻吸取事故教训，有效防范矿山事故生产安全事故发生，广东省安全生产委员会办公室特提出以下要求：

1. 清远市迅速开展非煤矿山安全专项整治。年初以来，清远市连续发生两起较大以上非煤矿山生产安全事故，死亡人数占全省总数的46.1%，安全生产形势十分复杂严峻。专门成立以市领导牵头，公安、国土、安监、环保等职能部门为成员的领导小组，采取强有力措施，开展一段时间的非煤矿山安全专项整治，强化非煤矿山矿权设置、行政许可、打非治违、事故调查等工作，突出解决非煤矿山安全生产工作存在的深层次问题，力求取得成效，有效扭转非煤矿山生产安全事故频发的被动局面。

2. 扎实开展矿山安全生产大检查。各地要贯彻落实习近平总书记、李克强总理关于安全生产工作的重要指示精神，深刻吸取事故教训，采取专家会诊、联合执法等形式，立即集中开展一次非煤矿山安全生产大检查，全面排查治理事故隐患，深化"打非治违"行动，严格落实限期整改、停产整顿、关闭取缔、上限处罚和严厉追责的"五个一律"执法措施，推动非煤矿山企业进一步落实安全生产主体责任，改善安全生产条件，有效防范矿山安全生产事故发生，为十八届五中全会创造良好安全生产环境。

3. 强化爆破作业和外包工程安全监管。矿山企业必须按照《非煤矿山外包工程安全管理暂行办法》（国家安全监管总局令第62号）和《金属非金属矿山安全规程》和《爆破安全规程》的规定要求，加强对承包单位的安全监督管理，签订和履行安全生产管理协议，督促承包单位加强施工现场安全管理；从事爆破作业的人员必须持证上岗，必须采用中深孔爆破，爆破工程必须编制爆破设计书或爆破说明书，制定爆破作业安全操作规程，严格按照作业规程进行打孔装药，加强爆破安全警戒工作，爆破后险情未排除严禁无关人员进入爆破区。

4. 严肃事故查处和责任追究。各地要按照“四不放过”和“科学严谨、依法依规、实事求是、注重实效”的原则，认真立案查处每起非煤矿山生产安全事故，按照《关于印发〈安全监管部门移送涉嫌犯罪案件类型及标准〉的通知》要求，进一步加强安全生产行政执法和刑事司法的“两法”衔接工作，依法追究相关责任人的法律责任，严厉打击安全生产违法犯罪行为。同时，加强事故警示教育，组织所有矿工集体观看事故警示教育片，深刻吸取事故教训，推动非煤矿山安全生产工作。

参考资料

1. 广东省安监局：关于清远市英德白沙镇太平石粉厂大凹岭石场“10·18”爆破坍塌事故的通报，见 http://www.gdsafety.gov.cn/xxfw/gwgg/tb/201510/t20151020_61548.htm。

2. 广东省应急办：清远英德市发生一起塌方事故造成两人死亡一人失踪，见 http://www.gdemo.gov.cn/yjdt/gdyjdt/201510/t20151019_220049.htm。

3. 江城区安监局：关于清远市英德白沙镇太平石粉厂大凹岭石场“10·18”爆破坍塌事故的通报，见 http://www.jcaj.gov.cn/html/?475.html。

4. 清远日报网：“10·18”塌方事故被全省通报　英德非煤矿山企业停工“体检”，见 http://www.qyrb.com/html/201510/21/1045099.html。

山东莱州“10·22”较大井下泥砂透出事故

一、事件简介

2015 年 10 月 22 日 15 时 30 分，山东省莱州市土山镇境内的山东盛大矿业有限公司大浞河铁矿井下 –260m 水平 8 号采场发生井下泥砂透出事故。此次事故共造成 8 名井下作业人员死亡，直接经济损失约 1226 万元。

二、事件原因

直接原因

山东盛大矿业有限公司大浞河铁矿事故发生区域按设计采用无底柱分段崩落法采矿中，因地质条件发生变化，上部围岩未能完全按设计预期崩落，在采场上部形成现有技术无法预见的较大面积空区，于 10 月 22 日 13 时 20 分左右空区顶板突然垮落，形成强大冲击力和冲击波，使空区内饱水混合浆体冲破 –260m 分段 818# 或相邻近路端部矿岩覆盖层，瞬间充塞附近巷道，埋没区域内的 8 名作业人员。

间接原因

1. 山东盛大矿业有限公司安全生产主体责任落实不到位。未对矿区地表多次出现塌陷坑、可能存在空区冒落贯通地表的风险进行认真辨析并及时采取有效应对措施，也未将地表出现塌陷坑的情况向有关部门报告；未对使用非胶结尾砂直接回填矿区地表塌陷坑的风险进行辨识；安全、生产运营等重点岗位人员未严格落实安全检查等有关安全管理制度。

2. 山东黄金矿业股份有限公司对山东盛大矿业有限公司落实安全生产主体责任督促检查不到位。

3. 鞍钢集团矿业设计院《山东盛大矿业有限公司大浞河铁矿床矿产资源开发利用方案》确定的无底柱分段崩落法采矿难以避免较大面积空区的形成和第四系潜水进入空区；在《莱州市盛大矿业有限公司大浞河铁矿采选工程可行性研究报告》《莱州市盛大矿业有限公司大浞河铁矿采选工程初步设计》中，没有预见到可能形成较大面积空区的风险，并提出相应的防范措施。

4. 济南斯泰普咨询有限公司《山东盛大矿业有限公司大浞河铁矿工程建设项目安全预评价报告》，未清晰辨析出“10·22”饱水混合浆体突涌一类事故发生的风险，并提出系统的应对措施。

5. 山东欣鹏安全技术咨询有限公司《山东盛大矿业有限公司大浞河铁矿工程建设项目安全验收评价报告》，未能发现“10·22”饱水混合浆体突涌一类事故发生的风险，并提出系统的应对措施。

6. 青岛地质工程勘察院《山东省莱州市盛大矿业有限公司大浞河铁矿矿山地质环境保护与综合治理方案》，未对使用非胶结尾砂直接回填地表塌陷坑可能存在的风险进行辨识。

7. 莱州市安监局对山东盛大矿业有限公司落实安全生产主体责任监督检查不到位，没有发现企业安全风险辨析不全面、重点岗位人员未严格落实有关安全管理制度等问题。

8. 莱州市国土局土山分局对山东盛大矿业有限公司地表塌陷区回填治理工作监督检查不到位，对采用非胶结尾砂直接回填地表塌陷坑的安全风险认识不到位。

9. 莱州市国土局对土山分局矿区地表塌陷区

回填治理监管工作监督指导不到位。

三、事件处理

事故发生后，山东黄金集团有限公司、莱州市政府、烟台市政府启动相应救援预案，山东黄金集团负责人，莱州市委、市政府领导及安监、国土、公安、卫生等相关人员，烟台市委、市政府领导及安监、国土等相关部门人员赶到事故现场，成立应急救援指挥部，组织开展应急救援工作。

四、责任追究

尽管这起事故发生有其特殊性，但本着吸取教训、强化安全生产监管和责任追究的原则，对有关责任人员和责任单位提出如下处理。

1. 对企业相关责任人员的处理。

2. 对行政机关相关责任人员的处理。依据《山东省生产安全事故报告和调查处理办法》第三十五条之规定，对有关行政机关责任人员做出处理。

3. 对有关责任单位的处理

（1）依据《安全生产法》《生产安全事故报告和调查处理条例》等相关法律法规的规定，由烟台市安监局对山东盛大矿业有限公司处以 80 万元罚款。

（2）对鞍钢集团矿业设计院、济南斯泰普咨询有限公司、山东欣鹏安全技术咨询有限公司、青岛地质工程勘察院，通报相应的资质审查机关，依据相关法律法规和规定予以处理。

（3）责成山东黄金集团有限公司、山东黄金矿业股份有限公司分别向省政府、烟台市政府作出深刻书面检查。

（4）责成莱州市委、市政府向烟台市委、市政府作出深刻书面检查。

五、补救措施

山东省政府要求在全省民爆生产企业开展停产整顿和安全检查，全面排查生产、销售、储存、运输等各环节以及工艺、技术、设备、管理等方面存在的安全隐患，未经省专家组验收的，一律不得复产。在全省非煤矿山领域立即开展采空区治理和安全隐患集中整治行动，所有采取崩落法、空场法等开采工艺的金属地下矿山，从现在起要全部改造为充填采矿法。切实加强化工建设项目试生产环节安全管理，具备试生产条件的企业经当地安监部门审核同意，并报市或县政府同意后，方可进行试生产。通报要求煤矿、油气管道、烟花爆竹、道路交通、水上交通、建筑施工、消防、特种设备、海洋渔业等行业领域要认真开展安全检查和专项整治，严防各类事故发生。

参考资料

1. 济南艾克斯博特安全技术咨询有限公司：山东盛大矿业有限公司大泥河铁矿“10·22”较大井下泥砂透出事故调查报告，见 http://www.panshianquan.com/a/shiguanli/2016/0105/608.html。

2. 山东省安监局：2015 年 10 月 22 日山东盛大矿业有限公司井下泥石流事故 8 人失联，见 http://www.sdaj.gov.cn/index.php?s=/Article/detail/nature/Z/articleid/15794.html。

3. 凤凰网：山东通报天宝化工爆炸事故和盛大矿业井下泥沙透出事故，见 http://sd.ifeng.com/zbc/detail_2015_10/26/4482376_0.shtml。

4. 齐鲁网：山东盛大矿业井下泥沙透出事故相关责任人被约谈，见 http://yantai.iqilu.com/ytminsheng/2015/1105/2594010.shtml。

江苏泰兴“10·23”罐体爆炸事故

一、事件简介

2015 年 10 月 23 日 10 时 30 分，江苏无锡践行环保科技有限公司在位于泰州泰兴市滨江镇路 19 号的南大环保泰兴分公司进行污水处理设备安装过程中，发生爆炸事故。此次事故共造成 4 人死亡、1 人受伤。

二、事件处理

事故发生后，泰兴市应急办及时启动应急预案，市领导、滨江镇领导及安监、消防、公安、环保等部门负责人赶赴现场组织救援。

三、责任追究

践行环保科技有限公司被责令挂牌督办。

四、补救措施

江苏省安全生产委员会办公室发出通告，经江苏省安全生产委员会批准，对此次较大事故实行挂牌督办，要求做好事故善后工作；查清事故原因，认定事故性质；分清事故责任，提出对责任人的处理意见；形成事故调查报告；依法实施行政处罚和处分；对事故批复结案；监督落实事故防范和整改措施等。

参考资料

1. 人民网：江苏省泰兴市发生施工事故工人4死1伤，见 http://js.people.com.cn/n/2015/1024/c360303-26903649.html。

2. 凤凰网：江苏泰州一公司残留沼气罐体爆炸　已致4死1重伤，见 http://news.ifeng.com/a/20151024/45982847_0.shtml。

3. 中国江苏网：江苏挂牌督办4起较大安全生产事故，见 http://news.jschina.com.cn/system/2015/10/28/026797181.shtml。

4. 新华网：江苏泰兴发生罐体爆炸事故　已经造成4死1伤，见 http://www.js.xinhuanet.com/2015-10/24/c_1116924879.htm。

河南舞阳“10·30”民房倒塌事故

一、事件简介

2015年10月30日15时30分，河南省漯河市舞阳县北舞渡镇辖区内，一既有民房在改造抬高施工过程中，整栋楼房坍塌，导致数十名工人被埋。此次事故共造成17人遇难。

二、事件原因

参与改造施工的公司没有任何建筑资质，员工没有进行安全培训，并且安全保护措施缺乏。

三、事件处理

事故发生后，漯河市、舞阳县两级政府及时启动应急预案，公安、医疗、卫生、消防、交通、住建、安监、电力等相关部门，全力施救。成立现场指挥部，负责现场搜救、医疗、救护等工作。漯河市、舞阳县成立善后处置工作组，做好伤亡人员家属的接待和安抚工作。同时，组织律师援助团帮助维权。

四、责任追究

事故相关责任人已被公安机关控制。

五、补救措施

事故调查组由河南省安监局牵头，河南省监察厅、河南省公安厅、河南省住建厅、河南省总工会和漯河市政府参加，并邀请南阳市政府和河南省检察院参加。调查组根据河南省委、省政府主要领导的重要批示精神以及国家安监总局和住建部对事故的指导性意见，制定了调查工作方案，明确工作任务。

事故调查组查明事故发生的经过、原因、人员伤亡情况及直接经济损失；认定事故的性质和事故的责任；对事故责任者提出处理建议，包括党政纪处分、行政处罚，构成犯罪的移送司法机关；总结事故教训，提出防范和整改的措施；在规定的期限内提交事故调查报告。

参考资料

1. 网易网：河南舞阳县北舞渡镇民房倒塌事故死亡人数升至17人，见 http://henan.163.com/15/1031/09/B78CF6M402270ILI.html。

2. 新华网：造成17人死亡的河南舞阳民房坍塌事故追踪调查，见 http://www.js.xinhuanet.com/2015-11/03/c_1117017955.htm。

3. 广东省应急办：河南省舞阳县发生一起民房坍塌事故已造成17人死亡，见 http://www.gdemo.gov.cn/yjdt/gnyjdt/201510/t20151031_220550.htm。

4. 环球网：河南政府成立调查组调查舞阳致17死坍塌事故，见 http://society.huanqiu.com/shrd/2015-11/7935049.html。

辽宁清河门“10·31”瓦斯爆炸事故

一、事件简介

2015年10月31日16时40分，辽宁省阜新市清河门区一井东区602回风巷掘进工作面因违章放炮引发瓦斯爆炸事故，造成5人死亡、3人受伤。

二、事件原因

1. 该矿没有按规定将602回风巷掘进工作面局扇设置在风量充足的新鲜风流内，造成工作面循环风，导致瓦斯积聚。

2. 弄虚作假，蓄意逃避监管。事故区域没有采区设计和作业规程，未安设瓦斯监控系统和人员定位系统，采用假图纸等手段向检查人员提供虚假情况，逃避监管和检查。

3. 井下爆破作业管理混乱。炮泥封堵不符合规定，使用煤泥等代替水炮泥。

4. 非法转包。将井下采掘工程非法承包给个人，只考核工作面产量及进尺，忽视安全生产。

三、事件处理

事故发生后，煤矿相关单位及时展开救援工作。阜新市针对死者展开善后工作。

四、补救措施

国家安监总局和国家煤监局近日发布通报，

针对10月份发生的煤矿事故，要求各地区、各有关部门和煤矿企业深刻吸取事故教训，针对事故暴露出的突出问题，全面排查事故隐患，采取有效措施，杜绝同类事故发生。年底前，各地区要组织对辖区内所有煤矿开展一次深入细致的安全大检查。要把近期几起事故暴露出的问题作为检查重点，并充分运用前段隐患排查治理专项行动成果，紧盯至今仍未销号的重大事故隐患，对于不具备安全生产条件的煤矿要责令限期改正，逾期未改正的，要依法责令停产整顿。

严厉打击煤矿非法违法生产行为。各地区要加大煤矿安全监管执法力度，开展联合执法，保持"打非治违"工作的高压态势，严厉打击超层越界开采、拒不执行监管监察指令、"五假三超"（假整改、假密闭、假数据、假图纸、假报告和超能力、超强度、超定员）等非法违法行为，对组织非法违法生产的企业主要负责人要依法严肃追究责任，对"打非治违"工作开展不力的有关部门要严肃问责。

严肃煤矿事故查处和责任追究，加大对非法违法生产导致事故、重大隐患整改不力引发事故的查处力度和对瞒报、谎报、迟报、逃匿行为的责任追究力度。

参考资料

1. 新浪网：辽宁煤监局通报：阜新一煤矿发生瓦斯事故5死3伤，见 http://news.sina.com.cn/c/2015-11-02/doc-ifxkhchn5897688.shtml。

2. 人民网：安监总局：近期接连发生四起煤矿较大事故共致40人死亡，见 http://society.people.com.cn/n/2015/1124/c1008-27851018.html。

3. 凤凰网：阜新一矿井发生安全生产事故5人死亡，见 http://news.ifeng.com/a/20151102/46080590_0.shtml。

4. 法制网：两部门通报5起致40人死亡煤矿事故，见 http://www.legaldaily.com.cn/index/content/2015-11/25/content_6372460.htm。

甘肃兰州"11·5"生产安全事故

一、事件简介

2015年11月5日17时57分，甘肃省兰州市鑫冶盛矿业有限责任公司永登闫家寺沟白云岩矿进行爆破作业时，发生一起较大事故。此次事故共造成5人死亡，直接经济损失273万元。

二、事件原因

直接原因

爆破工蒲某某违章操作导致网路早爆。在爆破网路形成较大环路（但未闭合）、现场人员携带移动通讯设备，以及无关人员未撤离现场的情况下，爆破工进行了电爆网路的导通检测，引发早爆事故，造成5人被埋死亡。

间接原因

1. 兰州鑫冶盛矿业有限责任公司负责人违章指挥，在没有编制爆破设计说明书或采用标准设计的情况下安排爆破作业；新进厂人员未进行三级安全教育培训，无证人员参与爆破作业，员工职责不清；没有及时修订各工序安全操作规程和符合实际的岗位安全责任制；爆破作业现场没有安排专业技术人员指导、监督，随意性大；作业人员违规携带移动通信设备（对讲机、手机）参加爆破作业（或通信设备与电爆网路的安全距离不够），现场管理混乱；爆破器材及爆破材料管理混乱，起爆器随意放置，且未按规定将起爆器与钥匙分开严加保管；在爆破网路的联接、检测之前，没有清场，无关人员没有撤离现场，违规操作；未对起爆器进行放电检查。

2. 民用爆炸物品行业管理部门及监管人员未督促爆破作业单位按规定组织编制爆破设计说明书，未对爆破作业单位实施爆破作业情况进行监督检查，对民用爆炸物品的实际流向监控存在制度漏洞，存在爆破作业安全监管缺失。

3. 镇政府未组织对辖区涉爆企业爆破作业开展监督检查工作，安全监管部门未督促民用爆炸物品行业管理部门开展矿山爆破作业专项安全监督检查工作，未及时发现企业违规在安全平台进行爆破穿孔作业的行为。

三、事件处理

事故发生后，甘肃省委领导作出相应批示，兰州市、永登县组织消防、安监、国土、公安、卫生等单位100多人的搜救队伍赶赴现场救援。

四、责任追究

兰州鑫冶盛矿业有限责任公司矿山现场负责人李某某、公司实际控制人冶某某、公司法人冶某等均因涉嫌重大安全事故罪被移交司法机关，依法追究其刑事责任。包括永登县副县长刘某某在内，涉及安监、公安及河桥镇等多名党政部门工作人员被分别给以党纪和行政处分。依据《安全生产法》，兰州鑫冶盛矿业有限责任公司被处以

80万元的罚款，兰州鑫冶盛矿业有限责任公司永登闫家寺沟白云岩矿被依法关闭。永登县委、县政府，河桥镇党委、政府，永登县公安局、安监局等部门被责成作出书面检查，并被通报批评。

五、补救措施

1. 永登县政府依据《安全生产法》第一百零九条第二款和第一百一十条之规定，落实对兰州鑫冶盛矿业有限责任公司行政罚款，并对兰州鑫冶盛矿业有限责任公司永登闫家寺沟白云岩矿依法予以关闭。同时，安监部门要依据《安全生产法》第九十三条规定，撤销兰州鑫冶盛矿业有限责任公司安全生产有关资质；工商、国土、公安等部门要按照各自职责，吊销该公司的相关证照资质。

2. 永登县河桥镇加强对属地非煤矿山企业监管，督促同类企业认真开展爆破作业和民用爆炸物品的安全隐患排查治理工作，按照“三管三必须”的要求，举一反三，排查整治辖区企业的各类安全隐患，确保辖区安全生产。

3. 永登县政府立即组织公安、安监等部门对全县非煤矿山及同类企业深入开展全面大排查，严格按照《安全生产法》和《民用爆炸物品管理条例》规定，督促相关职能部门和企业进一步落实监管责任和主体责任，提高安全意识，建立和完善相关规章制度、作业规程，落实各类作业审批制度，强化从业人员培训教育力度，规范安全生产行为，确保安全生产。

4. 全市公安系统立即在全市范围内开展民用爆炸物品和爆破作业的安全隐患排查治理行动，督促全市涉爆企业落实民用爆炸物品安全管理主体责任，消除各类事故隐患；建立健全爆破作业和民用爆炸物品监管制度，切实加强对民用爆炸物品使用各环节的安全和流向监管，杜绝民用爆炸物品流失，确保社会安全稳定。

5. 全市安监系统立即在非煤矿山领域深入开展集中整治专项行动，重点检查企业各类证照、规章制度、教育培训、作业现场、民用爆炸物品及爆破作业管理等方面存在的问题隐患，对不符合条件的，一律要求停业整顿，并依法处理；要严格督促企业切实落实安全生产主体责任，加强日常安全管理，确保安全生产。

参考资料

1. 兰州市安监局：兰州鑫冶盛矿业有限责任公司“11·5”放炮较大事故调查处理报告，见 http://ajj.lanzhou.gov.cn/gwgg/201601/t20160129_499134.html。

2. 安全信息网：甘肃省安全生产监督管理局关于兰州鑫冶盛矿业有限公司“11·5”较大生产安全事故的通报，见 http://aqxx.net/zhengwu/gansu/20151108/53491.html。

3. 中华网：兰州永登白云岩矿爆破事故5人遇难企业被罚80万元，见 http://hn.china.com/news/today/11145527/20160202/21405969.html。

4. 中国甘肃网：兰州永登县采石场崩塌事故致5人遇难疑因工人操作不当致炸药意外引爆，见 http://gansu.gscn.com.cn/system/2015/11/07/011161353.shtml。

浙江江山开“11·6”中毒窒息事故

一、事件简介

2015年11月6日16时，浙江省衢州市江山市开盛生态农业发展有限公司一名员工在巡查过程中不慎滑入集粪池，另两名员工在施救过程中也不幸掉入。此次事故共造成3人中毒窒息死亡。

二、事件处理

事故发生后，江山市及时成立应急救援、事故调查、信息发布、善后处置、后勤保障等5个工作组。应急救援组由江山市委常委、公安局长任组长，公安局、卫生局、安监局等为成员单位，重点做好伤者的抢救工作；事故调查组由衢州市安监局牵头负责，安监局、公安局、农业局、大桥镇、天蓬集团为成员单位，重点调查事实真相，明确事故发生原因；信息发布组由江山市委常委、宣传部长任组长，市委宣传部、外宣办等为成员单位，重点做好该次事件的新闻发布工作；事故善后处置组由江山市政协副主席任组长，信访局、人力社保局、民政局、有关乡镇和保险公司为成员单位，重点做好家属抚慰和各项善后工作；后勤保障组由江山市委常委、常务副市长任组长，市府办、安监局、公安局、卫生局和相关乡镇为成员单位，重点做好后勤保障工作。

三、补救措施

1. 进一步强化企业安全生产主体责任。进一步强化主体责任意识，包括天蓬集团在内的各相关企业要严格遵守和执行安全生产法律法规、规章制度和技术标准，加强安全生产管理，改善安全生产条件，提高安全生产水平，杜绝发生各类生产安全事故。

2. 立即部署在全市面上开展有限空间作业安

全专项整治行动。认真吸取事故教训，严格落实安全责任，真正做到举一反三、查漏补缺。要求各乡镇街道、部门单位立即开展全市有限空间作业专项整治，拉网式大检查有限空间作业安全隐患，按照“纵向到底、横向到边”的要求，做好各项隐患排查工作并切实抓好整改落实。

参考资料

1. 衢州市安全生产网：江山市迅速组织开展有限空间事故应急处置工作，见 http://safety.qz.gov.cn/jgdt/yqzf/201511/t20151111_346395.htm。

2. 江山信息网：浙江开盛公司三名滑入集粪池员工经抢救无效死亡，见 http://www.21js.com/html/2015/11/254332.shtml。

3. 浙江新闻：浙江开盛公司三名员工滑入集粪池经抢救无效死亡，见 http://szcb.zjol.com.cn/news/200242.html。

贵州金沙“11·6”煤与瓦斯突出事故

一、事件简介

2015 年 11 月 6 日，贵州省毕节市金沙县贵源煤矿五号井 2093 运输巷掘进工作面发生一起煤与瓦斯突出事故，造成 6 人失联。

二、事件原因

1. 没有采取区域防突措施。该矿用局部防突措施代替区域防突措施，采取顺煤层钻孔抽放瓦斯，边抽边掘。

2. 预抽煤层瓦斯措施落实不到位。经初步调查，事故前工作面实施的最后一轮钻孔预抽煤巷条带瓦斯控制长度 80m，事故发生时实际已掘进 76m，工作面距离未预抽煤体边界只有 4m，违反了工作面距未预抽或者预抽防突效果无效范围的前方边界不得小于 20m 的规定。

3. 煤层瓦斯检测没有按规定穿层取样。该矿采用顺煤层取样，造成测定的煤层残余瓦斯含量、瓦斯压力等参数失真。

三、事件处理

事故发生后，贵州省委领导作出重要批示；国家煤矿安全监察局副局长、省安监局局长到事故现场指导救援；毕节市委、市政府主要领导和分管领导及时赶赴现场组织开展救援工作。

四、补救措施

此次事故的发生，暴露出煤矿瓦斯治理工作不到位，安全措施不落实。为深刻吸取事故教训，杜绝同类事故再次发生，贵州省安全生产委员会特提出以下要求：

1. 扎实开展煤矿安全专项治理活动。各地、各有关部门要克服松懈麻痹思想，按照《省安全生产委员会办公室关于开展安全生产盯死看牢攻坚战的通知》（黔安办〔2015〕39 号）和煤矿安全重点县攻坚方案的要求，全面推进煤矿安全专项整治工作。要加大对重点地区、重点煤矿和重点环节的检查力度，确保各项工作取得实效。

2. 切实加强煤矿瓦斯防治工作。各地要立即开展高瓦斯及突出矿井专项检查，重点检查瓦斯治理工程是否落实到位，两个“四位一体”措施是否落实、瓦斯抽采是否达标、消突指标是否真实可靠、是否存在用“大功率局扇、大风量”掩盖瓦斯抽采不达标问题。各煤矿企业要切实履行瓦斯治理主体责任，严格执行《强化煤矿瓦斯防治十条规定》（国家安全监管总局令第 82 号），特别是煤与瓦斯突出矿井要严格按照《防治煤与瓦斯突出规定》（国家安全监管总局令第 19 号）要求，完善瓦斯防治系统，严格落实两个“四位一体”综合防突措施，严格防突工作过程管控，确保钻孔有效、抽采到位、效果检验结果真实可靠，确定消除突出危险性后方可进行采掘作业。凡是两个“四位一体”措施落实不到位的，瓦斯抽采不达标的，必须坚决停下来进行瓦斯治理，必须做到“不掘突出头、不采突出面”。

3. 严厉打击非法违法行为。各地区要加大煤矿安全执法力度，对辖区内煤矿进行全面普查，对不符合法定安全条件的要立即停产整顿、限期整改，整改达不到要求的依法予以关闭。要开展联合执法，保持“打非治违”高压态势，严厉打击违反停产停建指令擅自恢复生产建设、超层越界、弄虚作假等行为，对组织非法违法行为的企业主要负责人（含实际控制人）要依法严肃追究责任，对“打非治违”工作开展不力的地方政府及其有关部门要严肃问责。

参考资料

1. 贵州省安监局：省安全生产委员会办公室关于贵州大西南矿业有限公司金沙县贵源煤矿五号井“11·6”煤与瓦斯突出事故的通报，见 http://www.gzaj.gov.cn/xxzx/gwgg/tb/78764.shtml。

2. 中国煤炭新闻网：11 月 6 日，贵州毕节贵源煤矿发生煤与瓦斯突出事故，6 人下落不明，见 http://www.cwestc.com/newshtml/2015-11-8/390252.shtml。

3. 毕节传媒网：全市煤矿安全生产紧急电视电话会议召开，见 http://www.gzbj.cn/show-17065.html。

4. 中国煤炭新闻网：贵州省毕节市全市煤矿安全生产紧急电视电话会议召开，见 http://www.cwestc.com/newshtml/2015-11-14/390827.shtml。

河南郑州“11·7”民房坍塌事故

一、事件简介

2015 年 11 月 7 日 19 时，河南省郑州市小贺庄村 6 组村民刘某在自家房屋非法加盖时，发生事故，现场工人 10 名，3 名工人被埋遇难。

二、事件原因

非法加盖。

三、事件处理

事故发生后，当地消防人员抵达现场，拉起了警戒线，带领搜救犬展开搜救工作。辖区组织公安、消防、120 全力抢救。

参考资料

1. 网易网：郑州城中村七层楼倒塌致 3 人死亡系非法加盖(图)，见 http://news.163.com/api/15/1107/23/B7RS5DLE00011229.html。

2. 凤凰网：郑州一城中村在建楼房突然垮塌致 3 人死亡，见 http://news.ifeng.com/a/20151108/46154179_0.shtml。

3. 中国网·中部纵览：郑州金水区城中村在建房屋坍塌致 3 人死亡事故原因仍在调查(图)，见 http://henan.china.com.cn/latest/2015/1107/926683_2.shtml。

4. 大河网：郑州一城中村加盖房屋发生倒塌造成 3 人死亡，见 http://news.dahe.cn/2015/11-08/105950624.html。

江苏苏州“11·8”坍塌事故

一、事件简介

2015 年 11 月 8 日 16 时，由江苏成章建设集团有限公司总承包施工的苏州市吴中区水岸清华高层二期工程工地，该公司的 3 名工人在清理一期地下室外防水层保护墙时，保护墙突然倒塌，3 名工人被压在基坑底部。此次事故共造成 3 人死亡。

二、事件原因

该工地项目部安全管理不到位，在停工期间项目部仍组织施工，项目部对作业工人的安全教育及技术交底流于形式，作业工人安全意识淡薄，在清理一期地下室外防水层保护墙时，工人违规作业，从保护墙的底部开槽，造成保护墙倒塌。

三、事件处理

事故发生后，相关单位及时将受伤人员送至医院接受救治。

四、责任追究

苏州市吴中区住房和城乡建设局对江苏成章建设集团有限公司实施通报。

参考资料

1. 江苏省住建厅：关于江苏成章建设集团有限公司的事故通报，见 http://www.jscin.gov.cn/web/aqjd/showinfo.aspx?infoid=c08ebc96-a45a-417a-8a09-f033016f206c&siteid=2&categoryNum=092005。

2. 中国防水企业网：苏州发生地下室防水层保护墙坍塌事故，造成 3 人死亡，见 http://www.cnwen.net/article/article_show/375241。

3. 中华人民共和国住建部：江苏省苏州市发生一起地下室防水层保护墙坍塌事故，见 http://www.mohurd.gov.cn/zlaq/cftb/zfhcxjsbcftb/201511/t20151116_225595.html。

宁夏海原“11·9”沟槽坍塌事故

一、事件简介

2015 年 11 月 9 日 16 时 25 分，宁夏回族自治区中卫市海原县育才小区配套室外工程在进行室外排水管槽施工作业时，发生一起深沟槽坍塌事故。此次事故共造成 3 人死亡。

二、事件原因

施工单位抢赶工期，未针对深沟槽编制专项施工方案，未按照规范进行深沟槽支护和放坡，未派管理人员现场监管，违章指挥、违规作业。

三、事件处理

事故发生后，宁夏回族自治区住建厅、自治区建设工程质量安全监督总站赶赴事故现场进行了解和督导。

四、责任追究

施工单位银川城建集团工程有限公司项目负责人、监理单位宁夏昊源监理咨询有限公司项目总监分别对事故的发生作检讨。

五、补救措施

宁夏住建厅要求，凡没有上报冬季施工方案或不具备冬季施工条件的工程，一律停止施工并做好现场维护。拟进行冬季施工的工程，须编制冬季施工方案并征得当地住建部门或监督机构的同意，同时要满足质量有保障、劳保投入到位、管理人员现场带班等要求。建设、施工、监理等单位不得抢赶工期，并对承建工程进行冬季施工大排查，特别是要针对深基坑（沟槽）、起重机械、模板支撑等危险性较大工程和防高空坠落、防火、防煤气中毒等易发生事故环节切实做好自查自纠，并妥善做好年底农民工工资支付工作。

参考资料

1. 宁夏网："11·9"海原事故为抢赶工期违规作业所致，见 http://zfhf.nxnews.net/html/zixun/ningxia/201511/00008516.html。

2. 中华人民共和国住建部：宁夏回族自治区中卫市发生一起沟槽坍塌事故，见 http://www.mohurd.gov.cn/zlaq/cftb/zfhcxjsbcftb/ 201511/t20151113_225592.html。

3. 宁夏回族自治区住建厅：关于海源县育才小区配套室外管沟坍塌事故的通报，见 http://www.nxjst.gov.cn/content.jsp?urltype=news.NewsContentUrl&wbtreeid=1073&wbnewsid=9540&WebShieldDRSessionVerify=aU1m4YhgpYDAtOeXE6mU。

广西宜州"11·11"透水事故

一、事件简介

2015年11月11日20时，广西壮族自治区宜州市安庆煤业有限责任公司冲谷煤矿6号井井下发生透水事故。经核实，在该矿井南面探煤巷道联络巷的3名作业人员被困井下。此次事故共造成3人死亡。

二、事件原因

1. 非法超层越界组织施工。该矿违规在未经批准的K8煤层布置掘进工作面。

2. 未落实煤矿井下探放水措施和隐患排查制度。该矿没有认真排查矿区范围内的水害隐患等隐蔽致灾因素，盲目掘进、以掘代探。

3. 不执行安全监管监察指令。该矿没有执行2015年10月14日广西煤矿安监局下达的不得进行技改工程施工的安全监察指令，事故当班仍安排16人下井作业。

三、事件处理

事故发生后，广西壮族自治区、河池、宜州主要领导高度重视，全力以赴搜救被困人员。广西矿山救援大队河池中队及时赶赴现场开展施救工作。广西煤监，自治区及河池、宜州安监，国土资源，工信等部门赶赴现场指导救援工作。河池、宜州党委政府相关部门投入救援力量200多人。

四、补救措施

广西壮族自治区煤矿安监局召开会议，要求河池、宜州两地认真吸取事故教训，提高思想认识，坚持安全发展，落实主体责任，深化隐患排查和治理工作，切实加大煤矿安全工作力度，防范较大事故的再次发生。同时，要求落实煤矿企业安全主体责任，正确处理安全与生产、安全与效益、安全与发展的关系；要进一步提高认识，落实政府安全监管责任，建立落实采掘工程设计审批责任制和各种安全生产规章制度；要切实加强老空区水探放工作，煤矿企业要采用综合探测技术，查明矿井或采区水文地质条件，收集、调查和核对相邻煤矿及废弃老窑的情况，对于不达标的煤矿必须停产整顿；要扎实开展煤矿防治工作，各级安全监管部门要切实督促煤矿企业按照相关文件要求，成立防治水机构，加强煤矿防治水基础工作，认真落实雨季"三防"措施；要深化隐患排查治理，认真做好"回头看"再检查工作，重点要立足于排查治理大隐患，防范遏制大事故，逐条做到"五落实"，要把煤矿隐患排查治理工作作为一项长期工作，建立隐患排查治理长效机制。

参考资料

1. 宜州党政网：宜州市安庆煤业有限责任公司冲谷六号井发生透水事故，见 http://www.yzdzw.gov.cn/html/2015/yzxw_1113/22327.html。

2. 宜州党政网：自治区调查组对安庆煤业透水事故进行调查，见 http://www.yzdzw.gov.cn/html/2015/yzxw_1120/22339.html。

3. 人民网：安监总局：近期接连发生四起煤矿较大事故共致40人死亡，见 http://society.

people.com.cn/n/2015/1124/c1008-27851018.html。

山西汾西矿业集团“11·17”瓦斯燃爆事故

一、事件简介

2015年11月17日17时20分，山西省汾西矿业集团贺西煤矿中嵋芝进风井，湖南核工业建设有限公司基建施工作业过程中发生一起瓦斯事故。事故共造成5人死亡。

二、事件原因

贺西煤矿中嵋芝进风立井水平车场掘进工作面违规进行电焊作业，引发瓦斯爆炸事故。

三、事件处理

事故发生后两级集团公司启动应急救援预案，全力抢险救援。山西省委省政府接到事故汇报后，省委领导作出重要批示，要求高度重视救援工作，查清井下人员，不得有误；在确保安全，不发生次生灾害的前提下，加紧抢救人员生命；尽快查明事故原因，及时上报。

四、补救措施

国家安全监管总局要求，各地区、各有关部门和煤矿企业要认真落实11月22日召开的黑龙江鸡西杏花煤矿“11·20”重大事故情况通报视频会议精神，深刻吸取事故教训，针对事故暴露出的突出问题，全面排查事故隐患，采取有效措施，杜绝同类事故发生。

1. 要立即组织开展煤矿安全生产大检查。年底前，各地区要组织对辖区内所有煤矿开展一次深入细致的安全大检查。要把近期几起事故暴露出的问题作为检查重点，并充分运用前段隐患排查治理专项行动成果，紧盯至今仍未销号的重大事故隐患，对于不具备安全生产条件的煤矿要责令限期改正，逾期未改正的，要依法责令停产整顿。各省级煤矿安全监管部门要于2016年1月10日前，将大检查情况报送国家煤矿安监局。

2. 要切实加强煤矿井下在用设备安全管理。各煤矿企业要加强对在用设备（包括提升运输设备）的维护、保养和定期检测，阻燃输送带、阻燃电缆、风筒、瓦斯抽放管等非金属材料在使用前必须进行检验。要确保矿用设备安全保护装置齐全可靠，滚筒驱动带式输送机必须装设滚筒防滑保护、堆煤保护和防跑偏装置等各类安全保护装置，并按规定设置一氧化碳传感器和烟雾传感器等。

参考资料

1. 山西省安监局：山西焦煤汾西矿业集团“11·17”瓦斯燃爆事故，见 http://www.sxaj.gov.cn/xx/zdsg/201511/545646.html。

2. 搜狐网：汾西矿业贺西煤矿“11·17”事故共造成5人遇难，见 http://news.sohu.com/20151121/n427447007.shtml。

3. 凤凰网：山西焦煤集团通报"11·17"瓦斯事故李小鹏作批示，见 http://news.ifeng.com/a/20151119/46306428_0.shtml。

4. 法制网：安监总局：近期接连发生四起煤矿较大事故共致40人死亡，见 http://www.legaldaily.com.cn/locality/content/2015-11/25/content_ 6371523.htm?node=37232。

四川苍溪“11·18”施工安全事故

一、事件简介

2015年11月18日23时50分，四川省阆中远大建筑工程有限公司在广元市苍溪县县城杜里坝承建的“广明·如意城”建设工地发生施工安全事故。此次事故共造成3人死亡、1人受伤。

二、事件处理

事故发生后，苍溪县政府及时启动事故应急预案。广元市政府分管领导及时率领市安监局、市住建局等相关部门赶赴现场指导抢险救援工作，看望慰问伤者及家属。苍溪县政府主要领导带领相关分管领导以及县安监局、县住建局、县公安局、县消防大队、县人民医院等相关单位有关人员及时赶赴事故现场，全力应急抢险和伤员救治工作。为妥善处置事故，县政府成立了以县政府主要领导为组长的苍溪县“11·18”广明·如意城建筑安全事故处置领导小组，下设应急救援、医疗救护、善后处理、舆情控制、事故调查、综合协调等6个工作小组，全力抢救伤员，积极做好善后处置等相关工作。

四、补救措施

广元市委领导召开会议强调，要及时妥善全面处置苍溪“11·18”生产安全事故。要科学制订救治方案，积极争取医疗技术支援，全力救治伤员，确保生命安全；要全力以赴妥善处理好善后工作，确保处置过程中社会稳定；要迅速展开调查，依法依规认定性质。要举一反三，全力维护全市安全生产工作局面。

1. 进一步强化责任，切实履行一岗双责、党政同责、属地负责和企业主体责任等一系列安全生产责任，将责任落到实处。

2. 进一步强化措施，切实抓好交通、建筑、矿山、森林防火、危化和人流密集场所等重点领域的安全生产工作，切实抓好安全隐患的排查和整治，做到经常查、查经常，反复查、查反复，深入查、查深入，切实抓好安全生产的教育和日常监管，让《安全生产法》深入人心。

3. 进一步确保全市安全生产良好局面，严防死守，杜绝较大以上安全事故发生。

参考资料

1. 广元市安监局：赵文峤副市长到苍溪指导“11·18”建筑施工安全事故处置工作，见 http://www.gysajj.gov.cn/info/32054.htm。

2. 广元新闻网：苍溪县城一建筑工地发生建筑施工安全事故，见 http://4g.gyxww.cn/GY/SMGZ/201511/253094.html。

3. 四川在线：广元市苍溪县城一建筑工地发生事故致 3 死 1 伤，见 http://sichuan.scol.com.cn/ggxw/201511/54137471.html。

4. 新浪网：广元苍溪县城一建筑工地发生事故致 3 死 1 伤，见 http://sc.sina.com.cn/news/m/2015-11-20/detail-ifxkwuwy7000926.shtml。

黑龙江龙煤集团杏花煤矿“11·20”火灾事故

一、事件简介

2015 年 11 月 20 日 21 时 50 分，黑龙江龙煤集团鸡西公司杏花煤矿发生火灾事故。事故发生时 38 人在井下作业，已有 16 人安全升井。此次事故共造成 21 人死亡，1 人失踪。

二、事件原因

直接原因

皮带道皮带着火，有毒有害气体沿风流进入 30# 层左四采煤工作面，造成该工作面作业人员中毒窒息死亡。

间接原因

1. 现场安全管理薄弱。检修人员没有按规定对该皮带机进行定期维护保养、更换托辊，造成皮带跑偏、洒货严重。

2. 安全隐患治理不到位。皮带道出现底鼓、片帮等问题后，没有及时修理，给安全生产带来了隐患。

3. 法律意识淡薄。事故发生后，没有依法及时报告，迟报近 9 个小时。

三、事件处理

事故发生后，党中央、国务院领导同志高度重视，分别作出重要批示。国家安全监管总局局长组织研究部署，并委派总局副局长、国家煤矿安监局局长率领工作组赶赴事故现场，会同黑龙江省政府有关负责同志，认真贯彻落实党中央、国务院领导同志重要批示精神，全力以赴抢救被困矿工。

四、责任追究

根据《国务院关于进一步加强企业安全生产工作的通知》（国发〔2010〕23 号）和《重大事故查处挂牌督办办法》（安委〔2010〕6 号）有关规定，国务院安委会决定对黑龙江省龙煤集团鸡西矿业公司杏花煤矿“11·20”重大火灾事故查处实行挂牌督办。

五、补救措施

国家安全监管总局召开黑龙江省龙煤集团鸡西矿业公司杏花煤矿“11·20”重大火灾事故情况通报会议。会议通报了黑龙江省龙煤集团鸡西杏花煤矿重大火灾事故情况，传达贯彻国务院领导同志重要批示精神，就深刻吸取事故教训，举一反三，抓紧抓实岁末年初的安全生产工作提出明确要求。

此次重大火灾事故损失惨重、影响恶劣，暴露出企业现场安全管理薄弱、隐患治理不落实、迟报事故情况，以及安全监管执法不到位等突出问题。各地区、各单位和广大煤矿企业要认真贯彻落实国务院领导同志重要批示精神，深刻吸取事故教训，清醒认识煤炭市场持续低迷给煤矿安全带来的风险隐患，企业经营越是困难越要切实加强煤矿安全管理和监督，坚决遏制重特大事故发生。

会议指出，年初以来煤矿安全生产形势持续稳定好转，但长期影响煤矿安全的深层次矛盾和问题仍然没有解决，形势依然严峻复杂。要坚决克服麻痹思想，保持清醒头脑，以最有力的措施抓好煤矿安全工作，狠抓煤矿主体责任落实，严防死守确保安全；扎实开展煤矿安全大检查“回头看”，深化安全专项整治；加强煤矿安全监管监察执法，深化“打非治违”；坚持综合治理，系统提升煤矿本质安全水平。

会议要求，各地区、各单位要做到举一反三，针对岁末年初生产经营旺季和雨雪冰冻天气特点，紧紧盯住交通运输、危险化学品、消防、燃气和供暖用电、烟花爆竹、建筑施工等重点行业领域安全管理，严格落实安全责任和措施，继续深入开展安全生产大检查、危化品和易燃易爆物品安全专项整治、“打非治违”专项行动，促进全国安全生产形势持续稳定好转。

参考资料

1. 新华网：安监总局通报鸡西杏花煤矿重大火灾事故情况，见 http://www.hn.xinhuanet.com/2015-11/23/c_1117228402.htm。

2. 和讯网：安委督〔2015〕20 号：黑龙江省龙煤集团鸡西矿业公司杏花煤矿“11·20”重大火灾事故，见 http://news.hexun.com/2015-12-24/181398358.html。

3. 煤矿安全网：关于黑龙江龙煤集团鸡西矿业公司杏花煤矿“11·20”重大火灾事故及近期四起煤矿较大事故的通报，见 http://www.mkaq.org/html/2015/11/25/340402.shtml。

4. 人民网：黑龙江鸡西杏花煤矿发生火灾，见 http://society.people.com.cn/n/2015/1122/c1008-27840965.html。

黑龙江鹤岗旭祥禾友化工公司“11·27”中毒事故

一、事件简介

2015 年 11 月 27 日，黑龙江胜农科技开发有限公司租用鹤岗市旭祥禾友化工有限公司禾草灵车间设备进行乙嘧酚工业化试验时发生中毒事故，造成胜农科技开发有限公司 3 名员工死亡。

二、事件原因

新产品乙嘧酚工业化试验运行中尾气甲硫醇的负压吸收和三级碱吸收系统的引风机吸风口与尾气的连接管道因气温低冻结堵死，使尾气碱液吸收塔完全失去吸收功能。乙嘧酚合成过程中含有甲硫醇的尾气不能及时吸收而发生外泄，引发在场的 3 名操作工人中毒死亡。事故发生时，胜农科技开发有限公司违法租用旭祥禾友化工有限公司设备进行配方试验，生产乙嘧酚。

三、事件处理

事故发生后，发现人员将昏迷工人送至医院救治，同时上报公司领导。

四、补救措施

这起事故暴露出鹤岗市旭祥禾友化工有限公司在设备设施管理上、黑龙江胜农科技开发有限公司在工艺过程危险性分析及防范措施落实上存在突出问题，也暴露出在安全生产大检查中，安全生产责任不落实，企业自检自查不认真、监管部门工作不实不细、隐患排查不彻底等问题。为落实省委省政府领导批示和省政府安委会全体（扩大）会议精神，严密防范和坚决遏制生产安全事故，黑龙江省安全生产监督管理局现提出如下要求：

1. 进一步提高认识，深化安全生产大检查。各级安全监管部门要按照省政府安委会全体（扩大）会议精神，进一步提高认识，切实加强年底前安全生产工作的组织领导，深刻吸取事故教训，认真研究分析本地区危险化学品安全生产特点，强化应急管理，进一步深化以危险化学品为重点的安全生产大检查，开展危化品企业“回头看”检查。重点检查企业安全管理制度、操作规程是否完善并认真执行，岗位责任制是否落实，从业人员是否经培训并取得相应资格，职业危害防治措施是否落实到位，隐患排查治理是否存在死角死面，应急预案是否符合标准要求、内容是否及时修订并培训到位。

2. 强化设备设施管理，规范合作、发包、租借行为。要加强设备设施安全管理，不得将生产经营项目、场所、设备发包或者出租给不具备安全生产条件或者相应资质的单位、个人。生产经营单位应当与承包单位、承租单位签订专门的安全生产管理协议，或者在承包合同、租赁合同中约定各自的安全生产管理职责。两个以上生产经营单位在同一作业区域内进行生产经营活动，可能危及对方生产安全的，应当签订安全生产管理协议，明确各自的安全生产管理职责和应当采取的安全措施，并指定专职安全生产管理人员进行安全检查与协调。

3. 切实加强过程安全管理，进一步强化风险分析。各级安全监管部门和相关企业要高度重视化工过程安全管理，针对化工生产，特别是试生产、实验等易出现疏漏、易引发事故的环节，严格落实国家安全监管总局《关于加强化工过程安全管理的指导意见》（安监总管三〔2013〕88 号），将风险管理融入生产全过程。对工艺、技术、装备不断更新时出现的新情况、新问题，持续不断地开展风险分析，有针对性研究新的防控办法，确保风险可控、受控，避免盲目生产、野蛮操作引发事故。

4. 进一步严格执法，严肃事故责任追究。各级安全监管部门要做到关口前移、重心下移，切实加强日常监督检查和安全执法，特别要重点查处非法出租、转包设备设施行为以及以实验、中试的名义进行工业化生产行为。对不具备安全生产条件的危险化学品和化工企业要责令立即整改，经整改仍不具备安全生产条件的，应当依法关停，绝不能姑息迁就。要坚持“四不放过”原则，依法查处生产安全事故，深刻吸取事故教训，切实提高安全管理水平，严防各类事故。

参考资料

1. 国家安监总局：黑龙江鹤岗旭祥禾友化工公司中毒事故，见 http://www.chinasafety.gov.cn/newpage/Contents/Channel_21102/2015/1215/261951/content_261951.htm。

2. 七台河市安监局：关于鹤岗市旭祥禾友化工有限公司“11·27”较大事故情况的通报（黑安监发〔2015〕43 号），见 http://www.qthaj.gov.cn/news/xxzx/2015/122/15122103532G09D1E24A9JI5285GB47.html。

3. 农药快讯信息网：惨痛教训：黑龙江一农药企业发生中毒事故三人死亡，见 http://www.agroinfo.com.cn/other_detail_2298.html。

河北邱县“11·28”液氨泄漏事故

一、事件简介

2015 年 11 月 28 日 20 时 20 分，河北省邯郸市邱县龙港化工有限责任公司发生液氨泄漏事故。此次事故共造成 3 人死亡、8 人受伤。

二、事件原因

直接原因

2# 液氨储罐备用液氨进料管线法兰盲板在 2 根螺栓已断裂的情况下，同侧的第 3 根螺栓又发生断裂，法兰盲板裂开，致使液氨泄漏。

三、事件处理

事故发生后，龙岗公司启动应急预案二级响应，组织相关人员打开罐区喷淋和消防栓系统，进行救援，并报告有关部门。组织人员，采取保护措施，对备用液氨进料管线法兰盲板重新更换了螺栓，并进行紧固，控制住泄漏。邱县县委、县政府立即成立邱县龙港化工液氨泄漏事故处置领导小组，并根据国务院 493 号令，组成事故调查组，全力开展排险救援。

四、责任追究

责令邱县龙港化工公司停产整顿。

参考资料

1. 中国法制在线：河北邱县龙港化工公司液氨泄漏致 3 死 8 伤，见 http://www.cqnet110.gov.cn/xwzx/sh/1276.html。

2. 央广网：河北邯郸市邱县龙港化工公司液氨泄漏致 3 死 8 伤，见 http://news.cnr.cn/native/gd/20151130/t20151130_502639287.shtml。

3. 安全无忧网：河北邱县化工厂发生液氨泄漏致 3 死 8 伤，见 http://www.51safety.com.cn/news/news/details?id=1962。

山东邹平“11·29”煤气泄漏事故

一、事件简介

2015 年 11 月 29 日 17 时 50 分，山东省滨州市邹平县青阳镇青龙山工业园区的山东富凯不锈钢有限公司发生一起重大煤气中毒事故。此次事故共造成 10 人死亡、7 人受伤。

二、事件原因

直接原因

煤气管道的排灰管下闸阀阀体开裂，造成煤气泄漏，导致经过人员及附近区域工作人员发生煤气中毒。

三、事件处理

事故发生后，山东省领导高度重视，作出相应批示，及时启动应急机制，全力抢救中毒人员，抓紧事故原因调查，并将事故通报各市，提高警惕，引以为戒，做好煤气安全管理和使用工作，坚决防止类似事故再次发生。

四、补救措施

山东省省政府办公厅发出通报，要求做到：

1. 切实提高对冶金行业安全生产工作重要性的认识。金属冶炼是高危行业，当前经济下行压力较大，全省冶金行业企业普遍经营困难，如果疏于管理，极易发生煤气中毒、爆炸、熔融金属液体外溢等各类安全事故。各级、各有关部门要切实增强责任意识、风险意识，夯实冶金行业安全管理基础，提升安全管理水平。

2. 进一步落实企业安全生产主体责任。冶金企业要把煤气作业安全管理放在更加突出的位置，认真贯彻执行《工业企业煤气安全规程》等有关规定，强化煤气从业人员安全生产教育和培训工作；严格执行煤气生产、储存、输送、使用环节防止泄漏、中毒窒息、爆炸的安全管理制度，配齐各种监测、监控设备和防护设施，加强日常检修维护；以"反三违"为重点，加强对重要设备、关键设施和主要生产工艺的检查工作，使煤气区域煤气泄漏处于受控安全状态，煤气柜、管线监控和防护设施的配置运行符合相关安全规程要求；制定和完善煤气作业工艺环节的应急救援预案，定期组织演练，提高事故的应急处置能力。

3. 深入开展隐患自查自纠活动。各市要立即对辖区内的冶金企业进行一次全面的安全检查，指导、督促冶金有色企业认真开展事故隐患自查自纠活动，使隐患排查治理贯穿到企业安全管理的全过程。

4. 严格落实责任追究。对依法查处发现的问题和违法违规行为，通过约谈曝光、挂牌督办、上限处罚、警示教育等方式督促整改。

参考资料

1. 齐鲁晚报：山东邹平富凯不锈钢煤气泄漏致 10 人亡　姜异康、郭树清分别批示，见 http://www.qlwb.com.cn/2015/1201/505068.shtml。

2. 青州市政府网：关于转发邹平县山东富凯不锈钢有限公司"11·29"重大煤气泄漏中毒事故的通报的通知，见 http://xxgk.qingzhou.gov.cn/SAJJ/201512/t20151218_334856.htm。

3. 凤凰网：山东"11·29"煤气中毒致 10 死　安监总局要求汲取教训，见 http://qd.ifeng.com/xinwenzaobanche/detail_2015_12/02/4615285_0.shtml。

4. 和讯网：邹平一企业发生重大煤气泄漏中毒事故　郭树清作批示，见 http://news.hexun.com/2015-11-30/180891789.html。

哈尔滨"12·8"较大火灾事故

一、事件简介

2015 年 12 月 8 日 9 时 30 分，黑龙江省哈尔滨市延寿县聚龙源商务宾馆洗浴场所发生一起火灾事故，过火面积约 $200m^2$。此次事故共造成 4 人死亡、14 人受伤。

二、事件处理

火灾发生后，延寿县及时启动应急预案，成立现场救援指挥部，全力组织消防官兵、公安干警和医护人员进行救援。

三、责任追究

聚龙源商务宾馆 3 名相关责任人被公安机关控制。

四、补救措施

此次事故暴露出延寿县聚龙源商务宾馆消防安全主体责任落实不到位，企业自检自查不认真，隐患排查治理不彻底等突出问题。为认真落实省长重要批示精神，深刻吸取事故教训，切实加强消防领域安全生产工作，有效防范火灾事故，黑龙江省人民政府安全生产委员会办公室特提出以下要求：

1. 进一步落实消防安全责任。目前我省已进入冬季，风干物燥极易发生火灾事故。各级政府及有关部门要牢牢绷紧消防安全这根弦，深入贯彻落实省委、省政府有关消防安全工作一系列重要部署，进一步强化消防安全责任意识，严格按照"党政同责、一岗双责、失职追责"的总体要求，认真落实消防安全监管责任，认真开展消防安全检查，及时消除火灾隐患。要督促宾馆饭店、餐饮娱乐、商场市场、学校、医院、社会福利机构等人员密集场所，尤其易燃易爆危险品场所开展火灾隐患排查治理工作，全面落实消防安全主体责任。要加大重大火灾隐患整改力度，严格执行挂牌督办制度，有效预防重特大火灾事故。

2. 认真开展全省冬季消防安全百日攻坚战。各级政府及有关部门要认真贯彻落实 11 月 26 日省政府安委会全体（扩大）会议和 12 月 9 日省政府消防安全委员会关于全省深入推进冬春火灾防控工作暨冬季消防安全百日攻坚战动员部署电视电话会议精神，严格按照全省冬季消防安全百日攻坚战实施方案要求，切实加强冬季火灾防控工作，切实解决影响消防安全的突出问题，确保全省冬季消防安全形势持续稳定。

3. 严格事故查处和责任追究。各级政府及有关部门要依法依规严肃查处每一起火灾事故，认真分析事故原因，深刻吸取事故教训，特别对冬季消防安全百日攻坚战期间发生的火灾事故，要严厉追究事故责任，切实做到用事故教训推动消防安全责任落实。

参考资料

1. 七台河市安监局：关于哈尔滨市延寿县聚龙源商务宾馆"12·8"较大火灾事故情况的通报

（黑安办发〔2015〕71号），见 http://www.qthaj.gov.cn/news/aqjb/2015/1211/151211840342KG3F973BB041HE31IED.html。

2. 中新网：黑龙江延寿一宾馆发生火灾致4死14伤责任人被控制，见 http://www.chinanews.com/sh/2015/12-08/7661345.shtml。

3. 凤凰网：黑龙江延寿一宾馆发生火灾造成4死14伤，见 http://news.ifeng.com/a/20151208/46577669_0.shtml。

4. 东北网黑龙江：哈尔滨市延寿县一宾馆发生火灾4人死亡14人受伤，见 http://heilongjiang.dbw.cn/system/2015/12/08/056980127.shtml。

云南曲靖"12·10"中毒窒息事故

一、事件简介

2015年12月10日16时20分，云南省曲靖市越州镇境内天源实业有限公司在清理葡萄酿酒发酵柜过程中，1名工人疑似中毒窒息，另外3名工人在施救过程中也窒息晕倒。此次事故共造成4人死亡。

二、事件处理

1名工人中毒窒息后，另外3名工人开展抢救。最终4人均发生中毒事故，2名工人送医院抢救无效死亡，2名现场确认死亡。

三、责任追究

天源实业有限公司负责人被当地公安机关控制。

四、补救措施

事故发生后，曲靖市委领导作出批示，要求妥善处理善后工作，维护社会稳定；吸取事故教训，举一反三，切实加强安全生产工作，遏制此类事故再次发生；及时向全市通报事故情况，并对全市安全生产工作提出严格要求；抓紧事故调查处理，依法追究相关责任人的责任。

参考资料

1. 搜狐网：云南曲靖发生酿酒发酵中毒窒息事故致4人死亡，见 http://mt.sohu.com/2015 1211/n430995595.shtml。

2. 曲靖新闻网：麒麟区天源实业有限公司发生酿酒发酵中毒窒息事故4人死亡，见 http://www.qjrb.cn/2015-12/14/content_361385.htm。

3. 新华网：云南曲靖发生酿酒发酵中毒窒息事故致4人死亡，见 http://news.xinhuanet.com/food/2015-12/12/c_1117437741.htm。

山西芮城"12·10"建筑施工事故

一、事件简介

2015年12月10日17时，山西省运城市芮城县南卫乡高埝金村一在建养殖场墙体突然坍塌，致5名施工工人被压。此次事故共造成3人死亡。

二、事件原因

坍塌墙面的地基松软。

三、事件处理

事故发生后，芮城县委领导高度重视，要求首先全力以赴抢救伤员，并及时成立由县委常委、常务副县长牵头，副县长、县长助理以及公安、安监、卫生、人社、畜牧和南卫乡政府有关人员组成的事故处置领导组。

四、责任追究

芮城县对此次三人死亡的坍塌事故进行了通报。

五、补救措施

事故处置领导组召开会议，安排事故处置工作：1. 卫生局、县人民医院抽调专家成立抢救组，继续全力抢救受伤人员；2. 公安、安监等部门抽调专人，摸清情况，查明原因；3. 南卫乡、畜牧局组成善后组，积极做好相关善后工作。

参考资料

1. 中国·芮城：关于芮城县龙峡牧业有限公司高金养殖场猪舍墙体坍塌事故情况的通报，见 http://www.rcx.gov.cn/tjgg/22880.htm。

2. 今日头条：山西芮城一在建养殖场墙体坍塌造成3人死亡，见 http://toutiao.com/i6228865337362743809/。

黑龙江鹤岗市向阳煤矿"12·16"爆炸事故

一、事件简介

2015年12月16日14时30分，黑龙江省鹤岗市向阳区向阳煤矿发生爆炸事故，爆炸发生时共有50名矿工在井下作业。此次事故共造成19

人死亡。

二、事件原因

事故认定为瓦斯爆炸引起的重大火灾。

三、事件处理

事故发生后，救护队和专家组赶到现场，经技术专家组根据监控数据及相关情况分析，井下被困人员无生还可能，且不具备入井探查条件，已设立警戒区，技术专家组制定了详细的抢险处置方案。

四、责任追究

矿难发生后，该矿矿主及相关责任人被警方控制。国务院安委会下发重大生产安全事故查处挂牌督办通知书，对黑龙江省鹤岗市向阳区煤矿“12·16”重大瓦斯爆炸事故查处实行挂牌督办。

五、补救措施

根据《国务院关于进一步加强企业安全生产工作的通知》和《重大事故查处挂牌督办办法》有关规定，国务院安委会决定对黑龙江省鹤岗市向阳区煤矿“12·16”重大瓦斯爆炸事故查处实行挂牌督办。国务院安委会要求，黑龙江省要依照有关法律、法规、规章，组织有关部门积极配合黑龙江煤矿安全监察局抓紧进行事故调查，按程序以省安委会文件将事故调查处理意见报国务院安委会办公室。处理意见经国务院安委会办公室审核同意后，由黑龙江省负责协调落实事故责任追究及有关整改措施，并及时将落实情况书面反馈国务院安委会办公室。

参考资料

1. 中国煤炭新闻网：黑龙江鹤岗市向阳煤矿爆炸事故被困矿工增至19人生死未卜，见 http://www.cwestc.com/newshtml/2015-12-17/394643.shtml。

2. 中新网：黑龙江鹤岗一煤矿发生瓦斯爆炸致19人被困(图)，见 http://www.chinanews.com/sh/2015/12-17/7675285.shtml。

3. 凤凰网：黑龙江省鹤岗市向阳煤矿发生瓦斯爆炸　被困19人无生还可能，见 http://news.ifeng.com/a/20151217/46712482_0.shtml。

4. 环球网：安委会挂牌督办黑龙江鹤岗煤矿事故，见 http://china.huanqiu.com/hot/2016-01/8344424.html。

福建龙岩“12·16”火灾事故

一、事件简介

2015年12月16日18时30分，福建省龙岩市新罗区南城街道城市桂冠“阿古制造”餐厅发生火灾，事故造成7人死亡。

二、事件原因

排烟管内油气聚集产生闪爆后，发生二次爆轰，聚集的热量引发浓烟。

三、事件处理

火灾发生后，福建省政府相关领导作出批示，相关领导及时赶赴现场指挥救援工作。事故发生后，龙岩市和新罗区高度重视，及时成立现场处置协调小组，下设7个小组，全力开展搜救、事故调查、善后等工作。

参考资料

1. 今日头条：12·16龙岩阿古餐厅发生爆炸！事故已造成7人死亡！见 http://toutiao.com/i6229077253930615298/。

2. 新华网：龙岩一餐厅厨房发生爆炸　已死亡7人，见 http://www.fj.xinhuanet.com/news/2015-12/16/c_1117485101.htm。

3. 新民网：龙岩体育中心阿古制造餐厅发生爆炸　已致7人死亡，见 http://news.xinmin.cn/domestic/2015/12/17/29127564.html。

黑龙江龙煤矿业“12·17”瓦斯突出事故

一、事件简介

2015年12月17日21时43分，黑龙江省龙煤集团七台河矿业公司新兴煤矿三水平西六采区-600主运巷钻场打钻作业时，发生煤与瓦斯突出事故。经核查，确认该采区当班入井67人，事故发生后安全升井64人，3人失联。此次事故共造成3人死亡。

二、事件原因

发生事故的掘进工作面突出的瓦斯浓度超出安全界限。

三、事件处理

事故发生后，黑龙江龙煤七台河矿业公司救护大队赶赴现场，不间断排瓦斯，瓦斯浓度得到有效控制，没有次生灾害发生。

四、责任追究

七台河公司新兴煤矿被责令停产排查，整改隐患。

五、补救措施

为深刻吸取黑龙江省鹤岗市向阳区向阳煤矿“12·16”瓦斯爆炸和黑龙江省龙煤集团七台河矿业公司新兴煤矿“12·17”煤与瓦斯突出事故教训，进一步加强煤矿安全生产工作，有效遏制煤矿事故发生，确保岁末年初煤矿安全生产，荥经县安全生产监督管理局提出以下要求：

1. 对煤矿企业要求

（1）深刻吸取事故教训，举一反三，立即开展以矿井“一通三防”为重点的隐患大检查，切实加强瓦斯防治工作，严防类似事故发生。

（2）加强现场管理，严格落实矿级领导下井带班制度，每班必须有矿级领导带班作业，必须做到与工人“同进同出”，交接班必须在井下进行。

（3）严格执行瓦斯超限断电撤人制度，严禁井下瓦斯超限、微风、无风作业，瓦斯超限必须立即断电撤人，待查明瓦斯报警原因且整改到位后方可恢复作业。

2. 对安监站要求

（1）各派驻安监站多措并举，重点盯防间歇作业、煤与瓦斯灾害严重、职工不稳定等年末异常矿井，安排专人每日到矿检查，严查煤矿井下瓦斯超限、微风、无风作业、煤矿“非法违法”生产建设、违章指挥、违章操作和瓦斯监控系统方面弄虚作假等行为。

（2）加强关闭和暂停生产建设矿井管理，严格按荥安办〔2014〕94号文要求进行监管，发现异常情况及时上报。

参考资料

1. 搜狐网：黑龙江七台河煤矿发生煤与瓦斯突出事故3人失联，见 http://news.sohu.com/20151218/n431749124.shtml。

2. 新华网：龙煤集团七台河新兴煤矿事故搜救结束　3名失联人员全部遇难，见 http://www.hlj.xinhuanet.com/news/2015-12/21/c_134936850.htm。

3. 荥经之窗：关于黑龙江省鹤岗市向阳区向阳煤矿“12·16”瓦斯爆炸和黑龙江省龙煤集团七台河矿业公司新兴煤矿“12·17”煤与瓦斯突出事故的情况通报，见 http://www.yingjing.gov.cn/govopen/show.cdcb?id=26890。

辽宁葫芦岛“12·17”火灾事故

一、事件简介

2015年12月17日16时30分，辽宁省葫芦岛市连山钼业兴利矿业有限公司一在建矿井副井电焊作业时发生火灾。经进一步核实，事故发生时井下有23人，其中10人安全升井。此次事故共造成13人死亡。

二、事件处理

事故发生后，辽宁省委、省政府高度重视，省委领导作出重要批示，并责成副省长率有关部门同志连夜赶赴现场，组织指挥救援工作。事故现场救援指挥部成立了搜救、医疗等六个工作组，从省市抽调专业救助队伍，及时开展施救。同时，抽调市内专业医护人员全力开展医疗救治工作。

三、责任追究

企业相关责任人被依法控制。

四、补救措施

事故发生后，国家安监总局相关领导作出部署：一是派出工作组赶赴事故现场，指导地方政府全力做好被困人员救援和事故处理等工作。二是要求辽宁省安监局调动周边救援力量，协助地方政府千方百计搜救被困人员，严防发生次生事故；进一步核清事故有关情况，查明事故原因，依法依规严肃追责。三是要求辽宁省深刻吸取事故教训，举一反三，深入开展安全生产大检查“回头看”，深化矿山安全整治，严格落实隐患排查整改责任制，堵塞管理漏洞，有效防范和坚决遏制重特大事故发生。四是向全国金属非金属矿山矿长发出警示信息，切实做到“一矿出事故、万矿受教育”，严防类似事故发生。

参考资料

1. 万年信息港：辽宁葫芦岛连山钼业集团兴利矿业有限公司矿井发生火灾17人死亡，见 http://www.wnxxg.cn/News/Html/?thread-2288_2.html。

2. 辽沈一线：葫芦岛市连山钼业集团兴利矿业有限公司发生安全生产事故，见 http://dyxc.nen.cn/system/2015/12/18/018720559.shtml。

3. 齐鲁晚报：辽宁省葫芦岛市连山钼业兴利

矿业有限公司发生火灾造成多人死伤，见 http://www.qlwb.com.cn/2015/1218/517306.shtml。

4. 中新网：葫芦岛连山钼业兴利矿业火灾事故已 17 死 10 伤，见 http://www.ln.chinanews.com/html/2015-12-18/1254945.html。

舟白隧道复线项目“12·18”孤石坠落事故

一、事件简介

2015 年 12 月 18 日 8 时 30 分，舟白隧道复线项目施工现场，发生洞顶孤石坠落事故。此次事故共有 8 名施工人员涉险，共造成 6 人死亡、2 人受伤。

二、事件处理

事故发生后，重庆市委领导指示黔江区要全力施救，防止次生灾害，确保人民群众生命财产安全。区委书记作出救援指示并赶赴现场指挥救援。成立了由区委领导为指挥长的事故救援处置工作指挥部，下设现场救援、医疗救援、秩序维护、事故调查、善后处置等 6 个工作小组。区安监、公安、消防、建委、新城管委会、医疗和项目承建方等单位负责人第一时间赶到现场，按照市委、市政府领导的批示要求组织实施救援。

三、责任追究

项目承建方负责人及相关人员受到安监等部门调查。

四、补救措施

重庆黔江区区委领导指出，舟白隧道复线项目“12·18”孤石坠落事故，伤亡惨重，教训深刻。会议要求全区各级各部门要引以为戒，举一反三，警钟长鸣，深刻吸取“12·18”事故血的教训，进一步提高警惕，严防死守，坚决防止安全事故发生，全力维护人民群众生命财产安全；要全面落实安全生产工作措施，建立健全应急预案，完善应急救援联动机制，加强安全生产预警预报工作，确保险情在第一时间能够得到有效处置。各相关部门、生产经营企业要全面开展安全隐患排查整治行动，对建筑施工、交通运输、危化品、烟花爆竹、特种设备、学校安全、人员密集场所、矿山以及民航、水利、电力、旅游、农机渔业、小区用电、居民用气等重点行业和领域进行认真排查，做到横向到边、纵向到底、严格细致、一丝不苟、不留死角，彻底消除安全隐患，确保生产安全。

区委领导要求，全区各级各部门要进一步提高认识，深刻反思和吸取本次事故惨痛教训，以更强烈的责任心、更严谨的工作作风，抓实抓好安全生产工作。要强化组织领导，严格落实安全生产党政同责、一岗双责和属地监管、综合监管、行业监管、企业主体“五大责任”，认真开展安全生产大排查大整治工作，为全区经济社会发展营造良好的安全环境。

参考资料

1. 黔江广电传媒网：舟白隧道复线工地发生一孤石坠落事故，见 http://www.cqjtv.com/2015/current_1221/14516.html。

2. 黔江广电传媒网：黔江区召开安委会扩大会议　通报“12·18”孤石坠落事故及救援处置情况安排部署全区安全生产工作，见 http://www.cqjtv.com/2015/current_1221/14517.html。

3. 央广网：重庆黔江一隧道项目发生孤石坠落事故三人遇难，见 http://news.cnr.cn/native/city/20151218/t20151218_520843919.shtml。

4. 重庆市黔江区人民政府：舟白隧道复线工地发生孤石坠落事故原因正在调查善后工作全面展开，见 http://www.qianjiang.gov.cn/qj_content/2015-12/19/content_4027315.htm。

深圳“12·20”山体滑坡事故

一、事件简介

2015 年 12 月 20 日 11 时 40 分，广东省深圳市光明新区凤凰社区恒泰裕工业园发生人工堆填土垮塌重大安全事故，附近西气东输管道发生爆炸。此次滑坡事件造成 33 栋建筑物被掩埋或不同程度损害：厂房 14 栋，办公室 2 栋，食堂 1 间，低矮建筑物 13 间，宿舍 3 栋。共有 91 人失联。

二、事件原因

经调查，渣土和建筑垃圾失稳垮塌，是灾害主要原因。国务院深圳光明新区“12·20”滑坡灾害调查组经调查认定，此次滑坡灾害是一起受纳场渣土堆填体的滑动，不是山体滑坡，不属于自然地质灾害，是一起生产安全事故。

三、事件处理

事故发生后，深圳市组织消防、特警及相关技术部门等各方力量投入搜索救援。广东省公安消防总队调派广州、深圳、东莞、惠州、佛山、中山、肇庆、珠海、江门、河源和总队特勤大队共11支消防救援队104辆消防车、566名消防官兵、123台生命探测仪、4台无人机、30条搜救犬参与救援。

四、责任追究

深圳滑坡涉事公司副总被警方带走。

参考资料

1. 鹤壁日报：12月20日，深圳市光明新区凤凰社区恒泰裕工业园发生山体滑坡，见 http://paper.hebiw.com/epaper/hbrb/2015/12/23/RB07/story/1351442.shtml。

2. 黔商财经网：深圳市光明新区凤凰社区恒泰裕工业园发生山体滑坡：深圳滑坡事故原因失联人数85人，见 http://www.qscjw.com/lehuo/zhrs/liqiancai/78255.html。

3. 广东之窗：深圳市光明新区凤凰社区恒泰裕工业园发生山体滑坡救出7人，见 http://city.igdzc.com/a/20151220/64183.html。

山东青岛“12·24”工地塔吊倒塌事故

一、事件简介

2015年12月24日13时30分，山东省青岛市崂山区青岛国信体育场辅助训练项目工地发生塔吊倒塌事故。此次事故共造成3人死亡、6人受伤。

二、事件处理

公安部门已控制项目经理、劳务负责人等4人。青岛市政府开展事故调查工作。

三、责任追究

青岛市城乡建设委员会对青岛国信发展（集团）有限责任公司、青建集团股份公司、青岛高园建设咨询管理有限公司、青岛海荣劳务承包有限公司予以通报批评。青岛国信发展（集团）有限责任公司、青建集团股份公司、青岛高园建设咨询管理有限公司、青岛海荣劳务承包有限公司要对在青岛市建设、施工、监理、劳务分包的建筑工程项目开展全面的安全生产自查自纠，现场存在隐患的不得施工。各项目自查报告于2015年12月30日前报至工程所在地的建筑施工安全监督机构。暂停青岛国信发展（集团）有限责任公司在青岛市范围内拟招标房屋建筑工程项目；暂扣青建集团股份公司建筑业企业资质证书和安全生产许可证（正本、副本），暂停全市范围内房屋建筑工程投标报名资格；暂扣青建集团股份公司项目经理刘某某的注册建造师证书和安全生产考核合格证书，暂停全市范围内房屋建筑工程投标报名资格；暂扣青岛高园建设咨询管理有限公司的工程监理企业资质证书，暂停在全市范围内房屋建筑工程投标报名；暂扣青岛高园建设咨询管理有限公司项目总监尚某某的青岛市建设监理人员执业手册，暂停在全市范围内房屋建筑工程投标报名；暂扣青岛海荣劳务承包有限公司建筑业企业资质证书和安全生产许可证（正本、副本），暂停在全市范围内承接劳务分包业务。

五、补救措施

1. 崂山区所有在建房屋建筑工程要全部开展安全隐患大排查，隐患没有消除的工程项目不得施工。崂山区建筑施工安全监督机构要立刻开展起重机械设备专项检查，并将检查及处理情况书面报市城乡建设委建管局安监站。

2. 全市自12月25日起开展建筑施工安全大检查，对施工现场塔机等起重机械、模板支撑、脚手架搭设、深基坑等重点部位和重点环节进行全面排查整改，坚决消除施工安全事故隐患，要重点检查塔机、物料提升机、外用电梯、吊篮等起重机械设备登记备案、安装拆卸、检测验收和现场使用安全管理情况，进行隐患排查治理。2016年1月31日前，各区、市建设行政主管部门将安全检查情况书面报送至市城乡建设委建管局安监站。

3. 各部门、各参建主体要充分认识到安全生产工作的艰巨性和严峻性，认真吸取事故教训，加大对起重机械设备安拆和使用管理，完善各项安全防范措施。各级建设行政主管部门要进一步加大建筑施工安全生产执法检查工作力度，对企业安全生产主体责任不落实、现场安全隐患未及时消除的相关责任单位和责任人，依法、依规予以严肃处理。

参考资料

1. 青岛市安监局：崂山区青岛国信体育场辅助训练项目工地发生一起3人死亡生产安全事故，见 http://www.qdajj.gov.cn/info.aspx?newsTypeID=201503291816551211&id=1402。

2. 齐鲁晚报：关于对崂山区青岛体育中心辅助训练场项目发生伤亡事故的通报，见 http://jrqd.qlwb.com.cn/2015/1225/521768.shtml。

3. 新浪网：青岛一在建体育场塔吊倒塌　已

致3死6伤，见 http://sd.sina.com.cn/news/b/2015-12-25/detail-ifxmxxsr3687982.shtml。

山东即墨"12·25"中毒事故

一、事件简介

2015年12月25日，山东省青岛市即墨市大信镇的青岛九盛纸制品有限公司，发生较大中毒事故。此次事故共造成4人死亡、1人受伤。

二、事件原因

直接原因

回水循环池中含有硫化氢气体，一员工未采取安全防护措施进入池内巡查时中毒晕倒，其他人员也未采取相应安全防护措施盲目入池施救，导致中毒事故发生。

间接原因

该企业安全生产意识淡漠，非法违法转包生产，未开展有限空间作业安全教育培训，未开展有限空间辨识，未设置有限空间警示标示，安全防护设施和措施缺失，不具备基本的安全生产条件。

三、事件处理

山东省政府安委会下达督办通知书对该起事故的查处实行挂牌督办，青岛市政府成立事故调查组开展调查工作，进一步调查事故原因。

四、补救措施

为深刻吸取青岛九盛纸制品有限公司"12·25"较大中毒事故教训，山东省安监局下发认真落实工贸企业有限空间作业安全生产隐患大排查快整治严执法集中行动要求的通知。

通知要求，进一步排查辨识有限空间。山东所有冶金、有色、建材、机械、轻工、纺织、商贸、烟草等工贸行业的企业，都要按照《工贸企业有限空间参考目录》(安监总厅管四〔2015〕56号)，深入排查、辨识本企业的有限空间，确定有限空间的数量、位置以及危险有害因素等基本情况，建立有限空间管理台账，并及时更新，管理台账要报送属地县级安监部门及其行业主管部门。各县(市、区)安监部门要根据企业报送情况，建立工贸企业有限空间管理的纸质和电子档案，抄送本地区相关行业管理部门并报各市安监部门存档备查。

全面排查治理事故隐患。各工贸企业要依据《工贸企业有限空间作业安全管理与监督暂行规定》(国家安全监管总局令第59号)、《有限空间安全作业五条规定》(国家安全监管总局令第69号)，参照《有限空间作业安全检查表》，组织管理人员和技术力量进行全面细致地自查，发现问题要登记建档、立即整改；一时难以整改的，要制定整改方案，按照"措施、责任、资金、时限和预案"五落实的要求，限期整改完成，并将排查情况、整改方案和整治结果报送属地县级安监部门及其行业主管部门，同时录入电子信息系统备查。

开展全员安全培训教育。各工贸企业要采取多种形式和途径，定期开展全员安全教育培训，大力普及有限空间作业安全常识。要对从事有限空间作业的现场负责人、监护人员、作业人员、应急救援人员(含外来劳务人员、外包单位作业人员等)进行专项安全培训。开展教育培训的情况要建立档案，由企业安全生产管理机构详细、准确记录培训的时间、内容、参加人员以及考核结果等情况。培训内容包括：有限空间作业的危险有害因素和安全防范措施，安全操作规程，检测仪器、劳动防护用品的正确使用，紧急情况下的应急处置措施等。培训教材有：国家安全监管总局令第59号、第69号等有关法规规定，《工贸企业有限空间作业安全指导视频片(上、下)》(国家安全监管总局网站视频在线栏目可下载)，有限空间作业事故警示动漫片(国家安全监管总局网站视频在线栏目可下载，也可在公众微信号"工贸安全"中观看)。

严格执法检查。各市、县(市、区)安监部门要组织执法监察队伍、必要时聘请有关专家参加，从现在开始到2016年6月底，按照"全覆盖、零容忍、严执法、重实效"的原则，依据《有限空间作业安全检查表》，在前段时期专项检查的基础上，深入开展执法检查。要对检查发现的问题逐一进行处理和落实，严格做到"五个一律"，即凡是发现企业不开展隐患自查自改的，一律依法处罚；凡是发现企业存在安全生产非法违法行为的，一律顶格处罚；凡是发现企业自查自改后仍存在重大隐患和非法违法行为的，一律停产整顿；凡是经停产整顿到期仍达不到安全生产要求的，一律关闭取缔。对存有重大安全风险、不具备安全生产条件、长期处于停产状态或者即将倒闭的"僵尸"企业，一律尽快提请政府予以关闭，并向社会公告。

参考资料

1. 凤凰网：青岛即墨发生中毒事故致4人

死亡 1 人受伤，见 http://js.ifeng.com/a/20151231/4157623_0.shtml。

2. 新浪网：青岛即墨中毒事故致 4 人死亡 省政府安委会督办，见 http://sd.sina.com.cn/news/b/2015-12-31/detail-ifxncyar6095636.shtml。

3. 中国化学品安全协会：即墨发生中毒事故致 4 人死亡 1 人受伤，见 http://www.chemicalsafety.org.cn/detail.php?oneid=22712。

4. 临沂市应急办：即墨中毒事故致 4 人死亡 省政府安委会挂牌督办，见 http://lyyj.linyi.gov.cn/info/2004/6455.htm。

安徽淮北“12·26”水泥塌方事故

一、事件简介

2015 年 12 月 26 日 9 时许，安徽省淮北市烈山区宋疃镇境内亿阳管业淮北通力水泥预制构件有限公司施工工地发生塌方事故，此次事故共造成 5 人死亡。

二、事件处理

事故发生后，安徽省、淮北市领导高度重视，要求全力组织施救，认真妥善处置。市、区政府及时启动应急预案，主要领导和相关部门负责同志及时赶赴现场，公安、消防、医疗、建委等部门及时开展现场救援。

三、责任追究

施工单位负责人被警方控制。

四、补救措施

事故发生后，淮北市安委会已发出紧急通知要求各单位吸取事故教训，及时开展安全生产大检查。对未按要求履行安全生产职责的，将倒查问责。

参考资料

1. 淮北新闻网：烈山区一施工工地发生塌方事故，见 http://www.hbnews.net/xwsq/hbyw/2015/12/809699.shtml。

2. 中国水泥网：亿阳管业淮北通力水泥预制构件公司工地塌方 5 人被埋，见 http://www.ccement.com/news/content/8267508257649.html。

3. 合肥热线：淮北一施工工地发生塌方事故 5 名施工人员遇难，见 http://news.hefei.cc/2015/1228/025931453.shtml。

4. 凤凰网：淮北一工地塌方确认 5 人遇难施工方负责人已被控制，见 http://ah.ifeng.com/news/fengguan/detail_2015_12/27/4699250_0.shtml。

陕西商洛“12·30”中毒和窒息事故

一、事件简介

2015 年 12 月 30 日，陕西省商洛市商州区夜村镇于坪村的商洛市商州鑫源鑫矿业有限责任公司于坪金矿发生中毒和窒息事故，事故导致 4 人死亡、1 人受伤。

二、事件原因

直接原因

平硐内柴油发电机工作的废气浓度过高导致中毒事故。

间接原因

该矿处于违规生产，安监部门曾责令该矿业公司停产整顿。

三、事件处理

事发后，商洛市、商州区两级政府成立相应工作机构进驻矿区及医院开展救助治疗、事故调查等工作。

四、责任追究

事发后，矿业公司人员被警方带走协助调查。涉事金矿被责令停产整顿。

参考资料

1. 华商网：金矿通气不畅致中毒 4 死 1 伤 追踪事发前被责令整顿，见 http://news.hsw.cn/system/2016/0101/343443.shtml?mobile=O04EGMNJ。

2. 西部网：商州一金矿发生油烟中毒事故 4 人死亡 1 人受伤，见 http://news.cnwest.com/content/2015-12/31/content_13482377.htm。

3. 新浪网：陕西商洛金矿 5 名工人因通气不畅中毒致 4 死 1 伤，见 http://news.sina.com.cn/o/2015-12-31/doc-ifxncyar6053736.shtml。

4. 腾讯·大秦网：商州一金矿发生油烟中毒事故 4 人死亡 1 人受伤，见 http://xian.qq.com/a/20151231/011667.htm。

第二章　事件简讯

1. 黑龙江哈尔滨“1·2”火灾事故

2015年1月2日13时14分，黑龙江省哈尔滨市北方南勋陶瓷大市场三层仓库起火，过火面积1.1万m^2，共造成5名消防员遇难、14人受伤，379户商户和538户居民受灾，直接经济损失5913.8451万元。

2. 贵州水黄公路“1·2”交通事故

2015年1月2日17时10分，贵州省六盘水市水城县猴场乡境内水黄公路（省道314水城县至黄果树）81km处发生一起小型轿车与面包车碰撞的道路交通事故，造成6人死亡、3人受伤，直接经济损失约50万元。

3. 湖南省郴州市垮塌事故

2015年1月2日17时10分，湖南省郴州市苏仙区境内，一矿业有色金属有限公司施工现场发生垮塌，造成6人死亡、5人轻伤。

4. 安徽省滁州市交通事故

2015年1月2日19时38分，安徽省滁州市境内，一辆重型仓栅式货车沿省道311线由北向南行驶至43㎞处南谯区广卫路段时与一辆由南向北行驶的皖M5C787小型面包车迎面相撞，造成4人死亡、4人受伤。

5. 云南巍山“1·3”古城楼失火被毁事件

2015年1月3日2时49分，云南省大理州巍山县南诏镇拱辰楼发生大火，过火面积约300m^2，有600多年历史的拱辰楼被完全烧毁。

6. 辽宁省葫芦岛市碰船事故

2015年1月5日5时40分，辽宁省葫芦岛市绥中县附近海域，一艘渔船与一艘货船发生碰撞后翻扣，导致8人失踪。

7. 甘肃省武威市一氧化碳中毒事故

2015年1月5日7时20分，甘肃省武威市天祝县旭东煤业有限责任公司发生一氧化碳中毒事故，造成4人死亡、5人受伤。

8. 江苏省常州市火灾事故

2015年1月5日11时9分，江苏省常州市新北区宏图路32号的常州明泰纺织印染有限公司在建厂房发生火灾，事故造成3人死亡，过火面积1500m^2，直接经济损失745万元。

9. 湖北鄂州“1·5”矿井塌方事故

2015年1月5日13时30分，湖北省鄂州市鄂城区汀祖镇宏盛矿业有限公司5号井-60m水平发生塌方事故，6名矿工被困井下，造成塌陷面积约1000m^2。

10. 河南省郑州市坍塌事故

2015年1月5日16时20分，河南省郑州市一安置小区在进行基坑施工时，发生坍塌事故，造成3人死亡、2人受伤。

11. 云南宁洱“1·6”交通事故

2015年1月6日11时12分，云南省普洱市宁洱县梅子镇永胜村岩子脚辖区内发生一起交通事故，一辆白色斯卡特客货两用车辆坠入120m高的悬崖，造成6人死亡。

12. 浙江省嘉兴市交通事故

2015年1月7日8时30分，浙江省嘉兴市嘉善县，一辆小型客车与一辆拖拉机发生刮擦后，又与一辆公交车发生碰撞，事故造成3人死亡。

13. 广西柳州市交通事故

2015年1月7日18时36分，广西壮族自治区柳州市三江县古宜镇古皂村路段，两辆大货车发生碰撞后，碰到一辆微型面包车，造成4人死亡、2人受伤。

14. 沪昆高速交通事故

2015年1月9日5时40分，沪昆高速湖南省邵阳市段，一辆大客车与一辆货车追尾相撞，造成1人死亡，6人受伤。6时45分，该事故后方又有6车连续追尾，造成3人死亡。

15. 安徽省安庆市中毒事故

2015年1月9日9时15分，安徽省安庆市望江县经济开发区污水管网抢修时，发生中毒事故，造成3人死亡。

16. 四川省绵阳市坍塌事故

2015年1月9日17时40分，四川省绵阳市平武县电站防洪堤施工过程中，发生边坡坍塌事故，造成3人死亡。

17. 云南省气象灾害

2015年1月8—10日，云南部分地区出现强雨雪、强降温天气，云南中部和西南部累计降雨量50—90mm，部分地区伴有短时雷雨大风、冰雹等强对流天气，此次灾情共造成120.8万人受灾，1人因房屋倒塌死亡。

18. 福建省漳州市交通事故

2015年1月10日12时18分，福建省漳州市龙海市，一辆轻型普通货车碰撞路右侧道路标志杆，造成3人死亡。

19. 福建龙海“1·10”交通事故

2015年1月10日12点20分，福建省漳州市龙海县东泗乡往东南花都方向发生一起载猪货车失控冲撞路边柱的交通事故，造成3人死亡、3人受伤。

20. 安徽省宣城市交通事故

2015年1月11日17时26分，安徽省宣城市一辆无牌无证农用三轮车（驾驶人1人，车载8人）在宣城市开发区青弋江大道发生交通事故，造成4人死亡、4人受伤。

21. 浙江省台州市运沙船沉船事故

2015年1月12日7时15分，浙江省台州市椒江区一海区，一无名运沙船发生沉船事故，造成1人死亡、3人失踪。

22. 山西省大同市交通事故

2015年1月12日23时0分，山西省大同市阳高县S202线26km＋800m处，两辆轿车相撞，事故造成3人死亡。

23. 福建长乐“1·13”运钞车坠江事故

2015年1月13日16时许，福建省福州市长乐市金刚腿公园附近路段，一辆车牌号为闽A21T06的运钞车在开往潭头镇储蓄所银行的途中坠入闽江，造成4人死亡。

24. 浙江省台州市火灾事故

2015年1月14日4时3分，浙江省台州市玉环县，一幢居民楼底层电动停车棚发生火灾，造成8人窒息死亡。

25. 浙江玉环“1·14”火灾事故

2015年1月14日4时30分，浙江省台州市玉环县玉城街道解放塘农场新民小区一栋楼室外电动车停车棚发生火灾，过火面积约30m^2，造成8人死亡。

26. 云南弥渡“1·14”落水溺亡事故

2015年1月14日18时20分，云南省大理州弥渡县苴力镇发生一起小学生落水死亡事故，造成3名女孩死亡。

27. 云南省红河州中毒事件

2015年1月14日22时，云南省红河州金平县金珂糖业公司金珂糖厂发生甘蔗糖浆池中毒事件，造成4人死亡、8人中毒。

28. 陕西省干旱灾害

2014年12月以来，陕西全省降雨偏少，截至1月15日9时统计，渭南市华阴市、韩城市3.9万人受灾，农作物受灾面积2.7千公顷，直接经济损失400余万元。

29. 云南省昭通市交通事故

2015年1月15日11时19分，云南省昭通市巧家县，一辆面包车发生翻车，事故造成4人死亡、2人受伤。

30. 长江“1·15”沉船事故

2015年1月15日15时40分，安徽省蚌埠市神舟机械有限公司新造船舶“皖神舟67”轮在长江福姜沙北水道试航过程中翻沉，造成22人死亡，直接经济损失3180万元。

31. 广西来宾市塌方事故

2015年1月15日20时，广西壮族自治区来宾市象州县工业园，自来水厂供水管网施工过程中发生泥土塌方，造成4人死亡。

32. 广西宁明“1·15”爆炸事故

2015年1月15日21时30分，广西崇左市宁明县城中镇德华街新宁超市旁一夜宵摊发生一起爆炸，造成6人死亡、18人受伤。

33. 云南省低温冻害

2015年1月12—13日，因受高空冷平流和夜间晴空辐射降温双重影响，云南省部分地区出现强霜冻天气。截至1月16日9时统计，保山、普洱、玉溪等5市16个县（区）16万人受灾，农作物受灾面积18.4千公顷，其中绝收1千公顷，直接经济损失6900余万元。

34. 辽宁省本溪市交通事故

2015年1月17日8时51分，辽宁省本溪市，一辆中型普通客车撞到中心护栏，随后被同向行驶的一辆重型半挂牵引车追尾，共造成4人死亡、5人轻伤。

35. 福建永安“1·17”沼气中毒事故

2015年1月17日16时，福建省永安市大湖镇甲村大湖兴旺养殖有限公司7名工人掉入沼气池，造成3人死亡、4人受伤。

36. 湖南省怀化市交通事故

2015年1月17日17时14分，湖南省怀化市辰溪县，一辆重型自卸货车与一辆小型普通客车相撞，共造成4人死亡、1人受伤。

37. 四川省攀西地区雨雪灾害

2015年1月17—20日，四川省攀西地区持续降温，攀枝花市大部分地区出现中到大雨，高山地区降雪或雨夹雪，灾害共造成攀枝花市仁和区、盐边县1.4万人受灾，农作物受灾面积700余公顷，其中绝收60余公顷，直接经济损失近500万元。

38. 青海省果洛州交通事故

2015年1月17日8时20分，青海省果洛州玛多县，一辆小轿车与一辆重型罐式货车发生碰撞，造成7人死亡。

39. 福建省永安市中毒事故

2015年1月17日15时50分，福建省永安市万荣养殖有限公司在对沼气池进行维护时发生一氧化碳中毒事故，造成3人死亡、4人受伤。

40. 河南省郑州市仓库倒塌事故

2015年1月18日6时，河南省郑州市一灯具厂内在建两层仓库发生倒塌，事故造成3人死亡、5人受伤。

41. 贵州桐梓“1·18”交通事故

2015年1月18日16时10分，贵州省遵义市桐梓县木瓜镇玛瑙洞路段，一辆车牌号为渝AVJ548的小型普通客车坠河，造成7人死亡、1人受伤，直接经济损失60余万元。

42. 辽宁省鞍山市交通事故

2015年1月18日18时20分，辽宁省鞍山市一辆半挂牵引车与一辆重型半挂牵引车相撞，造成4人死亡。

43. 甘肃省白银市交通事故

2015年1月19日5时30分，甘肃省白银市一辆小型普通客车，行驶至京藏高速1471km处时，与同向行驶的一辆重型半挂牵引车追尾相撞，造成6人死亡。

44. 贵州省遵义市交通事故

2015年1月19日14时55分，贵州省遵义市桐梓县一辆面包车行至松木新线16km处，侧翻到路边河中，事故造成7人死亡。

45. 山东省聊城市交通事故

2015年1月20日21时，山东省聊城市一辆大货车与一辆小客车相撞，造成小客车内5人死亡，1人受伤。

46. 甘肃省张掖市交通事故

2015年1月22日23时7分，甘肃省张掖市甘州区一辆小轿车与一辆出租车相撞，造成4人死亡。

47. 新疆阿克苏地区交通事故

2015年1月26日15时15分，新疆阿克苏地区，一辆重型牵引车行驶至S208线22km处，与一辆中型客车相撞，造成9人死亡、5人轻伤。

48. 广东省湛江市交通事故

2015年1月28日4时，广东省湛江市雷州市，一辆客运大巴发生侧翻，事故造成3人死亡、5人受伤。

49. 湖南省湘西州交通事故

2015年1月29日8时30分，湖南省湘西州，一辆中巴车与一辆面包车相撞，造成3人死亡、4人受伤。

50. 重庆市长寿区交通事故

2015年1月30日10时，重庆市长寿区，一辆轿车失控冲入对向车道与一辆面包车相撞，事故造成6人死亡、10人受伤。

51. 安徽省淮北矿业突水事故

2015年1月30日18时55分，安徽省淮北矿业集团公司朱仙庄煤矿866-1采煤工作面发生突水事故，事故造成7人死亡、7人轻伤。

52. 内蒙古呼伦贝尔市燃爆事故

2015年1月31日6时8分，内蒙古自治区呼伦贝尔市根河市金河兴安人造板有限责任公司制板车间发生燃爆事故，造成6人死亡、3人受伤。

53. 山东省临沂市爆炸事故

2015年1月31日7时55分，山东省临沂市烨华焦化有限公司发生爆炸事故，造成4人死亡、2人受伤。

54. 湖南省长沙市窒息事故

2015年1月31日16时50分，湖南省长沙市黄兴大道污水管道试通水施工过程中发生窒息事故，造成3人死亡。

55. 江苏、湖北2省低温冷冻和雪灾

2015年1月28日以来江苏、湖北2省遭受的低温冷冻和雪灾已造成30余万人受灾，截至2月2日9时统计，江苏省盐城、泰州2市4个县（市、区）5900余人受灾，农作物受灾面积300余公顷，直接经济损失1200余万元；湖北省十堰、襄阳、孝感等8市27个县（市、区）33.9万人受灾，农作物受灾面积28.5千公顷，其中绝收100余公顷；直接经济损失1.6亿元。

56. 贵州省东南部地区冰冻灾害

2015年1月28日—2月2日，贵州省东南部地区持续低温，造成黔东南、黔南2自治州6个县5.4万人受灾，300余人需紧急生活救助；农作物受灾面积1.7千公顷，其中绝收100余公顷；直接经济损失1100余万元。

57. 云南省保山市风雹灾害

2015年1月31日，因受强对流天气影响，云南省保山市昌宁县境内出现降雨，局地伴有冰雹。截至2月2日9时统计，昌宁县5700余人受灾，农作物受灾面积近500公顷，其中绝收100余公顷，直接经济损失500余万元。

58. 新疆吐鲁番空油罐闪爆事故

2015年2月2日19时20分，新疆吐鲁番地区一电焊铺在维修一辆空油罐车时发生闪爆事故，造成3人死亡、2人受伤。

59. 云南省德宏州交通事故

2015年2月3日8时25分，云南省德宏州瑞丽市一辆中型自卸货车与一辆大客车相撞，造成5人死亡。

60. 广西百色市坍塌事故

2015年2月3日17时30分，广西壮族自治区百色市靖西县一堵挡土墙发生坍塌，事故造成3人死亡。

61. 湖北省黄石市爆燃事故

2015年2月3日18时13分，湖北省黄石市阳新县一民宅用火不慎至煤气泄漏爆燃，事故造成4人死亡。

62. 沪昆高速潭邵段交通事故

2015年2月4日2时2分，湖南省境内沪昆高速潭邵段一辆重型半挂引车与一辆小车相撞，造成5人死亡、1人受伤。

63. 福建省三明市中毒事故

2015年2月4日8时50分，福建省三明市福维热电动力厂污水处理站发生硫化氢中毒事故，造成5人死亡。

64. 福建永安"2·4"硫化氢中毒事故

2015年2月4日10时，福建省永安市福建福维公司发生一起硫化氢中毒事件，造成5人死亡。

65. 台湾复兴航空"2·4"坠机事故

2015年2月4日10时56分，台湾复兴航空一架ATR-72轻型民航客机在执飞台北至金门航线时坠河，造成43人死亡、10人受伤。

66. 云南省普洱市交通事故

2015年2月4日11时35分，云南省普洱市元磨高速公路，一辆小型越野车与隧道墙壁发生碰撞，事故造成3人死亡、3人受伤。

67. 福建省三明市交通事故

2015年2月4日13时，福建省三明市三元区，一辆挂水泥挂车与一辆货车相撞，事故造成3人死亡。

68. 安徽省安庆市交通事故

2015年2月5日5时30分，安徽省安庆市G35济广高速岳潜段上行线762km+810m处，发生两车追尾事故，造成4人死亡、2人轻伤。

69. 广东惠东"2·5"火灾事故

2015年2月5日13时51分，广东省惠州市惠东县平山街道办惠东大道义乌商品城四楼仓库发生火灾事故，过火面积约为3800m^2，造成17人死亡、4人受伤，直接经济损失1173万元。

70. 山东省聊城市坠落事故

2015年2月8日9时30分，山东省聊城市冠县一公司在停产检修时发生坠落事故，造成3人死亡、6人受伤。

71. 辽宁喀左"2·9"交通事故

2015年2月9日3时30分，辽宁省朝阳市喀左县公营子镇高速火车道口，一辆载有焦炭的货车刹车失灵，与拉硫酸的火车相撞，造成1人受伤。

72. 山东省临沂市交通事故

2015年2月9日14时，山东省临沂市，蒙山旅游景区一车辆失控发生侧翻，事故造成7人死亡、14人受伤。

73. 云南省文山州坍塌事故

2015年2月9日14时10分，云南省文山州职教园区学生活动中心工程发生坍塌事故，造成8人死亡、7人受伤。

74. 广东省佛山市火灾事故

2015年2月10日6时42分，广东省佛山市南海区一居民楼发生火灾，事故造成4人死亡。

75. 湖北省宜昌市交通事故

2015年2月10日12时35分，湖北省宜昌市兴山县一辆农用三轮车坠入河中，造成3人死亡。

76. 山西省吕梁市交通事故

2015年2月10日17时57分，山西省吕梁市境内的省道S线137km处发生四车相撞事故，造成7人死亡、2人受伤。

77. 四川会理"2·11"交通事故

2015年2月11日4时50分，一辆载有黄磷的罐车，在途经108国道四川省凉山州会理县云甸境内时发生侧翻，黄磷泄漏燃烧，造成41人急性呼吸道灼伤。

78. 广西百色市交通事故

2015年2月11日11时，广西百色市右江区，广昆高速公路821km处，一挂车与路边一辆抛锚停在应急车道的面包车相撞，事故造成6人死亡、1人受伤。

79. 湖南省株洲市交通事故

2015年2月11日11时46分，湖南省株洲市国道106线路段，一辆低速小货车失控，冲撞多名行人，事故造成3人死亡。

80. 安徽省黄山市交通事故

2015年2月12日9时35分，安徽省黄山市境内杭瑞高速，一辆小型普通客车发生侧翻事故，造成3人死亡。

81. 山西省阳泉煤业公司煤与瓦斯突出事故

2015年2月12日11时38分，山西省阳泉煤业集团有限责任公司寺家庄矿南一盘区15203

进风顺槽掘进工作面发生一起煤与瓦斯突出事故，造成3人死亡。

82. 广西桂林市交通事故

2015年2月14日7时20分，广西桂林市G72泉南高速公路，一辆重型半挂牵引车与同向行驶的一辆重型半挂牵追尾碰撞后，又相继被一辆大型汽车及一辆大型卧铺客车碰撞，事故共造成3人死亡、3人受伤。

83. 湖南省岳阳市交通事故

2015年2月14日13时，湖南省岳阳市岳阳县S306新开镇林场路段，一辆的士与一辆小轿车发生相撞，事故造成4人死亡、1人重伤。

84. 湖北省利川市山体崩塌事故

2015年2月14日23时，湖北省恩施土家族苗族自治州利川市媒道镇318国道1699km处发生山体崩塌，崩塌体将正在通过的一辆货车击中，导致车上2人死亡。

85. 广东省东莞市火灾事故

2015年2月15日4时30分，广东省东莞市塘厦镇清湖头社区竹公岭东15号一楼“信德堂”药店发生火灾，事故造成3人死亡。

86. 湖南省娄底市暴雨冰雹灾害

2015年2月15日，娄底市涟源市局地出现暴雨冰雹，造成部分村组停电。截至2月17日9时统计，12万人受灾，近200人紧急转移安置，200余间房屋不同程度损坏，直接经济损失600余万元。

87. 甘肃省武威市交通事故

2015年2月18日23时，甘肃省武威市凉州区武南镇畦村口处，一辆小轿车与另一辆小轿车相撞，造成4人死亡。

88. 湖北省宜昌富升化工公司燃爆事故

2015年2月19日8时22分，湖北省枝江经济开发区姚家港化工园的宜昌富升化工有限公司硝基复合肥建设项目在试生产过程中发生燃爆事故，造成5人死亡、2人受伤，直接经济损失469.28万元。

89. 浙江省金华市爆炸事故

2015年2月19日16时，浙江省金华市象珠镇文雄烟花爆竹销售点在为顾客试放烟花爆竹时引发火灾，导致店内其他烟花爆竹爆炸，事故造成5人死亡、3人受伤。

90. 广西河池市交通事故

2015年2月20日10时，广西壮族自治区河池市东兰县，一辆中型客车与一辆两轮摩托车相撞，事故造成3人死亡。

91. 广东省惠州市交通事故

2015年2月21日4时20分，广东省惠州市博罗县，一辆小面包车与一辆货车发生碰撞，事故造成4人死亡。

92. 云南省普洱市墨江县4.4级地震

2015年2月21日6时37分，普洱市墨江哈尼族自治县（北纬23.0度，东经101.7度）发生4.4级地震，震源深度6km。截至2月25日9时统计，地震造成墨江哈尼族自治县、江城哈尼族彝族自治县1.1万人受灾，直接经济损失2700余万元。

93. 云南省昆明市交通事故

2015年2月21日14时，云南省昆明市禄劝县撒营盘镇，一辆小轿车驶出道路坠入山崖，造成5人死亡。

94. 湖南邵阳“2·21”沉船事故

2015年2月21日16时，湖南省邵阳县九公桥镇塘洪村段一村民私驾他人船只载亲戚游玩，在返回途中发生沉船事故，造成9人死亡。

95. 广西钦州市交通事故

2015年2月22日9时35分，广西钦州市境内，一辆大型普通客车失控碰撞右边山坡后侧翻，事故造成4人死亡。

96. 贵州省六盘水市交通事故

2015年2月23日11时58分，贵州省六盘水市，一辆小轿车翻下路坎，事故造成4人死亡。

97. 辽宁省铁岭市交通事故

2015年2月24日12时50分，辽宁省铁岭市调兵山市，一辆中型客车与一辆大型客车迎面相撞，事故造成7人死亡。

98. 西藏日喀则市雪崩

2015年2月24日17时，西藏自治区日喀则市吉隆县扎噶寺附近发生大面积雪崩，造成2人遇难。

99. 新疆喀什“2·24”交通事故

2015年2月24日23时20分，新疆五运旅客运输有限公司新N32698号“宇通”牌大型普通客车，自喀什地区客运总站国际汽车站出发行驶至未开通运营的G3012线阿喀高速公路1071km+230m处，发生左前轮爆胎致使车辆失控，驶入对向车道发生自翻，造成22人死亡、38人受伤，直接经济损失1475万元。

100. 贵州省风雹灾害

2015年2月18—20日，贵州省部分地区遭受大风、冰雹等强对流天气袭击，造成遵义、黔东南、黔南3市（自治州）5个县3.8万人受灾；1000余间房屋不同程度损坏；农作物受灾面积

2.6千公顷，其中绝收近500公顷；直接经济损失近1200万元。

101. 辽宁省辽阳市交通事故

2015年2月25日22时，辽宁省辽阳灯塔市境内，一辆大货车与一辆小轿车相撞，事故造成3人死亡、2人受伤。

102. 贵州省黄平县风雹灾害

2015年2月25日，贵州省黔东南苗族侗族自治州黄平县部分乡镇遭受风雹灾害。截至2月26日9时统计，黄平县8800余人受灾，400余人需紧急生活救助；10余间房屋受损；农作物受灾面积近200公顷，其中绝收30余公顷；直接经济损失近100万元。

103. 广东省肇庆交通事故

2015年2月28日3时54分，广东省肇庆市广昆高速G80肇庆往广州方向，一辆面包车与一辆大货车追尾相撞，事故造成4人死亡。

104. 青海省强降雪灾害

2015年2月23 —25日，受贝湖槽底分裂冷平流及地形的共同影响，青海省部分地区出现强降雪天气。截至2月28日9时统计，海南藏族自治州兴海县、海西蒙古族藏族自治州乌兰县和都兰县400余人受灾，1.1万头（只）牲畜死亡，直接经济损失100余万元。

105. 江西省涌山煤矿煤与瓦斯突出事故

2015年2月28日11时，江西省乐平矿务局涌山煤矿32506掘进工作面发生煤与瓦斯突出事故，造成4人死亡。

106. 广东省深圳市交通事故

2015年3月1日15时30分，广东省深圳市，深圳宝安机场离港平台转弯处一辆小客车失控撞倒多名行人，事故造成9人死亡、23人受伤。

107. 深圳“3·1”交通事故

2015年3月1日15时33分，深圳市宝安机场T3航站楼高架桥转出发大厅约50m处发生了一起重大的交通事故，造成9人死亡、24人受伤。

108. 云南省沧源县5.5级地震

2015年3月1日18时24分，云南省临沧市沧源佤族自治县芒卡镇（北纬23.5度，东经98.9度）发生5.5级地震，震源深度11km。截至3月1日21时，地震共造成沧源县芒卡、耿马县孟定两个乡镇房屋受损严重，并造成3人重伤、17人轻伤、6.2万人受灾。

109. 河南林州“3·2”交通事故

2015年3月2日23时，河南省林州市境内226省道一辆大巴客车发生交通事故，造成20人死亡、13人受伤。

110. 西藏达孜县交通事故

2015年3月3日6时34分，西藏自治区达孜县境内，一辆越野车坠入拉萨河，事故造成4人死亡。

111. 内蒙古鄂尔多斯市蒸汽灼伤事故

2015年3月3日22时40分，内蒙古自治区鄂尔多斯市，天润化肥股份有限公司发生高压蒸汽灼伤事故，造成3人死亡。

112. 广东省梅州市火灾事故

2015年3月3日23时4分，广东省梅州市五华县安流镇，一居民家中发生火灾，造成4人死亡。

113. 福建省泉南高速交通事故

2015年3月3日23时9分，福建省泉南高速B道57km+800m处（三明往泉州方向）发生一起客车侧翻事故，造成4人死亡、24人受伤。

114. 云南昆明“3·4”火灾事故

2015年3月4日4时，云南省昆明市官渡区彩云北路1502号东盟联丰农产品商贸中心发生火灾，造成12人死亡、10人受伤。

115. 广西南宁市交通事故

2015年3月5日4时，广西壮族自治区南宁市横县面包车与货车发生追尾事故，造成3人死亡、3人受伤。

116. 吉林省局部地区雪灾

2015年3月3—4日，受高空槽和地面低气压影响，吉林省白城市部分地区普降大雪，积雪累积厚度达到30cm。截至3月5日9时统计，白城市洮北区3100余人受灾，农作物受灾面积100余公顷，直接经济损失400余万元。

117. 贵州兴仁“3·7”交通事故

2015年3月7日12时34分，一辆轻型自卸货车在黔西南州兴仁县城北街道办事处锁寨村五星枇杷基地道路上侧翻，造成11人死亡、19人受伤，直接经济损失496万元。

118. 广西南宁市交通事故

2015年3月7日16时37分，广西壮族自治区南宁市横县广昆高速，一辆小客车侧翻撞到道路中间护栏，被另一辆小客车追尾，事故造成3人死亡。

119. 安徽省马鞍山市交通事故

2015年3月7日20时，安徽省马鞍山市和县姥桥镇，一辆小客车坠落水塘中，事故造成车上5人死亡。

120. 沪陕高速固始段交通事故

2015年3月8日6时20分，沪陕高速固始段一辆大巴车与一辆小车追尾后，翻入路边池塘，造成6人死亡、46人受伤。

121. 河南固始“3·8”交通事故

2015年3月8日6时20分，一辆由河南商城县开往浙江萧山的大客车在沪陕高速固始境内发生交通事故，造成6人死亡、11人受伤。

122. 山西省晋城市交通事故

2015年3月8日7时，山西省晋城市高平市境内，一辆重型货车翻车将一辆微型面包车压在车下，事故造成4人死亡。

123. 广东省清远市交通事故

2015年3月9日3时，广东省清远市，一辆小型客车行与一辆重型半挂牵引车相撞，事故造成4人死亡、3人受伤。

124. 甘肃部分地区旱灾

甘肃省自入冬以来，临夏回族自治州部分地区降水偏少、气温持续偏高，土壤缺水严重，造成临夏州临夏、永靖、东乡3个县（市）10.2万人受灾，因旱需生活救助1.1万人，其中饮水困难需救助8600余人，农作物受灾面积3.4千公顷，直接经济损失1400余万元。

125. 河南省鹿邑县交通事故

2015年3月10日4时20分，河南省鹿邑县，一辆货车行与一辆面包车相撞，事故造成6人死亡。

126. 浙江省舟山市渔船火灾

2015年3月10日7时，浙江省舟山市，一艘渔船机舱起火，发生火灾，事故造成5名船员死亡。

127. 黑龙江省牡绥高速交通事故

2015年3月10日14时，黑龙江省G10牡绥高速，一辆重型半挂牵引车侧滑与因事故停放在路边的两辆轿车及路内滞留的5人相撞，事故造成4人死亡、1人重伤。

128. 湖北省黄石市铜山口矿井坍塌坠落事故

2015年3月11日23时，湖北省黄石市大冶有色公司铜山口矿井，工人在维修拆除过程中，发生围岩坍塌坠落，造成4人死亡、1人受伤。

129. 浙江省衢州市交通事故

2015年3月12日13时24分，浙江省衢州市一辆面包车与对向行驶的小汽车相撞，造成3人死亡、1人受伤。

130. 安徽省亳州市火灾事故

2015年3月13日1时，安徽省亳州市涡阳县城西街道燕峰纸箱加工作坊发生火灾，事故造成5人死亡。

131. 浙江省嘉兴市交通事故

2015年3月13日3时30分，浙江省嘉兴市一辆集装箱货车与一辆面包车发生刮擦，随后面包车被一辆货车碰撞，造成4人死亡、3人受伤。

132. 四川省广安市龙泉煤矿冒顶事故

2015年3月13日12时15分，四川省广安市邻水县龙泉煤矿发生顶板事故，造成4人死亡。

133. 广东省惠州市交通事故

2015年3月14日3时22分，广东省惠州市惠东县一辆小型轿车驶出路外后翻车，事故造成3人死亡、3人受伤。

134. 陕西省陇南市交通事故

2015年3月14日7时30分，陕西省陇南市一辆小型面包车发生侧翻，事故造成4人死亡、2人受伤。

135. 西藏那曲交通事故

2015年3月14日7时30分，西藏自治区那曲地区一辆空油罐车与一辆面包车相撞，事故造成4人死亡、3人受伤。

136. 安徽省阜阳市4.3级地震

2015年3月14日14时13分安徽省阜阳市市辖区（北纬33.0度，东经115.9度）发生4.3级地震，震源深度10km，地震造成2人死亡。

137. 河南省郑州市爆炸事故

2015年3月14日16时30分，河南省郑州市巩义市竹林镇牡丹焊接材料有限公司发生熔釜爆炸事故，造成3人死亡、2人受伤。

138. 广东省佛山市煤气泄漏中毒事故

2015年3月15日3时，广东省佛山市三水区白坭镇广汇化工厂发生煤气泄漏中毒事故，造成3人死亡、5人受伤。

139. 安徽省铜陵市交通事故

2015年3月15日20时30分，安徽省铜陵市两辆货车碰撞，继而后面三辆汽车追尾，事故共造成3人死亡、2人受伤。

140. 安徽省滁州市交通事故

2015年3月15日20时56分，安徽省滁州市明光市一辆越野车与一辆小货车相撞，事故造成4人死亡、1人受伤。

141. 云南省昭通市交通事故

2015年3月16日16时20分，云南省昭通市镇雄县，一辆大货车与路边一辆小轿车发生碰撞后，失控撞向路边民房，事故造成5人死亡。

142. 云南省曲靖市交通事故

2015年3月16日17时50分，云南省曲靖市会泽县，一辆微型车行驶途中翻下山崖，事故造成6人死亡。

143. 河南省邓州市中毒事故

2015年3月16日17时50分，河南省邓州市伟业电力设备公司发生煤气泄漏事故，造成4人中毒死亡。

144. 广西崇左市交通事故

2015年3月16日18时50分，广西崇左市大新县，一辆拖拉机发生翻车事故，造成4人死亡。

145. 浙江省绍兴市交通事故

2015年3月17日6时18分，浙江省绍兴市，一辆厢式货车与一辆自卸货车追尾相撞，事故造成3人死亡。

146. 云南省华天物流公司办公楼火灾

2015年3月17日12时15分，云南省滇中产业新区华天物流有限公司办公楼发生火灾事故，造成3人死亡、1人受伤。

147. 山东省滨州市爆炸事故

2015年3月18日9时，山东省滨州市沾化经济开发区，海明化工有限公司双氧水装置氢化塔发生爆炸事故，造成4人死亡、2人受伤，直接经济损失488.2万元。

148. 海南省儋州市中毒事故

2015年3月18日17时，海南省儋州市一橡胶有限公司因清理橡胶废水池发生中毒，造成3人死亡、1人受伤。

149. 广西桂林"3·19"山石坠落事故

2015年3月19日9时25分，在广西桂林市叠彩山发生山石坠落事故，造成7人死亡、25人受伤。

150. 河北省唐山市东海特钢煤气中毒事故

2015年3月19日10时，河北省唐山市东海特钢集团有限公司发生煤气泄漏，事故造成4人死亡，直接经济损失350万元。

151. 云南省昆明市倒塌事故

2015年3月22日13时25分，云南省昆明市五华区，一村庄发生围墙倒塌事故，造成3人死亡、2人受伤。

152. 辽宁大连"3·22"火灾事故

2015年3月22日13时48分，辽宁省大连市金州新区大黑山南侧发生火灾，过火面积25.4公顷，造成5人死亡。

153. 贵州省兴义市交通事故

2015年3月23日20时，贵州省黔西南州兴义市一辆重型半挂牵引车与对向行驶的一辆三轮电动摩托车和一辆二轮摩托车发生碰撞，事故造成5人死亡、2人受伤。

154. 湖南桑植"3·23"透水事故

2015年3月23日21时25分，湖南省张家界市桑植县马鸿塔矿业有限公司东里溪炭质页岩矿发生一起较大透水事故，造成6人死亡，直接经济损失486万元。

155. 贵州省黔东南州交通事故

2015年3月24日21时，贵州省黔东南州天柱县，一辆小型汽车与一辆水泥罐车相撞，造成4人死亡、2人受伤。

156. 新疆部分地区洪涝风雹灾害

2015年3月24—25日，新疆部分地区出现大风及融雪性洪水，伊犁哈萨克自治州巩留县、察布查尔锡伯自治县、塔城地区托里县遭受风雹灾害，造成1700余人受灾，农作物受灾面积100公顷，直接经济损失500余万元；阿勒泰地区吉木乃县遭受洪涝灾害，造成300余人受灾，农作物受灾面积300余公顷，直接经济损失400余万元。

157. 新疆克拉玛依市民房火灾事故

2015年3月25日0时28分，新疆克拉玛依市一民房发生火灾，事故造成6人死亡、2人受伤。

158. 四川、云南省部分地区风雹灾害

2015年3月25日，四川、云南省部分地区遭受风雹灾害，造成四川米易县1.2万人受灾，云南14个县(市)7.5万人受灾，共造成直接经济损失逾2亿元。

159. 黑龙江省绥化市交通事故

2015年3月25日6时45分，黑龙江省绥化市肇东市，一辆轿车与对向行驶的轿车相撞，事故造成6人死亡、2人受伤。

160. 陕西吴起"3·26"原油泄漏事故

2015年3月26日6时，陕西省延安市吴起县境内的中国石油长庆油田分公司第九采油厂发生原油泄漏事故，造成大范围环境污染。

161. 广西南宁市邕宁区交通事故

2015年3月27日18时45分，广西南宁市邕宁区，一辆重型厢式货车与对向行驶的一辆小型普通客车发生碰撞，事故造成3人死亡。

162. 广东省东莞市交通事故

2015年3月28日0时27分，广东省东莞市望牛墩镇，一辆二轮摩托车左转弯操作不当导致车辆前轮与道路右侧路缘石发生碰撞，事故造成3人死亡。

163. 广东省广州市交通事故

2015年3月29日1时48分，广东省广州市花都区花山镇，一辆小汽车先后碰撞路灯及桥墩，造成3人死亡。

164. 西藏、新疆部分地区冷冻和雪灾

2015年3月29日以来，西藏、新疆部分地区遭受低温冷冻和雪灾，其中西藏自治区阿里地区札达县、噶尔县1600余人受灾，因灾死亡大牲畜6100余头（只），直接经济损失近600万元；新疆维吾尔自治区伊犁哈萨克自治州、塔城地区6个县（市）2.3万人受灾，800余人需紧急生活救助；农作物受灾面积30.8千公顷；近800间房屋不同程度损坏；直接经济损失1400余万元。

165. 贵州省剑河县5.5级地震

2015年3月30日9时47分，贵州黔东南苗族侗族自治州剑河县发生5.5级地震。截至4月1日9时统计，贵州剑河地震造成剑河县、天柱县、锦屏县、黎平县2.8万人受灾，1人受伤，2500余人紧急转移安置，近6200间房屋不同程度损坏，直接经济损失1.2亿元。

166. 辽宁省锦州市交通事故

2015年3月31日5时40分，辽宁省锦州市，一辆半挂牵引车与一辆轿车相撞，造成3人死亡、1人受伤。

167. 西北部分地区风雹灾害

2015年3月30日至4月1日，西北部分地区出现大风沙尘天气，局地沙尘暴，最大风力达11级，分省灾情如下：陕西省渭南市大荔县、蒲城县、富平县2.9万人受灾，农作物受灾面积4.1千公顷，直接经济损失1300余万元；甘肃省酒泉市敦煌市、瓜州县、玉门市6600余人受灾，农作物受灾面积近600公顷，直接经济损失近600万元；新疆维吾尔自治区克孜勒、博尔塔拉、阿勒泰3地区（自治州）4个县（市）近2000人受灾，1人死亡，农作物受灾面积100余公顷，100间房屋不同程度损坏，直接经济损失近100万元。

168. 内蒙古乌兰察布市交通事故

2015年4月1日14时20分，内蒙古自治区乌兰察布市，一辆客车发生侧翻事故，造成3人死亡、15人受伤。

169. 山西省朔州市交通事故

2015年4月1日19时8分，山西省朔州市平鲁区境内，一辆小型面包车与一辆重型半挂牵引车相撞，事故造成3人死亡、2人受伤。

170. 四川省内江市龙门吊垮塌事故

2015年4月1日19时27分，四川省内江市市中区一高速公路施工现场发生龙门吊垮塌事故，造成3人死亡、1人受伤。

171. 青海省海东市西岔湾水库涵洞窒息事故

2015年4月2日12时，青海省海东市平安区古城乡新庄村西岔湾水库涵洞维修排水管时发生中毒和窒息事故，造成4人死亡、3人受伤。

172. 河南省济源市中原特钢中毒事故

2015年4月2日18时，河南省济源市中原特钢股份有限公司炼钢公司蒸汽泵房发生中毒事故，造成3人死亡。

173. 陕西省西咸新区火灾事故

2015年4月2日18时10分，陕西省西咸新区秦汉新城发生一起火灾窒息较大生产安全事故，造成4人死亡、1人轻伤，直接经济损失380万元。

174. 天津市子牙河特大桥施工现场坍塌事故

2015年4月2日23时15分，天津市辖区西青区津保铁路子牙河特大桥施工现场发生坍塌，事故造成4人死亡。

175. 浙江省台州市坍塌事故

2015年4月4日9时20分，浙江省台州市仙居县下岸水库进出水口闸门井施工现场发生坍塌，事故造成3人死亡。

176. 山东省淄博市触电事故

2015年4月4日13时50分，山东省淄博市张店区付家镇黄家村一非法个人承包项目发生触电事故，造成3人死亡。

177. 甘肃省临夏州交通事故

2015年4月4日14时20分，甘肃省临夏州康乐县虎关乡吴坪村村社道路发生一起三轮汽车翻车重大道路交通事故，造成12人死亡、5人受伤，直接经济损失约144万元。

178. 贵州省毕节市交通事故

2015年4月4日19时，贵州省毕节市纳雍县老凹坝乡境内一辆从纳雍县开往织金县方向的中巴车坠入河中，事故造成21人死亡、3人受伤。

179. 黑龙江省七台河市昌峰煤矿透水事故

2015年4月5日15时，黑龙江省七台河市新兴区昌峰煤矿一井发生透水事故，造成6人死亡。

180. 浙江金华市交通事故

2015年4月6日13时20分，浙江金华市兰溪市境内330国道一重型半挂牵引车与两辆轿车发生碰撞，事故造成4人死亡、1人受伤。

181. 楚大高速交通事故

2015年4月6日18时，云南省楚雄州南华县境内，楚大高速发生道路交通事故，造成8人死亡、28人受伤。

182. 福建漳州"4·6"爆炸事故

2015年4月6日18时56分，福建省漳州市腾龙芳烃有限公司二甲苯装置发生爆炸着火重大事故，造成6人受伤，直接经济损失9457万元。

183. 山西省吕梁市交通事故

2015 年 4 月 6 日 21 时 19 分，山西省吕梁市交口县 321 省道孝石线 57km+123m 处，一辆大货车与一辆小轿车相撞，事故造成 3 人死亡。

184. 广东省广州市交通事故

2015 年 4 月 7 日 13 时 20 分，广东省广州市花都市境内，发生道路交通事故，造成 4 人死亡、4 人受伤。

185. 西南部分地区风雹灾害

2015 年 4 月 6—7 日，西南部分地区出现短时强降雨、雷暴、大风等强对流天气，导致四川、贵州、云南等地遭受风雹灾害。截至 4 月 8 日 9 时统计，四川省阿坝藏族羌族自治州茂县 1.5 万人受灾，农作物受灾面积 1 千公顷，直接经济损失 500 余万元；贵州省黔南布依族苗族自治州平塘县 4000 余人受灾，农作物受灾面积 50 余公顷，直接经济损失近 100 万元；云南省西双版纳傣族自治州勐海县 1 人因雷击死亡。

186. 山东省淄博市低温冻害

2015 年 4 月 7 日夜间至 8 日晨，山东省淄博市遭遇较强冷空气影响，气温骤然下降至零度以下，致使正值出芽期和初果期的苹果、樱桃、葡萄等经济作物和部分已出芽的农作物遭受低温冻害。截至 4 月 9 日 9 时统计，淄博市临淄区、沂源县 1700 余人受灾，农作物受灾面积 500 余公顷，直接经济损失 900 余万元。

187. 广西南丹县风雹灾害

2015 年 4 月 6 日受强对流天气影响，广西壮族自治区河池市南丹县遭受雷雨、大风、冰雹袭击，造成该县八圩、城关、罗富、芒场等 4 个乡镇遭受风雹灾害。截至 4 月 9 日 9 时统计，南丹县 5200 余人受灾，1700 余间房屋一般损坏，农作物受灾面积 100 余公顷，直接经济损失 200 余万元。

188. 山东省潍坊市香荃化工公司中毒事故

2015 年 4 月 9 日 9 时 40 分，山东省潍坊市香荃化工有限公司污水处理设施好氧池发生窒息中毒事故，导致 3 人死亡、2 人受伤。

189. 河北渤海新区“4·10”车辆伤害事故

2015 年 4 月 10 日 8 时 30 分，河北省达力普石油专用管有限公司渤海新区分公司发生一起生产安全事故，造成 1 人死亡，直接经济损失 66 万元。

190. 湖南省怀化市瓦斯燃烧事故

2015 年 4 月 11 日 20 时 20 分，湖南省怀化市溆浦县舒溶乡井湾粘土矿南平巷（标高 +204m）工作面，因作业人员违规作业引发局部瓦斯燃烧事故，造成 4 人死亡、1 人受伤。

191. 河北省新乐市坍塌事故

2015 年 4 月 11 日 23 时，河北省新乐市金地建材市场正在建设的一商业楼在浇筑混凝土过程中模板支撑架发生坍塌，事故造成 5 人死亡、4 人受伤。

192. 宁夏固原市低温冻害

2015 年 4 月 8—10 日，宁夏回族自治区大部分地区出现低温冷冻天气，造成固原市 5 个县（区）8 万人受灾，农作物受灾面积 3.8 千公顷，直接经济损失 4900 余万元。

193. 安徽省肥东县风雹灾害

2015 年 4 月 12 日，安徽省合肥市肥东县古城、八斗等乡镇发生强对流天气，伴有雷电、大风、冰雹，阵风达 7—8 级，冰雹直径约 2cm，导致部分房屋和农业大棚受损，造成肥东县 8200 余人受灾，1 人死亡，农作物受灾面积 500 余公顷，直接经济损失 400 余万元。

194. 广东省揭阳市火灾事故

2015 年 4 月 13 日 9 时 56 分，广东省揭阳市蓝城区磐东街道一塑料加工作坊发生火灾事故，造成 4 人死亡。

195. 西藏边坝县雪崩

2015 年 4 月 14 日 6 时，西藏自治区昌都市边坝县金岭乡卡许村龙措卡自然村土龙沟牧场发生雪崩灾害，造成 2 人死亡。

196. 湖南省长沙市交通事故

2015 年 4 月 14 日 14 时 20 分，湖南省长沙市浏阳市境内 319 国道发生大货车与面包车相撞事故，造成 5 人死亡。

197. 甘肃省临洮县 4.5 级地震

2015 年 4 月 15 日 14 时 08 分，甘肃省定西市临洮县（北纬 35.4 度，东经 104.0 度）发生 4.5 级地震，震源深度 9km，地震造成临洮县八里铺镇窑沟村一处土窑在地震中塌落，造成 1 人死亡，震中附近山体出现土方滑落，部分房屋倒塌。

198. 南方部分地区低温冷冻灾害

2015 年 4 月 14 日以来，湖北、湖南、云南 3 省部分地区出现降温过程，导致茶叶、玉米、洋芋、马铃薯等作物遭受低温冻害。截至 4 月 16 日 9 时统计，分省灾情如下：湖北省恩施土家族苗族自治州 4 个县（市）5.1 万人受灾，农作物受灾面积 6.8 千公顷，其中绝收 200 余公顷，直接经济损失 9900 余万元；湖南省常德市石门县 4600 余人受灾，农作物受灾面积 700 余公顷，其中绝收 100 余公顷，直接经济损失近 600 万元；云南省曲靖市宣威市 7700 余人受灾，农作物受灾面积

700余公顷，其中绝收300余公顷，直接经济损失500余万元。

199. 湖北省恩施市交通事故

2015年19日17时，湖北省恩施土家族苗族自治州恩施市三岔乡境内恩鹤公路17km处一辆载客大巴翻下20m左右高坎，事故导致5人当场死亡、20人受伤。

200. 山西省大同市姜家湾煤矿透水事故

2015年4月19日18时50分，山西省大同市南郊区大同煤矿集团大同地方煤炭有限责任公司姜家湾煤矿发生透水事故，造成21人死亡。

201. 宁夏银川市交通事故

2015年4月19日18时50分，宁夏回族自治区银川市滨河新区汉关路与瀚海路交叉路口，一辆工程车与一辆面包车相撞，事故造成8人死亡、1人受伤。

202. 西北、华北部分地区风雹灾害

2015年4月20日下午，山西、陕西、甘肃等省部分地区出现短时强降雨天气，局地伴有大风、冰雹，导致小麦、玉米等作物受灾。截至4月21日9时统计，分省灾情如下：山西省长治市武乡县1800人受灾，农作物受灾面积100余公顷，直接经济损失1200余万元；陕西省延安市富县5700余人受灾，农作物受灾面积1.1千公顷，直接经济损失3300万元；甘肃省白银、天水、平凉等6市8个县（区）6.2万人受灾，农作物受灾面积8.5千公顷，直接经济损失6300余万元。

203. 湖北省兴山县滚石事故

2015年4月22日1时56分，湖北省宜昌市兴山县水月寺镇高岚村发生滚石，约7m^{3}的落石砸中下方一座工棚，事故导致5人死亡、2人受伤。

204. 内蒙古西乌珠穆沁旗草原火灾

2015年4月23日凌晨，内蒙古自治区锡林郭勒盟西乌珠穆沁旗高日罕镇发生大范围草原火灾，造成1000余人受灾，24人紧急转移安置，草场过火面积3.3千公顷，17间房屋烧毁，32间棚圈、11万余斤捆草、8000余斤饲料烧毁，400只羊死亡。

205. 云南省昆明市落雪铜矿窒息事故

2015年4月25日9时50分，云南省昆明市东川金水矿业有限公司落雪铜矿发生中毒窒息事故，造成9人死亡、19人受伤，直接经济损失728万元。

206. 湖南省益阳市坠落事故

2015年4月25日14点20分，湖南省益阳市安化县奎溪镇渣滓溪矿业有限公司在进行塔吊拆装作业时，发生侧翻高处坠落事故，导致3人死亡、1人受伤。

207. 黑龙江城山煤矿“4·25”运输事故

2015年4月25日20时30分，黑龙江省龙煤矿山建设有限公司建井工程处，黑龙江龙煤矿业控股集团有限责任公司鸡西矿业公司城山煤矿发生一起较大运输事故，造成3人死亡，直接经济损失215.23万元。

208. 陕西、甘肃风雹灾害

2015年4月25—26日，因受强对流天气影响，陕西、甘肃等省部分地区出现冰雹、大风和雷阵雨天气，造成正值花期的苹果树树干折损、花蕊掉落，小麦、油菜等作物出现倒伏。截至4月27日9时统计，分省灾情如下：陕西省铜川、咸阳、渭南3市4县5.4万人受灾，农作物受灾面积3.9千公顷，直接经济损失500余万元。甘肃省陇南市康县、礼县近4000人受灾，农作物受灾面积近300公顷，直接经济损失200余万元。

209. 四川省乐山市老林头煤矿瓦斯爆炸事故

2015年4月27日13时，四川省乐山市沙湾区老林头煤矿发生较大瓦斯爆炸事故，造成8人死亡、3人受伤，直接经济损失785万元。

210. 安徽省局部风雹灾害

2015年4月27日下午，安徽中部部分地区遭遇龙卷风、冰雹袭击，造成房屋损坏、树木折断、农作物受灾。截至4月28日9时统计，合肥市肥西县、六安市舒城县4.9万人受灾，1人因房屋倒塌死亡，800余人紧急转移安置；近100间房屋倒塌，2400余间不同程度损坏；农作物受灾面积1.2千公顷，其中绝收100余公顷；直接经济损失6000余万元。

211. 湖南益阳“4·29”运输事故

2015年4月29日12时20分，湖南省益阳市安化海川达矿业有限公司振兴煤矿发生一起较大运输事故，造成3人死亡，直接经济损失261.38万元。

212. 山东省潍坊市坍塌事故

2015年4月30日17时30分，山东省潍坊市峡山区潍坊实验中学演艺中心工程发生一起模板支撑系统坍塌事故，造成4人死亡、2人受伤。

213. 四川省达州市茶园煤矿瓦斯爆炸事故

2015年5月1日11时，四川省达州市达川区百节镇茶园煤矿生产系统改造工程发生瓦斯爆炸事故，造成4人死亡。

214. 沪昆高速邵东段交通事故

2015年5月1日15时，沪昆高速邵东段，由东往西方向1211km+585m处，发生一起面包车与大货车追尾相撞的交通事故，造成8人死亡、1

人受伤。

215. 天津市滨海新区交通事故

2015年5月2日1时10分，天津市滨海新区津岐公路48km+900m处发生一起重大道路交通事故，造成10人死亡、3人受伤，直接经济损失约373.8万元人民币。

216. 湖北省兴山县山体崩塌致事故

2015年5月3日16时，湖北省宜昌市兴山县水月寺镇茅草坪村突发山体崩塌，落石砸中山下公路上的车辆及人员，造成4人死亡、5人受伤。

217. 南方部分地区风雹、洪涝灾害

2015年4月30日以来，西南地区东部、江汉、江南及华南北部等地连续降雨，强降雨与强对流天气造成南方部分地区遭受风雹、洪涝灾害。截至5月4日9时统计，分省灾情如下：湖北省荆州市石首市600余人受灾，1人因雷击死亡；农作物受灾面积600余公顷；直接经济损失100余万元；湖南省长沙、株洲、湘西等5市（自治州）8个县（市、区）12.3万人受灾，2人死亡（1人因雷击致死，1人因建筑物倒塌致死），3200余人紧急转移安置，近2500人需紧急生活救助，农作物受灾面积3.2千公顷，直接经济损失8300余万元；重庆市江津区3300余人受灾，100余间房屋不同程度损坏，农作物受灾面积近300公顷，直接经济损失200余万元；四川省泸州、广元、宜宾3市8个县（区）13.8万人受灾，1800余人紧急转移安置，100余间房屋倒塌，8200余间不同程度损坏，农作物受灾面积7.5千公顷，直接经济损失1亿余元。

218. 西北、华北、东北、黄淮等地风沙灾害

2015年5月5—6日，受冷空气影响，西北、华北、东北、黄淮等地部分地区出现大风沙尘天气，局部地区伴有雷暴、冰雹、短时强降水等强对流天气。截至5月7日9时统计，分省灾情如下：河北省石家庄、邯郸、邢台等4市7个县8.7万人受灾，农作物受灾面积18.1千公顷，直接经济损失4400余万元；内蒙古自治区阿拉善盟阿拉善右旗200余人受灾，农作物受灾面积300余公顷；黑龙江省哈尔滨、鸡西、绥化3市7个县（市、区）近600人受灾，直接经济损失近500万元；山东省泰安市宁阳县、临沂市平邑县、聊城市冠县5.6万人受灾，农作物受灾面积3.3千公顷，其中绝收200余公顷，直接经济损失2100余万元；河南省洛阳市汝阳县、平顶山市汝州市12.8万人受灾，农作物受灾面积100余公顷，其中绝收60公顷；陕西省咸阳市永寿县近6400人受灾，农作物受灾面积400余公顷，直接经济损失近80万元；甘肃省，酒泉市肃州区、金塔县、瓜州县7100余人受灾，农作物受灾面积300余公顷，直接经济损失900余万元。

219. 辽宁省葫芦岛市火灾事故

2015年5月7日15时30分，辽宁省葫芦岛市建昌县八家子镇硫铁矿南山井口井下400m中段发生火灾事故，造成5人死亡。

220. 四川雷波县泥石流灾害

2015年5月7日19时，四川省凉山彝族自治州雷波县马颈子乡因暴雨引发泥石流灾害，造成4人死亡、9人受伤，200余人紧急转移安置。

221. 湖南省衡阳市交通事故

2015年5月9日13时，湖南省衡阳市祁东县与永州祁阳县交界路段发生道路交通事故，事故造成5人死亡，直接经济损失100万元。

222. 山东省临沂市工程坍塌事故

2015年5月9日15时45分，山东省临沂市兰陵县鲁城镇的兰陵顺天运输有限公司驻地院内一在建挡土墙工程，在施工过程中发生坍塌事故，造成10人死亡、3人受伤，直接经济损失721.5万元。

223. 云南省金平县交通事故

2015年5月9日18时36分，云南省红河州金平县境内蛮金二级公路3km+200m处发生道路交通事故，造成5人死亡、1人受伤，直接经济损失300余万元。

224. 云南省昭通市交通事故

2015年5月11日8时，云南省昭通市巧家县红山乡发生一起微型车坠岩的交通事故，造成6人死亡、2人受伤。

225. 云南省曲靖市大海煤矿顶板冒落事故

2015年5月11日11时，云南省曲靖市沾益县播乐乡大海煤矿发生工作面顶板冒落事故，造成5人死亡。

226. 湖北省十堰市交通事故

2015年5月11日17时25分，湖北省十堰市郧西县一辆轻卡行驶至当地香口乡一桥梁处，冲出桥梁护栏坠入河道，事故造成9人死亡。

227. 湖北省十堰市郧西兴强金矿公司透水事故

2015年5月12日13时30分，湖北省十堰市郧西县香口乡的郧西兴强金矿有限公司发生透水事故，造成3人死亡、3人受伤，直接经济损失434.66万元。

228. 新疆伊犁局部地区洪涝灾害

2015年5月12日凌晨，新疆伊犁河谷地区出现较大范围的降雨天气，短时强降雨造成部分乡镇农田受灾，桥梁、涵洞、灌渠等基础设施毁损。截至5月14日9时统计，新疆维吾尔自治区伊犁哈萨克自治州新源县、察布查尔锡伯自治县2100余人受灾，近2000间房屋不同程度损坏，农作物受灾面积1.3千公顷，直接经济损失8800余万元；新疆生产建设兵团四师67团6人受灾，直接经济损失300万元。

229. 云南省文山市交通事故

2015年5月15日11时，云南省文山市德厚镇德厚村委会老街心一辆轻型箱式货车失控撞向赶集群众，事故造成4人死亡、12人受伤。

230. 陕西省咸阳市交通事故

2015年5月15日15时，陕西省咸阳市淳化县境内发生特别重大道路交通事故，35人死亡、11人受伤，直接经济损失2300余万元。

231. 山西省晋城市中毒事故

2015年5月16日7时，山西省晋城市阳城县瑞兴化工有限公司二硫化碳生产装置泄漏，在检修过程中发生中毒事故，造成8人死亡、6人受伤。

232. 山东省青岛市爆炸事故

2015年5月19日5时，山东省青岛市南区的喜众连锁概念酒店颐荷店发生液化气爆炸事故，造成2人死亡、16人受伤。

233. 浙江省杭州市坍塌事故

2015年5月20日6时40分，浙江省杭州市余杭区一房屋拆迁工程发生坍塌事故，造成3人死亡、4人受伤。

234. 安徽省蚌埠市交通事故

2015年5月21日0时，安徽省蚌埠市境内南洛高速上行线235km处，两车追尾发生交通事故，造成5人死亡。

235. 广东省揭阳市交通事故

2015年5月21日2时30分，国道206线广东省揭阳市揭东区玉湖镇路段，发生道路交通事故，造成3人死亡。

236. 山东省威海市文登区4.6级地震

2015年5月22日0时5分，山东省威海市文登区（北纬36.9度，东经121.9度）发生4.6级地震，震源深度10km，地震造成威海市文登区、乳山市小观、泽库、白沙滩镇部分村房屋受损，3间房屋倒塌，30间不同程度损坏，60人紧急转移安置。

237. 湖南省邵阳市交通事故

2015年5月23日11时40分，湖南省邵阳市新宁县境内发生道路交通事故，造成8人死亡、5人重伤。

238. 广东省广州市交通事故

2015年5月23日19时4分，广东省广州市从化区105国道发生道路交通事故，造成7人死亡。

239. 黑龙江省局部地区风雹灾害

2015年5月22日，受强对流天气影响，黑龙江省双鸭山市、佳木斯市部分地区遭受大风袭击，最大风力达8级以上，致使部分农业设施、房屋受损。截至5月25日9时统计，双鸭山市尖山区、宝清县、佳木斯市富锦市700余人受灾，1人死亡，100余人紧急转移安置，近300间房屋不同程度损坏，直接经济损失300余万元。

240. 河南省平顶山市火灾事故

2015年5月25日19时55分，河南省平顶山市鲁山县康乐园老年公寓发生火灾，事故造成38人死亡、6人受伤。

241. 广东部分地区洪涝灾害

2015年5月25日以来，广东省部分地区遭受暴雨袭击，惠州市龙门县、佛山市南海区和三水区1.1万人受灾，近100人紧急转移安置，农作物受灾面积700余公顷，直接经济损失近800万元。

242. 辽宁阜新“5·26”顶板事故

2015年5月26日23时9分，辽宁省阜新市阜新矿业（集团）有限责任公司艾友煤矿发生一起较大顶板事故，造成4人死亡、3人受伤，直接经济损失466.1万元。

243. 湖北省武汉市交通事故

2015年5月29日13时59分，湖北省武汉市新洲区汪集镇一辆小货车由于车辆失控，导致车辆行驶至对向车道，与对向行驶的面包车发生碰撞，随后车辆侧滑又与小汽车发生碰撞，事故造成4人死亡、2人受伤。

244. 湖南省邵阳市七四煤业公司煤与瓦斯突出事故

2015年5月30日2时10分，湖南省邵阳市新邵县七四煤业有限责任公司西采区发生煤与瓦斯突出事故，造成8人死亡。

245. 沈海高速茂名段交通事故

2015年5月30日2时38分，沈海高速广东省茂名市段3343km发生道路交通事故，造成5人死亡、2人受伤。

246. 河北保定“5·30”车辆伤害事故

2015年5月30日14时20分，河北省国泰路桥工程有限公司在保定市阜平县史家寨至小岭子村公路改建工程施工过程中，发生车辆伤害事故，造成1人死亡，直接经济损失约120万元。

247. 安徽省淮南市交通事故

2015年5月30日16时，安徽省淮南市八公山区境内S308线17km+100m处，发生道路交通事故，造成3人死亡。

248. 河南省周口市中毒事故

2015年5月31日16时，河南省周口市扶沟县瑞明皮革有限公司职工在清理曝气池管道时发生中毒和窒息事故，造成4人死亡、9人受伤。

249. 西北、华北等地风雹灾害

2015年5月29—30日，西北、华北部分地区出现大风、冰雹等强对流天气。截至6月1日9时统计，分省灾情如下：山西省临汾市吉县、吕梁市孝义市1.4万人受灾，农作物受灾面积1.6千公顷，直接经济损失500余万元；陕西省咸阳市长武县2.1万人受灾，农作物受灾面积2.5千公顷，直接经济损失1100余万元；甘肃省白银、天水、张掖等7市15个县（区）35.1万人受灾，农作物受灾面积40.5千公顷，直接经济损失5.9亿元；宁夏回族自治区固原市原州区、彭阳县、中卫市海原县3.3万人受灾，农作物受灾面积4.1千公顷，直接经济损失1100余万元。

250. 新疆局部风雹灾害

2015年6月2日，新疆维吾尔自治区局部地区遭受短时强降雨、冰雹等强对流天气。截至6月3日9时统计，阿克苏地区沙雅县、伊犁哈萨克自治州昭苏县1万余人受灾，农作物受灾面积6.1千公顷，直接经济损失3400余万元。

251. 山西省长治市交通事故

2015年6月3日21时10分，山西省长治市屯留县城际路东酷醃村路段，一辆小型客车与一辆越野车相撞，事故造成3人死亡、5人受伤。

252. 山西省吕梁市交通事故

2015年6月4日11时40分，山西省吕梁市柳林县成家庄镇张家庄村洗煤厂附近发生一起交通事故，造成4人死亡。

253. 河北、山西省局部地区风雹灾害

2015年6月4日，受强对流天气影响，河北、山西局部地区遭受雷暴、大风、冰雹、短时强降雨袭击，其中河北省保定市蠡县5500人受灾，农作物受灾面积近400公顷，直接经济损失300余万元；山西省忻州市偏关县3600人受灾，农作物受灾面积1.4千公顷，直接经济损失500余万元。

254. 珲乌高速“6·7”交通事故

2015年6月7日7时20分，吉林市吉隆公路客运有限责任公司舒兰分公司车牌号为吉B65350的大客车，在长春市九台区珲（春）乌（兰浩特）高速公路460km+700m处，发生一起较大道路交通事故，造成5人死亡、6人受伤，直接经济损失243.6万元。

255. 广东省东莞市坍塌事故

2015年6月7日14时，广东省东莞市麻涌镇的东莞市深粮物流有限公司在建粮库模板支架发生坍塌事故，造成4人死亡。

256. 湖北省孝感市交通事故

2015年6月7日17时25分，湖北省孝感市孝南区肖港镇107国道发生一起客车与货车相撞的较大道路交通事故，造成9人死亡、11人受伤，直接经济损失530万元。

257. 山西省晋中市佛殿沟煤矿窒息事故

2015年6月7日19时，山西省晋中市平遥煤化公司佛殿沟煤矿发生有害气体窒息事故，造成7人死亡。

258. 山东省滕州市高空坠落事故

2015年6月8日14时50分，山东省滕州市建筑工程有限公司在承担的邹城市太阳宏河纸业有限公司烟囱拆除作业过程中，发生高空坠落事故，造成4人死亡。

259. 内蒙古、东北部分地区风雹、洪涝灾害

2015年6月7—8日，内蒙古、东北部分地区遭受大风、冰雹、短时强降雨袭击。截至6月9日9时统计，分省灾情如下：内蒙古自治区赤峰、呼伦贝尔、兴安3市（盟）10个县（市、区、旗）6.2万人受灾，100余人紧急转移安置，100余间房屋不同程度损坏，农作物受灾面积15.3千公顷，直接经济损失6100余万元；辽宁省朝阳市北票市、建平县5.9万人受灾，农作物受灾面积21.2千公顷，其中绝收2.2千公顷，直接经济损失8300余万元；吉林省白城、延边2市（自治州）3个县（市）1.6万人受灾，农作物受灾面积13.3千公顷，直接经济损失近3200万元；黑龙江省哈尔滨、双鸭山、大庆等4市7个县（市、区）4.3万人受灾，200余间房屋不同程度损坏，农作物受灾面积13千公顷，直接经济损失2400余万元。

260. 河南省南阳市起重伤害事故

2015年6月8日8时20分，河南省南阳市邓州市花洲办事处大东关居委会一组一建筑施工工地，发生起重伤害事故，造成3人死亡。

261. 陕西、甘肃2省局部地区风雹灾害

2015年6月8日下午，陕西、甘肃局地出现大风、冰雹等强对流天气。截至6月9日9时统计，分省灾情如下：陕西省延安市黄陵县4700余

人受灾，农作物受灾面积近400公顷，直接经济损失3600万元；甘肃省临夏回族自治州永靖县300余人受灾。

262. 辽宁省大连市中毒窒息事故

2015年6月9日9时30分，辽宁省大连市金州区玉华市政工程有限公司发生中毒和窒息事故，造成4人死亡。

263. 西藏贡嘎县交通事故

2015年6月10日9时14分，西藏自治区贡嘎县境内国道307线23km+300m处一辆旅游公司客车坠入山崖，事故造成11人死亡。

264. 河南省郑州市坍塌事故

2015年6月12日9时30分，河南省郑州市自来水工程公司一施工工地发生坍塌事故，造成3人死亡、1人受伤。

265. 天津市宁河县坍塌事故

2015年6月12日10时30分，天津市宁河县经济开发区物联成物流有限公司仓储物流工程发生钢结构屋架坍塌事故，造成3人死亡。

266. 广东省深圳市火灾事故

2015年6月13日13时15分，广东省深圳市龙岗区龙城街道一工艺画原料店发生火灾事故，造成3人死亡、1人受伤。

267. 贵州部分地区洪涝灾害

2015年6月13日以来，贵州省部分地区出现降雨过程。截至6月16日9时统计，安顺、黔东南、黔南3市（自治州）3个县2.8万人遭受洪涝灾害，100余人紧急转移安置，农作物受灾面积1.2千公顷，直接经济损失1300余万元。

268. 河北邢台“6·15”燃爆事故

2015年6月15日上午7时40分，河北省平乡县国源加油（气）站在维修输油管道过程中发生爆燃，造成1人死亡、1人受伤，直接经济损失85万元。

269. 河北部分地区风雹灾害

2015年6月14—15日，河北省部分地区出现强对流天气，并伴有短时大风、强降雨和冰雹，局地冰雹持续20多分钟，造成秦皇岛、张家口、承德等4市4个县3.6万人受灾，农作物受灾面积2.7千公顷，直接经济损失1800余万元。

270. 新疆局地洪涝、风雹灾害

2015年6月15日，新疆部分地区出现强降雨和8级以上大风，喀什地区疏附县和阿勒泰地区阿勒泰市遭受洪涝风雹灾害，造成4000余人受灾，1500余人紧急转移安置，2300余人需紧急生活救助；200余间房屋不同程度损坏；农作物受灾面积2千公顷，其中绝收600余公顷；直接经济损失600余万元。

271. 天津市盛世丽水洗浴会馆楼板塌落事故

2015年6月16日23时58分，天津市卫津南路盛世丽水洗浴会馆一楼休息厅楼板塌落，事故造成6人死亡、6人受伤。

272. 江西萍乡“6·17”爆炸事故

2015年6月17日7时10分，江西省萍乡市上栗县正大出口花炮厂发生一起爆炸事故，造成4人死亡，直接经济损失475万元。

273. 黑龙江省伊春市中毒和窒息事故

2015年6月18日，黑龙江省伊春市南岔区北大荒农业股份有限公司浩良河化肥分公司发生中毒和窒息事故，造成3人死亡。

274. 辽宁省丹东市金田煤矿瓦斯爆炸事故

2015年6月19日19时，辽宁省丹东市凤城市金田煤矿有限公司发生较大瓦斯爆炸事故，造成3人死亡。

275. 山西晋中“6·21”水害事故

2015年6月21日10时38分，阳煤集团山西省昔阳县运裕煤业有限责任公司15111回采面发生一起水害事故，造成4人死亡，直接经济损失408万元。

276. 湖北省利川市曾家沟煤矿透水事故

2015年6月21日18时35分，湖北省恩施州利川市曾家沟煤矿发生透水事故，造成3人死亡、2人受伤。

277. 江苏省无锡市交通事故

2015年6月22日7时20分，江苏省无锡市滨湖区发生一起重大交通事故，导致5人死亡、10人受伤。

278. 内蒙古自治区、黑龙江省风雹洪涝灾害

2015年6月21—23日，内蒙古、黑龙江等省局部地区遭受大风、冰雹、强降雨等强对流天气袭击。截至6月24日9时统计，分省灾情如下：内蒙古自治区鄂尔多斯、呼伦贝尔2市4个县（旗）近2万人受灾，农作物受灾面积14.9千公顷，直接经济损失5900余万元；黑龙江省大庆市林甸县、伊春市五营区4.6万人受灾，100余间房屋不同程度损坏，农作物受灾面积16.4千公顷，直接经济损失7800余万元。

279. 重庆长寿“6·24”交通事故

2015年6月24日，重庆市长寿经济开发区重钢二号门至三号门之间路段发生一起道路交通事故，造成3人死亡，直接经济损失200余万元。

280. 海南省部分地区台风灾害

2015年6月22日以来，受台风“鲸鱼”影响，海南省部分地区出现暴雨，局地大暴雨，造成万宁市、定安县9万人受灾，9500余人紧急转移安置；200余间房屋不同程度损坏；农作物受灾面积1.8千公顷；直接经济损失近7000万元。

281. 重庆市巫山县滑坡灾害

2015年6月24日18时40分，重庆巫山县大宁河红岩子发生滑坡，造成对岸靠泊的多艘小型船舶（渔船、农用船为主）翻沉，另有多艘靠泊船舶断缆漂航。截至6月25日9时统计，灾害共造成1人死亡、1人重伤、3人轻伤。

282. 江苏省南通市工人坠江事故

2015年6月25日18时30分，江苏省南通市通州区沪通铁路大桥六号墩施工现场突遇大风，造成4名工作人员坠落长江，其中3人死亡。

283. 安徽省芜湖市交通事故

2015年6月26日14时50分左右，安徽省芜湖市境内宁芜高速马芜段发生一起客货车相撞事故，造成10人死亡、25人受伤。

284. 青海西宁“6·26”车辆伤害事故

2015年6月26日16时50分，青海省西宁市鹞子沟发展有限公司发生一起旅游观光车伤害事故，事故造成4人死亡、6人受伤，直接经济损失390万元。

285. 内蒙古伊东九鼎化工公司爆炸事故

2015年6月28日10时4分，内蒙古自治区鄂尔多斯市准格尔旗准格尔经济开发区伊东九鼎化工有限责任公司发生一起氢气泄漏爆炸事故，造成3人死亡、6人受伤。

286. 重庆万盛“6·28”煤与瓦斯突出事故

2015年6月28日19时42分，重庆市万盛区铁厂坡煤业有限公司三石门以北地段发生煤与瓦斯突出事故，造成5人死亡，直接经济损失487.45万元。

287. 福建省三明市后洋煤矿透水事故

2015年6月30日16时，福建省三明市大田县上京镇后洋煤矿发生透水事故，造成3人死亡。

288. 甘肃省部分地区洪涝、风雹灾害

2015年6月30日以来，甘肃省部分地区出现持续性降雨，局部出现短时强降雨、冰雹等强对流天气，导致部分乡镇成熟小麦大面积霉变出芽，夏粮受灾较为严重。截至7月2日9时统计，张掖、平凉、酒泉3市6个县50.3万人受灾，农作物受灾面积43千公顷，其中绝收600余公顷，直接经济损失1.9亿元。

289. 青海省大通县滑坡灾害

2015年7月2日7时，受连续降雨影响，青海省西宁市大通回族土族自治县新庄镇兰隆村发生山体滑坡，导致一辆途经此处的小轿车被埋，造成2人死亡、1人受伤。

290. 甘肃省张掖市工程坠落事故

2015年7月2日11时15分，甘肃省张掖市甘州区滨河新区肃南裕苑34号商住楼工程施工升降机吊笼坠落，事故造成3人死亡。

291. 浙江省温岭市坍塌事故

2015年7月4日16时8分，浙江省温岭市大溪镇佛陇村捷宇鞋材有限公司发生厂房坍塌事故，坍塌面积约2000余平方米，事故共造成14人死亡、33人受伤，直接经济损失1100余万元。

292. 内蒙古牙克石市爆炸事故

2015年7月5日9时25分，内蒙古自治区牙克石市北方药业发生爆炸事故，造成3人死亡。

293. 西藏林芝市坍塌事故

2015年7月5日24时，西藏自治区由中铁二局负责施工的林芝市巴宜区鲁朗镇一援建项目工地发生模板支架坍塌事故，造成8人死亡、3人受伤。

294. 陕西省韩城市桑树坪煤矿中毒与窒息事故

2015年7月6日3时，陕西省韩城市桑树坪煤矿发生中毒与窒息事故，造成4人死亡。

295. 甘肃省部分地区山洪泥石流灾害

2015年7月4—5日，甘肃省张掖市部分县区遭受短时强降雨，引发山洪泥石流灾害，造成张掖市甘州、肃南、山丹等4个县（区）6600余人受灾，农作物受灾面积1.5千公顷，其中绝收100余公顷，直接经济损失6500余万元。

296. 江浙闽洪涝、风雹灾害

2015年7月3日以来，江南、江淮部分地区出现强降雨，局部伴有雷雨、大风、冰雹等强对流天气，造成江苏、浙江、福建等省遭受洪涝风雹灾害。截至7月7日9时统计，具体灾情如下：江苏省泰州市泰兴市100余人受灾，直接经济损失1100余万元；浙江省丽水市龙泉市、庆元县5300余人受灾，1100余人紧急转移安置，1000余间房屋不同程度损坏，农作物受灾面积400余公顷，直接经济损失2200余万元；福建省三明、南平2市10个县（区）11.1万人受灾，近9000人紧急转移安置，4500余人需紧急生活救助，100余间房屋倒塌，600余间不同程度损坏，农作物受灾面积11.3千公顷，直接经济损失4.2亿元。

297. 新疆部分地区风雹灾害

2015年7月4—6日，新疆维吾尔自治区部分地区遭受短时强降雨、大风、冰雹等强对流天气袭击，造成阿勒泰、伊犁、塔城等4地区（自治州）9个县（市）2.9万人受灾，1人因溺水死亡，300余人紧急转移安置；200余间房屋倒塌；农作物受灾面积18.2千公顷，其中绝收5.7千公顷；直接经济损失1.9亿元。

298. 甘肃、青海省部分地区洪涝灾害

2015年7月7日以来，甘肃、青海省等地部分地区出现强降雨天气，强降雨引发局地山洪，导致部分道路、涵洞、网围栏等基础设施不同程度受损。截至7月9日9时统计，具体灾情如下：甘肃省张掖市民乐县、山丹县和酒泉市瓜州县近7万人受灾，100余间房屋不同程度损坏，农作物受灾面积10.5千公顷，直接经济损失3900余万元；青海省海北、海南、果洛等3自治州4个县2700余人受灾，1人溺水死亡，100余间房屋不同程度损坏，农作物受灾面积100余公顷，直接经济损失近500万元。

299. 台风“莲花”致广东省受灾

2015年7月9日12时15分前后，台风“莲花”在广东省陆丰市甲东镇沿海登陆。受其影响，沿海地区出现狂风暴雨，局地特大暴雨。截至7月10日9时统计，台风“莲花”造成汕头、梅州、汕尾等5市17个县（市、区）165.2万人受灾，5.6万人紧急转移安置，4万人需紧急生活救助；近300间房屋倒塌，近3000间不同程度损坏；农作物受灾面积46.5千公顷，其中绝收1.5千公顷；直接经济损失近13亿元。

300. 甘肃省天水市交通事故

2015年7月10日18时30分，甘肃省天水市秦州境内发生一起两车相撞的交通事故，造成7人死亡、1人受伤。

301. 陕西省佳能精煤科技公司中毒和窒息事故

2015年7月11日10时，陕西省榆林市神木县佳能精煤科技有限公司发生中毒和窒息事故，造成3人死亡。

302. 河北省邢台市爆炸事故

2015年7月12日9时7分，河北省邢台市宁晋县东汪镇东汪一村因非法生产烟花爆竹发生重大爆炸事故，造成22人死亡、23人受伤。

303. 海南省三亚市交通事故

2015年7月12日16时，海南省三亚市白沙县境内一辆载有17个农民工的三轮汽车发生侧翻，掉入河中，事故造成4人死亡、13人受伤。

304. “灿鸿”台风灾害

受台风“灿鸿”及其残余云系影响，黑龙江、上海、江苏、浙江、安徽、山东部分地区出现大到暴雨，局地大暴雨，截至7月14日9时统计，上述6省（直辖市）25市（地区）146个县（市、区）352.8万人受灾，142.2万人紧急转移安置，1.5万人需紧急生活救助；1100余间房屋倒塌，3600余间不同程度损坏；农作物受灾面积272.9千公顷，其中绝收37.6千公顷；直接经济损失91.4亿元。

305. 河南省南阳市交通事故

2015年7月15日10时，河南省南阳市唐河县境内312国道995km+500m处发生客车翻车事故，造成4人死亡。

306. 河北秦皇岛“7·15”触电事故

2015年7月15日10时12分，河北省秦皇岛市抚宁县，保平装卸服务有限责任公司在作业过程中，发生触电事故，造成1人死亡，直接经济损失60万元。

307. 广东省茂名市交通事故

2015年7月15日12时，广东省茂名市茂南区境内，一辆重型自卸货车侧翻压住小汽车，事故造成4人死亡、1人受伤。

308. 安徽省铜陵市金矿公司冒顶事故

2015年7月15日22时30分，安徽省铜陵市一金矿有限公司发生冒顶片帮事故，造成4人死亡。

309. 山东日照“7·16”爆炸事故

2015年7月16日7时39分，山东省日照市石大科技石化有限公司液化烃球罐在倒罐作业时发生泄漏着火，引起爆炸，事故造成2人受伤，直接经济损失2812万元。

310. 辽宁省部分地区干旱灾害

2015年7月以来，辽宁省部分地区气温偏高，降雨量偏少，土壤失墒较重，出现旱情，造成大连、营口、阜新、葫芦岛等4市13个县（市、区）57.7万人受灾，10.9万人因旱饮水困难需救助；农作物受灾面积187.7千公顷，其中绝收25.7千公顷；饮水困难大牲畜近5100头（只）；直接经济损失2.6亿元。

311. 湖南省湘潭市中毒和窒息事故

2015年7月16日12时30分，温州东大矿建工程有限公司驻湘潭电化科技股份有限公司锰矿红旗工区项目部在搜救1名失踪矿工时，发生中毒和窒息事故，造成2人死亡、1人受伤，直接经济损失约167万元。

312. 河北秦皇岛“7·17”机械伤害事故

2015年7月17日14时10分，河北省秦皇岛市永顺泰麦芽有限公司发生机械伤害事故，造成1人死亡、1人重伤，直接经济损失151万元。

313. 山东省聊城市坍塌事故

2015 年 7 月 18 日 7 时 50 分，山东省聊城市鲁西集团有限公司二期己内酰胺项目施工现场，发生坍塌事故，造成 5 人死亡。

314. 广东省广州市吊塔倒塌事故

2015 年 7 月 19 日 14 时，广东省广州市增城区索菲亚司米厨具有限公司一在建厂房的塔吊在升高作业时发生倒塌事故，造成 3 人死亡。

315. 云南省曲靖市交通事故

2015 年 7 月 19 日 15 时 18 分，云南省曲靖市马龙县境内发生道路交通事故，造成 5 人死亡、2 人受伤。

316. 山西临汾“7·20”顶板事故

2015 年 7 月 20 日 3 时 20 分，山西省临汾市潞安集团蒲县常兴煤业有限公司发生顶板事故，造成 3 人死亡、4 人受伤，直接经济损失 342.06 万元。

317. 河北省唐山市中毒和窒息事故

2015 年 7 月 22 日 11 时 35 分，河北省唐山市鑫达来工贸有限公司在迁安市民强小区东门丰庆路路东进行管道疏通作业时，发生中毒和窒息事故，造成 3 人死亡。

318. 湖南岳阳“7·22”爆炸事故

2015 年 7 月 22 日 17 时，湖南省岳阳市利宇矿业有限责任公司 7 名矿工在作业过程中，发生爆炸事故，造成 4 人死亡。

319. 河南省新密市交通事故

2015 年 7 月 24 日 12 时 12 分，河南省郑州市新密市发生道路交通事故，造成 8 人死亡、18 人受伤。

320. 宁夏银川市中毒和窒息事故

2015 年 7 月 25 日 10 时，宁夏回族自治区银川市兴庆区通贵乡一食品有限公司，发生中毒和窒息事故，造成 3 人死亡。

321. 辽宁省朝阳市触电事故

2015 年 7 月 25 日 11 时 30 分，辽宁省朝阳市中央储备粮建平直属库在仓房屋顶维修时发生一起触电事故，造成 3 人死亡、2 人轻伤。

322. 云南德宏“7·25”事故

2015 年 7 月 25 日 13 时 10 分，云南省德宏州梁河县光坪锡矿第三采选厂发生事故，事故造成直接经济损失 75.3 万元。

323. 甘肃省庆阳石化火灾事故

2015 年 7 月 26 日 7 时，甘肃省中石油庆阳石化公司发生常压装置渣油换热器发生泄漏着火事故，造成 3 人死亡、4 人受伤。

324. 广东省中山市火灾事故

2015 年 7 月 27 日 5 时，广东省中山市三乡镇惠昌五金店发生火灾事故，造成 5 人死亡。

325. 广西暴雨灾害

2015 年 7 月 22 日以来，广西壮族自治区持续遭遇大范围强降雨，引发洪涝、滑坡、泥石流灾害。截至 7 月 31 日 9 时统计，南宁、桂林、梧州等 11 市 35 个县（市、区）94.6 万人受灾，2 人失踪，5.2 万人紧急转移安置，3200 余人需紧急生活救助；1600 余间房屋倒塌，3700 余间不同程度损坏；农作物受灾面积 32.1 千公顷，其中绝收 1 千公顷；直接经济损失 2.7 亿元。

326. 广东省韶关市交通事故

2015 年 8 月 1 日 6 时 52 分，乐广高速广东省韶关市境内发生道路交通事故，造成 3 人死亡、1 人受伤。

327. 内蒙古包头市中毒和窒息事故

2015 年 8 月 2 日 17 时 30 分，内蒙古自治区包头市惠能再生资源有限责任公司在清理工艺系统罐内的残渣过程中，发生中毒和窒息事故，造成 3 人死亡。

328. 青海省海南州交通事故

2015 年 8 月 2 日 18 时 20 分，青海省海南州贵德县拉脊山发生一起 5 车相撞交通事故，造成 7 人死亡。

329. 西南、江汉地区洪涝、风雹灾害

2015 年 7 月 30 日以来，西南、江汉部分地区遭受强降雨袭击，局部地区伴有短时强降雨、雷暴、大风等强对流天气，引发洪涝风雹灾害。截至 8 月 3 日 9 时统计，具体灾情如下：湖北省十堰市张湾、郧阳、郧西等 6 个县（区）和神农架林区 20.6 万人受灾，1800 余人紧急转移安置，300 余间房屋倒塌，5400 余间不同程度损坏，农作物受灾面积 10.4 千公顷，直接经济损失近 9600 万元；重庆市九龙坡区 1000 余人受灾，100 余人需紧急生活救助，200 余间房屋不同程度损坏，直接经济损失 200 余万元；四川省攀枝花、宜宾、凉山 3 市（自治州）4 个县 1.5 万人受灾，近 500 间房屋不同程度损坏；农作物受灾面积 1.5 千公顷，直接经济损失近 1000 万元；贵州省六盘水市盘县、毕节市赫章县、黔西南布依族苗族自治州册亨县 6300 余人受灾，100 余人紧急转移安置，农作物受灾面积近 300 公顷，直接经济损失近 400 万元。云南省曲靖、玉溪、文山等 7 市（自治州）15 个县（市、区）22.2 万人受灾，2 人死亡，400 余人紧急转移安置，600 余人需紧急生活救助，100 余间房屋倒塌，1100 余间不同程度损坏，农作物受灾面积 14.3 千公顷，直接经济损失 1.9 亿元。

330. 内蒙古赤峰市某油页岩公司露天坑冒顶片帮事故

2015年8月3日19时40分，内蒙古自治区赤峰市敖汉旗宝塔油页岩有限公司发生一起露天坑发生冒顶片帮事故，造成6人死亡。

331. 广东省佛山市坍塌事故

2015年8月3日16时，广东省佛山市顺德区龙江镇旺岗三联工业区卡图家具厂发生坍塌事故，造成4人死亡、1人受伤。

332. 四川省巴中市交通事故

2015年8月3日16时36分，四川省巴中市平昌县境内发生道路交通事故，造成5人死亡、3人受伤。

333. 安徽省亳州市中毒和窒息事故

2015年8月4日10时10分，安徽省亳州市经开区下水道疏通工程发生中毒和窒息事故，造成4人死亡、1人受伤。

334. 重庆市后溪煤矿煤与瓦斯突出事故

2015年8月4日12时19分，重庆市綦江龙狮煤业有限公司后溪煤矿井下+430m水平1311运输巷掘进工作面发生一起煤与瓦斯突出事故，造成3人死亡。

335. 辽宁省盖州市4.3级地震

2015年8月4日12时25分，辽宁省营口市盖州市（北纬40.5度，东经122.4度）发生4.3级地震，震源深度6km。截至8月5日9时统计，造成近300人受灾，近200间房屋不同程度损坏，直接经济损失100余万元。

336. 河北邢台“8·5”坍塌事故

2015年8月5日10时，河北省邢台市南和县郝桥镇苏街砖窑发生一起窑体坍塌事故，造成1人死亡，直接经济损失55万元。

337. 黑龙江省齐齐哈尔市交通事故

2015年8月5日19时，黑龙江省齐齐哈尔市铁锋区发生较大交通事故，造成4人死亡、7人受伤。

338. 河北省张家口市风雹灾害

2015年8月5日傍晚，受强对流天气影响，河北省张家口市部分县区遭受风雹灾害。截至8月6日9时统计，宣化、张北、沽源等4个县1.4万人受灾；农作物受灾面积2.4千公顷，其中绝收500余公顷；直接经济损失1400余万元。

339. 云南省部分地区洪涝灾害

2015年8月5日以来，受西南季风和切变线影响，云南省滇西、滇西北及滇东北北部出现强降雨过程，引发洪涝灾害。截至8月7日9时统计，曲靖、丽江、迪庆等4市（自治州）8个县（市）5万人受灾，300余人紧急转移安置；700余间房屋不同程度损坏；农作物受灾面积2.2千公顷，其中绝收300余公顷；直接经济损失1.1亿元。

340. 安徽省合肥市火灾事故

2015年8月8日0时40分，安徽省合肥市众美电器有限公司发生火灾，事故造成5人死亡、16人受伤。

341. 黑龙江哈牧高速交通事故

2015年8月9日14时25分，黑龙江省境内，哈牧高速由牡丹江往哈尔滨方向481km处，发生道路交通事故，造成5人死亡。

342. 西北部分地区风雹、洪涝灾害

2015年8月7—8日，西北部分地区出现较强降雨天气过程，局部伴有雷雨、大风、冰雹等强对流天气，引发洪涝风雹灾害。截至8月10日9时统计，具体灾情如下：陕西省汉中市西乡县1万人受灾，1800余人紧急转移安置，300余间房屋不同程度损坏，农作物受灾面积200余公顷，直接经济损失1400余万元；甘肃省兰州、金昌、临夏等6市（自治州）11个县（区）1万人受灾，农作物受灾面积400余公顷，直接经济损失1700余万元；宁夏回族自治区中卫市中宁县200余人受灾，农作物受灾面积100余公顷；青海省西宁市湟中县、黄南藏族自治州同仁县、海南藏族自治州贵南县3400余人受灾，农作物受灾面积近400公顷，直接经济损失100余万元。

343. 内蒙古、黑龙江省洪涝、风雹

2015年8月8—10日，内蒙古、黑龙江部分地区出现较强降雨，局部地区还伴有短时强降雨、大风、冰雹等强对流天气。截至8月11日9时统计，具体灾情如下：内蒙古自治区赤峰市敖汉旗、通辽市科尔沁左翼中旗、阿拉善盟阿拉善右旗9800余人受灾，1人溺水死亡，500余人紧急转移安置，农作物受灾面积3.2千公顷，直接经济损失800余万元；黑龙江省哈尔滨、齐齐哈尔、佳木斯等5市7个县（市、区）1.1万人受灾，农作物受灾面积3.9千公顷，直接经济损失2800余万元。

344. 云南省部分地区洪涝灾害

2015年8月8日以来，受冷空气和西南暖湿气流共同影响，云南省滇中及以北地区出现中到大雨，局部暴雨，受此次强降雨影响，云南部分地区遭受洪涝、泥石流、崩塌等灾害。截至8月11日9时统计，昆明、曲靖、大理等6市（自治州）8个县（市、区）2.5万人受灾，3人因岩石坍塌死亡；农作物受灾面积600余公顷；直接经济损失400余万元。

345. 江苏省徐州市火灾事故

2015年8月11日11时，江苏省徐州市泉山区雨润物流园一在建冷库内发生火灾，事故造成3人死亡。

346. 贵州省黔西南州政忠煤矿煤与瓦斯突出事故

2015年8月11日15时，贵州省黔西南州普安县丰联矿业有限公司政忠煤矿发生重大煤与瓦斯突出事故，造成13人死亡。

347. 广西玉林市中毒和窒息事故

2015年8月12日19时，广西壮族自治区玉林市玉东新区玉容路道路改造工程非机动车道及人行道改造工程，发生中毒窒息事故，造成3人死亡。

348. 辽宁省营口市交通事故

2015年8月12日20时，辽宁省营口市盖州市北海团山子道口发生道路交通事故，造成6人死亡。

349. 西南部分地区洪涝、风雹灾害

2015年8月11日以来，西南部分地区出现较强降雨，局部地区伴有短时强降雨、大风、冰雹等强对流天气。截至8月13日9时统计，具体灾情如下：重庆市武隆县1400余人受灾，100余人紧急转移安置，100余间房屋不同程度损坏，农作物受灾面积近100公顷，直接经济损失200余万元；四川省攀枝花市盐边县200余人受灾；贵州省贵阳、遵义、安顺等6市（自治州）13个县（区）3.4万人受灾，100余人紧急转移安置，200余间房屋不同程度损坏，农作物受灾面积1.8千公顷，其中绝收200余公顷，直接经济损失1700余万元。

350. 新疆阿克苏地区风雹灾害

2015年8月10—12日，新疆维吾尔自治区局地出现降雨过程，并伴有雷暴、短时强对流天气，造成阿克苏地区温宿县、沙雅县遭受风雹灾害。截至8月13日9时统计，灾害导致6500余人受灾；农作物受灾面积3.3千公顷，其中绝收700余公顷；直接经济损失2500余万元。

351. 陕西省山阳县滑坡灾害

2015年8月12日凌晨，陕西省山阳县中村镇碾家沟陕西五洲矿业公司生活区发生一起突发性山体滑坡，造成100万方左右塌方，掩埋职工宿舍15间、民房3间。截至8月13日9时统计，共造成66人失踪。

352. 福建省部分地区洪涝灾害

2015年8月13日以来，受副热带高压边缘西南气流影响，福建省宁德市福鼎市遭遇强降雨过程，造成福鼎市突发泥石流灾害，城区多处积水内涝，杭深线福鼎至苍南区间铁路线中断，1000余名乘客滞留。截至8月14日9时统计，灾害造成2.7万人受灾，3600余人紧急转移安置，1000余人需紧急生活救助；2000余间房屋不同程度损坏；农作物受灾面积2千公顷，其中绝收100余公顷；直接经济损失8000余万元。

353. 新疆乌鲁木齐滑坡灾害

2015年8月15日16时左右，受近期连续降雨影响，新疆维吾尔自治区乌鲁木齐市米东区柏杨河乡玉西布早村发生一起山体滑坡，将一户村民房屋掩埋，造成2人死亡。

354. 江西省宜春市交通事故

2015年8月17日6时50分，320国道江西省宜春市上高县境内，发生道路交通事故，造成7人死亡。

355. 甘肃省兰州市中毒与窒息事故

2015年8月18日8时40分，甘肃省兰州市西固区深沟桥天庆国际新城物业部，发生中毒与窒息事故，造成3人死亡、3人受伤。

356. 安徽省蚌埠市交通事故

2015年8月18日22时25分，安徽省蚌埠市五河县东刘集镇境内304省道27km+310m处，发生道路交通事故，造成6人死亡。

357. 广西壮族自治区部分地区洪涝灾害

2015年8月19日以来，广西壮族自治区部分地区出现降雨过程，其中河池市南丹县车河镇降雨量达195.7mm，引发洪涝灾害，造成农作物受灾，道路、桥梁等基础设施受损。截至8月21日9时统计，百色、河池2市7个县（区）3.2万人受灾，300余人紧急转移安置；100余间房屋不同程度损坏；农作物受灾面积1.2千公顷；直接经济损失近900万元。

358. 甘肃省陇南市车辆伤害事故

2015年8月21日13时30分，甘肃省陇南市武都区三仓乡一段通村公路在封闭硬化施工过程中，发生车辆伤害事故，造成4人死亡、7人受伤。

359. 湖北省武汉市起重伤害事故

2015年8月21日15时10分，湖北省武汉市硚口区古田路57号街农利村美好公馆建设工地，发生塔吊安装起重伤害事故，导致4人死亡、2人受伤。

360. 黑龙江省铜铅锌矿火灾事故

2015年8月23日17时，黑龙江省新林区大兴安岭中兴矿业有限公司铜铅锌矿，发生火灾事故，造成5人死亡。

361. 四川省部分地区洪涝灾害

2015年8月21日以来，四川省部分地区出现降雨过程，引发洪涝灾害。截至8月24日9时统计，甘孜藏族自治州雅江县、新龙县、理塘县1200余人受灾，300余人紧急转移安置，400余人需紧急生活救助；近700间房屋不同程度损坏；直接经济损失3500余万元。

362. 广东省揭阳市交通事故

2015年8月24日15时24分，广东省揭阳市境内发生大客车侧翻事故，造成6人死亡、5人受伤。

363. 湖北省钟祥市风雹袭击

2015年8月23日以来，湖北省钟祥市部分乡镇出现阵雨、大风等强对流天气，局地最大风力达9级，引发风雹灾害。截至8月25日9时统计，荆门市钟祥市4.7万人受灾，1400余间房屋不同程度损坏，农作物受灾面积1.8千公顷，直接经济损失1500余万元。

364. 湖北省武汉市爆炸事故

2015年8月26日16时，湖北省武汉市江夏区藏龙岛拓创工业园内一处五层楼厂房起火爆炸，事故造成5人死亡。

365. 青海省互助县低温冻害

2015年8月24日凌晨，青海省海东市互助县境内气温骤降，形成低温冻害。截至8月27日9时统计，海东市互助土族自治县1.9万人受灾，农作物受灾面积3.8千公顷，直接经济损失近700万元。

366. 台风"天鹅"受灾情况

受台风"天鹅"外围环流和冷空气的共同影响，2015年8月24日以来，上海市东部、西部及北部部分地区普降大到暴雨，局地大暴雨，部分路段积水，局地交通受到影响，截至8月26日9时统计，浦东新区近5700人受灾，农作物受灾面积1.9千公顷，其中绝收200余公顷；8月27日以来，黑龙江省中东部地区遭受降雨、大风袭击，截至8月28日9时统计，哈尔滨、鸡西、七台河等4市5个县（市）7800余人受灾，农作物受灾面积3.1千公顷，直接经济损失近700万元。

367. 湖南省常德市中毒和窒息事故

2015年8月28日11时，湖南省常德市安乡县众鑫纸业有限责任公司，发生中毒和窒息事故，造成7人死亡、2人受伤。

368. 山西省运城市煤气中毒事故

2015年8月31日21时，山西省运城市河津华鑫源钢铁有限公司发生煤气中毒事故，造成4人死亡、4人受伤。

369. 山东省东营市爆炸事故

2015年8月31日23时22分，山东省东营市利津县刁口乡滨源化学有限公司发生爆炸，事故造成13人死亡、25人受伤。

370. 甘肃省陇南市爆炸事故

2015年9月1日15时27分，甘肃省陇南市吉庆烟花爆竹有限公司马街礼炮厂中转库房发生爆炸，事故造成3人死亡、23人受伤。

371. 河北省迁安钢铁公司淹溺事故

2015年9月2日13时，河北省唐山市迁安市北京首钢股份有限公司迁安钢铁公司发生淹溺事故，造成7人死亡。

372. 青海省海西州交通事故

2015年9月5日4时30分，青海省海西州乌兰县境内发生道路交通事故，造成6人死亡、3人受伤。

373. 福建省三明市石林煤矿顶板事故

2015年9月6日9时30分，福建省三明市将乐县安信煤业有限公司石林煤矿发生顶板事故，造成3人死亡，直接经济损失398万元。

374. 贵州省六盘水市爆炸事故

2015年9月10日12时，贵州省六盘水市水城县双水街道办事处一废品收购站发生爆炸事故，造成3人死亡、1人受伤。

375. 河南省信阳市交通事故

2015年9月11日0时，河南省信阳市新县境内发生重大道路交通事故，造成12人死亡。

376. 西藏边坝县泥石流灾害

2015年9月12日2时，西藏自治区昌都市边坝县边坝镇普玉二村荣达自然村突发泥石流灾害。截至9月14日9时统计，造成243人受灾、1人死亡、1人失踪，紧急转移安置受灾群众241人。

377. 黑龙江省呼玛县低温冻害

2015年9月10日夜间至11日，受冷空气影响，黑龙江省大兴安岭地区呼玛县最低气温降至零度，导致北疆乡大面积农作物遭受低温冻害。截至9月14日9时统计，呼玛县1700余人受灾；农作物受灾面积13.6千公顷；直接经济损失700余万元。

378. 海南东方"9·15"丙烯泄漏事故

2015年9月15日22时51分，浙江省宁波力天海运有限公司"通洲6"轮在八所港务有限公司第二装卸区发生丙烯泄漏，未造成人员伤亡，造成直接经济损失约98万元。

379. 海南省台风灾害

2015年9月14日以来，受台风"环高"影响，海南部分地区普降大雨，局部地区暴雨，导致部分道路被冲毁、房屋受损。截至9月16日9时统计，陵水黎族自治县3800余人受灾，直接经济损失200余万元。

380. 宁夏银川市洪涝灾害

2015年9月16日以来，宁夏局地出现降雨天气，引发洪涝灾害。截至9月18日9时统计，灾害造成银川市兴庆区近400人受灾，农作物受灾面积100余公顷，直接经济损失近800万元。

381. 新疆部分地区风雹灾害

2015年9月20日起，受强对流天气影响，新疆维吾尔自治区部分地区出现强降雨并伴有大风，形成风雹火害。截至9月22日9时统计，兵团五师、八师、九师3个师25个团（场）4万人受灾，农作物受灾面积27.2千公顷，直接经济损失1.5亿元。

382. 云南省丽江市洪涝灾害

2015年9月22—23日，云南省丽江市中东部先后出现强降雨，局地还伴有雷暴、大风、冰雹等强对流天气。截至9月24日9时统计，丽江市永胜县、玉龙纳西族自治县、宁蒗彝族自治县6.1万人受灾，800余人紧急转移安置；600余间房屋倒塌，8600余间不同程度损坏；农作物受灾面积3.1千公顷；直接经济损失5600余万元。

383. 黑龙江嫩江县风雹

2015年9月23日上午，受强对流天气影响，黑河市嫩江县遭受雷雨、大风、冰雹袭击，引发风雹灾害。截至9月24日9时统计，黑河市嫩江县1.1万人受灾，农作物受灾面积900余公顷，直接经济损失近700万元。

384. 新疆昭苏县风雹灾害

2015年9月23日，新疆维吾尔自治区伊犁哈萨克自治州昭苏县喀夏加尔镇、萨尔阔布乡遭受冰雹袭击。截至9月24日9时统计，伊犁州昭苏县2300余人受灾；农作物受灾面积900余公顷，其中绝收600余公顷；直接经济损失700余万元。

385. 湖南省湘潭市交通事故

2015年9月25日9时50分，湖南省湘潭市湘潭县境内，发生重大道路交通事故，造成22人死亡、13人受伤。

386. 甘肃省兰州市坍塌事故

2015年9月26日15时，甘肃省兰州市红古区博状良种奶牛养殖专业合作社，发生坍塌事故，造成5人死亡、6人受伤。

387. 山东省泰安市爆炸事故

2015年9月30日6时0分，山东省泰安市东平县山东祥瑞药业有限公司油脂车间1号水解釜发生爆炸事故，造成3人死亡。

388. 新疆伊犁州交通事故

2015年10月1日15时，新疆维吾尔自治区伊犁州伊宁县境内X705线31km+650m处，发生道路交通事故，造成9人死亡、1人受伤。

389. 河南省新乡市低空飞行器坠落事故

2015年10月2日9时20分，河南省新乡市辉县常村镇境内一架低空滑翔机坠落，事故造成3人死亡。

390. 浙江省宁波市中毒和窒息事故

2015年10月2日15时，浙江省宁波市崇寿镇健民村慈溪市排水有限公司西三泵站内，发生中毒和窒息事故，造成4人死亡、1人受伤。

391. 江西省赣州市爆炸事故

2015年10月3日17时20分，江西省赣州市兴国县社富乡路少溪村，兴赣高速A7标段施工工地，发生火药爆炸事故，造成4人死亡。

392. 甘肃省武威市交通事故

2015年10月3日11时，甘肃省武威市天祝县境内发生道路交通事故，造成6人死亡、1人受伤。

393. 四川省成都市坍塌事故

2015年10月5日10时，四川省成都市高新区“世龙广场”项目2号楼施工发生坍塌事故，造成4人死亡。

394. 河南省新乡市坍塌事故

2015年10月5日10时50分，河南省新乡市辉县市一建材有限公司，发生坍塌事故，造成3人死亡。

395. 安徽省六安市交通事故

2015年10月6日7时50分，安徽省六安市霍山县落儿岭镇境内发生一起重大道路交通事故，造成7人死亡、31人受伤。

396. 重庆市万州区坍塌事故

2015年10月6日11时53分，重庆市辖区万州区西南水泥公司自备码头熟料传送廊桥，发生坍塌事故，造成5人死亡、4人受伤。

397. 江西省上饶市瓦斯爆炸事故

2015年10月9日22时，江西省上饶市上饶县枫岭头镇永吉煤矿发生重大瓦斯爆炸事故，造成3人死亡。

398. 安徽省芜湖市火灾事故

2015年10月10日11时57分，安徽省芜湖市镜湖区杨家巷一私人小餐馆发生液化气罐爆炸，引发重大消防火灾事故，造成17人死亡。

399. 内蒙古京隆发电公司“10·10”火灾事故

2015年10月10日15时25分，内蒙古丰镇市的内蒙古京隆发电有限责任公司5名检修人员施工作业过程中，柴油罐发生爆炸，造成4人死亡。

400. 河北省承德市中毒和窒息事故

2015年10月13日6时，平泉县小寺沟镇趟道新村平泉县金烨石灰厂工人到石灰窑上进行检修工作时，发生中毒和窒息事故，造成3人死亡。

401. 河北省衡水市中毒和窒息事故

2015年10月14日10时30分，河北省衡水市枣强县紫裘皮革有限公司发生中毒和窒息事故，造成4人死亡。

402. 湖北黄冈“10·14”氮气窒息事故

2015年10月14日，湖北省黄冈市蓝天公司组织承包商浠水擎天建筑安装公司的两名员工在液氧充装站进行地面钻孔作业安装防撞护栏时，发生氮气窒息事故，造成3人死亡。

403. 广东省佛山市火灾事故

2015年10月16日16时3分，南海区桂城平西工业区澳足鞋厂发生火灾，过火面积约600m^2，造成4人死亡。

404. 河北枣强“10·16”有害气体中毒事故

2015年10月16日，河北省衡水市枣强县大营镇紫裘皮草有限公司的一名滞留工人不慎跌入沉淀池，其他3名工人对其紧急施救，4人皆吸入有害气体中毒，造成3人死亡、1人受伤。

405. 安徽省芜湖市交通事故

2015年10月18日12时，安徽省芜湖市南陵县境内省道320线10km+300m处发生一起特大道路交通事故，2人受伤。

406. 广东省清远市坍塌事故

2015年10月18日19时45分，英德白沙镇太平石粉厂大凹岭石场发生一起爆破坍塌事故，造成2人死亡、1人失联。

407. 山东省临沂市爆炸事故

2015年10月21日8时12分，山东省临沂市平邑县山东天宝化工股份有限公司发生火药爆炸事故，造成9人死亡、2人受伤。

408. 广东省茂名市触电事故

2015年10月21日10时30分，广东省茂名市滨海新区电城镇海厚村发生触电事故，造成3人死亡。

409. 宁夏银川市高空坠落事故

2015年10月21日11时，宁夏回族自治区银川市华电宁夏灵武发电有限公司发生高空坠落事故，造成4人死亡。

410. 山东省烟台市透水事故

2015年10月22日15时30分，山东省烟台市莱州市山东黄金集团所属的山东盛大矿业有限公司发生透水事故，造成8人死亡。

411. 江苏省泰州市爆炸事故

2015年10月23日10时30分，江苏省泰州市泰兴市南大环保泰兴分公司发生爆炸事故，造成4人死亡、1人受伤。

412. 四川省攀枝花市坍塌事故

2015年10月27日15时10分，四川省攀枝花市东区银江镇鼎星钛业有限公司工业弃渣场发生垮塌事故，造成5人死亡、1人受伤。

413. 河南省漯河市坍塌事故

2015年10月30日15时30分，河南省漯河市舞阳县北舞渡镇辖区内一旧房改造民房发生重大坍塌事故，造成17人死亡、23人受伤。

414. 辽宁省阜新市中毒和窒息事故

2015年10月31日16时40分，辽宁省阜新市清河门区一井602回风道掘进工作面发生中毒和窒息事故，造成5人死亡、3人受伤。

415. 甘肃省兰州市坍塌事故

2015年11月5日，甘肃省兰州市永登县鑫冶盛矿业有限公司白云岩矿，发生坍塌事故，造成5人死亡。

416. 浙江省衢州市中毒与窒息事故

2015年11月6日16时，浙江省衢州市江山市开盛生态农业发展有限公司发生中毒与窒息事故，造成3人死亡。

417. 贵州省毕节市中毒与窒息事故

2015年11月6日5时3分，贵州省毕节市金沙县贵州大西南矿业有限公司贵源煤矿五号井发生中毒与窒息事故，造成6人失联。

418. 河南省郑州市坍塌事故

2015年11月7日19时，河南省郑州市金水区小贺庄村一在建房发生垮塌事故，造成3人死亡。

419. 江苏省苏州市坍塌事故

2015年11月8日16时5分，江苏省苏州市吴中经济开发区水岸清华高层二期工地发生坍塌事故，造成3人死亡。

420. 宁夏中卫市坍塌事故

2015年11月9日16时25分，宁夏回族自治区中卫市海原县育才小区工地附属工程排水管沟施工过程中发生沟槽坍塌事故，造成3人死亡。

421. 广西河池市透水事故

2015年11月11日20时，广西壮族自治区河池市宜州市安庆煤业有限责任公司冲谷6号井发生透水事故，造成3人死亡。

422. 四川省宜宾市爆炸事故

2015年11月12日11时30分，四川省宜宾市长宁县铜鼓乡马桥村二组一非法烟花爆竹作坊发生火药爆炸事故，造成3人死亡、3人受伤。

423. 山西汾西矿业集团“11·17”瓦斯燃爆事故

2015年11月17日17时20分，山西省汾西矿业集团贺西煤矿发生一起瓦斯事故，造成5人死亡。

424. 四川省广元市坍塌事故

2015年11月18日23时50分，四川省广元市苍溪县杜里坝“广明·如意城”建设工程施工工地发生坍塌事故，造成3人死亡、1人受伤。

425. 黑龙江省鸡西市杏花煤矿火灾事故

2015年11月20日21时50分，黑龙江省鸡西市龙煤集团鸡西矿业公司杏花煤矿发生重大火灾事故，造成21人死亡。

426. 黑龙江鹤岗旭祥禾友化工公司“11·27”中毒事故

2015年11月27日，黑龙江胜农科技开发有限公司租用鹤岗市旭祥禾友化工有限公司禾草灵车间设备进行乙嘧酚工业化试验时，发生中毒事故，造成3名员工死亡。

427. 河北省邯郸市中毒和窒息事故

2015年11月28日20时20分，河北省邯郸市邱县龙港化工有限责任公司发生中毒和窒息事故，造成3人死亡、8人受伤。

428. 山东省滨州市中毒和窒息事故

2015年11月29日17时50分，山东省滨州市邹平县富凯不锈钢有限公司发生重大中毒和窒息事故，造成10人死亡、7人受伤。

429. 黑龙江省哈尔滨市火灾事故

2015年12月8日9时30分，黑龙江省哈尔滨市延寿县聚龙源商务宾馆洗浴场发生消防火灾事故，造成4人死亡、14人受伤。

430. 云南省曲靖市中毒和窒息事故

2015年12月10日16时20分，云南省曲靖市麒麟区天源实业有限公司发生中毒和窒息事故，造成4人死亡。

431. 山西省运城市坍塌事故

2015年12月10日17时26分，山西省运城市芮城县南卫乡高埝金村养殖小区发生坍塌事故，造成3人死亡。

432. 黑龙江省鹤岗市向阳煤矿瓦斯爆炸事故

2015年12月16日14时30分，黑龙江省鹤岗市向阳煤矿发生瓦斯爆炸事故，造成19人死亡。

433. 福建省龙岩市爆炸事故

2015年12月16日18时30分，福建省龙岩市阿古餐饮有限公司城市桂冠分店厨房发生爆炸，造成7人死亡。

434. 辽宁省葫芦岛市坍塌事故

2015年12月16日14时4分，辽宁省葫芦岛市连山区塔山乡煜梽新型建材有限公司发生坍塌事故，造成5人死亡。

435. 辽宁省葫芦岛市火灾事故

2015年12月17日16时30分，辽宁省葫芦岛市连山钼业兴利矿业有限公司发生火灾事故，造成13人死亡。

436. 黑龙江省七台河市新兴煤矿中毒与窒息事故

2015年12月17日21时43分，黑龙江省七台河市新兴区龙煤集团七台河矿业公司新兴煤矿发生中毒和窒息事故，造成3人死亡。

437. 重庆市黔江区坍塌事故

2015年12月18日8时30分，重庆市黔江区舟白隧道复线项目施工现场发生坍塌事故，造成6人死亡。

438. 河北省唐山市中毒和窒息事故

2015年12月19日9时50分，河北省唐山市天津荣程集团唐山特种钢有限公司发生中毒和窒息事故，造成3人死亡。

439. 深圳“12·20”山体滑坡事故

2015年12月20日11时40分，广东省深圳市光明新区凤凰社区恒泰裕工业园发生人工堆填土垮塌重大安全事故，造成33栋建筑物被掩埋或不同程度损害，91人失联。

440. 贵州省贵阳市坍塌事故

2015年12月23日11时30分，贵州省贵阳市南明区铁路枢纽赖头冲安置工程发生坍塌事故，造成3人死亡。

441. 山东省青岛市起重伤害事故

2015年12月24日13时30分，山东省青岛市崂山区国新体育场辅助训练项目施工现场发生起重伤害事故，造成3人死亡、6人受伤。

442. 山东省青岛市中毒和窒息事故

2015年12月25日17时15分，山东省青岛市即墨市青岛九盛纸制品有限公司发生中毒和窒息事故，造成4人死亡、1人受伤。

443. 安徽省淮北市坍塌事故

2015年12月26日9时，安徽省淮北市烈山区亿阳管业淮北通力水泥预制构件有限公司施工工地发生坍塌事故，造成5人死亡。

444. 河南省焦作市爆炸事故

2015 年 12 月 28 日 10 时 45 分，河南省焦作市武陟县西陶镇石荆村一闲置厂房内发生火药爆炸事故，造成 3 人死亡、4 人受伤。

445. 陕西省商洛市中毒和窒息事故

2015 年 12 月 30 日 11 时 30 分，陕西省商洛市商州市鑫源鑫矿业有限责任公司于坪金矿发生中毒和窒息事故，造成 4 人死亡、1 人受伤。

446. 云南省文山州冒顶片帮事故

2015 年 12 月 30 日 20 时 10 分，云南省文山州广南县文冶公司那丹锑矿 1 号矿区发生冒顶片帮事故，造成 3 人死亡。

447. 新疆哈密市火药爆炸事故

新疆维吾尔自治区哈密市哈密东南部景峡东风电场 220kV 送出工程塔基基础爆破项目，发生火药爆炸事故，造成 3 人死亡。

第五编　文　献

《电子技术与软件工程》

1. 信息系统应急管理体系研究 / 秦秋君

2. 计算机应用与高速公路应急管理探讨 / 周伟

3. 3GIS 在城市灾害应急管理中的应用 / 李博

《人民黄河》

1. 基于本体的突发性水污染应急管理系统构思 / 张佩　贾振兴　郑秀清　张旭阳

《青海国土经略》

1. 起于“严”落于“实”为“三区”建设提供坚强有力保障——青海省测绘地理信息局“三严三实”专题教育综述

《长江流域资源与环境》

1. 西南山区滑坡灾毁耕地修复利用适宜性评价研究 / 鲁嘉濠　李妍均　徐洪　唐紫晗　邹蜜　陈正华

2. 基于 PSFR 模型的东江湖流域生态安全评价 / 刘孝富　邵艳莹　崔书红　王文杰　李元钊　田石强

3. 长江生态航道发展探析 / 刘均卫

《安徽冶金科技职业学院学报》

1. 冶金矿山工程管理与投资控制 / 苑智　汪小敢

2. 多轴汽车制动性能检测方法及可行性研究分析 / 张现凌

3. “联合支护法”在超深基坑施工中的应用 / 周拥军

4. 多轴汽车制动性能检测方法及可行性研究分析 / 张现凌

5. “联合支护法”在超深基坑施工中的应用 / 周拥军

《资源导刊》

1. 努力做好新形势下的国土资源宣传工作 / 苗玉林

2. 项城市国土资源所安全管理档案大评比 / 麻锋　王亮

《大众标准化》

1. 议化工企业危险化学品的仓储管理 / 陈爱兵

2. 朔州：组织“双盲”电梯应急救援演练

3.《电梯应急处置平台技术规范》团体标准通过审定 我国电梯应急处置工作步入规范化轨道

《化学工程与装备》

1. 淮安化工园区事故应急预案案例分析 / 杨伟才

2. 元坝高含硫气田地面集输工程工艺技术研究 / 朱国　冯宴　姚华弟

《河北企业》

1.KJ69J 人员定位监测系统设计应用研究 / 李鹏飞

2. 论煤矿安全管理 / 支冠

3. 强化人力资源管理 将标准化落到实处 / 郝建利

4. 浅谈住宅建筑电气节能设计分析 / 姚小春

5. 矿山救护工培训中存在的问题及改进建议 / 赵书海

6. 钢铁企业实现环保指标达标管理的探索与实施 / 王银有　张晋峰　王颖

《时代汽车》

1. 全球首台 绿色驱动 航天智造 装备矿山——航天重工产品成为中国国际煤炭采矿技术交流及设备展览会明星 / 王裕超　应福根

2. 安全生产 重在整改——中国航天三江集团万峰公司加强安全生产侧记 / 刘双群

3. 智能交通发展趋势与汽车智能化发展的思考 / 杨琪

4. 创新商业模式 走健康可持续的产业发展新路 / 阳芮汀　殷晓峰

《企业技术开发》

1. 安全监控系统在矿山机电设备中的应用 / 佐彪 黄靓

2. 基于物联网技术的机场视频感知应用研究 / 孙健

《新疆钢铁》

1. 关于冶金企业工业控制系统联锁标准化的探讨 / 佘林林

《常州工学院学报》

1. 印染废水为主的园区污水处理厂运行问题及对策——以苏南某经济开发区污水处理厂为例 / 吴伟 余昂

2. 紧急疏散状态下人群疏散时间的不确定性分析 / 刘宇 高瞩 张望梧

《航海技术》

1. 吴淞口至浏河口水域通航安全管理的建议 / 寿建伟

2.《压载水公约》生效在即船员应做的准备 / 吕晓燕 张硕慧

3. 美国塔科马港简介 / 朱夏忠 朱文贵

4. 宁波—舟山港对易流态化货物脱硫石膏的水运监管 / 蒋岩 张明 马金勇

5. 基于卫星遥感的海上碍航养殖调查方法 / 邴磊 刑前国 林勐 邹娜娜 李圳波 冯莉

6. 副机燃油低压故障实例 / 李舟科

7. 宁波—舟山海域船舶燃油加注作业要点 / 孙光春 白春江

8. 船舶压载水立法及压载水设备在实船中的应用 / 杨俊

《学理论》

1. 加强哈尔滨市安全生产管理的对策研究 / 丁继成

2. 企业参与环境污染第三方治理的法律问题分析 / 唐孝辉

3. 创新我国政府应急管理预警机制探析 / 孙阅

4. 论中小学校应急能力的提升 / 姬琰玲

《企业技术开发》

1. 提高建筑施工安全管理水平的策略分析 / 卢建东

2. 贵州乌江沙沱水电站防洪度汛管理 / 刘元强

3. 浅析电梯事故发生的原因及预防救援措施 / 荆凯

4. 立体客运地铁站应急救援措施对策研究 / 马兴富 王政锦

《湖北警官学院学报》

1. 环境治理“责任清单”制度考——法治中国背景下的环境治理创新 / 代晓涛

2. 县级政府应急管理办公室法律地位之反思 / 杨方能

3. 灭火救援中消防官兵安全撤离权的思考 / 张亦飞 唐雪梅

《环境经济》

1. 空气固定源，一证式管理怎么实现？/ 钱文涛 宋国君

2. 守法监测与合规核查，固定源监管的关键——排污许可证管理的美国经验之一 / 赵英煚 宋国君

3. 新环保法实施，多少成效？ 多少问题？/ 常纪文 刘凯

《城市与环境研究》

1. 特大城市的环境治理：技术张力与边界刚性 / 潘家华

《长江流域资源与环境》

1. 基于 PSFR 模型的东江湖流域生态安全评价 / 刘孝富 邵艳莹 崔书红 王文杰 李元钊 田石强

2. 长江生态航道发展探析 / 刘均卫

《青海科技》

1. 环保产业绿色价值链的战略突围 / 中国企业

《军事交通学院学报》

1. 基于 Matlab 的一种新型折臂式门架结构分析 / 赵子涵 贾英杰 詹隽青 李红勋 孟祥德

2. 基于 Matlab 的某机场升降摆渡平台举升油缸铰点位置设计 / 赵子涵 贾英杰 刘宝波 李红勋 朱海天

3. 高速铁路军事运输适运性研究 / 贾利博 常春伟 张艳萍

4. 区域公路网结构性能的模糊聚类分析 / 王元 郑贵省 王鹏 李月明 车亚辉

《建筑经济》

1. 中国铁路产业“走出去”的经验与教训 / 刘延宏 刘玉明

2. 地下空间开发利用模式研究 / 张中华

《电工技术》

1. 人民电站增效扩容工程改造的重大意义 / 颜婷

2. 变压器保护装置的应急调试 / 严忠 吕鹏 王锋 陈民 彭效水

《北京农业》

1. 加强领导 扎实做好宁夏隆德县防汛抗旱工作 / 党永琪

《中国能源》

1. 我国数据中心节能现状和面临的挑战分析 / 冯升波 高麟鹏 周伏秋

《中国核工业》

1. 5、6 号起跑：只待发令枪响——田湾核电 5、6 号机组开工准备现场探访 / 王晨香

《河南理工大学学报（社会科学版）》

1. 从灾难影视中看中外应急文化 / 夏保成 王碧 陈安

2. 中国慈善组织参与应急管理的问题与对策 / 程书波 刘亚妮

3. 美国突发事件应急准备体系发展战略演变研究 / 吴晓涛

《系统工程》

1. 基于最大幸福原则的多受灾点医疗队支援指派模型 / 初翔 仲秋雁 曲毅

2. 考虑设施接收能力的应急聚集模型 / 李长清 徐寅峰 倪冠群

3. 基于决策效用分析的应急救援路径优化 / 谈晓勇 龚科

《资源节约与环保》

1. 大气污染应急机制的建立探讨 / 王文斌

2. 突发环境事件应急管理探讨 / 王贝贝 白杰

3. 饮用水源地突发环境事件应急预案的编制——以长潭水库为例 / 王巨宏

4. 矿山企业突发环境应急预案的编制及意义 / 刘琳

5. 化工园区大气环境管理系统设计 / 高亚军 胡家富 王世强

《管理学报》

1. 基于网络层次分析法的应急物资供应能力评价模型 / 张苑秋 田军 冯耕中

《施工技术》

1. “威马逊”台风下建筑施工现场的应急管理及灾后处理 / 赵军波

《工业工程与管理》

1. 突发性水污染事件下供水系统恢复策略研究 / 赵思翔 刘晓 卓艺赫 樊博

《技术与市政》

1. 基于现代信息技术的地铁应急管理系统构建 / 邵志国 张凯

《山西农经》

1. 浅析社区在突发公共事件中存在的不足及完善 / 潘永青

《安全、健康和环境》

1. 基于 ArcGIS Server 与 Flex 的石化企业 GIS 应急管理平台 / 刘馨泽 袁纪武 毛文锋 于学春

2. 海外石油开发项目环境管理工作探讨 / 王珏

3. 硫化氢中毒模拟及气防站设计 / 邵海勇

《中国行政管理》

1. 政府协同治理安全危机双重整合机制及政策建议 / 王树文 韩鑫红

2. 政府备灾能力构建的借鉴与启示——基于美国的经验 / 文宏 马丽娜

3. 我国应急管理研究十年（2004—2013）：成绩、问题与未来取向 / 李尧远 曹蓉

4. 大数据在应急管理中的应用 / 马奔 毛庆铎

5. 发达国家突发事件风险防治的政策趋向——基于“准备”的视角 / 游志斌

6. 基于 PPRR 理论的城市公交全生命周期应急治理框架体系研究 / 卢文刚

7. 我国国家安全战略管理体系建设的几点思考 / 闪淳昌 周玲 沈华

8. 地震灾害应急救援物资配置的全过程机理研究 / 唐林霞

《标准科学》

1. 城市社区公共区域突发事件预警标准化研究 / 王亚飞 朱伟 马英楠 杜博

2. 基于业务连续性管理视角的应急管理体系建设思考 / 秦挺鑫 董晓媛 邓创

《科技与创新》

1. 解析电力基建安全的重要性和风险预控管理 / 陈松勇

2. 大气污染风险源控制及应急管理措施分析 / 雷学勤 陈哲铭 王仪春 夏友超

3. 农村雷电防护工作常见问题及对策 / 李丹

4. 浅析供电企业信息安全管理 / 吴金文 程丽琴

5. 变电站变电运行管理优化措施研究 / 刘海跃

6. 浅谈夜间灭火救援演练的特点及对策 / 邓正开

《运筹与管理》

1. 应急预案响应程序模块化研究 / 邓婕 祁明亮 池宏 石彪

2. 突发事件下不对称信息供应链协调机制研究 / 吴忠和 陈宏 吴晓志 解东川

3. 考虑协同效应的突发事件救援人员分组方法 / 叶鑫 王雪 仲秋雁

4. 一种基于一维元胞自动机的灾害后果推演模型 / 荣莉莉 周培亨 张荣

5. 基于区间模糊数的多阶段冲突型大群体应急决策方法 / 徐选华 蔡晨光 陈晓红

《大连干部学刊》

1. 大连市应急文化建设现状及对策——基于调查问卷的实证研究 / 张英菊

《当代畜牧》

1. 关于动物疫病防控应急管理方面的建议与思考 / 徐自荣 李德强 杨周

《佛山科学技术学院学报（自然科学版）》

1. 基于预案知识库的山洪灾害应急管理平台研发 / 杨跃武

《大家健康（学术版）》

1. 突发公共卫生事件应急管理能力分析及建议 / 孙国利

2. 突发公共卫生事件应急反应基础建设及其应急管理 / 陈兴繁

《商场现代化》

1. 财务公司应急管理体系案例研究 / 周丽玉

《解放军医院管理杂志》

1. 医疗质量安全事件上报实践 / 徐朗 仇永贵 王小荣

2. 现代医院交通流线设计与建设 / 戴海龙 李运明 杨伟生 李坚 谭映军

3. 海上核应急医学救援的难点与对策 / 李泽 唐维平 吴宣树 廖艺文

《安全》

1. 中、美、日对比下的高校应急管理组织体系建设——以复旦大学、斯坦福大学和东京大学为例 / 丁炜

2. 智能预案在城市风景区应急管理中的运用 / 王亚飞 朱伟 马英楠 孔媛 杜博

3. 应急管理的发展态势与思考 / 闪淳昌

4. 城市突发事件应急管理的思考——以青岛输油管爆炸事件为例 / 周鲁洁 韩成功 张玉鹏 彭志艳

5. 建立运转高效校园应急管理机制 / 刘兴德 贾水库 满园春

《社会治理》

1. 总体国家安全观下的公共安全与应急管理 / 王宏伟

2. 建设现代化应急管理体系的思考 / 闪淳昌

3. 在社会治理新常态下加强应急管理 / 龚维斌

4. “互联网 +”：应急管理的挑战与机遇 / 宋劲松

《中国农村卫生事业管理》

1. 大城市区级综合医院的应急管理现状 / 丁晓燕 叶辉 秦晓云 吴雁鸣

《科技创新导报》

1. 煤矿应急管理与救援指挥信息系统开发 / 吴妍

2. 省级应急平台建设的主要内容及总体设计方案研究 / 宋建彬 宋翔宇 蔡建文

3. 浅谈除雪保通工作及极端天气的应急管理 / 窦智

4. 浅析高校如何做好应急管理工作 / 杭会议

5. 高速公路应急事故的消防救援 / 连芷萱 彭维熙 张耀文 张孝钰 黄志甫

《中国安全科学学报》

1. 突发事件中不实信息传播的传染病模型研究 / 方星 黄培清 黄新华

2. 洪涝灾害条件下疏散交通生成预测方法 / 牛世峰 姜桂艳

3. 国家应急管理工作组合作网络的社会网络分析 / 刘亮 陈以增 韩传峰 荣玫

4. 水电厂突发事件应急救援方案云决策模型研究 / 郑霞忠 邰波 陈玲 陈述

《广州大学学报（社会科学版）》

1. 中美雾霾应急治理比较研究——基于灾害系统结构体系理论的视角 / 卢文刚 张雨荷

《商》

1. 微信时代下大专院校应急管理的对策研究 / 郑海平

2. 浅析应急管理过程中政府、媒体、公众的角色扮演 / 杜晶晶

3. 浅谈强化社区应急能力建设的探索——以成都市天府新区应急示范社区建设为例 / 高英

4. 基于 GIS 技术在堰塞湖溃决应急管理中的应用 / 陈欢

5. 金融应急管理的法律规制研究 / 宋丽娜

6. 会展活动安全事故与应急预案探析 / 赵宁

7. 论我国应急志愿服务可持续性发展 / 王燕玲

《经营管理者》

1. 基于医院应急管理工作建设的探究 / 郝韵

2. 关于突发事件应急管理的几点思考 / 龚宇鸥

3. 一种量化安全应急体系的研究与应用 / 骆宇锋 胡郴龙 李婷婷

4. 火电厂安全管理工作探讨 / 王诚

5. 基于“互联网 +”背景的机场应急管理平台建设思考 / 郑伟国 张金标 黄磊

6. 基于烟草商业企业探析应急管理体系建设 / 付元军

7. 铁路运输应急救援体系研究 / 马振

《对外经贸》

1. 公共卫生应急管理研究现状及展望 / 宣琳琳 常烁

《法制与社会》

1. 学校突发事件应急管理机制构建——以东莞市中小学为例 / 方烨

《武警学院学报》

1. 中法消防现状对比研究与启示 / 杨军 郭其云

2. 消防官兵灭火与应急救援安全问题立法研究 / 杨伟倩

3. 消防部队地震应急救援演练有关问题研究 / 刘风华 陈绵海

4. 试论消防应急救援中的紧急处置权 / 徐翱 蔡昊燃

《山西建筑》

1. 应急情况下航班动态管理策略研究 / 杨志超

《系统管理学报》

1. 不对称信息供应链应对突发事件协调模型 / 吴忠和 陈宏 赵千

2. 突发事件下需求依赖价格的三级供应链收益共享契约 / 庞庆华 张月 胡玉露 陈华敏

《科技风》

1. 城市轨道交通地震应急管理研究 / 朱文文

2. 应急管理中政府与媒体协调机制的完善与创新 / 袁菲 于欢

3. 对突发环境事件应急管理的建议 / 王时雄 张磊

4. 政府公共危机管理与消防综合应急救援力量 / 袁菲 郑春媛

5. 煤矿事故应急救援信息管理系统数据库构建 / 郭晶

6. 直升机高速公路应急救援技术探讨 / 顾燕君

7. 新时期加强基层消防部队应急救援能力建设探析 / 于宝刚

《油气储运》

1. 溢油扩散分析技术及其应用 / 李保吉 冯庆善 张沛 贾韶辉 张晓春 贾光明 于智博

《中国水运》

1. 内河水上防污染应急管理方向初探 / 王强 付强

2. 港口码头危化品突发事故应急预案评估指标体系的构建 / 曹巍 陈轩 冯雯雯 姜瑶

3. 浮式储存气化装置解脱分析 / 彭延建 毕晓星 周巍

《内蒙古煤炭经济》

1. 内蒙古煤矿应急管理培训模式研究 / 刘洪才 曾宪荣

2. 煤矿应急管理的策略和风险评价 / 邢娜娜

3. 煤矿应急管理体系的建设 / 郜智慧

4. 煤炭行业生产安全事故应急预案优化工作的探索 / 李健

5. 矿山救援队伍培训模式研究 / 辛明尚

6. 城市灾害预防与应急对策探讨 / 张水 俞凯 张赛 谢长震

7. 煤矿兼职应急救援力量如何更好发挥作用的一点思考 / 李涛

8. 煤矿矿压灾害治理及应急救援处置体系的研究及应用 / 伏华 屈英 买巧利

9. 煤矿应急救援技术的研究及应用 / 何乾龙

10. 我国煤矿事故应急救援现状 / 刘志鸿

《门窗》

1. 高速公路突发事件应急管理研究 / 韩月 张怀强

《中国管理科学》

1. 考虑道路通行能力的应急避难点选址模型及算法 / 倪冠群 徐寅峰 徐玖平

2. 应对突发事件的库存共享策略 / 陈敬贤 孟庆峰

3. 时间约束下不对称信息鲜活农产品供应链应对突发事件协调模型 / 吴忠和 陈宏 梁翠莲

《中国医疗设备》

1. 呼吸机应急管理体系 / 刘敏 刘新平 王征

2. 医疗设备集中管理的研讨 / 姚文坡 唐立源 申倩 刘铁兵 吴敏

《中国护理管理》

1. 汶川地震灾区灾后 5 年医疗卫生机构急救与应急管理的改进 / 谷波 胡秀英 成翼娟

2. 突发群体爆炸伤救援中护理工作的组织管理 / 魏丽丽 修红 张宏岩 赵宝春 黄霞 王静远 刘芳 苏萌萌

《现代经济信息》

1. 从突发事件看政府应急管理 / 李开放 黄川

2. 浅析煤矿井下应急广播救援引导系统的发展 / 白晓波

《行政与法》

1. 对城市内涝灾害应急管理的反思及建议 / 侯雷

2. 新媒介时代突发敏感事件的应对处置 / 向骏

3. “盲演”式应急演练教学的主要做法与启示——以重庆行政学院“洪涝灾害应急演练”教学为例 / 李颖

《唯实（现代管理）》

1. 基于 PAEI 模型构建高校突发事件应急管理团队 / 蒋慧

《中国管理信息化》

1. 国内应急管理决策理论研究述评 / 王克馨 李宏

2. 情景模拟教学法在应急管理培训中的应用 / 于魏华

3. 中外应急管理模式的比较与借鉴 / 于魏华

4. 新公共管理理论对政府应急管理的启示 / 娄越

5. 网络舆情视角下非常规突发事件应急管理机制研究 / 孔子南

6. 医疗器械经营企业的应急物资管理要点初探 / 颜明

《佳木斯职业学院学报》

1. 探析网络舆情视域下高校群体性突发事件的应急管理机制 / 洪书源 穆亮红

2. 基层公安机关处置公共安全突发事件的机制建设——以上海踩踏事件为例 / 时兰杰

3. 新形势下的军事体育教育探讨 / 赵晓丹

《交通企业管理》

1. 基于“情景—任务—能力”的民航应急管理体系建设 / 王文俊 熊康昊

《物流技术》

1. 供应链风险控制研究综述 / 姜男

2. 考虑不同伤势伤员的应急医疗资源分配研究 / 倪燕 赵林度

3. 不确定需求下以制造企业为核心的供应链库存风险研究 / 刘艳

4. 应急物资需求动态分级方法研究 / 张英慧 汪贻生

5. 基于物联网与案例推理的危化品物流应急救援系统 / 原智峰

《科技创业月刊》

1. 地方政府应急管理绩效评估制度环境培育路径 / 陈娟

《实验技术与管理》

1. 高校实验室应急管理探讨 / 盛路 王京宇 孙品阳

2. 突发事故应急预案在高等院校实验室管理中的应用 / 宋小飞 伍银爱 吕鹏飞 施召才

3. 关于提高高校化学品突发事件应急能力的探讨 / 张银珠 金海萍 阮俊 俞欢军 冯建跃

《有色冶金节能》

1. 孤网运行保障措施探讨 / 毕建海

《中国应急救援》

1. 提高应急管理能力 健全公共安全体系 / 闪淳昌

2.STS 视域下应急管理学科技能型知识体系研究与实践——以河南理工大学应急管理学科（专业）建设为例 / 钱洪伟

3. 威海市应急管理体系的建设及实践 / 鞠鹏飞

4. 超大型城市公共安全治理：实践、挑战与应对——基于深圳市的分析 / 卢文刚 黄小珍

5. 人机工效学视角下应急搜救技能课程体系构建的理论与实践研究 / 钱洪伟

6. 高层建筑应急管理体系建设现状及对策浅析 / 武少英

7. 闻灾而动多地驰援 从难从严历练精兵——武警部队太原、长沙方向救援分队跨区震灾应急救援演练及驻训侧记 / 王亮 翁强

8. 崔氏应急救援折叠房

9. 浅议飞行事故应急救援能力建设评估方法 / 付令 张纯林

10. 地震应急避难场所运营期间应急志愿者基本素质与知识技能及其培训教材体系研究 / 钱洪伟 尹香菊

11. 新型高机动应急救援破障车的探索与研发 / 辛涛 王县

12. 提高应急救援实战化训练水平浅探 / 李科银

13. 武警部队应急救援联合指挥研究 / 张志 谭翔

14. 浅析消防官兵灭火救援现场紧急避险和主要伤害事故防范 / 李小虎

15. 武警兵种应急救援演练教学浅见 / 李华

16. 化学灾害救援法律法规及标准体系解析 / 张学智 李颖 杨博 温晓红

《安全与环境工程》

1. 化工园区压力管道泄漏封堵能力建设研究 / 王晓明 吕颖

2. 煤矿区应急救援站多目标选址决策 / 王亚阳 王汉斌

3. 基于 IVM-AHP 的人—机—环耦合系统应急救援脆弱性分析 / 梁伟 李威君 张来斌 唐倩

《通讯世界》

1. 化工园区应急管理综合监控平台设计研究 / 聂匙

2. 基于 WiFi 技术的井下无线通信系统设计 / 李晓靖

《石油工程建设》

1. 石油天然气安全事故应急管理策略 / 杨兴坤

《化工管理》

1. 浅析天然气压缩站安全管理的实践与讨论 / 文海任

2. 化工园区应急管理模式研究 / 潘金辉

3. 如何让应急管理平台发挥实效 / 刘军 刘涛 席园园

4. 浅谈如何加强环境安全应急管理工作 / 郭丽萍

5. 应急平台功能完善与深化 / 齐帅 牛嗣卿 吉元胜 杨跃琼

6. 对加油站应急预案相关问题的探讨 / 贾海龙

7. 民爆生产企业应急预案编制问题探讨 / 刘天才

8. 切合企业实际 建立和完善应急预案体系 / 方益宏

9. 石油化工企业应急预案的评价方法研究 / 高成凤

10. 扬州化工园区水环境风险控制初探 / 王

萍 孙传芝 盛瑾锦 张键

11. 江西省化学事故应急救援管理现状与对策 / 饶贵仕

12. 如何保障化工（危险化学品）企业生产安全稳定 / 唐冰海

13. 危险化学品公路运输事故槽车及其事故处置要点 / 张银科

《科技与企业》

1. 电厂运行安全及应急管理措施探讨 / 刘博

2. 试论公路隧道施工危险源辨识及应急预案 / 王晓辉

3. 煤矿井下紧急避险与应急救援技术 / 赵开成

4. 浅谈如何强化建筑消防监督管理工作 / 王俊杰

5. 落实安全生产方针 实施“5E”预防措施 / 曹萌 李英

6. 消防应急救援能力与机制建设 / 王志亮

《科技视界》

1. 网络新媒体视域下政府应急管理路径选择 / 古长乐

2. 我国应急属地管理原则探析 / 马颖超

3. 关于突发环境事件应急预案编制工作的探讨 / 张先宝

4. 浅谈特种设备事故应急预案 / 雷韬 党欣

5. 浅谈隧道施工安全管理 / 张永

6. 浅议新疆城市高层建筑电梯应急救援 / 张金杨

7. 核舰船核事故应急救援行动要点研究 / 许明剑 余刃 寿宇强 杨倩

8. 基于 ArcGIS Engine 的地震灾区无人机影像三维建模软件开发 / 刘宇 黄亮亮 陈怡 张琳 赵丹妮

9. 以信息化手段提升灭火救援指挥能力的思考 / 操胜利

《华西医学》

1. 四川大学华西医院应对埃博拉出血热的管理及教育培训 / 王妍潼 黄文治 乔甫 曾庆会 尹维佳

《中国辐射卫生》

1. 我国核和辐射应急医学救援体制的问题及对策 / 胡雪军 鱼敏

2. 重庆市各级医院辐射事故卫生应急预案调查与应急对策探讨 / 李炜 杨云福 黄强

3. 核与辐射突发事件应急人员的职业卫生安全与防护 / 唐木涛 李奇慧 王骞 顾恰敏 张惠彬 王猷金

《当代护士（下旬刊）》

1. “3·1 事件”胸外伤伤者的急救护理实践 / 蔡丽萍 张莹伟 李敏

2. 手术室火灾应急预案的实践与探讨 / 陈思媛 张健

3. 疗养院健康管理中心护士应急能力培训及效果分析 / 朱玉兰

4. 改编歌诀法在妇产科护士专科应急预案培训中的应用 / 周萍 何琳

《陕西行政学院学报》

1. 试论我国心理危机干预机制构建的有效途径 / 刘妍

《管理评论》

1. 基于治理理论视角的我国社区应急管理建设模式分析 / 李菲菲 庞素琳

2. 城市群应急资源协调调配的超网络结构研究 / 朱莉 曹杰

3. 高速公路突发事件组织间应急信息沟通实证研究 / 雷丽萍

《时代金融》

1. 对当前新疆基层人民银行应急管理工作的思考 / 李森

2. 浅议城市突发事件的应急管理——以“11·22”青岛输油管道爆炸事件为例 / 赵巍博

3. 第二代支付系统应急管理探索研究 / 杨洲

《辽宁行政学院学报》

1. 新媒体视阈下加强应急管理的思考 / 刘霞

2. 突发公共事件应急管理中志愿者队伍建设浅析 / 杨冬梅

3. 社会组织参与应急管理问题探讨 / 姜志遥

《电子政务》

1. 美国国家突发事件应急指挥系统（ICS）的发展历程与影响因素 / 诚然

2. 数据开放在应急管理中的应用探析 / 陈玉梅 赵颖

3. 社交媒体在社区危机应对能力建设中的运用研究 / 熊涛 孙春霞 曾润喜

《法制博览》

1. 我国突发事件应急管理体制研究 / 甄慧敏

2. 对地震应急救援行动中安全抓建的思考 / 陈帅

《当代经济》

1. 应急管理科技支撑体系建设研究——基于应急管理过程论 / 陆崇芳 黄宏纯

2. 企业商业秘密泄露事件应急管理研究 / 吴小艳 袁竑 林华

《科教导刊（上旬刊）》

1. 当前我国高校校园综合防控与应急管理 / 王学文 吴俊法

《教育评论》

1. 福建高校突发事件应急管理体系构建探索 / 陈兴明 王珠龙 王艳超

《现代电视技术》

1. 广播电视安全播出的应急管理探讨 / 曹霁 张宇

《计算机技术与发展》

1. 基于本体的食品安全应急管理知识表示研究 / 黄卫东 吴美蓉 洪小娟

2. 经济师基于动态博弈网络技术的我国石油供应策略应急管理研究 / 孙永波 王丽讷 毕延彤

《现代物业（上旬刊）》

1. 物业管理企业应急管理的现状及管理体系构建研究 / 刘涛

《系统工程理论与实践》

1. 损毁情景下应急设施选址的多目标决策方法 / 朱建明

2. 不确定条件下应急管理人力供应链多功能资源配置鲁棒优化问题 / 朱雷 黎建强 汪明

3. 与月份及预警有关的广东省台风动态风险研究 / 郭君 黄崇福 艾福利

4. 面向应急管理的人工社会元建模方法 / 陈彬 张鹏 张烙兵 邱晓刚

5. 面向应急管理的大图重要节点中介度高效近似计算方法 / 邓小龙 李欲晓

6. 社会网络及其上的传播动力学集成研究 / 尚明生 邱晓刚

7. 基于模型集成的突发事件舆情分析与趋势预测研究 / 李彤 宋之杰

8. 行为决策对突发事件的干预机制及其预案启动策略研究 / 王治莹 李勇建

9. 巨灾风险大数据处理应急分类、分解、分拣算法与应用 / 庞素琳

10. 突发事件应急救援前摄性调度与反应性调度的集成优化 / 王艳婷 何正文 刘人境

11. 应急救援下需求分配与网络配流研究 / 王海军 黎卜豪 刘康康

《科技管理研究》

1. 基于系统动力学的应急管理知识系统建模与仿真 / 李春娟

2. 信息共享、应急协同与多源物资储备的关系研究 / 沈星辰 樊博

《油气田地面工程》

1. 油气田集气站数字化应急管理系统 / 王帅 张乃禄 王萌 刘旭东 许磊

《交通科技与经济》

1. 基于组合赋权法的高速公路应急管理能力评价 / 安一凡 梁院生 王花兰

2. 城市地铁应急管理研究 / 刘欣 夏倩

3. 突发性社会安全事件下的交通组织方案规划研究 / 高建杰

《科技创新与应用》

1. 浅谈对加强应急救援指挥中心建设的思考 / 孔亚

2. 燃气突发事件应急管理处置和分析 / 金舜

3. 如何提升应对和处置大面积停电事件能力探讨 / 黄冬阳

4. 胡家河矿紧急撤离报警系统的研究与应用 / 吴鹏翔 武光辉 许永刚

5. 加强消防训练工作改革的思考 / 刘加利

6. 消防部队灭火及应急救援中对环境污染问题的探析 / 冯振南

7. 浅谈地质工程施工项目安全管理常态化的目标实现 / 陈洪伟 朱江

8. 浅析电梯困人救援处置对策 / 陈军

《植物检疫》

1. 发现红火蚁入侵中国 10 年：发生历史、现状与趋势 / 陆永跃 曾玲

《安徽农业科学》

1. 重大传染病疫情应急管理现状与提升策略研究——基于人感染 H7N9 禽流感的个案分析 /

祝江斌 许鹏飞

2. 小城镇雨洪灾害的应急管理研究综述与对策 / 孙明 李响 易好磊

《学术交流》

1. 美国应急管理全社区模式：策略、路径与经验 / 唐桂娟

《中国应急管理》

1. 我国应急管理财政支出政策研究 / 苏明 王敏

2. 新加坡的全民反恐及其启示 / 卢文刚 蔡裕岚

3. 现代安全生产应急救援理论思考与实践创新 / 王志坚

4. 广东惠州大亚湾区应急救援社会化服务的实践和探索 / 刘艾光 骆小强

5. 强力整治火灾隐患 全面加强应急救援——郑州市加强消防工作的主要做法

6. 扩大社会参与 提高突发事件应对和自救互救能力——杭州市多方合作推进应急管理社会化

7. 韩国“岁月”号客轮翻沉事故的教训和思考 / 王志坚

8. 工业和信息化部负责人调研北京应急产业发展情况

9. 强化监管 落实责任 形成合力——宜昌市关于危险化学品应急管理工作的探索与实践 / 王建平 丁海容 郑伟林

10. 长沙市切实加强应急救援综合能力建设

11. 强基固本 探索创新 不断提升安全生产应急管理水平

12. 整合资源 瞄准实战 全力打造银川市应急救援尖刀力量

13. 上下联动 协同应对 夺取抗震救灾全面胜利——新疆皮山 6.5 级地震抗震救灾工作实录

14. 世界急救日：全国各地开展应急救护技能培训活动

《中外企业家》

1. 对项目管理应急预案的探究 / 张广梅

2. 做好新形势下办公室管理工作的几点思考 / 李峰

《中共贵州省委党校学报》

1. 科学高效救灾体现国家治理现代化进步——以云南鲁甸“8.03”地震为研究背景 / 董韦

2. 发达国家应急管理理念探析 / 牟明福

《中共石家庄市委党校学报》

1. 略论领导干部应急管理能力建设的理念、制度与实践 / 刘晓玉

《苏州大学学报（法学版）》

1. 从“非典”反思应对突发事件联运机制的建构 / 张剑源

《管理观察》

1. 国内县级政府应急管理研究现状 / 季凌超

2. 高校突发事件应急管理研究 / 吕赛鸫 夏耀稳

3. 城市电网突发事件下的应急管理研究 / 王天一 汤泉

4. 政府应急管理预警机制建设及创新方法 / 张景方

《开封教育学院学报》

1. 高职院校突发事件及应急管理策略 / 孙康

《情报理论与实践》

1. 基于组织—流程—信息的突发事件情报分析框架构建 / 徐绪堪 钟宇翀 魏建香 吴恺 苏新宁

《档案学研究》

1. 我国档案应急预案体系建设：问题与优化 / 张艳欣

《海洋开发与管理》

1. 我国海上石油勘探开发溢油事故应急管理研究 / 关慧莹

《科技促进发展》

1. 基于过程管理的高校群体性突发事件应急管理机制研究 / 杨强

《科技展望》

1. 浅谈雾霾天气应急管理工作 / 孙国旗

2. 浅谈我国突发环境事件应急管理工作 / 张璐

3. 管道行业应急管理存在问题的思考和建议 / 魏祥和

4. 医院 PACS 系统备份恢复及应急预案的应用研究 / 李桂芝

5. 某煤矿水灾事故应急预案 / 刘琳霞

6. 浅谈物联网技术在电梯的应用 / 谢建雄

7. 应急语音广播系统在煤矿矿井井下的应用 / 张华锋 张伟

8. 计算机在应急救援中的应用 / 麦静

9. 铁路突发事件应急救援决策方法研究 / 张军

《浙江理工大学学报》

1. 社会组织介入公共安全管理的策略 / 聂玉梅

《黑龙江纺织》

1. 风险沟通在环境性突发事件应急管理中的作用 / 王波

《无线互联科技》

1. 高速公路应急管理信息系统 / 王登才

《电子技术与软件工程》

1. 计算机应用与高速公路应急管理探讨 / 周伟

2.GIS 在城市灾害应急管理中的应用 / 李博

《水利科技与经济》

1. 福兴水库超标准洪水防御方案制定与应急管理 / 马冲

《内蒙古科技与经济》

1. 高校应急管理能力评价指标体系构建研究 / 张旭

2. 图书馆应急预案编制研究 / 吴广胜

3. 矿用应急救援装备车研究 / 赵晋福 于兴建 王超 林飞 韩梁斌

《城市发展研究》

1. 城市大型群众性活动应急管理研究——以上海外滩“12·31”特大踩踏事件为例 / 卢文刚 蔡裕岚

《现代医院》

1. 探讨 KAISER 模型在医院灾害脆弱性分析中的应用 / 聂彩霞 王青 赵启邹 李慧 林意菊

2. 如何做好医院档案应急管理工作 / 李海珍

3. 应急救援护士核心能力标准框架模型建立 / 汤莉 俞玲娜 张娜 周丽华 刘玲中

《中国社会科学》

1. 中国应急管理结构变化及其理论概化 / 张海波 童星

《云南警官学院学报》

1. 云南省高等级公路重特大交通事故应急管理中存在的问题与对策 / 刘进

《淮阴师范学院学报（哲学社会科学版）》

1. 论地方党政干部应急能力及提升路径 / 刘晓苏

《决策咨询》

1. 新形势下高校校园突发事件应急管理研究 / 朱文武

《价值工程》

1. 多源应急信息的融合过程与模型研究 / 刘瀚 张云峰 李超

2. 煤矿生产监测管理系统信息化 / 付彦龙

3. 浅谈供应链环境下企业应急管理 / 李海东 王红春

4. 基于马尔科夫链的人口高密度地区强震人员伤亡预测方法 / 马红燕 崔杰

《四川行政学院学报》

1. 整合视域下应急管理组织领导体制的重构与完善——从“5·12”汶川地震到“4·20”芦山地震的经验与反思 / 王蓉 王春英 高英

2. 我国应急管理中的女性关注：现状及发展路径 / 高英

《中共山西省委党校学报》

1. 提升应急管理社会参与力 / 罗忠桓

《情报杂志》

1. 手机在政府应急信息发布中的应用研究综述 / 陈艳红 刘娟娟

2. 基于知识管理的企业应急预案管理体系研究 / 王兴鹏

《三门峡职业技术学院学报》

1. 我国突发事件应急管理中政府协调问题研究 / 李墨舒

《中国储运》

1. 基于关键要素的油库安全风险预警方法研究 / 徐沾碧 雍歧东 李成明 李军

2. 关于危化品风险管理体系建设的思考 / 雍歧东 李军 龙鸣 徐守彬

3. 军队医院机动卫勤分队油料保障探析 / 张剑波 丁国勤 朱柯

《科学咨询（教育科研）》

1. 教育系统应急管理初探 / 董用

《科教文汇（上旬刊）》

1. 新疆中小学校园突发事件应急管理研究 / 葛莉 王承武

《人类工效学》

1. 公众地震预防行为的研究进展：内涵、测量与影响因素 / 廖中举

《灾害学》

1. 地震应急管理的社会参与指标体系构建研究 / 程鑫 吴雯雯 戚浩 王远 朱生水 张佑龙 金艳

2. 城市道路交通应急管理"一案三制"探析 / 龚鹏飞

3. 突发地质灾害应急技术：过程模式 / 张小趁 陈红旗

4. 大型社会活动拥挤踩踏事故机理分析及应对策略研究 / 周晓冰 张永领

5. 公共产品视域下应急预案周期管理探讨 / 张小兵 王建飞 解玉宾 李伟 刘军

6. 煤矿突发事件应急救援的群决策方法 / 陈孝国 母丽华 杜红 朱捷

7. 依据自然灾害风险区划的应急救援物资储备数量管理——以北京风雹灾为例 / 郗蒙浩 赵秋红 王凤京 陈龙杰 于汐

8. 地震应急救援中的城乡差异问题 / 章熙海 朱庆和 万群 付荣国 肖飞

《中国农村水利水电》

1. 国内外突发性水污染事件研究综述 / 徐小钰 朱记伟 李占斌 解建仓

《油气田环境保护》

1. 数字化技术在企业应急管理中的应用 / 张磊 张来斌 梁伟 毕文杰

2. 中国石油参与天津港"8·12"特大火灾爆炸事故救援回溯

《煤炭技术》

1. 煤矿生产安全事故应急预案的结构化研究 / 陈东晓 张瑞新 张伟 吴林林 王群

2. 我国矿山应急救援体系研究探讨 / 王振平 刘媛媛 马砺 文虎 李贝

3. 矿井应急救援提升车龙门架结构稳定性分析 / 黄志凌 金龙哲 张小毛 樊林玉

4. Fuzzy 软集在煤矿顶板事故应急救援方案优选中的应用 / 母丽华 田苗 陈孝国 边晓菲

《技术与市场》

1. 浅谈企业安全与应急管理 / 邓捍东

《中国安全生产科学技术》

1. 安全生产中介组织参与安全生产事故应急管理研究 / 姜秀慧

2. 我国旅游突发事件应急管理模型的构建 / 王伟

3. 瑞士大坝应急管理特点及其对中国的启示 / 张士辰 彭雪辉

4. 化工园区安全监控系统研究 / 马海澎

5. 重大危险源企业与属地政府"一对一"应急预案编制研究 / 关磊 曹朝妮 于洋

6. 美国应急预案体系建设经验借鉴研究 / 张明

7. 基于层次分析与模糊综合评价的事故应急预案评估 / 张丽 柏萍 汪忠雨 郭涵予

8. 工矿商贸行业较大以上次生衍生事故分析研究 / 雷长群

9. 突发事件应急预案的评估研究 / 薛元杰 周建新 刘铁民

10. 重大道路交通事故救援"任务—职责—履责"探讨 / 解玉宾 张小兵

11. 重大危险源企业与属地政府"一对一"应急预案编制研究 / 关磊 曹朝妮 于洋

12. 中国安科院边坡雷达参与浙江丽水滑坡应急救援

《林业劳动安全》

1. 城市公用人防工程应急管理模式探讨 / 宋丽 王光彬

《铁道运输与经济》

1. 加强铁路企业应急管理的探讨 / 王红奎

2. 美国铁路应急管理模式分析及启示 / 刘晓琴 王富章 吴艳华

《新丝路（下旬刊）》

1. 消防部队桌面推演法的探索 / 邓雄

《消防科学与技术》

1. NFPA 扩大代用燃料车辆培训 / 李艳艳

2. 基于京津冀一体化的应急救援联动机制 / 郭其云 陈震 夏一雪 唐伟勤

3. 基于动力学理论分析与仿真的救生缓降器设计 / 韩玉勇 刘云辉 李自国

4. 新型高保油抢险救援专用吸附垫 / 李绍宁

5. 高层建筑应急救援二维升降吊篮 / 温建

6. 消防部队应急通信保障体系探讨 / 李斌

7. 国际应急救援管理的分析探讨 / 郭其云 杨军 郭威

8. 输油管道泄漏事故处置对策 / 张庆利

9. 我国应急救援力量管理模式改革研究 / 夏一雪

《信息通信》

1. 基于信息通信技术的矿山安全生产应急管理 / 汪洪奎

2. 基于彩信的高校资料室安防系统设计 / 丁和水 胡连珍

3. 一种可视化突发事件及应急管理调度分析系统 / 宋晓莹 廖振松 姜田甜 王浩君

《电子制作》

1. 高速公路突发事件应急管理体系研究 / 李娜 徐宝刚

2.Mesh 设备在机动指挥通信系统中的应用 / 王芳

3. 骨传导技术的应用 / 季宁 化铭 赵潇扬 穆宗毅 罗琴娟

《质量与标准化》

1. 上海市特种设备应急管理体系构建研究 / 王善江 薛小龙 杨容遵

《吉林劳动保护》

1. 怕担责任就别干安监工作——记松原市宁江区雅达虹工业集中区安监站站长张海峰 / 王刚

2. 延边州举行非煤矿山应急救援演练 / 延安

3. 打造大型护安“航母”——吉林省强化应急演练体系建设纪实 / 王宝林

4. 曹宇光局长深入德惠市调研检查危化品企业安全生产工作 筑牢抗御事故的头道防线 / 王丹

5. 曹宇光局长专项督查危险化学品企业安全生产工作情况时强调 采取有效措施 确保工作触底 / 周明航

6. 发生坍塌事故的应急措施 / 钟卉

《现代城市》

1. 贵州：国内首个电梯应急救援处置平台启动

《旅游研究》

1. 基于斜坡球体理论的旅游安全下滑力研究 / 胡卫伟

《国防》

1. 甘肃省组织召开民兵应急力量建设工作会议 / 巩庆磊 何开绪

2. 省军区系统应急队伍装备保障存在的问题与对策 / 王向东 蔡清

3. 民兵应急分队提高专业能力的三个要点 / 朱德贵 杨宏

《山西省政法管理干部学院学报》

1. 我国高铁安全管理存在的法律问题及对策 / 李艳 李玲芳 朱成全

《西南国防医药》

1. 军队医院拟制城市反恐维稳医疗救援预案的实践与体会 / 陶发胜 廖衡 丁浩平 吴峰 曹金军 谭彦宏 张海员 颜炜 张琼

《医疗卫生装备》

1. 北京市突发公共事件应急救援装备需求分析 / 白松 丁辉 樊毫军 侯世科 温剑

2. 武警智能拓展车载方舱医院的研制 / 孟晓东 郑静晨 王藩 李晓雪 郝昱文 田颖 何彪

3. 应急设备保障中心管理模式实践 / 刘立洁 楼林 耿西亮 王忠明 张兵

4. 便携式多功能卫生防疫洗消背囊的研制 / 杨慧宁 刘福东 王藩 徐烨 杨海宁 郭静 范晓乐 郑静晨

《工程与建设》

1. 在建高层建筑施工火灾应急管理研究 / 许禄权

《中国公共安全（学术版）》

1. 新型城镇化下珠江三角洲城市灾害应急管理——基于易损性空间格局差异 / 唐波 刘希林

2. 消防应急救援中官兵伤亡原因分析 / 杨文俊 吴奇峰

《公路》

1. 重大节假日下干线公路应急管理研究 / 张志峰 蒋惠园 何耀池 易瑞森

2. 面向应急管理的公路网指挥调度平台设计 / 王维锋 季锦章 万剑

《中国高新技术企业》

1. 电厂运行安全及应急管理措施探讨 / 丁磊

《水利水电施工》

1. 浅谈我国水电站项目安全与应急管理 / 曹蓓蓓 张洪青

《大坝与安全》

1. 对《水电站大坝运行安全监督管理规定》有关大坝安全应急管理内容的解读 / 杜德进

2. 水电站大坝运行安全应急管理刍议 / 杜德进

3. 富春江水电站水库安全应急预案及溃坝计算 / 沈静 杨彦龙 余鸿慧 徐兰玉

《产业与科技论坛》

1. 城镇燃气突发事件应急预案有关技术问题探讨 / 文其志 周红 李建 游赟 邹碧海

2. 企业加强应急管理提高应急能力的策略探索 / 于洋 刘璇

《信阳农林学院学报》

1. 城市应急管理体系建设研究 / 李春祥

《中医药管理杂志》

1. 凯撒模型在医院灾害脆弱性分析中的应用 / 魏润玲 翟书会 杨亚静

2. 实景演练在重症医学科应急预案培训中的作用 / 莫佩娟

《今日药学》

1. 灾害脆弱性分析在医院药学应急管理中的应用研究 / 李松 赖坤平 郑小清 蔡静月 谢广超 郑亮

《口岸卫生控制》

1. 国境口岸突发公共卫生事件应急管理探析——以天津口岸为例 / 刘国武 李力军 李峥 张向东

《兰州学刊》

1. 国民政府的灾害应急管理机制研究——以1931 年大水灾为个案的分析 / 孙语圣

《新西部（理论版）》

1. 吉林省城市社区应急管理存在的问题及对策分析 / 王芳

《湖北行政学院学报》

1. 重大灾害应急管理中政府与 NGO 的虚拟合作——一种新的合作模式构想 / 田华文

《教育教学论坛》

1. 基于虚拟仿真技术的应急管理实验教学系统研究 / 陆辉 缪明月

2. 在高校中实现国防动员与应急管理机制衔接的思考 / 张延祥 刘红

《内蒙古教育（职教版）》

1. 公安院校应急文化构建研究 / 张旭

《清远职业技术学院学报》

1. 美国应急管理体制建设经验给清远的启示 / 王开全

《重庆邮电大学学报（自然科学版）》

1. 考虑服务设施规模的应急物资储备库双目标选址模型研究 / 付德强 张伟

《河北经贸大学学报》

1. 完善我国应急财政资金管理的途径 / 武玲玲 常延岭 彭青

2. 基于 ANP 的应急供应链绩效分析多属性决策模型 / 朱佳翔 江涛涛 蔡建飞 田刚

《中华灾害救援医学》

1. 无人机在救援方面的应用及发展 / 张峰 佟巍 周立冬 刘爱兵

2. 灾害护理管理中应急管理及人力资源配置的研究现状 / 贾婷 戴冬梅

3. 继续发挥公立综合医院在应急救援中的作用——暨 2014 年福州中华医学会灾难医学分会第二届学术年会 / 赵中辛 刘中民

4. 用爱传递正能量——民间救援力量之山西天龙救援队 / 范晓乐

5. 地震救援现场标志用图形符号体系的初步分析 / 王巍 陈虹

6. 现代应急救援食品的国内外研究现状与进展 / 毕珣 王志宏 孙文军 段晓彦

7. 危机事件压力管理及其常用技术 / 郭晓

8. “5·22”暴恐事件伤病员护理救治工作实践与体会 / 李迎春 杨静 刘丽 井丽

9. 美欧国家化学灾害的应对 / 付辉

10. 提升军队应急救援能力对策研究 / 宋丙芳 俞磊 何敬和

《环境与职业医学》

1. 不同救灾经历的矿山应急救援人员职业紧张情况 / 李小明 许向辉 李佳 姚三巧

《中国煤炭工业医学杂志》

1. 深化国际交流合作 促进职业卫生工作发展 首届中美职业卫生国际研讨会在上海成功举办

《现代农村科技》

1. 探析灌区安全生产工作新常态 / 代赛

《电力安全技术》

1. 新《安全生产法》解读 第 10 讲 依法报告有效处置事故 / 石少华

《大众标准化》

1.《电梯应急处置平台技术规范》团体标准通过审定 我国电梯应急处置工作步入规范化轨道

2. 朔州：组织“双盲”电梯应急救援演练

《人民长江》

1. 水电部队遂行应急救援任务专业技术保障探讨 / 王永兴 李高正

2. 云南鲁甸红石岩堰塞湖排险处置的思考与探索 / 程兴军 王志

3.WLAN 技术及无人机在灾害应急救援中的应用 / 蒋玉付 韦丽娜

《中国交通信息化》

1. 常吉高速隧道群应急救援与巡逻车载系统设计与应用研究 / 龚树超 蒋成海 傅磊

2. 基于 B/S 水上安全应急管理系统设计与实现 / 王晓荣 肖珍军

3. 基于“智慧线”的高速公路长隧道应急救援综合信息系统 / 董欣刚 符合鹏

4. 高速公路应急救援系统设计与应用 / 孟春麟 夏振雪 李中开 杨会超 吴畏 张朝明

《自然灾害学报》

1. 基于 GIS 技术的厦门市地震应急管理系统 / 廖桂华 江源通 郑斓 张文富 张学庭

《内蒙古师范大学学报（自然科学汉文版）》

1. 基于信息物理融合的药品监管系统研究 / 谭颖 李海庆 谭睿 沈小涛 吴兵

《防灾科技学院学报》

1. 地方政府地震风险预防与应急准备：实践、挑战及对策——基于广东河源市的分析 / 卢文刚 蔡裕岚 方冰 李晓婷

2. 鲁甸 6.5 级地震地质灾害调查分析 / 张小趁 陈红旗

3. 灾后恢复重建示范区规划环境影响评价探讨 / 钱洪伟

《云南化工》

1. 羰基化合成甲酸钙实验安全分析及对策 马航 冯霄 杨亚斌 曾波

《煤炭与化工》

1. 煤矿通风安全管理及通风事故防范措施探讨 / 成和平

2. 危险化学品仓库的安全管理策略研究 / 甘学

《中小企业管理与科技（下旬刊）》

1. 安全环保监督、隐患治理和应急管理的实践与探索 / 赵志斌 孙金凤

2. 群体性事件应急管理中的突出问题及对策研究 / 杨文才

《环境保护》

1. 全面规范突发环境事件应急管理有力维护国家环境安全——《突发环境事件应急管理办法》解读 / 田为勇 周广飞

《四川水泥》

1. 地铁工程建设应急安全管理评估体系的构建 / 秦宏霄

《中南大学学报（自然科学版）》

1. 双权重应急交通网络最优路径数学模型及算法研究 / 盖文妹 邓云峰 蒋仲安 李竞 杜焱

《国防科技大学学报》

1. 面向应急管理计算实验的模型构建和模型管理 / 张鹏 陈彬 孟荣清 张烙兵 邱晓刚

《世界复合医学》

1. LCPT 循环教学模式在灾难医学及应急管理教学中的应用 / 潘伟 郭影 王凤侠 吴婷 廖书杰

《厦门特区党校学报》

1. 西方国家应急管理的经验与启示 / 夏军

《江苏社会科学》

1. “12·31”上海外滩踩踏事件的调查与思考 / 闪淳昌

《国家行政学院学报》

1. 一起突发事件处置引发的应急管理治道变革——以吉化双苯厂爆炸事故为例 / 龚维斌

2. 我国应急预案效力研究——以青岛“11·22”东黄输油管道泄漏爆炸特别重大事故为例 / 崔维 佘廉 刘士竹

《长春理工大学学报（社会科学版）》

1. 农村公共安全应急管理的法制保障与反思 / 李晓慧 王清平

《电子科技大学学报（社科版）》

1. 基于分类替代性关系的应急物资储备量分析 / 常金奎

《廊坊师范学院学报（自然科学版）》

1. 河北省中小学体育教育在突发公共事件应急管理中的作用研究 / 周建 李占海 张志新

《信息技术与标准化》

1. 云平台机房特点及运维管理研究 / 薛新民

《民营科技》

1. 浅谈电力企业应急管理培训工作 / 彭丽霞 冯硕 王昭滨

2. 协同信息系统在社区应急管理中的应用研究 / 钱研 焦方红

3. 浅谈公路隧道施工危险源辨识及应急预案 / 卜石朋

4. 浅谈深基坑土方施工中常见问题及其处理方法 / 俞斌斌 蒋一炜

5. 浅谈当前企业消防安全管理工作 / 孙红梅

《江西建材》

1. 浅论地方政府安全生产应急管理能力建设 / 陈祥军

2. 公路养护及安全管理评价体系探究 / 艾凯凯

3. 液氯泄漏和爆炸事故环境风险后果分析 / 朱佳喜

《企业导报》

1. 矿山安全生产应急管理问题及对策 / 汪洪奎

2. 浅论我国应急管理人才培训体系的现状与发展 / 段月翎

3. 浅析如何做好公路工程应急救援保障 / 颉沛

4. 电梯事故应急救援体系的构建与完善 / 郭伟

《中国防汛抗旱》

1. 城市洪涝风险的演变趋向、重要特征与应对方略 / 程晓陶 李超超

2. 北京市防汛社会动员工作探讨 / 王振宇

3. 城市内涝成因分析及应急管理对策建议 / 徐业平 陈祥

4. 防汛工作中的社会动员 / 潘安君 刘洪伟 谢艳芳 王振宇 刘燕宁 郭玥

5. 新形势下北京市防汛指挥体系建设成效与思考 / 王振宇 张军 张平平 李玉霞 刁鹏

6. 陕西大荔县防汛减灾体系建设实践 / 马元甲 王辰龙 王娟

7. 水库抗洪抢险应急救援方法探讨 / 赵启明 孙舸 李典枫 于士杰

《中国卫生事业管理》

1. 综合性医院对交通事故应急演练的管理 / 王峰 费广鹤 李永怀 马文娟 徐爱晖

《中国软科学》

1. 中国应急管理体系的动力结构分析及模式重构策略 / 徐松鹤 韩传峰 孟令鹏 吴启迪

《现代情报》

1. 国内外突发事件驱动的应急决策情报研究现状及展望 / 柯丹倩

《中国人民公安大学学报（社会科学版）》

1. 突发性群体事件实时决策中的情景演变路径与应对分析 / 黄鸿志 陈鹏 陈建国

《吉林工程技术师范学院学报》

1. 高校突发事件应急管理研究 / 王春波 胡继

成 李琦

《西部广播电视》

1. 广播电视安全播出的应急管理现状 / 王征

2. 宁夏广播电视台《直播 60 分》的技术保障 / 张雁飞 董楠

3. 西藏电台广播中心应急播出 / 普布次仁 李丽莎

4. 远程 WiFi 技术状态下的手机无线对讲遐想 / 卢瑶 宗蓓蓓 胡春涛

《山西科技》

1. 电力安全应急管理及演培方式研究 / 汪大为 王宝平

《城市勘测》

1. 福州市"数字园林"信息系统设计与实践研究 / 肖潇

《石化技术》

1. 天然气输气站场风险分析和应急管理探究 / 杨浩

2. 危化企业应急预案管理存在的问题及对策措施 / 仇伟军

3. 石油化工原料和产品运输事故应急预案体系研究 / 孙静波

《江苏卫生事业管理》

1. Kaiser 模型视角下新疆某二甲医院灾害易损性分析 / 赵大仁 陈世明 张瑞华 何思长 孙渤星

2. "8·2"昆山事件采供血机构应急机制的实践与完善 / 郭东辉

《改革与开放》

1. 应急管理理论体系视角下突发公共卫生事件分析 / 韩锋

2. 宜宾市自然灾害处置中的应急机制建设研究 / 唐锐

《新闻传播》

1. 基于舆情传播规律视角下的上海突发卫生事件应急现状分析 / 韩锋

《南京社会科学》

1. 中国应急管理纵向府际关系：转型、挑战及因应 / 陶鹏

《沈阳干部学刊》

1. 国外特大型城市公共安全事件应急管理比较——以纽约、伦敦、东京为例 / 靳澜涛

2. 关于提高海上医疗卫生应急救援能力问题的探讨 / 沈桢巍 李光 范卫建

《中共成都市委党校学报》

1. 多媒体技术在应急管理培训中的运用初探 / 熊建

《长沙大学学报》

1. 长沙市社区自然灾害应急管理机制研究 / 张颖华

《才智》

1. 当前基层应急值守工作中存在问题及解决途径 / 赵小兰

2. 探讨电视台硬盘播出系统与安全播出应急预案 / 李强

3. 浅析消防部队如何提升灭火救援战斗力 / 布彦虎 耿铎 徐晓强

《软科学》

1. 基于知识管理视角的非常规突发事件模糊案例推理应急决策方法 / 蔡玫 曹杰

《世界农业》

1. 国外经验对中国海洋生态灾害应急管理的启示 / 汪艳涛 金炜博 高强

《中国矿业》

1. 基于投影寻踪的企业安全生产应急管理有效性评价研究 / 闫红博 赵丽

2. 我国地勘单位野外地质工作后勤保障现状、问题与建议 / 方敏 周海东 王雪 李虹

《中国海商法研究》

1. 中国海上溢油应急管理立法新论 / 梅宏 林奕宏

《山东煤炭科技》

1. 关于煤矿应急管理的体系构建分析 / 张志强

2. 井下应急救援通信及遥控探测系统研究 / 杜亚玲

3. 浮选危险化工品应急救援预案在屯兰矿选

煤厂的实施 / 郭荣

4. 浅谈冲击地压的防治与救援 / 王勇

《山东工业技术》

1. 浅谈提高高速铁路应急处置效率 / 孔庆霆 陈辉 李辉

2. 基于 ArcGIS Server 与 Flex 的石化企业 GIS 应急管理平台 / 刘馨泽 袁纪武 毛文锋 于学春

3. 对目前突发环境事件应急预案管理现状及对策研究 / 廖妍

4. 基于 MFC 的 Vega Prime 视角切换方法设计与实现 / 程乃伟 李想 蒋波沱 董宇佳 黄辉

5. 关于短波远程控制系统在短波通信中的应用研究 / 邢增波

《安全》

1. 采油厂“一案三制”应急管理机制 / 毛飞跃 王绍丰

2. 某工业区危险化学品泄漏事故应急预案流程演练要点 / 杨林 杨本庆 孙德祥

3. 如何强化重大生产安全事故的应急处置工作 / 吕海燕

4. 虚拟现实技术在城市应急救援训练中的应用 / 淡默 汪彤

5. 矿井应急救援技术发展现状 / 韩梁斌 张小毛 于兴建 黄凤祥 王超

《河北冶金》

1. 钢铁企业安全生产事故应急管理探析 / 于佳朋

《中国冶金教育》

1. 基层政府应急联动问题的突破路径选择 / 许强龙

《北华航天工业学院学报》

1. 高校突发事件应急管理制度的研究 / 赵炳坤 商中兴 晁怀翔

《铁路计算机应用》

1. 基于资源共享的高速铁路监测预警与应急平台研究 / 吴艳华 王富章 李平 王英杰

2. 信息系统应急预案编制及其演练 / 崔学毅

《中国病案》

1. 医院病案科消防应急预案的设计与应用 / 梁阔 吴宇彤 杨敬 陈锦培 侯志勇 王兴芝 丁秀娟 宋林子 任珊 张建

《学海》

1. 农村应急能力评估——基于江苏省的实证研究 / 张海波

《甘肃警察职业学院学报》

1. 县级政府应急管理策略研究 / 俞莲英 祝昌鸿

《吉林省社会主义学院学报》

1. 国家应急管理体系中民间志愿组织作用发挥研究 / 吴金华 王娜娜

《海军工程大学学报（综合版）》

1. 军队处置重大突发事件应急管理能力评估研究 / 吴勇 周芳

《山东行政学院学报》

1. 基于流程管理理论的公交车恶性突发事件应急管理常态机制研究 / 杨新欣

《长白学刊》

1. 政府应急管理中信任危机产生的原因探析 / 张春艳 李鹏

《观察与思考》

1. “五水共治”的长效管理机制探析——战略管理的视角 / 陈海嵩

《中国渔业经济》

1. 我国海洋生态灾害应急管理体制困境及解决对策 / 汪艳涛 高强 金炜博

《现代矿业》

1. 浅谈新形势下如何做好矿山企业安全工作 / 邱仕奎 张斌 尹敬运 扶刚

《云南科技管理》

1. “突发事件现场处置”教学实践与教学改革探索 / 杨小林 李义玲

《阅江学刊》

1. 强台风灾害链情景下多部门应急联动建模与仿真文献综述 / 于小兵 曹杰 蔡玫 张梦男 骆翔

《中国食物与营养》

1. 新体制下食品安全应急管理路径研究 / 张冰妍 孟涛

《煤矿安全》

1. “三要素”安全管理体系研究 / 吴兵 周瑶 彭燕

2. 基于 ZigBee 的煤矿井下生命体征检测仪 / 钱旭 韩英 王慧 王建宇

3.KJ128A 人员定位管理系统在平煤六矿的应用 / 王玉兰

4. 开滦集团三维矿山应急救援指挥决策系统 / 周红军

5. 煤矿安全生产审计评价体系构建初探 / 王爱华 李宝英 张元强

6. 王家岭 2 号避难硐室逃生钻孔构建 / 于兴建 金龙哲 黄凤祥 王超 张丙军

7. 区域矿山救护队装备配置方法的探讨 / 李春香 刘勇 江成玉

《铁路技术创新》

1. 城市轨道交通安全监控与应急一体化平台建设研究 / 张铭 王霆

《华北科技学院学报》

1. 高校实验室安全管理标准化程序 / 刘龙飞 杨乃鹏 张伟

《中国新技术新产品》

1. 做好电力生产的应急管理 保障电力安全生产 / 陈玉坤

《云南电力技术》

1. 电网企业安全监管与应急管理平台研究 / 李静力 陈蔓莉 胡之荣

《中国畜牧兽医文摘》

1. 扬中市重大动物疫病防控应急管理工作的体会 / 杨明全

《中国集体经济》

1. 浅谈我国突发公共卫生事件应急管理的困境及对策 / 韩锋

《中国卫生产业》

1. 医院应急管理工作建设实践与探讨 / 王明珠 成琳 田明祥 单清 施文大

《世界最新医学信息文摘》

1. 突发混合性气体中毒的抢救与应急管理 / 高裕慧

2. 产后大出血患者实施护理应急预案与精心护理的临床效果 / 李亚丽

3. 护理应急预案在产后大出血护理中的应用 / 周丽霞

《理论界》

1. 中国大城市自然灾害预警系统研究 / 杨大瀚 魏淑艳

《法制与社会》

1. 论大型体育赛事突发事件应急管理——以南京青奥会安保工作为例 / 张锋 许阳

《国外社会科学》

1. 应急管理领域的大数据研究：西方研究进展与启示 / 邵东珂 吴进进 彭宗超

《电脑与电信》

1. 探析大数据应用对提升政府应急管理能力的重要意义 / 旷晖

《河海大学学报（哲学社会科学版）》

1. 洪灾应急管理中的府际合作模式研究 / 佟金萍 黄晶 陈军飞

《新视野》

1. 智慧型街道（社区）应急管理模式创新——以北京市两个街道的创新实践为例 / 齐恩乐 文晓灵

《学术论坛》

1. 借助网格化管理推进我国应急管理新常态建设 / 盘世贵

《合作经济与科技》

1. 县级政府自然灾害应急管理机制研究 / 宫晓阳 杨涛

2. 公益组织运营资金困境 / 孙苗苗 刘湘国

《电信快报》

1. 客流眼在城市应急管理中的应用 / 贺杰 殷春妍 贺凌云

《安徽工业大学学报（社会科学版）》

1. 完善我国公共危机事件应急管理对策的思考 / 陈虹宇

《黑龙江高教研究》

1. 高校海外留学生安全应急管理研究——以云南财经大学案例为例 / 陈树峰

《湖州师范学院学报》

1. 浙江地方政府网络舆情现状及其导控策略研究 / 刘金荣

《齐齐哈尔大学学报（哲学社会科学版）》

1. 高校群体突发事件应急管理研究 / 黄武 汪德荣 张占毫

《新闻爱好者》

1. 论媒体应急管理的缺位现象——以天津港"8·12"特别重大火灾爆炸事故为例 / 刘海明

《天水行政学院学报》

1. 江苏社会组织参与应急管理的路径 / 范如意

《河南科技》

1. 城市突发公共事件应急管理平台研究 / 张亚娟 赵海升 李洋伟
2. 天然气泄漏事故预警与应急处置 / 李冲逯鹏

《海峡药学》

1. 药品批发企业低温、冷藏药品的储存管理 / 陈龙

《软件》

1. 基于工作流的应急预案管理系统的设计与实现 / 巩思汉

第六编　2014—2015 年中国 31 个省市区应急表现能力评价

2014—2015 年中国 31 个省市区应急表现能力评价

陈安　迟菲

31 个省市区应急表现能力评价是在各省各类突发事件预防和应对处置表现的基础上进行的综合评价，主要分为自然灾害和非自然的人因灾害这两大类，从事前预防、事中应对和事后处置结果的角度，参考美国应急评价指标体系，综合考虑其他学者关于评价指标的研究，分别对中国大陆 31 个省市区自然灾害和人因灾害应对过程中所表现出来的应急能力进行评价，并考虑不同种类突发事件对应急能力的不同要求等因素，结合评价的指标体系，采用定性评价和定量评价相结合的方法分别对自然与人因灾害应急表现能力以及将两者结合在一起而形成的综合应急能力进行了评价。

本次评价搜集了各省市地区 2014—2015 年所有自然灾害和人因灾害，并对各个省市区所发生的突发事件进行筛选，挑选出影响较大的十件事件，不足十件的以现有事件资料为准；同时通过官方网站或其他渠道全方位地搜集关于这些事件的应对过程的资料，并对资料按照预先所设指标的需求进行整理、分析；邀请应急管理领域专家以及应急管理相关部门人员参与研讨，将各个省市区关于自然灾害的详尽的应急处置资料发与现场与会专家，结合指标体系对每个指标进行现场打分；根据打分的结果，采用加权平均的方法算出分值，去掉最高分和最低分得出的平均分即为该省市区的应急表现能力值。将各个省市地区按照综合得分进行排序，即得出各省市区应急表现能力排行，并在此基础上对 31 个省市区综合应急表现能力进行评价。

资料来源为各个政府相关网站公开数据以及其他方式获取的相关资料；综合使用了德尔菲法、专家打分法等多种评价方法，经过多轮数据处理、评价打分，最终得出各省应急能力表现综合排行。

一、全国 31 个省市区 2014—2015 年自然灾害应急表现能力评价结果

全国 31 个省市区 2014—2015 年自然灾害应急表现能力排名如表 1 所示。根据评价准则，应急表现能力优秀的是北京市、上海市、天津市三个直辖市。原因主要有以下几点：一是该部分地区很少发生自然灾害事件，即便发生了也是影响较小的事件，政府完全有能力应对，并未造成严重损失和社会影响；二是该部分地区经济水平比较高，有充足的资源开展事后处置。

表 1　2014—2015 年各省市区自然灾害应急表现能力排名

排名	地区	排名	地区	排名	地区
1	北京市	11	湖北省	21	青海省
2	上海市	12	黑龙江省	22	安徽省
3	天津市	13	山西省	23	广西壮族自治区
4	江苏省	14	河北省	24	湖南省
5	重庆市	15	浙江省	25	贵州省
6	山东省	16	四川省	26	新疆维吾尔自治区
7	福建省	17	吉林省	27	西藏自治区
8	江西省	18	广东省	28	海南省
9	辽宁省	19	内蒙古自治区	29	甘肃省
10	河南省	20	宁夏回族自治区	30	陕西省
				31	云南省

应急表现能力良好的是江苏省、重庆市、山东省、福建省、江西省、辽宁省、河南省、湖北省、黑龙江省等9个省市。原因主要是该部分地区大都处于平原地区，很少发生自然灾害，即便发生也是小范围的风雹、干旱、强降雨之类，各地区在多年处置这些突发事件时已经积累了一些经验，因此，在处置同类事件时表现良好。

应急表现能力一般的是山西省、河北省、浙江省、四川省、吉林省、广东省、内蒙古自治区、宁夏回族自治区、青海省、安徽省、广西壮族自治区、湖南省等12个省和自治区。原因主要是该部分地区不仅常年受风雹、洪涝等影响，还会受台风的侵袭，近两年台风级别之高对部分地区造成了严重影响，政府在应急处置方面大都是按照现行的救灾工作指导规范予以应对，但在某些细节的处置方面如救灾款物的管理使用方面还稍显不足。

应急表现能力差的是贵州省、新疆维吾尔自治区、西藏自治区、海南省、甘肃省、陕西省、云南省等7个省和自治区。原因主要是该部分地区常年受地震灾害、地质灾害的侵袭，经济技术欠发达，在灾害发生后没有足够的资金或物资下拨给灾民，对同类型灾害的处置效果明显低于其他地区，同样的自然灾害往往会造成严重的损失和社会影响。例如，云南鲁甸地震不仅造成了严重的人员伤亡，在处置过程中还出现了物资哄抢现象，大大降低了应急处置效果。

二、全国31个省市区2014—2015年人因灾害应急表现能力评价结果

全国31个省市区2014—2015年人因灾害应急表现能力排名如表2所示。其中，北京市、四川省、内蒙古自治区、湖北省、青海省、甘肃省、吉林省、江西省等8个省市区2014—2015年人因灾害应急表现能力优秀；海南省、贵州省、宁夏回族自治区、河北省、山东省、云南省、浙江省、黑龙江省、西藏自治区、广西壮族自治区、福建省、陕西省12个省和自治区2014—2015年人因灾害应急表现能力良好；河南省、安徽省、辽宁省、重庆市、湖南省、广东省、山西省、江苏省等8个省市2014—2015年人因灾害应急表现能力中等；上海市、新疆维吾尔自治区、天津市等3个市和自治区2014—2015年人因灾害应急表现能力较差。

例如，北京市在2015年12月末的清华实验室事故中应急表现情况较好，不仅处理、调查迅速可靠，并且在事后组织专家全面梳理校园安全隐患，设置安全教育日警示各科研院所。再如，天津市在2015年8月中旬滨海新区的爆炸事故中表现极差，天津市交通运输委员会、天津市安全生产监督管理局、滨海新区安全生产监督管理局等多方单位均有严重失职行为，事件处理不善，百余人遇难，经济损失巨大。再如，贵州省在2015年3月的交通事故中，虽然省领导赶赴现场指导伤员抢救及善后工作，但仍有十余人死亡、多人不同程度受伤，事故原因不明，表现情况趋于中等。综上所述，本次评价采集的人因灾害事件广泛、精细、有效，最终评价结果能够切实反映2014—2015年各省市区人因灾害的应急表现能力。

表2　2014—2015年各省市区人因灾害应急表现能力排名

排名	地区	排名	地区	排名	地区
1	北京市	11	宁夏回族自治区	21	河南省
2	四川省	12	河北省	22	安徽省
3	内蒙古自治区	13	山东省	23	辽宁省
4	湖北省	14	云南省	24	重庆市
5	青海省	15	浙江省	25	湖南省
6	甘肃省	16	黑龙江省	26	广东省
7	吉林省	17	西藏自治区	27	山西省
8	江西省	18	广西壮族自治区	28	江苏省
9	海南省	19	福建省	29	上海市
10	贵州省	20	陕西省	30	新疆维吾尔自治区
				31	天津市

三、全国 31 个省市区 2014—2015 年综合应急表现能力评价结果分析

综合应急表现能力评价结果是基于自然灾害和人因灾害以及其他因素进行分析处理的，从事前预防能力、事中应对情况和事后应对结果的角度，利用自然灾害和人因灾害所设计的评价指标体系，对这两类突发事件应急表现能力的评分结果进行综合处理，最终得到 31 个省市区综合应急表现能力评分，评价结果显示了各个省市区在所有突发事件应对处置过程中的综合能力，如表 3 所示。

综合排名中，北京市、四川省、内蒙古自治区、湖北省、青海省应急表现能力排名靠前，这是因为这些地区在各类突发事件预防和处置过程中都有较好表现，没有发生极其严重的突发事件，而对于情况较轻的突发事件处置过程和结果也都较为完善和妥当，并未造成严重损失和社会影响。

江西省、吉林省、浙江省、山东省、甘肃省、河北省、宁夏回族自治区、贵州省、福建省、黑龙江省、海南省、河南省、辽宁省、广西壮族自治区综合表现良好，虽然出现部分突发事件并且造成了一定损失和影响，但有些突发事件的发生属于不可控的，即使突发事件发生，也及时采取了有效措施进行应急处置。这些地区在事前风险预防、事中应急处置等过程中所采取的措施都较为合理，也能够将事件的损失和后果控制在一定程度以内，因此处于等级良的范围。

广西壮族自治区、重庆市、西藏自治区、安徽省、江苏省、上海市、山西省、云南省、广东省、湖南省综合应急表现能力处于等级中的范围。这些地区并没有发生重大的自然灾害，在普通的自然灾害如干旱、洪涝灾害、台风等应对过程中表现一般，只是采取了常规的应对措施，因此没有表现出较佳的应急能力。然而，这些地区之所以排名处于中等偏下水平，是因为这些地区都发生了较为严重的人因灾害，这些人因灾害通常都是由于事前风险意识不足、风险防范措施不到位等原因引起，并且均造成了较为严重的后果，带来较大经济损失或人员伤亡以及严重社会影响，同时在突发事件应对处置过程中，也存在一定的不合理之处。综合来看，这些地区的综合应急表现能力划分在等级中的范围内。

陕西省、新疆维吾尔自治区等地区在自然灾害、人为灾难事件等多个方面表现均不佳，处于综合应急能力等级差的范围。这些省市区不仅风险意识不足、没有做好风险防范，导致一起或多起后果严重的突发事件发生，带来严重的伤亡和经济损失，并且在突发事件应急处置过程中也存在较多的不合理之处，也都造成了不良的社会影响，因此这些地区的综合应急表现能力评价排名靠后。

四、结　论

全国 31 个省市区 2014—2015 年应急表现能力评价排行中，北京等综合排名靠前，天津、新疆等地区排名靠后。排名中间处于等级良和中的地区通常存在一种或两种突发事件处置结果较差，并且存在风险防范意识和措施不到位的情况；而排名靠后的地区则在多个方面均存在风险防范不

表 3　2014—2015 年各省市区综合应急表现能力排名

排名	地区	排名	地区	排名	地区
1	北京市	11	河北省	21	西藏自治区
2	四川省	12	宁夏回族自治区	22	安徽省
3	内蒙古自治区	13	贵州省	23	江苏省
4	湖北省	14	福建省	24	上海市
5	青海省	15	黑龙江省	25	山西省
6	江西省	16	海南省	26	云南省
7	吉林省	17	河南省	27	广东省
8	浙江省	18	辽宁省	28	湖南省
9	山东省	19	广西壮族自治区	29	陕西省
10	甘肃省	20	重庆市	30	新疆维吾尔自治区
				31	天津市

位、事件处置不合理、事件应对结果不如人意等情况；只有在各类事件的各个阶段均采取了合理的措施、并取得了较好的处置结果的，才能够得到较好的评价，在排行中占据靠前的位置。从应急表现能力评价排名来看，如何提高应急表现能力排名是需要关注的。只有任何突发事件处理及时恰当、事前风险防范意识和措施到位、事中应对过程合理、事后应急处置结果做到损失最小化，真正提高综合应急能力，才是各省应该努力实现的目标。

（作者工作单位均为：中国科学院科技政策与管理科学研究所）

我国自然灾害脆弱性评价研究进展

冯倩倩　刘德林

我国是世界上自然灾害多发的国家之一。据民政部统计，在2011—2015年我国各类自然灾害呈多发频发态势。具体来说，年均造成3.1亿人次受灾，因灾死亡失踪1500余人，紧急转移安置900多万人次，倒塌房屋近70万间，农作物受灾面积2700多万公顷，直接经济损失3800多亿元[1]。自然灾害给我国正常社会经济生活带来多方面的损失，已然成为我国经济和社会发展的重大阻碍，如何有效进行防灾减灾成为我国经济和社会发展规划中的重要内容。

世界上不同国家和地区的学者们对自然灾害防治的研究已经有了很长的历史，涉及自然和社会领域的众多学科。随着对防灾减灾工作的重视和对灾害系统研究的深入，脆弱性已成为灾害研究的一个重要方向。2001年4月《科学》杂志发表的《可持续科学》（Sustainability-Science）一文，将脆弱性列为可持续性科学的七个核心问题之一[2]。2001到2005年期间，脆弱性又先后被国际全球环境变化人文因素计划（简称IHDP）、国际地圈生物圈计划（简称IGBP）以及政府间气候变化专门委员会（简称IPCC）等提上研究日程[3-5]，成为全球环境变化及可持续性科学领域关注的热点问题和重要的分析工具[2,6]。

脆弱性评价是当前脆弱性研究中的一个重要内容，它是脆弱性研究中将脆弱性研究理论和防灾减灾工作相互连接的桥梁。如何基于脆弱性理论构建与修正评价体系，对灾害系统脆弱性进行客观描述，并借助脆弱性评价结果进行反脆弱性实践，是脆弱性研究的终极目标。目前我国自然灾害脆弱性评价中，脆弱性研究还没有形成完善的理论体系、规范的评估程序和普遍适用的方法[7]。因此，梳理脆弱性评价的理论模型和研究视角，分析其优缺点并找出适用范围和环境，有利于更多学者理解脆弱性研究的现状和未来发展方向。

一、脆弱性评价的理论模型

随着学者们对灾害形成机制认识的深化，逐渐形成了灾害学的一些基本理论框架，如致灾因子论[8,9]、孕灾环境论[10,11]、承灾体论[12,13]以及区域灾害系统论[14]，进而提出了一些脆弱性评价模型，主要包括Risk and Hazard模型（简称RH)、Pressure and Release模型（简称PAR模型）、Hazards of Place模型（简称HOP模型）和Sustainable Development Model模型（简称SD模型）。现分别评述如下：

（一）RH模型

1978年由Burton、Kates和White合著的*The Environment as Hazard*一书中，首次提出RH模型。他们认为，区域自然灾害是一个致灾因子与人类相互作用的产物，人类的各种调整是减轻自然灾害的根本途径[14]。该理论对致灾因子进行了详细的划分，并在此基础上利用灾害特征数据表征灾害事件。人类通过吸收、接受、减轻与改变来降低脆弱性。该理论模型从致灾因子和人类活动两方面阐述了自然灾害产生的原因，是对致灾因子论的进一步发展。但其对自然灾害形成机制的描述并不完整，对孕灾环境、承灾体以及自然灾害形成的各因素之间的相互关系没有进行系统的描述[15]。而灾害的形成过程中，孕灾环境、致灾因子、承灾体缺一不可[16,17]，可见该理论模型存在一定的局限性。

因为该理论较为清晰地描述了人类活动与自然灾害的关系，灾害特征参数又能比较客观的对灾情进行描述，我国也有不少学者在此基础上对我国一些自然灾害形成机制和工程型防御进行研究。如黄润秋对我国大型滑坡灾害与人类活动关系的描述，认为我国大型滑坡灾害的发生70%与人类密切相关[18]。史培军应用美国农业部水土保持局研制的小流域设计洪水模型——SCS模型对深圳市部分流域进行了径流过程的模拟。结果表明，人类加剧的土地利用活动，引起流域下垫面变化，严重影响着洪涝灾害的致灾过程[19]。商彦蕊定义脆弱性概念时，总结为脆弱性的区域自然孕灾环境与各种人类活动相互作用的综合产物[20]。以上灾害形成机制研究对进行灾害风险预测、工程型防御建设起到了很好的指导作用。

通过以上实证研究可见，RH理论模型强调人类活动和致灾因子的相互作用。利用该模型可以清晰地表述灾害形成机制中人类活动的作用力，基于基础数据的灾情特征表述较为中肯客观。因此，采用此方法可以从脆弱性人为方面的指标对未来灾害风险进行部分预测，编制脆弱性时空分布图，进行预防性工程防御措施建设和技术完善，为减灾决策提供参考。但是由于该理论模型对灾害系统中孕灾环境和承灾体考虑较少，因此在脆弱性评价中指标的选取必定有偏颇，不能作为自然灾害脆弱性的综合分析工具。

（二）PAR模型

PAR模型是以Blakie等人为代表的研究，它系统阐述了由孕灾环境、致灾因子、承灾体相互作用的自然灾害形成机制[21]，较之RH模型对灾害形成机制有了更加深刻和全面的理解。PAR模型认为，自然灾害是承灾体脆弱性不断累进，并和致灾因子相互作用，最终形成自然灾害。承灾体脆弱性在内部物理结构、社会资源结构脆弱的基础上，承受来自自然环境和社会发展两方面的动态压力。在脆弱性与动态压力不断稳定—磨合的过程中，承灾体系统内部各种脆弱性因素逐渐累进成为自然灾害形成过程中必要的不安全条件，此时加上来自致灾因子的外部干扰和冲击，必然产生自然灾害。限于科学技术条件，学者们认为对致灾因子的控制或消除更难实现，因此，如何降低承灾体系统脆弱性就成了Blaikie等人更加深入的研究方向。

我国学者在此理论指导下对承灾体系统脆弱性的研究也产生了很多成果。如陈香认为台风灾害是台风致灾因子和承灾体脆弱性共同作用的结果，且脆弱性的存在是台风成灾的主要原因。据此构建了福建省台风脆弱性评价指标体系，并依据评价结果编制了脆弱性空间分布图，为降低福建省台风脆弱性提供了科学依据[22]。王瑛等研究了我国地震灾害对农村乡镇造成的损失，主要是农村居民住房的破坏，占总损失的80%以上，据此在农村住房结构和政府提供经济支持两方面提出建议，以降低农户房屋地震灾害脆弱性[23]。

PAR模型在防灾减灾理念上重视降低承灾体脆弱性，在防灾减灾实践中注重来自政府和社会的经济和政治支持，在综合防灾减灾研究中指明了一个较为具体的理论方向和操作指南。然而通过我国自然灾害实证研究，我们不难发现该模型在应用中对孕灾环境的描述较少，只关注承灾体系统内部结构上的脆弱性，并没有将承灾体脆弱性和致灾因子放在一定的孕灾环境中加以考虑，这是其不足之处。

（三）HOP模型

1996年Cutter提出了此模型。她将脆弱性研究看作是涵盖了地学、社会学、人类学等的综合学科，以特定区域为单位，从自然、社会经济和环境几方面来评价脆弱性，是综合脆弱性评价的典型模型。我国学者史培军在其研究中曾对前人研究成果进行总结，将国内外主要灾害理论归纳为致灾因子论、孕灾环境论、承灾体论和区域灾害系统论四大类[8-14]。致灾因子论重视致灾因子的分类、形成机制和风险评价；孕灾环境论重视区域环境稳定性、自然灾害时空分布等；承灾体论重视承灾体的分类、脆弱性评价和动态变化监测；区域灾害系统论则是以上三种理论的综合。HOP模型与区域灾害系统论有着某种意义上的重合，都认为承灾体系统脆弱性影响因素存在于各研究学科和领域，是致灾因子、孕灾环境和承灾体综合作用的结果。

HOP模型是对系统脆弱性全面分析评价的理论，综合自然与人文、时间和空间、内部和外部等脆弱性影响因素，得到了更多人的认可，我国学者也在此理论指导下开展了相关研究。喻忠磊和杨新军认为，基于区域的综合脆弱性评价模型强调以区域为单位，从社会、经济、环境等方面综合衡量系统脆弱性，能够兼顾承载系统的要素复杂性，用于城市干旱脆弱性评价更为合适，并对关中地区城市干旱的脆弱性及其影响因素进行了探索[24]。宗宁从物理脆弱性和社会脆弱性两个方面入手，认为上海市水灾物理脆弱性包括暴雨强度、持续时间、频度等致灾因子本身的属性，社会脆弱性包括抵抗力、灾害恢复力等承灾体相应应对能力。承灾体脆弱性随着致灾因子属性、减灾措施等变化而发生变化，潜在致灾因子通过社会结构而决定社会脆弱性。在分析脆弱性曲线理论的基础上，从社区地下空间、地上车库及居民室内财产三方面构建了上海市社区水灾脆弱性曲线[25]。杨俊等利用HOP模型对湖北省宜昌各乡镇的人口分布、地质灾害暴露、社会脆弱性及区域综合脆弱性进行了分析，得出了综合脆弱性受到多种因素影响的结果[26]。

HOP模型是灾害理论研究中较为完备的脆弱性评价模型，当下很多研究都基于此模型理论基础进行，或在此基础上进行修正或作倾向性选择。此模型与前面的评价模型相比，避免了脆弱性评价中只关注社会或自然脆弱性的弊端，兼顾了承灾系统的复杂要素，适合在不同尺度空间中进行研究。但因其研究涉及承灾体系统脆弱性的多面因素，因此对各方面基础数据的整理是其整体评价的基础，评价工作量整体较大，较难操作。因此在实际操作中，对数据进行整理，从众多基础数据中筛选出关键影响因素，是基于HOP模型进行脆弱性评价的关键步骤。

（四）SD模型

Turner于2003年在PAR模型基础上，从可持续发展的角度提出了SD模型。SD模型认为脆弱性是由“人—环境”这一耦合系统决定的，系统面对外界干扰的暴露度、易感性和恢复力是脆弱性的关键构成要素[15]。SD模型全面阐述自然灾害形成机制，强调内部因素和外部因素的共同作用，灾害扰动的多尺度性和多重性。如孙平军等从脆弱性的视角剖析矿业城市人地耦合系统的内部诸要素及其结构特征，通过构建脆弱性评价指标，借助物理学中的容量模型，选取中国第一个资源枯竭经济转型试点城市——阜新市为样本城市，进行矿业城市人地耦合系统的时序动态耦合度评价[27]。陈萍等从人—环境耦合系统的角度总结了脆弱性的概念框架，对不同研究背景下的脆弱性定义和三个组成要素进行了深入的分析，归纳了脆弱性研究的核心问题，梳理了脆弱性的起源、发展和现状，总结了人—环境耦合系统脆弱性研究中的热点问题和几个典型的脆弱性综合分析框架[14]。

SD模型建议结合灾害系统内部因素与外部因素、自然环境和人文环境，对灾害系统脆弱性进行全面描述，在理论上是完备的，适用于作定性描述。但由于涉及数据量太大，且具有多重扰动的复杂性，定量研究较为困难。

二、脆弱性评价的研究视角

自然灾害系统包含孕灾环境、致灾因子和承灾体三个要素，且缺一不可。对自然灾害系统进行脆弱性评价，评价对象虽然都是自然灾害系统，但不同学者评价的侧重点有所不同。归纳学者们对不同评价对象的脆弱性评价方法，有利于明确各评价方法的适用范围和优缺点，为综合脆弱性评价提供参考意见。

（一）基于孕灾环境的脆弱性评价

孕灾环境是由大气圈、水圈、岩石圈、生物圈和物质文化圈所构成的综合地球表层环境。孕灾环境分自然环境和人文环境方面，自然环境包含地形、地貌、水文、气候、植被、土壤、动植物等，人文环境分人、交通系统、工矿商贸、各种管线、经济市场。孕灾环境的区域差异，是致灾因子时空分布特征的背景。因此，基于孕灾环境的脆弱性评价都有显著的区域特征。如贾慧聪等人对我国西北地区干旱灾害链、地震灾害链和寒潮—雪灾灾害链的成灾模式的分析就是一个典型案例。降水少、纬度高、沙漠戈壁广布、山脉与盆地、高原与平川相间等自然环境，是西北地区旱灾灾害链发生、发展的主要原因[28]。李梦娜采用灰色关联法筛选关中地区旱灾主要影响因子，运用综合指数法构建脆弱性模型，对关中地区五个城市农业旱灾脆弱性进行区划定性评价，并根据因子分析中评价指标对农业干旱脆弱性的贡献度提出相对应的政策建议[29]。塔里木盆地是我国最大的封闭性内陆盆地，干旱、大风、沙尘暴、洪水以及地震、雪灾等灾害频繁，多种自然灾害相互影响，孕灾环境特殊。安瓦尔·买买提明以新疆阿克苏地区为例，以多灾种复合情况为背景，构建自然灾害脆弱性评价指标体系，运用模糊综合评价法进行脆弱性评价[30]。

我国地域辽阔，地形复杂，气候多变，经济发展不平衡，自然孕灾环境和人文孕灾环境相差很大。基于孕灾环境的脆弱性评价，其优势在于研究范围既定，便于获取连续的研究数据，可以从自然、社会两方面进行时空演变的深入研究。也正是由于孕灾环境的地域特征，在特定地区脆弱性评价指标体系中起到关键作用的影响因子，可能不适用于其他地区同类自然灾害的脆弱性评价，可借鉴性低。在脆弱性评价方法的选取上，多选用综合指数法和地理信息系统的相互配合，评价指标分自然和人文两类，侧重自然环境指标。

（二）基于致灾因子的脆弱性评价

自然灾害致灾因子包括地震、火山、滑坡、台风、暴风雨、风暴潮、龙卷风、尘暴、洪水、海啸、火山喷发等。因自然致灾因子难以掌控，基于致灾因子的脆弱性评价，目前研究多数集中在气象学中干旱、暴风雨、台风等等的研究，地点多集中在内陆高原和沿海城市。这些地方受大气环流或海洋洋流影响，相较于其他自然灾害的发生风险有迹可循。我国学者在此方面也有不少研究成果，如陈香采用灾害风险指数法和加权综合评价法对福建省台风灾害风险进行评估，利用GIS技术对致灾因子危险性和承灾体脆弱性进行区划，结合这两项评价结果对福建省台风灾害风险进行评价[22]。隋欣和杨志峰根据1949—2000年青海省沿黄12县的地质、地震和区域气候资料，对青海省黄河干流自然灾害的活动特征进行了分析。在对致灾因子分析基础上，建立了适用于评价县域承灾体脆弱性的指标体系，并采用加权分级评分法对其进行了量化评估，以揭示区域未来成灾趋势[31]。

自然灾害致灾因子难以控制，基于致灾因子的脆弱性评价和风险分析，建立在对历史灾情数据进行总结的经验推演或气象学对大气洋流等的科学预测的基础上。基于致灾因子的脆弱性评价研究依赖于更加先进的监测技术和数据采集工具，结合气象学、地学、系统工程、物理学等理论基础，对台风、暴雨、风暴潮、干旱、海啸、洪水、滑坡、泥石流等处于灾害链某阶段的灾种进行预测和控制，在过程中降低承灾体脆弱性，可有效降低灾害风险和降低灾损率。

（三）基于承灾体的脆弱性评价

承灾体就是各种致灾因子作用的对象，是人类及其活动所在的社会与各种资源的集合。降低承灾体脆弱性是灾害系统中较容易进行改造的要素，因此我国对此方面研究较多。王志强等选择机场和高速公路为承灾体，构建雾灾灾害链，建立基于承灾体的雾灾脆弱性评价，并对我国雾灾脆弱性进行了分省区评价，为雾灾厘定和防灾减灾提供了科学依据[32]。王静爱等基于灾害系统理论，从致灾因子和耕地承灾体的区域组合角度，在旱灾频发高值区，选择三种主要承灾体类型，构建农业旱灾承灾体脆弱性诊断指标体系，提出脆弱性评价的区域模型[33]。石勇等从灾害系统承灾体的角度，分析了影响灾害脆弱性的五个方面，顺应脆弱性评价定量化的趋势，依据一定的原则，不分灾种，面对区域和人群，选取代表性指标尝试构建了沿海城市自然灾害脆弱性的指标评价体系，采用AHP法对上海沿海六区县进行了脆弱性评价，在此基础上总结了沿海城市的自然灾害脆弱性特点[34]。高晓路等基于中国县级尺度房屋结构数据库的前期基础工作，以2000年中国地震区划为基本依据，参考震灾条件下的不同结构房屋破坏比和易损性曲线的研究成果，对中国县级空间尺度的农村房屋震灾脆弱性进行了整体评估[35]。

承灾体视角下的灾害系统脆弱性评价是从承灾系统中选取一种或几种灾害易损性较大的典型对象，如对城市电网、交通、人口、建筑等等，选定多方面影响因子进行深入分析。基于承灾体的脆弱性评价可以不涉及具体灾种，面向承灾系统，从社会经济和人文要素出发，构建脆弱性评价体系。承灾体视角的脆弱性评价侧重于物理结构、社会经济和人文因素的影响因子，这些影响因子在其他灾种和地区研究中同样适用。因此，评价指标和评价方法的选择具有广泛适用的优势。

三、结论与展望

通过对自然灾害脆弱性评价理论模型和研究视角的分析发现，目前我国对脆弱性的评价已经从多视角、多尺度、多灾种和多种评价方法等角度进行研究。具体来说，孕灾环境视角下的灾害系统脆弱性评价，受研究地区自然地理环境特殊性影响，影响因子选取倾向于自然环境指标，连续性数据有利于学者进行时空演变的深入分析，但不易被其他地区同类自然灾害相借鉴。致灾因子视角下的灾害系统脆弱性评价，基于其他学科理论基础和经验推演，可以对一些规律性自然灾害进行风险预测，目前研究主要集中在旱灾、台风、风暴潮、海啸等方面。随着科学技术的发展和检测手段的进步，从致灾因子视角进行灾害风险控制也是一个长远发展的方向。承灾体视角下的灾害系统脆弱性评价，侧重于社会经济、基础设施、人口特征等社会脆弱性方面，评价指标和评价方法都有较为广泛的适用范围。

从具体的研究案例来看，脆弱性评价的视角和方法虽然不同，但多都落脚于自然灾害系统的分级定性评价、脆弱性等级地图的绘制和为政府提供参考建议等。因此，未来应加强如下问题的研究：

（1）脆弱性评价体系中各指标因子权重的科学性、合理性值得商榷，指标之间的耦合作用难以体现。自然灾害系统的影响因素涉及自然人文两个方面，影响因子复杂且呈动态变化特征。自然影响因子与人文影响因子之间有没有能量转移，会不会相互扰动，这些异变对灾害系统风险和灾情管理有没有影响，都亟需进行深入研究。

（2）自然灾害系统中孕灾环境、承灾体、致灾因子，以及这三者之间的相互作用，随着时空演变和社会经济政治的发展，存在着消退、增长、此消彼长的复杂动态变化，导致灾害系统可能出现蔓延、演化、转化或耦合等风险。因此，加强数据的实时监测，建立连续动态的监测数据库，对系统脆弱性进行螺旋上升式的闭合循环动态评价是未来减灾的必要手段。

（3）脆弱性区划定性研究给政府灾害风险管理和减灾决策提供了大方向上的建议，但具体政策的制定和实施需要更多、更翔实、更具体的脆弱性数据来支撑，以确保减灾资源分配的精准度和合理性，避免过少或过多支出，减灾措施才能做到有的放矢。因此，未来应加大脆弱性评价的定量化研究力度。

（作者工作单位均为：河南理工大学安全与应急管理研究中心、河南理工大学应急管理学院）

参考文献

[1] 民政部救灾司．“十二五”时期我国民政减灾救灾工作成效显著 [EB/OL].[2016-06-15]. http://mzzt.mca.gov.cn/article/2016fzjzr/zhbd/201605/20160500882874.shtml.

[2] Kates RW, Clark WC, Corell R, etal. Environment and Development :Sustainability Science[J]. 2001, 292: 641~642.

[3] IHDP. IHDP update, Update Issue 3/01 Focus: Vulnera-bility. IHDP, 2001. Available on line at: (http:// www. ihdp. org).

[4] Mc Carthy J J,Canziani O F,Leary N A, et al. Climate Change 2001: Impacts, Adaptation and Vulnerability, Third Assessment Report of the IPCC[R]. Cambridge UK: U-niversity Press, 2001.

[5] Moran E, Ojima D,Buchman N, etal. Global land project: Science plan and implementation strategy[R]. IGBP ReportNo. 53/IHDP Report No. 19, 2005. Available on line at: (http://www. igbp. net).

[6] Kasperson JX, Kasperson R E. International Workshop on Vulnerability and Global Environmental Change. Stockholm Environment Institute (SEI), Stockholm, Sweden, 2001.

[7] 陈萍，陈晓玲．全球环境变化下人－环境耦合系统的脆弱性研究综述 [J]. 地理科学进展，2010，04：454-462.

[8] M I EL-Sabh, T S Murty, S Venkatesh,F Siccardi, K.Andah. Recent Studies in Geophysical Hazards [M]. 2.Dordrecht/Boston/London/,: Kluwer Academic Publisher, 1994.

[9] E Busoni, P Salvador Sanchis, C Calzolari, A Romagnoli. Mass movement and erosion hazard patterns by multivariate analysis of landscape integrated data: the Upper Orcia River Valley (Siena, Italy) case[J]. CATENA, 1995(25): 169~185.

[10] Committee on Environmental and Natural Resources Research of the National Science and Technology Council Our Changing Planet—The Fiscal Year 1995, U S Global Chanqu Research Program. Washington,D C., USA, 1995.

[11] Parsons, M L, Global Warming—the Truth Behind the Myth[M].Plenum Press, New York. London, 1995.

[12] Chung, R M(editor), Natural Disaster Studies. An Investigative Series of the Committee on natural Disasters.[R] Volume Six, Hurricane Hugo, National Academy Press, Washington D C,1994.

[13] Turner II, B L and W B Meyer. Land Use and Land Cover in Global Environmental Change: Consideration for Study[J]. International Social Science Journal[J], 1991(43): 668-679.

[14] 史培军．再论灾害研究的理论与实践 [J]. 自然灾害学报，1996，04：8-19.

[15] 梁恒谦，夏保成，刘德林．自然灾害脆弱性研究综述 [J]. 华北地震科学，2015，01:11-18.

[16] Burton，I，R W Katers ，G F White.The Environment as Hazard[M]. 3od ed. The Guilford Press，New York，1993.

[17] Blaikie, P T Cannon, I Davis and B Wisner. At Risk: Natural Hazards, People's Vulnerability, and Disasters, Routledge, London, 1994.

[18] 黄润秋 .20 世纪以来中国的大型滑坡及其发生机制 [J]. 岩石力学与工程学报，2007，03：433-454.

[19] 史培军，袁艺，陈晋．深圳市土地利用变化对流域径流的影响 [J]. 生态学报，2001，07:1041-1049+1217.

[20] 商彦蕊．自然灾害综合研究的新进展——脆弱性研究 [J]. 地域研究与开发，2000，02:73-77.

[21] Blaikie,P.T.Cannon.Davis and B.Wisner. At Risk:Natural Hazards,People's Vulnerability,and Disasters Routledge,London,1994.

[22] 陈香．福建省台风灾害风险评估与区划 [J]. 生态学杂志，2007，06:961-966.

[23] 王瑛，史培军，王静爱．中国农村地震灾害特点及减灾对策 [J]. 自然灾害学报，2005，

01:82-89.

[24] 喻忠磊，杨新军，石育中．关中地区城市干旱脆弱性评价 [J]. 资源科学，2012，03:581-588.

[25] 宗宁．城市社区水灾脆弱性评估及风险研究 [D]. 华东师范大学，2013.

[26] 杨俊，向华丽．基于 HOP 模型的地质灾害区域脆弱性研究——以湖北省宜昌地区为例 [J]. 灾害学，2014，03:131-138.

[27] 孙平军，修春亮．脆弱性视角的矿业城市人地耦合系统的耦合度评价——以阜新市为例 [J]. 地域研究与开发，2010，06:75-79.

[28] 贾慧聪，王静爱，杨洋，潘东华，杨佩国，张万昌．关于西北地区的自然灾害链 [J]. 灾害学，2016，01:72-77.

[29] 李梦娜，钱会，乔亮．关中地区农业干旱脆弱性评价 [J]. 资源科学，2016，01:166-174.

[30] 安瓦尔·买买提明，戴锐．新疆阿克苏地区城市自然灾害脆弱性评价研究 [J]. 冰川冻土，2013，05:1301-1307.

[31] 隋欣，杨志峰．青海省沿黄 12 县自然灾害活动特征及承灾体脆弱性评价 [J]. 灾害学，2004，03:9-15.

[32] 王志强，王静爱．关于雾灾几个相关问题的探讨 [J]. 自然灾害学报，2004，02:134-139.

[33] 王静爱，苏筠，商彦蕊，洪世奇，王志强，刘珍．中国旱灾农业承灾体脆弱性诊断与评价 (英文)[J]. 地球科学进展，2006，02:161-168.

[34] 石勇，孙蕾，石纯，许世远，孙阿丽，王军．上海沿海六区县自然灾害脆弱性评价 [J]. 自然灾害学报，2010，03:156-161.

[35] 高晓路，季珏，金凤君，牛方曲．中国农村房屋震灾脆弱性评估及其成因分析 [J]. 地理学报，2012，02:211-220.

海南省突发事件现状、对策及趋势分析

黄纪心　顾令爽

一、海南省概况

随着海南经济特区的设立和飞速发展，海南省已经进入经济社会全面快速发展的重要时期。经济越是飞速发展，各种社会矛盾和突发事件越容易集中爆发，突发事件的严峻形势，考验着海南省政府的应急管理能力。

海南省位于中国最南端，属热带季风气候，长夏无冬，年平均气温 22—26℃，雨量充沛，有明显的多雨季和少雨季。总面积（不包括卫星岛）33900km^2，北以琼州海峡与广东划界，西临北部湾与越南相对，东濒南海与台湾省相望，东南和南边在南海中与菲律宾、文莱和马来西亚为邻。海南岛四周低平，中间高耸，向外围逐级下降，由山地、丘陵、台地、平原构成环形层状地貌梯级结构明显，环岛海岸线长 1528km，有大小港湾 68 个。全省常住人口为 854.18 万人，主要聚集在东北部、北部和沿海地区。

由于海南省特殊的地理位置、复杂的地形、常年多雨的温暖气候，导致了台风、地震、洪涝、干旱、疟疾、麻疹、鼠疫等灾害多发频发。海南省是一个岛屿省，与外界联系虽有航空和海上两种交通途径，但一遇到台风、海啸、特大地震等，这两种交通均处于瘫痪状态。本文搜集了海南省在 2015 年发生的各类大小突发事件，并对其进行了整理分析，在此基础上提出了切实可行的措施建议，以期为探索突发事件发生发展的地域性规律、寻找突发事件的真正解决之道贡献绵薄之力。

二、现状分析

（一）自然灾害

海南省由于复杂的地质构造，历史上是地震多发地带，长期遭受地震灾害的威胁，同时容易发生泥石流、山体滑坡等地质灾害。另外海南省常年多雨与温暖，容易造成病虫鼠害，也容易发生季节性自然灾害，如台风、洪涝、干旱、高温、龙卷风等。

2015 年海南省受高温影响严重，全年高温日最多，日最高气温高于 35℃的天数为 46 天，较往年多出约 27 天。年平均气温高达 25.4℃，较往年高出 0.9℃，达到有史以来最高值，全省月平均气温均达到或突破历史同期以来最高值。全年影响海南省的台风个数异常少，仅有 5 个，自 1949 年以来，仅次于 2004 年。其中强台风“彩虹”于 10 月 3 日登陆海南，台风级别达 15 级，全省15个乡镇、101.869万人受灾，直接经济损失达11.4687亿元。台风“鲸鱼”于6月22日18时50分左右在万宁市和乐镇沿海地区登陆，风力最大强度达10级并伴有强热带风暴，共造成全省10个市县67个乡镇19.292万人受灾，直接经济损失8843.593万元。

2015年海南省降雨量减少，干旱持续时间长，年均降雨量1360.5mm，较往年降低35%，是1961年以来，排名第六的少雨年份。从3月开始干旱，到6月中旬达到顶峰，造成14.68万人，2.85万头牲畜饮水困难，46条小河沟断流，119座水库干枯，农作物受灾面积35.87万亩。海南岛西南部沿海地区出现旱涝急转，1—5月东方和三亚降水分别仅为98.3mm和36.1mm，比常年同期偏少37%和84%；夏季（6—8月）东方降水量达1084.8mm，比常年高出1.3倍，6月的三亚降水293.6mm，较常年高出69%，一度引发暴雨洪涝灾害，交通严重受阻。全年暴雨事件减少，7月中后期出现一次强降水，全省有3个市县25个乡镇20.346万人受灾，1人失踪，直接经济损失达4529.99万元。

2015年年初海南岛北部和琼州海峡大雾频频造访，海陆空交通受严重影响。1月4日受大雾影响，海口美兰机场25架次进港航班被延误；1月7日，海南岛背部出现浓雾，造成美兰机场10个航班延误。2月，琼州海峡和海口地区共发生5起大雾影响交通事件，共造成15艘船舶、1150辆车和8400余旅客滞留，美兰机场一度暂停起降，部分航班延误[1]。

（二）安全生产事故现状

随着海南省铁路公路网建设进程的加快、航权开发和粤海铁路的通车，车流、人流量飞速增加，重大、特大交通事故频发；受生产技术和设备的限制，企业生产事故、渔业事故也面临多发频发局面；由于海南省是一个岛屿省，供水、供电、供油和供气等城市生命线发生事故的可能性非常大；安全生产缺乏相应的专业应急救援队伍和应急救援设备，发生突发事件的应急救援力量薄弱；部分公共基础设施不健全，缺乏消防设施，发生火灾时，容易造成重大人员伤亡和经济损失。笔者整理了2015年以来海南省发生的各种安全生产事故灾难统计情况，如表1所示。

表1　2015年海南省安全生产事故灾难统计表[2]

时间	概况	伤亡人数
1月10日	乐东3名工人结伴水库捞鱼，2人溺亡。	2
1月14日	陵水发生一起交通事故，2人死亡。	2
1月21日	三亚市一货车刮碰三轮车，2人死亡，3人受伤。	5
2月6日	三亚市南滨农场南苑小区一居民楼突发火灾事故，被困8人，5人救出，3人死亡。	3
3月18日	儋州市发生较大清理橡胶水池中毒事故，造成3人死亡。	3
4月18日	一艘名为“琼东方11182”的渔船在海南八所附近沉没，船上11人遇险。	0
5月28日	三亚市“5·28”较大交通事故，4人死亡，7人受伤，两车损毁。	11
6月6日	屯昌县“6·6”较大道路交通事故，3人死亡，两车损毁。	3
7月12日	白沙县“7·12”较大交通事故，4人死亡，13人受伤，两车损毁。	17
8月7日	海口市“8·7”较大道路交通事故，4人死亡，3车损毁。	4
8月16日	15日、16日两天连续发生3起海边游泳溺亡事件，6人死亡。	6
8月17日	海南省文昌市清澜港外约6海里海域，一艘渔船沉没，5人获救，1人死亡。	1
8月24日	在海口市美兰区发生一起爆炸事件，导致1人死亡、3人受伤。	4
11月16日	东方市“11·16”较大道路交通事故，4人死亡、7人受伤和两车损坏。	11
12月14日	渔船“桂合渔33628”在琼州海峡海南角东北海域被大型渔网绞缠，8名渔民遇险。	0
12月19日	儋州市“12·29”较大交通事故，5人死亡，8车损毁。	5

从表1中可以看出，全年共发生较大安全生产事故16起，其中交通事故8起，渔业事故3起，溺亡事故2起，安全生产中毒事故1起，爆炸事故1起，火灾1起。随着公路网的飞速发展，车流、人流量剧增，重大、较大交通事故频发，全年较大交通事故占所有安全生产事故发生的50%，共造成28人死亡、30人受伤和重大经济损失。其次是海上渔业事故和海边溺亡事故，占全年总安全生产事故的31.25%，共计造成37人遇险，死亡9人，28人获救。火灾造成8人被困，3人死亡，5人获救。清理橡胶中毒事故造成3人死亡，爆炸造成1死3伤。

（三）公共卫生事件现状

2015年海南省传染病发病率仍居高不下，艾滋病、疟疾、麻疹、肝炎等传染病爆发并流行，传染性非典型肺炎、高致病性禽流感、鼠疫的传入和不明原因疾病有发生或流行的可能性。以下是2015年海南省全省传染病疫情发病情况统计数据，如表2所示。

从表2可以看出，海南省所面临的传染性疾病仍然非常严峻，尤其4—10月天气炎热的季节，疾病月均发病率是11月到次年3月月均疾病发病率的两倍以上。在天气炎热的季节，麻疹、疟疾的发病率最高，艾滋病、肝炎、痢疾等疾病，常年发病率高。食物中毒事件时有发生，食品安全形势依然非常严峻，食品生产企业违规超标添加食品添加剂现象依然存在，黑作坊生产超标和过期食品事件频发，公众由于食用不干净或过期食品而引发的呕吐、腹痛腹泻频频发生。

表2　2015年海南省法定报告传染病疫情统计表[3]

月份	传染病发生案例数	病种	死亡人数
1月	4561	艾滋病、肝炎、痢疾、肺结核、伤寒＋副伤寒、猩红热、布病、淋病、梅毒、疟疾	6
2月	3983	肝炎、肺结核、梅毒、淋病、痢疾、艾滋病、猩红热、狂犬病、流脑、钩体病	6
3月	6312	艾滋病、肝炎、麻疹、狂犬病、痢疾、肺结核、伤寒＋副伤寒、猩红热、新生儿破伤风、淋病、梅毒	10
4月	9788	艾滋病、肝炎、麻疹、痢疾、肺结核、伤寒＋副伤寒、猩红热、新生儿破伤风、淋病、梅毒、疟疾	6
5月	11364	艾滋病、肝炎、麻疹、乙脑、痢疾、肺结核、伤寒＋副伤寒、新生儿破伤风、布病、淋病、梅毒、疟疾	3
6月	10583	艾滋病、肝炎、狂犬病、乙脑、登革热、痢疾、肺结核、伤寒＋副伤寒、血吸虫病、淋病、梅毒、疟疾	3
7月	13709	艾滋病、肝炎、出血热、痢疾、肺结核、伤寒＋副伤寒、新生儿破伤风、猩红热、布病、淋病、梅毒、钩体病	6
8月	12782	艾滋病、肝炎、麻疹、狂犬病、痢疾、肺结核、伤寒＋副伤寒、猩红热、淋病、梅毒	6
9月	14369	艾滋病、肝炎、麻疹、狂犬病、痢疾、肺结核、伤寒＋副伤寒、新生儿破伤风、淋病、梅毒、疟疾	5
10月	12513	艾滋病、肝炎、麻疹、乙脑、痢疾、肺结核、伤寒＋副伤寒、淋病、梅毒、疟疾	9
11月	6865	艾滋病、肝炎、登革热、痢疾、肺结核、伤寒＋副伤寒、猩红热、布病、淋病、梅毒、疟疾	3
12月	5001	艾滋病、肝炎、登革热、出血热、痢疾、肺结核、狂犬病、新生儿破伤风、猩红热、淋病、梅毒	4

（四）社会安全事件

随着改革进入深水区，诱发突发社会安全事件的因素急剧增多。当前比较突出、普遍的问题是：因土地、山林、水域的归属而引发的群体性上访和械斗事件；因土地征用、房屋拆迁等损害群众利益问题引发群众不满；劳动就业、工资待遇、劳资纠纷、军人转业安置等矛盾引发的社会不安定；工矿企业生产造成严重污染而导致突发性的治安事件[4]；群众之间因矛盾而引发的枪斗、械斗，居民抗法等群体性事件；跨国、跨地区毒品生产、经营，聚众吸毒等。各种社会问题交织在一起，使引发突发事件的矛盾更为复杂尖锐。表3列举了2015年全年比较重大的社会安全事故。

从表3可以看出，海南省跨国跨区域的贩毒案件频发，吸毒贩毒人数庞大。群众之间因矛盾而引发的枪斗、械斗等群体性事件时有发生，同时由于突发事件处理不当而引发的官民冲突，群众抗法等群体性事件也经常发生。2015年全省共发生较大社会安全事件12起，其中涉毒案件达6起，主要是跨国跨地区生产销售毒品、聚众吸毒，同时伴有涉枪、大量赌资的缴获等，毒品成为影响社会稳定的主要因素；其次是居民抗法、官民冲突事件，共3起，涉及拆迁、拆除违章建筑等治理违法行为；居民械斗事件2起，因利益冲突、个人矛盾引发的群体性枪斗、械斗等社会治安事件；农民工讨薪事件1起，社会整体经济不景气，导致企业工程项目进展缓慢，企业效益下降，无法及时给农民工发放薪水。

三、对策及建议

提升政府应对公共突发事件的能力，笔者认为可从以下三个阶段进行处理：一是事前的日常管理工作；二是事中的应对处理工作；三是事后的恢复重建工作。

（一）事前日常管理

1. 强化公民的风险防范意识，加强应急模拟演练

政府的一切工作的出发点是人民，一切为了人民，一切服务人民，我们要充分发挥广大劳动人民的积极性，参与到突发事件的防范工作当中。所以政府要转变传统的工作理念，认真做好突发事件相关知识的宣传工作，提高公民的风险防范意识。各级政府要定期开展各种形式和类型的应急模拟演练，如地震、防空等，以提高公众对突发事件相关知识的熟悉和处理突发事件的能力[5]。

表3　2015年海南省社会安全事件统计表[6]

时间	概况	抓获人数
1月10日	海口警方破获一起毒品案件，抓获犯罪嫌疑人15名，缴获毒品2kg，手枪2支，自制火枪2支，子弹176发，车辆2辆。	15
1月13日	海口警方破获一起毒品案件，抓获犯罪嫌疑人13名，缴获K粉9kg、冰毒1kg，手枪1支，子弹7发。	13
1月29日	在海口市金贸中路12号海控国际广场200多名农民工聚集讨薪事件。	
3月20日	海口警方捣毁一特大聚众吸毒窝点，抓获涉毒人员21名，收缴K粉10g，神仙水4瓶。	21
6月22日	海口秀英区拆违现场违建业主开车，撞飞6名拆违工作人员。	
6月24日	海南省公安厅摧毁一特大贩毒团伙，抓获犯罪嫌疑人10名，缴获毒品约14kg（38块），查扣涉案小轿车4辆、毒资36.9万元。	10
7月12日	两伙人在海口市南沙路持械斗殴，造成1人死亡，1人受伤，抓获3人。	3
7月21日	海口执法人员逼停偷砂车遭30人围堵。	
7月30日	海口市公安局打掉一贩毒团伙，抓获犯罪嫌疑人4名，缴获海洛因200g、冰毒432g，仿真手枪一支。	4
8月12日	海口龙华城管拆违遭遇暴力抗法，20多名执法人员受伤。	
10月31日	澄迈县公安局捣毁一个聚众吸毒暗场，抓获27名吸毒人员，缴获少许K粉及吸毒工具一批。	27
11月2日	海口市4名男子砍人后“飚车”逃走警方紧追擒获2人。	2

2. 完善突发事件预警机制

高效的突发事件预警机制可以有效减少突发事件带来的人员伤亡和财产损失，这就要求政府提高识别各种突发事件的能力，对搜集到的相关信息进行及时准确地分析处理，做出突发事件发生的概率以及科学的预测和判断，对危机发生的后果做出准确的评估和相应的准备。制定各类突发公共事件应急预案，完善相关应急体系。

3. 组建专业的应急救援队伍

专业的应急救援队伍可以提高应对突发事件的效率，减少不必要的损失和二次伤害。可以从以下两方面考虑：一是提高政府部门应急指挥者的突发事件应急管理素质；二是组建一支高标准、高素质的专业应急管理和技术人才队伍，为完善应急组织体系，提高应急效率，提供充足的人力资源[7]。同时要加强各部门的协作，充分发挥公安、消防、特警、武警、海军、解放军等骨干作用，发动社会组织等社会志愿者参与到应急救援队伍当中来，改善各类应急救援队伍的技术装备，加强理论学习和实践演练，提高专业应急救援队伍的实战能力。

（二）事中应对处理工作

1. 构建协调联动应急体制

由于突发事件会给公众带来巨大的人员伤亡和经济损失，给社会造成恐慌和压力，所以就要求决策者在尽量短的事件内作出准确的决策，尽快协调各方力量和资源处理突发事件，以减少相关方面的损失。所以要建立起“政府主导、各部门分工协作和其他组织积极参与突发事件协调联动应急机制”[8]。

2. 畅通信息渠道，正确引导舆论

在处理突发事件的过程中，信息对于应急管理起着重要的作用，如果信息失真有可能导致管理者决策失误，所以我们要加大信息搜集设备的投入，确保信息的准确性。处置突发事件的过程中，政府要坚持“谣言止于公开，信任来自透明”的服务理念，充分发挥新闻媒体的作用，及时公布相关信息，主动出击，掌握信息发布的制高点和主动权，正面引导社会舆论，促进突发事件平稳有效解决[9]。

3. 健全应急物资保障体系

有效的应急管理建立在充足的物资保障的基础之上，突发事件发生后，往往导致交通的堵塞，使物资不能及时运送到灾难发生的地方，从而给应急工作带来巨大的障碍，从而阻碍突发事件应对的最佳时期。所以，我们要保证物资的充分准备，在灾难发生后，能够保证一线物资的充分补充，保证应急工作的顺利进行，从而将灾难的损失降到最低。同时，充足的应急物资是保证政府强有力措施顺利实施的保障。另外海南省是一个岛，经济欠发达，建立强有力的资金和物资保障体系对于政府的应急管理工作显得尤为重要。

（三）事后的恢复治理

1. 妥善安置受灾群众，及时开展灾后恢复

突发事件对社会稳定造成极大的破坏，经过事前和事中两个阶段的应急管理工作，我们还要尽快地帮助灾民进行自救，使他们能重拾生活的信心，尽快恢复受灾地区的基础设施，推动社会恢复正常运转，保证工业、农业、商业的正常秩序。突发事件的突发性和巨大破坏性，往往除了给居民带来极大的物质损失之外，还会给灾民带来巨大的精神损害，使他们承受巨大的心理压力，所以我们在保证灾民的物质生活的同时，也要注意对受灾群众进行专业的心理疏导，抚平灾难给他们带来的心理创伤，使他们能尽快地恢复正常的生活。

2. 实施责任追究制度，奖惩分明

在突发事件的应对过程中，往往有个别官员玩忽职守，从而使应对工作不能有效开展，给党和人民造成巨大的损失，所以我们要在灾后界定事故的性质和责任，明确对事故责任者的追究和处理意见，以保证应急管理工作纯洁、高效地运行。对在应急工作当中表现突出的组织或个人应进行相应的奖励，鼓励先进行为，树立正面典型。

3. 总结国内外突发公共事件应急管理经验

在突发事件妥善处理后，我们要总结经验，以便在以后类似事故发生的时候，能够及时有效地开展应急管理工作，减少事故损失。同时，我们要善于借鉴其他国家或地区应急管理工作的成功经验和好的做法，掌握各类突发事件的一般规律和经验。

四、未来突发事件的趋势

总体来看，随着海南省经济的快速发展和社会转型，各种社会矛盾凸起，导致近几年突发事件有上涨趋势，尤其是交通事故、渔业生产事故、群体性事件、官民冲突、跨国跨地区贩毒等。2016 年海南省面临的突发事件形势依然非常严峻，对海南省 2016 年的安全形势预测如下：

从数量上看：2016 年，海南省境内突发事件

仍将保持在一个较高的数量。由于海南省特殊的地理位置和热带季风气候，以及沿海边境等情况，在经济发展和社会转型的过程中，也存在许多矛盾和问题，产生许多风险和隐患。

从类型上看：发生大面积自然灾害的风险仍然非常高，例如：暴雨、干旱、台风、森林火灾、洪涝、冰雹、鼠害、病虫害等；发生地震的可能性不大，但山体滑坡、泥石流等地质灾害发生的风险较大。由于海南海上和陆上交通的快速发展，同时又是旅游圣地，所以发生重大交通事故、渔业生产事故的风险非常高；由于海南省常年高温、湿润的气候，传染性疾病的发病率和传染率仍非常高，发生食物中毒事件的可能性非常大，应注意防范；随着社会矛盾的加剧，群体性事件的发生率会呈现上升趋势，例如：抢斗、械斗、官民冲突等；跨国犯罪、贩毒案件数仍会居高不下，应加大预防和打击力度；海南省作为一个岛屿省，只有空中和海上两个交通要道，容易因为地震、台风等自然灾害而导致交通瘫痪、停水停电。

从影响上看：自然灾害和公共卫生事件的发生波及范围会比较大，安全生产事故和社会安全事件影响的规模和范围相对较小，发生影响全省、邻近省份乃至全国的突发事件的可能性比较低。

（作者工作单位均为：河南理工大学全安与应急管理研究中心、河南理工大学应急管理学院）

参考文献

[1] 海南新闻中心 . 2015 年海南省十大天气气候事件揭晓 [EB/OL].（2016-01-19）[2016-05-12] http://news.hainan.net/gundong/2016/01/19/2711865.shtml.

[2] 海南应急网 . 事故灾难 [EB/OL].（2015-12-31）[2016-05-12] http://yjb.hainan.gov.cn/.

[3] 海南省卫生和计划生育委员会 . 传染病预防控制 [EB/OL].（2016-01-15）[2016-05-12] http://www.wst.hainan.gov.cn/ywzx/yqjb/201510/t20151010_1680068.html.

[4] 汪洁 . 海南省突发公共事件的现状及政府应对措施 [J]. 湖北经济学院学报（人文社会科学版），2010，7（6）：27-28.

[5] 张英菊 . 大连市应急管理体系建设的现状及对策研究 [J]. 大连干部学刊，2014，30（1）：52-54.

[6] 海南应急网 . 社会安全 [EB/OL].（2015-12-31）[2016-05-12] http://yjb.hainan.gov.cn/.

[7] 孙震 . 浅谈应急救援能力建设存在的问题与对策 [J]. 安全、健康和环境，2014，14（12）：41-42.

[8] 项丹，龚丹，王盈哲 . 政府加强对突发公共事件危机管理的对策研究 [J]. 辽宁医学院学报（社会科学版），2014，12（4）：86-88.

[9] 李辉杰 . 浅析我国政府公共危机管理的现状及对策 [J]. 赤子（中旬），2014（18）：10-11.

2015 年浙江省突发事件统计分析及其发展趋势预测

曹杰　周丹

一、背　景

随着我国经济的快速发展，突发事件造成的危害日益增加，再加上近几年的自然灾害频发、安全生产事故时有发生以及例如禽流感等传染性疾病的流行，都对我国的社会稳定发展和人们生产生活构成巨大威胁。天津“8·12”特大火灾爆炸事件再次对人们敲响警钟，突发事件不仅仅是天灾，更多的是人祸。所以探寻突发事件的发生发展机理，提出扎实有效的管控措施是保障人们生命财产安全、维护社会稳定的重要内容。

浙江是中国经济最活跃的省份之一，在充分发挥国有经济主导作用的前提下，以民营经济的发展带动经济的起飞，形成了具有鲜明特色的“浙江经济”，至 2013 年人均居民可支配收入连续 21 年位居中国第一。浙江与江苏、安徽、上海共同构成的长江三角洲城市群已成为国际 6 大世界级城市群之一。在经济快速发展的背后，各类突发事件对于浙江省的影响日益加剧。据统计，2015 年，全省共发生各类事故 16767 起、死亡 4815 人，如温岭市鞋厂坍塌事故、强台风“苏迪罗”致 14 人死亡等突发事件都在提醒着人们当前安全形势的严峻。如何减少事故发生数量，降低事故死亡人数，是保持经济快速增长同时所必须考虑的问题。本文整理了2015年浙江省发生的四大类事故发生情况，在此基础上进行分析，提出相关的对策及建议，旨在减少突发事件的发生，为今后突发事件的预防与应对提供借鉴作用。

根据《中华人民共和国突发事件应对法》，突发事件分为自然灾害、事故灾难、公共卫生事件和社会安全事件四大类。结合对浙江省的现状，将这四大类突发事件在浙江省内的主要突发事件类型进行概括：

自然灾害：由于浙江省的地理环境影响，导致其主要自然灾害为台风，以及由台风引发的滑坡泥石流等地质灾害。

事故灾难：浙江省轻工业发展迅速，但是由于工业生产导致的安全生产事故、环境污染事故时有发生，同时交通事故也是事故灾难的重要构成之一。

公共卫生事件：近年来，禽流感等传染性疾病一直是浙江省的主要公共卫生问题，因此公共卫生事件主要以传染性疫情为主。

社会安全事件：社会安全事件主要以网络安全和舆情事件为主。

二、现状分析

（一）自然灾害

浙江省地处中国东南沿海长江三角洲南翼，东临东海，南接福建，西与安徽、江西相连，北与上海、江苏接壤。由于浙江属亚热带季风气候，受到季风影响最早在5月、最迟在10月间浙江省都处于台风的影响之下。除了台风以外，强降雨、冰雹等气象灾害也是浙江省常见的自然灾害。[1]

台风指形成于热带或副热带26℃以上广阔海面上的热带气旋，具有很强的破坏力，当台风与热带风暴袭来时，往往伴有狂风、暴雨、巨浪和风暴潮，有时还能引起海啸。2015年浙江省共遭遇3次台风影响，造成共计1092.4万人受灾，196.1千公顷农作物受灾，直接经济损失169.08亿元。2015年浙江省遭受的自然灾害简介如表1所示。

从表1中我们可以发现，台风、强降雨等气象灾害对于浙江省来说可以说是覆盖全境，由于浙江省的沿海环境，使其基本上全境处于台风的影响范围之内，而从这些灾害的影响来看，范围广、强度高、破坏力巨大是主要特点。由于浙江省处于沿海地区，其地理位置导致了浙江省受亚热带季风气候的影响较大，而且由于海拔较低的缘故，当台风等气象灾害发生时受地形影响较小，从而导致其具有影响范围大、破坏力强的特点。另一方面，由于技术手段的限制和自然条件的不可改变，当前在应对这些灾害时人们只能采取被动防御的方式，无法避免灾害，所以每一次的灾害发生都会造成大量的损失。

表1 2015年浙江省自然灾害统计[2]

时间	地点	灾害	受灾人数（万人）	受灾面积（公顷）	直接经济损失（亿元）	死亡人数
6月23日	杭州、宁波、绍兴等地	短时强降雨	2.3	1400	1.3	0
7月3日—7月7日	丽水市龙泉市、庆元县	强降雨	0.53	400	0.22	0
6月30日—7月13日	绍兴、宁波、台州和舟山部分地区	强台风	276.8	177300	84.4	0
7月29日	丽水市松阳县	风雹灾害	1	1000	0.18	0
7月30日—8月10日	温州、湖州、绍兴等6市35个县	强台风	182.8	52500	51.4	14
9月28日—9月29日	温州、湖州、绍兴等7市36个县	台风	42	4800	0.58	0
12月6日	杭州市淳安县梓桐镇三联村	山体崩塌	—	—	—	1

（二）事故灾难

1. 安全生产事故

安全生产事故一直是当前社会发展中难以根治的一个问题，安全意识淡薄、违规操作、物品的固有危险性等因素都是造成安全生产事故频发的原因[3]。2014 年全国共发生安全事故 29 万起，死亡人数 6.6 万人，而 2015 年全国事故总量呈下降态势，事故起数、死亡人数同比分别下降 7.9%、2.8%。对于这个数字，可以用一个最直观的例子来反映，2008 年汶川地震共造成 69227 人死亡，也就是说当前全国一年因安全事故死亡的人数相当于一年发生一次汶川地震。据统计，2015 年，浙江省共发生各类事故 16767 起、死亡 4815 人。表 2 列举了 2015 年浙江省较为严重的安全生产事故。从这些事故中可以发现其产生原因并不是不可抗力的外因，而是由于工作生活中安全防范意识不足导致事故的发生。事故致因理论中提过当人的不安全行为和物的不安全状态在某一时空相遇时就会发生事故，但是究其根本而言，物的不安全状态产生的原因也是由于人为因素导致的，所以防范事故发生的根本还是需要从人的安全意识和安全行为上入手。浙江省在经济快速发展的同时，还需要加强人们的安全意识，这样才能更好地推动经济的发展。

2. 交通事故

2015 年，全省机动车保有量已达 1604 万辆，列全国第六位，全省道路交通事故死亡，4275 人受伤，同比 2014 年分别下降 3.2% 和 6.5%。一次死亡 3 人以上事故 18 起，比 2014 年减少 3 起；连续 6 年未发生一次死亡 10 人以上事故。表 3 为 2015 年浙江省较为严重的交通事故：

在交通事故方面，浙江省的交通事故主要有道路交通事故和水上交通事故，其中道路交通事故更为严重，超速、超载、酒驾、违规行驶等原因造成的事故层出不穷[4]。除了监管的因素外，最大的因素还是人缺乏安全意识、对利益的追求、对监管的侥幸心理等，而且这些因素也是最难以改变的，单一的强化管控措施也无法实时的、全面的进行监督管控。所以减少这类事故的发生，除了加强管理外，还需要加大对于人们安全意识的教育。

表 2　2015 年浙江省较为严重的安全事故[5]

时间	概况	死亡人数	事故原因
1 月 14 日	浙江省台州市玉环县，一幢居民楼底层电动停车棚发生火灾	8	一辆电动车起火引燃助力车油箱导致火灾
2 月 19 日	浙江省金华市一烟花爆竹销售点在为顾客试放烟花爆竹时引发火灾，导致店内其他烟花爆竹爆炸	5	违规燃放烟花爆竹
4 月 4 日	浙江台州市仙居县下岸水库进出水口闸门井施工现场发生坍塌	3	脚手架下陷导致坍塌
5 月 20 日	浙江杭州市余杭区一房屋拆迁工程发生坍塌事故	3	拆除承重墙导致楼层坍塌
7 月 4 日	浙江台州市温岭市大溪镇一鞋厂，发生坍塌事故	14	厂房楼屋面荷载过大，钢结构承载力不足，造成厂房坍塌
10 月 2 日	浙江宁波市崇寿镇健民村，慈溪市排水有限公司西三泵站内，发生中毒和窒息事故	4	不安全操作

表 3　2015 年浙江省较为严重的交通事故[5]

时间	事故概况	死亡人数
1 月 7 日	浙江省嘉兴市嘉善县发生一起交通事故。	3
1 月 9 日	浙江省金华市发生两车碰撞事故。	3
3 月 10 日	浙江省舟山市，一艘渔船发生火灾。	5
3 月 12 日	浙江省衢州市发生两车相撞。	3
3 月 13 日	浙江省嘉兴市发生一起三车碰撞事故。	4
3 月 17 日	浙江省绍兴市，一辆厢式货车与一辆自卸货车追尾。	3
4 月 5 日	浙江丽水市缙云县境内发生一起道路交通事故。	3
4 月 14 日	浙江舟山市小衢山附近海域发生水上交通事故。	5
4 月 28 日	浙江台州市三门县一艘渔船发生沉船事故。	15
5 月 25 日	浙江台州市温岭市发生一起渔业事故。	3
7 月 24 日	浙江宁波市境内发生道路交通事故。	3
8 月 6 日	浙江湖州市安吉县境内发生道路交通事故。	3
8 月 9 日	浙江台州市温岭市境内发生道路交通事故。	3
8 月 19 日	浙江嘉兴市海盐县境内，发生道路交通事故。	4
9 月 28 日	浙江舟山市定海区一艘货船发生水上交通事故。	3
11 月 25 日	浙江温州市乐清市境内发生道路交通事故。	4
11 月 25 日	浙江杭州市富阳市境内发生道路交通事故。	3
12 月 13 日	浙江舟山市一艘渔船发生渔业事故。	3

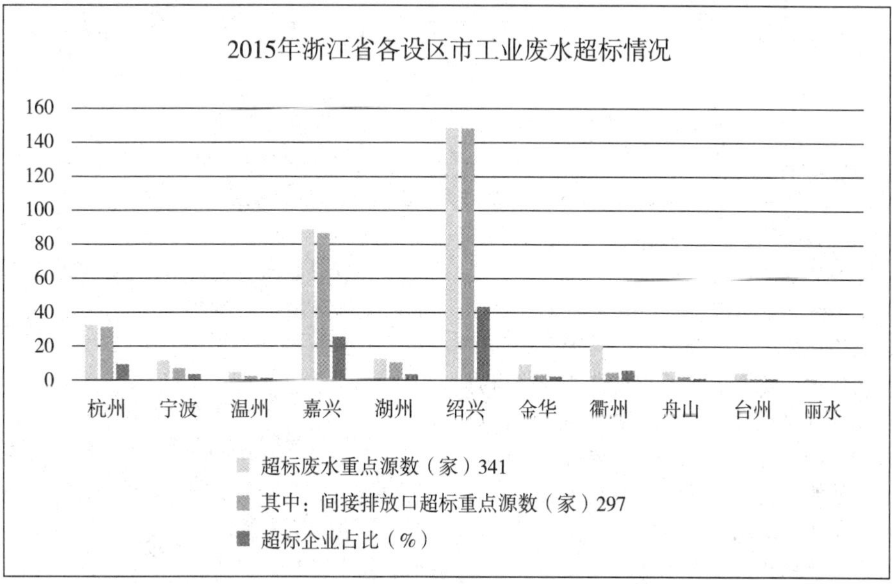

图 1　2015 年浙江省各设市区工业废水超标情况[6]

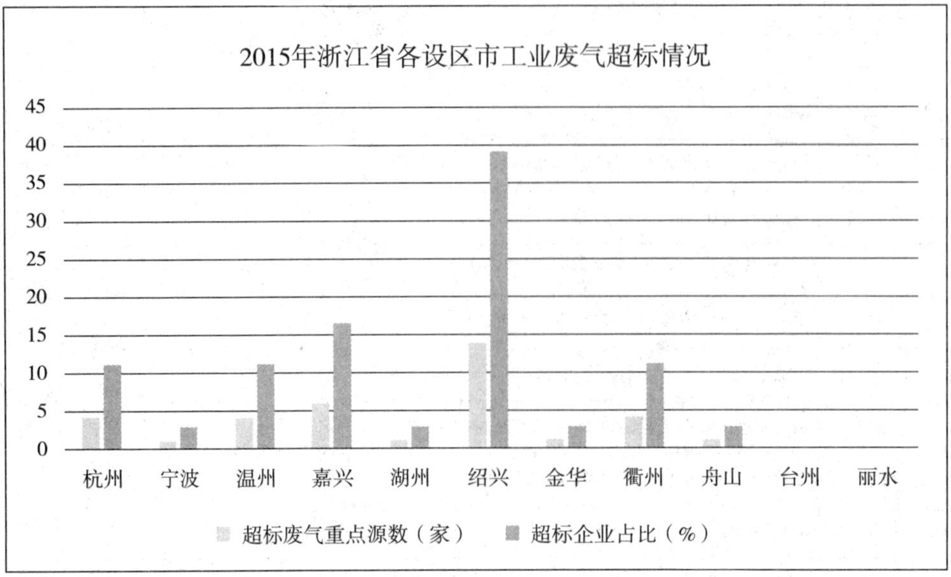

图 2　2015 年浙江省各设区市工业废气超标情况 [6]

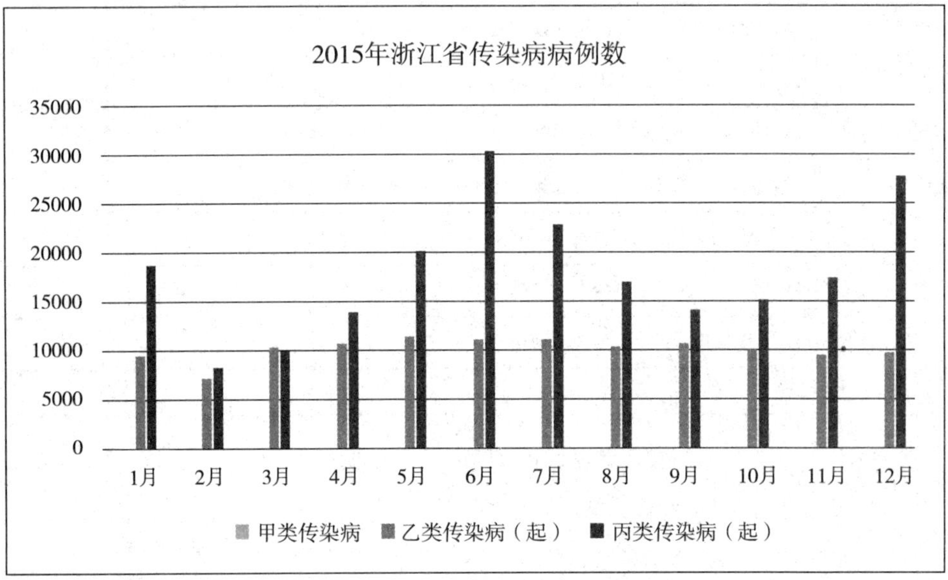

图 3　2015 年 1—12 月浙江省各类传染病病例数 [7]

3. 环境污染事件

从图 1 与图 2 中可以发现废水废气的污染事件呈明显的地域性，深入分析可以发现污染的严重程度与区域工业化发展程度和具体产业结构有关 [8]。从表中可以看出无论是废水还是废气排放超标最多的是绍兴市，而绍兴市主要的产业结构以轻工业、纺织业为主，纺织产业是绍兴市的支柱产业。由于当地纺织产业规模大，使得对于行业的监管力度难以实时全面覆盖，由于经济利益的需求使得大量的违规排放废水废气的行为屡禁不止。所以如何在获得经济快速发展的同时兼顾其产生的环境污染问题，是能否解决环境污染问题的关键 [9]。

（三）公共卫生事件

浙江省的传染病疫情主要以乙类传染病为主，其中以病毒性肝炎、肺结核、淋病和梅毒四项居多 [10]，但从致死率上来看，艾滋病和 H7N9 禽流感致死率最高，主要乙类传染病死亡人数也是集中在这两种传染病上。

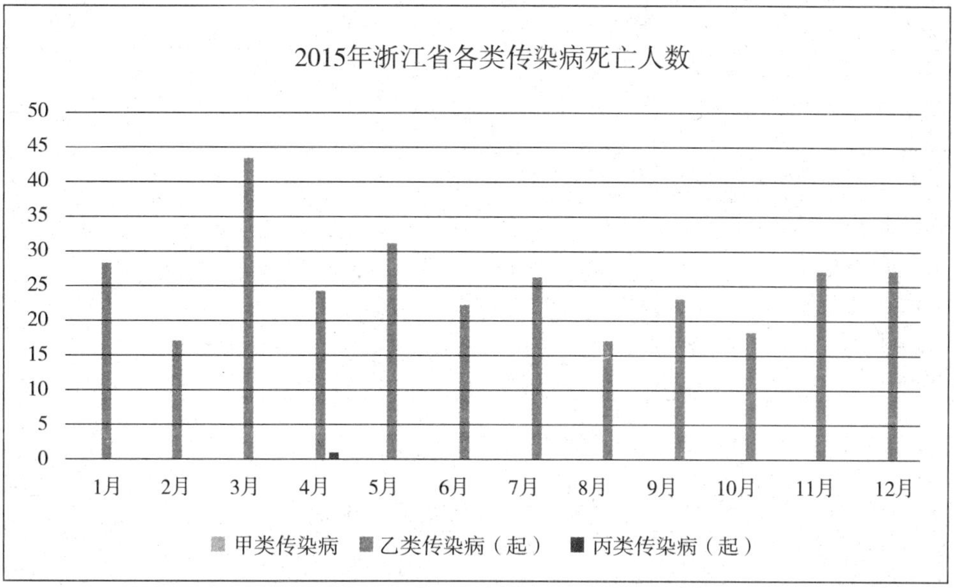

图 4　2015 年 1—12 月浙江省各类传染病死亡人数 [7]

从图 3 和图 4 可以看出，浙江省主要的威胁还是以乙类和丙类传染病为主，其中乙类传染病形势更为严峻，除了管控措施的不全面外，另一个重要的因素还是人公共卫生意识的薄弱，而且许多疾病得病时处于一个潜伏的状态，病患无法感知生病状况，一旦发病就为时已晚，所以除了加大宣传教育之外，另一个方式还是需要鼓励引导人们定期进行身体检查，了解身体状况以便尽早进行治疗。

（四）社会安全事件

1. 网络安全

当前浙江省网络安全影响因素主要有四类，分别是飞客蠕虫病毒、木马或僵尸程序、被篡改网站、被植入了后门的网站。整体上看，2015 年浙江省网络安全状况较为稳定，未出现大规模的网络安全事件。

2. 舆情事件

2015 年浙江网络热点舆情事件共 232 件，11 个地市均有分布。经梳理发现，杭州、温州、金华三地的舆情热点事件较多，分别为 78 件、35 件、20 件；宁波、台州、嘉兴热点事件数量相近，分别为 17 件、14 件、11 件；绍兴、衢州、丽水、舟山、湖州热点事件数量较少，依次为 9 件、5 件、4 件、4 件、2 件。

通过分析 2015 年浙江省的舆情事件，吏治反腐居于第一位，居于二三位的分别是企业舆情和突发安全。此外，社会事件、涉未成年人、环保舆情、银行金融等事件也是社会关注热点较高的。

表 4　2015 年 8—12 月浙江省网络安全概况 [11]

月份	感染了飞客蠕虫病毒的主机数（个）	被木马或僵尸程序控制的 IP 数（个）	被篡改的网站数（个）	被植入了后门的网站数（个）
8 月	19000	149000	273	650
9 月	50534	232077	422	816
10 月	51000	15000	369	545
11 月	55000	159000	277	347
12 月	63000	125000	358	185

表5　2015年1—7月浙江省舆情概况[12]

月份	事件/话题	预警等级	全国排名
1月	2	蓝	21
2月	3	蓝	8
3月	1	蓝	18
4月	4	蓝	15
5月	7	蓝	3
6月	2	蓝	17
7月	3	青	8

三、对策及建议

（一）应对自然灾害

1. 设立专业有效的避难地点

对于浙江省来说，发生自然灾害主要避难方式是借助学校、体育馆等大型公共设施进行避难。但是这些地点平时的作用并不是用于应急避难，而且许多避难基础设施也难以满足短时间大量灾民的涌入。另外，如果修建一个大型避难场所又会因为使用成本、维护成本等问题变得不实用。所以建立专业有效的避难点就是利用现有的公共建筑，然后在这些建筑内设立应急物资储藏点，或者在附近设立应急物资储藏点，从而在灾害发生时能第一时间对避难的灾民进行安置。

2. 加大日常应急宣传力度

民众是受灾的主要对象，当灾害发生时许多民众由于缺乏应急常识而常常惊慌失措，所以加大日常应急宣传十分重要。利用宣传使普通民众了解应急相关知识，知道在灾害发生时如何自救，如何前往最近的应急避难点。

3. 完善灾后赔偿制度

在以往的灾害中，常常发生许多民众因为担心自家的财务因灾害而损失不愿意前往应急避难地点，这为应急疏散带来很大的困难。究其原因还是因为灾后的赔偿制度不完善，所以完善灾后赔偿制度能够使民众对于自身的财务关注度减少，从而有利于应急疏散。

（二）应对事故灾难

1. 加强日常监管，强化处罚制度

由于现实因素，许多工厂都存在侥幸心理，从而对规章制度置若罔闻。针对这样的情况，相关部门应当加强日常监管，同时在此基础上再进行不定期抽查，规范工厂的排污行为。另一方面，由于当前处罚力度不足是许多工厂敢于超标排污的原因，所以加强处罚力度，完善处罚制度，在制度上约束企业的行为。

2. 建立健全民众监督机制

由于相关部门日常管理难以实时对企业进行监管，因此建立健全民众监督机制就显得十分重要。加强民众监督机制，实行举报奖励制度，鼓励民众对企业的行为进行监督，这样就能有效弥补政府部门监管的不足。

3. 加强安全文化培训

许多安全事故的发生还是由于人的安全意识淡薄和不规范操作，所以根本的解决办法还是加强人们的安全意识，强化其安全观念。

（三）应对公共卫生事件

1. 加强疾病预防宣传

由于疾病预防与普通民众的日常生活息息相关，所以紧紧依靠卫生部门的防治是远远不够的，对此相关部门需要及时发布疾病的相关信息，告诉民众日常需要预防的疾病，同时向公众宣传如何预防这些疾病以及一旦发病可以去哪些专业医疗机构进行救治。

2. 加强区域管控

首先需要加强不同区域之间的管控协同，当疫情发生时及时采取措施控制疫情扩散，在第一时间将应急所需资源从周边地区送达灾区。其次由于浙江省处于沿海地区，外贸进出口活动频繁，因此引入疫情的风险较大，所以加强进出口贸易的监管是应对这类情况的主要途径。

3. 推出体检制度

当前人们的卫生意识还是不足，许多人直到发病时才知道自身所患的疾病，而定期体检的意识还未深入人心，但是体检对于疾病的发现和防控的作用是不言而喻的，所以政府需要在医保体系中建立相关的体检制度，为人们体检提供优惠和便利，这样才能更好地引导人们积极定期进行体检，同时也更便于公共卫生事件的防控。

（四）应对社会安全事件

1. 厘清政府部门的职责，强化办事效率

近年来，由于政府部门的过度执法、办事效率低、责任不清等问题导致的群体性事件层出不穷，对政府形象造成了较大的负面影响。所以如何减少这类事件的发生，关键是厘清政府部门的职责，强化政府办事效率，树立良好的政府形象，这样才能有效解决各类纠纷事件，维护社会的稳定发展。

2. 正确引导舆论

网络舆情事件因其传播速度快、影响范围大等特点对政府的管理造成很大的影响。而政府的反应速度和舆论引导能力就成为了能否有效解决网络舆情事件的关键 [13]，所以应对舆情事件政府应当及时发布正确信息，同时积极引导媒体对事件的正确报道。

四、形势预测

总体上看，2015 年浙江省突发事件形势变化与 2014 年基本持平，虽然事故时有发生，但特别重大事故未曾发生，整体上安全状况较好。但是由于当前我国仍以经济发展为主，在追求经济效益的同时无法避免相关事件的发生，所以各类突发事件仍然是威胁我国发展的阻碍。在此情况下，2016 年浙江省的安全形势依旧严峻，根据对收集的资料进行分析，对 2016 年浙江省安全形势预测如下：

从数量上看，自然灾害方面浙江省面临的威胁主要还是台风、强降雨等强对流天气，而且属于非人力可影响的灾害，因此难以有措施地减少这类突发事件，所以从数量上来看应与去年相近。事故灾难上，浙江省的发展形势呈现出历年递减的情况，由于管理措施和制度的完善化，加之对于事故安全教育的日渐普及，所以事故数和死亡人数较 2015 年来看将呈一个略微下降的趋势，但是由于人为因素的不可控和违章信息的存在使得交通事故和安全生产事故仍会是主要的事故类型。公共卫生事件上，乙类和丙类传染病仍是主要的事故类型，这些传染病传染性高、分布范围广而且难以点对点进行防治，所以对于 2016 年来说，主要的公共卫生事件也仍会以乙类和丙类传染病为主，其发展形势也将会与 2015 年相近。网络舆情事件上，由于我国正处于发展阶段，在这一阶段社会矛盾不断，所以针对这些矛盾的舆情事件也难以避免，但由于政府各项管理的完善，加之人们对待事件的看法日趋理性化，所以一旦发生舆情事件也会由于政府的及时澄清和人们的客观对待而得以快速解决，所以社会安全事件的发生将会呈一个下降趋势。

从规模上看，在自然灾害上，2016 年仍将会有跨地区、跨省市的台风、强降雨等气象灾害，对农业生产的威胁依旧严峻。在事故灾难上，2016 年浙江省发生特别重大事故的可能性很小，一般及较大事故发生仍是需要关注的焦点。在公共卫生事件上，2016 年浙江省发生大规模疫情传播的可能性很小，主要还是以个例的传染对象为主，传染的情况主要还是以散点分布为主。在社会安全事件上，当前人们关注的焦点还是集中在反腐和民生问题上，从 2015 年的发展情况来看，2016 年的趋势基本与 2015 年相持平。

从影响上看，影响范围最大的仍以自然灾害为主，其次由于监管措施和制度的完善，发生特大事故和大规模疫情传播的概率很小，此外社会安全事件的发生也处于可控状况。除了自然灾害外，其他事件的发生主要还是小规模的事件，发生影响全省乃至全国的突发事件可能性极低。

（作者单位均为：河南理工大学安全管理研究中心、河南理工大学应急管理学院）

参考文献

[1] 牛海燕 . 中国沿海台风灾害风险评估研究 [D]. 华东师范大学，2012：12-15.

[2] 中华人民共和国民政部国家减灾中心 . 最新灾情 [EB/OL].（2016-05-09）[2016-05-11] http://www.jianzai.gov.cn//DRpublish/ywcp/000100040002-1.html.

[3] 刘霞，严晓 . 探析我国事故灾难危机治理的行动策略 [J]. 前沿，2010（19）：167-169.

[4] 刘大学 . 浙江省高速公路交通事故特点及防治措施研究 [J]. 交通节能与环保，2015（5）：94-99.

[5] 国家安监总局 . 事故查询 [EB/OL].（2015-12-31）[2016-05-11] http://media.chinasafety.gov.cn:8090/iSystem/shigumain.jsp.

[6] 浙江省环保厅 . 2015 年浙江少重点源监督性监测报告 [EB/OL].（2016-02-22）[2016-05-11] http://www.zjepb.gov.cn/hbtmhwz/hjjg/wryjc/jdxjcjg/201602/t20160222_395799.htm.

[7] 浙江省卫生和计划生育委员会 . 疫情播报 [EB/OL].（2016-05-06）[2016-05-11] http://www.

zjwjw.gov.cn/col/col36/index.html.

[8] 周娜 . 浙江省经济增长与环境污染关系研究 [D]. 杭州电子科技大学，2014：14–17.

[9] 刘超 . 管制、互动与环境污染第三方治理 [J]. 中国人口资源与环境，2015，25（2）：96–106.

[10] 尚晓鹏，吴晨，吴昊澄，等 . 浙江省医疗机构传染病报告质量调查 [J]. 卫生管理与政策，2015，27（6）：635–639.

[11] 浙江省通信管理局 . 行业监管 [EB/OL].（2016–03–03）[2016–05–11] http://www.zca.gov.cn/supervise.html.

[12] 人们网 . 网络信息与安全 [EB/OL].（2016–04–18）[2016–05–11] http://www.hca.gov.cn/article!pagerInfoList.action?cate=003011002&inde=2.

[13] 王国华，陈飞，曾润喜，等 . 重大社会安全事件的微博传播特征研究——以昆明“3·1”暴恐事件中的 @ 人民日报新浪微博为例 [J]. 情报杂志，2014，33（8）：139–145.

2015 年台湾地区突发事件评述

范超　郝豫

一、背　景

根据《中华人民共和国突发事件应对法》和《国家突发公共事件总体应急预案》，本文将 2015 年台湾地区突发事件分为自然灾害、事故灾难、公共卫生事件、社会安全事件四大类。又针对台湾地区实际特点，结合台当局颁布的《灾害防救法》和《灾害防救法实施细则》有关条款，对突发事件所涵盖的内容进行了适当的调整。这里的自然灾害主要包括台风、地震、旱灾和寒流等，事故灾难包括生产安全事故、交通运输事故、公共设施和设备事故等，公共卫生事件主要指传染病疫情和动物疫情，社会安全事件包括网络安全与舆情问题等。

二、现状分析

（一）自然灾害

1. 地震

台湾岛 3.6 万 km^2 的土地上，分布着三个地震带，分别是：

西部地震带，包括台湾西部地区，震源深度较浅，人口稠密，较大地震时易造成灾情；

东部地震带，由菲律宾海板块与欧亚板块碰撞所造成，地震频率高，震源深度较深；

东北部地震带，多属浅层地震，并伴随有地热与火山活动现象。

自康熙年间以来，台湾有记载致人死亡的地震 80 次以上，累计死亡人数超过 11256 人。近些年来，由于地壳活跃，地震发生更加频繁。2015 年，台湾共发生地震 549 次，其中有感地震 100 次。

如图 1 和表 1 所示，从时间上看，台湾全年地震频次普遍偏高，以秋季最多；从空间上看，地震多发生于外海及东部沿海的宜兰县和花莲县等地。综合整个大数据，区域性地震是主流，占次数的 81.79%，有感地震的破坏力有限。但因频率高，基数大，发生灾难性地震的可能性较高。

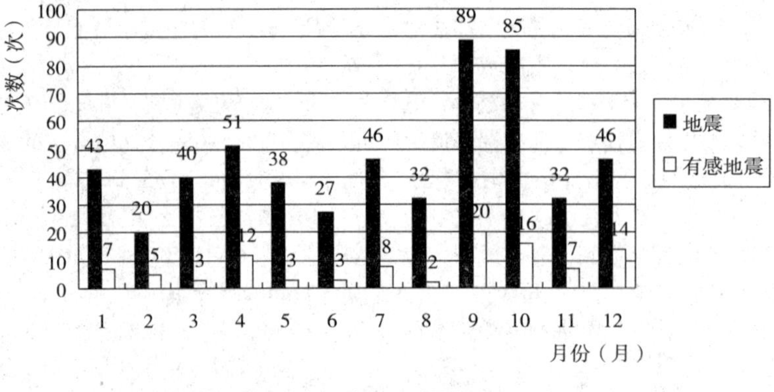

图 1　2015 年台湾地区地震频率时间序列

表 1　2015 年台湾地区地震频率空间序列

地区	地震（次）	有感地震（次）
外海	286	59
花莲县	201	34
宜兰县	69	14
台南市	35	4
台东县	32	4
南投县	10	4
嘉义县	12	0
屏东县	4	2
新竹县	7	1
高雄市	7	0
苗栗县	4	0
其他地区	0	0

表 2　2015 年侵台台风影响列表

编号	名称	中心附近最大风速	影响范围	造成后果
201506	红霞	51m/s	台湾东南、东北部海域，恒春半岛，台湾东部	恒春半岛及台湾东部部分地区全天停课，下午停班
201509	灿鸿	48m/s	台湾东北沿海地区及近海	北部多县市停班停课，一考试顺延 1 天，有近 11 万考生受到影响。
201510	莲花	30m/s	台湾岛西南部近海	和“灿鸿”形成耦合，给北部地区带来 9—10 级大风和豪雨
201513	苏迪罗	48m/s	整个台湾地区	8 死 437 伤 4 失踪，衍生灾害 4234 件，逾 400 万户停电，农业损失逾 30 亿元新台币，折合人民币 6 亿元[1]
201515	天鹅	51m/s	台湾东部	引发多地大风大浪及豪雨天气，1400 名游客从绿岛与兰屿撤离
201521	杜鹃	51m/s	整个台湾地区	3 死 376 伤，逾 208 万户停电，农业损失逾 13 亿元新台币，折合人民币 2.6 亿元

2015 年 4 月 20 日上午 9 时 42 分发生的里氏 6.4 级地震是唯一一次灾害性地震，震中位于花莲外海，坐标东经 122.44°，北纬 24.02°，震源深度 30.6km。由于地震的盆地效应，新北市最大烈度为 4 级，比震中附近的花莲县更高。受此影响，台北市松江路 128 号停车塔汽车坠落，11 辆受损。新北市树新路自来水管线破裂，新庄区忠孝街高架变电箱起火爆炸，波及一旁民宅，造成 1 死 1 伤。

2. 台风

2015 年 5—9 月，台当局共发布六轮台风警报，具体概况见表 2。其中，“苏迪罗”和“杜鹃”

横穿台湾而过，共造成11死亡、813人受伤，给全岛带来巨大浩劫，仅农业损失就高达43亿元新台币，折合人民币8.6亿元。

另外，“苏迪罗”和“杜鹃”均导致南势溪浊度超过净水处理极限，其中“杜鹃”来袭更使其飙升至两万零五百度，约153万户停水，民众被迫抢购桶装水应急。为应对台风“苏迪罗”，宜兰、花莲、台东等地宣布停班、停课一天，并暂停多项户外活动；台湾华信航空等多家航空公司宣布取消8月7日下午2时后台湾内部航班，台中到香港航班从下午4时50分以后取消。为应对“杜鹃”，班机同样被大面积取消，台铁东部、西部干线及南回线相继停驶，多处路段封闭。

3. 旱灾

由于2014年秋冬以来降雨稀少，春季岛内发生了自1947年以来最严重的旱灾，新北、桃园、新竹、苗栗、台中、彰化北部、台南及高雄等地均受到波及。3月23日石门水库蓄水率降至22.8%，创建库以来同期最低，并持续下降。台当局被迫在全区域实行三个阶段的限水措施。直到5月，岛内迎来锋面降水，限令才逐步解除。

4. 寒潮

由于北极的气压与北半球中纬度地带的气压呈现反向变动而导致的北极震荡的影响，以及全球气候失常，寒流从2015年12月起便在台湾地区蔓延，有媒体报道，桃园和花莲的低温导致了18人死亡。此后，这场空前的寒流持续壮大至霸王级。截至2016年1月25日，台湾已有至少85人因低温去世，农林渔牧业损失约35亿元新台币，折合人民币7.02亿元。

（二）事故灾害

1. 生产安全事故

4月10日，台中市捷运绿线工地发生钢梁坠落事故，造成4人死亡、4人受伤，多部车辆被毁，捷运绿线全面停工。据调查，事发时施工现场既无围篱，也无封路管制，车辆就行驶在悬空的钢梁下。事发前，时任台中市市长胡志强表示：捷运绿线2016年通车，绝不延后。其后继者林佳龙也强调：将缩短期限，提前两年完成，并要求内缩或撤除施工围篱。可见，事故的发生虽与官员指令并不存在直接因果，但与台当局在基建方面的“大跃进”思维不无关系。

2. 公共设施设备事故

6月27日晚，新北市八仙乐园发生彩粉爆燃事故导致火灾，共造成15死484伤。伤者平均烧伤面积44%，24人烧伤面积80%以上。伤者多为18—29岁年轻人，包括266名师生，其中高中以下学校师生96名，大专院校学生170名。此次事故是继“9·21大地震”以来台湾受伤人数最多的灾难。[2]

事故现场存在多项安全隐患：

场地：第一，据专业机构估测，该场地仅能容纳600人，但实际到场近万人，超出理论安全值十几倍。第二，鉴识人员在爆炸现场发现了大量烟蒂，而现场仅配备一支二氧化碳灭火器。这说明，主办方在场地监管和落实消防预案方面存在明显问题。第三，舞池与地面落差2m，且场地呈现“U”字形，主舞台阻断一侧出入口。人群集中在洼地内，高耸池壁和单一通道阻碍了及时逃生。

粉尘：据相关部门调查，主办方准备了3吨彩粉，事发后又极力强调彩粉是“绝对安全”的，但有学者指出粉尘爆炸不限于可燃物[3]，彩粉可能是这次惨案发生的罪魁祸首。

另外，在2月21日台北春节庆祝活动中，还发生了致5人受伤的灯架掉落事故。这说明类似的事故不是个案，它们的发生存在一定必然性。[4]

3. 交通事故

（1）道路交通事故

2015年全年，台湾省共接报道路交通事故298739件，死亡1696人，与2014年相比分别下降了2.96%和6.76%。

由表3[5]和图2[6]可知，小客车和摩托车肇事造成的死亡人数最多，分别为476人和707人，分别占当年交通事故致死人数的28.07%和41.69%。而每万辆中发生事故造成当事人死亡最多的车型却并非以上两类，而是营运大货车，达到13.8人/万辆。这说明大货车在台湾地区占有量大，且造成致死事故的概率较高。

表3 2015年道路交通事故死亡人数的肇事车种序列（单位：人）

总计	大客车	小客车	大货车	小货车	摩托车	自行车	行人	其他
1696	25	476	153	187	707	56	67	25

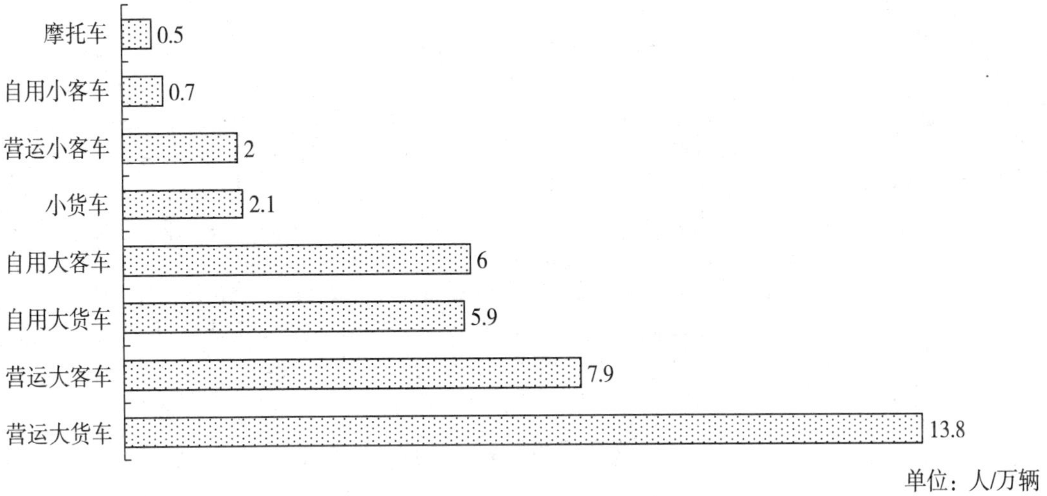

图 2　2015 年道路交通事故死亡率的肇事车种序列

表 4　2015 年道路交通事故死亡人数年龄序列（单位：人）

总计	未满 18 岁	18—24 岁	25—34 岁	35—44 岁	45—54 岁	55—64 岁	65—60 岁	70 岁以上
1694	56	258	202	183	210	252	123	410

另由表 4[7] 可见，70 岁以上人群占总死亡人数的 24.17%，65 岁以上的为 31.43%，55 岁以上的竟然高达 46.29%。样本中，这三个年龄段仅各自占总数的 12.5%、20% 和 37.5%。这说明，随着老龄化社会到来，中老年占人口的比重越来越大，而社会对中老年交通安全问题，却明显关爱不足。

（2）航空事故

2015 年 2 月 4 日，复兴航空 GE235 班机（ATR72-600 机型，航空器注册编号 B-22816）由台北飞往金门，起飞 5 分钟后随即失控，擦撞环东大道高架桥后坠毁于基隆河前。机上乘客和机组人员共 58 人，43 人罹难，15 人受伤。本次事件为复兴航空 7 个月来第二次重大伤亡事故。

（三）公共卫生事件

1. 人类传染病疫情

2015 年，台湾地区痢疾、登革热、流感及其并发症等主要监控疫情病例共计 46954 例，其中登革热疫情最为严重。至 12 月底，此次疫情共导致 43746 人染病，占传染病总确诊人数的 93%，其中 213 人死亡。疫情于 5 月首先出现在台南，之后一发不可收拾，于第 37 周左右达到高峰期，并于 8 月 10 日出现第一例死亡病例。经过 100 多天的持续波动，疫情于第 50 周以后开始逐步消散，其发展过程见图 3。受到此次登革热疫情影响，台南赤崁楼、安平古堡、亿载金城等景点，游客一度减少二至五成，观光区旅馆住房率明显降低。此外，2015 年台湾流感及其并发症疫情也较严重，确诊病例 849 例。截至 3 月 11 日，已造成 121 例死亡。目前尚无迹象表明此次疫情将于何时结束。[8]

2. 动物疫情

自 1 月 11 日起，云林、嘉义、屏东、台南、南投、彰化等 11 个地区陆续发生 526 起家禽和 2 起野鸟 H5N2 亚型高致病性禽流感疫情。截至 12 月底，16 万只禽类染病死亡，累计捕杀约 88 万只。台“农委会”从病禽体内分别检出：旧型 H5N3、H5N2、H5N8 亚型、新型 H5N3 亚型以及新型 H5N2 亚型禽流感病毒。虽然这些病毒还没有变异为能传播到人的病毒株，但形势仍不容乐观，因为其蔓延速度、规模为近十年来最快且始终得不到控制。另外，金门县一家牛场内发现了 1 起牛感染口蹄疫疫情，1 头牛感染，台当局已将牛场内 175 头牛尽数扑杀。

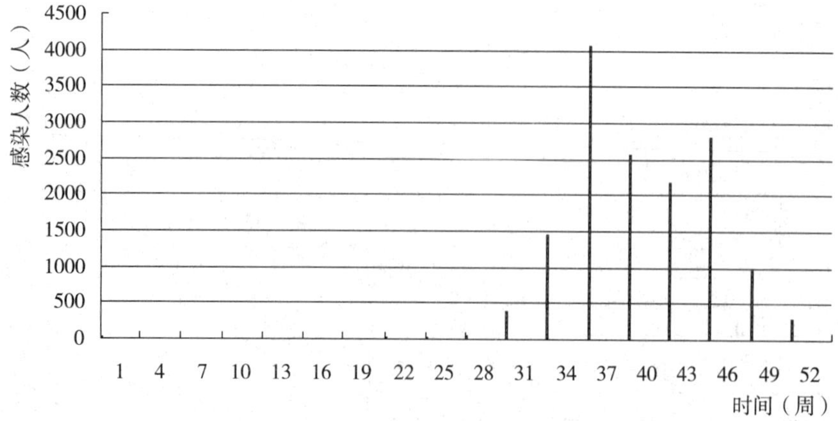

图 3　登革热疫情新增感染人数周期

表 5　台湾地区网络犯罪统计表

发生数（件）	嫌疑犯人数（人）	破获数（件）	破获率（%）
2899	1529	1491	51.43

表 6　2015 年 1—11 月妨碍电脑使用案件概况

类型	发生数（件）	结构比
无故取得变更或删除他人电脑记录	1174	42.46%
无故侵入他人电脑	1461	52.84%
无故意电脑程序干扰他人	59	2.13%
制作并提供“黑客”软件	31	1.12%
其他	40	1.45%
总计	2765	100%

3. 食品卫生事件

2015 年，台湾地区查处了 16 起严重食品安全事件，涉事单位不仅包括在当地备受欢迎的连锁店，品牌食品，如“50 岚”、“英国蓝”等，还包括拥有执照的中大型食品原料加工场，它们处在产业链的上游，所造成的恶劣影响难以估量。这些问题食品不仅涉及鸭血、豆干、咖喱、蜂蜜、红茶等日常饮食，还涉及了学生餐桌。高雄市一家米食工厂在煮饭时掺入反丁烯二酸等防腐药水，并将其提供给高屏地区一百多家学校，仅高雄市受波及中小学校就有 15 所。有些问题已存在数年而未被人发现。

（四）社会安全事件

1. 网络安全

表 5 与表 6 给出了台湾 2015 年度网络安全的相关信息。另外，诺顿杀毒软件公司公布的《2015 网络安全调查报告》指出：据不完全统计，2015 年台湾地区约 389.4 万人是网络犯罪的受害者，总损失超过 346 亿元新台币，折合人民币 69.3 亿元。

台“民政部警政署”公示显示，2015 年台湾地区单月刑事案件破案率都在 90% 以上，但仍有近半的网络案件未破获。结合往年数据（2012 年、2013 年、2014 年破案率分别为 59.92%、47.09%、28.23%）分析，这些积案在未来被破获的希望也相当渺茫[9]。

2. 舆情事件

2015 年，台湾共发生 5800 起游行示威活动，岛内各地平均每天都有十几起，具体数据见表 7[10]。

表7 2015年台湾地区游行集会活动统计表

月份	总数（件）	申请获准（件）	申请不准（件）	未申请（件）	参加人数（人）	每次平均时间（小时：分钟）	使用警力（人次）
1月	223	166	—	57	61853	6：20	10327
2月	135	99	—	36	24514	9：00	6620
3月	206	92	4	110	70844	5：53	17818
4月	163	59	1	103	15251	6：36	7659
5月	223	120	1	102	36667	7：44	9197
6月	308	179	1	128	40340	8：03	8167
7月	308	206	—	102	24480	9：00	10019
8月	289	205	—	84	23216	9：39	9944
9月	311	192	—	119	62401	6：50	8669
10月	491	297	—	195	233611	5：25	19053
11月	1062	668	1	393	585118	3：45	44781
12月	2081	1249	—	832	979471	3：01	88381
总计	5800	3532	8	2261	2158036	5：08	240635

值得注意的是，台当局对于游行活动的管控较松，但凡申请几乎都能批准。不过仍有2261起游行集会未经审批，“非法”举行，占总数的38.98%。这些活动的组织和参与者拒绝接受台当局的管控，为让问题可以真实地呈现在大众面前而使活动突然开始。

在全年所有的集会游行中，政治性的为4400件，占总数的75.86%；社会性的为1052件，占总数的18.14%；经济性的为74件，占总数的1.28%。可见，政局是台舆情不稳的首要原因。即便如此，还是比往年好得多。2014年，岛内游行集会活动共有14751次之多，平均每天多达40起。

三、对策建议

“改革开放只有进行时，没有完成时。”对于应急机制，我们也要在不断总结经验，充分创新。海峡两岸血脉相连，应在公共安全领域加强交流与合作，共同应对突发事件所带来诸多难题。

（一）自然灾害

自然灾害的发展过程很难中断，但可以压缩其生命周期。这就需要考虑突发事件的演化机理。第一，蔓延机理。对于灾害的蔓延，我们不能忽视其隐蔽性特征，对于任何情况都应细致入微，不能按照惯例对待，应客观分析，早做准备。第二，转化机理。台湾地区每次自然灾害的发生都不是从一而终的：凡是台风都会引发洪涝，凡是地震都有泥石流的隐患。我们研究其内在规律，斩断联系。第三，衍生机理。我们应考虑一个灾害和它的全部可能衍生灾害，应走在灾害前面，第四，耦合机理。台湾地区经常出现灾害耦合，在处理灾害时，相关部门要协调运作，统筹应对。

（二）事故灾难

1. 生产安全事故

首先，台湾地区大多数生产安全事故都是衍生性的，官员的冒进起到了推波助澜的作用。所以，要加强监督，拉住官员们冒进的缰绳。在台湾，官员辞职是家常便饭，但辞职并不代表尽责。真正的尽责，一方面应保证地区发展步伐的稳健，另一方面可以考虑将官员冒进导致事故的行为入刑。其次，任何一个项目的建设，其基本原则就是安全生产。在建设时，应设置红线制度，如若触碰，应追根究底，严惩主导者。最后，在工程规划阶段，设计人员在估算工期时，应将可能的灾害影响考虑在内，这就从源头上防止了“赶工”。

2. 公共群体性事故

与台湾地区高度繁荣的物质财富相比，当地人的精神发展有所欠缺，突出表现为安全意识相对淡薄。在“八仙尘爆事件”发生之前，如果人们对于存在的隐患能够充分认识，绝对不会出现这般“人间炼狱”。所以，加强全社会的安全宣传教育活动尤为关键。

在制度管理上，除了游行集会，其他所有群体活动也都应采取报批制。活动开办前，主办方应按相关规定，给出安全预案，并接受相关部门的事前检查。活动进行时，消防、警察、民政等部门应到场监督，同时为可能出现的突发状况随时戒备。

3. 交通事故

交通事故可分为普通型和衍生型。普通型的交通事故只要做到人人守交规就可以从很大程度避免。而衍生型的交通事故大多是由其他灾害导致的。所以，台当局应该做到：一、利用收音机、电子设备等各种终端及时准确地预报灾害发生情况，为交通单位提供指导；二、灾害前后，除特种车辆外应禁止其他车辆出行；三、应在自然灾害波及范围的适当地点均匀设置医护和警察临时值守点，应对可能发生的意外。另外，随着台湾社会人口老龄化的加剧，老年人群成为交通事故伤亡的重灾区。社会应关爱老年人，为其安全出行提供暖心帮助；家庭应负起责任，在其出行时尽到照看义务；“立法”部门应颁布法规，保障老年人安全出行。

（三）应对公共卫生事件

很多地方，特别是台湾地区的监管部门在评估公共卫生安全时采取了一种非常危险的制度——抽样。抽样统计很有效率，可以广泛运用。但在关系到民生健康的卫生领域，这个方法显然极不妥当。如今，人类运用电子产品可以解决很多难题，其中就包括对于全体，而非样本的监控。台湾电子产业发展迅猛，将大数据和公共卫生监管结合在一起并不是难事。

（四）应对社会安全事件

1. 强化网络监察，做好舆论引导

未来犯罪的趋势是和网络产生各种交集。所以，要更加注意对网络科技的钻研，吸纳和培养相关人才，提高破案率的同时还应对此类犯罪施以重刑，威慑潜在罪犯。同时，互联网作为信息发布、传播、交流的高效平台，容易产生不真实信息和谣言，并通过放大效应迅速扩展。台当局应继续加强互联网监督力度，严厉控制网络关口，并通过发布真实信息，加强媒体舆论引导，从而遏制谣言传播造成的影响和危害。

2. 以民为本，为民服务

减少舆情事件的发生，最根本的是管理部门要贯彻以民为本，为民服务的宗旨。只有认真履行服务职责，走“群众路线”，保证服务的统一性、连续性与稳定性，这样才能从根本上减少民怨。

四、形势预测

从数量上看，2016 年台湾地区突发事件仍将保持在一个较高的数量。一方面，台湾地理条件复杂，气候难以琢磨，加之人稠地少，未来发生自然灾害的可能性依然很大。另一方面，政治势力针锋相对和经济严重下滑，导致了许多社会问题，其中潜存众多隐患。

从类型看，首先，特大自然灾害发生的概率依然不小。台风必然会周期性侵袭台湾，不排除灾害性地震出现和火山爆发的可能性，寒潮、干旱等气象灾害仍将继续出现，但破坏力将缩小。其次，安全事故隐患依旧突出。由于政府的激进发展思维，未来岛内发生生产安全事故的可能性很大。但经济萧条，项目数量有限，故发生总数不会太多。再次，人畜疫情将持续存在。2016 年，随着台当局将注意力集中在“执政”交替上，此类民生问题势必会被忽视。最后，社会安全事件数量不会有较大变化，但是类型和影响将会比以往更加复杂多变，需要时刻保持警惕。

从影响上看，自然灾害、瘟疫的影响规模和范围依旧是整个台湾地区。除了交通事故影响基本不会改变之外，事故将多集中于由于衍生灾害而工期受到影响的项目工地和城市之中。另外，由于破案率过低，将进一步助长以网络安全事件为代表的社会安全问题的加剧。

（作者单位均为：河南理工大学安全应急管理研究中心、河南理工大学应急管理学院）

参考文献

[1] 周浩 . 2015 年第 13 号台风“苏迪罗”暴雨过程分析 [J]. 卷宗，2015（11）：370.

[2] 孙雨，何自力，李慧颖，等 . 台湾新北发生粉尘爆炸 500 余人伤含 2 名大陆学生 [J]. 安全与健康（上半月版），2015（8）：4–5.

[3] 田伟 . 粉尘爆炸的认知与防范 [J]. 生命与灾害，2015（8）：20–21.

[4] 于周峰，黄赞松 . 八仙尘爆事件政府危机管理之探讨：2016 年犯罪防治学术研讨会会议手册 [C]. 台湾：铭传大学社会与安全管理学系，2016.

[5][6][7] 台“内政部警政署”全球资讯网 . 资讯公开 [EB/OL].（2016–01–25）[2016–04–19]. https://www.npa.gov.tw/NPAGip/wSite/lp?ctNode=12594&nowPage=2&pagesize=15.

[8] 台“卫福部疾病管制署”. 疫情监测速讯 [EB/OL].（2016–03–15）[2016–05–11] http://www.cdc.gov.tw/submenu.aspx?treeid=1F07E8862BA550CF&nowtreeid=997A1C5BDED3E195.

[9] 台“内政部警政署”全球资讯网 . 资讯公开 [EB/OL].（2016–04–25）[2016–05–11] https://www.npa.gov.tw/NPAGip/wSite/lp?ctNode=12878&nowPage=2&pagesize=15&mp=1.

[10] 孙璇 . 台湾地区网络舆论的传播与发展 [J]. 福建社科情报，2015（1）：24–27.

2015 年我国边疆地区突发事件概况与对策——以新疆维吾尔自治区为例

王素仙　周丹

一、背　景

突发事件，是指突然发生，造成或者可能造成严重社会危害，需要采取应急处置措施予以应对的自然灾害、事故灾难、公共卫生事件和社会安全事件 [1]。突发事件是事物内在矛盾由量变到质变的飞跃过程，诱发因素具有一定的偶然性和隐蔽性，致使其发生发展过程难以预测和把握。任何突发事件，不论何种性质、规模、危害程度与影响力，都必然不同程度地给国家和人民造成政治、经济和精神上的破坏与损失 [2]。如果我们将社会的正常秩序看作是均衡状态的话，那么突发事件则使社会偏离正常发展轨道而出现了失衡，会使人们生活处于不稳定状态，社会环境遭到了破坏，常规工作方式和工作程序受到干扰。因此，突发事件历来是管理者重点关注的对象，也是学者研究的重要领域 [3–5]。

新疆维吾尔自治区地处我国西北边陲，生态环境脆弱，对人类活动的反应敏感，且对灾害的承受和恢复能力低。由于特殊的自然环境和社会经济情况，自治区各类突发事件不同于内地省区市，具有相当的地域复杂性和特殊性，自然灾害、安全事故种类多且发生频繁，卫生基础条件差，群体性不明原因疾病时有发生。随着经济发展、社会转型、体制转轨等进程的加快，自治区公共安全形势日益严峻复杂，各类突发事件呈现领域多、规模大、频次高的特点。这些突发事件不仅给自治区乃至国家造成巨大损失，而且给人民群众生命财产安全造成严重威胁。

因此，本文通过广泛搜集相关统计信息，基于《中华人民共和国突发事件应对法》与《国家突发公共事件总体应急预案》中提出的突发事件类型 [6,7]，分析探讨 2015 年新疆维吾尔自治区突发事件发生变化特征，在此基础上提出了切实可行的措施建议，以期对维护自治区社会稳定，促进国民经济可持续发展提供指导。

二、现状分析

（一）自然灾害

自治区自然灾害以雪灾、地震、风雹灾害为主，部分地区发生了局部融雪性洪水灾害，各类灾害交替发生，使部分县市重复受灾，损失较重。

2015 年 1—3 月，乌鲁木齐、昌吉、巴州、伊犁、塔城、阿勒泰、博州、克州、喀什、和田 10 个地州 34 个县市（区）相继发生了雪灾、地震、风雹、融雪性洪水等灾害，使灾区农牧民群众的生命财产受到损失。其中，4 个县市（3 个地州）发生地震，12 个县市（6 个地州）发生风雹灾害，22 个县市（8 个地州）发生雪灾，2 个县市（1个地州）发生融雪性洪水灾害。自然灾害共造成11.5万人受灾，1人死亡，农作物绝收面积915.5公顷、受灾面积25452.3公顷，直接经济损失4.7亿元。其中，雪灾造成的直接经济损失较为严重，占自治区灾害总损失的65%，其次为地震灾害造成的直接经济损失，占自治区灾害总损失的30%。

2015年4—6月，自治区乌鲁木齐市、伊犁州、塔城地区、克拉玛依市、吐鲁番市、哈密地区、昌吉州、博州、巴州、阿克苏地区、克州、喀什地区、和田地区、阿勒泰地区14个地（州、市）75个县（市、区）发生洪涝、风雹、地震等自然灾害，造成1520771人受灾，6人死亡，农作物绝收面积42156.8公顷、受灾面积325770.4公顷，直接经济损失366674.7万元。

2015年7—12月，据不完全统计，发生地震11次，其中6级以上1次，洪涝、风雹造成约100000人受灾，4人死亡，造成直接经济损失约70000万元。

表1 2015年新疆维吾尔自治区严重自然灾害[8]

月份	地点	灾害类型	灾害损失			
			受灾人数（万人）	受灾面积（公顷）	直接经济损失（万元）	死亡人数
1—3月	乌鲁木齐、伊犁、昌吉、博州、和田8个地州22个县市	雪灾	7.94	25185.70	30700	0
	伊犁、博州、塔城、阿勒泰、克州、喀什6个地州12个县市	风雹	1.54	266.60	1500	1
	阿勒泰地区哈巴河、吉木乃县	融雪性洪水	0.09		510	0
	克州阿图什市、沙湾县、巴州轮台县、克州乌恰县	地震	1.88		14500	0
4—6月	乌鲁木齐市、阿勒泰地区13个地（州、市）41个县市	洪涝	39.56	62954.76	205701.14	6
	克拉玛依市、吐鲁番市、12个地（州、市）53个县市	风雹	112.10	262588.56	160358.28	0
4—6月	吐鲁番市、巴州2个地（州、市）3个县市	地震	0.06		302.50	0
	伊犁州昭苏县	低温冷冻	0.21	200	203	0
	克州阿合奇县	雪灾	0.15	27.07	109.83	0
7月	伊宁、霍城、尼勒克、特克斯等县	洪涝	0.50	62200	11000	2
	博尔塔拉蒙古自治州博乐市、阿克苏地区温宿县和沙雅县	风雹	0.37	1600	1900	
8月	阿克苏地区温宿县、沙雅县	风雹	0.65	3300	2500	
	乌鲁木齐市米东区柏杨河乡	滑坡				2
	生产建设兵团	洪涝风雹	0.62	3700	2600	
9月	新疆阿克苏和喀什地区	风雹洪涝	3.90	289000	16300	0
	生产建设兵团	风雹	4	27200	15000	0
	伊犁哈萨克自治州昭苏县	风雹	0.23	900	700	0

表2　2015年新疆维吾尔自治区生产安全事故[9]

行业系统	损失状况				同比变化（%）			
	事故起数	死亡人数	受伤人数	经济损失（万元）	事故起数	死亡人数	受伤人数	经济损失（万元）
工矿商贸	178	213	28	5868.65	–5.08	–7.39	2.75	–13.25
营利性道路	1243	670	1270	574.91	–2.74	–2.74	持平	7.57
农机事故	80	41	45	44.74	–13.98	–18	–2.17	100.45
民航与铁路	11	7	1	106.36	–47.62	–36.36	–75	–23.54
其他	1	22	38	—	1	22	38	—

表3　2015年新疆维吾尔自治区交通事故[10]

月份	概况	死亡人数	受伤人数	事故原因
2月	阿喀高速公路巴楚县	22	38	客车侧翻
3月	伊宁市	1	2	碰撞
5月	巴音郭楞蒙古自治州	4	1	碰撞
6月	新疆奎屯市	2	9	追尾
12月	新疆北部的奎屯市	1	10	追尾
12月	乐都区马营乡	2	0	坠崖

（二）事故灾难

1. 生产安全事故

2015年，自治区共发生各类安全生产事故1513起、死亡953人，同比分别下降5.08%和7.39%，事故死亡人数实现十年连续下降，较大事故也呈继续下降态势，发生较大事故47起、死亡184人，同比死亡人数下降7.07%。自治区安全生产形势保持了持续稳定向好态势，亿元GDP事故死亡率、工矿商贸10万从业人员事故死亡率、道路交通万车死亡率、煤矿百万吨死亡率同比分别下降16.09%、26.04%、3.76%和68.84%[11]。其中，工矿商贸事故178起、死亡213人、受伤28人、直接经济损失5868.7万元，同比事故起数、死亡人数、受伤人数和直接经济损失分别下降近10%、17%、上升12%和下降13%。道路交通生产经营性事故1243起、死亡670人、受伤1270人、直接经济损失574.9万元，同比事故起数下降2.74%、死亡人数下降2.47%、受伤人数持平、直接经济损失上升7.57%（表2）。自治区绝大多数地州市安全生产形势明显好转，在15个地州市中，8个地州市各类生产安全事故死亡人数同比下降，其中下降幅度10%以上的有石河子市、乌鲁木齐市、塔城地区、吐鲁番市和克州等。

2. 交通事故

截至2015年12月底，自治区机动车新增驾驶人增多，交通事故较多，驾龄1年以下的驾驶人引发的事故量，占事故总起数的较高，尤其在男性。与国外相比，国外交通事故大多以车碰车事故为主，而自治区车撞人以及侧翻或者坠崖事故危害较大（表3）。

（三）公共卫生事件

2015年，自治区没有出现特别重大传染病疫情，法定传染病发病、死亡统计情况如表4所示。据公开资料不难看出，自治区5月、6月甲乙类传染病和丙类传染病均较大，是传染病重点关注期，而且8月、11月甲乙类传染病发病较多，死亡人数也较多。

表 4　2015 年 2—8 月新疆维吾尔自治区法定传染病[12]

月份	病名	发病数	死亡数
1 月	甲乙类传染病合计	14436	55
	丙类传染病合计	1467	0
3 月	甲乙类传染病合计	14852	74
	丙类传染病合计	1198	0
4 月	甲乙类传染病合计	14444	66
	丙类传染病合计	1615	0
5 月	甲乙类传染病合计	15134	64
	丙类传染病合计	3054	0
6 月	甲乙类传染病合计	15039	127
	丙类传染病合计	5633	1
7 月	甲乙类传染病合计	13812	52
	丙类传染病合计	4363	1
8 月	甲乙类传染病合计	14428	81
	丙类传染病合计	3306	1
9 月	甲乙类传染病合计	11704	55
	丙类传染病合计	2356	0
11 月	甲乙类传染病合计	14047	89
	丙类传染病合计	2597	0

（四）社会安全事件

1. 暴恐事件

2015 年伊始，自治区党委稳定工作会议指出：维稳工作必须主动亮剑、主动进攻，形成强大“势场”，压住敌人，牢牢掌握斗争主动权。一年多来，按照中央的决策部署，自治区党委、政府和兵团团结带领自治区各族干部群众严打暴恐专项行动取得了明显成效，整治了一批治安乱点，打掉了一批暴恐团伙，把大部分暴恐极端团伙打掉在预谋阶段和行动之前，有力维护了自治区社会大局稳定。但是，自治区个别地区暴恐事件仍偶有发生，极少数具有恐怖主义思想的人员仍在谋划制造暴力破坏活动，例如 2015 年“9·18”事件造成 11 名无辜群众死亡、18 人受伤，3 名民警、2 名协警牺牲。此外，2015 年自治区暴恐态势有一个很突出的现象，就是境外恐怖组织等各种势力对中国社会稳定的破坏性影响明显增强，尤其表现为偷渡出境参加“圣战”的人数大幅上升。

2. 舆情事件

舆情是指在一定的社会空间内，围绕中介性社会事件的发生、发展和变化，作为主体的民众对作为客体的社会管理者、企业、个人及其他各类组织及其政治、社会、道德等方面的取向产生和持有的社会态度，它反映着社情民意并推动着事件的发展，影响着政府的决策。根据公开资料，2015 年上半年，自治区共发生舆情增量 5 件。其中 1 月、2 月、3 月、6 月、7 月各 1 件，总体舆情等级基本处于蓝，全国排名 25 名左右。自治区舆情增量如表 5 所示：

表 5　2015 年新疆维吾尔自治区舆情增量 [13]

月份	事件 / 话题	预警	全国排名
1 月	1	蓝	25
2 月	1	蓝	21
3 月	1	蓝	21
4 月	0	蓝	25
5 月	0	蓝	30
6 月	1	蓝	25
7 月	1	蓝	22
10 月	0	蓝	25

三、对策建议

（一）应对自然灾害

依据《自然灾害救助条例》和《国家综合减灾十二五规划》，结合自治区实际，进一步明确了减灾救灾工作的主要任务和目标。要强化防灾减灾人才队伍建设，每年举办灾害信息员培训班，邀请民政部、国家减灾中心和自治区地震局、气象局等有关专家授课，进一步提高了基层灾害信息员的能力素质。结合自治区自然灾害发生发展特征，建立自治区民政系统自然灾害预警预报平台，做好重大工程的抗灾防灾配套建设，加强减灾能力建设，提升防御水平。建立健全物资储备与应急行动机制，提高应急救灾效率。设立农业风险管理机构，健全政策性农业保险财政补贴制度，建立农业巨灾风险分散转移制度，多渠道分散农业生产的自然风险。

（二）应对事故灾难

自治区安全生产工作虽然取得了明显成效，但事故多发易发势头依然没有得到有效遏制，安全生产形势仍然十分严峻，安全生产工作依然面临着企业主体责任落实不到位、监管存在盲区等方面的实际问题。为此，要深化改革创新，推进依法治安，减少一般事故、控制较大事故、坚决遏制重特大事故发生，努力实现自治区安全生产形势持续稳定好转。包括：落实严格安全生产责任制；深化打非治违力度，提高依法治理水平；强化隐患排查治理，加强对矿山、道路交通、危险化学品和烟花爆竹经营、储存等重点行业领域的安全检查；加强安全监管能力建设与科技支撑体系建设；提升安全生产应急救援能力等。

针对交通事故发生特点，可以借鉴国外经验，让孩子从小接受交通安全教育，不断强化交通安全意识，并针对男性的性格和较高的事故发生率，强化男性的交通安全意识，为长期降低我国交通事故发生率打下良好基础。针对抢车道、闯红灯、坠崖等现象较为普遍的问题，应提醒广大公民有目的地加强特殊地区和时间的交通事故防范。

就环境污染事件而言，要健全自然资源资产产权制度和用途管制制度，加快建立系统完整的生态文明法规体系，完善生态环境执法监管制度与区域间环境治理联动执法合作机制。实行最严格的源头保护制度、损害赔偿制度、环境执法责任制和责任追究制度，对领导干部实行自然资源资产离任审计，建立生态环境损害责任终身追究制，同时完善和落实突发环境事件的应急预案。

（三）应对公共卫生事件

突发公共卫生事件是指突然发生，对社会公众健康造成或者可能造成严重损害的重大传染病疫情、群体性不明原因疾病、职业中毒和重大食物以及其他严重影响公众健康的事件。应依据国务院《突发公共卫生事件应急条例》的规定，结合自治区的实际，特制地域特色突出、有效的应急预案，指导和规范各类突发公共卫生事件的应急处理工作，及时控制和消除突发公共卫生事件的危害，维护正常的社会秩序，保障公众生命安全。在实际处置过程中，加强信息的时效性，参与的多元性，尽量减轻或避免造成严重不利影响。

（四）应对社会安全事件

在暴恐方面，要进一步落实党的民族政策、宗教政策，紧紧围绕社会稳定和长治久安总目标，坚持依法治疆、团结稳疆、建疆治疆方略，坚持打击暴恐犯罪与教育疏导各族群众两手都要硬，全力维护社会稳定。深入推进民族团结进步创建，广泛深入发动、紧紧依靠各族人民，紧紧依靠基层政权组织，坚决打击"三股势力"，积极探索"去极端化"有效途径。组织爱国宗教界人士运用教义教规，引导广大信教群众抵制极端、树立正信，正本清源。以坚决防止发生大规模暴恐案事件、暴力恐怖活动多发频发势头、暴恐活动向内地发展蔓延趋势为目标，启动严厉打击暴力恐怖犯罪活动专项行动，维护社会稳定。

在舆情方面，互联网是信息发布、传播、交流的高效平台，但容易产生不真实信息，并放大传播。因此，要切实控制舆情事件与社会安全事件的发生，构建引导服务型、真实性舆论机制，树立政府的公信力，维持社会秩序的稳定、有序。

（作者单位均为：河南理工大学安全应急管理研究中心、河南理工大学应急管理学院）

参考文献

[1] 曹学艳，张仙，刘樑，等．基于应对等级的突发事件网络舆情热度分析 [J]. 中国管理科学，2014，22（3）：82-89.

[2] 朱力．突发事件的概念、要素与类型 [J]. 南京社会科学，2007（11）：81-88.

[3] 王剑，罗东．基于 BDN 的突发事件多主体应急决策模型研究 [J]. 中国管理科学，2015（S1）：316-323.

[4] 曹杰，杨晓光，汪寿阳．突发公共事件应急管理研究中的重要科学问题 [J]. 公共管理学报，2007，4（2）：84-93.

[5] 田军，邹沁，汪应洛．政府应急管理能力成熟度评估研究 [J]. 管理科学学报，2014，17（11）：97-108.

[6] 中华人民共和国第十届全国人民代表大会常务委员会．中华人民共和国突发事件应对法 [M]. 中国法制出版社，2007.

[7] 中华人民共和国国务院．国家突发公共事件总体应急预案 [M]. 中国法制出版社，2006.

[8] 新疆维吾尔自治区民政厅．灾情信息 [EB/OL].（2015-10-20）[2016-04-07]. http://www.xjmca.gov.cn/article/zqtb/.

[9] 人民网．2015 年新疆共发生各类安全生产事故 1513 起、死亡 953 人 [EB/OL].（2016-01-15）[2016-02-12]. http://xj.people.com.cn/n2/2016/0115/c188514-27546732.html.

[10] 新疆维吾尔自治区安全生产监督管理局．安委会办公室文件 [EB/OL].（2016-01-15）[2016-01-15]. http://www.xjsafety.gov.cn/tabid/160/InfoID/47805/frtid/514/Default.aspx.

[11] 国家减灾委员会办公室．最新灾情 [EB/OL].（2016-01-03）[2016-03-17]. http://www.jianzai.gov.cn//DRpublish/ywcp/000100040002-4.html.

[12] 陕西省应急管理办公室．突发事件 [EB/OL].（2016-02-03）[2016-05-12]. http://yjb.shaanxi.gov.cn/html/0/0/46.html.

[13] 人民网．舆情地图 [EB/OL].（2016-01-28）[2015-11-20]. http://yuqing.people.com.cn/GB/386240/index.html.

2015 年江苏省突发事件的现状、对策及预测

杨杨　陈安　李红

一、研究背景

最近几年，突发事件频发、杂糅，充满了复杂性与不确定性，给国家和人民带来了许多难题和重大损失，如"8·12"天津滨海新区仓库爆炸事故等。在此形势下，本文从江苏省的具体实际出发，对江苏省 2015 年突发事件相关情况进行概述，希望本篇文章能够为江苏省突发事件领域的理论研究与实践方法提供一定的帮助，更加希望本篇文章能够探知突发事件的内在机理和规律，提供能真正解决突发事件的详细办法，为中国其他省份的相关研究提供借鉴，以达到减少中国突发事件发生的次数，降低中国突发事件的严重性，及时、高效地做好突发事件的预警和处理。

江苏，简称"苏"，省会南京，位于中国大

陆东部沿海中心。自古以来，国家大力支持东南沿海的发展，江苏省凭借国家的大力支持与优越的地理位置等条件发展迅速。现如今，江苏人均GDP、综合竞争力、地区发展与民生指数（DLI）均居全国各省第一，成为中国综合发展水平最高的省份，已步入“中上等”发达国家水平，也因此，每年都有大量外来务工人员来此寻找工作机会，而且江苏省的常住人口将近8000万，居中国第五位，众多的人口在带来丰富劳动力的同时，也增加了社会总体的不稳定性和社会风险。其次，江苏省位于长江、淮河等河流的下游，一些地区很可能面临长江等河流决堤并发生洪涝灾害的风险[1]，江苏省还东濒黄海，一些沿海地区很可能面临风暴潮等风险[2]。再次，江苏省交通发达，这就带来了交通事故概率提高的可能性。还有，江苏省着力发展工商业，这会增加废气、废水和固体废弃物的排放，进而提高了对环境污染的程度。当然，江苏省还面临着其他一些不可控、不可知的风险隐患。那么，如何识别防范这些风险隐患，阻止其演化为灾害事故，保障江苏省经济秩序的稳定和社会的和谐发展，就成为当下需要解决的难题。由于此难题涉及面过于广泛，这就需要政府与社会的大力支持，同时需要不同领域的专家共同出谋划策。

二、研究方向

《中华人民共和国突发事件应对法》将突发事件分为自然灾害、事故灾难、公共卫生事件、社会安全事件四大类。《国家突发公共事件总体应急预案》对四类突发事件作了更加详细地划分：自然灾害主要包括水旱灾害、气象灾害、地震灾害、地质灾害、海洋灾害、生物灾害和森林草原火灾等。事故灾难主要包括工矿商贸等企业的各类安全事故、交通运输事故、公共设施和设备事故、环境污染和生态破坏事件等。公共卫生事件主要包括传染病疫情、群体性不明原因疾病、食品安全和职业危害、动物疫情，以及其他严重影响公众健康和生命安全的事件。社会安全事件主要包括恐怖袭击事件、经济安全事件和涉外突发事件等。

本文在参照《中华人民共和国突发事件应对法》与《国家突发公共事件总体应急预案》的基础上，将2015年江苏省突发事件按照上述类型进行分类。进而，结合江苏省的实际特点，对每一类突发事件所涵盖的内容进行了具有侧重点的分析。其中，自然灾害主要研究分析气象灾害，事故灾难主要研究分析交通事故，公共卫生事件主要研究分析传染病疫情，社会安全事件主要研究分析舆情事件。

三、现状分析

（一）气象灾害

江苏地形以平原为主，地势低平，河湖较多，平原、水面所占比例占江苏省的90%以上，气候温和，雨量适中，四季气候分明。近些年，江苏省内少有水旱灾害、地质灾害、森林草原火灾、海洋灾害等。2015年对江苏省影响最大的自然灾害是强对流天气导致的风雹灾害。

风雹灾害是在对流天气控制下，积雨云中凝结生成的冰块从空中降落造成的灾害。风雹灾害的主要影响有：大风刮倒农作物、房屋建筑，冰雹砸坏砸死农作物、砸塌建筑，暴雨使农作物受淹，雷电致人死亡等[3]。2015年，江苏省内共发生5次较为严重的风雹灾害，受灾人数总计41.4万余人，受灾农作物面积38800余公顷，直接经济损失6.16亿元。详细数据见表1。

可见，2015年江苏省发生的自然灾害主要是气象灾害中的风雹灾害，并且具有明显的地域性，苏北地区如徐州、连云港、淮安等地发生自然灾害的频率较大，受灾人数较多，受灾农田面积较广，经济损失较惨重，其中遭受风雹灾害最多。风雹灾害造成人员死亡的原因多数为房屋、建筑物倒塌。

（二）交通事故

根据网上信息，2015年1—10月，江苏省内发生的交通事故中，事故原因排在首位的是“有妨碍安全驾驶的行为”，占事故总量的43%，也就是大家俗称的“开车小动作”。此外，“未按规定让行”占事故总数的7.85%，“无证驾驶”占事故总数3.07%，“车辆违法上路行驶”占事故总数2.11%，“酒后驾驶”占事故总数的2.19%，均居事故原因前列。

此外，2015年12月2日是第四个全国交通安全日，之前，33万多网友参与江苏交警在微信上的大调查，关于“你眼中的危险驾驶行为有哪些？”调查显示：网友们评的最危险驾驶行为第一名是“会车不关远光灯”，另外，开远光灯、变道加塞危险程度超过酒驾。

根据陕西省应急管理办公室官网国内突发事件资料整理，2015年江苏省内较为严重的交通事故共25起，死亡人数达32人。详细数据见表2。

表1　2015年江苏省严重自然灾害概况统计表[4]

时间	地点	自然灾害	受灾人数（人）	受灾农作物面积（公顷）	直接经济损失（万元）	房屋损坏程度
4月28日	徐州、淮安、宿迁等	雷阵雨、大风、冰雹等强对流天气	9.8万	3900	2900	未知
7月3日—7月7日	泰州市泰兴市	洪涝风雹	0.01万	未知	1100	未知
7月10日—7月13日	无锡、常州、苏州等	台风“灿鸿”	33.8万	33400	12000	300余间房屋不同程度损坏
8月1日—8月3日	徐州、淮安、泰州等	风雹洪涝	21.7万	25600	44000	1600余间房屋不同程度损坏
8月4日—8月6日	徐州、盐城等	较强降雨、大风、冰雹等强对流天气	3.6万	2700	600	未知
8月5日—8月7日	徐州、连云港、淮安等	较强降雨、大风、冰雹等强对流天气	6.3万	6600	13000	400余间房屋不同程度损坏
8月9日—8月12日	南通、淮安、盐城等	台风“苏迪罗”	139万	240800	96000	9900余间不同程度损坏
11月23日—11月26日	徐州、连云港等	低温雪灾	13.1万	11700	8500	未知
11月23日—11月27日	徐州、连云港、淮安等	大范围强降温、降雪天气	20.6万	23000	24000	未知

表2　2015年江苏省内较为严重的交通事故概况统计表[5]

时间	地点	概况	死亡人数（人）
2月8日	徐州邳州市连霍高速议堂往单集段	追尾	0
3月3日	G204国道盐城大丰市刘庄段	碰撞	1
3月29日	宁扬高速江苏扬州广陵收费站附近	追尾	0
5月3日	南京市江宁区宁马高速滨江开发区清修服务区附近	追尾	1
6月22日	无锡滨湖区南湖路南泉裕村旁路段	碰撞	5
7月1日	江苏省南京市江宁区龙眠大道月华路路口	碰撞	0
7月5日	南京栖霞区灵山北路	侧翻	1
8月15日	扬州市区	驾车失控	1

时间	地点	概况	死亡人数（人）
8 月 17 日	江苏大丰港疏港大道东首一十字路口	碰撞	2
8 月 21 日	南京定淮门大街附近	驾车失控	0
8 月 26 日	灌云县燕尾港以东海域	碰撞	6
9 月 30 日	沿海高速连云港灌云境内	碰撞	1
10 月 8 日	江苏启东市	碰撞	1
10 月 15 日	扬州市连运路江阳尚东国际小区附近	酒后驾驶、驾车失控	0
10 月 31 日	南京机场高速	追尾	0
11 月 5 日	江苏省淮安市洪泽县宁连公路 1111km+500m 处	碰撞	0
11 月 5 日	镇江至扬州路段	侧翻	0
11 月 15 日	连云港市赣榆区	碰撞	0
11 月 30 日	扬州沿江高等级公路沙头段	驾车失控	2
12 月 6 日	沈海高速江苏盐城段	追尾	3
12 月 17 日	苏州市吴中区木渎镇金山路	酒驾、碰撞	4
12 月 20 日	G15W 常台高速（苏嘉杭高速）苏州段	追尾	未知
12 月 24 日	宁杭高速南京收费站附近	侧翻	3
12 月 24 日	南京虎踞南路 18 号附近	追尾	1
12 月 24 日	宁杭高速	刹车失控	未知

可见，2015 年江苏省内较为严重的交通事故较多，多表现为追尾和碰撞。平均每个月发生 2 起严重的交通事故，每起交通事故平均至少有 1 人死亡。交通事故是突发事件中的重灾区。

（三）传染病疫情

传染病有着和人类一样长的历史，早期人们习惯称其瘟疫，过去的瘟疫主要表现为鼠疫（黑死病）、天花等，给国家、人民带来了不可估量的损失[6]。现如今，传染病的类型多样化、复杂化，急需深入研究并找寻高效、廉价的解决办法。2015 年江苏省甲乙类法定报告传染病疫情比较严重，详细数据见表 3。

可见，江苏省 2015 年甲乙类法定报告传染病每月发病数平均至少 8000 多个人，其中，每月平均至少死亡 20 多个人。并且，发病数居前五位的病种几乎都属于肺结核、病毒性肝炎、梅毒、淋病、猩红热和痢疾里面，这些病种占报告发病总数的比重平均在 90% 以上。此外，报告死亡数居前三位的病种是艾滋病、肺结核、狂犬病，这些病种占报告死亡总数的比重平均在 85% 以上。

（四）舆情事件

随着互联网技术和智能手机的不断发展，人们了解信息、表达意见和建议的渠道日益丰富，但是，这也带来了舆情事件的日益增加和复杂。2015 年江苏省舆情事件概况详见表 4。

通过对 2015 年江苏省舆情事件的追踪发现，干部作风事件、城管强拆事件、涉警事件数量较

表 3 2015 年江苏省甲乙类法定报告传染病疫情概况统计表 [7]

月份	发病数（人）	死亡数（人）	发病数居前五位的病种		死亡数居前两位、三位、四位的病种	
			病种	比重	病种	比重
1 月	8962	32	肺结核、病毒性肝炎、梅毒、淋病、猩红热	94.96%	艾滋病、狂犬病、肺结核、人感染 H7N9 禽流感	93.75%
2 月	6983	21	肺结核、病毒性肝炎、梅毒、淋病、猩红热	93.44%	肺结核、艾滋病	85.71%
3 月	10665	39	肺结核、病毒性肝炎、梅毒、麻疹、淋病	93.69%	艾滋病、肺结核	87.18%
4 月	10740	43	肺结核、肝炎、梅毒、麻疹、淋病	91.70%	艾滋病、肺结核、狂犬病	90.70%
5 月	10715	22	肺结核、梅毒、肝炎、麻疹、猩红热	89.71%	艾滋病、肺结核	86.36%
6 月	10482	31	肺结核、梅毒、肝炎、麻疹、淋病	88.38%	艾滋病、肺结核	87.10%
7 月	10059	25	肺结核、梅毒、肝炎、淋病、痢疾	92.50%	艾滋病、肺结核	76.00%
8 月	9159	33	肺结核、梅毒、肝炎、淋病、痢疾	94.85%	艾滋病、肺结核、狂犬病	93.94%
9 月	9491	24	肺结核、病毒性肝炎、梅毒、痢疾、淋病	95.96%	艾滋病、肺结核、狂犬病	100%
10 月	8531	34	肺结核、梅毒、病毒性肝炎、淋病、痢疾	95.51%	艾滋病、狂犬病、肺结核	100%
11 月	8184	28	肺结核、病毒性肝炎、梅毒、淋病、猩红热	93.50%	艾滋病、肺结核、狂犬病	100%
12 月	8522	20	肺结核、病毒性肝炎、梅毒、淋病、猩红热	94.25%	艾滋病、肺结核	80.00%

表 4 2015 年江苏省舆情事件概况统计表 [8]

月份	事件 / 话题	预警	全国排名
1 月	6	青	6
2 月	1	蓝	15
3 月	2	蓝	14
4 月	5	青	4
5 月	2	蓝	17
6 月	2	蓝	16
7 月	3	蓝	11
10 月	4	青	6
11 月	6	青	4

多，政民矛盾、医患冲突问题突出。随着大数据时代的到来，各类信息在互联网传播的速度快、范围广、影响大，若不及时处理，可能加剧各类矛盾冲突事件的发展，影响社会稳定。

四、对策建议

（一）应对气象灾害

首先，我们可以通过大数据技术提高灾害预测能力。过去人们凭借祖祖辈辈留下的经验预测气象，后来人们通过气象台预测气象，虽然预测的误差在不断减小，但是仍然会出现一些预测失误，而这往往会导致人们对自然灾害不能做到良好的预防，进而带来严重损失。现如今，通过大数据技术可以提高人们预测气象灾害的能力。通过收集过去的气象数据，运用大数据的并联规则进行分析、总结，寻找数据间的相关性，并以此为基础进行预测，这大大提高了预测的准确度[9]。其次，我们可以通过雷达观测提高防雹能力[10]。风雹天气通常表现为冰雹倾砸、狂风暴雨、电闪雷鸣，通过对数值预报或天气图进行分析能够发现风、雨、雷、电但很难发现冰雹的出现，这就意味着我们要着重提高预防冰雹的能力。经研究表明，通过雷达观测可以监测冰雹云的运动特征，进而可以及时做好防雹工作。这给雷达监测人员提出了很高的要求，“监测人员必须对环境对流条件、大尺度环流天气背景进行熟练掌握；同时，要时刻关注冰雹云的前期特征，并在此基础上将冰雹天气雷达的监测工作做好”，所以一定要做好监测人员的岗前培训工作。

（二）应对交通事故

首先，我们可以建立处罚阶梯制。近些年，国家不断加强交通法律法规的建设，成效显著，但是，仍有一部分人存在侥幸心理，进行醉酒驾驶等等，结果往往酿成惨剧，造成无法挽回的损失。从社会公平与正义的角度考虑，通过建立对违反交通法规行为实行处罚的阶梯制，根据违反交通法的在线记录，对不同违规程度的人实行不同的处罚标准，如对于初犯者可以建立相对较低的处罚标准，而对于多次违反交通法规者可以建立相对严苛的标准。其次，我们可以加强安全行驶知识教育。通过政府、社会、学校的共同努力，积极宣传安全行驶知识，让安全行驶成为社会风气。尤其是学校一定要加强安全行驶知识教育，如通过座谈会、讲座、观影、考试等方式，让学生从小就养成遵守安全法规的好习惯，既能保护个人安全，又为以后良好的交通形势打下坚实的基础。最后，我们可以促进代驾体系建设。最近几年，代驾作为一种新兴的职业走进了人们的生活中，这在一定程度上减少了酒驾，但是相当一部分人对代驾行业比较陌生，代驾行业尚未形成健全的体系，需要通过完善相关法律法规等措施促进代驾体系的建设[11]，让更多的人去了解、接受代驾，让代驾为顾客提供便利的同时，更能保障顾客的生命财产安全。

（三）应对传染病疫情

首先，我们可以加强传染病防治体系建设。通过加强传染病知识教育，让更多的人了解卫生、健康常识，做好预防工作[12]。同时，相关医疗部门和机构要从传染源、传染途径、易感人群这几个核心要素出发，加强对传染病尤其是高发传染病的研究，找到控制甚至是治疗传染病的更加高效、安全、廉价的解决办法。其次，我们可以加强农村环境建设。传染病往往来源于糟糕的环境卫生，农村环境问题一直是环境污染中的重要难题，农村给很多数人的印象就是“脏、乱、差”，虽然近些年国家在大力建设社会主义新农村，积极推进农村的环境建设，但是，还有一些问题并没有得到有效解决，村民委员会要发挥好领导和带头作用，积极引进大学生村官，创新工作理念和方式，不断提高农村人民保护环境的意识，促进农村牲畜管理的规范化、垃圾处置的规范化等等，保持村容整洁。

（四）应对舆情事件

首先，我们可以促进政务信息开放共享，拓宽沟通渠道。通过建立阳光政府，促进政府信息的开放共享，拓宽人民与政府间的沟通渠道，可以让人民及时、准确地了解政府的政策，进而必然会大大减少“小道信息”的传播，减少舆情事件。其次，我们可以加强舆论渠道监管，完善舆情体系建设。如今，舆论渠道日益复杂和多样化，这就要求相关部门一定要加强对渠道的监管，采取先进技术对违法信息及时处理，对相关人员加大处罚力度，这样可以对其他人起到警醒作用。并且还可以通过大数据技术，对舆情相关数据进行分析、预测，以找到舆情事件合适的预防和解决方法。还要从法律等角度促进和完善舆情体系的建设。

五、形势预测

总体来看，2015 年江苏省总体安全形势稳中有进。由于我国正处于经济社会的转型期，经济发展与社会进步的节奏和步伐逐渐加快，在此过程中，矛盾和问题仍将不断显现和暴露。因此，2016年江苏省面临的安全形势依然严峻，根据近期国际形势、国内经济社会进步的趋势与可持续发展逐步深入的态势，对2016年江苏省安全形势预测如下：

从数量上看：2016年江苏省内突发事件的总量相比于2015年应该是只多不少。理由如下：首先，2016年中国仍然处于全面深化改革的攻坚时期，仍然会遇到诸多复杂的社会矛盾，甚至随着时代的飞速发展，还会遇到更加复杂的新矛盾。其次，2016年江苏省的人口总量相比于2015年应该只增不减，甚至随着经济的飞速发展，有更多的外来务工人员来江苏寻求机会，并且国家越来越宽松的生育政策很可能带来江苏省人口的进一步增长。人口总量的增加往往会影响这个地方的社会总体稳定性，增加这个地方的社会总体风险性。

从类型上看：特大自然灾害发生的可能性较小，但常规自然灾害如风雹灾害等，仍将继续出现；在江苏省政府及相关部门的严格管理下，事故灾难发生的数量将略有减少，影响范围和规模不会增长；突发传染病类卫生事件将保持与往年相当的态势，重大突发传染病在江苏省境内首先发生的可能性极低；社会安全事件的数量应该是只增不减，而且类型和影响将会比以往更加复杂多变，需要时刻保持警惕，加强舆论监督与引导，建设阳光型政府，增强政府的公信力，加强互联网安全体系的建设，充分保障国民的信息和财产安全！

从影响上看：突发事件影响的规模和范围仍将以市、县小范围为主，部分突发事件可能影响多个市、县范围，发生影响全省、邻近省份乃至全国的突发事件的可能性极低。

（杨杨、李红工作单位为：河南理工大学外国语学院，陈安工作单位为：河南理工大学安全与应急管理研究中心、中国科学院科技政策管理科学研究所）

参考文献

[1] 李长安．基于“人—水—地和谐”的长江堤防功能 [J]. 地球科学（中国地质大学学报），2015，40（2）：261–267.

[2] 罗锋，盛建明，潘锡山，等．江苏沿海精细化风暴潮模式研究与应用 [J]. 南京大学学报（自然科学），2014，50（5）：688–694.

[3] 高晓容，李硕，王翌．北京市通州区风雹灾害风险评估与区划 [J]. 安徽农业科学，2015，43（29）：219–222.

[4] 国家减灾网．最新灾情 [EB/OL].（2016-05-09）[2016-05-12]. http://www.jianzai.gov.cn/DRpublish/ywcp/000100040002-1.html.

[5] 陕西省应急管理办公室．国内突发事件 [EB/OL].（2016-05-11）[2016-05-12]. http://yjb.shaanxi.gov.cn/html/0/0/46.html.

[6] 李伟霞．中国古代瘟疫史研究新进展——《宋代瘟疫的流行与防治》评介 [J]. 中国中医药图书情报杂志，2015，39（6）：42–44.

[7] 江苏省卫生和计划生育委员会．疾病防控 [EB/OL].（2016-05-10）[2016-05-12]. http://www.jswst.gov.cn/wsxx/nrglIndex.action?classID=ff80808149a40aa30149a81be169000e.

[8] 人民网．舆情地图 [EB/OL].（2016-01-28）[2016-05-12]. http://yuqing.people.com.cn/GB/386240/index.html.

[9] 肖江苏．大数据的概念、特征及其应用探究 [J]. 电脑编程技巧与维护，2016（3）：57–61.

[10] 符洪天．雷达观测在防雹作业中的应用 [J]. 南方农业，2016，10（3）：217–219.

[11] 颜利华．关于代驾的法律对策思考 [J]. 商，2016(03)：249.

[12] 李硕．健康教育在传染病防治中的作用 [J]. 河南预防医学杂志，2016，27（4）：298–301.

2015年河南省突发事件概述

周丹

一、背　景

河南省历史悠久、人口众多，如今，在“中部崛起”的带动下经济迅速发展的同时，河南省面临的社会风险也与日俱增。众多的人口总量不仅为河南省及周边省份带来了丰富的劳动力，而且也在一定程度上增加了社会的不稳定因素。河南省作为农业大省，在抗击自然灾害中、协调农业发展与工业进步中、应对人口资源环境与交通运输压力时，留下了许多未知的风险隐患。这些风险隐患在遇到合适的条件时，极容易演化为突发事件。

《中华人民共和国突发事件应对法》确定了突发事件应对的基本原则，规范了预防与应急准备、监测与预警、应急处置与救援、事后恢复与重建的准则规范。《突发事件应对法》将突发事件分为自然灾害、事故灾难、公共卫生事件、社会安全事件四大类。而《国家突发公共事件总体应急预案》对四类突发事件作出更为详细的划分，其中，自然灾害主要包括水旱灾害、气象灾害、地震灾害、地质灾害、海洋灾害、生物灾害和森林草原火灾等。事故灾难主要包括工矿商贸等企业的各类安全事故、交通运输事故、公共设施和设备事故、环境污染和生态破坏事件等。公共卫生事件主要包括传染病疫情、群体性不明原因疾病、食品安全和职业危害、动物疫情，以及其他严重影响公众健康和生命安全的事件。社会安全事件主要包括恐怖袭击事件、经济安全事件和涉外突发事件等。

本文在参照《中华人民共和国突发事件应对法》与《国家突发公共事件总体应急预案》的基础上，将2015年河南省突发事件按照上述类型进行分类。在此基础上，针对河南省的实际特点，对每一类突发事件所涵盖的内容进行了适当的修改，其中，自然灾害主要研究分析气象灾害，事故灾难主要研究分析生产安全事故、交通运输事故和环境污染事件，公共卫生事件主要研究分析传染病疫情，社会安全事件主要研究分析网络安全与舆情事件。

二、河南省突发事件现状分析

（一）自然灾害

河南省位于内陆地区，地势西高东低，多平原、盆地，少森林、草原，山脉沿省界半环形分布，横跨海河、黄河、淮河、长江四大水系。河南省少有水旱灾害、地质灾害、森林草原火灾，无海洋灾害。2015年年初，河南省部分地区发生了旱情，随后在4月份降雨后逐渐缓解。根据数据统计，2015年对河南省影响最大的自然灾害是强对流天气导致的风雹灾害。

风雹灾害的形成是在对流天气控制下，积雨云中凝结生成的冰块从空中降落而成。风雹灾害对农业的主要影响有大风刮倒农作物、房屋建筑，冰雹砸坏砸死农作物、砸塌建筑，暴雨使农作物受淹，雷电致人死亡等。2015年，河南省境内共发生10次较为严重的风雹灾害，受灾人数总计78.5万余人，死亡6人，受灾农作物面积54400余公顷，直接经济损失3.7亿元。2015年河南省严重自然灾害情况简介如表1所示。

由表1可见，河南省发生的自然灾害呈现出明显的地域性，新乡、洛阳、郑州、开封等发生风雹灾害的频率较大，受灾人数较多，受灾农田面积广，受到的经济损失惨重。根据进一步调查，风雹灾害造成人员死亡的原因均为房屋或建筑物倒塌。

（二）事故灾难

1. 生产安全事故

生产安全事故始终是困扰我国经济社会的一项难题。从古典事故频发倾向理论、事故因果连锁理论，到轨迹交叉理论、人因系统论，再到综合系统论，学术界提出了一系列事故致因理论，力图从根源上解决安全事故产生的根源。随着安全生产理论研究的深入，安全生产实践也诞生了许多有效的方法防范事故发生，如风险关口前移、风险监测预警、培育安全文化等。我国高度重视安全生产工作，全国生产状况持续改善，事故总量和重特大事故持续下降，但是安全生产形势仍然十分严峻复杂。2015年以来，河南省共发生造成人员伤亡的生产事故63起，共造成150人死亡，其中，特别重大事故1起，较大事故16起，一般事故46起。

从事故类型看，高坠事故17起，坍塌事故13起，火灾爆炸事故8起，气体中毒7起，物体打击事故6起，冒顶片帮4起，触电2起，其他6起。从发生地点看，厂房车间18起，工地17起，矿井11起，桥涵隧道4起，其他13起。

目前，河南省正处于城市化快速发展的时期，市、县各个地区在建工厂、工地林立，建设生产中的安全隐患极易引发生产安全事故。河南省当地建筑工地的劳动力具有明显的流动性、季节性等特点，缺乏时间内容完备的系统安全教育。工人违章违规作业、凭经验作业现象严重。为此，需要寻求科学合理的途径遏制人因隐患，防范不安全行为的发生和演化。此外，河南省煤量储备充足，煤矿数量多，虽然目前均已采用了较为先进的勘探采掘技术和安全管理措施，但仍未能完全遏制煤矿事故的发生。

2. 交通事故

仅2015年1月1日至2015年4月28日，河南省就接报道路交通事故1270起，死亡370人，受伤1279人，直接财产损失812万元。其中，一

表 1　2015 年河南省严重自然灾害[1]

时间	地点	灾害	受灾人数（万人）	受灾面积（公顷）	直接经济损失（万元）	死亡人数（人）
3 月 31 日—4 月 2 日	濮阳、鹤壁、新乡等	强降雨、风雹灾害	0.36	100	1400	0
5 月 5 日—5 月 6 日	汝阳、汝州	大风沙尘	12.8	100	0	0
6 月 9 日—6 月 11 日	安阳、鹤壁、新乡等	强对流天气	8.8	8200	3700	0
6 月 23 日—6 月 24 日	范县	强降雨	0.86	700	300	0
7 月 13—7 月 15 日	开封、洛阳、焦作等	强对流天气	16.5	7500	3200	0
7 月 24 日—7 月 25 日	洛阳、安阳、新乡等	强降雨、冰雹	13.5	12400	6700	2
8 月 1 日—8 月 3 日	洛阳、新乡、焦作等	风雹洪涝灾害	6.9	5300	3300	1
8 月 4 日—8 月 6 日	郑州、开封、洛阳等	强对流天气	12.7	9400	7900	0
8 月 21 日—8 月 23 日	开封、平顶山、新乡等	强对流、风雹	12	6200	5700	0
8 月 26 日—8 月 27 日	洛阳、新乡、南阳等	强对流天气	5.5	3300	2900	2
9 月 30 日—10 月 1 日	郑州、洛阳、平顶山等	大风降温	1.4	1300	2000	1
11 月 23 日—11 月 27 日	郑州、开封、洛阳等	低温雪灾	4	2400	10000	0

次死亡 3 人以上交通事故达 21 起，死亡 106 人，比去年同期增加了 11 起，死亡人数增加了 69 人。表 2 展示了 2015 年河南省内较为严重的交通事故。

根据数据资料分析，河南省交通事故发生的主要原因为醉酒驾驶，其次为超载超速。虽然交通法律法规对醉酒驾驶采取了十分严厉的惩罚措施，但是仍有司机铤而走险，抱侥幸心理酒后驾驶，导致车毁人亡的惨案。这种现象在县乡镇及农村发生更为普遍。

3. 环境污染事件

2015 年河南省收到群众举报的环境污染事件统计情况如表 3 所示。

河南省空气污染情况较为严重，除地形因素外，工业排放废气是空气污染的“元凶”。环境污染事件以乡镇企业和农村小作坊居多，由于乡镇农村经济发展较为滞后，群众的环保意识较为淡薄，在面对经济发展和环境保护的两难选择时，通常选择以牺牲环境为代价发展经济，致使农村环境污染加剧，并进一步影响了被包围其中的城市。要想综合治理空气污染，不仅需要从城市本身入手，还需要考虑周边农村环境污染对城市的影响。

表2　2015年河南省交通事故简表

时间	地点	伤亡情况
1月4日	兰考县考城镇	3人死亡
1月6日	新密市牛店镇	6人死亡，1人受伤
1月17日	南阳市宛城区红泥湾镇	3人死亡
1月20日	柘城县安平镇	6人死亡，1人受伤
1月22日	汝州市陵头乡	3人死亡，8人受伤
1月25日	郸城	5人溺水死亡
3月2日	登封市卢店镇	20人死亡，13人受伤
3月10日	鹿邑县	6人死亡
3月19日	内黄县马上乡	6人死亡
7月15日	南阳市唐河县	4人死亡
7月24日	郑州市新密市	8人死亡
9月11日	信阳市新县	12人死亡
10月2日	新乡市辉县市	3人死亡
10月20日	郑州市	2人死亡，8人受伤
11月30日	平顶山市	2人死亡，6人受伤

表3　环境污染事件

月份	废气污染	废水污染	粉尘污染	固废污染	噪声污染
1月	57	19	9	3	3
2月	21	5	1	1	3
3月	85	20	5	0	6
4月	52	10	7	1	5
5月	60	12	0	0	6
6月	45	11	0	2	2
7月	73	21	0	1	6
8月	66	14	0	0	5
9月	–	–	–	–	–
10月	41	11	4	0	2
11月	36	8	5	1	1
合计	536	131	31	9	39

（三）公共卫生事件

2015年，河南省没有出现特别重大传染病疫情，在韩国肆虐的MERS疫情没有传入河南省境内。河南省2—8月法定传染病发病、死亡统计情况如表4所示。

（四）社会安全事件

2015年上半年，河南共发生舆情事件420件。其中，郑州超过40件，信阳38件，开封、南阳、商丘、洛阳、安阳、新乡均在30件左右，濮阳25件，驻马店23件，三门峡、周口、平顶山分别为18件，鹤壁、许昌、漯河未超过15件，济源、焦作在10件以下。总体呈现出郑州、信阳、开封、南阳、商丘、洛阳的环型舆情高发地带。2015年1—7月，河南省舆情增量如表5所示。

表4　2015年2—8月河南省法定传染病统计表[2]

月份	病名	发病数	死亡数
2月	甲乙类传染病合计	13697	60
	丙类传染病合计	6575	0
3月	甲乙类传染病合计	21012	138
	丙类传染病合计	10645	0
4月	甲乙类传染病合计	19697	131
	丙类传染病合计	24552	2
5月	甲乙类传染病合计	19198	115
	丙类传染病合计	32353	2
6月	甲乙类传染病合计	19760	132
	丙类传染病合计	24331	1
7月	甲乙类传染病合计	20416	94
	丙类传染病合计	15425	0
8月	甲乙类传染病合计	18511	157
	丙类传染病合计	11599	3
9月	甲乙类传染病合计	17647	134
	丙类传染病合计	10119	0
10月	甲乙类传染病合计	16566	64
	丙类传染病合计	12946	0
11月	甲乙类传染病合计	16015	125
	丙类传染病合计	14688	0

表5　2015年河南省舆情增量[3]

月份	舆情增量	预警	全国排名
1月	13	橙	2
2月	7	青	1
3月	11	橙	1
4月	12	橙	2
5月	6	青	5
6月	7	青	2
7月	4	蓝	7

通过对2015年河南省舆情事件的追踪发现，城管强拆事件、干部作风事件、涉警事件数量较多，医患冲突、政民矛盾问题突出。随着大数据时代的到来，各类信息在互联网传播的速度加快、范围扩大、影响加深，若不及时对流言和谣言进行处理，可能加剧各类矛盾冲突事件的发展，影响社会稳定。

三、对策建议

（一）应对自然灾害

1. 建立健全农业防灾减灾应急体系。农业防灾减灾应急体系包括农业灾前预警体系、农业灾害响应体系和农业灾后恢复体系。农业灾前预警体系包括建立完善分地区、分灾种的农业灾害应急预案，建立农业旱情监测预警平台[4]，完善农业灾害预警技术体系，保障农业灾害应急所需的人员、物资与装备配置，加快防灾减灾人才培养和技术的推广应用等。农业灾害响应体系包括建立健全农业灾害应急处置机制，完善地区应急联动机制，重点建设基层农业灾害响应与处置体系，培养基层减灾员等。农业灾后恢复体系包括完善农业损失评估和补偿制度，扩大农村保险覆盖范围，完善农业保险险种制度等。

2. 针对河南省经常出现的风雹灾害，要在加强天气预报精确度的同时，提高人工防雹技术的应用推广。综合运用雷达监测、爆炸方法、催化方法等多种技术手段消除冰雹的发生条件、遏制冰雹的产生过程，从而达到阻滞冰雹、减轻灾害的目的。

3. 河南省常年遭受旱涝灾害造成的损失，由于其农业发达，因此旱涝灾害对农业造成的损失十分严重。有数据表明，河南省旱灾人均损失粮食约25.5kg，高于全国平均水平[5]。农田水利基础设施的建设和加强对于预防应对旱涝灾害具有十分重要的作用，应继续加强农业基础设施建设，加大农业投入力度，改良农业种植和管理方式。

（二）应对事故灾难

1. 完善安全生产类法律法规和各项规章制度

我国现已相继颁布和修订了《安全生产法》《消防法》《建筑法》《职业病防治法》等覆盖多行业多部门的安全生产建设工程与监督管理法律法规与行政条例。但有些规章制度由于制定年代较早，已经不适合当代安全生产与工程建设的需要，有些新出现的生产流程、工程等急需法律制度的规范。此外，法律制度的实施和落实需要进一步加强，应加大执法力度，确保“有法可依、有法必依、执法必严、违法必究”，实现安全生产。

2. 加强全社会的安全宣传教育

生产工程类的劳动主体范围广、人数多，劳动力来源多样化，企业进行安全生产教育培训的资源和力度不足，因此各种违章现象普遍存在。要预防和控制事故灾难的发生，必须将事故风险关口前移，不仅需要强化企业用工安全教育，而且需要提高全社会的安全意识和基本安全技能，实现安全宣传教育广度与深度的结合、标准化与多元化的互补。

3. 完善举报奖励制度和举报人保护制度

从河南省发生的环保突发事件来看，群众举报是环保督察不可或缺的一支力量。群众举报在时间、地域范围上都具有独特的优势，群众举报能够形成强有力的社会监督，及时发现环保突发事件，通过社会舆论等方式对违法排污企业形成社会压力。环保部门和执法机构应继续完善举报奖励制度，建立群众环保监督的有效机制，并保护举报人信息。

（三）应对公共卫生事件

1. 应对传染病类公共卫生事件需要从传染病的三要素——传染源、传播途径、易感人群三个方面同时着手，根据不同传染病的特点、发病规律和传播特征，分别通过遏制传染源、切断传播途径、保护易感人群的方式来控制传染病的发生与传播。对于新出现的传染病，要及时上报、诊断、研判。今年河南省没有发生特别重大的食品安全事件，但是对于食品安全仍需保持严厉的监督态势。此外，农村地区的环境卫生需要进一步改善，以减少因环境卫生等滋生传播的传染病发生的可能性。

2. 综合提高疾控中心和卫生院的应急能力。地市级疾控中心是应对公共卫生事件的重要机构，其职能的发挥对于预防和控制疾病传播具有重要作用。目前河南省疾控中心独立设置的应急机构和人员不足[6]，需要采取措施引进高层次的专业公共卫生管理人员，加强卫生应急队伍，尤其是乡镇一级高学历、高水平卫生队伍的建设。

（四）应对社会安全事件

1. 加强互联网舆论引导和监督力度

互联网作为信息发布、传播、交流的高效平台，极易产生、传播不实信息和谣言，并通过放大效应迅速扩展，甚至由网上蔓延到网下传播，影响社会正常秩序。政府应继续加强互联网监督力度，严厉控制刻意、故意或恶意制造的谣言在互联网上的传播，通过发布真实信息与加强媒体舆论引导，为网民提供真实、可信的网络环境，遏制谣言的传播。

2. 依法行政、取信于民

当今社会矛盾冲突逐渐加剧，要想切实控制舆情事件与社会安全事件的发生，最根本的是政府依法行政、取信于民。只有构建服务型政府，认真履行政府的职责，保证政府行政服务的统一性、连续性与稳定性，廉洁行政，提高行政效率，才能树立和增强政府的公信力，维持社会秩序的稳定、安宁、有序。

四、形势预测

根据前文对 2015 年突发事件现状的总结，并与 2014 年进行对比，可以发现，2015 年河南省境内突发事件发生的数量较 2014 年略有增长，规模较 2014 年没有明显变化。此外，没有发生十分严重或者影响全国的突发事件，总体安全形势比较平稳。我国目前正处于经济社会发展的转型阶段，经济建设的节奏与社会转型的步伐逐渐加快，在此过程中，旧问题与新问题继续交织，并且仍将不断继续显露。因此，2016 年河南省面临的安全形势仍然十分严峻，根据近期国际形势与国内形势，现对 2016 年河南省的突发事件安全形势预测如下：

首先，从数量上看，2016 年河南省境内发生的突发事件数量仍将与 2015 年持平，或略有增长。其中，河南省面临的自然灾害主要为气象灾害，因此与当年的气候特征紧密相关，而气候特征往往是在较短时间内比较稳定的。针对事故灾难，如果没有继续采取更加有效的安全管理手段与更加有力的监管，生产事故仍将继续存在。由于目前城乡电动车的数量逐渐增加，由电动车造成交通事故的风险在逐步增大。河南省人口众多，人口密度较大，部分地区卫生意识相对薄弱，卫生条件较差，传染病存在大范围传播的可能性与前提条件。此外，在经济社会发展的转型阶段中，难免出现政府、企业、群众之间的矛盾和问题，这在发展的过程中是不可避免的。

其次，从规模上看，特大自然灾害发生的可能性较小，但常规自然灾害如洪涝干旱、风雹灾害等，一旦出现就会对多个县市造成损失。近年来，河南省安全监管部门不断推动安全生产标准化建设，对于不达标的企业进行重点监管，因此可以预计，河南省发生事故灾难的影响范围和规模不会有较大变化。突发传染病类卫生事件将保持与往年相当的态势，重大突发传染病在河南省境内首先发生的可能性极低。社会安全形势复杂多变，需要时刻保持警惕，突发事件影响的规模和范围将以市、县范围为主，发生影响全省、邻近省份乃至全国的社会安全事件的可能性极低。

（作者工作单位为：河南理工大学安全与应急管理研究中心、河南理工大学应急管理学院）

参考文献

[1] 国家减灾网 . 最新灾情 [EB/OL].（2016-05-09）[2016-04-16]. http://www.jianzai.gov.cn/DRpublish/ywcp/000100040002-1.html.

[2] 河南省卫生厅 . 传染病防控 [EB/OL].（2016-03-29）[2015-12-16]. http://www.hnwst.gov.cn/cms/showsubpage.jsp?columnId=363.

[3] 人民网 . 舆情地图 [EB/OL].（2016-01-28）[2015-11-20]. http://yuqing.people.com.cn/GB/386240/index.html.

[4] 雷宏军，程运平，潘红卫等 . 河南省农业旱灾风险评估研究 [J]. 中国农村水利水电，2015（11）：169-177.

[5] 李治国 . 近 40a 河南省农业气象灾害对粮食生产的影响研究 [J]. 干旱区资源与环境，2013，27（5）：126-130.

[6] 闫梦青，常煜博，刘诗洋等 . 河南省地市级疾控中心突发公共卫生事件应急能力现况分析 [J]. 现代预防医学，2015，42（6）：1032-1034.